D1751534

SCHWEIZERISCHES PRIVATRECHT

Schweizerisches Privatrecht

Herausgegeben von

JACQUES-MICHEL GROSSEN – ARTHUR MEIER-HAYOZ – PAUL PIOTET
PIERRE TERCIER – FRANK VISCHER – ROLAND VON BÜREN
WOLFGANG WIEGAND

Das "Schweizerische Privatrecht" wurde begründet von

MAX GUTZWILLER – HANS HINDERLING – ARTHUR MEIER-HAYOZ
HANS MERZ

Frühere Herausgeber

ROGER SECRÉTAN – CHRISTOPH VON GREYERZ – WERNER VON STEIGER

HELBING & LICHTENHAHN
BASEL UND FRANKFURT AM MAIN

"Schweizerisches Privatrecht"
erscheint in französischer Sprache in Koedition
mit dem Universitätsverlag Freiburg i.Ue.
unter dem Titel:

"Traité de droit privé suisse"

ACHTER BAND

SECHSTER HALBBAND

Handelsrecht

HERAUSGEGEBEN VON

ARTHUR MEIER-HAYOZ

em. Professor an der Universität Zürich

HELBING & LICHTENHAHN
BASEL UND FRANKFURT AM MAIN

Der Konzern

Rechtliche Aspekte eines wirtschaftlichen Phänomens

von

ROLAND VON BÜREN

Prof. Dr. iur., Rechtsanwalt
Ordinarius für Handelsrecht, Wettbewerbs- und Immaterialgüterrecht sowie
Direktor des Instituts für Wirtschaftsrecht an der Universität Bern

unter Mitarbeit von

Jasmin Djalali, Katharina Schindler, Thomas Bähler, Stephan Beutler,
Beat Brechbühl, Ueli Buri, Dr. Christoph Gasser, Thomas Kindler, Robert Stutz

Fürsprecherinnen und Fürsprecher, Assistentinnen und Assistenten
am Institut für Wirtschaftsrecht

Die Deutsche Bibliothek – CIP-Einheitsaufnahme
Schweizerisches Privatrecht / hrsg. von Jacques-Michel Grossen ...
Wurde begr. von Max Gutzwiller ... – Basel ; Frankfurt am Main :
Helbing und Lichtenhahn
Teilw. hrsg. von Christoph von Greyerz ...

Bd. 8. Handelsrecht / hrsg. von Arthur Meier-Hayoz
Halbbd. 6. Der Konzern : rechtliche Aspekte eines wirtschaftlichen
Phänomens / von Roland von Büren unter Mitarb. von
Jasmin Djalali .... – 1997
ISBN 3-7190-1610-2

Alle Rechte vorbehalten. Das Werk und seine Teile sind urheberrechtlich geschützt.
Jede Verwertung in anderen als den gesetzlich zugelassenen Fällen bedarf deshalb
der vorherigen schriftlichen Einwilligung des Verlages.

ISBN 3-7190-1610-2
Bestellnummer 21 01610
© 1997 by Helbing & Lichtenhahn Verlag AG, Basel
Printed in Germany

Für Madeleine, Simone, David und Lucie

Vorwort

Ein Buch über den Konzern zu schreiben, erfordert ein gerütteltes Mass an Selbstvertrauen, wenn man bedenkt, wie viel und vor allem wie viel Kluges in den letzten beiden Jahrzehnten zu diesem Thema schon geschrieben worden ist. Ein Blick ins Literaturverzeichnis zu diesem Buch mag dies verdeutlichen. Wenn ich dieses Wagnis auf mich genommen habe, so aus zwei Gründen:

– Einerseits, weil ich während über zwei Jahrzehnten in verschiedenen Funktionen und hierarchischen Positionen selbst auf der Kommandobrücke eines schweizerischen multinationalen Konzerns stehen und seine Probleme hautnah miterleben durfte.
– Andererseits, weil mich nach meiner Berufung an die Universität Bern zahlreiche Kollegen ermunterten, dieses in der Praxis erworbene Wissen in eine wissenschaftliche Bearbeitung des Themas umzumünzen.

Die Arbeiten zu diesem Buch begannen im Frühjahr 1995, und sie wurden im Frühjahr 1997 abgeschlossen. Publikationen wurden berücksichtigt bis Ende März 1997. Als treue Gefährten auf steilen und holperigen Wegen haben sich meine Mitarbeiterinnen und Mitarbeiter am Institut für Wirtschaftsrecht der Universität Bern bewährt. Ich erwähne sie hier in alphabetischer Reihenfolge und ohne Titel (sie sind alle bernische Fürsprecherinnen und Fürsprecher und besitzen z.T. einen LL.M): Frau Jasmin Djalali und Frau Katharina Schindler, die Herren Thomas Bähler, Stephan Beutler, Beat Brechbühl, Ueli Buri, Christoph Gasser, Thomas Kindler und Robert M. Stutz haben sich in wechselnder Zusammensetzung mit dem Thema befasst. Sie haben – initiativ, unbefangen und kritisch – die Entstehung des vorliegenden Buches begleitet, Entwürfe für einzelne Kapitel erstellt und vor allem meine eigene Produktion begutachtet. Die stunden- und oft tagelangen Diskussionen mit ihnen gehören zum Wertvollsten, das ich im Rahmen der Erarbeitung dieses Themas erfahren durfte. Ich möchte mich an dieser Stelle bei meinen jungen Kolleginnen und Kollegen ganz herzlich bedanken.

Bern, im Sommer 1997   ROLAND VON BÜREN

Inhalt

Vorwort XI

Abkürzungsverzeichnis XXXI

Literaturverzeichnis XXXVII

Einleitung 1

Allgemeiner Teil: Allgemeine Fragen des Konzerns

I. **Terminologische Fragen** 5
   1. Die gesetzliche Terminologie 5
      1.1. Im Aktienrecht 5
      1.2. Im Steuerrecht 6
      1.3. Im Bundesgesetz über Kartelle und andere Wettbewerbs-
          beschränkungen (Kartellgesetz, KG) 7
      1.4. Im Bundesgesetz über den Schutz von Marken und Herkunfts-
          angaben (Markenschutzgesetz, MSchG) 8
      1.5. Im Bundesgesetz über den Erwerb von Grundstücken durch
          Personen im Ausland (BewG, "Lex Friedrich") 8
      1.6. Im Bundesgesetz über die Banken und Sparkassen (Banken-
          gesetz, BankG) 9
      1.7. Im Bundesgesetz über die Börsen und den Effektenhandel
          (Börsengesetz, BEHG) 10
   2. Die Terminologie des Bundesgerichts 11
   3. Die Terminologie der Doktrin 12
   4. Kritik an den vom Gesetz, von der Praxis und der Doktrin
     verwendeten konzernrechtlichen Begriffen 14
   5. Die im vorliegenden Werk verwendeten Begriffe 15
      5.1. Konzern 15
      5.2. Herrschendes Unternehmen (Konzernleitung)/Abhängiges
          Unternehmen 15
      5.3. Holding 15
      5.4. Konzernunternehmen 16

II. **Abgrenzung gegenüber anderen rechtlichen Erscheinungen** 17

		1.	Holding 17

      1. Holding 17
         1.1. Der Begriff der Holdinggesellschaft im Aktienrecht 17
         1.2. Der Begriff der Holdinggesellschaft im Steuerrecht 17
         1.3. Der Begriff der Holdinggesellschaft im Firmenrecht 18
         1.4. Der Begriff der Holdinggesellschaft im Markenrecht 19
         1.5. Die Unterscheidung zwischen Anlage- und Kontroll-
             Holdinggesellschaften 19
      2. Kartell 21
      3. Marktbeherrschende Unternehmen 22
      4. Konsortium 23
      5. Kooperation 23
      6. Akquisition 23
      7. Zweigniederlassung 24
      8. Betriebsstätte 25
      9. Fusion 25
      10. Joint Venture 25
      11. Trust 27

III. Arten von Konzernen 28
      1. Vertragskonzerne und faktische Konzerne 28
      2. Unterordnungs- und Gleichordnungskonzerne/Einheitliche und
         körperschaftliche Konzerne 29
      3. Horizontale und vertikale Konzerne 30
      4. Diagonale oder konglomerale Konzerne 30
      5. Zentralisierte und dezentralisierte Konzerne 30

IV. Motive für die Konzernbildung 32
      1. Wirtschaftspolitische Gründe 32
         1.1. Überwindung nationaler Handelsschranken 32
         1.2. Die Globalisierung der Märkte 33
      2. Betriebswirtschaftliche Gründe 34
         2.1. Zentrale Strategie 34
         2.2. Zentral gesteuerter Mitteleinsatz 34
         2.3. Dezentrale Organisation 35
         2.4. Gewinnoptimierung durch Kostensenkung 35
         2.5. Marktnähe bei identischem Marktauftritt 37
      3. Steuerrechtliche Gründe 37
      4. Kartellrechtliche Gründe 38
      5. Gesellschaftsrechtliche Gründe 38

V. Entwicklung eines Konzerns 39
      1. Endogener Konzernaufbau 39

		1.1. Durch Gründung eines abhängigen Unternehmens	39
		1.2. Durch Gründung eines Joint Ventures (Gemeinschaftsunternehmen)	39
	2.	Exogener Konzernaufbau	40
		2.1. Durch Akquisition	40
		2.2. Durch Fusion	42
		2.3. Durch Quasifusion	47
		2.4. Durch unechte Fusion	48
		2.5. Konzernierung durch Vertrag	49
VI.	**Mögliche Strukturen eines Konzerns**		50
	1. Die Stammhauslösung		50
	2. Die Holdinglösung		50
	3. Die Management-Gesellschaft		51
	4. Divisionale Konzerne		51
VII.	**Die Führung im Konzern**		53
	1. Das Recht auf Leitung des Konzerns		53
	2. Das Bestehen einer Konzernleitungspflicht		54
	3. Aufgaben der Konzernleitung		56
		3.1. Die "minimale" Konzernleitungspflicht	56
		3.2. Die über die "minimalen" Konzernleitungspflichten hinausgehenden Aufgaben der Konzernleitung	58
	4. Folgen bei Missachtung der Konzernleitungspflicht		59
		4.1. Das Fehlen einer gesetzlichen Regelung	59
		4.2. Haftung gegenüber Aktionären und Gläubigern des herrschenden Unternehmens	60
		4.3. Haftung des herrschenden Unternehmens gegenüber Dritten – Der Swissair-Entscheid	60
	5. Führungsmechanismen im Konzern und deren rechtliche Schranken		66

Spezieller Teil: Der Konzern in verschiedenen Rechtsgebieten

Erstes Kapitel
Der Konzern im Gesellschaftsrecht

Erster Abschnitt
Rechtsformunabhängige Anforderungen an Konzernunternehmen

I. **Problemstellung** 73
II. **Unternehmensqualität als Voraussetzung für das herrschende Unternehmen** 74
III. **Die Beherrschbarkeit als Voraussetzung für abhängige Unternehmen** 76

Zweiter Abschnitt
Der Aktienrechtskonzern

I. **Die Rechtsform des herrschenden Unternehmens als massgebliche Anknüpfung** 77
II. **Der Begriff des Konzerns** 78
    1. Die gesetzliche Umschreibung 78
    2. Die Unternehmenszusammenfassung 79
        2.1. Die rechtliche Selbständigkeit der Konzernglieder 79
        2.2. Die Beherrschung der Konzernunternehmen 79
    3. Die Durchsetzung einer einheitlichen wirtschaftlichen Leitung 82
III. **Konzernzweck und Zweck des abhängigen Unternehmens** 85
    1. Konzernierung als Zweckänderung? 85
        1.1. Thematischer Zweck 85
        1.2. Endzweck 86
    2. Folgen der Zweckänderung für die Organe 88
    3. Stillschweigende Zweckänderung 88
IV. **Publizität im Konzern** 90
    1. Die Pflicht zur Erstellung einer Konzernrechnung nach Aktienrecht . 90
        1.1. Die Erfassung des Konzerns als wirtschaftliche Einheit 90
        1.2. Die zur Erstellung einer Konzernrechnung verpflichteten Unternehmen 91
        1.3. Die zu konsolidierenden abhängigen Unternehmen 94

		1.4. Grundsätze betreffend die Erstellung einer Konzernrechnung . 94

      1.4. Grundsätze betreffend die Erstellung einer Konzernrechnung . 94
      1.5. Die Konsolidierungs- und Bewertungsregeln 96
      1.6. Zur Publizitätswirkung der Konzernrechnung 100
  2. Die Pflicht zur Erstellung einer Konzernrechnung nach Börsenrecht 101
  3. Die Pflicht zur Erstellung einer Konzernrechnung nach
     Bankengesetz 102
  4. Offenlegung wesentlicher Beteiligungsverhältnisse 103
      4.1. Nach Aktienrecht 103
      4.2. Nach Börsengesetz 104
      4.3. Nach Bankengesetz 104
  5. Bekanntgabe bedeutender Aktionäre 105
      5.1. Nach Aktienrecht 105
      5.2. Nach Börsengesetz 106
  6. Bekanntgabe eigener Aktien und konzernverbundener
     Beteiligungen 106

V. **Weitere konzernspezifische Normen im Aktienrecht** 107
  1. Das Verbot des Erwerbs eigener Aktien und wechselseitiger
     Beteiligungen innerhalb eines Konzerns 107
  2. Die Begebung einer Anleihe mit Bezugsrecht für Aktien eines
     Konzernunternehmens 109
  3. Aktienrechtliche Holdingprivilegien 109
      3.1. Sondernormen bei der Reservenbildung 109
      3.2. Sondernormen betreffend Nationalität und Wohnsitz von
           Verwaltungsräten 110
  4. Die Unabhängigkeit der Kontrollstelle im Konzernverhältnis 110

VI. **Der Minderheitenschutz im Konzern** 111
  1. Die spezifische Situation von Minderheiten im Konzern 111
      1.1. Die Minderheitsaktionäre des herrschenden Unternehmens . . 111
      1.2. Die Minderheitsaktionäre im abhängigen Unternehmen 112
  2. Konzerneintrittsphase 114
      2.1. Konzerneintritt mit dem Willen des Minderheitsaktionärs . . . 114
      2.2. Konzerneintritt gegen den Willen des Minderheitsaktionärs . . 115
  3. Konzernbetriebsphase 125
      3.1. Mögliche Schädigungen der Minderheitsaktionäre 125
      3.2. Aktienrechtlicher Minderheitenschutz 128
      3.3. Aktienrechtliche Rechtsmittel der Minderheitsaktionäre
           gegen das abhängige Unternehmen und seine Organe 138
      3.4. Aktienrechtliche Rechtsmittel der Minderheitsaktionäre gegen
           das herrschende Unternehmen und seine Organe 142

4. Konzernaustrittsphase 143
   4.1. Aktienrechtlicher Behelf: Die Auflösungsklage 143
   4.2. Börsenrechtliche Behelfe 143

VII. **Gläubigerschutz im Konzern** 145
   1. Vorbemerkung 145
   2. Der konzernverbundene Schuldner als Spezialfall 145
      2.1. Das Risiko des Gläubigers – Privatautonomie und Eigenverantwortlichkeit 145
      2.2. Der Sonderfall eines konzernverbundenen Schuldners ... 146
   3. Konzernrechtlicher Gläubigerschutz 147
      3.1. Das aktienrechtliche Gläubigerschutzinstrumentarium 147
      3.2. Konzernspezifische Schädigungspotentiale 150
      3.3. Konsequenzen für den Gläubigerschutz im Konzern 151

VIII. **Die verdeckte Gewinnausschüttung** 153
   1. Vorbemerkung 153
   2. Terminologie 153
      2.1. Übersicht 153
      2.2. Die Legaldefinition von OR 678 II 155
   3. Die Ausschüttungssperren im Aktienrecht 156
   4. Der Rückerstattungsanspruch nach OR 678 II 159
      4.1. Gegenstand der Rückerstattungspflicht nach OR 678 II ... 159
      4.2. Rückerstattungspflichtige Personen 159
      4.3. Bösgläubigkeit 159
      4.4. Klagelegitimation 159
      4.5. Verjährung 160
   5. Die verdeckte Vorteilszuwendung im Rahmen konzerninterner Transaktionen 160

IX. **Die Rechtsstellung des fiduziarischen Verwaltungsrats** 163

X. **Die Haftung des herrschenden Unternehmens im Konzern** 168
   1. Die fehlende gesetzliche Regelung 168
   2. Die Haftung des herrschenden Unternehmens als Aktionär des abhängigen Unternehmens 169
      2.1. Grundsätzlich fehlende Haftung des herrschenden Unternehmens als Aktionär des abhängigen Unternehmens 169
      2.2. Die Haftung aus Durchgriff 171
      2.3. Die Rückerstattung von Leistungen nach OR 678 174
      2.4. Die Rückerstattung von Leistungen nach SchKG 285 ff. ... 175
   3. Die Haftung des herrschenden Unternehmens für seine Vertreter im Verwaltungsrat des abhängigen Unternehmens 175

  3.1. Die Haftung gegenüber den fiduziarischen Verwaltungsräten aus Mandatsvertrag 176
  3.2. Die Haftung des herrschenden Unternehmens für die Tätigkeit seiner eigenen Organe im Verwaltungsrat des abhängigen Unternehmens 176
  3.3. Die Haftung des herrschenden Unternehmens für die Tätigkeit seiner Hilfspersonen im Verwaltungsrat des abhängigen Unternehmens 179
 4. Die Haftung des herrschenden Unternehmens für seine Vertreter in der Geschäftsleitung des abhängigen Unternehmens 180
 5. Die Haftung des herrschenden Unternehmens aus anderen Gründen 180
  5.1. Vertragsrechtliche Haftung des herrschenden Unternehmens . 181
  5.2. Deliktische Haftung des herrschenden Unternehmens 182
  5.3. Haftung des herrschenden Unternehmens aus sog. Konzernvertrauen 184
 6. Die Relativierung der Haftung im Konzern durch die Rechtswirklichkeit: ein Beweisproblem 189

XI. **Einheit des Aktienrechts und Konzern** 192
 1. Einführung 192
 2. Differenzierungen im Aktienrecht 193
 3. Auswirkungen des Börsengesetzes 194
 4. Niederschlag in der Judikatur 195
 5. Schlussfolgerungen für den Konzern 196

Dritter Abschnitt
Der Konzern mit Konzernunternehmen in anderer Rechtsform

I. **Die Kommandit-Aktiengesellschaft im Konzern** 197
 1. Die Kommandit-Aktiengesellschaft als Rechtsform des herrschenden Unternehmens 197
 2. Die Kommandit-Aktiengesellschaft als Rechtsform des abhängigen Unternehmens 198

II. **Die GmbH im Konzern** 199
 1. Die GmbH als Rechtsform des herrschenden Unternehmens 199
  1.1. Die Verweisungsnormen auf das Aktienrecht im Recht der GmbH 199
  1.2. Folgen für den GmbH-Konzern 203
 2. Die GmbH als Rechtsform des abhängigen Unternehmens 205

		2.1. Eignung	205

        2.1. Eignung 205
        2.2. Folgen für den Konzern 206

III. Der Genossenschaftskonzern 214
    1. Zum Begriff des Genossenschaftskonzerns 214
    2. Der Genossenschaftskonzern als Selbsthilfeorganisation 215
    3. Der Konzern mit einer Kreditgenossenschaft bzw. einer konzessionierten Versicherungsgenossenschaft als herrschendes Unternehmen 215
        3.1. Die Verweisung auf die aktienrechtlichen Rechnungslegungsvorschriften in OR 858 III 215
        3.2. Weitere Verweisungen auf aktienrechtliche Normen für Kredit- und Versicherungsgenossenschaften 217
        3.3. Anwendung des Genossenschaftsrechts 218
    4. Der Genossenschaftskonzern mit einer "gewöhnlichen" Genossenschaft als herrschendem Unternehmen 218
        4.1. Das herrschende Unternehmen 218
        4.2. Kapitalgesellschaften als abhängige Unternehmen 219
        4.3. Genossenschaften als abhängige Unternehmen 219

IV. Verein und Stiftung im Konzern 226
    1. Verein 226
        1.1. Der Verein als Rechtsform des herrschenden Unternehmens . 226
        1.2. Der Verein als Rechtsform des abhängigen Unternehmens .. 227
        1.3. Vereinsverbände 233
    2. Stiftung 234
        2.1. Die Stiftung als Rechtsform des herrschenden Unternehmens 234
        2.2. Die Stiftung als Rechtsform des abhängigen Unternehmens . 236

V. Personengesellschaften im Konzern 239
    1. Personengesellschaften als herrschendes Unternehmen 239
        1.1. Zulässigkeit 239
        1.2. Folgen für den Konzern 240
    2. Personengesellschaften als abhängige Unternehmen 242
        2.1. Kollektiv- und Kommanditgesellschaft 242
        2.2. Einfache Gesellschaft 244

VI. Die natürliche Person im Konzern 245
    1. Die natürliche Person als herrschendes Unternehmen 245
        1.1. Zulässigkeit 245
        1.2. Folgen für den Konzern 245
    2. Die natürliche Person als abhängiges Unternehmen 246

VII. Die öffentliche Hand im Konzern 249
   1. Das Auftreten des Gemeinwesens in privatrechtlicher Form 249
   2. Die gemischtwirtschaftliche Aktiengesellschaft als Beispiel 250
      2.1. Das anwendbare Recht 250
      2.2. Art und Umfang der Einflussnahme des Gemeinwesens 251
      2.3. Die Haftung des Gemeinwesens als herrschendes Unternehmen 251
      2.4. Entsendung von Verwaltungsräten gemäss OR 762 252
      2.5. Beteiligung des Gemeinwesens an einem herrschenden Unternehmen 252

Vierter Abschnitt
Konzernrechtliche Regelungen in anderen Rechtsordnungen

I. **Deutschland: Kodifiziertes Konzernrecht** 255
   1. Konzernbegriff 255
   2. Der Vertragskonzern 256
   3. Eingliederung 258
   4. Der faktische Konzern 259

II. **Frankreich: Punktuelle konzernrechtliche Regelungen** 262
   1. Konzernbegriff 262
   2. Der Begriff der "contrôle" 262
   3. Die gesetzlichen Rechtsfolgen 263
      3.1. Informationspflichten bei einer Kapitalbeteiligung ("participation") 264
      3.2. Rechtspflichten in einer "groupe de sociétés" 264
   4. Richterrecht 266
      4.1. Organhaftung 266
      4.2. Durchgriff 267

III. **USA: Konzernrecht als Richterrecht** 269
   1. Einleitung 269
   2. Konzernbegriff 269
      2.1. Die Terminologie 269
      2.2. Die Tatbestandsmerkmale 270
   3. Konzernrechtliche Einzelfragen 271
      3.1. Minderheitenschutz 271
      3.2. Einheitsbehandlung des Konzerns 272
   4. Publizität 272

IV. De lege ferenda: Die neunte EU-Richtlinie 274
    1. Einleitung 274
    2. Konzernbegriff 274
    3. Konzernarten und Rechtsfolgen 275

Zweites Kapitel
Der Konzern im Börsenrecht

I. Bundesgesetz über die Börsen und den Effektenhandel (BEHG) . . 277

II. Vom Börsengesetz betroffene Konzernunternehmen 278
    1. Aktiengesellschaften 278
    2. Genossenschaften 278
    3. Andere Gesellschaftsformen 280

III. Konkrete Auswirkungen auf den Konzern 281
    1. Rechnungslegung und Publizität 281
    2. Meldepflicht für Beteiligungen 282
    3. Öffentliches Kaufangebot 284
        3.1. Ablauf des Angebotes 284
        3.2. Eingriffe in die Kompetenzordnung des Verwaltungsrates
             der Zielgesellschaft 285
        3.3. Kraftloserklärung der restlichen Beteiligungspapiere
             ("Ausschlussrecht") 286
    4. Zwangsangebot ("Austrittsrecht") 287

IV. Würdigung 289

Drittes Kapitel
Konzern und Vertragsrecht

I. Verträge betreffend die Konzernierung 292
    1. Akquisitionsverträge 292
        1.1. Übernahme von Aktiven und Passiven 292
        1.2. Erwerb einer Beteiligung 293
    2. Fusionsverträge 297
    3. Joint Venture-Verträge 300

		4. Beherrschungsverträge 302

4. Beherrschungsverträge 302
5. Aktionärbindungsverträge 303
6. Betriebspacht- und Betriebsüberlassungsverträge 304

II. **Verträge betreffend die Ausgestaltung des Konzerns nach erfolgter Konzernierung** 306
    1. Gewinnabführungsverträge 306
    2. Gewinngemeinschaftsverträge 307

III. **Konzerninterne Austauschverträge** 308
    1. Allgemeine Bemerkungen zum Abschluss konzerninterner Verträge 308
       1.1. Zum Problem von Austauschverträgen innerhalb einer wirtschaftlichen Einheit 308
       1.2. Das Kontrahieren durch Doppelorgane 308
    2. Verträge betreffend die Nutzung von geistigem Eigentum und Dienstleistungen des herrschenden Unternehmens 309
       2.1. Lizenzverträge 310
       2.2. Dienstleistungsverträge 310
       2.3. Franchiseverträge 311
       2.4. Zentralkostenverträge 312
    3. Verträge betreffend die Produktion und den Vertrieb von Gütern .. 313
       3.1. Lohnfabrikationsverträge 313
       3.2. Vertriebsverträge 314

IV. **Verträge zwischen Konzernunternehmen und Dritten** 315
    1. Fragestellung 315
    2. Bestimmung der Vertragspartei 315
    3. Willensmängel in bezug auf konzernbedeutsame Tatsachen 316
    4. Bestimmung der Vertragspflichten der konzernverbundenen Vertragspartei 317
       4.1. Ein herrschendes Unternehmen als Vertragspartei 317
       4.2. Ein abhängiges Unternehmen als Vertragspartei 319
    5. Haftung aus culpa in contrahendo und aus Vertragsverletzung 319
       5.1. Die Aufklärungspflicht des Konzernunternehmens 319
       5.2. Vertragliche Haftung für eigenes Handeln 320
       5.3. Haftung für Erfüllungsgehilfen nach OR 101 321
    6. Konzernklauseln 322
    7. Die Konzernierung als wichtiger Grund für die Beendigung von Dauerschuldverhältnissen 323
    8. Einzelne Vertragsverhältnisse 324

V. Erklärungen des herrschenden Unternehmens zu Gunsten des
abhängigen Unternehmens 326
1. Allgemeines 326
2. Patronatserklärungen 327
   2.1. Begriff 327
   2.2. Gründe für die Abgabe einer Patronatserklärung 327
   2.3. Inhalt 329
   2.4. Rechtliche Qualifikation 330
3. Erklärungen mit rechtlicher Bindungswirkung 334
   3.1. Garantieerklärungen 334
   3.2. Bürgschaft 335
   3.3. Kumulative Schuldübernahme 336

Viertes Kapitel
Der Konzern im Steuerrecht

I. Beteiligungsabzug, Holding- und Domizilprivileg 340
1. Der Beteiligungsabzug 340
2. Das Holdingprivileg 341
3. Das Domizilprivileg 342

II. Die Steuerfolgen bei Gewinnverschiebungen im Konzern 343
1. Vorbemerkung 343
2. Verdeckte Vorteilszuwendungen 343
3. Die Steuerfolgen bei der verdeckten Gewinnausschüttung 344
   3.1. Beim leistenden Unternehmen (abhängiges Unternehmen) . . 344
   3.2. Beim empfangenden Unternehmen (herrschendes Unternehmen) 345
4. Die Steuerfolgen bei der verdeckten Kapitaleinlage 345
   4.1. Beim leistenden Unternehmen (herrschendes Unternehmen) . 345
   4.2. Beim empfangenden Unternehmen (abhängiges Unternehmen) 345
5. Die Steuerfolgen bei verdeckten Vorteilszuwendungen zwischen
   abhängigen Unternehmen 345
   5.1. Direktbegünstigungstheorie/Dreieckstheorie 345
   5.2. Steuerfolgen beim leistenden Unternehmen 346
   5.3. Steuerfolgen beim empfangenden Unternehmen 346
   5.4. Emissionsabgabe 346
   5.5. Steuerfolgen beim herrschenden Unternehmen 347

       6. Steuerfolgen des Rückerstattungsanspruchs gemäss OR 678 II . . . 347
          6.1. Die Widerrechtlichkeit verdeckter Gewinnausschüttungen . . 347
          6.2. Folgen für das leistende (abhängige) Unternehmen 348
          6.3. Folgen für das empfangende (herrschende) Unternehmen . . . 348

III. **Das abhängige Unternehmen als Betriebsstätte des herrschenden Unternehmens** 350

IV. **Mehrwertsteuerrechtliche Probleme im Konzern** 351
       1. Ausgangslage 351
       2. Einzelbesteuerung der Konzernunternehmen 351
          2.1. Jedes an einer Umsatzkette beteiligte Konzernglied ist selbst steuerpflichtig und erbringt eine steuerbare Leistung 352
          2.2. Ein an einer Umsatzkette beteiligtes Konzernglied ist nicht steuerpflichtig 352
          2.3. Ein an einer Umsatzkette beteiligtes Konzernglied erbringt eine von der Steuer ausgenommene Leistung 353
          2.4. Ein an einer Umsatzkette beteiligtes Konzernglied erbringt eine von der Steuer befreite Leistung 353
       3. Die Gruppenbesteuerung 354
          3.1. Die Voraussetzungen der Gruppenbesteuerung 355
          3.2. Die Steuergruppe 355
          3.3. Die Wirkungen der Gruppenbesteuerung 357
       4. Die Holdinggesellschaft als Sonderfall 358

Fünftes Kapitel
Der Konzern im Kartellrecht

I. **Der Konzern im schweizerischen Kartellrecht** 359
       1. Konzerne sind keine Kartelle 359
       2. Konzerne als marktbeherrschende Unternehmen 360
          2.1. Marktmacht und Marktbeherrschung 360
          2.2. Unzulässige Verhaltensweisen marktbeherrschender Konzerne 361
          2.3. Verfahren 367
       3. Konzern und Unternehmenszusammenschlüsse 368
          3.1. Voraussetzungen 368
          3.2. Meldung von Zusammenschlussvorhaben/"Aufgreifschwelle" 370
          3.3. Beurteilung von Zusammenschlüssen/"Eingreifschwelle" . . . 371

3.4. Ausnahmsweise Zulassung aus überwiegenden öffentlichen
Interessen 372
3.5. Verfahren 373

II. **Besonderheiten des EU-Kartellrechts** 374
1. Das EU-Kartellrecht im Überblick 374
2. Konzerne und wettbewerbsbeschränkende Vereinbarungen und
Verhaltensweisen (EGV 85 I) 374
3. Konzerne und Verbot des Missbrauchs einer marktbeherrschenden
Stellung (EGV 86) 375
3.1. Voraussetzungen 375
3.2. Sanktionen 377
4. Die Fusionskontrolle 378
4.1. Voraussetzungen 378
4.2. Das Verfahren 380
4.3. Abgrenzung zur schweizerischen Fusionskontrolle 380

Sechstes Kapitel
Der Konzern im Immaterialgüterrecht

I. **Firmen- und namensrechtliche Aspekte im Konzern** 383
1. Firmenrecht 383
1.1. Die Verwendung von Firmen mit einer einheitlichen
Konzernbezeichnung 383
1.2. Firmenrechtliche Aspekte von Firmen mit einer einheitlichen
Konzernbezeichnung 384
2. Namensschutz 387
3. Schutz der Konzernbezeichnung nach UWG 389

II. **Markenrechtliche Aspekte im Konzern** 391
1. Die Konzernmarke 391
2. Die Holdingmarke 393

III. **Patentrechtliche Aspekte im Konzern** 395

IV. **Originärer und derivativer Rechtserwerb durch den Konzern bei
der Schaffung von Immaterialgüterrechten im Arbeitsverhältnis** .. 396

V. Nationale oder internationale Erschöpfung – Zur Frage der
   Zulässigkeit von Parallelimporten im Konzern 401
   1. Parallelimporte nach schweizerischem Recht. 401
      1.1. Einleitung 401
      1.2. Parallelimporte im Markenrecht 401
      1.3. Parallelimporte im Urheberrecht 406
      1.4. Parallelimporte im Patentrecht 407
      1.5. Parallelimporte im Muster- und Modellrecht 407
   2. Parallelimporte im internationalen Recht 408
      2.1. Die Rechtslage in der Europäischen Union 408
      2.2. Das Freihandelsabkommen zwischen der Schweiz und der
           Europäischen Union 409
      2.3. Das TRIPS-Abkommen 409

Siebtes Kapitel
Der Konzern im schweizerischen internationalen Privatrecht

I. **Die juristische Selbständigkeit der Konzernunternehmen als
    Ausgangspunkt** 411

II. **Das anwendbare Recht bei internationalen Konzernsachverhalten** . 412
    1. Gesellschaftsrechtliche Fragen 412
       1.1. Das Gesellschaftsstatut 412
       1.2. Unternehmensinterne Sachverhalte 413
       1.3. Die Ansprüche aus öffentlicher Ausgabe von Beteiligungs-
            papieren und Anleihen 414
       1.4. Die Beschränkung der Vertretungsbefugnis 414
       1.5. Die Zweigniederlassung 415
       1.6. Der Wechsel des Gesellschaftsstatuts 415
    2. Insbesondere Fragen der Haftung 416
       2.1. Die Haftung aus gesellschaftsrechtlicher Verantwortlichkeit . . 416
       2.2. Die Organhaftung 417
       2.3. Die Geschäftsherren- und Hilfspersonenhaftung 417
       2.4. Die Haftung aus Durchgriff 418
       2.5. Die Haftung für ausländische Gesellschaften gemäss
            IPRG 159 418
    3. Namens- und firmenrechtliche Fragen 419

4. Vertragsrechtliche Fragen 419
   4.1. Verträge zwischen Konzernunternehmen 419
   4.2. Verträge von Konzernunternehmen mit Dritten 420

Achtes Kapitel
Der Konzern im Zivilprozessrecht

I. **Der Konzern im schweizerischen, innerstaatlichen Zivilprozessrecht** 423
   1. Problemstellung 423
   2. Der Grundsatz der juristischen Selbständigkeit der Konzernunternehmen 424
      2.1. Abgrenzung von den Zweigniederlassungen 424
      2.2. Fehlende Rechtsfähigkeit des Konzerns 424
      2.3. Prozessualer Durchgriff als Ausfluss des allgemeinen Rechtsmissbrauchsverbotes 425
   3. Örtliche Zuständigkeit 425
      3.1. Grundsatz 425
      3.2. Analoge Anwendung des Gerichtsstandes der Zweigniederlassung? 425
   4. Einzelprobleme 427
      4.1. Beweisrecht: Editionspflicht 427
      4.2. Erstreckung der Urteilswirkungen 428
      4.3. Kautionspflicht 429

II. **Der Konzern im schweizerischen international-zivilprozessualen Verhältnis** 430
   1. Problemstellung 430
   2. Die direkte internationale Zuständigkeit 430
      2.1. Lugano-Übereinkommen 430
      2.2. IPRG 433
   3. Die Anerkennung und Vollstreckung von ausländischen Urteilen . . 434
      3.1. Problemstellung 434
      3.2. Vollstreckung ausländischer Urteile in der Schweiz 435
      3.3. Vollstreckung schweizerischer Urteile im Ausland 436
   4. Schiedsgerichtsbarkeit 436
   5. Internationale Rechtshilfe 437

III. **Zuständigkeit der US-Gerichte für ausländische Konzernunternehmen im besonderen** 439
   1. Ausgangslage 439

2. Niederlassung oder Vertretung in den USA 439
3. Abhängiges Unternehmen in den USA 440

Neuntes Kapitel
Der Konzern im Schuldbetreibungs- und Konkursrecht

I. Die Massgeblichkeit der juristischen Selbständigkeit 443

II. Schuldbetreibungs- und konkursrechtliche Folgen konzerninterner Rechtshandlungen 446
    1. Die Zulässigkeit konzerninterner Rechtshandlungen unter dem Blickwinkel des Konkurses 446
    2. Die Kollokation von Forderungen eines Konzernunternehmens im Konkurs eines anderen Konzernunternehmens 448
    3. Die paulianische Anfechtung der vom konkursiten Konzernunternehmen an andere Konzernunternehmen erbrachten Leistungen . . . 450
        3.1. Die Bedeutung der paulianischen Anfechtung im Konkurs eines Konzernunternehmens 450
        3.2. Die Tatbestände der paulianischen Anfechtung 451

Stichwortverzeichnis 453

Abkürzungsverzeichnis

a.a.O.	am angegebenen Ort
ABl	Amtsblatt der Europäischen Gemeinschaften
AcP	Archiv für die civilistische Praxis (Deutschland)
a.M.	anderer Meinung
Abs.	Absatz
AG	Aktiengesellschaft
AJCL	The American Journal of Comparative Law
AJP	Aktuelle Juristische Praxis (Lachen) = PJA
AktG	Aktiengesetz (Deutschland)
AmtlBull	Amtliches Bulletin der Bundesversammlung = BO = Boll.uff.
Art.	Artikel (im Singular oder Plural)
AS	Amtliche Sammlung des Bundesrechts
ASA	Archiv für Schweizerisches Abgaberecht (Bern); Bulletin der Schweiz. Vereinigung für Schiedsgerichtsbarkeit (Basel)
AT	Allgemeiner Teil
Aufl.	Auflage
AWD	Aussenwirtschaftsdienst des Betriebs-Beraters
BankG	BG über die Banken und Sparkassen
BankV	VO über die Banken und Sparkassen
BBl	Bundesblatt
Bd.	Band, Bände
BdBst	Bundesratsbeschluss über die Erhebung einer direkten Bundessteuer
BEHG	BG über die Börsen und den Effektenhandel
BEHV	VO über die Börsen und den Effektenhandel
BezGer	Bezirksgericht
BG	Bundesgesetz
BGB	Bürgerliches Gesetzbuch

BGE	Entscheidungen des Schweizerischen Bundesgerichts = ATF = DTF
BGer	Bundesgericht
BGH	(deutscher) Bundesgerichtshof
BGHZ	Entscheidungen des (deutschen) Bundesgerichtshofes in Zivilsachen (Köln)
BJM	Basler Juristische Mitteilungen (Basel)
BK	Berner Kommentar
Bl.	Blatt, Blätter
BlSchK	Blätter für Schuldbetreibung und Konkurs (Wädenswil)
BN	Der Bernische Notar (Bern) = NB
BR	Bundesrat
BRE	Bundesratsentwurf
Bsp.	Beispiel
BE StG	Gesetz über die direkten Staats- und Gemeindesteuern (Kt. Bern)
BT	Besonderer Teil
bzw.	beziehungsweise
d.h.	das heisst
DBG	BG über die direkte Bundessteuer
ders.	derselbe (Autor)
Diss.	Dissertation
E.	Erwägung
EBK	Eidgenössische Bankenkommission
EG	Einführungsgesetz; Europäische Gemeinschaft(en)
EGV	Vertrag zur Gründung der Europäischen Gemeinschaft
eidg.	eidgenössisch
etc.	et cetera
EU	Europäische Union
EuGH	Amtliche Sammlung der Rechtsprechung des Europäischen Gerichtshofs (Luxemburg)
evtl.	eventuell

EWG	Europäische Wirtschaftsgemeinschaft
f./ff.	und folgende (Seite/Seiten)
FHA	Freihandelsabkommen
FKVO	Fusionskontrollverordnung (EU)
Fn.	Fussnote
FS	Festschrift
GATT	Allgemeines Zoll- und Handelsabkommen
gl.M.	gleicher Meinung
GmbH	Gesellschaft mit beschränkter Haftung
GmbHG	Gesetz betr. die Gesellschaft mit beschränkter Haftung (Deutschland)
GRUR	Zeitschrift für gewerblichen Rechtsschutz und Urheberrecht (Weinheim)
GRUR Int.	dito, Internationaler Teil
GV	Generalversammlung
GVP	Sankt Gallische Gerichts- und Verwaltungspraxis (St. Gallen)
h.L.	herrschende Lehre
h.M.	herrschende Meinung
Hrsg.	Herausgeber
HRV	VO über das Handelsregister
i.c.	in casu = im vorliegenden Fall
i.d.R.	in der Regel
i.e.S.	im engeren Sinn
IGE	Eidgenössisches Institut für Geistiges Eigentum
insbes.	insbesondere
i.V.m.	in Verbindung mit
i.w.S.	im weiteren Sinn
int.	international
IPR	Internationales Privatrecht
IPRG	BG über das Internationale Privatrecht
JZ	(deutsche) Juristenzeitung (Tübingen)

Kap.	Kapitel
KG	BG über Kartelle und ähnliche Organisationen
Komm.	Kommission
Kt.	Kanton
LGVE	Luzerner Gerichts- und Verwaltungsentscheide (Luzern)
lit.	litera = Buchstabe
L.s.c.	Loi sur les sociétés commerciales (Frankreich)
L-Ü	Lugano-Übereinkommen
m.a.W.	mit anderen Worten
m.E.	meines Erachtens
m.w.H.	mit weiteren Hinweisen
MMG	BG betr. die gewerblichen Muster und Modelle
MSchG	BG über den Schutz von Marken und Herkunftsangaben
MWSTV	Verordnung über die Mehrwertsteuer
N.	Note; Randnote
NR	Nationalrat
Nr.	Nummer
NZZ	Neue Zürcher Zeitung (Zürich)
Oberger	Obergericht
OR	BG über das Obligationenrecht
PatG	BG betr. Erfindungspatente
PKG	Die Praxis des Kantonsgerichtes von Graubünden (Chur)
PMMBl.	Schweizerisches Patent-, Muster- und Marken-Blatt = FBDM = FBDM
Pra	Die Praxis des schweizerischen Bundesgerichts (Basel)
PrHG	BG über die Produktehaftpflicht
Prot.	Protokoll(e)
PS	Partizipationsschein
recht	recht, Zeitschrift für juristische Praxis (Bern)
RIW	Recht der internationalen Wirtschaft und Praxis (Deutschland)
RL	Richtlinie

S.	Seite(n)
SAG	Schweiz. Aktiengesellschaft
sc.	scilicet = das heisst, nämlich
SchKG	BG über Schuldbetreibung und Konkurs (Schuldbetreibungs- und Konkursgesetz)
SchlT	Schlusstitel
schweiz.	schweizerisch
SEC	Securities Exchange Commission (USA)
Semjud	La Semaine Judiciaire (Genève)
SHAB	Schweizerisches Handelsamtsblatt (Bern) = FOSC = FUSC
sic!	sic! Zeitschrift für Immaterialgüter-, Informations- und Wettbewerbsrecht (Zürich)
SJIR	Schweizerisches Jahrbuch für Internationales Recht (Zürich) = ASDI
SJZ	Schweizerische Juristen-Zeitung (Zürich) = RSJ
Slg.	Sammlung
SMI	Schweizerische Mitteilungen über Immaterialgüterrecht
sog.	sogenannt
SPR	Schweizerisches Privatrecht (Basel/Frankfurt a.M.) = TDP
SR	Systematische Sammlung des Bundesrechts (Systematische Rechtssammlung) = RS
ST	Der Schweizer Treuhänder (Zürich) = L'EC
StG	BG über die Stempelabgaben
StHG	BG über die Harmonisierung der direkten Steuern der Kantone und Gemeinden
StR	Ständerat
SZIER	Schweizerische Zeitschrift für internationales und europäisches Recht
SZW	Schweizerische Zeitschrift für Wirtschaftsrecht (Zürich)
TRIPS	Trade-Related Aspects of Intellectual Property Rights
u.ä.	und ähnliche(s)
u.a.	und andere(s); unter anderem (anderen)

u.U.	unter Umständen
URG	BG betr. das Urheberrecht an Werken der Literatur und Kunst
U.S.C.	United States Code
usw.	und so weiter
UWG	BG über den unlauteren Wettbewerb
VE	Vorentwurf
vgl.	vergleiche
VKU	Verordnung über die Kontrolle von Unternehmenszusammenschlüssen (Schweiz)
VO	Verordnung
VR	Verwaltungsrat
VStG	BG über die Verrechnungssteuer
VStV	VO über die Verrechnungssteuer
VWVG	BG über das Verwaltungsverfahren
WTO	Welthandelsorganisation
z.B.	zum Beispiel
ZBJV	Zeitschrift des bernischen Juristenvereins (Bern) = RJB
ZGB	Schweizerisches Zivilgesetzbuch
ZGR	Zeitschrift für Unternehmens- und Gesellschaftsrecht (Deutschland)
Ziff.	Ziffer
ZIP	Zeitschrift für Wirtschaftsrecht (Deutschland)
ZK	Zürcher Kommentar
ZPO	Zivilprozessordnung
ZSR	Zeitschrift für Schweizerisches Recht (Basel) = RDS = RDS
ZR	Blätter für zürcherische Rechtsprechung
z.T.	zum Teil

Literaturverzeichnis

Es wird mit den Autorennamen sowie zusätzlich mit einem Stichwort zitiert, bei mehreren Autoren gleichen Namens zusätzlich mit den betreffenden Vornamen.

ACHERMANN EDUARD, Die Täuschungsgefahr im Firmenrecht, BN 1985, S. 47 ff. (ACHERMANN, Täuschungsgefahr)

ALBERS-SCHÖNBERG MAX, Haftungsverhältnisse im Konzern, Diss. Zürich 1980 (ALBERS-SCHÖNBERG, Haftungsverhältnisse)

ALTENPOHL MARTINA, in: Kommentar zum Schweizerischen Privatrecht, Obligationenrecht II, Basel/Frankfurt a.M. 1994 (OR-ALTENPOHL)

ALTENBURGER PETER R., Die Patronatserklärungen als "unechte" Personalsicherheiten, Diss. Basel 1978 (ALTENBURGER, Patronatserklärungen)

AMONN KURT/GASSER DOMINIK, Grundriss des Schuldbetreibungs- und Konkursrechts, 6. Aufl., Bern 1997 (AMONN/GASSER, SchKG)

AMSTUTZ MARC, Konzernorganisationsrecht. Ordnungsfunktion, Normstruktur, Rechtssystematik, Diss. Zürich 1993 (AMSTUTZ, Konzernorganisationsrecht)
– in: Kommentar zum Schweizerischen Privatrecht, Obligationenrecht II, Basel/Frankfurt a.M. 1994 (OR-AMSTUTZ)

AMSTUTZ MARC/WATTER ROLF, Entscheidung, AJP 1995, S. 502 (AMSTUTZ/WATTER, Swissair)

AMSTUTZ MARC/VOGT NEDIM PETER/WANG MARKUS, in: BSK IPRG-Kommentar, Basel/Frankfurt a.M. 1996 (BSK IPRG-AMSTUTZ/VOGT/WANG)

BACHMANN ROLF, Bankkonzernrechnung: ein Konzept für die Schweiz unter Berücksichtigung nationaler und internationaler Rahmenbedingungen, Diss. Zürich 1991 (BACHMANN, Bankkonzernrechnung)

BAER JAKOB, Die Sonderprüfung als neues Kontrollmittel: Wenig Erfahrung mit einem vielzitierten Instrument, NZZ vom 18./19.3.1995, Nr. 65, S. 27 (BAER, Sonderprüfung)

BAHLSEN BETTINA C., in: Kommentar zum Schweizerischen Privatrecht, Obligationenrecht II, Basel/Frankfurt a.M. 1994 (OR-BAHLSEN)

BÄR ROLF, Aktuelle Fragen des Aktienrechts, ZSR 1966 II, S. 522 ff. (BÄR, Aktuelle Fragen)
– Das Internationale Privatrecht (Kollisionsrecht) des Immaterialgüterrechts und des Wettbewerbsrechts, in: Schweizerisches Immaterialgüter- und Wettbewerbsrecht, Bd. I/1, Basel/Frankfurt a.M. 1995, S. 87 ff. (BÄR, Kollisionsrecht)
– Das Auswirkungsprinzip im schweizerischen und europäischen Wettbewerbsrecht, in: Die neue schweizerische Wettbewerbsordnung im internationalen Umfeld,

Roland von Büren/Thomas Cottier (Hrsg.), Bern 1996, S. 87 ff. (BÄR, Auswirkungsprinzip)

BARRELET DENIS/EGLOFF WILLI, Das neue Urheberrecht, Bern 1994 (BARRELET/EGLOFF, Urheberrecht)

BARTHÉLÉMY JACQUES et al., Le droit des groupes de sociétés, Paris 1991 (BARTHÉLÉMY, Groupes de sociétés)

BARTMAN STEPHANUS MARIE/DORRESTEIJN ADRIAAN FRANCISCUS MARIA, Van het concern, Arnhem 1991 (BARTMAN/DORRESTEIJN, Concern)

BARZ CARL HANS et al. (Hrsg.), Aktiengesetz: Grosskommentar, 3. Aufl., Berlin 1970 (BARZ, Aktiengesetz)

BATTEGAY ROBERTO, Neue juristische Wege einer Privatisierung, NZZ vom 17.1.1995, Nr. 13, S. 27 (BATTEGAY, Privatisierung)

BAUDENBACHER CARL, Die Behandlung des Franchisingvertrages im schweizerischen und im europäischen Recht, in: Neue Vertragsformen der Wirtschaft: Leasing, Factoring, Franchising, Ernst Kramer (Hrsg.), 2. Aufl., Bern 1992, S. 365 ff. (BAUDENBACHER, Franchisevertrag)

– in: Kommentar zum Schweizerischen Privatrecht, Obligationenrecht II, Basel/Frankfurt a.M. 1994 (OR-BAUDENBACHER)

BAUDENBACHER CARL/ROMMÉ OLIVIER, Ausgewählte Rechtsprobleme des Franchising, in: Mélanges Pierre Engel, Lausanne 1989, S. 1 ff. (BAUDENBACHER/ROMMÉ, Rechtsprobleme)

BAUMANN STEPHAN, Steuersensitive Finanzierung der Holdinggesellschaft, Diss. Zürich 1995 (BAUMANN, Holdinggesellschaft)

BAUMBACH ADOLF/HEFERMEHL WOLFGANG, Warenzeichenrecht und Internationales Wettbewerbs- und Zeichenrecht, 12. Aufl., München 1985 (BAUMBACH/HEFERMEHL, Warenzeichenrecht)

BECKER HERMANN, Allgemeine Bestimmungen, Art. 1-183 OR, Berner Kommentar, Bd. VI, 2. Aufl., Bern 1945 (BK-BECKER)

BEHNISCH URS, Verdeckte Gewinnausschüttungen und Steuerstrafrecht, ST 1993, S. 379 ff. (BEHNISCH, Verdeckte Gewinnausschüttungen)

BEHR GIORGIO, Ein Votum für die Organisationsfreiheit, in: Das St. Galler Konzernrechtsgespräch, Bern/Stuttgart 1988, S. 129 ff. (BEHR, Organisationsfreiheit)

– Dezentrale Führungsstrukturen, ST 1992, S. 226 ff. (BEHR, Führungsstrukturen)

– Transparente Rechnungslegung nach internationalen Richtlinien, ST 1993, S. 109 ff. (BEHR, Richtlinien)

BÉJOT MICHEL, Einige Elemente der konzernrechtlichen Sonderregeln in Frankreich, in: Mestmäcker/Behrens, Konzerne, S. 169 ff. (BÉJOT, Konzernrechtliche Sonderregeln)

BERTSCHINGER PETER, Konzernrechnung und Konzernprüfung nach neuem Aktienrecht, ST 1991, S. 564 ff. (BERTSCHINGER, Konzernrechnung)

– Die US-Rechnungslegungs-Standards im Überblick, ST 1995, S. 269 ff. (BERT-SCHINGER, US-GAAP)

BERZ HANS PETER, Der paulianische Rückerstattungsanspruch, Diss. Zürich 1960 (BERZ, Paulianischer Rückerstattungsanspruch)

BESSENICH BALTHASAR, Die grenzüberschreitende Fusion nach den Bestimmungen des IPRG und des OR, Diss. Basel 1991 (BESSENICH, Fusion)

BIERI-GUT MARIANNE, Rechtsprobleme beim Absatz auf grauen Märkten, Diss. Zürich 1994 (BIERI-GUT, Rechtsprobleme)

– Parallelimport und Immaterialgüterrechte nach schweizerischen Spezialgesetzen und dem Recht der EU, AJP 1996, S. 559 ff. (BIERI-GUT, Parallelimport)

BLEICHER KNUT, Forderungen strategischer und struktureller Unternehmensentwicklung an die rechtliche Konzipierung des Konzerns, in: Das St. Galler Konzernrechtsgespräch, Bern/Stuttgart 1988, S. 55 ff. (BLEICHER, Konzipierung des Konzerns)

BLUMBERG PHILLIP I., The Law of Corporate Groups: Procedural Problems in the Law of Parent and Subsidiary Corporations, Bd. 1-4 Boston/Toronto 1983, 1985, 1987 und 1989 (BLUMBERG, Corporate Groups)

– Amerikanisches Konzernrecht, in: Lutter, Konzernrecht, S. 264 ff. (BLUMBERG, Amerikanisches Konzernrecht)

BLUMENSTEIN/LOCHER, System des Steuerrechts, 5. Aufl., Zürich 1995 (BLUMENSTEIN/LOCHER, System)

BOCHUD LOUIS, Darlehen an Aktionäre, Diss. Bern 1989 (BOCHUD, Aktionärsdarlehen)

BÖCKLI PETER, Darlehen an Aktionäre als aktienrechtlich kritischer Vorgang, ST 1980, S. 4 ff. (BÖCKLI, Darlehen)

– Aktienrechtliches Sondervermögen und Darlehen an Aktionäre, in: Festschrift für Frank Vischer zum 60. Geburtstag, Zürich 1983, S. 527 ff. (BÖCKLI, Sondervermögen)

– Aktionärbindungsverträge, Vinkulierung und statutarische Vorkaufsrechte unter neuem Aktienrecht, ZBJV 1993, S. 475 ff. (BÖCKLI, Aktionärbindungsverträge)

– Schweizer Aktienrecht, 2. Aufl., Zürich 1996 (BÖCKLI, Aktienrecht)

BOEMLE MAX, Der Jahresabschluss, Bilanz, Erfolgsrechnung, Anhang, 2. Aufl., Zürich 1993 (BOEMLE, Jahresabschluss)

BOLT MICHAEL, La protection des créanciers sociaux contre les conséquences de la domination, Diss. Lausanne 1988 (BOLT, Protection)

BORCHERS PATRICK J., Comparing Personal Jurisdiction in the United States and the European Community: Lessons for American Reform, AJCL 1992, S. 121 ff. (BORCHERS, Jurisdiction)

BOSMAN ALEIDUS GERARD, Konzernverbundenheit und ihre Auswirkung auf Verträge mit Dritten, Diss. Zürich 1984 (BOSMAN, Konzernverbundenheit)

BRAND JÜRG, Unpässliches im schweizerischen Mehrwertsteuerrecht, StR 49, S. 475 ff. (BRAND, Unpässliches).
BRAND DANIEL/DÜRR LUCIUS/GUTKNECHT BRUNO/PLATZER PETER/SCHNYDER ADRIAN/STAMPFL CONRAD/WANNDER ULRICH, Kommentar zu Art. 319-346a, 361/362, Der Einzelarbeitsvertrag im Obligationenrecht, Bern 1991 (BRAND/ DÜRR/GUTKNECHT u.a., Einzelarbeitsvertrag)
BRASCHLER CHRISTOPH, Abwehrmassnahmen gegenüber unfriendly takeover bids in den USA und in der Schweiz, Diss. St. Gallen 1992 (BRASCHLER, Abwehrmassnahmen)
BRATSCHI BERNHARD, Die Stellung des freien Aktionärs im Konzern, Diss. Bern 1996 (BRATSCHI, Freier Aktionär)
BRAUN TOBIAS A., Behördliche Korrektur von Verrechnungspreisen bei multinationalen Unternehmen, Diss. St. Gallen 1994 (BRAUN, Verrechnungspreise)
BRÜHWILER JÜRG, Handkommentar zum Einzelarbeitsvertrag, Bern 1978 (BRÜHWILER, Einzelarbeitsvertrag)
BUCHER EUGEN, Schweizerisches Obligationenrecht, Allgemeiner Teil, 2. Aufl., Zürich 1988 (BUCHER, OR AT)
– Schweizerisches Obligationenrecht, Besonderer Teil, 3. Aufl., Zürich 1988 (BUCHER, OR BT)
– Kommentar zu Art. 27 ZGB, Berner Kommentar, Bd. I/2/2, Bern 1993 (BK-BUCHER)
BÜHLER ROLAND, Firmenfunktionen und Eintragungsfähigkeit von Firmen, BN 1987, S. 1 ff. (BÜHLER, Firmenfunktionen)
– Grundlagen des materiellen Firmenrechts, Diss. Zürich 1991 (BÜHLER, Grundlagen)
VON BÜREN ROLAND, Der Konzern im neuen Aktienrecht, Grundfragen des neuen Aktienrechts, Symposium aus Anlass der Emeritierung von Rolf Bär, Bern 1993, S. 47 ff. (VON BÜREN, Konzern)
– Urheberrecht und verwandte Schutzrechte, ZSR 1993 I, S. 193 ff. (VON BÜREN, Urheberrecht)
– Erfahrungen schweizerischer Publikumsgesellschaften mit dem neuen Aktienrecht, ZBJV 1995, S. 57 ff. (VON BÜREN, Publikumsgesellschaften)
– Der Lizenzvertrag, in: Schweizerisches Immaterialgüter- und Wettbewerbsrecht, Bd. I/1, Basel/Frankfurt a.M. 1995, S. 225-374 (VON BÜREN, Lizenzvertrag)
– Der Übergang von Immaterialgüterrechten, in: Schweizerisches Immaterialgüter- und Wettbewerbsrecht, Bd. I/1, Basel/Frankfurt a.M. 1995, S. 171-223 (VON BÜREN, Übergang)
– Die Rechtsformumwandlung einer öffentlich-rechtlichen Anstalt in eine private Aktiengesellschaft nach OR 620 ff. (VON BÜREN, Rechtsformumwandlung)
– Grundzüge des EU-Kartellrechts. Referat anlässlich der Tagung zum Thema "Verbände ohne Wettbewerbsschutz" vom 8.2.1996 in Freiburg i.Ue. (VON BÜREN, Grundzüge des EU-Kartellrechts)

- Wettbewerbsbeschränkungen im schweizerischen und europäischen Recht, in: Die neue schweizerische Wettbewerbsordnung im internationalen Umfeld, Roland von Büren/Thomas Cottier (Hrsg.), Bern 1996, S. 11 ff. (VON BÜREN, Wettbewerbsbeschränkungen)

VON BÜREN ROLAND/BÄHLER THOMAS, Gründe für die gesteigerte Attraktivität der GmbH – Zugleich ein Beitrag zur Frage der Verweisungen auf das Aktienrecht, recht 1996, S. 17 ff. (VON BÜREN/BÄHLER, GmbH I) sowie BN 1996, S. 221 ff. (VON BÜREN/BÄHLER, GmbH II)

- Eingriffe des neuen Börsengesetzes ins Aktienrecht – Ein weiteres Kapitel in der Diskussion um die Einheit des Aktienrechts, AJP 1996, S. 391 ff. (VON BÜREN/BÄHLER, Börsengesetz)

VON BÜREN ROLAND/BURI UELI, Zum Ausschluss des Bezugs- bzw. Vorwegzeichnungsrechts bei den neuen Arten der Kapitalerhöhung (Art. 650 ff. OR), ZBJV 1995, S. 598 ff. (VON BÜREN/BURI, Kapitalerhöhung)

BÜRGE ANDREAS/OHLUND ERIC G., Die Konzernrechnung nach International Accounting Standards, ST 1994, S. 340 ff. (BÜRGE/OHLUND, IAS)

BÜRGI WOLFHART F./NORDMANN-ZIMMERMANN URSULA, Die Aktiengesellschaft, Art. 739-771, Bd. V/5b/3, Zürich 1979 (ZK-BÜRGI/NORDMANN)

CAFLISCH SILVIO, Die Bedeutung und die Grenzen der rechtlichen Selbständigkeit der abhängigen Gesellschaft im Recht der Aktiengesellschaft, Diss. Zürich 1961 (CAFLISCH, Abhängige Gesellschaft)

- Zur Frage der Haftung der herrschenden Person für die Schulden der abhängigen Gesellschaft, SAG 1961/62, S. 94 ff. (CAFLISCH, Haftung)

CAGIANUT FRANCIS/HÖHN ERNST, Unternehmenssteuerrecht, 3. Aufl., Bern/Stuttgart 1993 (CAGIANUT/HÖHN, Unternehmenssteuerrecht)

CAMENZIND ALOIS/HONAUER NIKLAUS, Handbuch zur neuen Mehrwertsteuer, Bern/Stuttgart/Wien 1995 (CAMENZIND/HONAUER, Mehrwertsteuer)

CAPITAINE GEORGES, Le statut de sociétés holdings en Suisse, ZSR 1943 II, S. 1a ff. (CAPITAINE, Holdings)

DE CAPITANI WERNER, Der delegierte Verwaltungsrat, SJZ 1994, S. 347 ff. (DE CAPITANI, Verwaltungsrat)

CEREGHETTI LEONARDO, Die Offenlegung von Unternehmensbeteiligungen im schweizerischen Recht – unter besonderer Berücksichtigung des neuen Aktienrechts und des zukünftigen Börsenrechts, Diss. St. Gallen 1995, (CEREGHETTI, Offenlegung)

COHEN JEHORAM HERMAN, International Exhaustion versus Importation Right: a Murky Area of Intellectual Property Law, GRUR Int. 1996, S. 280 ff. (COHEN JEHORAM, Exhaustion)

COMPARATO FABIO, Die Konzerne im brasilianischen Aktiengesetz, in: Lutter, Konzernrecht, S. 32 ff. (COMPARATO, Konzerne)

CONSTANTIN CHARLES, Steuerprobleme der multinationalen Unternehmungen, StR 1974, S. 230 ff. (CONSTANTIN, Steuerprobleme)

COTTIER THOMAS, Das Problem der Parallelimporte im Freihandelsabkommen Schweiz-EG und im Recht der WTO-GATT, SMI 1995, S. 37 ff. (COTTIER, Parallelimporte)

CREZELIUS GEORG, Gewinnermittlung vs. Gewinnverwendung, in: Festschrift 100 Jahre GmbH-Gesetz, Lutter Marcus/Ulmer Peter/Zöllner Wolfgang (Hrsg.), Köln 1992, S. 315 ff. (CREZELIUS, Gewinnermittlung)

VON DER CRONE HANS CASPAR, Meldepflicht und Übernahmeregelung im neuen Börsengesetz, in: Aktuelle Rechtsprobleme des Finanz- und Börsenplatzes Schweiz, Bd. 3 (1994), Nobel Peter (Hrsg.), Bern 1995 (VON DER CRONE, Börsengesetz)

DABIN LÉON, Evolutions doctrinales dans le cadre du "Konzernrecht", in: Aspecten van den ondernemingsproepen, Antwerpen 1989 (DABIN, Konzernrecht)

DALLÈVES LOUIS, Problèmes de droit privé relatifs à la coopération et à la concentration des entreprises, ZSR 1973 II, S. 559 ff. (DALLÈVES, Coopération)

DAVID HEINRICH/DAVID LUCAS, Kommentar zum Schweizerischen Markenschutzgesetz, 3. Aufl., Basel/Stuttgart 1974 (aMSchG-HEINRICH DAVID/LUCAS DAVID)

DAVID LUCAS, Supplement zum Kommentar zum Schweizerischen Markenschutzgesetz, Basel/Stuttgart 1974 (aMSchG-LUCAS DAVID, Supplement)

– Markenschutzgesetz/Muster- und Modellgesetz, Kommentar zum Schweizerischen Privatrecht, Basel 1994 (MSchG-LUCAS DAVID, MMG-LUCAS DAVID)

DENNLER MARKUS, Durchgriff im Konzern, Diss. Zürich 1984 (DENNLER, Durchgriff)

DESSEMONTET FRANÇOIS, La marque holding et la marque de groupe, Marke und Marketing, Bern 1990, S. 121 ff. (DESSEMONTET, Marque holding)

– La responsabilité des organes en droit international privé, in: Aspects du droit international des sociétés/Aspekte des internationalen Gesellschaftsrechts, Zürich 1995, S. 149 ff. (DESSEMONTET, Responsabilité)

DORALT PETER, Zur Entwicklung eines österreichischen Konzernrechts, in: Lutter, Konzernrecht, S. 192 ff. (DORALT, Konzernrecht)

DREIFUSS ERIC L./LEBRECHT ANDRÉ E., in: Kommentar zum Schweizerischen Privatrecht, Obligationenrecht II, Basel/Frankfurt a.M. 1994 (OR-DREIFUSS/ LEBRECHT)

DROLSHAMMER JENS, Marktmächtige Unternehmen im Kartellgesetz, Reihe Handels- und Wirtschaftsrecht, Bd. 2, Diessenhofen 1975 (DROLSHAMMER, Marktmächtige Unternehmen)

DRUEY JEAN NICOLAS, Geheimsphäre des Unternehmens, Basel/Stuttgart 1977 (DRUEY, Geheimsphäre)

– Aufgaben eines Konzernrechts, ZSR 1980 II, S. 275 ff. (DRUEY, Konzernrecht)

- Organ und Organisation – zur Verantwortlichkeit aus aktienrechtlicher Organschaft, SAG 1981, S. 77 ff. (DRUEY, Organ)
- Föderalistische Staatsverfassung – ein Modell für die Konzernverfassung, in: Das St. Galler Konzernrechtsgespräch, Bern/Stuttgart 1988, S. 161 ff. (DRUEY, Konzernverfassung)
- Konzernrecht aus der Konzernwirklichkeit, in: Das St. Galler Konzernrechtsgespräch, Bern/Stuttgart 1988 (DRUEY, Konzernwirklichkeit)
- Zentralisierter und dezentralisierter Konzern – ist die Differenzierung rechtlich wünschbar und machbar, in: Das St. Galler Konzernrechtsgespräch, Bern/Stuttgart 1988, S. 89 ff. (DRUEY, Zentralisierter Konzern)
- Company Groups in Swiss Law, Groups of Companies in European Laws: Legal and Economic Analyses on Multinational Enterprises, Vol. II, Berlin/New York 1992 (DRUEY, Company Groups)
- Schweizerisches Konzernrecht – Traktandum des Gesetzgebers?, in: Recht, Staat und Politik am Ende des zweiten Jahrtausends, Festschrift zum 60. Geburtstag von Bundesrat Arnold Koller, Bern/Stuttgart/Wien 1993, S. 223 ff. (DRUEY, Traktandum)
- Die materiellen Grundlagen der Verantwortlichkeit des Verwaltungsrats, in: Die Verantwortlichkeit des Verwaltungsrates, Zürich 1994 (DRUEY, Verwaltungsrat)
- Greyhound, First Boston, Swissair – Fahrten, Stationen, Flüge des Bundesgerichts zu einer Konzernpraxis, Dokumentation zur Informationsveranstaltung der Weiterbildungsstufe HSG vom 14. Juni 1995 (DRUEY, Greyhound)
- Das deutsche Konzernrecht aus der Sicht des übrigen Europa, in: Lutter, Konzernrecht (DRUEY, Deutsches Konzernrecht)
- Grundzüge des schweizerischen Aktienrechts, Zürich 1995 (Separatum aus dem Nachdruck 1995 von Theo Guhl, Das schweizerische Obligationenrecht, 8. Aufl., bearbeitet von Alfred Koller und Jean Nicolas Druey) (DRUEY, Grundzüge)
- Rechtsprechung, Konzernrecht, SZW 1995, S. 97 ff. (DRUEY, Rechtsprechung)
- Die personalistische Aktiengesellschaft in der Schweiz, Die Aktiengesellschaft 1995, S. 545 ff. (DRUEY, Personalistische AG)

DUCREY PATRIK, Besondere Fragen zur Kontrolle von Unternehmenszusammenschlüssen im revidierten KG, AJP Sondernummer 1996, S. 918 ff. (DUCREY, Unternehmenszusammenschlüsse)

DUSS MARCO, Verdeckte Vorteilszuwendung zwischen verbundenen Unternehmen, StR 1987, S. 1 ff. (DUSS, Verdeckte Vorteilszuwendung)

DUTOIT BERNARD, Droit international privé suisse, Commentaire de la loi fédérale du 18 décembre 1987, Basel/Frankfurt a.M. 1996 (LDIP-DUTOIT)

EBENROTH CARSTEN THOMAS, Neuere Entwicklungen im deutschen internationalen Gesellschaftsrecht – Teil 2, JZ 1988, S. 75 ff. (EBENROTH, Neuere Entwicklungen)

EBENROTH CARSTEN THOMAS/SCHRUPKOWSKI REINER, Die Abwehr von Unternehmensübernahmen in der Schweiz im Lichte europäischer Herausforderungen,

ZVglRWiss 1991, S. 319 ff. (EBENROTH/SCHRUPKOWSKI, Unternehmensübernahmen)

EBENROTH CARSTEN THOMAS/MESSER ULRICH, Das Gesellschaftsrecht im neuen schweizerischen IPRG, ZSR 1989 I, S. 49 ff. (EBENROTH/MESSER, IPRG)

EBKE WERNER F., Die Konzernierung im US-amerikanischen Recht, in: Mestmäcker/ Behrens, Konzerne, S. 281 ff. (EBKE, US-Konzern)

EGGENSCHWILER WALTER ANDREAS, Konzernpublizität – Beiträge zur Offenlegung in einem Schweizerischen Konzernrecht, Diss. Bern 1984 (EGGENSCHWILER, Konzernpublizität)

ECKERT MARTIN KARL, Bewilligungspflichtige und verbotene Firmenbestandteile, Diss. Zürich 1992 (ECKERT, Firmenbestandteile)

EMMERICH VOLKER/SONNENSCHEIN JÜRGEN, Konzernrecht, 4. Aufl., München 1992 (EMMERICH/SONNENSCHEIN, Konzernrecht)

ERNI PAUL, Die Basler Heirat, Zürich 1979 (ERNI, Heirat)

FLACH ROBERT E., Aktienrechtliche Verantwortlichkeit im Konzern, ST 1992, S. 535 ff. (FLACH, Verantwortlichkeit)

FORSTMOSER PETER, Grossgenossenschaften, Diss. Zürich 1970 (FORSTMOSER, Grossgenossenschaften)
– Zur Verwendung der Rechtsform der Genossenschaft, ZSR 1971 I, S. 339 ff. (FORSTMOSER, Genossenschaft)
– Die Genossenschaft, Systematischer Teil und OR 828-838, Berner Kommentar, Bd. VII/4/1, Bern 1972 (BK-FORSTMOSER)
– Das Genossenschaftsrecht, das Recht der GmbH und die Teilrevision des Aktienrechts, SAG 1976, S. 46 ff. (FORSTMOSER, Teilrevision)
– Schweizerisches Aktienrecht, Bd. I, Zürich 1981 (FORSTMOSER, Aktienrecht)
– Der Organbegriff im aktienrechtlichen Verantwortlichkeitsrecht, in: Festschrift zum 60. Geburtstag von Arthur Meier-Hayoz, Bern 1982 (FORSTMOSER, Organbegriff)
– Die aktienrechtliche Verantwortlichkeit, Zürich 1987 (FORSTMOSER, Veranwortlichkeit)
– Aktionärbindungsverträge, in: Festgabe zum 60. Geburtstag von Walter René Schluep, Zürich 1988, S. 359 ff. (FORSTMOSER, Aktionärbindungsverträge)
– Ungereimtheiten und Unklarheiten im neuen Aktienrecht, SZW 1992, S. 58 ff. (FORSTMOSER, Ungereimtheiten)
– Die Schweizer Aktienrechtsreform, ZGR 1992, S. 232 f. (FORSTMOSER, Aktienrechtsreform)

FORSTMOSER PETER/MEIER-HAYOZ ARTHUR/NOBEL PETER, Schweizerisches Aktienrecht, Bern 1996 (FORSTMOSER/MEIER-HAYOZ/NOBEL, Aktienrecht)

FRANKENBERG PHILIPP, Die konzernmässige Abhängigkeit rechtsvergleichend dargestellt unter Berücksichtigung des neuesten schweizerischen und deutschen

Aktienrechts sowie des englischen Rechts, Diss. Zürich 1937 (FRANKENBERG, Abhängigkeit)
FREY MARTIN, Statutarische Drittrechte im schweizerischen Aktienrecht, Diss. Bern 1979 (FREY, Drittrechte)
FRITZSCHE HANS/WALDER HANS ULRICH, Schuldbetreibung und Konkurs nach schweizerischem Recht, 3. Aufl., Zürich Bd. 1 1984, Bd. 2 1993 (FRITZSCHE/ WALDER, SchKG)
GASSER CHRISTOPH, Momentaufnahme des Patentrechts, recht 1997, S. 24 ff. (GASSER, Momentaufnahme)
GAUCH PETER, System der Beendigung von Dauerverträgen, Diss. Freiburg 1968 (GAUCH, Dauerverträge)
– Der Zweigbetrieb im schweizerischen Zivilrecht mit Einschluss des Prozess- und Zwangsvollstreckungsrechts, Zürich 1974 (GAUCH, Zweigbetrieb)
– Überkommene und andere Gedanken zu Art. 934 OR, SAG 1978, S. 77 ff. (GAUCH, Gedanken)
– Textausgabe OR, Zürich 1994 (GAUCH, Textausgabe)
GAUCH PETER/SCHLUEP WALTER R., Schweizerisches Obligationenrecht, 6. Aufl., Zürich 1995 (GAUCH/SCHLUEP, Obligationenrecht)
GEENS KROEN, Stand und Entwicklung des Konzernrechts in Belgien, in: Lutter, Konzernrecht, S. 1 ff. (GEENS, Konzernrecht)
GEHRIGER PIERRE-OLIVIER, Faktische Organe im Gesellschaftsrecht, Diss. St. Gallen 1979 (GEHRIGER, Organe)
GEIGY-WERTHEMANN CATHERINE, Die rechtliche Bedeutung garantieähnlicher Erklärungen von herrschenden Unternehmen im Konzern, in: Festgabe zum Schweizerischen Juristentag, Basel 1973 (GEIGY-WERTHEMANN, Garantieähnliche Erklärungen)
GEIMER REINHOLD, Begriff der Zweigniederlassung nach dem EuGÜbK, RIW 1988, S. 220 ff. (GEIMER, Zweigniederlassung)
GESSLER ERNST et al. (Hrsg.), Aktiengesetz: Kommentar, München ab 1973 (GESSLER, Aktiengesetz)
GIOVANOLI SILVIO, Die Bürgschaft, Spiel und Wette, Art. 331-355 OR, Berner Kommentar Bd. VI/2/7, Bern 1978 (BK-GIOVANOLI)
GIRSBERGER DANIEL, in: BSK IPRG-Kommentar, Basel/Frankfurt a.M. 1996 (BSK IPRG-GIRSBERGER)
GIUDICELLI RENATO, L'amministratore per conto di terzi della società anonima, Freiburg 1979 (GIUDICELLI, Amministratore)
GLANNON JOSEPH W., Civil Procedure, 2. Aufl., Boston/Toronto 1992 (GLANNON, Civil Procedure)
GLATTFELDER HANS, Die Aktionärbindungsverträge, ZSR 1959 II, S. 141a ff. (GLATTFELDER, Aktionärbindungsverträge)

GLEICHMANN KARL, Bericht über die Arbeiten zur normativen Erfassung des Problems verbundener Unternehmen (...), in: Mestmäcker/Behrens, Konzerne, S. 581 ff. (GLEICHMANN, Verbundene Unternehmen)
GLEISS ALFRED/HIRSCH MARTIN, Kommentar zum EWG-Kartellrecht, 3. Aufl., Heidelberg 1978 (GLEISS/HIRSCH, 3. Aufl.)
– Kommentar zum EG-Kartellrecht, Bd. 1: Artikel 85 und Gruppenfreistellungsverordnungen, 4. Aufl., Heidelberg 1993 (GLEISS/HIRSCH, 4. Aufl.)
GONZENBACH RAINER, Senkrechtstart oder Bauchlandung? Unvertraute Vertrauenshaftung aus "Konzernvertrauen", recht 1995, S. 117 ff. (GONZENBACH, Vertrauenshaftung)
GRAF HANSJÖRG, Verträge zwischen Konzerngesellschaften unter besonderer Berücksichtigung der Sanierungsleistungen und Sicherungsgeschäfte, Diss. Bern 1988 (GRAF, Konzerngesellschaften)
VON GRAFFENRIED ANDRÉ, Über die Notwendigkeit einer Konzerngesetzgebung, Diss. Bern 1976 (VON GRAFFENRIED, Konzerngesetzgebung)
GRAUER DIETER, Die Verweisung im Bundesrecht, insbesondere auf technische Verbandsnormen, Zürich 1980 (GRAUER, Verweisung)
GRAVENSTEIN VIKY, Französisches Gesellschaftsrecht, 3. Aufl., in: Ausländische Aktiengesetze, Frankfurt 1988 (GRAVENSTEIN, Französisches Gesellschaftsrecht)
VON GREYERZ CHRISTOPH, Die Aktiengesellschaft, Schweizerisches Privatrecht, Bd. VIII/2, Basel/Frankfurt a.M. 1982, S. 1 ff. (SPR-VON GREYERZ)
– Kapitalersetzende Darlehen, in: Festschrift für Frank Vischer zum 60. Geburtstag, Zürich 1983, S. 547 ff. (VON GREYERZ, Kapitalersetzende Darlehen)
– Zum Rangrücktritt, SAG 1983, S. 27 ff. (VON GREYERZ, Rangrücktritt)
GRUBER HANS, Handkommentar zum bernischen Gesetz über die direkten Staats- und Gemeindesteuern, Bern/Frankfurt/New York/Paris 1987 (GRUBER, Staats- und Gemeindesteuern)
GRÜNINGER HAROLD, Die Unternehmensstiftung in der Schweiz: Zulässigkeit – Eignung – Besteuerung, Diss. Basel/Frankfurt 1984 (GRÜNINGER, Unternehmensstiftung)
GUHL THEO/MERZ HANS/KOLLER ALFRED bzw. GUHL THEO/KUMMER MAX/DRUEY JEAN NICOLAS, Das Schweizerische Obligationenrecht, 8. Aufl., Zürich 1991 (GUHL/MERZ/KOLLER bzw. GUHL/KUMMER/DRUEY, Obligationenrecht)
GULDENER MAX, Schweizerisches Zivilprozessrecht, 3. Aufl., Zürich 1979 (GULDENER, Zivilprozessrecht)
GURTNER PETER, Steuerfolgen des neuen Aktienrechts, ST 1992, S. 477 ff. (GURTNER, Steuerfolgen)
GÜRZUMAR OSMAN BERAT, Der Franchisevertrag unter besonderer Berücksichtigung der immaterialgüterrechtlichen Schutzprobleme, Diss. Bern 1991 (GÜRZUMAR, Franchisevertrag)

GUYON YVES, Das Recht der Gesellschaftsgruppe in Frankreich, in: Lutter, Konzernrecht, S. 76 ff. (GUYON, Gesellschaftsgruppe)
- The Law of Groups of Companies in France, in: Wymeersch, Groups of Companies, S. 141 ff. (GUYON, Groups of Companies)
HABSCHEID WALTHER J., Schweizerisches Zivilprozess- und Gerichtsorganisationsrecht: Ein Lehrbuch seiner Grundlagen, 2. Aufl., Basel/Frankfurt a.M. 1990 (HABSCHEID, Lehrbuch)
HADDEN TOM, Die Regelung der Konzerne in Grossbritannien: Sonderbehandlung im Rahmen des allgemeinen Gesellschaftsrechts, in: Mestmäcker/Behrens, Konzerne, S. 329 ff. (HADDEN, Konzerne)
HÄFELIN ULRICH/MÜLLER GEORG, Grundriss des Allgemeinen Verwaltungsrechts, 2. Aufl., Zürich 1993 (HÄFELIN/MÜLLER, Verwaltungsrecht)
HANDSCHIN LUKAS, Auflösung der Aktiengesellschaft aus wichtigem Grund und andere sachgemässe Lösungen, AJP 1993, S. 43 ff. (HANDSCHIN, Auflösung)
- Der Konzern im geltenden schweizerischen Privatrecht, Zürich 1994 (HANDSCHIN, Konzern)
- Haftung der Mutter für Konzernvertrauen, NZZ vom 21.2.1995, Nr. 43, S. 27 (HANDSCHIN, Konzernvertrauen)
- Die Verantwortlichkeit des Verwaltungsrates in Tochtergesellschaften, Dokumentation zur Informationsveranstaltung der Weiterbildung HSG vom 14.6.1995 (HANDSCHIN, Verantwortlichkeit)
- Die GmbH, Zürich 1996 (HANDSCHIN, GmbH)
HANGARTNER WALTER, Die Gläubigeranfechtung im schweizerischen Recht unter besonderer Berücksichtigung ihrer Entwicklung in den letzten zwei Dezennien, Diss. ZÜRICH 1929 (HANGARTNER, Gläubigeranfechtung)
HAUNREITER LEO, Die Beteiligung an Aktiengesellschaften – Begriff, Funktion und Bewertung, Diss. Bern 1981 (HAUNREITER, Beteiligung)
HAUSHEER HEINZ/REUSSER RUTH/GEISER THOMAS, Berner Kommentar, Bd. II: Das Familienrecht, 1. Abteilung, Art. 181-220 ZGB, Bern 1992 (BK-HAUSHEER/ REUSSER/GEISER)
HAUTER BETTINA, Ausgliederung des betriebswichtigsten Teiles aus einer Aktiengesellschaft: eine Betrachtung nach deutschem und schweizerischem Recht, Konstanz 1988 (HAUTER, Ausgliederung)
HEGNAUER CYRIL, Grundriss des Eherechts, 3. Aufl., Bern 1993 (HEGNAUER, Eherecht)
HEINI ANTON, Die Vereine, Schweizerisches Privatrecht, Bd. II, S. 515 ff., Basel/ Stuttgart 1967 (SPR-HEINI)
HEINI ANTON/KELLER MAX/SIEHR KURT/VISCHER FRANK/VOLKEN PAUL (Hrsg.), IPRG Kommentar, Zürich 1993 (IPRG-Autor)
HILTI CHRISTIAN, Firmenrecht, in: Schweizerisches Immaterialgüter- und Wettbewerbsrecht, Bd. III, Basel/Frankfurt a.M. 1996 (HILTI, Firmenrecht)

– Der Schutz nicht registrierter Kennzeichen, in: Schweizerisches Immaterialgüter- und Wettbewerbsrecht, Bd. III, Basel/Frankfurt a.M. 1996 (HILTI, Kennzeichen)

HILTY RETO M., Die Leistungsschutzrechte im schweizerischen Urheberrechtsgesetz, in: Symposium zum neuen Schweizerischen Urheberrechtsgesetz, UFITA 1994, S. 85 ff. (HILTY, Leistungsschutzrechte)

HINNY PASCAL, Die steuerrechtliche Behandlung der Marke im Konzern (einschliesslich Steuerplanung), Diss. St.Gallen 1995 (HINNY, Marke)

HIRSCH ALAIN, La cession de contrôle d'une société anonyme: responsabilité des administrateurs envers les actionnaires, in: Festgabe für Wolfhart Friedrich Bürgi, Zürich 1971, S. 183 ff. (HIRSCH, Responsabilité)

– Le droit boursier et le droit des sociétés, SZW 1995, S. 228 ff. (HIRSCH, Droit boursier)

HOFSTETTER KARL, Sachgerechte Haftungsregeln für multinationale Konzerne, Tübingen 1995 (HOFSTETTER, Haftung)

HÖHENER MARTIN ALEXANDER, Der Konzern im englischen Recht – rechtsvergleichende Untersuchung unter Beizug des deutschen Rechts im Hinblick auf ein schweizerisches Konzernrecht de lege ferenda, Diss. Zürich 1976 (HÖHENER, Konzernrecht)

HÖHN ERNST, Holding- und Domizilgesellschaften gemäss StHG, in: Höhn Ernst/ Athanas Peter (Hrsg.), Das neue Bundesrecht über die direkten Steuern, Bern/Stuttgart/Wien 1993 (ERNST HÖHN, Holding- und Domizilgesellschaften)

– Steuerrecht, 7. Aufl., Bern/Stuttgart/Wien 1993 (ERNST HÖHN, Steuerrecht)

HÖHN JAKOB, Andere sachgemässe und den Beteiligten zumutbare Lösungen im Sinne von Art. 736 Ziff. 4 OR, in: Neues zum Gesellschafts- und Wirtschaftsrecht, zum 50. Geburtstag von Peter Forstmoser, Zürich 1993, S. 113 ff. (JAKOB HÖHN, OR 736)

HOMBURGER ERIC, Zum "Durchgriff" im schweizerischen Gesellschaftsrecht, SJZ 1971, S. 249 ff. (HOMBURGER, Durchgriff)

– Rechtsgültigkeit der "Rangrücktritterklärung" des Hauptaktionärs als Gesellschaftsgläubiger, SAG 1982, S. 87 ff. (HOMBURGER, Rangrücktritt)

– Zum Minderheitenschutz, SAG 1984, S. 75 ff. (HOMBURGER, Minderheitenschutz)

HOMBURGER ERIC/SCHMIDHAUSER BRUNO/HOFFET FRANZ/DUCREY PATRIK, Kommentar zum Schweizerischen Kartellgesetz vom 20.12.1985, Zürich 1990 (HOMBURGER, KG-Kommentar)

– Kommentar zum schweizerischen Kartellgesetz, Zürich 1996 (KG-Autor)

HOMMELHOFF PETER, Die Konzernleitungspflicht: Zentrale Aspekte eines Konzernverfassungsrechts, Köln 1982 (HOMMELHOFF, Konzernleitungspflicht)

– et al. (Hrsg.), Entwicklungen im GmbH-Konzernrecht, Berlin 1986 (HOMMELHOFF, GmbH-Konzernrecht)

- Konzernrecht für den Europäischen Binnenmarkt, in: Lutter, Konzernrecht, S. 55 ff. (HOMMELHOFF, EU-Konzernrecht)
HONEGGER PETER C., Amerikanische Offenlegungspflichten in Konflikt mit schweizerischen Geheimhaltungspflichten, Diss. Zürich 1986 (HONEGGER, Offenlegungspflichten)
HONSELL HEINRICH/VOGT NEDIM PETER/WIEGAND WOLFGANG (Hrsg.), Kommentar zum Schweizerischen Privatrecht, Obligationenrecht I, Art. 1-529, 2. Aufl., Basel/Frankfurt a.M. 1996 (OR-Autor)
HONSELL HEINRICH/VOGT NEDIM PETER/WATTER ROLF (Hrsg.), Kommentar zum Schweizerischen Privatrecht, Obligationenrecht II, Art. 530-1186, Basel/Frankfurt a.M. 1994 (OR-Autor)
HONSELL HEINRICH/VOGT NEDIM PETER/SCHNYDER ANTON K. (Hrsg.), Kommentar zum Schweizerischen Privatrecht, Internationales Privatrecht, Basel/Frankfurt a.M. 1996 (BSK IPRG-Autor)
HORBER FELIX, Die Kompetenzdelegation beim Verwaltungsrat der Aktiengesellschaft und ihre Auswirkung auf die aktienrechtliche Verantwortlichkeit, Diss. Zürich 1986 (HORBER, Kompetenzdelegation)
HOTZ REINHOLD, Methodische Rechtssetzung, Zürich 1983 (HOTZ, Rechtssetzung)
HUBER LUCIUS, Vertragsgestaltung: Grundstruktur, Gründung, Willensbildung und Auflösung, in: Kooperations- und Joint-Venture-Verträge, Christian Meier-Schatz (Hrsg.), Bern/Stuttgart/Wien 1994, S. 9 ff. (HUBER, Vertragsgestaltung)
HUBER PIUS M./SCHEFER URSULA, Mehrwertsteuer, Zihlschlacht 1996 (HUBER/SCHEFER, Mehrwertsteuer)
HUBMANN HEINRICH/REHBINDER MANFRED, Urheber- und Verlagsrecht, 8. Aufl., München 1995 (HUBMANN/MANFRED REHBINDER, Urheberrecht)
HUGUENIN JACOBS CLAIRE, Das Gleichbehandlungsprinzip im Aktienrecht, Zürich 1994 (HUGUENIN, Gleichbehandlungsprinzip)
IRUJO JOSÉ MIGUEL EMBID, Das portugiesische Konzernrecht von 1986, in: Lutter, Konzernrecht, S. 247 ff. (IRUJO, Konzernrecht)
ISLER PETER R./ZINDEL GAUDENZ G., in: Kommentar zum Schweizerischen Privatrecht, Obligationenrecht II, Basel/Frankfurt a.M. 1994 (OR-ISLER/ZINDEL)
JÄGER CARL, Das Bundesgesetz betreffend Schuldbetreibung und Konkurs, 2 Bd., 3. Aufl., Zürich 1911 (JÄGER, SchKG)
JÄGGI PETER, Ungelöste Fragen des Aktienrechts, SAG 1958/59, S. 70 (JÄGGI, Ungelöste Fragen)
- Ein Gerichtsurteil über den "abhängigen" (fiduziarischen) Verwaltungsrat, SJZ 1960, S. 1 ff. (JÄGGI, Fiduziarischer Verwaltungsrat)
- Von der atypischen Aktiengesellschaft, in: Privatrecht und Staat, Peter Gauch/Bernhard Schnyder (Hrsg.), S. 255 (JÄGGI, Atypische Aktiengesellschaft)
JAKOB WALTER, Strukturveränderungen bei Schweizer Konzernen, ST 1992, S. 215 ff. (JAKOB, Strukturveränderung)

JAMETTI GREINER MONIQUE, Bericht über die 17. Session der Haager Konferenz für internationales Privatrecht, AJP 1993, S. 1211 ff. (JAMETTI GREINER, IPR)
– Der vorsorgliche Rechtsschutz im internationalen Verhältnis, ZBJV 1994, S. 649 ff. (JAMETTI GREINER, Rechtsschutz)
JANGGEN ARNOLD/BECKER HERMANN, Die Gesellschaft mit beschränkter Haftung, OR 772-827, Berner Kommentar, Bd. VII/3, Bern 1939 (BK-JANGGEN/BECKER)
JEGHER JOHN/SCHNYDER ANTON K., in: BSK IPRG-Kommentar, Basel/Frankfurt a.M. 1996 (BSK IPRG-JEGHER/SCHNYDER)
JUNKER ABBO, US-amerikanische "Discovery" als Herausforderung des Internationalen Zivilprozessrechts, in: Herausforderungen des Internationalen Zivilverfahrensrechts, Tübingen 1994, S. 103 ff. (JUNKER, "Discovery")
KARPEN HANS-ULRICH, Die Verweisung als Mittel der Gesetzgebungstechnik, Berlin 1970 (KARPEN, Gesetzgebungstechnik)
KATZENBERGER PAUL, TRIPS und das Urheberrecht, GRUR Int. 1995, S. 447 ff. (KATZENBERGER, TRIPS)
KAUFMANN MARKUS, Personengesellschaften als Konzernspitze, Diss. Bern 1988 (KAUFMANN, Konzernspitze)
KÄFER KARL, Die kaufmännische Buchführung, Art. 958-964 OR, Berner Kommentar, Bd. VIII/2/2, Bern 1981 (BK-KÄFER)
KÄNZIG ERNST, Die direkte Bundessteuer, II. Teil, 2. Aufl., Basel 1992 (KÄNZIG, Bundessteuer)
KEHL DIETER, Der sogenannte Durchgriff: Eine zivilistische Studie zur Natur der juristischen Person, Zürich/Dietikon 1991 (KEHL, Durchgriff)
KELLER ALFRED, Haftpflichtrecht im Privatrecht, 4. Aufl., Bern 1979 (ALFRED KELLER, Haftpflichtrecht)
KELLER HEINZ, Subjektive Steuerpflicht, in: Weber Rolf H./Thürer Daniel/Zäch Roger (Hrsg.), Mehrwertsteuer, Zürich 1994 (HEINZ KELLER, Steuerpflicht)
KELLER MAX/KREN KOSTKIEWICZ JOLANTA, in: IPRG Kommentar, Zürich 1993 (IPRG-KELLER/KREN KOSTKIEWICZ)
KLEINER BEAT, Die Organisation der grossen Aktiengesellschaft unter dem Aspekt der Verantwortlichkeit, SAG 1978, S. 3 ff. (KLEINER, Verantwortlichkeit)
– Zäher Abschied vom Wertpapier im Effektenbereich, SZW 1995, S. 290 ff. (KLEINER, Wertpapier)
KLEINER BEAT/LUTZ BENNO, Das Eigenkapital im Bankkonzern, SZW 1991, S. 141 ff. (KLEINER/LUTZ, Eigenkapital)
KOLLER ALFRED, Schweizerisches Obligationenrecht, Allgemeiner Teil, Bd. I, Bern 1996 (KOLLER, OR AT I)
KOLLER THOMAS, Das Von-Roll-Urteil und die Organisationshaftung – Rezeption einer genuin zivilistischen Betrachtungsweise im Strafrecht?, SJZ 1996, S. 409 ff. (KOLLER, Organisationshaftung)

KOPPENSTEINER HANS-GEORG, Definitionsprobleme im Konzerngesellschaftsrecht, SAG 1985, S. 74 ff. (KOPPENSTEINER, Definitionsprobleme)
- in: Kölner Kommentar zum AktG, 2. Aufl., Bd. 1, Köln/Berlin/Bonn/München 1986 (KK-KOPPENSTEINER)
- Abhängige Aktiengesellschaften (eine Skizze), in: FS Steindorff, Berlin 1990, S. 79 ff. (KOPPENSTEINER, Abhängige Aktiengesellschaften)

KRATZ BRIGITTA, Die genossenschaftliche Aktiengesellschaft, Zürich 1996 (KRATZ, Genossenschaftliche Aktiengesellschaft)

KRAUSE RAINER, Urteilswirkungen gegenüber Dritten im US-amerikanischen Zivilprozessrecht: Eine rechtsvergleichende Untersuchung zu den subjektiven Grenzen der Rechtskraft, Tübingen 1994 (KRAUSE, Urteilswirkungen)

KRAUSKOPF LUTZ, in: Procès-verbal de la 114e assemblée annuelle de la Société suisse des juristes, ZSR 1980 II, S. 429 ff. (KRAUSKOPF, Procès-verbal)

KRAUSS HENNING H., Die Zuständigkeit U.S.-amerikanischer Gerichte in Produktehaftungsprozessen gegen ausländische Beklagte, Diss. Regensburg 1994 (KRAUSS, Zuständigkeit)

KRAYER GEORG FRIEDRICH, Immaterialgüterrechtliche Erzeugnisse von Personen im Arbeitsverhältnis, Diss. Basel 1970 (KRAYER, Arbeitsverhältnis)

KRNETA GEORG, Der Anwalt als Organ einer juristischen Person, Zürich 1994 (KRNETA, Organ)

KRONKE HERBERT, Der Gerichtsstand nach Art. 5 Nr. 5 EuGVÜ – Ansätze einer Zuständigkeitsordnung für grenzüberschreitende Unternehmensverbindungen, IPRax 1989, S. 81 ff. (KRONKE, Gerichtsstand)

KROPHOLLER JAN, Europäisches Zivilprozessrecht, Kommentar zu EuGVÜ und Lugano-Übereinkommen, 5. Aufl., Heidelberg 1996 (KROPHOLLER, Europäisches Zivilprozessrecht)

KÜBLER FRIEDRICH, Gesellschaftsrecht: die privatrechtlichen Ordnungsstrukturen und Regelungsprobleme von Verbänden und Unternehmen, Heidelberg 1994 (KÜBLER, Gesellschaftsrecht)
- Gesellschaftsrecht versus Kapitalmarktrecht – zwei Ansätze?, SZW 1995, S. 223 (KÜBLER, Ansätze)

KUHN STEPHAN/ROBINSON PHILIP, Steuerharmonisierung über die Mehrwertsteuer-Verordnung, ST 1994, S. 827 ff. (KUHN/ROBINSON, Steuerharmonisierung)

KUMMER MAX, Der Begriff des Kartells, Bern 1966 (KUMMER, Kartell)
- Das oberste Organ des Genossenschaftsverbandes, in: Berner Festgabe zum schweizerischen Juristentag, Bern 1979, S. 265 ff. (KUMMER, Genossenschaftsverband)

KÜNG MANFRED, Zum Fusionsbegriff im schweizerischen Recht, SZW 1991, S. 245 ff. (KÜNG, Fusionsbegriff)
- Die Eintragung der internationalen Fusion im Handelsregister, in: Jahrbuch des Handelsregisters 1993, S. 15 ff. (KÜNG, Internationale Fusion)

- in: Kommentar zum Schweizerischen Privatrecht, Obligationenrecht II, Basel/ Frankfurt a.M. 1994 (OR-KÜNG)
- Revisionsbedürftiges Firmenrecht, in: Jahrbuch des Handelsregisters 1995, S. 15 ff. (KÜNG, Firmenrecht)

KUNZ PETER V., Parallelimporte und selektive Vertriebssysteme nach revidiertem Markenrecht, recht 1994, S. 216 ff. (KUNZ, Parallelimporte)

KURER PETER, in: Kommentar zum Schweizerischen Privatrecht, Obligationenrecht II, Basel/Frankfurt a.M. 1994 (OR-KURER)

LACHAT DAVID/STOLL DANIEL, Das neue Mietrecht für die Praxis, 3. Aufl., Zürich 1992 (LACHAT/STOLL, Mietrecht)

LACK DANIEL, Privatrechtlicher Namensschutz (Art. 29 ZGB), Diss. Bern 1992 (LACK, Namensschutz)

LANGE DIETER G./BLACK STEPHEN F., Der Zivilprozess in den Vereinigten Staaten: ein praktischer Leitfaden für deutsche Unternehmen, Heidelberg 1986 (LANGE/ BLACK, Zivilprozess)

LÄNZLINGER ANDREAS, in: Kommentar zum Schweizerischen Privatrecht, Obligationenrecht II, Basel/Frankfurt a.M. 1994 (OR-LÄNZLINGER)

LENZ CARL OTTO (Hrsg.), EG-Vertrag, Kommentar, Basel/Wien 1994 (LENZ, Kommentar)

LEUCH GEORG/MARBACH OMAR/KELLERHALS FRANZ, Die Zivilprozessordnung für den Kanton Bern, 4. Aufl., Bern 1995 (LEUCH/MARBACH/KELLERHALS, ZPO)

LEUENBERGER MATTHIAS A., Die Anonymität des Inhaberaktionärs, Diss. Bern 1996 (LEUENBERGER, Inhaberaktionär)

LOEWENHEIM ULRICH, Nationale und internationale Erschöpfung von Schutzrechten im Wandel der Zeiten, GRUR Int. 1996, S. 307 ff. (LOEWENHEIM, Erschöpfung)

LOWENFELD ANDREAS F., International Litigation and Arbitration, St. Paul 1993 (LOWENFELD, International Litigation)

LUTTER MARCUS (Hrsg.), Das Konzernrecht der Bundesrepublik Deutschland, SAG 1976, S. 152 ff. (LUTTER, SAG)
- Der qualifizierte faktische Konzern, AG 35, S. 179 ff. (LUTTER, Qualifizierter faktischer Konzern)
- Konzernrecht im Ausland, ZGR, Sonderheft 11, Berlin/New York 1994 (LUTTER, Konzernrecht)
- (Hrsg.) Europäisches Unternehmensrecht, 4. Aufl., ZGR, Sonderheft 1, Berlin/ New York 1996, S. 240 (LUTTER, Europäisches Unternehmensrecht)

LUTTER MARCUS/OVERRATH HANS-PETER, Das portugiesische Konzernrecht von 1986, in: Lutter, Konzernrecht, S. 229 ff. (LUTTER/OVERRATH, Portugiesisches Konzernrecht)

MANN FRANCIS A., Zur staatlichen Hoheitsgewalt über ausländische Tochtergesellschaften und Zweigniederlassungen inländischer Unternehmen, SJZ 1986, S. 21 ff. (MANN, Hoheitsgewalt)

MARBACH EUGEN, Die Fusionskontrolle im schweizerischen und europäischen Wettbewerbsrecht, in: Die neue schweizerische Wettbewerbsordnung im internationalen Umfeld, Roland von Büren/Thomas Cottier (Hrsg.), Bern 1996, S. 115 ff. (MARBACH, Fusionskontrolle)

MARTZ JEAN-DANIEL, Die inländische Zweigniederlassung einer ausländischen Unternehmung nach schweizerischem IPRG, Diss. Bern 1995 (MARTZ, Zweigniederlassung)

MAURER HANS, Das Persönlichkeitsrecht der juristischen Person bei Konzern und Kartell, Diss. Zürich 1953 (MAURER, Persönlichkeitsrecht)

MEIER-HAYOZ ARTHUR, Das Eigentum, Systematischer Teil und Allgemeine Bestimmungen, Berner Kommentar, Bd. IV/1/1, Bern 1981 (BK-MEIER-HAYOZ).

MEIER-SCHATZ CHRISTIAN J., Aktienrechtliche Verteidigungsvorkehren gegen unerwünschte Unternehmensübernahmen, SAG 1988, S. 106 ff. (MEIER-SCHATZ, Unternehmensübernahmen)

– Rechtliche Betrachtungen zu neueren Entwicklungen in der schweizerischen "Takeover-Szene", SJZ 1991, S. 57 ff. (MEIER-SCHATZ, Betrachtungen)

– (Hrsg.), Kooperations- und Joint-Venture-Verträge, Bern/Stuttgart/Wien 1994 (MEIER-SCHATZ, Joint-Venture)

– (Hrsg.), EG-kartellrechtliche Behandlung von Joint-Ventures, in: Kooperations- und Joint-Venture-Verträge, Bern/Stuttgart/Wien 1994, S. 105 ff. (MEIER-SCHATZ, EG-Joint Venture)

MEIER ISAAK, Privatrechtliche Anfechtungsklagen, in: Rechtliche, wirtschaftliche und gesellschaftliche Aspekte, Festschrift zum 60. Geburtstag von Hans Giger, Bern 1989, S. 481 ff. (ISAAK MEIER, Anfechtungsklagen)

MEIER ROBERT, Die Rechtsnatur des Fusionsvertrages, Diss. Zürich 1986 (ROBERT MEIER, Fusionsvertrag)

MEIER-HAYOZ ARTHUR/FORSTMOSER PETER, Grundriss des schweizerischen Gesellschaftsrechts, 7. Aufl., Bern 1993 (MEIER-HAYOZ/FORSTMOSER, Gesellschaftsrecht)

MERKT HANNO, US-amerikanisches Gesellschaftsrecht, Heidelberg 1991 (MERKT, US-Gesellschaftsrecht)

MERTENS HANS-JOACHIM, Die Haftung wegen Missbrauch der Leitungsmacht nach § 309 AktG aus schadenersatzrechtlicher Sicht, AcP 1968, S. 225 ff. (MERTENS, Leitungsmacht)

MERZ HANS, Einleitung, Berner Kommentar Bd. I/1, Bern 1966 (BK-MERZ)

MESTMÄCKER ERNST-JOACHIM/BEHRENS PETER (Hrsg.), Das Gesellschaftsrecht der Konzerne im internationalen Vergleich, Baden-Baden 1991 (MESTMÄCKER/BEHRENS, Konzerne)

MESTRE JACQUES, Droit commercial, Paris 1989 (MESTRE, Droit commercial)

MÜLLER MARIE-THERESE, Unübertragbare und unentziehbare Verwaltungsratskompetenzen und deren Delegation an die Generalversammlung, AJP 1992, S. 784 ff. (MARIE-THERESE MÜLLER, Verwaltungsratskompetenzen)

MÜLLER THOMAS, Der Schutz der Aktiengesellschaft vor unzulässigen Kapitalentnahmen, Diss. Bern 1997 (THOMAS MÜLLER, Kapitalentnahmen)

MÜLLHAUPT WALTER, Rechtsnatur und Verbindlichkeit der Patronatserklärung, SAG 1978, S. 109 ff. (MÜLLHAUPT, Patronatserklärung)

– Die grenzüberschreitende Fusion nach schweizerischem Recht, SJZ 1980, S. 253 ff. (MÜLLHAUPT, Grenzüberschreitende Fusion)

NEUHAUS MARKUS R., Die Besteuerung des Aktienertrages, Diss. Zürich 1988 (NEUHAUS, Aktienertrag)

– Erfahrungen aus steuerlicher Sicht, ST 1994, S. 985 ff. (NEUHAUS, Steuerliche Sicht)

– in: Kommentar zum Schweizerischen Privatrecht, Obligationenrecht II, Basel/Frankfurt a.M. 1994 (OR-NEUHAUS)

NOBEL PETER, Mühsam der Start, holprig die Fahrt, NZZ vom 8.1.1992, Nr. 5, S. 33 (NOBEL, Start)

– Die Rechtshilfe in Zivilsachen im Lichte der Ratifikation der Haager Konvention von 1970 über die Beweisaufnahme im Ausland in Zivil- und Handelssachen, SZW 1995, S. 72 ff. (NOBEL, Rechtshilfe)

– Patronatserklärung und ähnliche Erscheinungen im nationalen und internationalen Recht, in: Personalsicherheiten, Berner Bankrechtstag, Wolfgang Wiegand (Hrsg.), Bd. 4, Bern 1997, S. 53 ff. (NOBEL, Patronatserklärung)

OERTLE MATTHIAS, Das Gemeinschaftsunternehmen (Joint Venture) im schweizerischen Recht, Diss. Zürich 1990 (OERTLE, Gemeinschaftsunternehmen)

OERTLI REINHARD, Zum neuen schweizerischen Kartellrecht, in: Meyer-Marsilius Hans Joachim/Schluep Walter R./Stauffacher Werner (Hrsg.), Beziehungen Schweiz-EG, Band 5, 10.1, VIII. Kommentar, S. 107 ff. (OERTLI, Kartellrecht)

OESCH FRANZ-PETER, Der Minderheitenschutz im Konzern nach schweizerischem und amerikanischem Recht, Diss. Bern 1971 (FRANZ-PETER OESCH, Minderheitenschutz)

OESCH RICHARD, Die Holdingbesteuerung in der Schweiz, Diss. Zürich 1976 (RICHARD OESCH, Holdingbesteuerung)

OFTINGER KARL/STARK EMIL, Schweizerisches Haftpflichtrecht, Besonderer Teil, Bd. II/1, 4. Aufl., Zürich 1987 (OFTINGER/STARK, Haftpflichtrecht)

– Schweizerisches Haftpflichtrecht, Allgemeiner Teil, Bd. I, 5. Aufl., Zürich 1995 (OFTINGER/STARK, Haftpflichtrecht AT)

OSER HUGO/SCHÖNENBERGER WILHELM, Die einzelnen Vertragsverhältnisse, Art. 419-529 OR, Zürcher Kommentar, Bd. V/3, Zürich 1945 (ZK-OSER/SCHÖNENBGERGER)

OTTO MATHIAS, Der prozessuale Durchgriff: die Nutzung forumsansässiger Tochtergesellschaften in Verfahren gegen ihre auswärtigen Muttergesellschaften im Recht der USA, der Europäischen Gemeinschaften und der Bundesrepublik Deutschland, München 1993 (OTTO, Durchgriff)

PAUL PETER, Die Genossenschaft als Rechtsform von Grossunternehmen, ZBJV 1980, S. 567 ff. (PAUL, Genossenschaft)

PAVONE La ROSA MARIO (Hrsg.), I gruppi di società, Bologna 1982 (PAVONE, Gruppi di società)

PEDRAZZINI MARIO M., Kritisches zu neueren patentrechtlichen Entscheiden, SMI 1989, S. 177 ff. (PEDRAZZINI, Kritisches)
- Unlauterer Wettbewerb, Bern 1992 (PEDRAZZINI, UWG)

PEDRAZZINI MARIO/OBERHOLZER NIKLAUS, Grundriss des Personenrechts, 4. Aufl., Bern 1993 (PEDRAZZINI/OBERHOLZER, Personenrecht)

PEDROJA GRAZIANO/WATTER ROLF, in: Kommentar zum Schweizerischen Privatrecht, Obligationenrecht II, Basel/Frankfurt a.M. 1994 (OR-PEDROJA/WATTER)

PESTALOZZI ANTON, Einige Fragen aus der Praxis des Konzernrechts, SJZ 1979, S. 249 ff. (PESTALOZZI, Konzernrecht)

PESTALOZZI CHRISTOPH M., in: Kommentar zum Schweizerischen Privatrecht, Obligationenrecht I, 2. Aufl., Basel/Frankfurt a.M. 1996 (OR-PESTALOZZI)

PESTALOZZI/GMÜR/PATRY (Hrsg.), Die Eidgenössische Mehrwertsteuer, Basel 1994/95 (PESTALOZZI/GMÜR/PATRY, Mehrwertsteuer)

PETER HENRY, L'action révocatoire dans les groupes de sociétés, SAG 1989, S. 1 ff. (PETER, Action)
- L'action révocatoire dans les groupes de sociétés, Diss. Genf 1990 (PETER, Action révocatoire)

PETITPIERRE-SAUVAIN ANNE, Droit des sociétés et groupes de sociétés, Genève 1972 (PETITPIERRE-SAUVAIN, Groupes de sociétés)

PFEIFER MICHAEL/DORMANN BESSENICH AGNES, Stolperstein für die Unternehmenssanierung, NZZ vom 24.9.1996, Nr. 222, S. 28 (PFEIFER/DORMANN BESSENICH, Stolperstein)

PFUND ROBERT, Die Eidgenössische Verrechnungssteuer, I. Teil, Basel 1971 (PFUND, Verrechnungssteuer)

PICENONI VITO, Rechtsformen konzernmässiger Abhängigkeit. Ein Beitrag zur Frage des "abhängigen Verwaltungsrats", SJZ 1955, S. 321 ff. (PICENONI, Abhängiger Verwaltungsrat)

VON PLANTA ANDREAS, Die Haftung des Hauptaktionärs, Diss. Basel 1981 (ANDREAS VON PLANTA, Hauptaktionär)
- Doppelorganschaft im aktienrechtlichen Verantwortlichkeitsrecht, in: Festschrift für Frank Vischer zum 60. Geburtstag, Zürich 1983, S. 597 ff. (ANDREAS VON PLANTA, Doppelorganschaft)

- in: Kommentar zum Schweizerischen Privatrecht, Obligationenrecht II, Basel/ Frankfurt a.M. 1994 (OR-VON PLANTA)
- in: BSK IPRG-Kommentar, Basel/Frankfurt a.M. 1996 (BSK IPRG-VON PLANTA)

VON PLANTA FLURIN, Der Interessenkonflikt des Verwaltungsrats der abhängigen Konzerngesellschaft, Diss. Zürich 1988 (FLURIN VON PLANTA, Verwaltungsrat)

PLETSCHER THOMAS, Übernahmeregelung im neuen Börsengesetz, ST 1994, S. 170 ff. (PLETSCHER, Übernahmeregelung)

PLÜSS ADRIAN, Zur Rechtsstellung des "Konzernführers", in: Festschrift zum 50. Geburtstag von Peter Forstmoser, Zürich 1993, S. 147 ff. (ADRIAN PLÜSS, Konzernführer)

PLÜSS MARTIN, Der Schutz der freien Aktionäre im Konzern, Diss. St. Gallen 1977 (MARTIN PLÜSS, Freier Aktionär)

PORTMANN PETER, Organ und Hilfsperson im Haftpflichtrecht, Abhandlungen zum Schweizerischen Recht, Bern 1958 (PETER PORTMANN, Haftpflichtrecht)

PORTMANN WOLFGANG, Die Arbeitnehmererfindung, Diss. Zürich 1986 (WOLFGANG PORTMANN, Arbeitnehmererfindung)

PRENTICE DAN D., Das Recht der Gesellschaftsgruppe in Grossbritannien, in: Lutter, Konzernrecht, S. 93 ff. (PRENTICE, Gesellschaftsgruppe)
- A Survey of the Law Relating to Corporate Groups in the United Kingdom, in: Wymeersch, Groups of Companies, S. 279 ff. (PRENTICE, Groups of Companies)

PROBST DIETER C., Die verdeckte Gewinnausschüttung nach schweizerischem Handelsrecht, Zürich 1981 (PROBST, Verdeckte Gewinnausschüttung)

QUIROGA FERNANDO, Die Rechnungslegung in der Schweiz im internationalen Vergleich, Diss. Bern 1996 (QUIROGA, Rechnungslegung)

RAPP JEAN-MARC, Die Aktiengesellschaft XIX, Intertemporales Recht, Schweizerische Juristische Kartothek, Karte 408, Genf 1993 (RAPP, Kartothek)

RAUBER GEORG, Das neue Markenrecht: Mittel gegen Parallelimporte?, AJP 1993, S. 537 ff. (RAUBER, Mittel)

REHBINDER ECKARD, Konzernaussenrecht und allgemeines Privatrecht, Bad Homburg/Berlin/Zürich 1969 (ECKARD REHBINDER, Konzernaussenrecht)

REHBINDER MANFRED, Das Recht am Arbeitsergebnis, ZSR 1972 I, S. 11 ff. (MANFRED REHBINDER, Recht am Arbeitsergebnis)
- Der Arbeitsvertrag, Art. 331-355 OR, Berner Kommentar, Bd. VI/2/2/2, Bern 1992 (BK-MANFRED REHBINDER)
- Schweizerisches Arbeitsrecht, 11. Aufl., Bern 1993 (MANFRED REHBINDER, Arbeitsrecht)
- in: Kommentar zum Schweizerischen Privatrecht, Obligationenrecht I, 2. Aufl., Basel/Frankfurt a.M. 1996 (OR-MANFRED REHBINDER)

REICH MARKUS, Ein Besteuerungskonzept für Holding- und Domizilgesellschaften, ASA 48, S. 289 ff. (REICH, Besteuerungskonzept)

- Verdeckte Vorteilszuwendungen zwischen verbundenen Unternehmen, ASA 54, S. 609 ff. (REICH, Verdeckte Vorteilszuwendungen)

REIMANN AUGUST/ZUPPINGER FERDINAND/SCHÄRER ERWIN, Kommentar zum Zürcher Steuergesetz, III, Bern 1969 (REIMANN/ZUPPINGER/SCHÄRER, Steuerkommentar)

REIMANN MATHIAS, Beyond Fishing – Weitreichende Neuerungen im amerikanischen Discovery-Verfahren, IPRax 1994, S. 152 ff. (REIMANN, Discovery)

REUSSER RUTH, Entwicklungstendenzen im schweizerischen Firmenrecht, ZBJV 1996, S. 166 ff. (REUSSER, Firmenrecht)

REINERT MANI, Verhinderung von Parallelimporten aufgrund von Art. 13 Abs. 2 lit. b und d i.V.m. Art. 3 Abs. 1 lit. a MSchG?, AJP 1994, S. 1324 ff. (REINERT, Verhinderung)

REYMOND PHILIPPE, Les groupes de sociétés dans quelques systèmes nationaux: regard particulier sur le droit à l'information. Aspects de droit comparé et de droit international privé, in: Aspects du droit international des sociétés/Aspekte des internationalen Gesellschaftsrechts, Zürich 1995, S. 1 ff. (REYMOND, Groupes de sociétés)

RIEMER HANS MICHAEL, Die Stiftungen, Systematischer Teil und Art. 80-89bis ZGB, Berner Kommentar, Bd. I/3/3, Bern 1975 (BK-RIEMER, Stiftungen)
- Die Vereine, Systematischer Teil und Art. 60-79 ZGB, Berner Kommentar, Bd. I/3/2, Bern 1990 (BK-RIEMER, Vereine)

RINDLISBACHER SABINE, Anerkennung gesellschaftsrechtlicher Gebilde im Internationalen Privatrecht, Diss. Zürich 1995 (RINDLISBACHER, Anerkennung)

ROHR ANDREAS, Der Konzern im IPR unter besonderer Berücksichtigung des Schutzes der Minderheitsaktionäre und Gläubiger, Zürich 1983 (ROHR, Konzern)

ROSENKRANZ AUGUST, Parallelimporte und das neue Markenschutzgesetz, SZW 1994, S. 120 ff. (ROSENKRANZ, Parallelimporte)

RUEDIN ROLAND, Vers un droit des groupes de sociétés?, ZSR 1980 II, S. 151 ff. (RUEDIN, Groupes de sociétés)
- Propositions pour un droit suisse des groupes de sociétés, SAG 1982, S. 99 ff. (RUEDIN, Propositions)
- Responsabilités – Conflits d'intérêts dans les organes du groupes, in: Das St. Galler Konzernrechtsgespräch, Bern/Stuttgart 1988 (RUEDIN, Responsabilités)

RUEPP RONALD URS, Die Aufteilung der Konzernleitung zwischen Holding- und Managementgesellschaft, Diss. Zürich 1994 (RUEPP, Konzernleitung)

RUFFNER MARKUS, Unzulässige Verhaltensweisen marktmächtiger Unternehmen, AJP Sondernummer 1996, S. 834 ff. (RUFFNER, Marktmächtige Unternehmen)

RUSSENBERGER MARC, Kantonalbanken im Umbruch – vom staatlichen Institut zur privatrechtlichen Aktiengesellschaft, SZW 1995, S. 1 ff. (RUSSENBERGER, Kantonalbanken)

RUSSI TONI, Die Gewinnverschiebung, insbesondere bei Partnerwerken der Elektrizitätswirtschaft und die Frage einer Sonderbesteuerung, Diss. Zürich 1979 (RUSSI, Partnerwerke)

SCHAD JÜRGEN, Die Änderung der Rechtsform der Unternehmung, Diss. Bern 1973 (SCHAD, Änderung)

SCHANZE ERICH, Konzernspezifischer Gläubigerschutz: Vergleich der Regelungsansätze, in: Das Gesellschaftsrecht der Konzerne im internationalen Vergleich, Ernst-Joachim Mestmäcker/Peter Behrens (Hrsg.), Baden-Baden 1991, S. 478 ff. (SCHANZE, Gläubigerschutz)

SCHEITER DIETMAR, Die Integration akquirierter Firmen, St. Gallen 1989 (SCHEITER, Akquirierte Firmen)

SCHENKER FRANZ, in: Kommentar zum Schweizerischen Privatrecht, Obligationenrecht II, Basel/Frankfurt a.M. 1994 (OR-SCHENKER)

SCHERRER BRUNO, Verdeckte Gewinnausschüttungen – Buchführung – Steuerbetrug, StR 1993, S. 453 ff. (BRUNO SCHERRER, Verdeckte Gewinnausschüttungen)

SCHERRER URS, Rechtsfragen des organisierten Sportlebens in der Schweiz, Diss. Zürich 1982 (URS SCHERRER, Rechtsfragen)

SCHEURER THOMAS, Die Besteuerung von Hilfs- und Dienstleistungsgesellschaften in der Schweiz, Diss. Zürich 1987 (SCHEURER, Besteuerung)

SCHILTKNECHT RETO, Arbeitnehmer als Verwaltungsräte abhängiger Konzerngesellschaften – Ein Beitrag zur Rechtsstellung und zivilrechtlichen Haftung, Diss. Bern 1997 (SCHILTKNECHT, Arbeitnehmer als Verwaltungsräte)

SCHLUEP WALTER RENÉ, Von der Kontrahierungspflicht der kartellähnlichen Organisation, Wirtschaft und Recht, Zürich 1969, S. 193 ff. (SCHLUEP, Kontrahierungspflicht)

– Privatrechtliche Probleme der Unternehmenskonzentration und -kooperation, ZSR 1973 II, S. 155 ff. (SCHLUEP, Unternehmenskonzentration)

– Innominatverträge, Schweizerisches Privatrecht, Bd. VII/2, Basel/Stuttgart 1979, S. 763 ff. (SPR-SCHLUEP)

– Über privatrechtliche Freiheit und Verantwortung des kartellähnlichen Konzerns, in: Festschrift zum 60. Geburtstag von Arthur Meier-Hayoz, Bern 1982, S. 345 ff. (SCHLUEP, Kartellähnlicher Konzern)

– Kommentar Wettbewerbs- und Kartellrecht, in: Meyer-Marsilius Hans-Joachim/ Schluep Walter R./Stauffacher Werner (Hrsg.), Beziehungen Schweiz-EG, Band 5, 10.1, VIII. Kommentar, S. 1 ff. (SCHLUEP, Kartellrecht)

– in: Kommentar zum Schweizerischen Privatrecht, Obligationenrecht I, 2. Aufl., Basel/Frankfurt a.M. 1996, (OR-SCHLUEP)

SCHMID ERNST FELIX, Genossenschaftsverbände, Zürich 1979 (SCHMID, Genossenschaftsverbände)

– in: Kommentar zum Schweizerischen Privatrecht, Obligationenrecht II, Basel/ Frankfurt a.M. 1994 (OR-SCHMID)

SCHMITTHOFF CLIVE/WOODRIDGE FRANK, Groups of Companies, London 1991 (SCHMITTHOFF/WOODRIDGE, Groups of Companies)
SCHNEIDER UWE H., Der Einfluss der Konzernlage auf die Vertragsgestaltung – Vorüberlegungen zu einem Allgemeinen Teil des Konzernvertragsrechts, Das St. Galler Konzernrechtsgespräch, Bern/Stuttgart 1988, S. 175 ff. (SCHNEIDER, Konzernlage)
– Patronatserklärungen gegenüber der Allgemeinheit, ZIP 1989, S. 619 ff. (SCHNEIDER, Patronatserklärungen)
SCHNYDER ANTON K., Gerichtliche Zuständigkeiten in den USA bei Sachverhalten mit Auslandsberührung, SJIR 1982, S. 47 ff. (SCHNYDER, Zuständigkeiten)
– Patronatserklärungen – Haftungsgrundlage für Konzernobergesellschaften, SJZ 1990, S. 57 ff. (SCHNYDER, Patronatserklärungen)
– Das neue IPR-Gesetz, 2. Aufl., Zürich 1990 (SCHNYDER, IPR-Gesetz)
– Internationale Joint Venture – verfahrens-, anwendungs- und schiedsgerichtsrechtliche Fragen, in: Kooperations- und Joint-Venture-Verträge, Christian J. Meier-Schatz (Hrsg.), Bern/Stuttgart/Wien 1994, S. 81 ff. (SCHNYDER, Joint Venture)
SCHOLZ FRANZ, Kommentar zum GmbH-Gesetz: mit Nebengesetzen und den Anhängen Konzernrecht sowie Umwandlung und Verschmelzung, bearbeitet von Georg Crezelius, 7. Aufl., Bd. I, Köln 1986 (SCHOLZ, GmbH-Gesetz)
SCHUCANY EMIL, Zur Frage der rechtlichen Stellung des "abhängigen" Verwaltungsrates, SAG 1955, S. 109 ff. (EMIL SCHUCANY, Abhängiger Verwaltungsrat)
– Anfechtbarkeit von zweckändernden Generalversammlungsbeschlüssen, welche die Selbständigkeit der AG tangieren?, SAG 1965, S. 9 ff. (EMIL SCHUCANY, Anfechtbarkeit)
SCHUCANY GIOVANNI, Die Vertreter juristischer Personen im Verwaltungsrat einer AG, Diss. Zürich 1949 (GIOVANNI SCHUCANY, Verwaltungsrat)
SCHWANDER IVO, Einführung in das Internationale Privatrecht, Allgemeiner Teil, 2. Aufl., St.Gallen 1990 (SCHWANDER, Einführung)
SCHWARTZ ALFRED, in: Kommentar zum Schweizerischen Privatrecht, Obligationenrecht II, Basel/Frankfurt a.M. 1994 (OR-SCHWARTZ)
SERICK ROLF, Durchgriffsprobleme bei Vertragsstörungen, Karlsruhe 1989 (SERICK, Durchgriffsprobleme)
SIEHR KURT, Vom alten zum neuen IPR – Literaturspiegel der Jahre 1978-1988, ZSR 1988 I, S. 635 ff., ZSR 1989 I, S. 107 ff. (SIEHR, Vom alten zum neuen IPR)
SLAGTER W.J., Konzernrecht in den Niederlanden, in: Lutter, Konzernrecht, S. 171 ff. (SLAGTER, Konzernrecht)
SLONGO BRUNO, Der Begriff der einheitlichen Leitung als Bestandteil des Konzernbegriffs, Diss. Zürich 1980 (SLONGO, Konzernbegriff)
SONNENBERG THOMAS, Die Änderung des Gesellschaftszwecks, Frankfurt a.M./Bern 1990 (SONNENBERG, Gesellschaftszweck)

SONNENBERGER HANS JÜRGEN, Französisches Handels- und Wirtschaftsrecht, 2. Aufl., Heidelberg 1991 (SONNENBERGER, Handelsrecht)

SONNENSCHEIN JÜRGEN, Organschaft und Konzerngesellschaftsrecht, Baden-Baden 1976 (SONNENSCHEIN, Konzerngesellschaftsrecht)

SPINNLER PETER, Die subjektive Steuerpflicht im neuen schweizerischen Mehrwertsteuerrecht, ASA 63, S. 393 ff. (SPINNLER, Steuerpflicht)

SPIRO KARL, Zur Haftung für Doppelorgane, in: Festschrift für Frank Vischer zum 60. Geburtstag, Zürich 1983, S. 639 ff. (SPIRO, Doppelorgane)

SPOENDLIN KASPAR, Die sogenannte Vorbehaltserfindung (OR 332 II-IV), SMI 1984, S. 33 ff. (SPOENDLIN, Vorbehaltserfindung)

SPORI PETER, Die Unternehmensgruppe in der Mehrwertsteuer, ASA 63, S. 479 ff. (SPORI, Unternehmensgruppe)

SPORI PETER/BUCHER BENNO, Übersicht über Steuerfragen im Zusammenhang mit Joint Ventures, in: Kooperations- und Joint-Venture-Verträge, Christian J. Meier-Schatz (Hrsg.), Bern/Stuttgart/Wien 1994, S. 163 ff. (SPORI/BUCHER, Joint Venture)

SPÖRRI BEAT, Die aktienrechtliche Rückerstattungspflicht, Diss. Zürich 1996 (SPÖRRI, Rückerstattungspflicht)

STAEHELIN THOMAS, Konzernrecht – Gedanken eines Praktikers, in: Das St. Galler Konzernrechtsgespräch, Bern/Stuttgart 1988, S. 167 ff. (STAEHELIN, Konzernrecht)

STÄMPFLI MICHAEL, Die gemischtwirtschaftliche Aktiengesellschaft, Diss. Bern 1991 (STÄMPFLI, Gemischtwirtschaftliche Aktiengesellschaft)

STAUBER ERIC, Das Recht des Aktionärs auf gesetz- und statutenmässige Verwaltung und seine Durchsetzung nach schweizerischem Recht, Zürich 1985 (STAUBER, Recht des Aktionärs)

STÄUBLI CHRISTOPH, in: Kommentar zum Schweizerischen Privatrecht, Obligationenrecht II, Basel/Frankfurt a.M. 1994 (OR-STÄUBLI)

STEBLER MARKUS P., Konzernrecht in der Schweiz – ein Überblick über den Stand von Lehre und Rechtsprechung, in: Das St. Galler Konzernrechtsgespräch, Bern/Stuttgart 1988, S. 9 ff. (STEBLER, Konzernrecht)

VON STEIGER FRITZ, Zur Frage der rechtlichen Stellung des "abhängigen" Verwaltungsrats, SAG 1954, S. 33 ff. (FRITZ VON STEIGER, Abhängiger Verwaltungsrat)

VON STEIGER WERNER, Die Rechtsverhältnisse der Holdinggesellschaften in der Schweiz, ZSR 1943 II, S. 195a ff. (WERNER VON STEIGER, Holdinggesellschaft)

– Die Gesellschaft mit beschränkter Haftung, OR 772-827, Kommentar zum Schweizerischen Zivilgesetzbuch, Bd. V/5c, Zürich 1965 (ZK-VON STEIGER)

STEIN MATTHIAS, Die Management-Holding – Analyse eines Struktur- und Führungskonzepts, Diss. St. Gallen 1993 (STEIN, Management-Holding)

STÖCKLI JEAN-FRITZ, Urheberrecht und Arbeitsrecht, in: Festschrift zum 100-jährigen Bestehen eines eidgenössischen Urheberrechtsgesetzes, Manfred Rehbinder/ Wolfgang Larese (Hrsg.), Bern 1983, S. 157 ff. (STÖCKLI, Urheberrecht)

STRAZZER RENÉ, Die "Takeover-Regelung" des neuen Börsengesetzes, ST 1995, S. 721 ff. (STRAZZER, Takeover)

STREIFF ULLIN/VON KAENEL ADRIAN, Leitfaden zum Arbeitsvertragsrecht, Der Arbeitsvertrag OR 319-362 mit Kommentaren für Lehre und Praxis, 5. Aufl., Zürich 1992 (STREIFF/VON KAENEL, Arbeitsvertrag)

STUDER NIKLAUS C., Die Quasifusion, Diss. Bern 1974 (STUDER, Quasifusion)

STÜRNER ROLF, Der Justizkonflikt zwischen U.S.A. und Europa, in: Der Justizkonflikt mit den Vereinigten Staaten von Amerika, Walter J. Habscheid (Hrsg.), Bielefeld 1986, S. 3 ff. (STÜRNER, Justizkonflikt)

TANNER BRIGITTE, Die Auswirkungen des neuen Aktienrechts auf Gesellschaften mit beschränkter Haftung, Genossenschaften und Bankaktiengesellschaften, in: Festschrift zum 50. Geburtstag von Peter Forstmoser, Zürich 1993, S. 31 ff. (TANNER, Neues Akienrecht)

TAPPOLET KLAUS, Schranken konzernmässiger Abhängigkeit im schweizerischen Aktienrecht, Diss. Zürich 1973 (TAPPOLET, Konzernmässige Abhängigkeit)

TERCIER PIERRE, Le nouveau droit de la personnalité, Zürich 1984 (TERCIER, Nouveau droit)

– Aktiengesellschaft I, Allgemeines, Schweizerische Juristische Kartothek, Karte 389, Genf 1992 (TERCIER, Kartothek)

TEUBNER GUNTHER, Die "Politik des Gesetzes" im Recht der Konzernverfassung, Plädoyer für einen sektoralen Konzerndurchgriff, in: Festschrift für Ernst Steindorff zum 70. Geburtstag, Berlin/New York 1990 (TEUBNER, Konzernverfassung)

THOMANN URS, Die staatlich gebundene Aktiengesellschaft, Diss. Zürich 1982 (THOMANN, Staatlich gebundene Aktiengesellschaft)

TOBLER ERNST, Die Haftungsverhältnisse in verbundenen Unternehmen, Bern 1948 (TOBLER, Verbundene Unternehmen)

TROLLER ALOIS, Immaterialgüterrecht: Patentrecht, Markenrecht, Muster- und Modellrecht, Urheberrecht, Wettbewerbsrecht, 3. Aufl., Basel/Frankfurt a.M., Bd. 1: 1983, Bd. 2: 1985 (ALOIS TROLLER, IGR)

TROLLER ALOIS/TROLLER PATRICK, Kurzlehrbuch des Immaterialgüterrechts, 3. Aufl., Basel/Frankfurt a.M. 1989 (ALOIS TROLLER/PATRICK TROLLER, Kurzlehrbuch)

TROLLER PATRICK, Kollisionen zwischen Firmen, Handelsnamen und Marken, Diss. Bern 1980 (PATRICK TROLLER, Kollisionen)

TSCHÄNI RUDOLF, Funktionswandel des Gesellschaftsrechts: die europäischgemeinschaftlichen Versuche einer strukturellen Unternehmenskontrolle – illustriert am Verhältnis von Gesellschafts- und Wettbewerbsrecht, Diss. Zürich 1978 (TSCHÄNI, Gesellschaftsrecht)

- Unternehmensübernahmen nach Schweizer Recht, 2. Aufl., Basel/Frankfurt a.M. 1991 (TSCHÄNI, Unternehmensübernahmen)
- Entgegnung: Parallelimporte und das neue Markenschutzgesetz, SZW 1994, S. 178 ff. (TSCHÄNI, Entgegnung)
- in: Kommentar zum Schweizerischen Privatrecht, Obligationenrecht I, 2. Aufl., Basel/Frankfurt a.M. 1996 (OR-TSCHÄNI)

USTERI MARTIN/BRUNNER KURT/FUTTERLIEB RAOUL, ROHRER BEAT/TSCHUDI JEAN PIERRE/HEINRICH PETER/STUCKI KATHARINA/PETERMANN ALBERT L., Schweizerisches Mietrecht, Schweizerischer Verband der Immobilien-Treuhänder SVIT (Hrsg.), Zürich 1991 (SVIT-Kommentar Mietrecht)

UTTENDOPPLER KURT, Die Durchsetzung des Konzerninteresses im schweizerischen Aktienrecht, Diss. Bern 1986 (UTTENDOPPLER, Konzerninteresse)

VAGTS DETLEV, Konzernrecht in den Vereinigten Staaten, in: Das St. Galler Konzernrechtsgespräch, S. 31 ff., Bern/Stuttgart 1988 (VAGTS, Konzernrecht)

VANETTI CARLO BRUNO, Die Diskussion über die Konzerne und ihre Regelung in Italien, in: Lutter, Konzernrecht, S. 126 ff. (VANETTI, Konzerne)

VISCHER FRANK, Die Stellung der Verwaltung und die Grenzen der Delegationsmöglichkeit bei der grossen AG, in: Festschrift für Wilhelm Schönenberger: Zum 70. Geburtstag, Freiburg 1968, S. 345 ff. (VISCHER, Grenzen der Delegationsmöglichkeit)
- Zur Stellung und Verantwortung des Verwaltungsrats in der Grossaktiengesellschaft, in: Die Verantwortung des Verwaltungsrats in der AG, Peter Forstmoser (Hrsg.), Zürich 1978, S. 71 ff. (VISCHER, Verwaltungsrat)
- in: IPRG Kommentar, Zürich 1993 (IPRG-VISCHER)
- Drei Fragen aus dem Fusionsrecht, SZW 1993, S. 1 ff. (VISCHER, Fusion)
- Der Arbeitsvertrag, Schweizerisches Privatrecht, Bd. VII/1, III, Basel/Frankfurt a.M. 1994 (SPR-VISCHER)

VISCHER FRANK/VON PLANTA ANDREAS, Internationales Privatrecht, 2. Aufl., Basel/Frankfurt a.M. 1982 (VISCHER/VON PLANTA, IPR)

VISCHER FRANK/RAPP FRITZ, Zur Neugestaltung des schweizerischen Aktienrechts, Bern 1968 (VISCHER/RAPP, Neugestaltung)

VOGEL ALEXANDER, Kapitalersetzende "Sanierungs"-Darlehen im Konzern, SZW 1993, S. 299 ff. (ALEXANDER VOGEL, "Sanierungs"-Darlehen)

VOGEL OSCAR, Grundriss des Zivilprozessrechts und des internationalen Zivilprozessrechts der Schweiz, Bern 1992 (OSCAR VOGEL, Zivilprozessrecht)

VOLKEN PAUL, in: IPRG Kommentar, Zürich 1993 (IPRG-VOLKEN)

VOLLMAR JÜRG, Grenzen der Übertragung von gesetzlichen Befugnissen des Verwaltungsrates an Ausschüsse, Delegierte und Direktoren, Diss. Bern 1986 (VOLLMAR, Verwaltungsrat)

WAIBEL TONY, Die Gruppenbesteuerung in der Mehrwertsteuerpraxis, ST 1995, S. 415 ff. (WAIBEL, Gruppenbesteuerung)

WÄLDE THOMAS, Die Angemessenheit konzerninterner Transfergeschäfte bei multinationalen Unternehmen nach Konzernrecht, AG 1974, S. 370 ff. (WÄLDE, Transfergeschäfte)

WALDER HANS ULRICH, Fragen der Arrestbewilligungspraxis: insbesondere im Zusammenhang mit der Verarrestierung von Vermögenswerten bei Banken, Zürich 1982 (WALDER, Arrestbewilligungspraxis)

WALTER GERHARD, Von Brüssel nach Lugano, recht 1991, S. 89 ff. (WALTER, Lugano)

– Die internationale Zuständigkeit schweizerischer Gerichte für "vorsorgliche Massnahmen" – oder: Art. 10 IPRG und seine Geheimnisse, AJP 1992, S. 61 ff. (WALTER, Zuständigkeit)

– Internationales Zivilprozessrecht der Schweiz, Bern 1995 (WALTER, Zivilprozessrecht)

WALTER GERHARD/JAMETTI GREINER MONIQUE, Texte zum Internationalen Privat- und Verfahrensrecht, Bern 1993 (WALTER/JAMETTI, IPR)

WANG MARIO, Die Funktionsweise des Franchising im Gastgewerbe und in der Hotellerie, in: Neue Vertragsformen der Wirtschaft: Leasing, Factoring, Franchising, Ernst Kramer (Hrsg.), 2. Aufl., Bern 1992, S. 335 ff. (WANG, Funktionsweise)

WATTER ROLF, Unternehmensübernahmen, Zürich 1990 (WATTER, Unternehmensübernahmen)

– Minderheitenschutz im neuen Aktienrecht, AJP 1993, S. 117 ff. (WATTER, Minderheitenschutz)

– Die Problematik der Einbringung im Joint Venture, in: Kooperations- und Joint-Venture-Verträge, Christian Meier-Schatz (Hrsg.), Bern/Stuttgart/Wien 1994, S. 61 ff. (WATTER, Joint Venture)

– in: Kommentar zum Schweizerischen Privatrecht, Obligationenrecht II, Basel/Frankfurt a.M. 1994 (OR-WATTER)

– in: BSK IPRG-Kommentar, Basel/Frankfurt a.M. 1996 (BSK IPRG-WATTER)

– Gewinnverschiebungen bei Aktiengesellschaften im schweizerischen Handelsrecht, AJP 1996, S. 135 ff. (WATTER, Gewinnverschiebungen)

WATTER ROLF/LEHMANN URS, Die Kontrolle von Unternehmenszusammenschlüssen im neuen Kartellrecht, AJP Sondernummer 1996, S. 855 ff. (WATTER/LEHMANN, Unternehmenszusammenschlüsse)

WEBER MARTIN, Vertretung im Verwaltungsrat, Diss. Zürich 1994 (MARTIN WEBER, Verwaltungsrat)

WEBER ROLF H., in: Kommentar zum Schweizerischen Privatrecht, Obligationenrecht II, Basel/Frankfurt a.M. 1994 (OR-WEBER)

– Neuere Entwicklungen im Kapitalmarktrecht, AJP 1994, S. 275 ff. (ROLF WEBER, Entwicklungen)

- Offenlegungspflichten im neuen Börsengesetz und im EG-Recht, AJP 1994, S. 301 ff. (ROLF WEBER, Offenlegungspflichten)
WELP JÜRGEN, Internationale Zuständigkeit über auswärtige Gesellschaften mit Inlandtöchtern im U.S.-amerikanischen Zivilprozess, Berlin 1992 (WELP, US-Zivilprozess)
WENGER ANDREAS P., Trends der Konzernorganisation in der Schweiz, Auslöser, Bedingungen und Ergebnisse von Umstrukturierungen, OrganisationsWissen Nr. 2, Glattbrugg 1994 (WENGER, Konzernorganisation)
WERNLI MARTIN, in: Kommentar zum Schweizerischen Privatrecht, Obligationenrecht II, Basel/Frankfurt a.M. 1994 (OR-WERNLI)
WERLEN THOMAS, Konzeptionelle Grundlagen des schweizerischen Kapitalmarktrechtes, Diss. Zürich 1994 (WERLEN, Grundlagen)
- Schweizerisches Kapitalmarktrecht als Anlegerschutz?, SZW 1995, S. 270 (WERLEN, Anlegerschutz)
WESTERMANN HARM PETER, Das Gesellschaftsrecht in der Methodendiskussion um das Internationale Privatrecht, ZGR 1975, S. 68 ff. (WESTERMANN, Methodendiskussion)
WICK MARKUS, Die Vertrauenshaftung im schweizerischen Recht, AJP 1995, S. 1270 ff. (WICK, Vertrauenshaftung)
WIDMER PETER, Die Verantwortlichkeit, AJP 1992, S. 796 ff. (PETER WIDMER, Verantwortlichkeit)
- in: Kommentar zum Schweizerischen Privatrecht, Obligationenrecht II, Basel/Frankfurt a.M. 1994 (OR-PETER WIDMER)
WIDMER URSULA, Der urheberrechtliche Schutz von Computerprogrammen, ZSR 1993 I, S. 247 ff. (URSULA WIDMER, Computerprogramme)
WIDLER ANTON, Verdeckte Gewinnausschüttungen und der Rückerstattungsanspruch nach neuem Aktienrecht, Zürcher Steuerpraxis 1993, S. 251 ff. (WIDLER, Rückerstattungsanspruch)
WIECZOREK BERNHARD/SCHÜTZE ROLF A., Zivilprozessordnung und Nebengesetze, 3. Aufl., 1. Teilband, Berlin/New York 1994 (WIECZOREK/SCHÜTZE, Zivilprozessordnung)
WIEGAND WOLFGANG, in: Kommentar zum Schweizerischen Privatrecht, Obligationenrecht I, 2. Aufl., Basel/Frankfurt a.M. 1996 (OR-WIEGAND)
WOERNLE GÜNTER, Die organähnliche Haftung des machtausübenden Hauptaktionärs gegenüber Gläubigern der abhängigen AG, Diss. Lausanne 1970 (WOERNLE, Hauptaktionär)
WOHLMANN HERBERT, Die Gesellschaft mit beschränkter Haftung, Schweizerisches Privatrecht, Bd. VIII/2, S. 315 ff., Basel/Frankfurt a.M. 1982 (SPR-WOHLMANN)
- Zu den Verweisungen im Recht der GmbH auf das Aktienrecht, SZW 1995, S. 139 ff. (WOHLMANN, Verweisungen)

WÜRDINGER HANS, Aktienrecht und das Recht der verbundenen Unternehmen, 4. Aufl., Heidelberg/Karlsruhe 1981 (WÜRDINGER, Aktienrecht)

WÜSTINER HANSPETER, in: Kommentar zum Schweizerischen Privatrecht, Obligationenrecht II, Basel/Frankfurt a.M. 1994 (OR-WÜSTINER)

WYMEERSCH EDDY (Hrsg.), Groups of Companies in the EEC, A Survey Report to the European Commission on the Law relating to Corporate Groups in various Member States, Berlin/New York 1993 (WYMEERSCH, Groups of Companies)

YAMAUCHI KORESUKE, Internationales Konzernrecht in Japan, in: Lutter, Konzernrecht, S. 154 ff. (YAMAUCHI, Konzernrecht)

YILMAZ AYSEN LERZAN, Die Verantwortlichkeit im Konzern nach schweizerischem, türkischem und deutschem Recht, Diss. Bern 1988 (YILMAZ, Konzern)

ZÄCH ROGER, Wettbewerbsrecht der Europäischen Union, Praxis von Kommission und Gerichtshof, Bern/München 1994 (ZÄCH, Praxis)

– Recht auf Parallelimporte und Immaterialgüterrecht, SJZ 1995, S. 301 ff. (ZÄCH, Parallelimporte)

ZELLER ERNST, in: Kommentar zum Schweizerischen Privatrecht, Obligationenrecht I, 2. Aufl., Basel/Frankfurt a.M. 1996 (OR-ZELLER)

ZELLWEGER CASPAR, Spaltung nach schweizerischem Recht, in: Jahrbuch des Handelsregisters 1993, S. 24 ff. (ZELLWEGER, Spaltung)

ZENHÄUSERN MARKUS/BERTSCHINGER PETER, Konzernrechnungslegung, Zürich 1993 (ZENHÄUSERN/BERTSCHINGER, Konzernrechnungslegung)

ZEUG ANDRÉ, Die Konzernmarke – eine ökonomische, warenzeichenrechtliche und steuerrechtliche Analyse, Diss. München 1987 (ZEUG, Konzernmarke)

ZIMMERMANN SILVIA, Internationale Fusionen: Neue Praxis in der Schweiz, ST 1995, S. 159 f. (ZIMMERMANN, Fusionen)

ZOGG HANS, Der Konzernabschluss in der Schweiz, Winterthur 1978 (ZOGG, Konzernabschluss)

ZÖLLNER WOLFGANG (Hrsg.), Kölner Kommentar zum Aktiengesetz, 7 Bd., 2. Aufl., Köln/Berlin/Bonn/München ab 1986 (ZÖLLNER, Aktiengesetz)

ZULAUF JOST A., Die wechselseitige Beteiligung im schweizerischen Aktienrecht, Winterthur 1974 (ZULAUF, Wechselseitige Beteiligung)

ZÜND ANDRÉ, Die steuerliche Zuordnung von Ausgaben bei internationalen "arm's length"-Transaktionen verbundener Unternehmen, StR 1975, S. 95 ff. (ZÜND, "Arms's length"-Transaktionen)

– Einheitliche Leitung – Bedeutung und Tauglichkeit des Begriffs, in: Das St. Galler Konzernrechtsgespräch, Bern/Stuttgart 1988, S. 77 ff. (ZÜND, Einheitliche Leitung)

ZÜRCHER WOLFGANG, Der Gläubigerschutz im schweizerischen Aktienrecht-Konzern, Diss. Zürich 1993 (ZÜRCHER, Aktienrechtskonzern)

ZWEIFEL MARTIN, Die Haftungsverhältnisse im faktischen Konzern infolge Schädigung der abhängigen Gesellschaft durch die herrschende Gesellschaft, in: Fest-

schrift zum 50. Geburtstag von Arthur Meier-Hayoz, Zürich 1972, S. 126 ff. (ZWEIFEL, Haftungsverhältnisse)
- Holdinggesellschaft und Konzern, Diss. Zürich 1973 (ZWEIFEL, Konzern)
- Für ein schweizerisches Konzernrecht, SAG 1973, S. 24 ff. (ZWEIFEL, Konzernrecht)
- Fragen des Minderheitenschutzes in einem schweizerischen Konzernrecht, SAG 1978, S. 91 ff. (ZWEIFEL, Minderheitenschutz)

Einleitung

Konzerne sind Kinder der Praxis und nicht Schöpfungen des Rechts[1]. Auch wenn sie wegen ihrer grossen Bedeutung aus dem heutigen Wirtschaftsleben nicht mehr wegzudenken sind, hat der schweizerische Gesetzgeber bisher darauf verzichtet, diese wichtige Erscheinung rechtlich umfassend zu regeln, sondern sich darauf beschränkt, punktuell und eigentlich eher zufällig einige den Konzern betreffende Normen zu erlassen, wobei diese Normen lückenhaft, z.T. inkongruent, ja widersprüchlich sind[2]. Trotzdem gedeihen die schweizerischen Konzerne prächtig und haben sich in pragmatischer Manier die vom Gesetzgeber nicht möblierten Zimmer des juristischen Konzernhauses selbst zu ihrer Zufriedenheit eingerichtet[3]. Eine Umfrage im Jahr 1994 hat gezeigt, dass die beteiligten 20 schweizerischen Publikumsgesellschaften – bei denen es sich durchwegs um Konzerne handelt – ohne eigentliche Kodifizierung des Konzernrechts in der Praxis ganz gut zurecht kommen[4].

Konzerne sprengen geografische Grenzen: Der Konzernwolf schleicht sich sozusagen unter dem nationalen Schafspelz einer lokalen Gesellschaft unerkannt über die Landesgrenzen und etabliert sich weltweit als multinationaler Konzern, in seinem Interesse jeweils lokale Standortvorteile optimal nutzend und Hindernisse dank seiner straffen, zentralisierten und gut informierten Führung mühelos umgehend. Diese Vorteile sind nicht zu übersehen, und sie erklären die grosse Verbreitung und wirtschaftliche Bedeutung der Konzerne[5]. Sie werden mit der im Gang befindlichen Globalisierung der Märkte in Zukunft wohl noch wichtiger werden, denn die nationalen Märkte werden den Konzernen als "global players" noch vermehrt offen stehen.

---

1 Einen guten rechtsgeschichtlichen Überblick bietet HANDSCHIN, Konzern, S. 6 ff. m.w.H.
2 So geht z.B. das Kartellrecht von der wirtschaftlichen Einheit des Konzerns aus, während das Steuerrecht die Konzernglieder als rechtlich und wirtschaftlich selbständige Steuersubjekte behandelt.
3 Diese Formulierung nimmt einen Gedanken meines verehrten Kollegen und Freundes ARTHUR MEIER-HAYOZ auf, den er in seinem Aufsatz "Zur Typologie im Aktienrecht" in der Festgabe für WOLFHART F. BÜRGI (Zürich 1972, S. 263) äusserte: "Nur dann bleibt der Rechtsprechung die Aufgabe erspart, mit der sie heute im Grunde überfordert ist, die Aufgabe nämlich, den nicht vollendeten Bau des Gesetzes mit dem unvollkommenen Instrumentarium der richterlichen Rechtsschöpfung zu vervollständigen. Die atypischen Räume im Hause einer Gesellschaftsform, die der Gesetzgeber vorsieht, hat er selber bewohnbar zu gestalten; der Richter kann hier nicht nachholen, was jener versäumte."
4 VON BÜREN, Publikumsgesellschaften, S. 81.
5 Nach Schätzung von DRUEY, Company Groups, S. 131, aus dem Jahr 1992 sind bis zu 70% der schweizerischen Aktiengesellschaften konzerniert. Die entsprechende Schätzung von DRUEY, Konzernrecht, S. 287, aus dem Jahr 1980, nämlich über 50%, erachtet STEBLER, Konzernrecht, S. 10, als "eine eher konservative Einschätzung der Realitäten". Für die deutschen Aktiengesellschaften geht FLURIN VON PLANTA, Verwaltungsrat, S. 16 m.w.H., vom gleichen Prozentsatz aus.

Konzerne kümmern sich aber auch nicht um juristische Grenzen: Sie lassen sich nicht hineinzwängen in ein juristisches Fachgebiet, sondern sie weisen eine polypenhafte Morphologie auf. Ihre Tätigkeit wirkt sich in den vielfältigsten juristischen Bereichen aus: Neben dem Gesellschaftsrecht – wohl der eigentlichen sedes materiae des Konzernrechts – sind auch börsenrechtliche, steuerrechtliche und kartellrechtliche Fragen für Konzerne von grösster Wichtigkeit. Aber auch andere Rechtsgebiete wie das Vertragsrecht, das Immaterialgüterrecht, das Zivilprozessrecht, das internationale Privatrecht sowie das Schuldbetreibungs- und Konkursrecht sind für Konzerne von Bedeutung.

Wir Juristen stehen etwas ratlos vor diesem wirtschaftlichen Phänomen, das wir kaum mehr zu überblicken und in unsere armseligen Denkschablonen zu pressen vermögen. Die Betriebswirtschaftslehre kann zwar einen Teil zur Lösung beitragen, vor allem im praktischen Bereich der Strukturierung, Finanzierung und Führung von Konzernen. Die eigentliche Arbeit aber, d.h. die juristische Analyse des wirtschaftlichen Phänomens Konzern und die Auslotung der rechtlichen Konsequenzen, haben wohl wir Juristen nolentes volentes zu leisten.

Es ist dies keine leichte Aufgabe, da wir uns wohl auf längere Zeit mit Flickwerk begnügen müssen: Eine abschliessende Kodifizierung des Konzerns ist in der Schweiz in nächster Zeit nicht in Sicht[6]. Das ist aber vielleich gut so. Wirtschaftsrecht ist weitgehend pragmatisches Recht und wird es hoffentlich auch in Zukunft bleiben. Unser Gesetzgeber sollte sich nicht anmassen, Dinge, die sich in der Praxis gut entwickelt haben, nachträglich zu "verfassen", sondern sich darauf beschränken, dort korrigierend einzugreifen, wo ein Machtungleichgewicht zu beseitigen ist. Diese Zurückhaltung ist unserer Rechtsordnung bisher gut bekommen. Es gibt keine Veranlassung, davon im Falle des Konzerns abzuweichen.

Ziel des vorliegenden Werkes ist es, den Konzern vorerst als wirtschaftliche Erscheinung darzustellen und dann zu untersuchen, welche Konsequenzen sich aus diesen Facetten in den verschiedenen Bereichen der Rechtsordnung ergeben. Dies geschieht nicht mit dem Anspruch, abschliessende Lösungen zu präsentieren, sondern in der Hoffnung, dass damit ein Beitrag für die Diskussion zwischen der Wirtschaft und der Wissenschaft geleistet wird. Das Verhältnis zwischen Wirtschaft und Wissenschaft ist auch hier iterativ: Beide Seiten geben und nehmen, und es ist letztlich dieses unvoreingenommene "do ut des", welches eine offene Auseinandersetzung und die gemeinsame Erarbeitung von guten Lösungen erst ermöglicht. Eine gewisse Bescheidenheit der Wissenschaft gegenüber der wirtschaftlichen Praxis – nicht immer eine hervorragende akademische Tugend – ist also hier am Platz. Andererseits sollten sich vielleicht auch die Vertreter der Wirtschaft bisweilen sagen lassen, dass sie etwas suboptimal oder sogar falsch gelöst haben, ohne gerade in den Reflex zu verfallen, dass die Bewohner von Elfenbeintürmen ohnehin vom Geschäft nichts verstehen.

---

6   Dies ergibt sich aus dem Schlussbericht der Groupe de réflexion "Gesellschaftsrecht" vom 24. September 1993, S. 69 ff., insbes. S. 78.

Allgemeiner Teil: Allgemeine Fragen des Konzerns

I. Terminologische Fragen

1. Die gesetzliche Terminologie

Da die Schweiz über kein eigentliches Konzernrecht verfügt, existieren auch keine einheitlichen, den Konzern und seine Teile betreffenden gesetzlichen Begriffe. Diese sind vielmehr völlig unsystematisch verstreut in der ganzen Rechtsordnung[1].

1.1. Im Aktienrecht

Das Aktienrecht[2] als eigentliche sedes materiae des Konzernrechts (sofern man diesen Ausdruck für die wenigen den Konzern betreffenden Normen verwenden darf) ist bezüglich der verwendeten Terminologie alles andere als vorbildlich: Die Begriffsbildung ist unvollständig, ungenau und uneinheitlich.

– OR 663e I enthält die Definition des *"Konzerns"*: Zusammenfassung einer oder mehrerer Gesellschaften durch eine andere Gesellschaft unter einheitlicher Leitung mittels Stimmenmehrheit oder auf andere Weise.
– OR 663f I erwähnt den Begriff der *"Obergesellschaft"* für jene Gesellschaft, welche die Konzernrechnung zu erstellen hat.
– OR 663g II spricht im Zusammenhang mit der Erstellung der Konzernrechnung nicht mehr von der "Obergesellschaft" (wie in OR 663f I), sondern bloss von der *"Gesellschaft"*.
– OR 663h I gestattet den Verzicht auf Angaben in der Konzernrechnung, welche *"der Gesellschaft"* oder *"dem Konzern"* erhebliche Nachteile bringen könnten.
– OR 659b verwendet im Zusammenhang mit dem Verbot des Erwerbs eigener Aktien im Rahmen eines Konzerns den Begriff *"Tochtergesellschaften"*.
– OR 708 I enthält die Sondernorm bezüglich Wohnsitz und Nationalität für Verwaltungsratsmitglieder von Gesellschaften, deren Zweck hauptsächlich in der Beteiligung an anderen Unternehmen besteht (*"Holdinggesellschaften"*). Die gleiche Definition findet sich auch in OR 671 IV (Ausnahme von der Reservenbildungspflicht gemäss OR 671 II 3 und III).

---

1 Die Aussage des Bundesgerichts in BGE 108 Ib 37 E. 4c war schon zum Zeitpunkt dieses Urteils (1982) falsch: "...le droit positif suisse ignore la notion du groupe...". Es gab schon damals an mehreren Stellen in verschiedenen Gesetzen Konzerndefinitionen. Das Bundesgericht bemerkte den Fehler aber schnell und behob ihn noch im gleichen Jahr in BGE 108 Ib 448: "Recemment, le Tribunal fédéral a cependant rappelé que le droit positif suisse ignore la notion de groupe de sociétés (ATF 108 Ib 37 consid. 4c). Dans la mesure où, ainsi formulée, cette affirmation peut paraître trop absolue, il convient de la nuancer en ce sens que le droit écrit suisse ne reconnaît ni ne définit officiellement la notion de groupe de sociétés, sous réserve de quelques exceptions...".
2 BG vom 4. Oktober 1991, in Kraft seit 1. Juli 1992 (AS 1992, S. 733 ff.; SR 220).

– OR 727c II stellt die Vorschrift auf, dass die Revisionsstelle auch von *"Gesellschaften, die dem gleichen Konzern angehören"*, unabhängig sein müssen, sofern ein Aktionär oder ein Gläubiger dies verlangt.

1.2. Im Steuerrecht

Fast alle Kantone[3], nicht aber der Bund[4], kennen in ihren Steuergesetzen das sog. Holdingprivileg, wonach reine *Holdinggesellschaften*[5] keine Gewinnsteuer, sondern nur eine Kapitalsteuer entrichten. Der steuerrechtliche Begriff der "Holding" ist naturgemäss je nach kantonalem Recht verschieden. Als gemeinsamer Nenner lässt sich feststellen, dass eine Holdinggesellschaft[6] dann vorliegt, wenn ihr Zweck *ausschliesslich oder zumindest hauptsächlich in der dauernden Verwaltung von Beteiligungen* besteht[7]. Der Begriff der Holding unterscheidet sich also vom Konzernbegriff nach OR 663e I dadurch, dass die Beherrschung der Beteiligungsgesellschaften bzw. die Durchsetzung einer einheitlichen wirtschaftlichen Leitung nicht erforderlich ist[8].

Im Mehrwertsteuerrecht findet sich in der Verordnung über die Mehrwertsteuer in MWSTV 17 III eine Umschreibung des *Konzerns*:

"Juristische Personen mit Sitz oder Betriebsstätte in der Schweiz, welche eng miteinander verbunden sind, können beantragen, gemeinsam als ein einziger Steuerpflichtiger behandelt zu werden. Die *enge Verbindung* liegt namentlich vor, wenn nach dem Gesamtbild der tatsächlichen Verhältnisse eine *natürliche oder juristische Person durch Stimmenmehrheit oder auf andere Weise eine oder mehrere juristische Personen unter einheitlicher Leitung zusammenfasst*. Unter diesen Voraussetzungen kann auch die Eidgenössische Steuerverwaltung die Gruppenbesteuerung verlangen. Die Wirkungen der Gruppenbesteuerung sind auf Innenumsätze zwischen den im schweizerischen Inland gelegenen Gesellschaften beschränkt. Sämtliche an der *Gruppe*[9] beteiligten Gesellschaften und Personen gelten zusammen als ein Steuerpflichtiger."

---

3   Ausnahmen sind AR und NE. Weitere Hinweise siehe CAGIANUT/HÖHN, Unternehmenssteuerrecht, S. 350, Fn. 16.
4   DBG 69 ff. gewährt lediglich einen Beteiligungsabzug im Verhältnis der Beteiligungserträge zum Gesamtertrag. Siehe auch StHG 28 I. Immerhin befasst sich StHG 28 II mit der Regelung des Holdingprivilegs im kantonalen Steuerrecht.
5   Siehe dazu hinten S. 17 und S. 339 ff.
6   Gemäss DBG 69 können Kapitalgesellschaften oder Genossenschaften Holdinggesellschaften sein.
7   StHG 28 II; ERNST HÖHN, Holding- und Domizilgesellschaften, S. 391, N. 21.
8   So ausdrücklich für das bernische Steuerrecht GRUBER, Staats- und Gemeindesteuern, S. 214, N. 3: "Der Begriff 'Holdinggesellschaft' wird weit ausgelegt. Als Holdinggesellschaften gelten nicht nur Gesellschaften, die andere Gesellschaften kontrollieren, sondern auch Beteiligungsgesellschaften, die ihre Gelder zur Verteilung des Risikos in Beteiligungen am Grund- oder Stammkapital anderer Gesellschaften anlegen."
9   Der Kommentar zur Verordnung über die Mehrwertsteuer vom 22. Juni 1994, S. 22, spricht auch von "Unternehmensgruppen" (BBl 1994 III 551).

Während OR 663e I den Begriff *"Konzern"* verwendet, ist in MWSTV 17 III also die Rede von *"Gruppe"*. Als weiterer Unterschied fällt auf, dass als herrschende Unternehmen im Mehrwertsteuerrecht ausdrücklich auch natürliche Personen[10] erwähnt werden, während OR 663e I nur von "Gesellschaften" spricht. Auch bei den abhängigen Unternehmen besteht eine Differenz: MWSTV 17 III verlangt für abhängige Unternehmen die Rechtsform einer juristischen Person[11], während OR 663e I bloss verlangt, dass es sich um Gesellschaften handelt[12].

1.3. Im Bundesgesetz über Kartelle und andere Wettbewerbsbeschränkungen (Kartellgesetz, KG)

Das alte Kartellgesetz[13] erwähnte den Konzern ausdrücklich in aKG 4 I c: Die *Zusammenfassung von Unternehmen durch Kapitalbeteiligung oder andere Mittel* galt als kartellähnliche Organisation. Diese Definition deckte sich nicht mit jener in OR 663e I, da das Element der einheitlichen Leitung im kartellrechtlichen Konzernbegriff fehlte.

Im neuen Kartellgesetz[14] fehlt eine entsprechende Erwähnung des Konzerns. Auch ohne eine Definition zu enthalten, nimmt das KG jedoch indirekt Bezug auf den Konzern[15]:

– KG 4 II enthält eine Definition der *marktbeherrschenden Unternehmen* ("Einzelne oder *mehrere Unternehmen*, die auf einem Markt als Anbieter oder Nachfrager in der Lage sind, sich von anderen Marktteilnehmern in wesentlichem Umfang unabhängig zu verhalten"). Unter diesen Begriff können selbstverständlich auch Konzerne fallen: Mit der Umschreibung "mehrere Unternehmen" sind nämlich mehrere unter einheitlicher wirtschaftlicher Leitung stehende Unternehmen gemeint und nicht wirtschaftlich selbständige.
– Einen spezifisch konzernrechtlichen Sachverhalt erfasst die neu geregelte *Fusionskontrolle*: Unter den Begriff des Unternehmenszusammenschlusses fällt neben der eigentlichen Fusion[16] im Sinne von KG 4 III b nämlich auch die sog. "Kontrollübernahme", also der Erwerb einer Beteiligung oder der Abschluss eines Vertrages,

---

10 Dies deckt sich mit der im vorliegenden Werk vertretenen Ansicht. Siehe dazu im Detail S. 245 ff.
11 Auch in diesem Punkt entspricht die Regelung von MWSTV 17 III der hier vertretenen Meinung.
12 Die gleiche Umschreibung verwenden auch DBG 69 f. und StHG 28. Dem Wortlaut nach kämen also auch die einfache Gesellschaft bzw. die Kollektiv- oder Kommanditgesellschaft als Rechtsform für abhängige Unternehmen in Frage. Dass sie sich faktisch dazu aber nicht eignen, wird an anderer Stelle begründet. Siehe dazu S. 239 ff.
13 BG über Kartelle und ähnliche Organisationen vom 20. Dezember 1985 (aKG).
14 BG über Kartelle und andere Wettbewerbsbeschränkungen (Kartellgesetz, KG) vom 6. Oktober 1995 (SR 251).
15 Siehe dazu S. 359 ff.
16 Im Sinne der juristischen Verschmelzung.

durch den (unmittelbar oder mittelbar) die Kontrolle über ein bisher selbständiges Unternehmen erlangt werden soll (KG 4 III b). Die Kontrollübernahme ist nichts anderes als die Konzernierung eines bisher wirtschaftlich selbständigen Unternehmens.

1.4. Im Bundesgesetz über den Schutz von Marken und Herkunftsangaben (Markenschutzgesetz, MSchG)

Das frühere Markenrecht[17] enthielt in aMSchG 6bis eine Regelung über die *Konzernmarke*, wonach "*wirtschaftlich eng miteinander verbundene Produzenten, Industrielle oder Handeltreibende* auch für Erzeugnisse oder Waren, die ihrer Natur nach nicht voneinander abweichen" (also gleichartige Erzeugnisse oder Waren), die gleiche Marke parallel hinterlegen durften, "sofern weder das Publikum getäuscht noch sonstwie das öffentliche Interesse verletzt" werden konnte. Es fällt sofort auf, dass der Begriff der "wirtschaftlich eng miteinander verbundenen" Unternehmen viel weiter ist als der Konzernbegriff von OR 663e I: Es war nämlich für den markenrechtlichen Konzernbegriff des früheren Rechts nicht erforderlich, dass die verschiedenen Unternehmen beherrscht und unter eine einheitliche Leitung gestellt wurden, sondern es genügte eine blosse, wie auch immer geartete, enge wirtschaftliche Verbindung[18].

Eine entsprechende Bestimmung fehlt im neuen Markenschutzgesetz[19]. Dennoch sind unter neuem Markenrecht infolge der wesentlich liberaleren Hinterlegungsbefugnis[20] Paralleleintragungen durch Konzernunternehmen auch ohne ausdrückliche gesetzliche Regelung möglich.

1.5. Im Bundesgesetz über den Erwerb von Grundstücken durch Personen im Ausland (BewG, "Lex Friedrich")

BewG 6 I[21] enthält eine umfassende und differenzierte Definition der *Konzernleitung*:

"Eine Person[22] im Ausland hat eine beherrschende Stellung inne, wenn sie aufgrund ihrer finanziellen Beteiligung, ihres Stimmrechtes oder aus anderen Gründen allein oder gemeinsam

---

17 BG betreffend den Schutz der Fabrik- und Handelsmarken, der Herkunftsbezeichnungen von Waren und der gewerblichen Auszeichnungen vom 26. September 1890.
18 Darauf weist auch ALOIS TROLLER, IGR Bd. 2, S. 651, Fn. 156, hin. Entschieden zu weit geht jedoch seine Feststellung, dass zwischen Lizenzgeber und Lizenznehmer "in Ausnahmefällen" ein Konzernverhältnis bestehen könne.
19 BG über den Schutz von Marken und Herkunftsangaben (Markenschutzgesetz, MSchG) vom 28. August 1992 (SR 232.11).
20 MSchG 28 I ("Jede Person kann eine Marke hinterlegen") im Vergleich zu aMSchG 7.
21 BG vom 16. Dezember 1983 (SR 211.412.41).
22 Es fällt auf, dass der Begriff der Konzernleitung hier sehr weit gefasst wird: Als Konzernleitung

mit anderen Personen im Ausland die Verwaltung oder Geschäftsführung entscheidend beeinflussen kann."

Was im Aktienrecht leider fehlt[23], enthält dieses im Ganzen gesehen doch marginale Gesetz in BewG 6 II, nämlich eine ganze Reihe von Tatbeständen, bei deren Vorliegen die Beherrschung einer juristischen Person vermutet wird:

"Die Beherrschung einer juristischen Person durch Personen im Ausland wird vermutet, wenn diese:
a) mehr als einen Drittel des Aktien-, Stamm- oder Genossenschafts- und gegebenenfalls des Partizipationsscheinkapitals[24] besitzen;
b) über mehr als einen Drittel der Stimmen in der General- oder Gesellschafterversammlung verfügen;
c) die Mehrheit des Stiftungsrates oder der Begünstigten einer Stiftung des privaten Rechts stellen;
d) der juristischen Person rückzahlbare Mittel zur Verfügung stellen, die mehr als die Hälfte der Differenz zwischen den Aktiven der juristischen Person und ihren Schulden gegenüber nicht bewilligungspflichtigen Personen ausmachen."

Sogar für die Beherrschung von Personengesellschaften (worüber das ganze Gesellschaftsrecht kein einziges Wort verliert!) wird in BewG 6 III eine Vermutung aufgestellt:

"Die Beherrschung einer Kollektiv- oder Kommanditgesellschaft durch Personen im Ausland wird vermutet, wenn eine oder mehrere von ihnen:
a) unbeschränkt haftende Gesellschafter sind;
b) der Gesellschaft als Kommanditäre Mittel zur Verfügung stellen, die einen Drittel der Eigenmittel der Gesellschaft übersteigen;
c) der Gesellschaft oder unbeschränkt haftenden Gesellschaftern rückzahlbare Mittel zur Verfügung stellen, die mehr als die Hälfte der Differenz zwischen den Aktiven der Gesellschaft und ihren Schulden gegenüber nicht bewilligungspflichtigen Personen ausmachen."

1.6. Im Bundesgesetz über die Banken und Sparkassen (Bankengesetz, BankG)

Das Bankengesetz[25] enthält zwar keine spezifischen Normen für den Bankkonzern als solchen, aber erwähnt immerhin Konzernsachverhalte im Zusammenhang mit ausländischen Banken.

---

kommen also nicht nur juristische Personen, sondern auch Personengesellschaften und sogar natürliche Personen in Frage.
23 Siehe zu dieser Frage S. 79 ff.
24 Richtig wäre nach OR 656a der Ausdruck "Partizipationskapital".
25 BG vom 8. November 1934 (SR 952.0).

So enthält BankG 2 die Bestimmung, wonach das Gesetz sinngemäss auch auf die von ausländischen Banken in der Schweiz errichteten "Sitze"[26] anwendbar sein soll. Damit sind ausländische Bankkonzerne mit Zweigniederlassungen im Sinne von OR 935 gemeint. Abhängige Unternehmen ausländischer Bankkonzerne in der Schweiz unterliegen dem BankG ebenfalls direkt und uneingeschränkt.

Noch deutlicher ergibt sich dies aus BankG 3bis:

"Die Bewilligung zur Errichtung einer Bank, die nach schweizerischem Recht organisiert werden soll, *auf die jedoch ein beherrschender ausländischer Einfluss besteht*, wie auch die Bewilligung zur Errichtung eines Sitzes, einer Zweigniederlassung oder einer Agentur *einer ausländischen oder ausländisch beherrschten Bank* (...)".

Auch BankG 3ter kann einen Konzernsachverhalt berühren, nämlich dann, wenn die ausländische Beherrschung durch einen Konzern erfolgt:

"Banken, die nach ihrer Gründung ausländisch beherrscht werden, bedürfen einer zusätzlichen Bewilligung gemäss Art. 3bis."

1.7. Im Bundesgesetz über die Börsen und den Effektenhandel (Börsengesetz, BEHG)

Das BEHG[27] befasst sich an mehreren Stellen intensiv mit konzernrechtlich relevanten Sachverhalten[28]:

– Der 4. Abschnitt des BEHG regelt die Pflicht zur *Offenlegung von Beteiligungen* im Zusammenhang mit dem Erwerb von mindestens teilweise in der Schweiz kotierten Beteiligungspapieren schweizerischer Gesellschaften, wenn bestimmte Grenzwerte überschritten werden[29].
– Der 5. Abschnitt des BEHG betrifft *öffentliche Kaufangebote* für Beteiligungen an schweizerischen Gesellschaften, deren Beteiligungspapiere mindestens teilweise an einer schweizerischen Börse kotiert sind[30].

Obwohl das Gesetz in BEHG 2 eine Reihe von Definitionen enthält, werden keine spezifisch konzernrechtlichen Begriffe definiert, sondern es wird lediglich von "Anbietern", "Verkäufern" und "Zielgesellschaft" gesprochen.

Erwähnt werden die Konzerne dafür explizit in den Ausführungserlassen zum BEHG. Zum einen ist im aufgrund von BEHG 8 I erlassenen Kotierungsreglement[31]

---

26   BankG 2 erwähnt ferner die Zweigniederlassungen, Agenturen und Vertreter.
27   BG vom 24. März 1995 (SR 954.1).
28   Wie im Detail noch zu zeigen sein wird. Dazu ausführlich S. 277 ff.
29   BEHG 20 f.
30   BEHG 22-33.
31   Art. 8 Kotierungsreglement der Schweizer Börse vom Januar 1996, in Kraft seit 1. November 1996.

von *"Gruppenobergesellschaft"* die Rede, zum anderen wird im Entwurf zur Börsenverordnung der Eidgenössischen Bankenkommission (EBK)[32] von *"Konzernen oder mehrheitlich beherrschten Unternehmensgruppen"* gesprochen. In der Verordnung der Übernahmekommission über öffentliche Kaufangebote[33] wird beim Vorliegen eines Konzerns gar eine Vermutung aufgestellt, dass die Konzernglieder in gemeinsamer Absprache handeln:

"Falls der Anbieter Mitglied eines Konzernes ist, wird vermutet, dass die anderen Gesellschaften des Konzernes in gemeinsamer Absprache mit dem Anbieter handeln. Das gleiche gilt, wenn eine Gesellschaft, welche in gemeinsamer Absprache mit dem Anbieter handelt, Mitglied eines Konzernes ist."

In keinem dieser Ausführungserlasse findet sich aber eine Definition des Konzerns. Für die konzernrechtliche Terminologie hilft demnach das BEHG – trotz aller sonstigen Nützlichkeit für wichtige Belange des Konzernrechts – leider nicht weiter.

2. Die Terminologie des Bundesgerichts

Die vom Bundesgericht in seinen Entscheiden verwendete Terminologie im Konzernrechtsbereich ist ausserordentlich heterogen.

Zwar werden recht häufig die Begriffe "Konzern" ("groupe")[34], "Muttergesellschaft" ("société mère") und "Tochtergesellschaft" ("filiale")[35], "Konzerngesellschaft" ("société affiliée à un groupe")[36] und "Holdinggesellschaft" ("société holding")[37] verwendet.

Daneben gebraucht das Bundesgericht jedoch eine unübersichtliche Fülle ähnlicher Begriffe, wie z.B.:

– "Mutterhaus"[38],
– "Mutterfirma"[39],
– "Dachholdinggesellschaft"[40],
– "Société de contrôle industrielle"[41],

---

32 Art. 11 und 26 des Entwurfs zur Börsenverordnung EBK.
33 Art. 12 III des Entwurfs zur VO Übernahmekommission über öffentliche Kaufangebote.
34 BGE 83 II 312; 86 II 270; 95 II 354; 108 Ib 28; 110 Ib 127; 110 Ib 222; 120 II 331; SZW 1991, S. 142 ff.
35 BGE 72 II 275; 88 II 293; 92 II 95; 94 II 128; 97 II 153; 98 II 57 und 67; 108 Ib 440; 110 Ib 127; 120 II 331.
36 BGE 75 I 340; 110 Ib 222; SZW 1991, S. 142 ff.
37 BGE 72 II 275; 75 I 340; SZW 1991, S. 142 ff.
38 BGE 86 II 270.
39 BGE 97 II 153.
40 SZW 1991, S. 142 ff.
41 BGE 75 I 340.

- "Société-fille"[42],
- "Société contrôlée"[43],
- "Maison affiliée"[44],
- "Ober- und Untergesellschaft"[45],
- "Hauptgesellschaft"[46],
- "Konzernhauptgesellschaft"[47],
- "Konzernmuttergesellschaft"[48],
- "Schwestergesellschaft"[49],
- "Halbschwestergesellschaft"[50].

3. Die Terminologie der Doktrin

Die von der Doktrin verwendeten Begriffe sind von einer geradezu babylonischen Vielfalt. Von einer einigermassen einheitlichen Terminologie kann nicht im entferntesten die Rede sein.

Es geht hier nicht darum, ein abgerundetes Bild über die in der Doktrin verwendeten konzernrechtlichen Begriffe zu entwerfen, sondern es soll lediglich anhand einiger ausgewählter Beispiele (und ohne Anspruch auf Vollständigkeit) gezeigt werden, dass es – in Ermangelung klarer gesetzlicher Begriffe – zu einem wahren Wildwuchs gekommen ist, der die wissenschaftliche Diskussion erschwert. In Anbetracht der Fülle der schweizerischen Quellen zum Konzernrecht wird lediglich abgestellt auf die schweizerische Literatur. Das Problem stellt sich jedoch auch in ausländischen Rechtsordnungen auf ähnliche Weise.

Vorweg kann man feststellen, dass keine grundlegenden Differenzen bezüglich des Begriffs *"Konzern"* bzw. *"groupe de sociétés"* bestehen, auch wenn im einzelnen Nuancierungen zu beobachten sind. Es besteht weitgehend Einigkeit darüber, dass ein Konzern vorliegt, wenn mehrere juristisch selbständige Gesellschaften unter einheitlicher wirtschaftlicher Leitung zusammengefasst werden[51].

---

42 BGE 75 I 340.
43 BGE 75 I 340.
44 BGE 75 I 340.
45 SZW 1991, S. 142 ff.
46 SZW 1991, S. 142 ff.
47 SZW 1991, S. 142 ff.
48 BGE 120 II 331.
49 SZW 1991, S. 142 ff.
50 SZW 1991, S. 142 ff.
51 Dieser Meinung ist auch HANDSCHIN, Konzern, S. 30 m.w.H. Mehr zum Konzernbegriff siehe S. 78 ff.

Dagegen besteht keine einheitliche Sprachregelung in Bezug auf die *Konzernteile*. Das mögen einige Beispiele belegen. Die folgenden Ausdrücke werden im Zusammenhang mit den Gliedern eines Konzerns verwendet:

- "Muttergesellschaft" und "Tochtergesellschaft" bzw. "Mutterunternehmen" und "Tochterunternehmen"[52],
- "Obergesellschaft" und "Untergesellschaft"[53],
- "Holdinggesellschaft" und "abhängige Gesellschaft" bzw. "Konzerngesellschaft"[54],
- "Konzernspitzengesellschaft" neben dem Begriff "Muttergesellschaft", als Gegensatz zu den synonym verwendeten Begriffen "Tochter", "Tochterunternehmen", "Konzernglieder" und "Konzernunternehmen"[55],
- "Konzernleitung" und "Konzerngesellschaften"[56],
- "Herrschende Gesellschaft" bzw. "herrschende Person" und "abhängige Gesellschaft" bzw. "société dominante" und "société dominée"[57],
- "Herrschende Konzerngesellschaft" bzw. "Konzernleitung" und "abhängige Konzerngesellschaft" bzw. "Konzernunternehmen"[58].

Teilweise werden diese Begriffspaare auch vermischt, was die Verständlichkeit nicht unbedingt fördert[59].

---

52   Z.B. HANDSCHIN, Konzern, passim, insbes. S. 79 ff. und 84 ff.
53   Z.B. DRUEY, Konzernrecht, S. 277, wobei als Abkürzung das Zeichen M bzw. T verwendet wird, allerdings mit dem klärenden Hinweis, dass damit die relative Position verstanden wird, T also auch eine Enkelgesellschaft und M eine Unterholding bedeuten kann; AMSTUTZ, Konzernorganisationsrecht, passim.
54   Z.B. RUEPP, Konzernleitung (passim), der die Holdinggesellschaft mit der Konzernleitung und die abhängige Gesellschaft mit der Konzerngesellschaft gleichsetzt (z.B. S. 45), neu aber den Begriff der "Managementgesellschaft" verwendet und untersucht, inwiefern Kompetenzen der Konzernleitung an diese Managementgesellschaft delegiert werden dürfen.
55   KAUFMANN, Konzernspitze, S. 79 und 83 ff.
56   SLONGO, Konzernbegriff, passim, z.B. S. 76.
57   So konsequent z.B. bei DALLEVES, Coopération, passim; RUEDIN, Groupes de sociétés, passim; TAPPOLET, Konzernmässige Abhängigkeit, passim, und CAFLISCH, Abhängige Gesellschaft, passim, der sich auch um eine saubere Abgrenzung zur Tochtergesellschaft und zur Muttergesellschaft sowie zur Holdinggesellschaft und zur Konzerngesellschaft bemüht (S. 50 ff.).
58   ZWEIFEL, Konzern, S. 61, 64 und 88.
59   So lautet der Titel der Dissertation von FLURIN VON PLANTA "Der Interessenkonflikt des Verwaltungsrats der abhängigen Konzerngesellschaft". Dem steht jedoch andererseits der Begriff der "Obergesellschaft" gegenüber (z.B. S. 20, 93), wobei auch der Begriff "Konzernleitung" offenbar synonym verwendet wird (z.B. S. 91, 105). ZWEIFEL, Konzern, braucht neben den Begriffen "abhängige und herrschende Konzerngesellschaft" (z.B. S. 88) auch die Begriffe "Konzernspitzengesellschaft" (z.B. S. 85) und "Konzerngesellschaften" (z.B. S. 82 ff.).

4. Kritik an den vom Gesetz, von der Praxis und der Doktrin verwendeten konzernrechtlichen Begriffen

Die Zusammenstellung der im Gesetz, in der Praxis und in der Doktrin verwendeten konzernrechtlichen Begriffe dürfte deutlich gezeigt haben, dass in diesem Bereich eine beträchtliche Verwirrung herrscht.

Es seien an dieser Stelle nur kurz einige kritische Bemerkungen zu den folgenden Begriffspaaren gestattet:

- *Mutter/Tochter*: Dieses Begriffspaar ist insofern unglücklich, als es bloss auf die Beteiligungsverhältnisse abstellt, die in der Konzernwirklichkeit aber von untergeordneter Bedeutung sind. Es spielt im Konzern schlicht keine Rolle, ob es sich beteiligungsmässig um eine Tochter, eine Grossnichte oder eine Urgrossmutter handelt. Entscheidend ist bloss, ob ein Beherrschungsverhältnis von oben nach unten vorliegt und die für den Konzern typische Möglichkeit besteht, dass die Konzernleitung als oberste Instanz im Konzern ihren Willen gegenüber den ihr (direkt oder indirekt) unterstellten Gesellschaften durchsetzen kann. Die Begriffe "Mutter" und "Tochter" sind zu eng, da sie bloss auf ein direktes Beteiligungsverhältnis – wie es in der Praxis nur höchst selten so eindimensional existiert – abstellen. Die beiden Begriffe werden deshalb im vorliegenden Werk nicht verwendet.
- *Obergesellschaft/Untergesellschaft*: Dieses Begriffspaar lässt offen, ob die Hierarchisierung "oben" und "unten" sich auf die Beteiligungsverhältnisse oder die Führungsstruktur bezieht. Aus diesem Grund wird im folgenden auf die Verwendung dieses Begriffspaars verzichtet.
- *Holdinggesellschaft/Konzerngesellschaften*: Wenn diese Begriffe als Gegensatz verwendet werden, so setzt dies voraus, dass die Holdinggesellschaft mit der Konzernleitung identisch ist, was aber nicht immer der Fall zu sein braucht[60].
- *Gesellschaft/Unternehmen*: Da – wie noch zu zeigen sein wird – ein Konzern sich nicht nur aus Gesellschaften zusammensetzt, sondern auch juristische Personen des öffentlichen Rechts[61], Stiftungen und Vereine[62], ja sogar natürliche Personen[63] zu einem Konzern gehören können, sollte korrekterweise statt des Begriffs "Gesellschaft" die Bezeichnung "Unternehmen" verwendet werden[64].

---

60   Siehe dazu S. 50 ff.
61   Siehe S. 249 ff.
62   Siehe S. 227 ff.
63   Siehe S. 245 ff.
64   Wie dies übrigens auch das Gesetz in OR 708 I und OR 671 IV tut.

5. Die im vorliegenden Werk verwendeten Begriffe

5.1. Konzern

Als *Konzern* gilt die Gesamtheit aller unter einer einheitlichen wirtschaftlichen Leitung stehenden, juristisch selbständigen Unternehmen[65].

5.2. Herrschendes Unternehmen (Konzernleitung)/Abhängiges Unternehmen

Als *herrschendes Unternehmen* oder *Konzernleitung* wird im folgenden jenes Unternehmen bezeichnet, welches die Steuerung des gesamten Konzerns, d.h. die Durchsetzung der einheitlichen Leitung, effektiv wahrnimmt.
Die dem Willen der Konzernleitung unterworfenen Unternehmen werden *abhängige Unternehmen* genannt[66].

5.3. Holding

Als *Holding* gelten Unternehmen, deren Hauptzweck darin besteht, Beteiligungen zu halten, und zwar nicht vorübergehend, sondern dauernd[67].
Eine Holding kann – muss aber nicht – gleichzeitig die Konzernleitung beherbergen.
Es ist aber durchaus denkbar, dass eine Holding als blosse Anlageholding funktioniert, d.h. dass sie lediglich Beteiligungen hält, ohne operationell in die Führung der betreffenden Unternehmen einzugreifen. In diesem Fall liegt kein Konzern vor, da es an der einheitlichen wirtschaftlichen Leitung fehlt[68].

---

65 Als Unternehmen im hier verstandenen Sinn gelten alle organisatorisch-technisch verselbständigten Einheiten, die befähigt sind, gegen aussen zur Wahrung eigener unternehmerischer Interessen aufzutreten, unabhängig davon, ob es sich um natürliche Personen, Rechtsgemeinschaften oder Körperschaften handelt. Ob sich die einzelnen Unternehmen im Rechtsverkehr zur Bildung herrschender bzw. beherrschter Unternehmen auch tatsächlich eignen, ist eine andere Frage, auf die später einzugehen ist (S. 197 ff.). Vgl. zum Unternehmensbegriff auch HANDSCHIN, Konzern, S. 36 ff.
66 Wie hinten S. 239 bzw. S. 245 zu zeigen sein wird, kommen als abhängige Gesellschaften praktisch nur juristische Personen in Frage.
67 So auch die Definition im (noch immer) massgeblichen Werk von ZWEIFEL, Konzern, S. 45.
68 Eine reine Anlageholding kann aber ihrerseits als abhängiges Unternehmen in einen Konzern eingebunden sein.

5.4. Konzernunternehmen

Als *Konzernunternehmen* gelten die einzelnen Glieder des Konzerns, welche zusammen den Konzern bilden[69], d.h. das herrschende sowie die Gesamtheit der unter seiner wirtschaftlichen Leitung stehenden abhängigen Unternehmen.

---

69 Aus dieser Umschreibung folgt, dass auch die Konzernleitung eine Konzerngesellschaft (bzw. für den Fall, dass die Konzernleitung nicht die Gestalt einer Gesellschaft hat, terminologisch korrekt: ein Konzernunternehmen) darstellt.

II. Abgrenzung gegenüber anderen rechtlichen Erscheinungen

1. Holding

Holding und Konzern stehen zwar in engem Zusammenhang zueinander, dennoch sind die beiden Begriffe nicht identisch. Als Holding werden jene Unternehmen bezeichnet, deren statutarischer Hauptzweck darin besteht, Beteiligungen[70] zu halten, und zwar nicht bloss vorübergehend, sondern *dauernd*[71].

Die enge Verflechtung zwischen Holding und Konzern besteht nun darin, dass i.d.R. jeder Konzern über eine oder mehrere Holdinggesellschaften verfügt, welche die Beteiligungen an den Konzernunternehmen halten. Eine Holding kann zudem gleichzeitig auch die Konzernleitung beinhalten, nämlich dann, wenn neben den Zweck des blossen Haltens von Beteiligungen zusätzlich eine Kontroll- und Leitungstätigkeit der Holding tritt, mittels der die von der Holding gehaltenen Beteiligungen einer einheitlichen wirtschaftlichen Leitung unterstellt werden[72].

Der Begriff der Holding kommt in verschiedenen Rechtsbereichen vor:

1.1. Der Begriff der Holdinggesellschaft im Aktienrecht

OR 708 I und OR 671 IV definieren die Holdinggesellschaften als Gesellschaften, deren Zweck hauptsächlich in der Beteiligung an anderen Unternehmen besteht[73].

1.2. Der Begriff der Holdinggesellschaft im Steuerrecht

Eine wichtige Rolle spielt der Begriff der Holdinggesellschaft im Steuerrecht[74]. Auf Bundes- wie auf Kantonsebene kommen die Holdinggesellschaften in den Genuss von Steuervorteilen:

---

70 Der Begriff der Beteiligung wird in OR 665a definiert.
71 Siehe S. 15.
72 BAUMANN, Holdinggesellschaft, S. 43 und 46. Siehe dazu SPR6/VI/2.
73 Dazu ZWEIFEL, Konzern, S. 37. Unzutreffend RICHARD OESCH, Holdingbesteuerung, S. 39, wonach keine Legaldefinition für die Holding im schweizerischen Zivilrecht existiere und OR 671 IV bzw. aOR 711 II (entspricht der heutigen Norm von OR 708 I) lediglich der Illustration dienen sollen.
74 Allerdings sind die Begriffsumschreibungen in den kantonalen Steuergesetzen nicht einheitlich. Vgl. dazu die Übersicht bei BAUMANN, Holdinggesellschaft, S. 103 ff.

– Den *Beteiligungsabzug* bei der Gewinnsteuer kennen die direkte Bundessteuer[75] wie auch die kantonalen Steuergesetze[76].
– Ausschliesslich auf kantonaler Ebene greift das sog. *Holdingprivileg*[77].

Es wird auf diese Frage im Detail zurückzukommen sein[78].

Bereits an dieser Stelle ist jedoch darauf hinzuweisen, dass im Steuerrecht unterschieden wird zwischen

– reinen Holdinggesellschaften und
– gemischten Holdinggesellschaften.

Die *reinen Holdinggesellschaften* befassen sich ausschliesslich und dauernd mit der Verwaltung ihrer Beteiligungen. Daneben haben sie keine operationelle Verantwortung und üben insbesondere auch keine Konzernleitungsfunktionen aus. Ihre Erträge bestehen aus Beteiligungserträgen (Dividenden) und allenfalls Zinserträgen aus Darlehen an die Beteiligungsgesellschaften sowie Honoraren aus der Tätigkeit ihrer Delegierten in den Verwaltungsräten der von der Holding gehaltenen Beteiligungsgesellschaften[79]. Ihre steuerliche Privilegierung ist meist umfassend, d.h. die gesamten Erträge von reinen Holdinggesellschaften sind von der Ertragssteuer befreit.

Von einer *gemischten Holding* spricht man dann, wenn neben der Verwaltung der Beteiligungen noch andere Aufgaben hinzutreten. Diese können zum Beispiel darin bestehen, dass die Holdinggesellschaft neben dem Halten ihrer Beteiligungen noch eine eigene operative Geschäftstätigkeit ausübt, oder aber dass die Holdinggesellschaft sich zugleich mit der Konzernleitung befasst. Bei der gemischten Holding geht die steuerliche Privilegierung weniger weit als bei der reinen Holding. In der Regel werden lediglich die Beteiligungserträge privilegiert behandelt, während die übrigen Erträge der normalen Ertragsbesteuerung unterliegen.

1.3. Der Begriff der Holdinggesellschaft im Firmenrecht

Im Firmenrecht[80] finden sich keine spezifischen Vorschriften über die Holdinggesellschaften[81].

Nach den in OR 944 I festgelegten Grundsätzen der Firmenbildung darf eine Firma neben den vom Gesetz vorgeschriebenen Firmenbestandteilen auch Angaben enthal-

---

75 DBG 69.
76 StHG 28 I. Umgesetzt z.B. in BE StG 64n.
77 BAUMANN, Holdinggesellschaft, S. 100 ff. Vgl. StHG 28 II. Umgesetzt z.B. in BE StG 71.
78 Siehe S. 339 ff.
79 Gemäss OR 707 III ist eine juristische Person bekanntlich nicht als Verwaltungsrat wählbar, sondern nur natürliche Personen als ihre Vertreter.
80 OR 944 ff. sowie HRV 39 und 44 ff.
81 ZWEIFEL, Konzern, S. 35.

ten, welche auf die Natur des Unternehmens hinweisen, sofern diese der Wahrheit entsprechen, nicht täuschend sind und nicht gegen das Reklameverbot[82] verstossen.

Ob diese Voraussetzungen vorliegen und somit die (grundsätzlich freiwillige) Aufnahme des Zusatzes "Holding", "Holdinggesellschaft" oder "Beteiligung" in die Firma gerechtfertigt ist, wird von den Handelsregisterbehörden anhand des statutarischen Gesellschaftszwecks beurteilt. Bei den Firmen von Holdinggesellschaften wird dieser Prüfung die aktienrechtliche Holdingdefinition von OR 671 IV und 708 I zugrundegelegt ("Gesellschaften, deren Zweck hauptsächlich in der Beteiligung an anderen Unternehmen besteht")[83].

1.4. Der Begriff der Holdinggesellschaft im Markenrecht

Das Markenrecht erwähnt den Begriff der Holding nicht.

Dagegen hat bereits die Praxis zum früheren MSchG – in Analogie zum im aMSchG geregelten Begriff der Konzernmarke[84] – die Holdingmarke ausdrücklich anerkannt[85].

Das Bundesgericht definiert die Holding in einem Entscheid[86] aus dem Jahre 1949 zwar nicht direkt, aber es ergibt sich aus dem Sachverhalt, was nach Ansicht des Bundesgerichts offenbar markenrechtlich als Holding gilt. Es wird nämlich auf die entsprechende Statutenbestimmung der Klägerin Bezug genommen:

"La Société a pour objet de prendre des participations dans toutes entreprises ... Elle peut créer des entreprises analogues et s'intéresser directement ou indirectement à toutes affaires analogues ... Elle a qualité pour créer ou acquérir dans la suite tous établissements similaires ou rentrant dans le but premier ... La Société peut entreprendre toutes opérations en connexité directe ou indirecte avec le but ci-dessus ou le placement de ses fonds."

1.5. Die Unterscheidung zwischen Anlage- und Kontroll-Holdinggesellschaften

a) In der Literatur

In der Literatur[87] wird unterschieden zwischen *Kontroll-Holdinggesellschaften*[88] (welche Beteiligungen unter einer einheitlichen wirtschaftlichen Leitung mit der

---

82 HRV 44. Diese Bestimmung ist allerdings durch die Praxis des Eidgenössischen Handelsregisteramts weitgehend überholt. Siehe dazu REUSSER, Firmenrecht, S. 176.
83 ZWEIFEL, Konzern, S. 34 f.
84 aMSchG 6bis.
85 Erstmals in BGE 75 I 340. Siehe ferner BGE 100 II 165; 101 II 300.
86 BGE 75 I 342; Pra 1959 194.
87 WERNER VON STEIGER, Holdinggesellschaft, S. 245a ff.; siehe dazu ferner die Literaturnachweise bei ZWEIFEL, Konzern, S. 40, Fn. 16-18.
88 Synonym wird auch der Ausdruck "Management-Holdinggesellschaft" verwendet. Vgl. WENGER,

Absicht der dauernden Beherrschung zusammenfassen)[89] und *Anlage-Holdinggesellschaften* (welche auf eine Beherrschung der von ihr gehaltenen Beteiligungen verzichten und somit ausschliesslich finanzielle Zwecke verfolgen).

Diese Unterscheidung ist für die Holding insofern irrelevant, als daran keine *firmenrechtlichen Konsequenzen* geknüpft werden[90].

Steuerrechtlich kann die Unterscheidung jedoch Folgen haben, da die Kontroll-Holding gleichzeitig auch Konzernleitungsfunktionen innehat und diese nicht von einer separaten Konzernleitungsgesellschaft wahrgenommen werden. In diesem Fall liegt nämlich keine reine Holding mehr vor, was je nach Steuergesetzgebung u.U. dazu führen kann, dass die Gesellschaft nicht mehr vollumfänglich in den Genuss des Holdingprivilegs kommt[91].

Eine entscheidende Rolle spielt die Unterscheidung jedoch beim Konzern[92], da bekanntlich ein Konzern nur dann vorliegt, wenn verschiedene Unternehmen unter einheitlicher wirtschaftlicher Leitung zusammengefasst, die Beteiligungen m.a.W. nicht bloss gehalten, sondern auch in den Konzern integriert und damit geführt bzw. kontrolliert werden.

b) In der Praxis des Bundesgerichts

Die gleiche Unterscheidung zwischen Kontroll- und Anlage-Holdinggesellschaften macht das Bundesgericht im bereits zitierten Entscheid zur Holdingmarke[93]:

"Toutesfois seules pourront revendiquer ce droit[94] les holdings qui ont le caractère de sociétés de contrôle industrielles (Verwaltungsholding)[95], à l'exclusion des sociétés de financement qui se bornent à prendre des participations dans diverses entreprises d'une branche[96]."

Konzernorganisation, S. 41 ff.
89 FLURIN VON PLANTA, Verwaltungsrat, S. 14, verlangt für eine Holdinggesellschaft generell, dass Beteiligungen kontrolliert und geleitet werden. Nach dieser Ansicht wäre eine Anlage-Holding also keine Holdinggesellschaft.
90 ZWEIFEL, Konzern, S. 36 und 40, insbesondere Fn. 19.
91 RUEPP, Konzernleitung, S. 151.
92 Siehe dazu S. 15.
93 BGE 75 II 354.
94 Gemeint ist das Recht, als Holdinggesellschaft ohne eigene operationelle Geschäftstätigkeit Marken in eigenem Namen zu hinterlegen.
95 Im gleichen Entscheid wird synonym der Begriff "holding industrielle" (Industrieholding) verwendet (BGE 75 II 354).
96 Dafür wird in der Praxis der Ausdruck der "Anlageholding" verwendet. Siehe dazu vorstehend lit. a.

2. Kartell

Das Bundesgesetz über Kartelle und andere Wettbewerbsbeschränkungen[97] definiert in KG 4 I als Wettbewerbsabreden (d.h. als Kartelle)

"erzwingbare oder nicht erzwingbare Vereinbarungen sowie aufeinander abgestimmte Verhaltensweisen von Unternehmen gleicher oder verschiedener Marktstufen, die eine Wettbewerbsbeschränkung bezwecken oder bewirken."

Konzerne können auch durch Vertrag gebildet werden (Vertragskonzerne[98]), sodass sich die Frage nach der Abgrenzung zwischen Kartell und Vertragskonzern stellt.

Beim *Kartell* treffen rechtlich *und* wirtschaftlich selbständige Unternehmen eine vertragliche Abmachung, mittels derer sie ihre Handlungsfreiheit *in Teilbereichen* zwecks Beschränkung des gegenseitigen Wettbewerbs einschränken bzw. aufgeben. Das Kartell unterscheidet sich vom Vertragskonzern also dadurch, dass die Kartellglieder in den nichtkartellisierten Bereichen wirtschaftlich selbständig bleiben, während beim *Konzern* rechtlich selbständige *Unternehmen als Ganzes zusammengefasst* und einer einheitlichen wirtschaftlichen Leitung unterstellt werden[99]. Der Zweck des Kartells ist also nicht wie beim Konzern die vollständige wirtschaftliche Integration, sondern die Beschränkung des Wettbewerbs in Teilbereichen. In diesen kartellisierten Teilbereichen allerdings kommt es zu einem abgestimmten Verhalten der Kartellmitglieder, welches durchaus konzernähnliche Züge aufweist.

Während ein Konzern (von extremen Ausnahmen abgesehen) auf Dauer angelegt ist, handelt es sich beim Kartell bloss um eine kündbare Vertragsbeziehung zwischen den Kartellmitgliedern.

In einem Konzern werden juristisch selbständige Unternehmen unter einer einheitlichen Leitung zu einer wirtschaftlichen Einheit zusammengefasst. Es ist nun eine logisch zwingende Folge, dass innerhalb dieser wirtschaftlichen Einheit kein Wettbewerb besteht und folglich Abmachungen zwischen Konzernunternehmen keine wettbewerbsbeschränkenden Folgen haben können ("no intra-corporate conspiracy"). Konzerne können also gar keine Kartelle sein[100].

---

97 Bundesgesetz über Kartelle und andere Wettbewerbsbeschränkungen (KG) vom 6.10.1995 (SR 251).
98 Siehe dazu S. 28.
99 KUMMER, Kartell, S. 20; ZWEIFEL, Konzern, S. 66 f. m.w.H.; KAUFMANN, Konzernspitze, S. 16; CAFLISCH, Abhängige Gesellschaft, S. 55; RICHARD OESCH, Holdingbesteuerung, S. 130; FLURIN VON PLANTA, Verwaltungsrat, S. 13 f.; ALBERS-SCHÖNBERG, Haftungsverhältnisse, S. 10.
100 Unzutreffend HANDSCHIN, Konzern, S. 24 f., der davon ausgeht, dass die Begriffe "Konzern" und "Kartell" nicht voneinander abgrenzbar sind, und behauptet, eine bestimmte Struktur könne Kartell und Konzern zugleich sein. Das ist eine contradictio in adiecto, da eine Kartellisierung und damit eine Wettbewerbsbeschränkung innerhalb eines Konzerns wegen der einheitlichen wirtschaftlichen Leitung logisch gar nicht möglich ist. Siehe dazu auch S. 359 f.

Die Wettbewerbsbeschränkung durch Konzernierung bietet also erhebliche Vorteile gegenüber der Beschränkung des Wettbewerbs mittels Kartellabsprache. Durch Konzernierung verschiedener, zueinander im Wettbewerb stehender Unternehmen können kartellrechtliche Vorschriften unterlaufen werden, wobei die Grenzen des Missbrauchs einer marktbeherrschenden Stellung bzw. die Vorschriften über die Fusionskontrolle selbstverständlich auch für Konzerne gelten[101].

3. Marktbeherrschende Unternehmen

Sowohl das schweizerische Kartellgesetz wie das Kartellrecht der EU enthalten Bestimmungen über marktbeherrschende Unternehmen[102].

KG 4 II[103] bezeichnet als marktbeherrschende Unternehmen

"einzelne oder mehrere Unternehmen, die auf einem Markt als Anbieter oder Nachfrager in der Lage sind, sich von anderen Marktteilnehmern in wesentlichem Umfang unabhängig zu verhalten."

Bei der Beurteilung der Frage der Marktbeherrschung werden alle Konzernunternehmen zusammen als Einheit behandelt. Damit nimmt die Wahrscheinlichkeit im Vergleich zu einem selbständigen Unternehmen zu, dass ein Konzern ein marktbeherrschendes Unternehmen darstellt[104].

Das Gleiche gilt im Recht der EU: mit dem Gemeinsamen Markt unvereinbar und verboten ist gemäss EGV 86 die missbräuchliche Ausnutzung einer beherrschenden Stellung auf dem Gemeinsamen Markt oder auf einem wesentlichen Teil desselben durch ein oder mehrere Unternehmen, soweit dies zu einer Beeinträchtigung des Handels zwischen den Mitgliedstaaten führen kann. Diese Bestimmung ist – wenn die Voraussetzungen gegeben sind – durchaus auch auf einen Konzern anwendbar, obwohl – wie erwähnt – Wettbewerbsbeschränkungen innerhalb des Konzerns auch in der EU grundsätzlich als neutral und damit als kartellrechtlich irrelevant angesehen werden. EGV 86 gelangt aber nur dann zur Anwendung, wenn ein Konzern marktmächtig ist und diese Marktmacht missbräuchlich ausnutzt. Auch im EU-Kartellrecht wird für die Frage der Marktbeherrschung der Konzern als Ganzes betrachtet[105].

---

101 Siehe dazu S. 360 ff.
102 KG 4 II und 7 f. bzw. EGV 86.
103 Im früheren Kartellgesetz wurde in aKG 4 I c unter dem Begriff der "kartellähnlichen Organisation" ausdrücklich auch die Zusammenfassung von Unternehmen durch Kapitalbeteiligung oder andere Mittel (d.h. im Klartext: Konzerne) erwähnt.
104 Siehe dazu S. 360.
105 Siehe S. 376.

4. Konsortium

Ein Konsortium[106] wird (meist in der Rechtsform der einfachen Gesellschaft) aus verschiedenen juristisch und wirtschaftlich selbständigen Unternehmen im Hinblick auf die Abwicklung eines oder weniger Geschäfte und damit für eine begrenzte zeitliche Dauer gebildet. Ein Konsortium stellt also eine "Gelegenheitsgesellschaft" dar, wobei die Mitglieder des Konsortiums ihre wirtschaftliche und juristische Selbständigkeit nur in dem Masse und in dem zeitlichen Rahmen beschränken, wie dies zur Erreichung des betreffenden Geschäftszwecks erforderlich ist. Häufig wird in der Praxis dafür auch der Begriff "Arbeitsgemeinschaft" oder abgekürzt "ARGE" verwendet.

5. Kooperation

Die Kooperation[107] stellt eine relativ lose, durch Vertrag[108] festgelegte Zusammenarbeit zwischen zwei oder mehreren Unternehmen dar. Sie ist meist beschränkt auf klar abgegrenzte Gebiete, wie zum Beispiel Forschung und Entwicklung, Produktion, Vertrieb oder ähnliches. Anders als beim Konsortium ist eine Kooperation eher auf eine längerfristige Zusammenarbeit ausgelegt. Sie kann auch eine Vorstufe für ein Joint Venture, eine Fusion oder eine Akquisition darstellen. Die Vertragspartner behalten ihre juristische Selbständigkeit vollumfänglich bei. Ihre wirtschaftliche Selbständigkeit wird nur im Kooperationsbereich und im Rahmen des zugrundeliegenden Kooperationsvertrags eingeschränkt. Dadurch unterscheidet sich die Kooperation vom Konzern: Es fehlt an der Unternehmenszusammenfassung unter einer einheitlichen wirtschaftlichen Leitung.

6. Akquisition

Als Akquisition[109] bezeichnet man entweder den Erwerb einer Beteiligung an einer Gesellschaft (Minderheits-, Mehrheits- oder 100%ige Beteiligung) oder die Übernahme von Aktiven und Passiven durch ein anderes Unternehmen. Einzig die Spielart des Beteiligungserwerbs bietet Abgrenzungsprobleme zum Konzern:

---

106 SCHLUEP, Unternehmenskonzentration, S. 293 m.w.H.
107 Dazu sehr eingehend SCHLUEP, Unternehmenskonzentration, S. 251 ff.; TAPPOLET, Konzernmässige Abhängigkeit, S. 120 f.; KAUFMANN, Konzernspitze, S. 15; UTTENDOPPLER, Konzerninteresse, S. 44.
108 Da i.d.R. keine synallagmatischen Rechtsverhältnisse gegeben sind, sondern eher Interessenparallelität vorliegt, wird es sich – sofern nicht ausdrücklich eine andere Gesellschaftsform festgelegt wird – um eine einfache Gesellschaft handeln.
109 Dazu im Detail S. 40.

Der Erwerb einer Beteiligung sagt an sich noch nichts aus über die Konzernierung. Es ist durchaus denkbar, dass die akquirierende Gesellschaft die erworbene Beteiligung hält, ohne damit eine Konzernierung (d.h. eine rechtliche und wirtschaftliche Beherrschung unter einer einheitlichen Konzernleitung) zu bezwecken. So ist es zum Beispiel möglich, dass Banken erhebliche Beteiligungen akquirieren und in einen Fonds einbringen, an welchem Anleger Fondsanteile erwerben können, ohne dass damit eine Konzernierung verbunden ist. Die akquirierte Gesellschaft wird erst dann zu einem Konzernunternehmen, wenn dieses in den Konzern integriert, d.h. einer zentralen wirtschaftlichen Leitung unterstellt wird und nicht mehr eigene, sondern Konzerninteressen zu verfolgen hat.

7. Zweigniederlassung

Die Zweigniederlassungen sind mehrfach im OR[110] und in der HRV[111] erwähnt. Als Zweigniederlassung gilt ein juristisch nicht selbständiger Unternehmensteil, der aber über eine gewisse wirtschaftliche Autonomie verfügt.

Das Bundesgericht umschreibt in einem Entscheid[112] die Zweigniederlassung als "kaufmännischen Betrieb, der zwar rechtlich Teil einer Hauptunternehmung ist, von der er abhängt, der aber in eigenen Räumlichkeiten dauernd eine gleichartige Tätigkeit wie jene ausübt und dabei über eine gewisse wirtschaftliche und geschäftliche Unabhängigkeit verfügt". Das Bundesgericht nennt in diesem Entscheid als Indizien für das Vorliegen der Unabhängigkeit einer Zweigniederlassung die Anwesenheit von dauernd Angestellten am Ort der Zweigniederlassung, direkte Beziehungen zur Kundschaft, den Abschluss von Verträgen mit Dritten, eigene Korrespondenz auf eigenem Briefpapier, Telegrammadresse und eigenes Postcheck- oder Bankkonto etc.

Der entscheidende Unterschied zu einem Konzernunternehmen ist darin zu erblicken, dass die Zweigniederlassung über keine eigene Rechtspersönlichkeit verfügt, sondern juristisch einen Teil des Hauptunternehmens darstellt.

---

110 OR 460 I (Beschränkung der Prokura auf eine Zweigniederlassung), OR 935 (Eintragung von Zweigniederlassungen im Handelsregister), OR 952 (Firma einer Zweigniederlassung), OR 642 (Zweigniederlassung einer AG), OR 782 (Zweigniederlassung einer GmbH), OR 837 (Zweigniederlassung einer Genossenschaft).
111 Vgl. HRV 69 ff.
112 BGE 117 II 87.

8. Betriebsstätte

Der Begriff der Betriebsstätte stammt aus dem Steuerrecht[113]. Die Betriebsstätte stellt einen wirtschaftlich und juristisch abhängigen, aber örtlich abgetrennten Teil einer Gesellschaft dar, weshalb kein Konzern, sondern lediglich ein organisatorisch oder geografisch aufgespaltenes Unternehmen mit einer einzigen juristischen Persönlichkeit besteht. Die steuerrechtliche Besonderheit besteht darin, dass das Gesamtunternehmen unter bestimmten Voraussetzungen am Ort der Betriebsstätte steuerlich erfasst und pro parte besteuert werden kann[114].

9. Fusion

Anders als beim Konzern, bei dem die rechtliche Selbständigkeit der Konzernunternehmen aufrechterhalten bleibt, geht bei einer Fusion[115] die rechtliche Selbständigkeit aller fusionierten Gesellschaften (bei der Kombinationsfusion) bzw. der absorbierten Gesellschaft (bei der Absorptionsfusion) verloren. Es entsteht also nicht nur eine wirtschaftliche Einheit (wie sie auch der Konzern darstellt), sondern zusätzlich eine juristische Einheit, indem die fusionierenden Gesellschaften in einer Rechtsperson zusammengefasst werden.

10. Joint Venture

Bei einem Joint Venture[116] ("Gemeinschaftswerk", "Gemeinschaftsunternehmen") gründen zwei oder mehrere juristisch und wirtschaftlich voneinander unabhängige Partner[117] ein Unternehmen oder beteiligen sich gemeinsam an einem bereits bestehenden Unternehmen, welches von den Partnern gemeinsam geleitet wird und einen für die Partner gemeinsamen Zweck verfolgt. Der Zweck eines Joint Ventures ist – wie der Name sagt – häufig die Aufteilung des Geschäftsrisikos, indem zum Beispiel eine neu zu erstellende Anlage zwecks besserer Auslastung von beiden Partnern benutzt wird. Joint Ventures werden denn auch meist in neuen, risikoträchtigen Geschäftsbereichen eingegangen. Die Rechte der am Gemeinschaftswerk Beteiligten

---

113 Vgl. die Legaldefinition einer Betriebsstätte in DBG 4 II.
114 Siehe zu dieser Frage S. 350.
115 RICHARD OESCH, Holdingbesteuerung, S. 130; FLURIN VON PLANTA, Verwaltungsrat, S. 13; UTTENDOPPLER, Konzerninteresse, S. 49 ff.; TSCHÄNI, Gesellschaftsrecht, S. 89.
116 OERTLE, Gemeinschaftsunternehmen, S. 2 ff. m.w.H.; SCHLUEP, Unternehmenskonzentration, S. 481 ff.
117 Kein Joint Venture in diesem Sinn liegt vor, wenn beide Partner dem gleichen Konzern angehören, da es diesfalls an der wirtschaftlichen Selbständigkeit der Parteien fehlt.

werden in einem Joint Venture-Vertrag im Detail geregelt, um zukünftige Konflikte möglichst im voraus schon zu vermeiden[118].

Interessant und kontrovers ist die Frage der Konzernzugehörigkeit von Joint Ventures[119]. Diese Frage ist dann leicht zu beantworten, wenn ein Joint Venture beteiligungsmässig und von der Entscheidstruktur her klar von einem Partner dominiert wird. Das Joint Venture ist in diesem Fall ein Konzernunternehmen des dominierenden Partners, selbst wenn dem anderen Partner bzw. den anderen Partnern gewisse Mitspracherechte (zum Beispiel ein Vetorecht für bestimmte Geschäfte) eingeräumt werden.

Schwieriger liegt der Fall bei "paritätischen" Joint Ventures (Beteiligung von je 50%): Nach Ansicht von SCHLUEP[120] und DRUEY[121] liegt kein Konzernverhältnis vor, weil die Politik nicht durch einen, sondern nur durch mehrere Herrschaftsträger[122] bestimmt werde. In dieser absoluten Form kann dem nicht beigepflichtet werden: Es sind Fälle denkbar, in denen ein Partner kraft Vertrags trotz der paritätischen Beteiligung eine einheitliche Leitung ohne Zustimmung der anderen Vertragspartei durchsetzen kann, weil ihm zum Beispiel vertraglich eine Mehrheit im Verwaltungsrat der Joint Venture-Gesellschaft zugestanden wurde. In diesem Fall besteht das für einen Konzern typische Abhängigkeitsverhältnis eines abhängigen Unternehmens von einem herrschenden Unternehmen, und die Joint Venture-Gesellschaft stellt ein Konzernunternehmen des dominierenden Partners dar[123].

Wie steht es nun aber, wenn die Beschlussfassung ebenfalls paritätisch erfolgt? KOPPENSTEINER[124] vertritt die zutreffende Ansicht, dass auch eine mehrfache Abhängigkeit möglich ist, d.h. dass einem abhängigen Unternehmen mehrere herrschende Unternehmen gegenüberstehen können. Diese Meinung stützt sich auf ein Urteil des BGH[125], das den Schutz der Minderheitsaktionäre und Gläubiger in den Vordergrund stellte und deswegen keine Veranlassung sah, zwischen der Beherrschung durch ein Unternehmen und jener durch mehrere Unternehmen zu unterscheiden, da bezüglich des Schutzbedürfnisses kein Unterschied bestehe. Daraus folgt, dass von mehreren Joint Venture-Partnern einheitlich geleitete Gemeinschaftsunternehmen in den Konsolidierungskreis aller mitherrschenden Unternehmen einzubeziehen sind[126].

---

118 Es wird darauf auf S. 39 f. noch im Detail einzugehen sein.
119 Siehe dazu KOPPENSTEINER, Definitionsprobleme, S. 80 ff. m.w.H.
120 SCHLUEP, Unternehmenskonzentration, S. 284 f. m.w.H. auf deutsche Lehrmeinungen.
121 DRUEY, Konzernrecht, S. 345 f.
122 So auch – ohne Bezug auf SCHLUEP und DRUEY – UTTENDOPPLER, Konzerninteresse, S. 18; a.M. SLONGO, Konzernbegriff, S. 191, (aus Gründen des Gläubiger- und Aktionärsschutzes) und STAEHELIN, Konzernrecht, S. 171.
123 In diesem Sinn auch das Protokoll der 4. Sitzung der Kommission des NR vom 24./25. Mai 1984, S. 180.
124 KOPPENSTEINER, Definitionsprobleme, S. 80 f.
125 BGHZ 62, 196 ff.
126 KOPPENSTEINER, Definitionsprobleme, S. 81 m.w.H. auf die deutsche Doktrin, insbes. in Fn. 36.

11. Trust

Der Begriff "Trust"[127] ist recht verschwommen, und sein Inhalt hat sich im Verlaufe der Zeit geändert. Ursprünglich aus dem angelsächsischen Rechtsgebiet stammend, bezeichnete der Trust einen auf Vertrag beruhenden Zusammenschluss zwischen Unternehmen, indem Aktionäre verschiedener Gesellschaften ihre Beteiligungen fiduziarisch an sog. "Trustees" übertrugen. Dies führte zu einer Machtballung (dem "Trust"), gegen welche 1890 in den USA der sog. Sherman Act ("Anti-Trust-Law") erlassen wurde. Je nach Ausgestaltung handelte es sich entweder um eine kartellähnliche Bindung[128] (wenn die wirtschaftliche Selbständigkeit der betreffenden Unternehmen nur in Teilbereichen beschränkt wurde) bzw. um einen (Vertrags-)Konzern, wenn die wirtschaftliche Selbständigkeit der Unternehmen durch Vertrag aufgehoben und durch eine zentrale Leitung ersetzt wurde.

Der Ausdruck "Trust" wird in der Botschaft zum Kartellgesetz von 1961[129] definiert als "wirtschaftliche Einheit, die durch Fusion mehrerer Unternehmungen oder auf dem Wege einer Holdinggesellschaft geschaffen wird". Der Begriff wird in dieser Bedeutung heute nicht mehr verwendet.

Dagegen kommt der Begriff des Trusts immer noch im Zusammenhang mit sog. Kriegsvorsorgemassnahmen vor, im Rahmen derer Grossunternehmen (meist Konzerne) für den Kriegsfall die vorübergehende Sitzverlegung und die treuhänderische Übertragung sämtlicher Beteiligungen auf ausserhalb des voraussichtlichen Kriegsgebiets domizilierte natürliche oder juristische Personen vorsehen[130]. Die Sitzverlegung, die Übertragung der Beteiligungen wie auch die Neubestellung der Organe werden bis ins Detail vorbereitet und können innerhalb kürzester Zeit vorgenommen werden.

---

127 ZWEIFEL, Konzern, S. 33; RICHARD OESCH, Holdingbesteuerung, S. 131; FLURIN VON PLANTA, Verwaltungsrat, S. 14; HANDSCHIN, Konzern, S. 25; KAUFMANN, Konzernspitze, S. 17; UTTENDOPPLER, Konzerninteresse, S. 50; ALBERS-SCHÖNBERG, Haftungsverhältnisse, S. 10 m.w.H.
128 Daher auch der amerikanische Ausdruck anti-trust-law für Kartellrecht.
129 BBl 1961 II 574.
130 Gestützt auf das BG vom 30. September 1955 über die wirtschaftliche Kriegsvorsorge (AS 1956, 85) hat der Bundesrat einen Bundesratsbeschluss betreffend vorsorgliche Schutzmassnahmen für juristische Personen, Personengesellschaften und Einzelfirmen vom 12. April 1957 (AS 1957, 337; geändert am 4. Juli 1958, AS 1958, 409) samt Vollziehungsverordnung vom gleichen Datum (AS 1957, 349) erlassen.

III. Arten von Konzernen

1. Vertragskonzerne und faktische Konzerne

Als *Vertragskonzern*[131] wird ein Konzern bezeichnet, dessen rechtliche Grundlage für die Unternehmenszusammenfassung auf einem Vertrag beruht, der das Verhältnis der konzernierten Unternehmen zueinander regelt. Als Verträge für die Konzernierung kommen verschiedene Typen in Frage[132], wie z.B. Beherrschungsverträge, Gewinngemeinschaftsverträge, Gewinnabführungsverträge, Betriebspachtverträge, Betriebsüberlassungsverträge, Betriebsführungsverträge und Stimmbindungsverträge. Vertragskonzerne spielen z.B. in Deutschland eine wichtige Rolle[133], sind in der Schweiz aber praktisch unbekannt[134]. Dennoch wird darauf an anderer Stelle noch näher einzugehen sein[135].

Demgegenüber liegt ein *faktischer Konzern*[136] vor, wenn die Unternehmenszusammenfassung nicht auf einem Vertrag, sondern auf einem faktischen Machtverhältnis beruht. Als solche faktische Mittel zur Unternehmenszusammenfassung kommen in erster Linie Beteiligungen am abhängigen Unternehmen in Frage. Die Beherrschung erfolgt in diesem Fall durch die Ausübung des Stimmrechts. Man spricht hier auch von einem sog. *Beteiligungskonzern*. Es sind jedoch auch andere Beherrschungsmittel denkbar[137], z.B. statutarische Bestimmungen[138], personelle Verflechtung[139] oder wirtschaftliche Abhängigkeit.

Die Unterscheidung zwischen Vertragskonzernen und faktischen Konzernen ist in der Schweiz praktisch bedeutungslos, da – wie erwähnt – Vertragskonzerne nicht oder nur äusserst selten vorkommen. Schweizerische Konzerne sind fast durchwegs faktische Konzerne.

---

131 FRANZ-PETER OESCH, Minderheitenschutz, S. 153 ff.; KAUFMANN, Konzernspitze, S. 12; ZWEIFEL, Konzern, S. 72 f.; FLURIN VON PLANTA, Verwaltungsrat, S. 12; HANDSCHIN, Konzern, S. 22; UTTEN-DOPPLER, Konzerninteresse, S. 42; ALBERS-SCHÖNBERG, Haftungsverhältnisse, S. 9.
132 Dazu sehr ausführlich FRANZ-PETER OESCH, Minderheitenschutz, S. 153 ff.
133 Sie sind geregelt in AktG §§ 291 ff.
134 STEBLER, Konzernrecht, S. 12.
135 Siehe dazu S. 292 ff. und S. 306 ff.: Verträge betreffend die Konzernierung und betreffend die Ausgestaltung des Konzerns nach erfolgter Konzernierung.
136 ZWEIFEL, Konzern, S. 73; KAUFMANN, Konzernspitze, S. 13; FLURIN VON PLANTA, Verwaltungsrat, S. 12; HANDSCHIN, Konzern, S. 22. Anstelle des Begriffs "faktischer Konzern" wird auch die Bezeichnung "Beteiligungskonzern" verwendet, z.B. von FRANZ-PETER OESCH, Minderheitenschutz, S. 142 ff.
137 Siehe dazu S. 79 ff.
138 ZWEIFEL, Konzern, S. 73; ALBERS-SCHÖNBERG, Haftungsverhältnisse, S. 9; TAPPOLET, Konzernmässige Abhängigkeit, S. 105; ANDREAS VON PLANTA, Doppelorganschaft, S. 15 ff.
139 EGGENSCHWILER, Konzernpublizität, S. 14; PETITPIERRE-SAUVAIN, Groupes de sociétés, S. 41.

2. Unterordnungs- und Gleichordnungskonzerne/Einheitliche und körperschaftliche Konzerne

Unterordnungskonzerne[140] (oder Subordinationskonzerne) sind Konzerne, bei denen ein herrschendes Unternehmen mehrere abhängige Unternehmen unter einer einheitlichen wirtschaftlichen Leitung zusammenfasst, ohne dass die abhängigen Unternehmen dazu ihr Einverständnis gegeben haben. Der Unterordnungskonzern stellt in der Schweiz die Regel dar.

Demgegenüber stehen sich beim *Gleichordnungskonzern* (oder Koordinationskonzern) mehrere Unternehmen nicht in einem Subordinationsverhältnis, sondern als gleichberechtigte Unternehmen gegenüber. Zwischen ihnen besteht ein Kooperationsverhältnis, das wegen der gegebenen Interessenparallelität gesellschaftsrechtlich relevant ist: Der animus societatis[141] ist darauf gerichtet, sich einer gemeinsam bestimmten Oberleitung zu unterstellen. Es gibt also auch in einem Gleichordnungskonzern eine Konzernleitung, welche die einheitliche Leitung im Konzern durchsetzt.

HANDSCHIN verwendet andere Begriffe[142]: Der *einheitliche Konzern*[143] entspricht dem Unterordnungskonzern: Die abhängigen Unternehmen werden der einheitlichen Leitung des herrschenden Unternehmens ungefragt und selbst gegen ihren Willen unterworfen.

Demgegenüber entspricht der *körperschaftliche Konzern*[144] eher dem Gleichordnungskonzern: Im körperschaftlichen Konzern wird das herrschende Unternehmen, welches die abhängigen Unternehmen einheitlich führt, durch die abhängigen Unternehmen gebildet, d.h. es bestehen im körperschaftlichen Konzern zwei Kontrollebenen: Auf der Ebene der Mitgliedschaftsrechte kontrollieren die abhängigen Unternehmen das herrschende Unternehmen als deren Gesellschafter[145]. Auf der Leitungsebene setzt das herrschende Unternehmen die einheitliche Leitung des Konzerns gegenüber den abhängigen Unternehmen durch. Körperschaftliche Konzerne treten in der Schweiz vor allem in der Form von Genossenschaftskonzernen auf[146].

---

140 ZWEIFEL, Konzern, S. 72; FLURIN VON PLANTA, Verwaltungsrat, S. 11; KAUFMANN, Konzernspitze, S. 11; HANDSCHIN, Konzern, S. 23; UTTENDOPPLER, Konzerninteresse, S. 39 ff.; EGGENSCHWILER, Konzernpublizität, S. 12. Zur Unterscheidung im deutschen Recht, siehe EMMERICH/SONNENSCHEIN, Konzernrecht, S. 26 ff. Die in Deutschland verwendete Terminologie deckt sich nicht ganz mit der vorliegend verwendeten.
141 OR 530 I.
142 Nach Ansicht von HANDSCHIN, Konzern, S. 23, ist die Unterscheidung in einheitliche und körperschaftliche Konzerne "besser, weil präziser" als die Unterscheidung in Unterordnungs- und Gleichordnungskonzerne.
143 HANDSCHIN, Konzern, S. 23 und insbes. S. 62 ff. sowie S. 67 ff.
144 HANDSCHIN, Konzern, S. 67 ff.
145 Was beim Gleichordnungskonzern nicht vorausgesetzt ist.
146 Siehe dazu ausführlich S. 214.

3. Horizontale und vertikale Konzerne

Der *horizontale Konzern*[147] ist gebildet aus Unternehmen der gleichen Wirtschaftsstufe[148] (also z.B. Unternehmen, die sich alle mit der Verarbeitung von Milch befassen oder die ausschliesslich im Lebensmittelhandel tätig sind).

Demgegenüber besteht der *vertikale Konzern* aus Unternehmen verschiedener Wirtschaftsstufen (z.B. aus Unternehmen im Bereich der Milchverwertung und solchen, die sich mit dem Vertrieb der betreffenden Produkte befassen).

4. Diagonale oder konglomerale Konzerne

Von diagonalen[149] oder konglomeralen[150] Konzernen ist dann die Rede, wenn der Konzern sich nicht nur in verschiedenen Wirtschaftsstufen eines Wirtschaftszweigs betätigt (wie dies der vertikale Konzern tut), sondern gleichzeitig in verschiedenen Wirtschaftszweigen (z.B. im Bereich Pharmazeutika, Lebensmittel, Saatgut und Bauchemikalien) tätig ist[151].

5. Zentralisierte und dezentralisierte Konzerne

Vorweg ist zu bemerken, dass dieses Begriffspaar[152] aus dem deutschen Konzernrecht stammt und die Leitungsdichte im faktischen Konzern umschreibt[153]. Die deutsche Lehre unterscheidet nämlich zwischen dem einfachen und dem qualifizierten fakti-

---

147 SLONGO, Konzernbegriff, S. 3; KAUFMANN, Konzernspitze, S. 14; ZWEIFEL, Konzern, S. 74; FLURIN VON PLANTA, Verwaltungsrat, S. 12; UTTENDOPPLER, Konzerninteresse, S. 23 f.
148 Unzutreffend FLURIN VON PLANTA, Verwaltungsrat, S. 12, der einen horizontalen Konzern annimmt, "wenn die einzelnen Gesellschaften dem gleichen Wirtschaftszweig angehören und ihre Produkte auf dem gleichen Markt absetzen". Massgebend für das Vorliegen eines horizontalen Konzerns ist die Tätigkeit auf der gleichen Wirtschaftsstufe, nicht im gleichen Wirtschaftszweig, weil jeder Wirtschaftszweig (z.B. Lebensmittel) auch verschiedene Wirtschaftsstufen hat (z.B. Forschung und Entwicklung, Produktion und Vertrieb).
149 ZWEIFEL, Konzern, S. 74; FLURIN VON PLANTA, Verwaltungsrat, S. 12; UTTENDOPPLER, Konzerninteresse, S. 24.
150 SLONGO, Konzernbegriff, S. 3; UTTENDOPPLER, Konzerninteresse, S. 24, spricht in Anlehnung an WOLFGANG KRÜGER (Ökonomische und rechtliche Probleme bei der Erfassung konglomerater Unternehmenszusammenschlüsse, Diss. Hohenheim, Bern und Frankfurt 1983) von konglomeraten Konzernen.
151 Innerhalb dieser Wirtschaftsbereiche ist der diagonale Konzern i.d.R. auch vertikal organisiert, d.h. er wird von der Forschung und Entwicklung über die Produktion bis zum Vertrieb den ganzen Bereich abdecken.
152 DRUEY, Zentralisierter Konzern, S. 89 ff.; SLONGO, Konzernbegriff, S. 4 und insbes. S. 75 ff.; HANDSCHIN, Konzern, S. 22, spricht demgegenüber in Anlehnung an die deutsche Lehre von einfachen und qualifizierten Konzernen.
153 Auf das deutsche Konzernrecht wird näher eingegangen auf S. 255 ff.

schen Konzern[154], weil es sich in der Praxis gezeigt hat, dass die gesetzlichen Schutznormen des faktischen Konzerns eben dort versagen, wo "qualifiziert faktisch", d.h. besonders straff zentralisiert, geführt wird. Vor diesem Hintergrund ist die Unterscheidung zu sehen.

Die Unterscheidung ist ausserordentlich schwer vorzunehmen, da die Übergänge fliessend sind und die beiden Formen sich daher nicht sauber trennen lassen. Dies gilt umso mehr, als die Führung in einem Konzern nicht statisch ist: Sie kann je nach den konkreten Verhältnissen und den handelnden Personen – bei gleichbleibender Organisationsstruktur[155] – einmal zentralisiert oder eben ein anderes Mal dezentralisiert erfolgen[156].

Für das schweizerische Recht ist die Unterscheidung zwischen zentralisiertem und dezentralisiertem Konzern eigentlich nur im Zusammenhang mit der Frage von Bedeutung, wie zentralisiert die Führung sein muss bzw. wie dezentralisiert sie sein darf, damit noch eine einheitliche Leitung, m.a.W. überhaupt noch ein Konzern vorliegt. Dieser Frage wird an anderer Stelle, nämlich im Zusammenhang mit dem aktienrechtlichen Konzernbegriff, nachzugehen sein[157].

---

154 EMMERICH/SONNENSCHEIN, Konzernrecht, S. 26 und insbes. S. 374 ff. bzw. S. 381 ff.
155 Nach DRUEY, Zentralisierter Konzern, S. 94, ist meist das Organigramm Ausgangspunkt für die Erfassung der tatsächlichen Organisation, wobei das formelle Organigramm die Gefahr in sich trägt, "dass der Gesichtspunkt der Weisungsmacht zu sehr an die Stelle der tatsächlichen Zuständigkeiten tritt." Diese Relativierung erfolgt aufgrund meiner persönlichen Erfahrung zu Recht: Die effektiven Machtstrukturen in einem Unternehmen werden von den jeweils handelnden Menschen, nicht von abstrakten Zuständigkeitsordnungen bestimmt. Es gibt immer Freiräume in der Führung – und damit die Möglichkeit, seinen Willen in einem konkreten Fall durchzusetzen – die sich durch kein Organigramm regeln lassen.
156 Von den schweizerischen Autoren hat sich DRUEY, Zentralisierter Konzern, S. 89 ff. und insbes. S. 95 ff. m.w.H. auf die deutsche Lehre und Praxis, sehr intensiv mit dieser Frage auseinandergesetzt.
157 Siehe dazu S. 53 ff.

IV. Motive für die Konzernbildung

Die Gründe, welche zur Zusammenfassung rechtlich selbständiger Unternehmen unter einheitlicher wirtschaftlicher Leitung führen, sind von Fall zu Fall sehr verschieden, sodass allgemein gültige Aussagen zu diesem Thema nicht möglich sind. Dennoch lassen sich einige Motive ausmachen, die i.d.R. bei der Bildung von (multinationalen) Konzernen im Vordergrund stehen dürften.

1. Wirtschaftspolitische Gründe

1.1. Überwindung nationaler Handelsschranken

Multinationale Konzerne können die geografischen Grenzen und die damit verbundenen Handelsschranken (Zölle, Importrestriktionen und technische Handelshemmnisse) ohne Probleme überwinden, indem sie in ausländischen Staaten eigene Konzernunternehmen aufbauen. Diese haben ihren Sitz im ausländischen Staat und unterstehen vollumfänglich seiner Rechtsordnung und Rechtsprechung. Anders als bei einer Zweigniederlassung gilt ein abhängiges Konzernunternehmen nach aussen hin als nationales Unternehmen, obwohl es wirtschaftlich vom Ausland her gesteuert wird. Damit hat ein ausländisch beherrschtes Konzernunternehmen die gleichen Rechte und Pflichten wie die nationalen Unternehmen. Durch die Gründung eines abhängigen Unternehmens im Ausland überspringt also der Konzern die wirtschaftspolitischen Handelsschranken eines Landes und damit u.U. sogar die Wirtschaftsschranken ganzer Wirtschaftsräume wie EU, EWR, CARICOM und ASEAN.

Die grenzüberschreitenden Aktivitäten, insbesondere der Grosskonzerne, erwecken bei gewissen Staaten, vor allem bei kleineren Ländern und jenen in der Dritten Welt, ein gewisses Unbehagen: Sie fühlen sich in ihrer Souveränität betrogen, weil die in ihrem Land angesiedelten Konzernunternehmen wohl ihrer Jurisdiktion unterstehen, aber letztlich nicht die eigenen Interessen und damit zumindest bis zu einem gewissen Grad auch nicht jene des Landes, sondern jene des ausländischen Konzerns, dem sie angehören, wahrnehmen.

Zum Gefühl der Machtlosigkeit gegenüber diesen gewinnorientierten transnationalen Gebilden, welche über eine straffe Führungsstruktur, über kurze Entscheidungswege und eine rasche Reaktionsfähigkeit verfügen, gesellt sich eine Portion Neid: Der Jahresgewinn einzelner Konzerne ist beträchtlich höher als das gesamte Bruttosozialprodukt vieler Länder. Das hat in vielen Staaten zu restriktiven Massnahmen gegenüber Konzernen geführt:

- Lizenzzahlungen von lokalen abhängigen Unternehmen an ausländische herrschende Unternehmen wurden in gewissen Ländern verboten[158].
- In verschiedenen Ländern wurde ausländischen Unternehmen untersagt, Mehrheitsanteile an lokalen Unternehmen zu erwerben.
- Einzelne Staaten haben in den für die Landesversorgung wichtigen Bereichen ausländisch beherrschte Konzernunternehmen verstaatlicht.

Diese Massnahmen haben sich in den meisten Fällen jedoch als Bumerang erwiesen und mussten grösstenteils rückgängig gemacht werden: Im Anden-Pakt zum Beispiel ist der Fluss neuer Technologien fast zum Stillstand gekommen, sodass das Verbot der Überweisungen von Lizenzzahlungen an die herrschenden Unternehmen im Ausland aufgehoben werden musste. Länder mit Restriktionen im Bereich des Erwerbs von Beteiligungen sahen sich mit stagnierenden Neuinvestitionen konfrontiert und mussten die entsprechenden Einschränkungen z.T. aufgeben. Verstaatlichte Konzernunternehmen schliesslich mussten den ursprünglichen Inhabern wieder zurückgegeben werden, weil ohne das Know-how des ausländischen Konzerns die hochkomplizierten Anlagen nicht mehr weiter betrieben werden konnten.

1.2. Die Globalisierung der Märkte

Der weltweite Abbau bzw. die Senkung von Handelsschranken im Rahmen des GATT/WTO-Abkommens hat zu einer weitgehenden Globalisierung der Märkte geführt: Der Marktzutritt steht in- und ausländischen Unternehmen offen.

Da im Bereich der Produktionsfaktoren Kapital, Wissen und (wenn auch in geringerem Ausmass) Arbeit eine praktisch unbeschränkte Mobilität besteht, haben multinationale Konzerne die Möglichkeit, die Standortvorteile der verschiedenen Länder zu optimieren und dort Unternehmen zu gründen, wo ein Land für die betreffende Tätigkeit die besten Voraussetzungen mit sich bringt, z.B. die Forschung und Entwicklung in Ländern mit hohem Ausbildungsstand, arbeitsintensive Tätigkeiten in Billig-Lohn-Ländern, kapitalintensive Bereiche in wirtschaftlich stabilen und zinsgünstigen Ländern, Holdinggesellschaften und die Konzernleitung in steuergünstigen und politisch stabilen Ländern, Rohstoff verarbeitende Betriebe in Produzentenländern usw.

Multinationale Unternehmen sind "global players", die ohne Rücksicht auf nationale Befindlichkeiten die sich weltweit bietenden Standortvorteile ausnutzen.

---

158 Decision 24 des Anden-Pakts.

2. Betriebswirtschaftliche Gründe

Von ausschlaggebender Bedeutung für die Entstehung von Konzernen dürften betriebswirtschaftliche Gründe sein.

2.1. Zentrale Strategie

Der grosse Vorteil eines Konzerns liegt darin, dass die Konzernunternehmen einerseits in der ganzen Welt verstreut als juristisch selbständige Einheiten operieren, andererseits aber einer zentralen Strategie folgen, welche von der Konzernleitung vorgegeben und implementiert wird. Entscheide fallen rasch und formlos und werden ohne Probleme weltweit und zeitgerecht durchgesetzt. Dieser Umstand verschafft einem Konzern eine grosse Flexibilität, verbunden mit einer starken Schlagkraft im Markt.

2.2. Zentral gesteuerter Mitteleinsatz

Die Produktionsfaktoren Kapital, Wissen und Arbeit werden von der Konzernleitung zentral verwaltet und der Strategie des Konzerns entsprechend eingesetzt. Die zentrale Steuerung erlaubt die Schaffung von Schwerpunkten zugunsten der einen und zulasten der anderen Konzernunternehmen und damit die Optimierung der Wirkung eingesetzter Mittel.

a) Kapital

In einem Konzern werden die finanziellen Mittel gepoolt, sei es beim herrschenden Unternehmen, sei es bei der Holdinggesellschaft oder einem anderen Konzernunternehmen, welches speziell zu diesem Zweck in einem dafür geeigneten Land gegründet wurde. Der Konzern organisiert also die finanzielle Drehscheibe, durch welche der Mittelfluss des Konzerns gesteuert wird. Die dadurch möglichen Einsparungen sind beträchtlich[159].

b) Wissen

In der Regel gehören sämtliche Immaterialgüterrechte innerhalb eines Konzerns dem herrschenden Unternehmen oder einem zu diesem Zweck gegründeten Konzernunternehmen. Die Konzernleitung steuert nicht nur die Entstehung dieser Rechte,

---

159 Dies gilt vor allem im Bereich des "cash management" (wo über flüssige Mittel bei den Konzernunternehmen zentral verfügt wird) bzw. bei der Saldierung von fremden Währungsbeständen innerhalb des Konzerns ("matching").

sondern sie bestimmt auch über deren Verwendung[160]. Der Einsatz des in einem Konzern vorhandenen Wissens liegt also im Ermessen der Konzernleitung.

c) Arbeit

Noch wichtiger als Kapital und Wissen dürften die "human resources" eines Konzerns sein, also die Menschen, welche Kapital und Wissen einsetzen, aber auch neu schaffen. Dieses Reservoir an Spezialisten wird durch laufende Leistungsbewertung und Karriereplanung gefördert[161], wobei es in einem multinationalen Konzern zu den Selbstverständlichkeiten gehört, dass die Kadermitglieder weltweit mobil sind, also jederzeit in einem anderen Land eingesetzt werden können ("job rotation").

Diese Personalreserve ist eine der grössten Stärken eines Konzerns: Die Leute sind nicht nur ausgewiesene Spezialisten auf ihrem Gebiet, sondern sie alle kennen die Strategie ihres Konzerns und können sie – unabhängig vom Einsatzort – in einer weltumspannenden "unité de doctrine" umsetzen.

2.3. Dezentrale Organisation

Obwohl die Festlegung der Strategie und der Mitteleinsatz zentral erfolgen, ist der Konzern dezentral in juristisch verselbständigten Konzernunternehmen organisiert.

Damit werden übersichtliche Einheiten mit einer klar definierbaren Eigenverantwortung und damit Kontrollierbarkeit geschaffen. Die Eigeninitiative und der Leistungsvergleich zwischen den Konzernunternehmen wird gefördert. Überdies sind kleinere Einheiten flexibler und haben erfahrungsgemäss im Verhältnis zu ihren produktiven Bereichen geringere Gemeinkosten, arbeiten also effizienter und kostengünstiger.

Im Konzern wird also das zentralistische Führungsprinzip auf Konzernleitungsebene mit einer dezentralen Organisation kombiniert.

2.4. Gewinnoptimierung durch Kostensenkung

Ein wichtiger Grund für eine Unternehmenszusammenfassung unter einheitlicher wirtschaftlicher Leitung liegt bei der Senkung der Kosten und damit der Erhöhung der Erträge.

---

160 Zur Frage, wie das herrschende Unternehmen diese Rechte erwirbt und anderen Konzernunternehmen zur Nutzung überlässt, siehe S. 309 ff.
161 Sog. "management development".

Die Art und Weise, wie dieses Ziel erreicht werden kann, ist verschieden, je nachdem, ob es sich um einen vertikalen oder um einen horizontalen Konzern handelt:

- Beim *vertikalen Konzern* (also der Zusammenfassung von Unternehmen aufeinanderfolgender Wirtschaftsstufen) steht eindeutig die Kostensenkung durch Ausschaltung von Zwischengewinnen im Vordergrund. Zusätzlich können aber auch Kosten gespart werden durch die Optimierung im Bereich der Produktion und Logistik: Die Produktionskapazität kann genau auf die Bedürfnisse des Vertriebs ausgelegt werden, so dass die Stillstandskosten[162] minimiert werden. Durch eine genaue Produktionsplanung können sodann die Lagerbestände tief gehalten und damit Finanzierungskosten eingespart werden. Im qualitativen Bereich ergeben sich ebenfalls Verbesserungen bezüglich der Versorgungssicherheit und der Produktqualität.
- Beim *horizontalen Konzern* (also der Zusammenfassung von Unternehmen der gleichen Wirtschaftsstufe) stehen die Rationalisierungsmöglichkeiten im Vordergrund. Im Bereich der Produktion können durch Spezialisierung und Produktionszusammenlegungen grössere Produktionseinheiten geschaffen und damit die Herstellungskosten gesenkt werden[163]. Ähnliches gilt für den Bereich des Vertriebs: Die Verkaufsorganisationen können zusammengefasst und spezifisch nach Absatzkanälen eingesetzt werden, wodurch die Vertriebsleistung verbessert und die Verkaufskosten gesenkt werden können. Kosteneinsparungen durch Konzentration sind auch in anderen Bereichen wie zum Beispiel Forschung und Entwicklung, Qualitätskontrolle und Engineering möglich.

Unabhängig von der konkreten Ausgestaltung eines Konzerns ist eine wichtige Triebfeder für den Unternehmenszusammenschluss die Verstärkung wirtschaftlicher Macht, welche als Druckmittel[164] bzw. als Gegengewicht bei Druckversuchen[165] eingesetzt werden kann[166] und sich letztlich ebenfalls positiv auf den Ertrag auswirkt. Grenzen wirtschaftlicher Machtausübung setzt hier allerdings das Kartellrecht[167].

---

162 Sog. "idle facilities".
163 Sog. "economies of scale".
164 Z.B. im Einkauf gegenüber Lieferanten zur Erzielung tieferer Preise bzw. besserer Konditionen.
165 Z.B. wenn im Detailhandel versucht wird, von Produzenten "Eintrittsgelder" oder "Regalmieten" bzw. "Werbebeiträge" zu erzwingen.
166 Sog. "bargaining power".
167 Siehe dazu S. 359 ff.

2.5. Marktnähe bei identischem Marktauftritt

Im Marketingbereich bietet der Konzern ebenfalls Vorteile: Er gestattet nämlich einen identischen Marktauftritt in allen Ländern, in denen der Konzern vertreten ist, was erhebliche Synergien im Bereich der Werbung ermöglicht[168]. Man könnte einwenden, dies sei auch im Rahmen von Lizenz- oder Franchiseverträgen mit konzernexternen Dritten möglich. Dem ist entgegenzuhalten, dass kartellrechtliche Bestimmungen hier in vielfacher Hinsicht Grenzen setzen (z.B. bei der Festsetzung der Preispolitik bzw. des Vertriebssystems), welche innerhalb des Konzerns nicht zur Anwendung gelangen[169].

Andererseits bleibt aber die Marktnähe durch die lokal tätigen Konzernunternehmen gewährleistet, welche den konkreten lokalen Bedürfnissen und Eigenheiten Rechnung tragen können.

3. Steuerrechtliche Gründe

Wichtig für den Unternehmenszusammenschluss unter Beibehaltung der rechtlichen Selbständigkeit der Konzernunternehmen sind auch steuerrechtliche Gründe.

Durch das *Holdingprivileg* wird nämlich die Doppelbesteuerung von Beteiligungserträgen innerhalb des Konzerns vermieden, was die Konzernierung aus verständlichen Gründen stark fördert.

Darüber hinaus schafft jedoch die juristische Verselbständigung der Konzernunternehmen *klar abgrenzbare Steuersubjekte*, indem die Besteuerung jeweils nur die Tätigkeiten der jeweiligen Konzernunternehmen erfasst. Das ist vor allem in multinationalen Konzernen in zweifacher Hinsicht von grosser Bedeutung:

– Erstens wird damit eine *Betriebsstättenbesteuerung*[170] in einem oder mehreren ausländischen Staaten (und damit die Offenlegung der Bücher des herrschenden Unternehmens gegenüber ausländischen Steuerbehörden) verhindert.
– Andererseits kann der *Sitz der Konzernleitung bzw. der Holdinggesellschaft* (wo ja letztlich die im Konzern erarbeiteten Mittel zusammenfliessen) in einem steuergünstigen Land gewählt werden.

---

168 Sog. "spill-over"-Effekt bei Werbemassnahmen, die nicht nur in einem Land wahrgenommen werden können (z.B. Sportwerbung bei internationalen Wettkämpfen, internationale Fernsehsender wie Eurosport oder RTL oder in mehreren Ländern erhältliche Print-Medien).
169 Siehe dazu S. 359 f.
170 Siehe S. 350.

4. Kartellrechtliche Gründe

Wie bereits an anderer Stelle erwähnt[171], stellen Konzerne keine Kartelle dar, d.h. wettbewerbsbehindernde Absprachen zwischen Konzerngesellschaften sind grundsätzlich zulässig, solange der Konzern nicht als marktmächtiges Unternehmen[172] den Markt für bestimmte Waren oder Leistungen beherrscht oder massgeblich beeinflusst und er diese Stellung missbräuchlich ausnutzt. Das Kartellrecht kann also durchaus Anreiz zur Konzernbildung sein.

5. Gesellschaftsrechtliche Gründe

Ein wichtiger Grund für die Beibehaltung der juristischen Selbständigkeit der Konzernunternehmen ist darin zu erblicken, dass grundsätzlich die einzelnen Unternehmen mit ihrem eigenen Vermögen als Haftungssubstrat für ihre eigenen Verbindlichkeiten haften. Durch die juristische Selbständigkeit werden also – abgesehen vom Sonderfall des Durchgriffs, in welchem der juristische Mantel durchstochen wird[173] – zwischen den Konzernunternehmen dichte Schotten errichtet. Die rechtliche Selbständigkeit ist also mit einer Haftungsbeschränkung verbunden.

Der Beschränkung der Haftung (sie wird in erster Linie das herrschende Unternehmen betreffen) kommt jedoch in der Praxis vor allem bei grossen Konzernen nur eine geringe Bedeutung zu: Aus Image-Gründen gegenüber Geschäftspartnern, Behörden, den Massenmedien (denen als Meinungsmacher und als Träger einer Aufsichtsfunktion eine enorme Bedeutung zukommt), der Börse (welche den Kurs der kotierten Aktien, damit die Börsenkapitalisierung und letztlich den Wert des Unternehmens für den Aktionär bestimmt) und nicht zuletzt den Rating-Agenturen (welche durch ihr Rating indirekt die Finanzierungskosten des Konzerns beeinflussen) wird ein Konzern in der Regel die Verbindlichkeiten eines Konzernunternehmens auch ohne rechtliche Verpflichtung decken, wenn dieses aus eigenen Mitteln dazu nicht mehr in der Lage wäre.

---

171 Siehe S. 21.
172 KG 4 II und 7 bzw. EGV 86.
173 "Piercing the corporate veil", siehe dazu S. 171 ff.

V. Entwicklung eines Konzerns

1. Endogener Konzernaufbau

1.1. Durch Gründung eines abhängigen Unternehmens

Beim endogenen Konzernaufbau gründet das herrschende Unternehmen neue abhängige Unternehmen. Diese abhängigen Unternehmen sind von Anfang an konzerniert, und die Beteiligung des herrschenden Unternehmens beträgt meist 100%.

In vielen Fällen stellt die Gründung eines abhängigen Unternehmens lediglich den letzten Schritt einer organisch gewachsenen Geschäftstätigkeit dar. So ist es denkbar, dass das starke Wachstum einer bisher juristisch unselbständigen Zweigniederlassung deren juristische Abkoppelung erfordert. In anderen Fällen kann sich eine im Auftrag des Konzerns durch Dritte wahrgenommene Geschäftstätigkeit – etwa im Bereich des Vertriebs (Alleinvertriebsvertrag, Agenturvertrag) oder der Produktion (Lohnfabrikationsvertrag) – so positiv entwickelt haben, dass sich die Ausübung dieser bisher von Dritten wahrgenommenen Tätigkeit durch ein eigenes Konzernunternehmen rechtfertigt.

1.2. Durch Gründung eines Joint Ventures (Gemeinschaftsunternehmen)

Auch die Gründung eines Joint Ventures[174], bekanntlich eine wirtschaftliche Zusammenarbeit zweier oder mehrerer Unternehmen[175], kann zum endogenen Wachstum eines Konzerns beitragen, allerdings nur dann, wenn die Beherrschung des Joint Ventures dank einer Beteiligungsmehrheit und/oder aufgrund des betreffenden Joint Venture-Vertrags oder der Statuten des Unternehmens möglich ist und damit die Durchsetzung einer einheitlichen Leitung erlaubt. Ist diese Voraussetzung nicht gegeben, so besteht am Joint Venture-Unternehmen lediglich eine Beteiligung, und das Joint Venture-Unternehmen ist wegen der fehlenden wirtschaftlichen Einheit nicht Teil des Konzerns[176].

Die Gemeinschaftsunternehmen können wie folgt entstehen[177]:

---

174 Zu einzelnen Rechtsfragen bei Joint Ventures MEIER-SCHATZ (Hrsg.), Joint Venture, mit Beiträgen von HUBER, Vertragsgestaltung, S. 9 ff.; WATTER, Joint Venture, S. 61 ff.; SCHNYDER, Joint Venture, S. 81 ff.; MEIER-SCHATZ, EG-Joint Venture, S. 105 ff.; SPORI/BUCHER, Joint Venture, S. 163 ff.
175 Zur Definition siehe S. 25 f.
176 Zur Frage der Konzernzugehörigkeit von Gemeinschaftsunternehmen siehe S. 25 f.
177 Abgesehen von der nachfolgenden Aufzählung kann ein Joint Venture auch erst nachträglich gebildet werden, indem eine Partei einen Teil ihrer Beteiligung an einem Unternehmen einem oder mehreren Dritten abtritt und gleichzeitig einen Joint Venture-Vertrag schliesst. Gelingt diesem Dritten die Durchsetzung einer einheitlichen wirtschaftlichen Leitung, hat er ein Konzernverhältnis exogen aufgebaut. Auf den exogenen Weg des Konzernaufbaus im allgemeinen wird anschliessend eingegangen.

– Meist werden nur *Unternehmensteile* der beteiligten Partner abgespalten und in das neu zu gründende Gemeinschaftsunternehmen eingebracht.
– Sind *ganze Unternehmen* betroffen, so wird ihre juristische Selbständigkeit meist beibehalten (schon im Hinblick auf eine allfällige spätere Auflösung des Gemeinschaftsunternehmens) und eine Holdinggesellschaft gegründet, welche die eingebrachten Beteiligungen zu 100% hält. Direkt sind die Joint Venture-Partner lediglich an dieser Holdinggesellschaft beteiligt.

Die vertragsrechtlichen Aspekte eines Joint Ventures werden an anderer Stelle behandelt[178].

2. Exogener Konzernaufbau

Beim exogenen Konzernaufbau wächst der Konzern dadurch, dass bereits bestehende Unternehmen oder Unternehmensteile der einheitlichen wirtschaftlichen Leitung des Konzerns unterstellt werden[179], wobei sie juristisch selbständig bleiben oder in ein bestehendes Konzernunternehmen integriert werden können.

Dies kann auf verschiedene Arten erfolgen, nämlich:

– durch Akquisition,
– durch Fusion oder
– durch Konzernvertrag.

2.1. Durch Akquisition

Von einer Akquisition spricht man entweder:

– bei der Übernahme von Aktiven und Passiven eines Unternehmens oder
– beim Erwerb einer Beteiligung an einem Unternehmen.

Beide Vorgänge lassen einen Konzern wachsen. Bei der Übernahme von Aktiven und Passiven wird allerdings nur das übernehmende Konzernunternehmen grösser, wo-

---

178 S. 300 ff.
179 Besondere Probleme ergeben sich bei der sog. Kontrollübernahme, d.h. in jenem Fall, in dem ein bisher wirtschaftlich selbständiges Unternehmen von einem Konzern bloss teilweise erworben, aber wirtschaftlich den Konzernzielen unterworfen wird. Rechtlich liegt nur der Erwerb einer massgeblichen Beteiligung vor, wirtschaftlich dagegen wird das Unternehmen in den Konzern integriert: Die Kontrolle über das Unternehmen wird von der Konzernleitung übernommen. Der Minderheitsaktionär wird ohne (bzw. gegen) seinen Willen zum Inhaber einer Beteiligung an einem Konzernunternehmen, in dem nicht mehr die Gesellschaftsinteressen, sondern die Konzerninteressen wahrgenommen werden. Seine Situation ist besonders kritisch, und der Wahrung seiner Interessen kommt spezielle Bedeutung zu. Darauf wird im Detail einzugehen sein. Siehe dazu S. 115 ff.

gegen bei der Beteiligungsakquisition ein weiteres abhängiges Unternehmen in den Konzern eingegliedert wird.

a) Übernahme von Aktiven und Passiven

Die Übernahme von Aktiven und Passiven war in der Vergangenheit bei der Übernahme ganzer Unternehmen in jenen Fällen von Bedeutung, in denen keine Fusion erfolgen durfte, weil im Gesetz eine diesbezügliche Grundlage fehlte[180]. Der Rechtsalltag kommt von diesem Erfordernis jedoch immer mehr ab. Zudem wird ein Bundesgesetz vorbereitet, welches die vorhandene Rechtsunsicherheit beseitigen soll[181].

Es kommt jedoch auch vor, dass nicht ein ganzes Unternehmen, sondern nur Teile davon (d.h. einzelne Aktiven und u.U. auch Passiven) übernommen werden, z.B. weil der Verkäufer im Rahmen einer strategischen Neuausrichtung gewisse Unternehmensbereiche abstossen will ("spin-off") bzw. weil der Käufer nur an einzelnen Aktiven interessiert ist. Zudem kann bei unübersichtlichen Verhältnissen im Passivenbereich der Erwerb des ganzen Unternehmens für den Käufer zu riskant sein, sodass er zur Sicherheit nicht das Unternehmen als Ganzes, sondern bloss die von ihm spezifisch gewünschten Vermögensbestandteile kaufen will[182].

Die Übernahme der *Aktiven* erfolgt mittels verschiedener *Singularsukzessionen*, d.h. für die Übertragung der einzelnen Aktiven müssen – anders als bei der Universalsukzession – die jeweils geltenden obligationen-, sachen- und allenfalls spezialrechtlichen Vorschriften beachtet werden[183]. Dieses Vorgehen ist umständlich und sehr kostenintensiv. Zudem kann es zu erheblichen Steuerfolgen führen[184]. Immerhin ist dank der Sondernorm von OR 181[185] die Zustimmung der Gläubiger für die Übernahme von *Passiven* nicht notwendig[186].

---

180 Gesetzliche Regeln finden sich einzig in OR 748 ff., 770 III und 914.
181 Siehe dazu unten S. 45 f. lit. c.
182 Siehe z.B. Amtsger LU in SJZ 1978, S. 315 ff.; OR-Tschäni, N. 8 zu OR 181; Watter, Unternehmensübernahmen, S. 53.
183 Im Detail siehe dazu S. 292 f.
184 Aufwertung der zu veräussernden Aktiven beim abtretenden Unternehmen auf den Verkehrswert und Besteuerung der Differenz zum Buchwert als Ertrag. DBG 61 I b und StHG 24 III b nehmen zwar ausdrücklich von einer Besteuerung der bei einer Geschäftsübernahme im Sinne von OR 181 übergehenden stillen Reserven Abstand, doch kann dies grundsätzlich nur bei der Übernahme sämtlicher Aktiven und Passiven gelten (vgl. auch die Regeln für die Einkommenssteuer von DBG 19 I b und StHG 8 III b).
185 Die Marginalie von OR 181 ("Übernahme eines Vermögens oder eines Geschäftes") ist insofern irreführend, als OR 181 nur den Übergang der Passiven im Rahmen einer Geschäftsübernahme regelt, nicht jedoch jenen der Aktiven, welche – wie erwähnt – nach den jeweils für sie geltenden Vorschriften zu übertragen sind (OR-Tschäni, N. 1 zu OR 181).
186 Dies wird bei OR 181 zumindest teilweise dadurch kompensiert, dass noch während zweier Jahre der alte Schuldner solidarisch mit dem neuen für die übernommenen Schulden haftet.

b) Erwerb einer Beteiligung

Abgesehen von der Gründung von abhängigen Unternehmen expandiert ein Konzern wohl am häufigsten durch den Erwerb von Beteiligungen an bestehenden Unternehmen Dritter.

Anders als bei der Übernahme mit Aktiven und Passiven ist beim Erwerb einer Beteiligung das Kaufobjekt klar definiert: Erworben werden Unternehmensanteile und damit mittelbar die im Unternehmen enthaltenen Aktiven und Passiven. Wichtig zu wissen ist, was überhaupt an Aktiven und Passiven in diesem Unternehmen vorhanden ist, ob die in der Bilanz aufgeführten Aktiven tatsächlich bestehen und dem bilanzierten Wert entsprechen und ob die bilanzierten Passiven nicht unterbewertet bzw. ob nicht bilanzierte Passiven vorhanden sind.

Neben den Aktiven und Passiven beeinflussen den Kaufpreis auch die Ertragslage, die voraussichtliche Geschäftsentwicklung, die Stellung im Markt und die Möglichkeiten, durch die Akquisition Synergiewirkungen zu erzielen. Gerade wegen der Synergieeffekte, die für jeden Käufer anders zu veranschlagen sind, gibt es kaum objektive Kriterien für die Festsetzung des Kaufpreises[187]. Dieser ist für jeden Erwerber verschieden.

Auf weitere vertragsrechtliche Probleme sowie Fragen der technischen Durchführung einer Akquisition wird an anderer Stelle eingegangen[188].

2.2. Durch Fusion

Der Konzern kann auch durch Fusionen[189] wachsen, indem konzernfremde Unternehmen durch Absorption oder Kombination in eines der Konzernglieder eingebaut werden. Dadurch kann die Kapitalbasis der beteiligten Unternehmen gefestigt und die Stellung auf dem Beschaffungs- und Absatzmarkt gestärkt werden. Zudem lassen sich durch Synergiewirkungen Kosten senken.

Bei der *Fusion* handelt es sich – ähnlich wie bei der erbrechtlichen Nachfolge einer natürlichen Person – um eine *Universalsukzession* des aufnehmenden in das Vermögen des untergehenden Unternehmens. Die *vermögensrechtliche Kontinuität* bleibt also gewahrt, die bei der Nachfolge mittels Singularsukzessionen notwendige mühselige Einhaltung der jeweiligen Formvorschriften erübrigt sich[190]. Die übernomme-

---

187 Einmal abgesehen von den sog. "multiples", wie sie vor allem in den USA angewendet werden: z.B. "X times earnings" oder "X times sales". Solche Formeln stellen jedoch blosse Richtwerte bzw. Trends dar, die im konkreten Fall bei der Festsetzung des Kaufpreises lediglich als grobe Orientierung dienen können.
188 Siehe S. 293 ff.
189 Dazu sehr eingehend WATTER, Unternehmensübernahmen, S. 299 ff.; sodann OR-TSCHÄNI, N. 1 ff. zu OR 748, N. 1 ff. zu OR 749; DERS., Unternehmensübernahmen, S. 63 ff.; ROBERT MEIER, Fusionsvertrag, S. 5 ff.
190 Siehe vorne S. 41 und S. 292 f.

nen Unternehmen werden ohne Liquidation aufgelöst[191], womit die Besteuerung eines Liquidationsgewinnes entfällt[192]. Zudem zieht die Fusion keine Stempelabgabepflicht nach sich[193].

Die Fusion sichert sodann auch die *mitgliedschaftliche Kontinuität*[194]. Die Inhaber des übernommenen Unternehmens erhalten die Mitgliedschaftsrechte im übernehmenden Unternehmen, verlieren dafür aber ihre Rechte im untergehenden Unternehmen. Bei der Absorption wird die Einräumung der Mitgliedschaftsrechte zumeist durch Kapitalerhöhung beim übernehmenden Unternehmen ermöglicht: Die neuen Anteilscheine werden unter Ausschluss des Bezugsrechts[195] der bisherigen Anteilscheininhaber des übernehmenden Unternehmens den Anteilscheininhabern des zu übernehmenden Unternehmens im Austausch gegen deren Beteiligungspapiere am zu übernehmenden Unternehmen eingeräumt[196]. Soweit solche vorhanden sind, kann die übernehmende Gesellschaft freilich anstelle neu geschaffener auch bereits bestehende Beteiligungspapiere zur Verfügung stellen. Dagegen verstösst eine Abfindung durch Barzahlung an Stelle der Verschaffung von Beteiligungspapieren der übernehmenden Gesellschaft gegen den Grundsatz der mitgliedschaftlichen Kontinuität und ist folglich nicht zulässig bzw. stellt eben gar keine Fusion mehr dar[197]. Die Modalitäten dieses Anteilscheintausches werden im später zu erörternden Fusionsvertrag geregelt[198].

Nachstehend werden die einzelnen Fusionsarten näher erörtert.

a) Die Fusion durch Absorption (Annexion)

Die Absorptions- bzw. Annexionsfusion wird im Gesetz in OR 748 für die Aktiengesellschaft, in OR 914 für die Genossenschaft und in OR 770 III mittels Verweisung für die Kommandit-Aktiengesellschaft vorgesehen[199]. Sie ist die in der Praxis am häufigsten[200] gewählte Fusionsform, gerade auch bei konzerninternen Fusionen. Die Auflösung des absorbierten Unternehmens erfolgt ohne Liquidation durch Löschung im Handelsregister, in der Regel nach Ablauf einer Sperrfrist von einem Jahr[201].

---

191 Vgl. z.B. OR 738.
192 DBG 61 I b; StHG 24 III b.
193 StG 6 I a^{bis}.
194 OR-TSCHÄNI, N. 19 ff. zu OR 748; DERS., Unternehmensübernahmen, S. 66 ff.; KÜNG, Fusionsbegriff, S. 247 f.; GUHL/KUMMER/DRUEY, Obligationenrecht, S. 701; BGE 108 Ib 456.
195 OR 652b II nennt ausdrücklich die Übernahme eines Unternehmens als wichtigen Grund für den Ausschluss des Bezugsrechtes (vgl. OR-TSCHÄNI, N. 28 zu OR 748).
196 Siehe z.B. GUHL/KUMMER/DRUEY, Obligationenrecht, S. 702.
197 OR-TSCHÄNI, N. 19 zu OR 748; DERS., Unternehmensübernahmen, S. 66 ff.; KÜNG, Fusionsbegriff, S. 247 f.; a.M. WATTER, Unternehmensübernahmen, S. 301 ff.
198 Siehe S. 297 ff.
199 Zur Fusion anderer Rechtsformen siehe sogleich S. 45.
200 Zu den Vorteilen der Absorptions- gegenüber der Kombinationsfusion siehe sogleich S. 44.
201 Für die Aktiengesellschaft: OR 748 7 (vgl. auch OR 745 II und III sowie 748 6); für die Genossenschaft: OR 914 7 (vgl. auch OR 913 I und 914 6); für die Kommandit-Aktiengesellschaft: OR 770 III

Im Konzern sind zwei alternative Vorgehensweisen für Absorptionsfusionen denkbar:

– *Fusion mit einem konzernfremden Unternehmen:* In diesem Fall erfolgt eine Absorption des konzernfremden Unternehmens durch ein Konzernunternehmen. Die Inhaber des konzernfremden Unternehmens gehen der Rechte an ihrem Unternehmen verlustig, erwerben aber Rechte am absorbierenden Konzernunternehmen. Die Fusion führt also zur Eingliederung des absorbierten Unternehmens in den Konzern. Das ist in einem Konzern – einmal abgesehen vom Fall der Absorptionsfusion durch das herrschende Unternehmen, bei welchem es sich i.d.R. um eine Publikumsgesellschaft handelt – meist nicht erwünscht, da das absorbierende Konzernunternehmen dann mit konzernfremden (sog. "freien") Beteiligungsinhabern leben muss, was die Durchsetzung einer einheitlichen wirtschaftlichen Leitung nicht gerade erleichtert.

– *Fusion von Konzernunternehmen:* Das zu absorbierende Unternehmen wird in einem ersten Schritt vom Konzern zu 100% durch Akquisition erworben. In einem zweiten Schritt erfolgt dann die Absorptionsfusion. Damit können durch die Eliminierung kostspieliger doppelter Strukturen Synergien erzielt werden. Die Absorptionsfusion bietet keine Probleme mehr, weil die beiden Fusionspartner dem gleichen Konzern angehören und damit wohl juristisch selbständig sind, wirtschaftlich und in ihrer Willensbildung aber von der Konzernleitung beherrscht werden. Es besteht also kein vertraglich zu regelnder Interessengegensatz. Die Durchführung der Fusion ist lediglich ein technisches Problem, welches unter dem Gesichtspunkt steuerlich optimaler Bedingungen möglichst einfach realisiert werden sollte.

b) Die Kombinationsfusion

Bei der Kombinationsfusion verschmelzen zwei oder mehr Unternehmen zu einer neuen juristischen Einheit, wobei die fusionierenden Unternehmen untergehen. Es kommt hier also – anders als bei der Fusion durch Absorption – zu einer Gesellschaftsgründung.

Eine gesetzliche Regelung der Kombinationsfusion findet sich allein in OR 749 für die Aktiengesellschaft[202]. Die Vorschriften über die Absorptionsfusion sowie jene über die Gründung der Aktiengesellschaft sind laut OR 749 II analog anwendbar. Das Gesetz verlangt bei der Kombinationsfusion ausdrücklich den Abschluss eines Fusionsvertrags zwischen den zu fusionierenden Unternehmen, welcher zusammen mit anderen Angaben[203] öffentlich zu beurkunden ist. Der Fusionsvertrag muss von

---

(analoge Anwendung der aktienrechtlichen Bestimmungen).

202 Für andere Gesellschaftsformen fehlen entsprechende Regelungen; so ordnet OR 914 lediglich die Absorptionsfusion zweier Genossenschaften, nicht jedoch die Kombinationsfusion.

203 Siehe OR 749 III 1.

beiden Generalversammlungen genehmigt werden. Aufgrund der Genehmigungsbeschlüsse wird die neue Gesellschaft in öffentlicher Urkunde als gegründet erklärt und im Handelsregister angemeldet. Nach dem Eintrag im Handelsregister werden die Aktien in solche des neuen Unternehmens umgetauscht.

Bei der Kombinationsfusion lösen sich beide Unternehmen auf und übertragen ihre Aktiven und Passiven auf ein neues Unternehmen. Schliessen sich zwei ebenbürtige, unabhängige Partner zusammen, ist dieses Vorgehen gegenüber der Absorption psychologisch vorteilhafter: Keiner "schluckt" den andern. Fusioniert jedoch ein Konzernunternehmen mit einem andern, spielt dieser Gesichtspunkt keine Rolle. In diesen Fällen wird die Absorption als der schlankere Vorgang[204] der Kombination vorgezogen werden, obwohl die früher geltende stempelabgaberechtliche Besserstellung der Absorption[205] entfallen ist.

c) Fusionen ohne gesetzliche Grundlage

Das Gesetz hält nur für die Fusion einer Aktiengesellschaft mit einer anderen Aktiengesellschaft bzw. Kommandit-Aktiengesellschaft, für die Fusion zweier Kommandit-Aktiengesellschaften sowie für die Fusion einer Genossenschaft mit einer anderen Genossenschaft Bestimmungen bereit[206]. Ausserdem regelt es die liquidationslose Übernahme von Aktiengesellschaften und Genossenschaften durch Körperschaften des öffentlichen Rechts (Verstaatlichung)[207].

Eine gesetzliche Grundlage fehlt dagegen für alle anderen denkbaren Möglichkeiten der Fusion von Unternehmen gleicher oder unterschiedlicher[208] Rechtsform.

Das Bundesgericht hiess allerdings bereits im Entscheid BGE 53 II 1 ff. die Fusion zweier Vereine gut, ohne jedoch auf die Frage der fehlenden gesetzlichen Grundlage einzugehen[209].

---

204 Namentlich bedarf der Fusionsvertrag bei der Kombination gemäss OR 749 III 1 im Gegensatz zu jenem bei der Absorption der öffentlichen Beurkundung (siehe OR-TSCHÄNI, N. 4, 7 ff. zu OR 749).
205 Da naturgemäss mit einer Ausgabe von Beteiligungsrechten verbunden, wurde die Kombination im Stempelabgaberecht bis zur Revision durch das BG vom 4.10.1991 (AS 1993, S. 222 ff.), stärker besteuert als die Absorption (auch wenn jeweils unter Beizug des privilegierenden Satzes von 1% laut aStG 9 I a), was in erster Linie die Bevorzugung der Absorption durch die frühere Praxis erklärt. Nach dem geltendem StG 6 I a^{bis} sind nunmehr beide Fusionsformen steuerfrei (vgl. OR-TSCHÄNI, N. 39 zu OR 748, N. 4 zu OR 749).
206 OR 748-750, 770 III und 914.
207 OR 751 bzw. 915.
208 Sog. rechtsformüberschreitende Fusionen.
209 Die ältere Lehre hielt Fusionen ohne gesetzliche Grundlage mehrheitlich für unzulässig. Statt einer Universalsukzession mit Vermeidung der Liquidation müsse in diesen Fällen vielmehr die Einzelrechtsnachfolge mit Liquidation – allenfalls in der Form einer unechten Fusion – oder die Quasifusion gewählt werden. Die im Gesetz vorgesehenen Fusionsmöglichkeiten seien abschliessend aufgeführt (ZK-BÜRGI/NORDMANN, N. 22 zu Vorbemerkungen zu Art. 748-750; implizit wohl ebenso ZK-VON STEIGER, N. 2 zu OR 826, und SPR-VON GREYERZ, S. 287 f.; zögernd MEIER-HAYOZ/ FORSTMOSER, Gesellschaftsrecht, § 14 N. 78, § 16 N. 60; TSCHÄNI, Unternehmensübernahmen, S. 63).

Im Entscheid BGE 115 II 415 ff. gestattete das Bundesgericht trotz fehlender gesetzlicher Grundlage die Fusion von Stiftungen mittels Absorption, allerdings wiederum ohne dogmatische Begründung[210].

Der Regierungsrat des Kantons Solothurn erlaubte die Fusion einer Personalfürsorgestiftung mit einer Pensionskasse in der Rechtsform einer Genossenschaft[211], und der Handelsregisterführer des Kantons Zürich trug die Fusion zwischen einer Aktiengesellschaft und einer Gesellschaft mit beschränkter Haftung ein[212]. In jüngster Zeit wurde bei der Übernahme der Solothurner Kantonalbank durch den Schweizerischen Bankverein sogar die Fusion einer öffentlich-rechtlichen Anstalt mit einer privaten Aktiengesellschaft vom Eidgenössischen Amt für das Handelsregister genehmigt[213], obwohl eine entsprechende gesetzliche Regelung im geltenden Recht fehlt[214].

Die de lege lata bestehende Rechtsunsicherheit soll durch den Erlass eines neuen Bundesgesetzes betreffend die Fusion, Spaltung und Umwandlung von Unternehmen beseitigt werden, welches die Fusionen zwischen Unternehmen verschiedener Rechtsform ausdrücklich regelt.

d) Die grenzüberschreitende Fusion

Grenzüberschreitende Fusionen gewinnen – vor allem vor dem Hintergrund der Schaffung grosser Wirtschaftsräume – immer mehr an Bedeutung. Ihrer Durchführung entgegenstehende gesetzliche Hindernisse werden denn auch zunehmend beseitigt, und die Möglichkeit des Vorgehens mittels Universalsukzession wird mehrheitlich bejaht. Das oben erwähnte Bundesgesetz soll auch hier die nötige Klarheit schaffen.

Auf die sich in diesem Zusammenhang stellenden Fragen wird im Kapitel zum Konzern im schweizerischen Internationalen Privatrecht[215] näher eingetreten.

---

210 Ausschlaggebend waren vielmehr Praktikabilitätsüberlegungen. Der Fusion entgegenstehende schützenswerte Interessen wurden nicht erkannt. Die Vorteile der Fusion sollten vereinigungswilligen Stiftungen – gerade im Sozialversicherungsbereich – nicht vorenthalten werden, wobei verfahrensmässig immerhin die Einhaltung der Grundsätze von OR 748 und OR 914 verlangt wurde, soweit sich diese Regeln auf das Stiftungsrecht anwenden liessen (BGE 115 II 422).
211 BK-RIEMER, Stiftungen, N. 79 zu ZGB 88/89.
212 KÜNG, Fusionsbegriff, S. 255.
213 Kritisiert von RUSSENBERGER, Kantonalbanken, S. 8 f.
214 Siehe dazu BATTEGAY, Privatisierung, S. 27.
215 Siehe S. 420 f.

2.3. Durch Quasifusion

a) Begriff

Unter der im Gesetz nicht geregelten Quasifusion ist der Erwerb eines Unternehmens zu verstehen, bei dem ein Unternehmen die Mehrheit oder sämtliche Anteilscheine eines anderen Unternehmens übernimmt und den Kaufpreis nicht oder doch zum Teil nicht in bar, sondern mittels Hingabe von Anteilscheinen entrichtet. Die beteiligten Unternehmen werden dabei nicht aufgelöst und im Handelsregister gelöscht (wie bei der echten und unechten Fusion[216]) und schon gar nicht liquidiert (wie bei der unechten Fusion), sondern behalten ihre juristische Selbständigkeit bei. Sie bestehen mit allen Rechten und Pflichten, Aktiven und Passiven weiter. Nutzt das übernehmende Unternehmen seine Beteiligung zur Durchsetzung einer einheitlichen Leitung aus, entsteht ein Konzern[217].

b) Verfahren

Die Quasifusion betrifft lediglich das Verhältnis zwischen dem übernehmenden Unternehmen und den Inhabern des übernommenen Unternehmens: Bei der Quasifusion zweier Aktiengesellschaften z.B. erwirbt die übernehmende Gesellschaft die Aktien des zu übernehmenden Unternehmens im Austausch gegen eigene Aktien ("shares for shares"). Dies geschieht entweder durch eine Kapitalerhöhung[218] mit Barliberierung durch die bisherigen Aktionäre der übernehmenden Gesellschaft und anschliessenden Aktientausch oder mittels Sacheinlage durch die Aktionäre der zu übernehmenden Gesellschaft[219]. Die Sonderbestimmungen über die qualifizierte Kapitalerhöhung sind zu beachten[220]. Der Austausch kann auch gegen Aktiensurrogate (Partizipationsscheine, Wandelobligationen oder Optionsscheine) oder wie erwähnt[221] teilweise auch gegen Barzahlung erfolgen.

Die gesetzlichen Vorschriften über die Fusion gelangen nicht zur Anwendung, obwohl wirtschaftlich mit der Quasifusion das gleiche Ergebnis erzielt wird wie bei der echten Fusion.

---

216 S. 48.
217 Dies war der Fall bei der Übernahme der damaligen Dr. A. Wander AG durch die Sandoz AG im Jahr 1967.
    Zum Ganzen SPR-VON GREYERZ, S. 287 f.; STUDER, Quasifusion, S. 74 (mit Ausführungen zum sog. Zusammenschlussvertrag); OR-TSCHÄNI, N. 3 zu OR 748; DERS., Unternehmensübernahmen, S. 71 ff.
218 Die Kapitalerhöhung ist entbehrlich, wenn die übernehmende Gesellschaft ihre den Aktionären der zu übernehmenden Gesellschaft abzugebenen Aktien eigenen Beständen (gemäss OR 659) entnehmen kann.
219 Was einen Ausschluss des Bezugsrechts der bisherigen Aktionäre und damit ein qualifiziertes Beschlussquorum bedingt (OR 652b, 704 I 6).
220 Siehe z.B. OR 652c i.V.m. 628; 652e 1; 652f I.
221 Siehe die Literaturhinweise unter 2.3.a).

c) Bedeutung

Die Quasifusion war in der bisherigen Praxis häufig zu finden, was sich durch den Umstand erklärt, dass die juristische Selbständigkeit der beteiligten Unternehmen trotz des wirtschaftlichen Zusammengehens erhalten bleibt. Dadurch kann etwa der Goodwill der übernommenen Gesellschaft gewahrt werden; zudem sind Aktien leichter veräusserbar als ganze Aktiven und Passiven[222]. Ferner finden die detaillierten und teilweise mühseligen Vorschriften von OR 748 ff. keine Anwendung.

Die Beliebtheit der Quasifusion, insbesondere im internationalen Verhältnis, dürfte in der Zukunft aber abnehmen, zumal die geltende Praxis dahin tendiert, die echte Fusion auch bei fehlender gesetzlicher Grundlage bereits heute zuzulassen[223].

2.4. Durch unechte Fusion

a) Begriff

Bei der unechten Fusion, für welche das Gesetz ebenfalls keine Bestimmungen enthält, überträgt ein Unternehmen seine Aktiven und Passiven als Sacheinlage auf ein anderes Unternehmen und erhält als Gegenleistung Anteilscheine am erwerbenden Unternehmen. Diese werden an die Anteilscheininhaber des übertragenden Unternehmens abgegeben, welche folglich Anteilscheininhaber des übernehmenden Unternehmens werden. Das übertragende Unternehmen wird anschliessend liquidiert.

b) Verfahren

Gestützt auf einen Fusionsvertrag gehen die Aktiven auf dem Wege der Singularsukzession[224] über, was die Einhaltung allenfalls aufwendiger Formvorschriften voraussetzt[225]. Für die Passiven erfolgt der Übergang mittels Schuldübernahme im Sinne von OR 181[226].

c) Bedeutung

Die unechte Fusion ist in der Praxis eher selten anzutreffen, weil die mit ihr verbundene Liquidation wesentliche Nachteile mit sich bringt:

---

222 TSCHÄNI, Unternehmensübernahmen, S. 71 f.
223 Siehe S. 45 ff. und S. 420 f.
224 SPR-VON GREYERZ, S. 288; OR-TSCHÄNI, N. 3 zu OR 748; DERS., Unternehmensübernahmen, S. 71.
225 Z.B. Tradition, Grundbuchanmeldung, Zession, Indossament (vgl. dazu S. 292 f.).
226 Siehe die Literaturhinweise unter 2.4.a).

- Die Singularsukzessionen erfordern die Einhaltung der bereits erwähnten komplizierten Formvorschriften.
- Das absorbierte Unternehmen muss formell liquidiert werden. Der Liquidationserlös (d.h. die im Austausch für die Sacheinlage erhaltenen Anteile) aber wird z.B. bei der Aktiengesellschaft erst nach Ablauf eines Sperrjahres auf die Aktionäre übertragen[227]. Bei der Genossenschaft sind die Einschränkungen noch viel schwerwiegender, da der Liquidationserlös nur dann unter die Genossenschafter verteilt werden darf, wenn die Statuten dies vorsehen. Fehlt eine solche Vorschrift, so muss er zu genossenschaftlichen Zwecken oder zur Förderung gemeinnütziger Bestrebungen verwendet werden[228].

Angesichts dieser Nachteile ist die unechte Fusion in der Praxis selten anzutreffen. Sie wird höchstens dort gewählt, wo keine echte Fusion möglich ist. Dies war bisher vor allem bei grenzüberschreitenden Zusammenschlüssen der Fall. Da die Praxis nun jedoch immer mehr Fusionen auch ohne gesetzliche Grundlage zulässt und zudem ein neues Bundesgesetz in Aussicht steht, welches die grenzüberschreitenden Fusionen erleichtern soll[229], wird die Bedeutung der unechten Fusionen weiter abnehmen.

2.5. Konzernierung durch Vertrag

Die Konzernierung eines juristisch selbständigen Unternehmens kann auch durch Vertrag erfolgen, wobei allerdings meist neben dem Konzernvertrag auch noch eine Beteiligung vorliegt.

Verträge zur Konzernierung können in verschiedenster Ausgestaltung vorkommen, so z.B. als Beherrschungs-, Gewinnabführungs-, Gewinngemeinschafts- und Betriebspachtverträge. Auf diese Verträge wird an anderer Stelle näher eingegangen[230]. Anders als in Deutschland ist ihre Bedeutung in der Schweiz allerdings beschränkt[231].

---

227 OR 745 II (bzw. ausnahmsweise nach drei Monaten, wenn die Voraussetzungen von OR 745 III erfüllt sind). Immerhin entfällt nun grundsätzlich eine Liquidationsbesteuerung (DBG 61 I b, StHG 24 III b).
228 OR 913 II und IV.
229 Siehe S. 42 ff.
230 S. 302 ff.
231 S. 255 ff.

VI. Mögliche Strukturen eines Konzerns

Der Organisation eines Konzerns sind keine Grenzen gesetzt. Das Gesetz enthält keine entsprechenden Normen, sodass im Rahmen der Parteiautonomie verschiedenste Lösungen denkbar sind und in der Praxis auch vorkommen[232].

Es soll im folgenden versucht werden, mögliche Formen von Konzernstrukturen typenhaft zu beschreiben, dies jedoch im Bewusstsein, dass die geschilderten Lösungen in der Praxis wohl höchst selten in reiner Form vorkommen. Konzerne sind lebendige Organismen, welche sich entsprechend ihrer Entwicklung und in Anpassung an veränderte Umwelteinflüsse laufend wandeln.

Es werden im folgenden vier Organisationstypen geschildert. Die gewählte Reihenfolge dürfte in den meisten Fällen auch der historischen Entwicklung eines Konzerns entsprechen.

1. Die Stammhauslösung

Ein Konzern entsteht in der Regel nicht über Nacht, sondern wächst organisch heran. Kern ist meist ein Unternehmen, von dem die Expansion ausgeht (das sog. Stammhaus): Es werden von dort aus abhängige Unternehmen gegründet, Akquisitionen getätigt, Kooperationen aufgebaut, während das ursprüngliche Stammgeschäft weitergeführt wird. Das Stammhaus ist operationelles Unternehmen, Holding und Konzernleitung in einem. Bei kleineren Konzernen besteht oft auch personell eine einheitliche Leitung für die drei Bereiche.

2. Die Holdinglösung

Wenn der Konzern wächst, werden i.d.R. die Beteiligungen aus dem Stammhaus ausgegliedert und auf eine selbständige Holdinggesellschaft übertragen. Dies erfolgt nicht nur aus organisatorischen Gründen im Sinne einer Funktionstrennung zwischen dem lokalen operativen Geschäft und der Verwaltung meist internationaler Beteiligungen, sondern auch aus steuerlichen Gründen, um im Rahmen des Holdingprivilegs von der Steuerbefreiung bzw. Steuerreduktion auf Beteiligungserträgen profitieren zu können[233].

Bei der Holdinglösung kann die Konzernleitung entweder in die Holdinggesellschaft integriert werden oder weiter im Stammhaus verbleiben. In der Praxis kommen

---

[232] Dazu mit weiterführender Literatur: WENGER, Konzernorganisation.
[233] Dazu Näheres S. 340 ff.

beide Lösungen vor. Allerdings ist es aus steuerlichen Gründen vorteilhafter, die Konzernleitung im Stammhaus anzusiedeln, weil die Kosten der Konzernleitung aus den Erträgen des Stammhausgeschäfts gedeckt werden können, was den Gewinn des Stammhauses und damit auch seine Steuerbelastung senkt. Bei einer Ansiedlung der Konzernleitung in der Holdinggesellschaft müssen die Kosten der Konzernleitung dagegen aus Beteiligungserträgen der abhängigen Unternehmen finanziert werden, was steuerlich insofern ungünstig ist, als diese Einnahmen aus bereits versteuerten Gewinnen der abhängigen Unternehmen stammen.

Grosse Konzerne verfügen häufig über mehrere Holdinggesellschaften, welche über die Welt verstreut von steuergünstigen Standorten aus operieren.

3. Die Management-Gesellschaft

In grösseren Konzernen wird nicht nur die Konzernleitung aus dem Stammhaus ausgegliedert, sondern sie wird organisatorisch auch von der Holdingfunktion getrennt: Die Holding wird als reine Beteiligungsgesellschaft ohne operationelle Tätigkeit ausgestaltet, während die Konzernleitung in einem selbständigen Unternehmen, einer sog. Management-Gesellschaft, domiziliert ist.

Die gesetzliche Formulierung von OR 663e I geht nun aber von der Prämisse aus, die Konzernleitung sei identisch mit dem die Beteiligungen haltenden Unternehmen:

"Fasst die Gesellschaft durch Stimmenmehrheit oder auf andere Weise eine oder mehrere Gesellschaften unter einheitlicher Leitung zusammen (Konzern)...".

Das ist nun aber bei einer Management-Gesellschaft nicht so: Die Management-Gesellschaft ist formell gesehen gar nicht in der Lage, die übrigen Konzernunternehmen zu beherrschen, da sie selbst die entsprechenden Beteiligungen nicht hält. Dies ist in der Praxis jedoch kein Problem: Die Möglichkeit der Beherrschung durch die Holdinggesellschaft genügt, um die Management-Gesellschaft für ihre faktische Leitungsmacht zu legitimieren. Die faktische Beherrschung kann ohne Probleme jederzeit durch entsprechende Vollmachten juristisch formalisiert werden.

4. Divisionale Konzerne

Grosse Konzerne sind oft divisional gegliedert, d.h. nach Produktbereichen, Regionen oder Kundengruppen, vor allem wenn die verschiedenen Geschäftsfelder miteinander wenig gemeinsam haben.

Divisionale Konzerne zeichnen sich dadurch aus, dass sie neben einer zentralen oder mehreren dezentralen Holdinggesellschaften über verschiedene Divisionen (Sparten, Geschäftsbereiche) verfügen, wobei mit Ausnahme weniger zentral ausgeübter Konzernleitungsfunktionen (darunter z.B. Finanzen, Konzernplanung und Konzerncontrolling) alle Aufgaben den verschiedenen Divisionen zugeteilt sind, welche im Rahmen der ihnen von der Konzernleitung erteilten Zielvorgaben und zur Verfügung gestellten Mittel in der Organisation ihrer Tätigkeit frei sind. Analog zur Konzernleitung auf der Ebene des Gesamtkonzerns werden diese Divisionen von Divisionsleitungsgesellschaften gesteuert, bei denen es sich um eine Art von "Subkonzernleitungen" handelt.

Dabei ist es nicht zwingend, dass es sich bei den Divisionen auch juristisch um Subkonzerne handelt, dass m.a.W. alle zu einer Division gehörenden Beteiligungen von der Divisionsleitungsgesellschaft oder einer eigenen Holding gehalten werden. Auch hier gilt das bereits früher Gesagte: Die blosse Möglichkeit, faktische Machtausübung durch entsprechende Vollmachten auch juristisch zu legitimieren, reicht für die Leitung einer Division aus.

Allerdings gibt es Fälle, wo diese divisionale Struktur konsequent auch bei den Beteiligungen durchgezogen wird: Alle Konzernunternehmen im Bereich einer bestimmten Division werden in einer eigenen Subholding zusammengefasst. Mit dieser juristischen Ausgliederung wird die Handelbarkeit ganzer Konzernbereiche ermöglicht[234] und damit die strategische Flexibilität eines Konzerns erheblich verbessert.

In der extremsten Ausgestaltung kann ein Konzern in verschiedene, voneinander unabhängige Teilkonzerne aufgespalten sein, denen ein grosses Mass an Autonomie zukommt. In diesem Fall wird sich die Tätigkeit der obersten Konzernleitung im wesentlichen auf die Festlegung der Strategie beschränken (d.h. der strategischen Zielsetzung sowie der Definition der zur Zielerreichung zur Verfügung stehenden Mittel).

---

234 Ein Beispiel aus jüngster Zeit ist die Ausgliederung der Chemikalien-Division von Sandoz, welche als Clariant AG an der Börse kotiert und dem Publikum zum Kauf angeboten wurde.

VII. Die Führung im Konzern

1. Das Recht auf Leitung des Konzerns

OR 663e I sieht die Möglichkeit der Konzernbildung und damit auch der Konzernleitung für die *Aktiengesellschaft* ausdrücklich vor:

"Fasst die Gesellschaft durch Stimmenmehrheit oder auf andere Weise eine oder mehrere Gesellschaften unter einheitlicher Leitung zusammen (Konzern)...".

Was aber das Gesetz vorsieht, muss zulässig sein: Die Ausübung von Konzernleitungsmacht ist also grundsätzlich erlaubt, ebenso wie es einem Mehrheitsaktionär erlaubt ist, seine Aktienmehrheit gezielt zur Beherrschung der Aktiengesellschaft einzusetzen.

OR 764 II verweist für *Kommandit-Aktiengesellschaften* generell subsidiär auf das Aktienrecht. Damit gilt die Konzernnorm von OR 663e auch für Konzerne, deren herrschende Unternehmen in der Rechtsform der Kommandit-Aktiengesellschaft konstituiert sind[235].

Gestützt auf die Verweisungsnorm in OR 858 II gelten sodann für *Kreditgenossenschaften und konzessionierte Versicherungsgenossenschaften*[236] die Bilanzvorschriften der Aktiengesellschaft. Es ist davon auszugehen, dass OR 858 II eine umfassende Verweisung beinhaltet und sich nicht nur auf OR 663a (mit der Marginalie "Bilanz; Mindestgliederung") bezieht, sondern auf alle Normen des Kapitels "B. Geschäftsbericht", d.h. auf OR 662-670[237].

Eine entsprechende Verweisung[238] auf die aktienrechtlichen Bestimmungen über die Bilanz und die Reservefonds enthält auch OR 805 für die *GmbH*[239].

Aus dem Gesagten folgt, dass der "Konzernartikel" von OR 663e auch auf herrschende Unternehmen in der Rechtsform der Kommandit-Aktiengesellschaft, der GmbH und der Genossenschaft (sofern es sich um Kreditgenossenschaften und konzessionierte Versicherungsgenossenschaften handelt) anwendbar ist, d.h. das Gesetz sieht ausdrücklich vor, dass herrschende Unternehmen in dieser Rechtsform *grundsätzlich einen Konzern leiten* können.

---

235 Siehe dazu S. 197.
236 Siehe dazu S. 215 ff.
237 Dieser Frage wird im Detail nachzugehen sein auf S. 215 ff.
238 Zur Frage der Verweisungen auf das Aktienrecht siehe VON BÜREN/BÄHLER, GmbH I, S. 19 ff., bzw. GmbH II, S. 225 ff.
239 Siehe dazu S. 199 ff.

Eine andere Frage ist dagegen, wo *im konkreten Fall die Grenzen* des Rechts auf Leitung eines Konzerns liegen. Hier ist eine doppelte Begrenzung zu beachten:

- Die erste Grenze setzt der *Zweckartikel in den Statuten*: Damit die Konzernleitungsorgane nicht ultra vires handeln[240] und so für ihre Handlungen persönlich haftbar werden, müssen die Statuten des herrschenden Unternehmens im Zweckartikel die Möglichkeit der Gründung abhängiger Unternehmen (endogenes Konzernwachstum) bzw. der Übernahme und Konzernierung von Drittunternehmen (exogenes Konzernwachstum) – also den Aufbau und Betrieb eines Konzerns – ausdrücklich vorsehen.
- Selbst wenn die statutarischen Voraussetzungen für den Aufbau und den Betrieb eines Konzerns gegeben sind, findet das Recht auf Leitung eines Konzerns seine *Grenzen im Rahmen der Rechtsordnung*[241]. Wo das Gesetz Vorschriften – z.B. zum Schutz von Minderheitsaktionären oder Gläubigern des abhängigen Unternehmens oder aber zwingende Normen betreffend die Kompetenzen der Organe (OR 698 und 716a) – aufgestellt hat, gelten diese Normen auch für die Leitung eines Konzerns. Hier zeigt sich die für den Konzern typische Dualität: Obwohl eine wirtschaftliche Einheit vorliegt, bleibt die juristische Selbständigkeit der Konzernunternehmen bestehen. Wird sie von der Konzernleitung ignoriert, so ergeben sich daraus Konsequenzen im Bereich der Haftung[242].

2. Das Bestehen einer Konzernleitungspflicht

Da das schweizerische Recht den Konzern nicht umfassend normiert, gibt es auch keine gesetzliche Umschreibung der *Konzernleitungspflicht*[243]. Eine solche kann sich aber indirekt aus den Statuten ergeben, nämlich wenn diese eine Konzernbildungspflicht vorsehen. Ist die Verwaltung zur Konzernbildung verpflichtet, so obliegt ihr auch die Pflicht, für eine einheitliche Leitung besorgt zu sein, da sonst ein Konzern gar nicht entstehen könnte.

---

240 OR 718a.
241 Unzutreffend daher die Feststellung von HANDSCHIN, Konzern, S. 113: "Die Obergrenzen dieses Handlungsspielraums stehen nicht fest: Die Leitungsmacht kann entweder begrenzt sein auf die Leitung der Kernbereiche der Geschäftstätigkeit oder aber absolut die Leitung über alle Entscheidungsbereiche umfassen." Auch in einem Konzernverhältnis bilden die vom Gesetz zwingend festgelegten Kompetenzen der Organe eines abhängigen Unternehmens die Grenze für die Konzernleitungsmacht.
242 Siehe dazu ausführlich S. 168 ff.
243 Dazu sehr eingehend für das deutsche Recht die Habilitationsschrift von HOMMELHOFF, Konzernleitungspflicht.

Die Pflicht zur *Konzernbildung* kann sich aus dem Zweckartikel in den Statuten[244] des herrschenden Unternehmens[245] ergeben, wobei zu unterscheiden ist:

– ob der Zweckartikel die Verwaltung lediglich zum Erwerb von Beteiligungen an anderen Unternehmen ermächtigt oder verpflichtet bzw.
– ob der Zweckartikel die Verwaltung ermächtigt oder verpflichtet, abhängige Unternehmen zu gründen oder
– Unternehmen zu erwerben und einer einheitlichen wirtschaftlichen Leitung zu unterstellen.

Der Umstand, dass ein Unternehmen wie im ersten Fall berechtigt oder verpflichtet ist, sich an anderen Unternehmen zu beteiligen, beinhaltet nicht auch das Recht zur Konzernbildung, bzw. eine allfällige Konzernbildungspflicht: Es ist nämlich durchaus denkbar, dass eine Beteiligung (selbst eine Mehrheitsbeteiligung) bloss zu Anlagezwecken gehalten werden soll, ohne dass damit die Pflicht zur Schaffung einer wirtschaftlichen Einheit (also zur Konzernierung des Unternehmens) verbunden ist. In diesem Fall liegt gar kein Konzern vor, und die Frage einer allfälligen Konzernleitungspflicht stellt sich nicht.

Liegt im zweiten Fall die Konzernbildung im Ermessen der Verwaltung, so ist diese sowohl im Entscheid, ob sie sich an anderen Unternehmen beteiligen will, als auch in der Frage nach Art und Umfang einer allfälligen Beteiligung frei. Sie kann entscheiden, ob sie durch Gründung oder Erwerb abhängiger Unternehmen expandieren will oder nicht. Blosse Beteiligungen, auch Mehrheitsbeteiligungen ohne Konzernbildung, sind möglich. Solange die Verwaltung ihren Ermessensspielraum bezüglich Erwerb oder Gründung von abhängigen Unternehmen nicht verletzt, kann sie für ein Unterlassen nicht zur Rechenschaft gezogen werden.

Ist die Verwaltung dagegen zur Konzernbildung verpflichtet, so muss sie diesen statutarischen Zweck umsetzen. Es trifft sie also die Pflicht, abhängige Unternehmen zu gründen bzw. zu erwerben und ihrer einheitlichen wirtschaftlichen Leitung zu unterwerfen. Verletzt die Verwaltung diese Pflicht bzw. ihren Ermessensspielraum, so macht sie sich durch ihr pflichtwidriges Unterlassen verantwortlich[246].

---

244 Bzw. aus der Stiftungsurkunde (wenn die Konzernleitung in der Rechtsform einer Stiftung konstituiert ist), den Vereinsstatuten (bei einem Verein als herrschendes Unternehmen), dem Gesetz bei juristischen Personen des öffentlichen Rechts bzw. aus dem Gesellschaftsvertrag bei Personengesellschaften. Keine solchen Legitimationsmittel benötigt die natürliche Person als Leiterin eines Konzerns: Sie ist ihr eigener Herr und Meister und setzt sich ihre Ziele selbst.
245 Zur Frage, wer überhaupt herrschendes Unternehmen sein kann: Kommandit-AG, S. 197; GmbH, S. 199; Genossenschaft, S. 215 ff.; Verein und Stiftung, S. 226 bzw. S. 234 f.; Personengesellschaften, S. 239; Natürliche Personen, S. 245 und die öffentliche Hand, S. 249 f.
246 Handelt es sich beim herrschenden Unternehmen um eine Aktiengesellschaft, so verletzt der Verwaltungsrat seine Sorgfalts- und Treuepflicht (OR 717) und haftet dafür nach OR 754 für einen allfälligen Schaden.

Selbst wenn eine statutarische Konzernbildungspflicht besteht, so ist damit über den Umfang der *Konzernleitungspflicht* noch nichts ausgesagt. Im folgenden Kapitel soll der Frage nachgegangen werden, wie weit diese Konzernleitungspflicht geht.

3. Aufgaben der Konzernleitung

3.1. Die "minimale" Konzernleitungspflicht

Wir haben bereits festgestellt, dass das Konzernleitungsrecht begrenzt ist durch den Rahmen der Rechtsordnung. Damit ist einmal gesagt, dass die Konzernleitungspflicht höchstens soweit gehen kann, wie ein Konzernleitungsrecht überhaupt besteht.

Wesentlich schwieriger ist es dagegen, die "untere Grenze" der Konzernleitungspflicht auszuloten: Wieviel Leitung ist mindestens erforderlich, damit überhaupt ein Konzern vorliegt?

Die Antwort auf diese Frage findet sich in OR 663e I: Ein Konzern liegt nur dann vor, wenn die abhängigen Unternehmen *unter einheitlicher Leitung zusammengefasst* werden. Bevor Unternehmen unter einheitlicher Leitung zusammengefasst werden können, müssen sie zuerst gegründet bzw. akquiriert, mit personellen und finanziellen Mitteln ausgestattet und in einer Weise organisiert werden, welche ihre Beherrschung überhaupt erst ermöglicht. Die Konzernleitungspflicht ergibt sich somit in erster Linie aus der *Konzernbildungspflicht*.

Von einer Konzernleitung kann sodann nach dem Wortlaut von OR 663e nur gesprochen werden, wenn das herrschende Unternehmen tatsächlich Einfluss nimmt auf die abhängigen Unternehmen, und zwar dahingehend, dass alle Konzernunternehmen sich dem wirtschaftlichen Ganzen unterordnen[247]. Konkret heisst dies wohl, dass das herrschende Unternehmen die Strategie des Konzerns (d.h. die Ziele und die zu deren Erreichung einzusetzenden Mittel) festzulegen, mitzuteilen, auf der Ebene der Konzernunternehmen umzusetzen und deren Realisierung durch die Konzernunternehmen zu überprüfen hat[248].

Die folgenden Aufgaben dürften folglich zu den minimalen Pflichten einer Konzernleitung gehören:

---

247 Diese Voraussetzung ist z.B. nicht erfüllt, wenn Beteiligungen bloss im Sinne einer Vermögensanlage gehalten werden, wie dies z.B. bei Anlagefonds der Fall ist. In diesem Fall liegt ein blosses Dividendeninkasso vor (HOMMELHOFF, Konzernleitungspflicht, S. 45).

248 Die Überprüfung der abhängigen Unternehmen beschränkt sich nicht auf ein blosses Controlling im finanziellen Bereich. Die gesamte Geschäftstätigkeit der Konzernunternehmen ist vielmehr regelmässig auch durch ein umfassendes Auditing im Hinblick auf die Einhaltung der Konzernstrategie zu prüfen. Fehlt diese Überprüfung durch das herrschende Unternehmen oder ist sie mangelhaft, so muss sich das herrschende Unternehmen diese Unterlassung u.U. zurechnen lassen. Siehe dazu den folgenden Abschnitt 4.

VII. 3. Aufgaben der Konzernleitung 57

– *Strategische Zielsetzungen*: Die Konzernleitung legt die strategischen Zielsetzungen für den Gesamtkonzern fest. Sie bestimmt, in welchen Geschäftsbereichen der Konzern tätig sein will und welche finanziellen, organisatorischen und personellen Mittel dafür zur Verfügung zu stellen sind. Die strategische Zielsetzung des Konzerns ist anschliessend für jedes Konzernunternehmen im einzelnen zu konkretisieren.
– *Struktur des Konzerns*: Aufgrund der Konzernstrategie hat die Konzernleitung anschliessend die Struktur des Gesamtkonzerns festzulegen. Sie bestimmt, wie die Beteiligungen innerhalb des Konzerns zu strukturieren sind, welche Unternehmen wo, in welcher Rechtsform, mit welcher Kapitalausstattung und mit welcher Organisation zu gründen, welche Unternehmen zu schliessen, zu verkaufen, zu fusionieren, zu akquirieren sind oder an welchen Gemeinschaftswerken sich der Konzern beteiligen will.
– *Personelle Besetzung*: Die Konzernleitung hat die Zusammensetzung der Verwaltungen der Konzernunternehmen zu bestimmen. Da das herrschende Unternehmen – wenn es sich um eine juristische Person oder eine Handelsgesellschaft handelt[249] – gemäss OR 707 III nicht als Mitglied des Verwaltungsrats einer abhängigen Aktiengesellschaft wählbar ist, kann es in einem solchen Fall seine Konzernleitungsfunktion einzig in der Generalversammlung direkt wahrnehmen. Einen Einfluss auf die Geschäftsführung des abhängigen Unternehmens erlangt es nur über den von ihm in der Generalversammlung zu wählenden Verwaltungsrat des abhängigen Unternehmens[250]. Auf diesem Weg hat es auch die Möglichkeit, die Zusammensetzung der Direktion des abhängigen Unternehmens zu bestimmen, welche ihrerseits die übrigen Kadermitglieder des abhängigen Unternehmens bezeichnet[251].
– *Organisation des Finanz- und Rechnungswesens:* Ein Konzern kann nur dann befriedigend funktionieren, wenn in den folgenden beiden Bereichen straff, d.h. zentralistisch, geführt wird:
  – Der erste Bereich betrifft die "figure factory", d.h. das *Controlling* des Konzerns: Die Konzernleitung kann ihre Führungsfunktion und ihre Konsolidierungspflicht nur wahrnehmen, wenn sie über ein zuverlässiges "tableau de bord" verfügt. Dies bedingt die Festlegung standardisierter Rechnungslegungsmethoden, welche für alle Konzernunternehmen verbindlich sind[252].
  – Der zweite Bereich betrifft das *Finanzwesen*: Der Konzern stellt eine wirtschaftliche Einheit dar. Entsprechend müssen die Finanzströme innerhalb des

---
249 Für herrschende Unternehmen in einer anderen Rechtsform bzw. für natürliche Personen als Konzernleitung siehe S. 197 ff.
250 Zur Rechtsstellung des fiduziarischen Verwaltungsrats eines in der Rechtsform der Aktiengesellschaft konstituierten abhängigen Unternehmens siehe S. 163 ff.
251 In der Regel unter dem Vorbehalt der Genehmigung durch die Konzernleitung.
252 Siehe S. 90 ff.

Konzerns steuerbar sein. Dies ist nur durch entsprechende organisatorische Massnahmen in allen Konzernunternehmen zu erreichen, welche die Konzernleitung zu treffen, zu implementieren und zu kontrollieren hat.
- *Überwachung:* Ebenfalls zu den "minimalen" Konzernleitungspflichten gehört selbstverständlich, dass die Einhaltung der verschiedenen Massnahmen, welche die Konzernleitung im Hinblick auf ihre Führungsaufgabe ergreift, laufend überprüft wird.

Betrachtet man diese "minimalen" Konzernleitungspflichten genauer, so fällt auf, dass sie sich praktisch mit den im Aktienrecht in OR 716a als unentziehbar und unübertragbar festgelegten Aufgaben des Verwaltungsrats decken[253]. Das ist eigentlich nicht weiter erstaunlich: Der Konzern stellt eine wirtschaftliche Einheit der verschiedenen juristisch selbständigen Konzernunternehmen dar. So ist es nur folgerichtig, wenn der Konzernleitung im Rahmen der wirtschaftlichen Einheit eines Konzerns die gleichen Mindestpflichten obliegen wie dem Verwaltungsrat einer Aktiengesellschaft in seinem auf eine einzige juristische Person beschränkten Bereich.

3.2. Die über die "minimalen" Konzernleitungspflichten hinausgehenden Aufgaben der Konzernleitung

Über diese "minimalen" Konzernleitungspflichten hinaus nimmt die Konzernleitung aber meist noch andere Aufgaben wahr:

- *Operationelle Zielsetzungen:* Die Konzernleitung wird sich in der Regel nicht darauf beschränken, bloss die strategischen Ziele der abhängigen Unternehmen festzulegen. Im Rahmen der jährlichen Budgets erteilt sie den Konzernunternehmen vielmehr klare Zielvorgaben auch im operationellen Bereich, etwa bezüglich Umsatz- und Ertragsziele, unter Umständen aber auch bezüglich detaillierterer Vorgaben wie z.B. Entwicklung des Betriebs und Umlaufvermögens, des Kapitalumschlags, der Kapitalrendite, der Eigenkapitalrendite sowie des Lager- und Debitorenumschlags. Die Zielsetzungen können neben quantitativen auch qualitative Ziele betreffen, wie etwa die Neueinführung von Produkten, Marktanteilsveränderungen, Erschliessung neuer Absatzkanäle und Bezugsquellen etc.[254].
- Die *Erbringung zentraler Dienstleistungen:* Die Konzernleitung verfügt über zentrale Dienstleistungsstellen wie Forschung und Entwicklung, Engineering, Marketing, Finanzen, Recht, Qualitätssicherung, EDV, Personal etc., welche den

---

253 So auch HANDSCHIN, Konzern, S. 45 f. m.w.H.
254 Häufig wird die Entschädigung der obersten Kader eines abhängigen Unternehmens zu einem erheblichen Teil an die Erreichung dieser Ziele gebunden.

Konzernunternehmen zur Verfügung gestellt werden. Die Steuerung der zentralen Dienstleistungen obliegt ebenfalls der Konzernleitung, welche auch über die Zuteilung der entsprechenden Mittel an die Konzernunternehmen entscheidet.
– Die Erbringung von Dienstleistungen an die Konzernunternehmen durch die Konzernleitung erfolgt (schon aus steuerlichen Gründen) *gegen angemessene Entschädigung*. Die Konzernleitung schliesst zu diesem Zweck mit den Konzernunternehmen Dienstleistungsverträge ab, welche die Modalitäten des Bezugs von Dienstleistungen und deren Entschädigung festlegt[255].
– *Immaterialgüter*: Die Konzernleitung ist in der Regel Eigentümerin aller im Konzern vorhandenen Immaterialgüter (Patente, Marken, Know-how, Muster und Modelle, Urheberrechte usw.), welche sie den Konzernunternehmen auf der Basis von Lizenzverträgen gegen Entgelt zur Verfügung stellt[256]. Zusammen mit den oben erwähnten Dienstleistungsentschädigungen stellen diese Lizenzgebühren die wichtigste Einnahmequelle zur Deckung der in der Konzernleitung anfallenden Kosten dar.

Wir haben hiermit festgestellt, welches die "minimalen" Leitungspflichten sind, die eine Konzernleitung wahrnehmen muss, und welche Aufgaben darüber hinaus von einer Konzernleitung in der Regel zusätzlich noch wahrgenommen werden. Der Spielraum zwischen den *"minimalen" Leitungspflichten* und dem *"maximalen" Konzernleitungsrecht* stellt ein breites Spektrum dar, für das keine allgemein gültigen Regeln aufgestellt werden können. Unter Vorbehalt konkreter Vorgaben in den Statuten des herrschenden Unternehmens wird es dem Ermessen der Konzernleitung überlassen bleiben, ob sie ihre Konzernunternehmen straff und zentralistisch oder eher dezentral und an der langen Leine führt.

4. Folgen bei Missachtung der Konzernleitungspflicht

4.1. Das Fehlen einer gesetzlichen Regelung

Wir haben festgestellt, dass einerseits eine *Konzernbildungspflicht* nur besteht, wenn die Statuten des herrschenden Unternehmens dies vorsehen, und dass sich andererseits die *Konzernleitungspflicht* aus der Konzernbildungspflicht ergibt.

Die Frage stellt sich nun, welches die Folgen sind, wenn das herrschende Unternehmen die ihm obliegende Konzernleitungspflicht, insbesondere die Oberaufsicht über die abhängigen Unternehmen, nicht oder auf mangelhafte Weise wahrnimmt.

---

255 Siehe S. 308 ff.
256 Siehe S. 308 ff.

4.2. Haftung gegenüber Aktionären und Gläubigern des herrschenden Unternehmens

Ist durch die Bildung eines Konzerns eine Leitungspflicht begründet worden, so müssen die Exekutivorgane (Verwaltungsrat und Konzernleitung) diese auch gehörig wahrnehmen. Unterlassen sie das, so begehen sie eine Pflichtwidrigkeit[257], die dazu führen kann, dass das herrschende Unternehmen selbst zu Schaden kommt, sei dies direkt, sei dies indirekt durch Verminderung allfälliger Beteiligungswerte an abhängigen Unternehmen. Für solche Schäden sind die zuständigen Organe dem herrschenden Unternehmen, seinen Aktionären und den Gläubigern nach OR 754 ff. haftbar.

4.3. Haftung des herrschenden Unternehmens gegenüber Dritten – Der Swissair-Entscheid

Schwieriger ist jedoch die Beantwortung der Frage, ob sich auch Dritte (also z.B. Aktionäre oder Gläubiger eines abhängigen Unternehmens) auf die Konzernleitungspflicht des herrschenden Unternehmens berufen und daraus allenfalls direkte Forderungen gegen das herrschende Unternehmen ableiten können.

Das Gesetz enthält keine entsprechende Regelung. Das Bundesgericht hat sich aber mit dieser wichtigen Frage kürzlich eingehend befasst[258]. Auf dieses wegleitende Urteil ist deshalb näher einzugehen[259].

a) Zum Sachverhalt

Die von der Swissair Beteiligungen AG im Jahre 1987 gegründete IGR Holding Golf and Country Residences AG (nachfolgend: IGR) wollte ihren Vertragspartnern luxuriöse Unterkünfte nahe an Golfplätzen im In- und Ausland zur Verfügung halten. Gegen grosszügige "Mietvorauszahlungen" konnten "Mitgliedschaften" erworben werden, welche über lange Zeit zur regelmässigen Benutzung der Residenzen berechtigen sollten.

In den Werbeunterlagen der IGR wurde deren Einbindung in den Swissair-Konzern in verschiedener Hinsicht herausgestrichen. So waren auf dem Briefpapier der IGR sowie auf den Titelseiten ihrer Werbebroschüren das Swissair-Logo – bestehend aus dem Namenszug "Swissair" und einem Schweizerkreuz – sowie der Satz "Die IGR ist ein Unternehmen der Swissair" aufgedruckt. Weiter war in den Werbeunterlagen der IGR etwa folgende Aussage zu finden:

---

257 OR 717.
258 BGE 120 II 331.
259 Der gleiche Entscheid wird im Kapitel über die Haftung im Aktienrechtskonzern eingehend behandelt (S. 184 ff.).

"Überall wo International Golf and Country Residences steht, steht Swissair darunter. Und selbstverständlich auch dahinter. Denn die IGR ist zwar ein selbständiges Unternehmen der Swissair Beteiligungen AG, arbeitet aber nach den gleichen unternehmerischen Maximen wie ihre Mutter. Dass sich das von Anfang an auf die Internationalität, die Gastfreundschaft, die Betreuung und die Zuverlässigkeit von IGR auswirkt, liegt auf der Hand."

Weil die Mitgliederanmeldungen weit hinter den Erwartungen zurückblieben, ergaben sich für die IGR schon bald geschäftliche Schwierigkeiten. Die beigetretenen Mitglieder wurden jedoch dahingehend orientiert, dass das Unternehmen auf überwältigendes Echo stiesse. Auch als die IGR wegen des schlechten Geschäftsganges von der Swissair an die Euroactividade AG verkauft werden sollte, wurden die wahren Gründe für den Rückzug der Swissair verschwiegen und stattdessen auf das erweiterte Leistungsangebot verwiesen, welches der Zusammenschluss der IGR mit der Euroactividade AG ermögliche.

Der 1989 erfolgte Übergang der IGR auf die Euroactividade AG und die damit verbundenen Änderungen am Leistungskonzept erforderten eine Anpassung der Mitglieder-Verträge, wobei es den Mitgliedern freigestellt wurde, die Verträge mit der IGR auf veränderter Grundlage weiterzuführen oder aber die Rückzahlung ihrer Einlage zu verlangen. Ein Jahr später gestand die IGR, sie sei immer noch nicht in der Lage, das definitive neue Konzept vorzulegen, weshalb sie – im Sinne eines Aktes der Fairness – die bestehenden Mitgliedschaften aufkündigen und die geleisteten Zahlungen zuzüglich Zins zurückerstatten werde.

Weil diese Rückzahlungen in der Folge jedoch ausblieben, wandte sich die Wibru Holding AG, welche seinerzeit eine Einlage von Fr. 90'000.- geleistet hatte, an die Swissair. Diese lehnte jede Verantwortung ihrerseits mit der Begründung ab, die IGR sei seit einem Jahr eine hundertprozentige Tochter der Euroactividade AG und befände sich im übrigen inzwischen in Konkurs.

Die von der Wibru Holding AG beim Zürcher Handelsgericht anhängig gemachte Klage, mittels welcher sie von der Swissair Beteiligungen AG die Bezahlung von Fr. 97'808.- begehrte, wies jenes mit Urteil vom 8. Juni 1993 ab. Gegen diesen Entscheid legte die unterlegene Klägerin beim Bundesgericht Berufung ein.

In seinem Urteil hiess das Bundesgericht die Berufung gut.

b) Die Erwägungen des Bundesgerichts

Das Bundesgericht ging bei seinem Entscheid davon aus, dass die *Bekanntgabe der Konzernbeziehung für sich allein noch keine Haftung erzeugen* könne[260]. Vielmehr sei zu prüfen, ob im vorliegenden Fall allenfalls bestimmte *weitere Tatbestandselemente* vorlägen, welche eine Haftung der Swissair als herrschendes Unternehmen begründen könnten.

---

260 Siehe auch DRUEY, Greyhound, S. 12.

Das Bundesgericht lehnte nach detaillierter Prüfung eine Haftung aus Durchgriff, eine Haftung aus Vertrag und eine Haftung aus unerlaubter Handlung ab[261].

Vielmehr stützte das Bundesgericht die Haftung der Swissair auf die Haftungsform der *culpa in contrahendo*, welche bekanntlich bei der Verletzung von Treuepflichten im Rahmen von Vertragsverhandlungen zur Anwendung kommt. Anschliessend erkannte das Bundesgericht die der cic-Haftung zugrundeliegende rechtliche Sonderverbindung zwischen den Verhandlungspartnern als Erscheinungsform einer allgemeineren Rechtsfigur, welche es in wertungsmässig vergleichbaren Fällen ebenfalls zu beachten gelte. Die Gegenüberstellung der bei der cic-Haftung geschützten Vertrauenslage einerseits und eines allenfalls erweckten *Vertrauens in das Konzernverhalten eines herrschenden Unternehmens* andererseits führte das Bundesgericht schliesslich zum Ergebnis, dass letzteres unter Umständen ebenso schutzwürdig sein könne. Wenn also Erklärungen bzw. unterlassene Erklärungen eines herrschenden Unternehmens bei Geschäftspartnern des abhängigen Unternehmens ein entsprechendes Vertrauen hervorrufe (eben das sog. *"Konzernvertrauen"*), so entstehe deshalb ebenfalls eine solche rechtliche Sonderverbindung, aus der sich auf Treu und Glauben beruhende Schutz- und Aufklärungspflichten ergäben, deren Verletzung wiederum Schadenersatzansprüche auslösen könne[262].

Wie die Haftung aus culpa in contrahendo war gemäss Bundesgericht jedoch auch die Haftung aus erwecktem Konzernvertrauen an strenge *Voraussetzungen* zu knüpfen. Eine Haftung entstehe nur dann, wenn das herrschende Unternehmen:

– durch sein Verhalten (nämlich in casu durch die fehlende Intervention bei IGR bzw. durch sein Stillschweigen gegenüber den Geschäftspartnern seines abhängigen Unternehmens) bestimmte Erwartungen in sein Konzernverhalten und seine Konzernverantwortung erwecke,
– diese Erwartungen aber später in treuwidriger Weise enttäusche.

Nur dann habe das herrschende Unternehmen für den Schaden einzustehen, den es durch sein gegen Treu und Glauben verstossendes Verhalten adäquat kausal verursacht habe.

---

261 Zu den einzelnen Begründungen siehe S. 184 ff.
262 Bereits in einem früheren Entscheid schützte das Bundesgericht eine Art von "Konzernvertrauen", allerdings ohne es als solches zu bezeichnen (DRUEY, Greyhound, S. 6). In einem anders gelagerten Fall (Sotheby's; BGE 112 II 347) hatte die Zürcher Sotheby's-Gesellschaft eine zur Begutachtung entgegengenommene Lampe mit Wissen des Kunden an den Sachverständigen des herrschenden Unternehmens in London gesandt, welchem bei der Schätzung jedoch ein grober Fehler unterlaufen war. Vor die Frage gestellt, ob die Weiterleitung zur Begutachtung eine befreiende Substitution nach OR 399 II darstelle oder aber eine Hilfspersonenhaftung nach OR 101 auslöse, entschied sich das Bundesgericht wegen der Konzernbeziehung für OR 101. Im Urteil steht wörtlich – und damit wird die Verwandtschaft mit dem späteren Swissair-Entscheid vollends klar: "Nach seinen Werbetexten ... bietet der S.-Konzern als Ganzes seine Dienste an" (BGE 112 II 354).

Ob und in welcher Hinsicht dem herrschenden Unternehmen die Erweckung berechtigter Erwartungen entgegengehalten und deren Enttäuschung vorgeworfen werden kann, beurteile sich laut Bundesgericht nach den gesamten Umständen des Einzelfalles. Im Urteil folgte deshalb eine Prüfung des Verhaltens der Swissair auf die genannten Haftungsvoraussetzungen hin:

– Was das *Erwecken berechtigter Erwartungen* der Geschäftspartner der IGR angeht, so ist hier auf den Sachverhalt zurückzukommen: Bei ihrer Gründung wurde die IGR mit einem Aktienkapital von lediglich Fr. 200'000.- ausgestattet. Demgegenüber rechnete die Swissair allein für die "Pre-Openingphase" des Unternehmens mit einem Finanzbedarf von Fr. 50 Mio. Damit war nun aber die IGR offensichtlich unterkapitalisiert. Die Wibru Holding AG machte ihrerseits glaubhaft, dass sie eine Investition von Fr. 90'000.- als Mietvorauszahlung bei einer derart kapitalschwachen Gesellschaft nicht getätigt haben würde, wenn sie nicht auf deren Zugehörigkeit zum Swissair-Konzern vertraut hätte. Gemäss Bundesgericht hätte auch der Swissair klar sein müssen, dass sich die Geschäftspartner der IGR vorab auf die Finanzkraft und den Ruf ihres Konzerns verlassen würden. Daher gaben die Werbeunterlagen der IGR, deren Inhalt sich die Swissair als eigene Erklärungen anrechnen lassen müsse, vor allem in zwei Richtungen Anlass zu berechtigten Erwartungen:
  – Einerseits hätten die Mitglieder der IGR insbesondere aus der Aussage, die Swissair stehe hinter der IGR, die Zusicherung ableiten dürfen, dass die Swissair ihr abhängiges Unternehmen mindestens in der Aufbauphase mit ausreichenden Mitteln dotieren würde. Das Bundesgericht betonte an dieser Stelle erneut, die Swissair habe sich damit nicht zum Ausgleich jeglichen geschäftlichen Misserfolgs der IGR verpflichtet sondern nur zur Bereitstellung derjenigen Mittel, welche in der Aufbauphase für das Gelingen des Unternehmens über die Investitionen der Mitglieder hinaus erforderlich waren.
  – Andererseits durfte gemäss Bundesgericht auch allgemein darauf vertraut werden, dass die werbemässig herausgestrichene Einbindung der IGR in den Swissair-Konzern ein zuverlässiges und korrektes Geschäftsgebaren verbürge und dass die Swissair als herrschendes Unternehmen für diese Zuverlässigkeit und Vertrauenswürdigkeit einstehe. Dazu zählte das Gericht insbesondere auch die Sorge dafür, dass auf die Mitteilungen der IGR Verlass sei. Deren Mitglieder mussten also nach Auffassung des Bundesgerichts nicht damit rechnen, dass die Swissair zusehe, wie die IGR ihre Geschäftspartner durch unrichtige oder irreführende Angaben über den Erfolg des Unternehmens vom rechtzeitigen Abbruch der Geschäftsbeziehungen abhalten würde.
– Nachdem das Feld der berechtigten Erwartungen der IGR-Mitglieder abgesteckt war, blieb dem Bundesgericht zu prüfen, ob die Swissair diese *Erwartungen in treuwidriger Weise enttäuscht* hatte.

– Das Bundesgericht ging – wie erwähnt – davon aus, dass nicht die *Unterkapitalisierung der IGR* zu deren Scheitern führte, sondern das Ausbleiben der erwarteten Drittbeteiligungen. Dafür habe die Swissair aber nach dem Gesagten nicht einzustehen.
– Hingegen habe die Swissair laut Bundesgericht die sich aus der konkreten Vertrauenslage ergebende *Aufklärungspflicht verletzt*. Weil nämlich die Swissair nicht geltend gemacht habe, von den unrichtigen und irreführenden Mitteilungen der IGR betreffend Geschäftserfolg und Gründe des Verkaufs an die Euroactividade AG keine Kenntnis gehabt zu haben, müsse sie sich zumindest das Wissen darüber anrechnen lassen, was dort gegenüber den Empfängern geäussert und was nicht geäussert wurde. Die *Swissair wäre deshalb verpflichtet gewesen*, für korrekte Information durch die IGR zu sorgen (m.a.W. *ihrer Konzernleitungspflicht nachzukommen*) oder selbst zu informieren. Indem dies jedoch unterblieben sei, habe die Swissair treuwidrig die berechtigten Erwartungen der IGR-Mitglieder enttäuscht.

Das Bundesgericht billigte der Wibru Holding AG gestützt auf die allgemeine Lebenserfahrung zu, dass diese in Kenntnis der wahren Sachlage spätestens im Zeitpunkt des Verkaufs der IGR durch die Swissair von der Weiterführung des Vertrags der IGR abgesehen und die Rückzahlung ihrer Einlage verlangt hätte. Mit ihrem Fehlverhalten habe die Swissair deshalb den Schaden, den die Wibru Holding AG dadurch erlitten habe, dass sie weiterhin Vertragspartei der IGR geblieben und in deren Konkurs zu Verlust gekommen sei, adäquat kausal verursacht, weshalb sie für diesen Schaden haftbar gemacht werden könne.

Bei der vom Bundesgericht entwickelten Haftung aus Konzernvertrauen handelt es sich also um eine *Haftung für eigenes Verhalten des herrschenden Unternehmens, weil dieses seiner Konzernleitungspflicht nicht nachgekommen ist*[263].

c) Würdigung

Die grundsätzlichen Überlegungen des Bundesgerichts zur Rechtsfigur des Konzernvertrauens sind zu begrüssen. Zustimmung verdient insbesondere die Tatsache, dass das Gericht nicht mit einer unbeholfenen Konstruktion aus dem Gesellschaftsrecht operierte, sondern die Haftung des herrschenden Unternehmens überzeugend auf ZGB 2 stützte. In der Tat erscheint es als gerechtfertigt, der von den beteiligten Unternehmen zwecks Vertrauensbildung wirksam in Szene gesetzten Hervorhebung

---

[263] Hingegen führt die Vertrauenshaftung nicht dazu, dass das herrschende Unternehmen gegenüber Dritten für Verbindlichkeiten des abhängigen Unternehmens mithaftet. Darin liegt ein wesentlicher Unterschied zur vertraglichen Garantiehaftung gemäss OR 111, bei der das herrschende Unternehmen gewissermassen für den geschäftlichen Erfolg des abhängigen Unternehmens einzustehen hat.

der Konzernbeziehung eine entsprechende Haftung für den Fall gegenüberzustellen, dass das erweckte Vertrauen treuwidrig enttäuscht werden sollte.

Unklar bleibt allerdings der Massstab, mit welchem das Bundesgericht künftig messen will, ob ein Hinweis auf die Konzernbeziehung im Einzelfall berechtigte Erwartungen zu erwecken vermag. Im vorliegenden Fall mag die Annahme begründeten Konzernvertrauens deshalb angebracht sein, weil das Swissair-Logo und der Satz "Die IGR ist ein Unternehmen der Swissair" auf einem so sensitiven Erklärungsträger wie dem Briefpapier der IGR angebracht war. Demgegenüber ist es zumindest zweifelhaft, ob Werbeunterlagen – auf solche berief sich das Bundesgericht vornehmlich – geeignet sind, um das "warm feeling" nach den Worten von DRUEY[264] zu vermitteln, aus welchem berechtigtes Konzernvertrauen erwachsen kann.

Unklar bleiben in diesem Urteil ferner die Anforderungen, welche das Bundesgericht generell an die durch das herrschende Unternehmen auszuübende Aufsicht über die abhängigen Unternehmen stellen will, m.a.W. *wie weit konkret die Konzernleitungspflicht geht*. Dass das herrschende Unternehmen eine Aufsichtspflicht trifft, ergibt sich – wie erwähnt – bereits aus dem Begriff des Konzerns als Gebilde mit einheitlicher Leitung[265]: Einheitliche Leitung ohne Aufsicht ist schlicht nicht möglich. Andererseits kann diese Aufsichtspflicht wohl kaum bedeuten, dass jeder einzelne Brief des abhängigen Unternehmens durch die Konzernleitung zu kontrollieren ist[266]. Stellt man sich nämlich auf den Standpunkt, das herrschende Unternehmen im Konzern habe im wesentlichen die gleichen Aufgaben wie der Verwaltungsrat eines selbständigen Unternehmens[267], so legt OR 716a I 5 den Schluss nahe, das herrschende Unternehmen habe lediglich eine *Oberaufsicht* über die die Geschäfte führenden abhängigen Unternehmen wahrzunehmen. Vor diesem Hintergrund bewegt sich die in casu durch das Bundesgericht der Swissair auferlegte Aufsichts- und Aufklärungspflicht an der Grenze des für eine Konzernleitung Zumutbaren. Sie sollte sich auf grundlegende Belange des abhängigen Unternehmens beschränken, mit denen sich die Konzernleitung im Rahmen ihrer Leitungspflicht befassen muss. Ob auch das Bundesgericht diese Auffassung teilt, wird erst dessen künftige Praxis zeigen[268].

Nachdem in den vorhergehenden Kapiteln das Recht auf Leitung des Konzerns und das Bestehen einer Konzernleitungspflicht sowie die Folgen bei deren Verletzung ausgeleuchtet wurden, stellt sich als nächstes die Frage, wie ein Konzern tatsächlich

---

264 DRUEY, Greyhound, S. 13.
265 OR 663e I.
266 DRUEY, Greyhound, S. 11.
267 Eine Auffassung, die hier auf S. 56 ff. vertreten wird.
268 Die Literatur hat sich eingehend mit dem Swissair-Entscheid auseinandergesetzt. Siehe z.B. die Urteilsbesprechungen von ROLF BÄR, ZBJV 1996, S. 454 ff.; AMSTUTZ/WATTER, Swissair, AJP 1995, S. 502 ff.; GONZENBACH, Vertrauenshaftung, S. 117 ff.; PETER MÜNCH, ZBJV 1994, S. 767 ff.; NOBEL, Patronatserklärung, S. 61 f.; WICK, Vertrauenshaftung, S. 1270 ff.; WOLFGANG WIEGAND, ZBJV 1996, S. 321 ff.

geführt wird und wie die Konzernleitung in der Praxis ihre Führungsaufgaben durchsetzen kann. Dieser Frage ist der nächste Abschnitt gewidmet.

5. Führungsmechanismen im Konzern und deren rechtliche Schranken

Im Bereich der effektiven Führung der abhängigen Unternehmen zeigt sich das Dilemma zwischen einheitlicher Leitung des Konzerns und der juristischen Selbständigkeit der Konzernunternehmen in aller Schärfe: Einerseits verfügen die abhängigen Unternehmen über eigene Organe, denen der Gesetzgeber zwingende Befugnisse zugewiesen hat. Andererseits hat die Konzernleitung ihre Pflichten im Interesse des Gesamtkonzerns auch auf der Ebene der abhängigen Unternehmen durchzusetzen, was zu einem Eingriff in die Kompetenzen der Organe der abhängigen Unternehmen führen kann.

Das soll hier kurz am Beispiel der Aktiengesellschaft erläutert werden[269]:

Die *Generalversammlung* hat bekanntlich unübertragbare Befugnisse[270]. Der *Verwaltungsrat* seinerseits kann von Gesetzes wegen in allen Angelegenheiten Beschluss fassen, die nicht nach Gesetz oder Statuten der Generalversammlung zugeteilt sind[271]. Der Verwaltungsrat ist also das Subsidiärorgan der Aktiengesellschaft. Aber auch dem Verwaltungsrat sind von Gesetzes wegen unentziehbare und unübertragbare Befugnisse[272] zugewiesen, welche er weder nach oben (an die Generalversammlung) noch nach unten (an die Geschäftsleitung) delegieren kann.

Diese gesetzliche Kompetenzordnung ist auch innerhalb eines Konzerns zwingend. Es wäre also z.B. unzulässig, im Organisationsreglement des abhängigen Unternehmens unübertragbare Kompetenzen des Verwaltungsrats an die Generalversammlung zu delegieren oder umgekehrt dem Verwaltungsrat Kompetenzen zuzuweisen, welche der Generalversammlung von Gesetzes wegen zugeteilt werden. Das gilt umso mehr, wenn das herrschende Unternehmen (z.B. in seinem eigenen Organisationsreglement) Kompetenzen, welche den Organen des abhängigen Unternehmens zustehen, an sich zieht.

Werden vom Gesetz festgelegte Kompetenzordnungen missachtet, so sind entsprechende Beschlüsse bei einer Aktiengesellschaft nach OR 706b 3 bzw. OR 714 nichtig, wobei die Nichtigkeit von jedermann geltend gemacht werden kann, der daran ein schützenswertes Interesse hat, also nicht nur von den Aktionären (bei einem zu 100%

---

269 Das gleiche Problem stellt sich in ähnlicher Weise auch bei herrschenden Unternehmen in anderer Rechtsform als der Aktiengesellschaft. Siehe dazu S. 197 ff.
270 OR 698.
271 OR 716.
272 OR 716a.

beherrschten abhängigen Unternehmen kein Thema!), sondern auch von Gläubigern, vom Fiskus oder von den Arbeitnehmern.

Auch die Konzernleitung – das ist die Schlussfolgerung aus dem Gesagten – ist (zumindest formell) an die juristische Selbständigkeit ihrer abhängigen Unternehmen und an die zwingenden Vorschriften des Gesetzes über die Kompetenzverteilung zwischen den Organen des abhängigen Unternehmens gebunden.

Das sollte eigentlich in der Praxis – zumindest bei einem zu 100% beherrschten abhängigen Unternehmen – keine grossen Probleme bereiten: Der Konzern beherrscht ja die Generalversammlung des abhängigen Unternehmens. Die Generalversammlung andererseits wählt den Verwaltungsrat des abhängigen Unternehmens (und kann ihn jederzeit auch absetzen) und dieser wiederum bestimmt die Geschäftsleitung (und entlässt sie gegebenenfalls). Damit lässt es sich – so sollte man mindestens meinen – gut regieren, allerdings nur, sofern man sich an die Spielregeln hält.

Schwieriger wird es aber dann, wenn die Konzernleitung diese Spielregeln missachtet und direkt in die Geschäftsführung des abhängigen Unternehmens eingreift: Es geschieht in der Konzernpraxis immer wieder, dass z.B. über Budgets, aber auch über konkrete Kreditanträge, Akquisitionsprojekte, Ernennungen von Geschäftsleitungsmitgliedern des abhängigen Unternehmens usw. von der Konzernleitung bzw. ihren Organen oder sogar ihren Hilfspersonen direkt unter Umgehung der zuständigen Organe im abhängigen Unternehmen entschieden wird. Eine solche Handlungsweise bleibt nicht ohne Folgen:

– *Haftungsrechtlich*[273]: Das herrschende Unternehmen haftet für allfällige Schäden, welche seine Organe[274] bzw. seine Hilfspersonen[275] durch ihre Tätigkeit im abhängigen Unternehmen verursachen[276].
– *Steuerrechtlich*[277]: Das abhängige Unternehmen kann als Betriebsstätte behandelt und die Gewinne des herrschenden Unternehmens können am Sitz des abhängigen Unternehmens pro parte besteuert werden (mit entsprechender Pflicht zur Offenlegung der Rechnung des herrschenden Unternehmens).
– *Prozessrechtlich*[278]: Das herrschende Unternehmen kann der Gerichtsbarkeit des Sitzlandes des abhängigen Unternehmens unterworfen werden ("jurisdiction").

Aus dieser Problematik führt nur ein Weg: Die Konzernleitung hat sich zur Wahrnehmung ihrer wirtschaftlichen Führungsverantwortung der gesetzlichen Organe des

---

273 Für die Haftung der herrschenden Aktiengesellschaft siehe S. 168 ff.
274 ZGB 55 (bzw. die gesellschaftsspezifischen Haftungsnormen von OR 722 im Falle der Aktiengesellschaft, OR 827 bei der GmbH und OR 916 ff. für die Genossenschaft).
275 OR 55.
276 Allgemein zur Haftung des herrschenden Unternehmens siehe S. 168 ff.
277 Dazu im Detail S. 350.
278 Dazu im Detail S. 423 ff.

abhängigen Unternehmens zu bedienen und deren gesetzliche Kompetenzen zu respektieren. Das ist in der Praxis gar nicht so schwierig, wie man vermuten könnte:
Praktisch jede Konzernleitung setzt als Führungsinstrument die Organisationsreglemente der abhängigen Unternehmen ein (sog. "terms of reference"), welche die Kompetenzen innerhalb des abhängigen Unternehmens regeln. Diese Organisationsreglemente sind häufig in ihrem Aufbau innerhalb des gleichen Konzerns standardisiert, wobei die finanziellen Kompetenzen nach der Grösse des jeweiligen Konzernunternehmens abgestuft sind.

Formell dienen diese Organisationsreglemente dazu, die Kompetenzen zwischen Verwaltungsrat und Geschäftsleitung des abhängigen Unternehmens aufzuteilen.

Materiell dienen die Organisationsreglemente im Konzern jedoch einem weiteren Zweck: Dadurch werden die Kompetenzen zwischen der Konzernleitung und dem abhängigen Unternehmen aufgeteilt:

- Was in die *Kompetenz der Verwaltung des abhängigen Unternehmens* fällt, wird zwar formell durch sie beschlossen, ist aber vorgängig der Konzernleitung zur Genehmigung zu unterbreiten.
- Was in die *Kompetenz der Geschäftsleitung des abhängigen Unternehmens* fällt, bedarf jedoch keiner Zustimmung der Konzernleitung und kann vom abhängigen Unternehmen autonom entschieden werden.

Formell ist damit dem Gesetz genüge getan. Das Ganze bedingt aber ein erhebliches Mass an Disziplin von Seiten des herrschenden Unternehmens:

- Die Konzernleitung darf formell nur jene Entscheide fällen, welche ihr als Gesellschafterin des abhängigen Unternehmens von Gesetzes wegen oder auf Grund der Statuten zustehen.
- Alle Beschlüsse, welche in die Kompetenz der Verwaltung des abhängigen Unternehmens fallen, müssen letztlich formell von den Mitgliedern dieser Verwaltung gefasst werden. Es ist unzulässig, wenn die Konzernleitung einen entsprechenden Beschluss formell stellvertretend für das abhängige Unternehmen fasst, auch wenn gewisse Geschäfte materiell in die Entscheidkompetenz der Konzernleitung fallen und von ihr vorgängig zu entscheiden sind. Dieser vorgängige Entscheid der Konzernleitung ist der Verwaltung des abhängigen Unternehmens mitzuteilen, welche dann formell einen entsprechenden Beschluss fasst. Dabei ist der Form, in welcher dies geschieht, besondere Beachtung zu schenken. Unzulässig wäre z.B., wenn einem abhängigen Unternehmen auf dem Briefpapier der Konzernleitung mitgeteilt würde, das Budget, ein Kreditantrag, eine Ernennung oder Beförderung usw. sei bewilligt. Richtig wäre vielmehr ein persönlicher Brief des in der Verwaltung des abhängigen Unternehmens tätigen Vertreters der Konzernleitung, worin er in seinem persönlichen Namen und in seiner Rolle als Mitglied der Verwaltung des abhängigen Unternehmens ein bestimmtes Projekt gutheisst, wobei denkbar

ist, dass er dies auch im Namen der übrigen Vertreter der Konzernleitung in der Verwaltung des abhängigen Unternehmens tut[279]. Angängig wäre allenfalls noch ein Brief der Konzernleitung selbst, in welchem diese zwar nicht in eigenem Namen, sondern im persönlichen Namen ihres Vertreters in der Verwaltung des abhängigen Unternehmens dessen Zustimmung zu einem Antrag erklärt[280]. Dieses System ist relativ einfach zu handhaben und hat sich in der Praxis als Führungsmittel der Konzernleitung sehr bewährt.

---

279 Bei einer Konzernleitung mit Sitz in der Schweiz etwa mit der Formulierung: "... auch im Namen der übrigen schweizerischen Mitglieder Ihrer Verwaltung".
280 Etwa mit der Formulierung: "... im Namen von Herrn X, Mitglied der Verwaltung Ihrer Gesellschaft".

Spezieller Teil: Der Konzern in verschiedenen Rechtsgebieten

Erstes Kapitel

Der Konzern im Gesellschaftsrecht

Erster Abschnitt

Rechtsformunabhängige Anforderungen an Konzernunternehmen

I. Problemstellung

Obwohl sich die gesetzliche Definition des Konzerns unter den Bestimmungen über die Aktiengesellschaft befindet[1] und in der Schweiz die Konzernleitungen auch tatsächlich fast ausnahmslos in den Händen von Aktiengesellschaften liegen (und zwar meist von Publikumsaktiengesellschaften mit börsenkotierten Aktien), ist allgemein anerkannt, dass auch andere Rechtssubjekte für die Leitung eines Konzerns in Frage kommen[2].

Andererseits treten auch auf der Seite der abhängigen Unternehmen Rechtssubjekte auf, welche nicht als Aktiengesellschaften ausgestaltet sind, aber trotzdem der einheitlichen wirtschaftlichen Leitung eines aussenstehenden Dritten unterstehen.

Es ist deshalb im folgenden zu untersuchen, welche Eigenschaften ein Unternehmen aufweisen muss, um überhaupt als herrschendes bzw. als abhängiges Unternehmen in einem Konzern in Frage zu kommen. Dabei geht es vorerst nur um allgemeine Voraussetzungen, welche unabhängig von der jeweiligen Rechtsform gelten. Im Rahmen der anschliessenden Ausführungen wird noch zu prüfen sein, inwieweit sich eine konkrete Rechtsform für ein Konzernunternehmen tatsächlich eignet.

---

1 OR 663e I.
2 DRUEY, Konzernrecht, S. 303; HANDSCHIN, Konzern, S. 79 f.; KAUFMANN, Konzernspitze, S. 21; RUEDIN, Propositions, S. 111; ZWEIFEL, Konzern, S. 64.

II. Unternehmensqualität als Voraussetzung für das herrschende Unternehmen

Die Beherrschung eines Unternehmens durch einen aussenstehenden Dritten stellt nicht automatisch einen konzernrechtlich relevanten Sachverhalt dar. Solange sich nämlich dieser Dritte einzig der Leitung des von ihm abhängigen Unternehmens widmet, decken sich seine Interessen regelmässig mit jenen des Unternehmens. Die dem Konzern eigenen Interessenkollisionen entfallen. So besteht etwa zwischen dem Alleinaktionär und der von ihm beherrschten Einmann-Aktiengesellschaft kein Konzernverhältnis, weil nur *ein* Unternehmen, eben die Aktiengesellschaft, vorliegt: Es herrscht Interessenidentität, weil die Einmann-Aktiengesellschaft immer das will, was ihr Alleinaktionär will[3]. Das Gleiche gilt auch dann, wenn sich mehrere Aktionäre durch einen Aktionärbindungsvertrag zusammenschliessen, um eine einzige Aktiengesellschaft zu beherrschen[4].

Die Situation verändert sich jedoch sofort, wenn der Dritte neben der Beherrschung des betreffenden Unternehmens weitere unternehmerische Interessen verfolgt[5]. In diesem Fall läuft nun das abhängige Unternehmen Gefahr, entgegen seinen eigenen Interessen in die Dienste jener anderen Interessen gestellt zu werden[6]. Erst jetzt ist die Voraussetzung der Unternehmensmehrheit[7] gegeben, und es liegt ein Konzern vor (sofern die beteiligten Unternehmen auch einheitlich geleitet werden)[8].

Auf eine von HANDSCHIN[9] geäusserte Ansicht ist an dieser Stelle einzugehen: Ausgehend vom Unternehmensbegriff gelangt er zum Schluss, dass selbst dann kein Konzern vorliege, wenn eine Aktiengesellschaft lediglich ein anderes Unternehmen (z.B. eine andere Aktiengesellschaft) leite und neben der Beherrschung des abhängigen Unternehmens keine weitere Unternehmenstätigkeit ausübe, da in diesem Fall der herrschenden Gesellschaft die Unternehmensqualität abgehe. Eine Gesellschaft könne "wie eine natürliche Person ausschliesslich in einem Unternehmen aktiv sein,

---

3 HANDSCHIN, Konzern, S. 38.
4 HANDSCHIN, Konzern, S. 38, Fn. 13, S. 39 f. und S. 83.
5 Dies kann durch Beherrschung weiterer Gesellschaften oder auf andere Weise (z.B. eigene Produktionstätigkeit, Gewährung von Darlehen, Verwertung von Immaterialgütern) geschehen.
6 In dieser Situation äussert sich das für den Konzern typische Spannungsverhältnis zwischen der juristischen Selbständigkeit der abhängigen Gesellschaft einerseits und deren wirtschaftlichen Fremdbestimmung andererseits.
7 HANDSCHIN, Konzern, S. 37, versteht als Unternehmen im Sinne des Konzernrechts "jede Rechtspersönlichkeit, die eigene unternehmerische Ziele verfolgt". Mit der Ergänzung, dass auch Rechtssubjekte ohne eigentliche Rechtspersönlichkeit mindestens als herrschendes Unternehmen eines Konzerns in Frage kommen (vgl. unten Ziff. 3.2.), wird dieser Unternehmensbegriff hier übernommen.
8 Allgemein zu dieser Frage DRUEY, Konzernrecht, S. 344; HANDSCHIN, Konzern, S. 36 ff.; KOPPENSTEINER, Definitionsprobleme, S. 74 f.; für das deutsche Recht EMMERICH/SONNENSCHEIN, Konzernrecht, S. 42 f.
9 HANDSCHIN, Konzern, S. 40 f.

sodass innerhalb der beiden keine sich aus der Mehrheit von unternehmerischen Interessen ergebenden Interessenkonflikte vorliegen können"[10]. Dieser Ansicht ist zu widersprechen. Eine herrschende Aktiengesellschaft (z.B. als Holdinggesellschaft) wird nämlich in der Praxis immer auch eigene unternehmerische Ziele verfolgen und ist damit ein Unternehmen, dessen Interessen mit jenen des abhängigen Unternehmens kollidieren können[11].

Bei der Konzernleitung muss es sich also um ein Rechtssubjekt handeln, welches über die Interessen eines einzigen abhängigen Unternehmens hinaus weitere (eigene) unternehmerische Interessen verfolgt, also um ein eigenständiges Unternehmen.

Dass solche Unternehmen in verschiedenste juristische Gewänder gekleidet werden können, bekräftigt die eingangs getroffene Feststellung, dass die Konzernleitung nicht an eine bestimmte Rechtsform gebunden ist. Andererseits lässt bereits dieser Umstand vermuten, dass die Regelung der internen Verhältnisse des herrschenden Unternehmens für die Probleme rund um den Konzern überhaupt wenig relevant ist[12]: Im Vordergrund stehen die Rechtsbeziehungen der Konzernleitung nach aussen, also gegenüber ihren abhängigen Unternehmen sowie gegenüber Dritten.

---

10 HANDSCHIN, Konzern, S. 39.
11 So ist das herrschende Unternehmen angesichts des steuerrechtlichen Holdingprivilegs regelmässig daran interessiert, vom abhängigen Unternehmen neben den (aus versteuerten Erträgen ausgeschütteten) Dividenden möglichst hohe (beim abhängigen Unternehmen steuerlich als Aufwand abzugsfähige) Zinsen, Lizenzzahlungen etc. zu erhalten, welche dann – obwohl nicht Beteiligungserträge – im Rahmen des Holdingprivilegs ebenfalls steuerfrei vereinnahmt werden können (StHG 28 II. Vgl. für den Kanton Bern BE StG 71).
12 In diesem Sinne auch HANDSCHIN, Konzern, S. 79: "Die Ausübung der einheitlichen Leitung ist von seiner [sc. des Mutterunternehmens] internen Organisationsform völlig unabhängig."

III. Die Beherrschbarkeit als Voraussetzung für abhängige Unternehmen

Ein Rechtssubjekt kommt dann als abhängiges Unternehmen in einem Konzern in Frage, wenn es trotz seiner juristischen Selbständigkeit der einheitlichen wirtschaftlichen Leitung eines Dritten unterstellt werden kann. Entscheidendes Kriterium dafür ist, ob die zu beurteilende Unternehmensform eine Beherrschung überhaupt zulässt. Nur Unternehmen, die von einem Dritten – hier von der Konzernleitung – beherrscht werden können, sind als abhängige Unternehmen in einem Konzern denkbar.

Die Beherrschbarkeit eines Unternehmens in einer bestimmten Rechtsform richtet sich – anders als bei der Frage nach der Eignung als Konzernleitung, wo das Aussenverhältnis massgebend ist – nach der gesetzlichen oder vertraglichen Regelung des Innenverhältnisses: Ausschlaggebend ist die Möglichkeit der Einflussnahme auf den Gesellschaftszweck, die Zusammensetzung der Organe sowie auf die Willensbildung derselben, insbesondere im Hinblick auf die Geschäftsführung des Unternehmens. Auf der anderen Seite spielen die Bestimmungen über den Erwerb bzw. die Übertragung der Anteile eine wesentliche Rolle, nämlich im Zusammenhang mit dem Erwerb einer Beteiligung an einem Unternehmen, welche dessen Beherrschung und damit dessen Integration in einen Konzern (Konzernierung) gestattet.

Zweiter Abschnitt

Der Aktienrechtskonzern

I. Die Rechtsform des herrschenden Unternehmens als massgebliche Anknüpfung

Aus dem Umstand, dass sich die Bestimmung von OR 663e im 26. Titel des Obligationenrechts über die Aktiengesellschaft befindet, ergibt sich eindeutig, dass die an das Vorliegen eines Konzerns geknüpften Normen des Aktienrechts[13] grundsätzlich nur dann gelten, wenn es sich beim herrschenden Unternehmen um eine Gesellschaft in der Rechtsform einer Aktiengesellschaft handelt.

Allerdings finden sich im Gesetz Verweisungsnormen, welche aktienrechtliche Rechnungslegungsvorschriften auch für andere Gesellschaftsformen anwendbar erklären. Solche Verweisungsnormen existieren für:

- die Kommandit-Aktiengesellschaft (OR 764 II),
- die GmbH (OR 805) und
- die Kreditgenossenschaften und die konzessionierten Versicherungsgenossenschaften (OR 858 II).

Kraft Verweisung gelten für diese drei Gesellschaftsformen also die konzernrechtlichen Bestimmungen des Aktienrechts ebenfalls[14].

Dagegen spielt es für die Anwendbarkeit der konzernrechtlichen Normen des Aktienrechts auf eine herrschende Aktiengesellschaft keine Rolle, welche Rechtsform deren abhängige Unternehmen aufweisen.

Im folgenden gehen wir jedoch vom Normalfall aus, dass sowohl die herrschenden wie auch die abhängigen Unternehmen in der Rechtsform der Aktiengesellschaft konstituiert sind.

---

13   Einschränkung des Erwerbs wechselseitiger Beteiligungen innerhalb eines Konzerns (OR 659b); Begebung einer Anleihe mit Bezugsrecht für Aktien einer Konzerngesellschaft (OR 653 I); aktienrechtliche Holdingprivilegien (OR 671 IV und 708); unabhängige Kontrollstelle einer abhängigen Gesellschaft (OR 727c II).

14   Siehe dazu für die Kommandit-AG, S. 197 ff.; für die GmbH, S. 199 ff. und für die Genossenschaft, S. 215 ff.

II. Der Begriff des Konzerns

1. Die gesetzliche Umschreibung

Der Konzern wurde im früheren Aktienrecht bekanntlich nie ausdrücklich erwähnt, sondern das Gesetz enthielt lediglich einige punktuelle Hinweise auf konzernrechtlich relevante Sachverhalte[15]. Die Rechtsprechung hat dagegen in einzelnen Fällen Konzerntatbestände angenommen[16].

Das geltende Aktienrecht verfügt nun in OR 663e I (gut versteckt im 2. Abschnitt über Rechte und Pflichten der Aktionäre unter dem Kapitel "B. Geschäftsbericht" im Abschnitt über die Konzernrechnung) erstmals über eine knappe Definition des Konzerns: Ein Konzern liegt vor, wenn eine oder mehrere Gesellschaften durch Stimmenmehrheit oder auf andere Weise unter einheitlicher Leitung zusammengefasst werden[17]. Diese Umschreibung zeigt klar die dem Konzern inhärente Antinomie zwischen der rechtlichen Selbständigkeit der Konzernglieder und der wirtschaftlichen Einheit des Konzerns, zwischen der eigenen Rechtspersönlichkeit und der wirtschaftlichen Fremdbestimmung. Auf diesen Gegensatz sind letztlich die meisten konzernrechtlichen Probleme zurückzuführen.

Ein Konzern liegt nach der gesetzlichen Definition also vor, wenn *kumulativ zwei Tatbestandsmerkmale* vorliegen[18]:

– Die *Zusammenfassung mehrerer, juristisch selbständiger Gesellschaften*
– unter *einer einheitlichen wirtschaftlichen Leitung*.

Auf die beiden Elemente des Konzernbegriffs ist im folgenden näher einzugehen.

---

15 In aOR 671 IV (Ausnahme von den Bestimmungen über den Reservefonds für Holdinggesellschaften), aOR 707 III (Vertreter einer juristischen Person im Verwaltungsrat) und aOR 711 II (Ausnahme von den Nationalitäts- und Wohnsitzvorschriften für Verwaltungsräte bei Holdinggesellschaften), ohne dass jedoch der Begriff des Konzerns in diesen Bestimmungen je verwendet worden wäre.

16 So z.B. in den Entscheiden BGE 116 Ib 337 ff.; 115 Ib 281; 113 II 35; 110 Ib 132 f.; 108 Ib 37 und 448.

17 Diese Definition geht zurück auf den Entwurf des Bundesrats (Entwurf Art. 663d). In der vorbereitenden Kommission des Nationalrats gab diese Bestimmung zu einigen Diskussionen Anlass (vgl. Protokoll der 4. Sitzung der Kommission des Nationalrats vom 24./25. Mai 1984, S. 173 ff. und S. 219 ff.), nicht aber in der vorbereitenden Kommission des Ständerats (vgl. Protokoll der 4. Sitzung der Kommission des Ständerats vom 11. November 1986, S. 211 ff.). Sowohl der National- als auch der Ständerat folgten diskussionslos dem Vorschlag des Bundesrats (vgl. AmtlBull NR 1985, S. 1715 ff., und AmtlBull SR 1988, S. 478).

18 Vgl. dazu BÖCKLI, Aktienrecht, N. 1189 f.; AmtlBull NR 1985, S. 1717 (Votum Leuenberger als Berichterstatter der Kommission).

2. Die Unternehmenszusammenfassung

2.1. Die rechtliche Selbständigkeit der Konzernglieder

Anders als bei der Fusion, bei welcher die verschmolzenen Unternehmen ineinander aufgehen, bleiben die Konzernunternehmen juristisch selbständig. Sie behalten also ihre eigene Rechtspersönlichkeit, ohne jedoch in ihrer Tätigkeit auch wirtschaftlich selbständig zu bleiben. Ihr Schicksal ist fremdbestimmt, nicht eigendeterminiert. Die rechtliche Selbständigkeit ist also gekoppelt mit der wirtschaftlichen Unselbständigkeit. In diesem scheinbaren Widerspruch liegt das eigentliche Wesen der konzernierten Unternehmen.

Kein Konzernverhältnis liegt demnach vor, wenn die Glieder eines Unternehmens juristisch nicht selbständig sind (Zweigniederlassungen, Betriebsstätten). Es handelt sich in diesem Fall bloss um räumlich oder organisatorisch ausgegliederte Teile des gleichen Unternehmens.

2.2. Die Beherrschung der Konzernunternehmen

Die Formulierung von OR 663e I umfasst mehrere Beherrschungsmöglichkeiten. Nicht nur die Beteiligungskonzerne (welche in der Schweiz die Regel darstellen), sondern auch Konzernierungen, welche auf andere Weise zustandekommen wie z.B. durch Vertrag, durch personelle Verflechtungen, faktische Abhängigkeiten bzw. Mischformen davon[19], fallen unter den gesetzlichen Begriff.

Der Wortlaut von OR 663e I geht von der Prämisse aus, die Konzernleitung sei identisch mit dem die Beteiligungen haltenden Unternehmen. Das muss aber nicht unbedingt sein: In der Praxis finden sich Fälle, in denen die einheitliche Leitung nicht von der Holdinggesellschaft wahrgenommen wird, sondern von einem abhängigen Unternehmen, welches von den tatsächlichen Beteiligungsverhältnissen her betrachtet gar nicht imstande wäre, seinen Willen in den anderen abhängigen Unternehmen durchzusetzen. Hier genügt die blosse Möglichkeit der Beherrschung durch die Holdinggesellschaft, um die Konzernleitung für ihre tatsächliche Leitungsmacht zu legitimieren. Von der ratio legis her muss auch dieser Fall – den das Bundesgericht als atypischen Konzern bezeichnet hat[20] – als Beteiligungskonzern gelten.

Die Konzernierung von abhängigen Unternehmen kann – wie erwähnt – auf verschiedene Weise geschehen:

---

19 Botschaft, Sonderdruck, S. 74 f.
20 BGE 116 Ib 339 (CS Holding).

a) Die Beherrschung durch Beteiligung

Eine Konzernierung erfolgt in der schweizerischen Praxis meist mittels massgebender Beteiligung am abhängigen Unternehmen und der damit verbundenen Beherrschungsmöglichkeit kraft Stimmenmehrheit. In der Praxis kommen verschiedene Intensitätsgrade der Beherrschung vor:

- *100%ige Beteiligung* (d.h. volle Interessenidentität zwischen dem beherrschenden Aktionär und dem beherrschten Unternehmen),
- *Mehrheitsbeteiligung* (wobei verschiedene Intensitätsgrade der Beherrschung möglich sind) und
- u.U. sogar eine *Minderheitsbeteiligung*, welche allerdings in der Regel für sich allein noch nicht für die Beherrschung eines Unternehmens genügt. Diese ist erst durch eine Kombination mit anderen Massnahmen möglich (z.B. Stimmrechtsaktien oder Stimmbindungsverträge). Bei stark zersplittertem Aktienbesitz und schlechter Vertretung der Aktien an der Generalversammlung kann jedoch bereits eine Minderheitsbeteiligung zumindest vorübergehend die Beherrschung einer Aktiengesellschaft ermöglichen.

aa) Die Beherrschung durch Stimmenmehrheit im Verwaltungsrat

Die Mehrheit der Aktienstimmen in der Generalversammlung genügt für sich allein genommen noch nicht zur Beherrschung einer Aktiengesellschaft. Das herrschende Unternehmen muss vielmehr imstande sein, auf die laufenden Geschäfte seiner abhängigen Unternehmen Einfluss zu nehmen. Das geschieht über den Verwaltungsrat. Allerdings darf das herrschende Unternehmen als juristische Person gemäss OR 707 III selbst nicht Einsitz im Verwaltungsrat nehmen, sondern muss sich dort durch seine Organe oder Dritte, welche den Willen der Konzernleitung im Verwaltungsrat des abhängigen Unternehmens durchsetzen, vertreten lassen. Da der Verwaltungsrat durch die Generalversammlung gewählt wird und auch durch die Generalversammlung jederzeit abberufen werden kann[21], gelingt es dem Mehrheitsaktionär, auch im Verwaltungsrat seine Mehrheit problemlos durchzusetzen.

bb) Die Beherrschung durch die Geschäftsleitung

Nicht nur in komplexen, arbeitsteiligen Grossunternehmen, sondern vielfach auch in kleineren Familienunternehmen kommt der Geschäftsleitung (als juristisch bloss dritter Macht im Unternehmen neben Generalversammlung und Verwaltungsrat) faktisch die Führungsrolle zu: Nur die Direktion ist mit allen operationellen Fragen der täglichen Geschäftsführung vertraut und imstande, das Unternehmen zu leiten.

---

21 OR 705.

Sie ist im Besitz sämtlicher Informationen, ohne die der Verwaltungsrat, geschweige denn die Generalversammlung, ihre Tätigkeit gar nicht ausüben könnten. Dazu kommt, dass die Direktion sich permanent mit der Leitung des Unternehmens befasst, während der Verwaltungsrat diese nur punktuell wahrnimmt und die Generalversammlung (neben der Wahl der Verwaltung und der Gewinnverteilung) lediglich ratifizierende Funktion hat. Die faktische Macht in einem Unternehmen liegt daher häufig in den Händen der Geschäftsleitung. Wer diese bestimmt und beherrscht, beherrscht letztlich auch das Unternehmen. Ausser im Fall des Delegierten des Verwaltungsrats setzt sich die Geschäftsleitung aus arbeitsvertraglich für das Unternehmen tätigen Mitarbeitern ("Managern") zusammen. Ihr Arbeitsverhältnis kann jederzeit unter Wahrung der gesetzlichen bzw. vertraglichen Kündigungsbestimmungen aufgehoben werden. Die Beherrschung des Unternehmens mittels der Einflussnahme auf die Geschäftsleitung durch den Mehrheitsaktionär ist somit gewährleistet.

b) Die Beherrschung durch Vertrag

Gegenstand einer vertraglichen Regelung kann im Rahmen der Privatautonomie alles sein, was nicht unmöglich, unsittlich oder widerrechtlich ist[22]. Es besteht somit viel Raum für vertragliche Abmachungen zwischen Aktionären. So können z.B. die Stimmrechtsverhältnisse grundsätzlich durch Stimmrechtsvereinbarungen vertraglich beeinflusst werden. Häufig sind auch vertragliche Abmachungen betreffend die Zusammensetzung des Verwaltungsrats oder betreffend Kompetenzzuordnungen an Generalversammlung, Verwaltungsrat oder Direktion. Alle diese Massnahmen ermöglichen die Beherrschung eines Unternehmens. Die Konzernierung durch Vertrag ist also durchaus möglich, auch wenn sie in der Schweiz selten ist und meist nur in Verbindung mit einer Beteiligung auftritt[23].

c) Die Beherrschung durch wirtschaftliche Abhängigkeit

Die Beherrschung eines Unternehmens kann auch durch wirtschaftliche Abhängigkeit, also bloss faktische, nicht juristische Machtausübung erfolgen. In der Regel wird die wirtschaftliche Abhängigkeit eines Unternehmens allerdings gekoppelt sein mit einer aktienmässigen Beteiligung, wobei es sich durchaus um eine blosse Minderheitsbeteiligung handeln kann.

Diese wirtschaftliche Macht kann sich auf verschiedene Arten äussern:

– *Eigentum an Immaterialgütern:* Das Eigentum an Patenten, Marken, Urheberrechten sowie verwandten Schutzrechten, Mustern und Modellen, Sortenschutzrechten, Halbleitererzeugnissen oder geheimem Know-how kann u.U. eine gewaltige

---
22 OR 20.
23 Siehe dazu im Detail S. 292 ff.

wirtschaftliche Macht bedeuten, welche gezielt zur Beherrschung eines Unternehmens eingesetzt werden kann. So wäre etwa der Fall denkbar, dass ein unabhängiges Unternehmen eine Patent- und Markenlizenz von einem Dritten erwirbt und sich das betreffende Produkt im Markt so gut entwickelt, dass es faktisch zur wirtschaftlichen Basis dieses Unternehmens wird. Die Drohung mit der Kündigung des Lizenzvertrags erlaubt dem Lizenzgeber die Durchsetzung seines Herrschaftsanspruchs.
– *Alleinvertriebsverträge:* Hier ist eine ähnliche Konstellation denkbar. Ein Unternehmen verdankt seine wirtschaftliche Existenz praktisch dem erfolgreichen Vertrieb eines Drittprodukts. Alle Strukturen des Unternehmens sind darauf ausgerichtet. Der Entzug der Vertriebsrechte bedroht unmittelbar die wirtschaftliche Existenz des Unternehmens.
– *Alleinbelieferung:* Auch der umgekehrte Fall kommt vor: Ein Unternehmen produziert praktisch ausschliesslich Ware für einen Dritten (z.B. Zulieferanten von Eigenmarken für Grossverteiler). Die kurzfristige Einstellung der Bezüge kann den Ruin des Unternehmens bedeuten.
– *Sicherungsverträge* (Pfandbestellung, Bürgschaft und Garantievertrag): Ein Unternehmen kann in völlige wirtschaftliche Abhängigkeit geraten, wenn es sich bei einem Dritten stark verschuldet. Die Drohung mit der Kündigung der Darlehen und die damit verbundene Illiquidität kann zum Konkurs führen. Die gleiche Gefahr besteht indirekt, wenn zugesagte Sicherheiten (Bürgschaften, Pfänder) zurückgezogen werden.

In all diesen Fällen liegt eine Abhängigkeit vor, welche in der Marktmacht des herrschenden Unternehmens begründet ist. Die Handlungen des herrschenden Unternehmens sind somit kartellrechtlich relevant und unter diesem Gesichtspunkt von Fall zu Fall ebenfalls zu prüfen. Erfolgt die Ausübung von Marktmacht nämlich missbräuchlich, so ist sie kartellrechtlich unzulässig[24].

3. Die Durchsetzung einer einheitlichen wirtschaftlichen Leitung

Ein zweites Tatbestandsmerkmal ist jedoch erforderlich, damit ein Konzern vorliegt: Die Beherrschungsmöglichkeit muss als Mittel auch tatsächlich eingesetzt werden, um eine *einheitliche Leitung im Konzern durchzusetzen.* "Wann und unter welchen Voraussetzungen ... zwei Gesellschaften als unter einer Leitung stehend betrachtet werden müssen, überlässt das Gesetz bewusst Lehre und Rechtsprechung zum Entscheid", wird in der Botschaft festgestellt[25].

---

24 Siehe dazu S. 361 ff.
25 Botschaft, Sonderdruck, S. 74.

Aus der juristischen Selbständigkeit der Konzernunternehmen einerseits und der einheitlichen wirtschaftlichen Leitung durch das herrschende Unternehmen andererseits ergibt sich ein Widerspruch: Hier eigene Rechtspersönlichkeit mit allen damit verbundenen Folgen, dort wirtschaftliche Fremdbestimmung. Dieses Spannungsfeld führt in der Konzernpraxis – wie noch zu zeigen sein wird – zu einigen Problemen.

Die blosse Möglichkeit einer Beherrschung – welche beim Vorliegen einer Mehrheitsbeteiligung (unter Vorbehalt wichtiger Beschlüsse gemäss OR 704) regelmässig gegeben ist – genügt allein noch nicht für das Vorliegen eines Konzerns[26]. Wo bloss Beteiligungen gehalten werden, auch wenn es Mehrheitsbeteiligungen sind, ohne dass die Beteiligung zur Beherrschung auch faktisch eingesetzt wird (wie etwa bei Anlagefonds oder Anlagen von Versicherungsgesellschaften oder Banken), liegt kein Konzern vor, und die entsprechenden Beteiligungen müssen auch nicht konsolidiert werden. Das Gleiche gilt für Joint Ventures, wenn sie nicht von einer Partei dominiert und unter die einheitliche wirtschaftliche Leitung des betreffenden Konzerns gestellt werden können, was zumindest bei den paritätischen Gemeinschaftswerken i.d.R. kaum der Fall sein dürfte[27].

Die Möglichkeit der Beherrschung muss also zur Durchsetzung der wirtschaftlichen Einheit im Konzern tatsächlich wahrgenommen werden. Das Ausmass der einheitlichen Leitung kann je nach Zentralisierungsgrad von Fall zu Fall stark divergieren, also von einer blossen strategischen Zielvorgabe bis zur völligen Beherrschung in allen geschäftlichen Belangen reichen. Entscheidend für das Vorliegen eines Konzerns ist jedoch, dass das konzernierte Unternehmen seine wirtschaftlichen Grundentscheidungen nicht selbst treffen kann, sondern sich nach den Weisungen der Konzernleitung richten muss. Typisch für das Wesen des Konzerns ist, dass die Konzernleitung alle Entscheide im Konzern – selbst wenn sie diese nicht selbst zu treffen befugt ist – jederzeit veranlassen kann.

Die einheitliche Leitung kann daher de lege lata nicht anhand quantitativer, sondern muss anhand qualitativer Kriterien bestimmt werden[28]. In der Praxis dürfte es nun aber kaum gelingen, die tatsächliche Einflussnahme der Konzernleitung auf die abhängigen Unternehmen nachzuweisen, umso mehr als in der Konzernwirklichkeit bereits die Möglichkeit der Einflussnahme für die Willensdurchsetzung genügt: Ein Wunsch, eine Empfehlung, ja ein blosser Hinweis der Konzernleitung ist den Leitungsorganen des abhängigen Unternehmens Befehl[29].

---

26 BÖCKLI, Aktienrecht, N. 1190 f.; SLONGO, Konzernbegriff, S. 6 und S. 185.
27 Zur Frage der paritätischen Joint Ventures vgl. S. 25 f.
28 Für einen quantitativen Begriff: DRUEY, Konzernrecht, S. 347 ff.; wohl auch ZÜND, Einheitliche Leitung, S. 82 ff.
29 Den Leitungsorganen des abhängigen Unternehmens ist nämlich durchaus bewusst, dass die Konzernleitung jederzeit über die Holdinggesellschaft durch die Stimmenmehrheit in der Generalversammlung den Verwaltungsrat des abhängigen Unternehmens neu bestellen und durch den neuen Verwaltungsrat auch die Geschäftsleitung des abhängigen Unternehmens zu jedem beliebigen Zeitpunkt ersetzen kann.

Wie soll unter diesen Umständen das Vorliegen einer einheitlichen Leitung überhaupt nachgewiesen werden können? Es ist zu bedauern, dass der Gesetzgeber auf eine (widerlegbare) Vermutungskaskade verzichtet hat, wie sie im Bundesgesetz über den Erwerb von Grundstücken durch Personen im Ausland[30] enthalten ist und wie sie das deutsche Aktienrecht kennt[31], wonach von einer Mehrheitsbeteiligung auf eine Beherrschung und von dieser auf eine einheitliche Leitung geschlossen wird.

Die gesetzliche Definition des Konzerns im Aktienrecht ist also de lege ferenda durchaus präzisierungsbedürftig.

---

30 BewG 6 II und III. Siehe dazu S. 8 f.
31 Vgl. AktG §§ 16-18.

III. Konzernzweck und Zweck des abhängigen Unternehmens

1. Konzernierung als Zweckänderung?

Erwirbt ein Konzern eine Beteiligung an einem bisher wirtschaftlich unabhängigen Unternehmen, die ihm dessen Beherrschung und Eingliederung in den Konzern gestattet (sog. *Kontrollübernahme*), so stellt sich die Frage, ob damit automatisch eine *Zweckänderung* beim übernommenen Unternehmen verbunden ist.

Die Lehre[32] unterscheidet zwischen thematischem Zweck gemäss OR 626 2 und Endzweck der Gesellschaft. Der Endzweck liegt unter Vorbehalt ausdrücklicher anderslautender statutarischer Bestimmung in der Gewinnstrebigkeit[33]. Das Gesetz verlangt lediglich die Aufnahme des thematischen Zwecks in die Statuten, d.h. die Umschreibung des Wirtschaftsbereichs, in welchem die Gesellschaft tätig zu werden beabsichtigt[34]. Der Endzweck hingegen bedarf nur einer statutarischen Regelung, wenn vom Normtypus der gewinnstrebigen Aktiengesellschaft abgewichen[35] und ein nichtwirtschaftlicher Zweck verfolgt wird.

1.1. Thematischer Zweck

Dem thematischen Zweck kommt eine doppelte Bedeutung zu:

Einerseits begrenzt er die Vertretungsmacht der für das Unternehmen handelnden Organe, andererseits stellt er insofern eine Schranke dar, als seine Änderung im Hinblick auf die Kontrollübernahme einer qualifizierten Mehrheit bedarf (*Innenwirkung*)[36].

Der thematische Zweck hat jedoch auch *Aussenwirkungen*: Dritte, welche mit dem Unternehmen in vertragliche Beziehungen treten, müssen wissen, ob die Vertreter der Gegenpartei zur Vornahme der betreffenden Vertretungshandlungen überhaupt befugt sind[37]. Aus diesem Grund werden der Gesellschaftszweck sowie die vertretungsbefugten Personen im Handelsregister und im SHAB publiziert.

---

32 HANDSCHIN, Konzern, S. 92; FORSTMOSER/MEIER-HAYOZ/NOBEL, Aktienrecht, § 8 N. 45 ff. m.w.H.; OR-SCHENKER, N. 9 zu OR 626.
33 FORSTMOSER/MEIER-HAYOZ/NOBEL, Aktienrecht, § 2 N. 10 und 17 unter Hinweis auf OR 660 und OR 663 ff.; FORSTMOSER, Aktienrecht, § 1 N. 235 m.w.H. in Fn. 342.
34 Zum Konkretisierungsgrad der Zweckumschreibung: BÖCKLI, Aktienrecht, N. 108 ff.; FORSTMOSER/ MEIER-HAYOZ/NOBEL, Aktienrecht, § 8 N. 50 m.w.H.
35 FORSTMOSER/MEIER-HAYOZ/NOBEL, Aktienrecht, § 8 N. 46 und § 2 N. 57.
36 OR 718a.
37 Handeln die Organe ausserhalb ihrer Vertretungsbefugnis ("ultra vires"), so verpflichten sie durch ihr Verhalten nicht mehr das Unternehmen, sondern haften persönlich.

Der thematische Zweck muss bei einer Kontrollübernahme nicht zwingend geändert werden[38], sondern es ist durchaus denkbar, dass die Konzernleitung an der Fortführung des bisherigen Gesellschaftszwecks festhält. Anders wäre es allerdings, wenn die Statuten nicht nur den Geschäftsbereich, sondern auch die Beibehaltung der unternehmerischen Unabhängigkeit und wirtschaftlichen Selbständigkeit als Ziel festschrieben[39]. Eine derartige Bestimmung stünde einer Konzernierung entgegen, und es würde eine Änderung gemäss OR 704 I 1 nötig[40].

Verfügt das herrschende Unternehmen über mehr als zwei Drittel der vertretenen Stimmen und über die absolute Mehrheit der (vertretenen) Aktiennennwerte in der Generalversammlung des abhängigen Unternehmens, so hat es die Möglichkeit, den *thematischen Zweck des abhängigen Unternehmens* zu bestimmen[41]. Es kann also den Zweckartikel in den Statuten des abhängigen Unternehmens dahingehend ändern, dass dieses die Konzerninteressen zu wahren hat: Die Gesellschaftsinteressen werden dann mit den Konzerninteressen parallel geschaltet. Diese "Unterwerfung" des abhängigen Unternehmens ist zulässig[42].

Verfügt das herrschende Unternehmen über weniger als zwei Drittel der vertretenen Stimmen bzw. besitzt es weniger als die Mehrheit der Aktiennennwerte, dann wird es ihm nicht gelingen, den thematischen Zweck des abhängigen Unternehmens im Hinblick auf seine Unterwerfung unter den Konzern abzuändern. In diesem Fall müssen die Organe des abhängigen Unternehmens nach dem thematischen Zweck ihres Unternehmens handeln und nicht im Interesse des Konzerns, sofern eine Interessenkollision vorliegt. Tun sie dies nicht, können sie dafür zur Verantwortung gezogen werden[43].

1.2. Endzweck

Mit der Kontrollübernahme wird die Zielgesellschaft eingebunden in die wirtschaftliche Einheit des Konzerns, wird damit fremdbestimmt und hat die Interessen des Konzerns über ihre eigenen Interessen zu stellen. Dies zeigt sich insbesondere darin,

---

38 HANDSCHIN, Konzern, S. 96.
39 Zur Zulässigkeit derartiger atypischer Zweckklauseln vgl. BÖCKLI, Aktienrecht, N. 109a.
40 HANDSCHIN, Konzern, S. 98.
41 OR 704 I 1.
42 Zur Frage des Zulässigkeit eines solchen Gesellschaftszwecks, insbesondere auch unter dem Aspekt von ZGB 27, siehe HANDSCHIN, Konzern, S. 94 ff. m.w.H. in Fn. 18; HANDSCHIN, Konzern, S. 96, vertritt unter Berufung auf ANDREAS VON PLANTA, Hauptaktionär, S. 25, die Meinung, die Festlegung des Unterwerfungszwecks in den Statuten eines abhängigen Unternehmens sei nur unter der Bedingung zulässig, dass "die den Anspruch auf Gewinnstrebigkeit ausmachenden unentziehbaren Aktionärsrechte" der Minderheitsaktionäre statutarisch gesichert würden. Dies ist m.E. nicht erforderlich. Die gesetzliche Schranke von OR 706 II 4 bietet ausreichenden Schutz. Ferner TAPPOLET, Konzernmässige Abhängigkeit, S. 111; FORSTMOSER, Aktienrecht, § 1 N. 74, 246.
43 OR 754 i.V.m. OR 717.

dass in Konzernen das Geld stets nach oben fliesst: Auch wenn Mittel temporär in Subholdings oder Finanzgesellschaften zwischengelagert bzw. in Konzernunternehmen thesauriert werden, hat der Konzern letztlich doch nur ein Ziel, nämlich die erarbeiteten Gewinne an die "ultimate shareholders", also an die Aktionäre des herrschenden Unternehmens auszuschütten. Dies führt nun dazu, dass die Gewinne im Konzerninteresse – d.h. letztlich zu Lasten der abhängigen Unternehmen – optimiert werden. Dadurch kann deren Gewinnstrebigkeit tangiert werden[44,45].

Obwohl die Konzernierung möglicherweise auch für das abhängige Unternehmen wirtschaftlich vorteilhaft sein und eine Umsatz- und Gewinnsteigerung zur Folge haben kann, ändert sich die Gewinnstrebigkeit immerhin insoweit, als die Gesellschaft ihre wirtschaftliche Tätigkeit nicht mehr am Gewinn für das eigene Unternehmen, sondern am Konzerngewinn orientiert.

Diese *modifizierte Gewinnstrebigkeit* ist zwar grundsätzlich zulässig[46], bedeutet aber eine Abweichung von der gesetzlichen Gewinnstrebigkeit, welche i.S. der Gewinnmaximierung zu verstehen ist.

Für jede Konzernierung ist konkret zu prüfen, ob der thematische Zweck und/oder der Endzweck geändert werden muss. Je nach Einbindungsintensität des abhängigen Unternehmens und der Geschäftspolitik der Konzernleitung kann die Gewinnstrebigkeit ganz aufgehoben (was gemäss OR 706 II 4 einen einstimmigen Beschluss erfordern würde) oder bloss beschränkt werden. Solange neben der Ausrichtung der wirtschaftlichen Tätigkeit auf das Konzerninteresse eine Gewinnerzielung für das abhängige Unternehmen selbst möglich bleibt, kann wohl nicht von einer Aufhebung der Gewinnstrebigkeit gesprochen werden. Somit wäre nicht Einstimmigkeit, sondern lediglich das qualifizierte Mehr gemäss OR 704 I 1 für den Zweckänderungsbeschluss erforderlich[47].

Beschlüsse der Generalversammlung, welche die Gewinnstrebigkeit beseitigen, sind anfechtbar, sofern die Aufhebung der Gewinnstrebigkeit nicht vorgängig einstimmig beschlossen wurde.

---

44 Der Endzweck des herrschenden Unternehmens wird nicht beeinträchtigt; vgl. HANDSCHIN, Konzern, S. 93.
45 HANDSCHIN, Konzern, S. 97 ff., bejaht die Aufgabe der Gewinnstrebigkeit für den Fall, da die Verfolgung des Konzerninteresses zulasten der Gesellschaft zur Regel wird und eine vollständige Indienststellung des abhängigen Unternehmens vorliegt, z.B. im Falle einer dauernden Gewährung zum Selbstkostenpreis angebotener Leistungen. Hingegen hält er die Gewinnstrebigkeit für gewahrt, wenn die Gesellschaft ihren erwirtschafteten Gewinn in Form von Dividenden an die herrschende Gesellschaft abführt. Vgl. zur Thematik der Änderung des Gesellschaftszwecks bei einer Konzernierung für das deutsche Recht eingehend SONNENBERG, Gesellschaftszweck, S. 72 ff., 184. SONNENBERG sieht den (End-)Zweck eines abhängigen Unternehmens immer als durch die Konzernierung geändert an.
46 Das Gesetz lässt sogar nichtwirtschaftliche Endzwecke zu, vgl. FORSTMOSER/MEIER-HAYOZ/NOBEL, § 2 N. 57.
47 In der Literatur wird diese Abgrenzung der Aufhebung der Gewinnstrebigkeit einerseits und der blossen Einschränkung der Gewinnerzielung allerdings nicht gemacht.

Allerdings dürfte es in der Praxis kaum zu solchen Beschlüssen der Generalversammlung kommen. Vielmehr ist davon auszugehen, dass der Verwaltungsrat vom Zeitpunkt einer Kontrollübernahme an seine Geschäftspolitik neu auf den Konzern ausrichten wird, ohne dass die Generalversammlung über die Aufhebung der Gewinnstrebigkeit einen Beschluss fasst. Allerdings können in diesem Fall Handlungen des Verwaltungsrats, welche die Gewinnstrebigkeit des abhängigen Unternehmens beseitigen, zur Gutheissung von Verantwortlichkeitsansprüchen nach OR 754 führen.

2. Folgen der Zweckänderung für die Organe

Die statutarische Regelung der Konzernierung im Zweckartikel hat erhebliche Konsequenzen für die *Haftung der handelnden Organe* des abhängigen Unternehmens: Wenn sie im Interesse des Konzerns handeln, so entspricht dies dem Gesellschaftszweck. Verantwortlichkeitsklagen gegen Organe, welche sich darauf stützen würden, die Organe hätten die Interessen des Konzerns und nicht jene des abhängigen Unternehmens wahrgenommen, wären damit ausgeschlossen.

3. Stillschweigende Zweckänderung

Gerade in einer Situation, in welcher eine formelle Zweckänderung an der erforderlichen Mehrheit scheitern würde, könnte man argumentieren, die Kontrollübernahme an sich stelle eine stillschweigende Zweckänderung beim abhängigen Unternehmen dar, sodass sich eine formelle Änderung des Gesellschaftszwecks durch Statutenänderung erübrige.

Dem ist einmal entgegenzuhalten, dass der thematische Zweck des Unternehmens im Handelsregister einzutragen ist[48], und dass sich ein gutgläubiger *Dritter* auf diese Eintragung verlassen darf. Gerade im Zusammenhang mit der Konzernierung eines Unternehmens kommt der Publizitätsfunktion des Handelsregisters grösste Bedeutung zu. Aus diesem Grund ist eine stillschweigende Zweckänderung abzulehnen[49], es sei denn, die Konzernierung sei offensichtlich, indem z.B. die Firma des konzernierten Unternehmens geändert wird und die geänderte Firma auf die Konzernzugehörigkeit hinweist bzw. neben der Firma auf die Konzernzugehörigkeit hingewiesen wird ("X – ein Unternehmen des Y-Konzerns"). In allen anderen Fällen gilt für den Umfang der Vertretungsmacht der im Handelsregister eingetragene Gesellschaftszweck.

---

48   HRV 42.
49   Vgl. FORSTMOSER/MEIER-HAYOZ/NOBEL, Aktienrecht, § 22 N. 72 und 78; die Autoren nehmen eine faktische Zweckänderung nur mit Zurückhaltung an.

Neben den Drittinteressen sind bei einer faktischen Statutenänderung aber auch die Interessen allfälliger *Minderheitsaktionäre* gefährdet, denn ihnen bietet, wie oben ausgeführt, die Erwähnung des Gesellschaftszwecks in den Statuten Schutz (Innenwirkung des Zwecks). Eine stillschweigende Zweckänderung bei abhängigen Unternehmen mit Minderheitsaktionären ist deshalb abzulehnen[50].

Zusammenfassend kann somit gesagt werden, dass selbst wenn der thematische Zweck eines abhängigen Unternehmens dessen Konzernzugehörigkeit und damit dessen Handeln im Interesse des Konzerns ausdrücklich festlegt, das abhängige Unternehmen nicht alles tun darf, was im Interesse des Konzerns liegt. Das Handeln im Konzerninteresse findet seine Grenze bei der Gewinnstrebigkeit des abhängigen Unternehmens: Erzielt das abhängige Unternehmen wegen der Verfolgung der Konzerninteressen selbst keinen Gewinn mehr (weil es z.B. für den Konzern zu billig produziert oder Waren bzw. Dienstleistungen des Konzerns zu überhöhten Preisen bezieht), so gibt es damit seine Gewinnstrebigkeit auf. Selbst wenn eine Konzernbeteiligung die Anpassung des thematischen Zwecks ermöglicht, darf die Gewinnstrebigkeit eines abhängigen Unternehmens nicht beseitigt werden, wenn Minderheitsaktionäre vorhanden sind und diese sich damit nicht einverstanden erklären[51]. In der Praxis bedeutet dies, dass abhängige Unternehmen nur dann auf ihre Gewinnstrebigkeit verzichten können, wenn sie zu 100% von einem Konzern beherrscht werden oder wenn Minderheitsaktionäre der Aufgabe der Gewinnstrebigkeit ihres Unternehmens zustimmen und dafür entsprechend entschädigt werden.

---

50 So auch HANDSCHIN, Konzern, S. 101.
51 HANDSCHIN, Konzern, S. 92 ff.

IV. Publizität im Konzern

Das revidierte Aktienrecht bringt im Bereich der Publizität für Gläubiger und Aktionäre, aber auch für Arbeitnehmer und potentielle Anleger der Konzernunternehmen zwar eine wesentliche Verbesserung gegenüber dem früheren Rechtszustand. Trotzdem bestehen noch erhebliche Lücken, welche (allerdings nur für börsenkotierte Unternehmen) durch das Börsengesetz weitgehend beseitigt werden[52].

1. Die Pflicht zur Erstellung einer Konzernrechnung nach Aktienrecht

1.1. Die Erfassung des Konzerns als wirtschaftliche Einheit

Obwohl dem Konzern als Ganzes *juristisch* keine eigene Rechtspersönlichkeit zukommt, stellt er aus wirtschaftlicher Sicht eine Einheit dar.

Eine der Folgen dieser wirtschaftlichen Einheit ist die grundsätzliche Pflicht des Konzerns zur Erstellung einer Konzernrechnung. Die Konzernrechnung bezweckt, den Konzern zahlenmässig als Einheit zu erfassen, wobei nicht einfach die Zahlen aller abhängigen Unternehmen aufaddiert werden, sondern konzerninterne Transaktionen zu eliminieren sind. Es handelt sich also um eine *konsolidierte Rechnungslegung*.

Die konsolidierte Rechnungslegung basiert auf der *Fiktion*, wonach die Geschäftstätigkeit aller abhängigen Unternehmen eines Konzerns einem einzigen Unternehmen – dem herrschenden Unternehmen – zuzurechnen ist[53], was zumindest rechtlich nicht zutrifft. Bei der Interpretation einer Konzernrechnung ist diesem fiktiven Element stets Rechnung zu tragen, und es ist zu berücksichtigen, dass durch die Konsolidierung auch Verzerrungen entstehen können. Das mögen einige Beispiele zeigen:

– In der Konzernrechnung erscheint das gesamte konsolidierte Kapital im Eigenkapitalkonto des herrschenden Unternehmens, was den (falschen) Eindruck erwekken könnte, dieses verfüge tatsächlich über diese Mittel, was wegen zahlreichen Restriktionen und Sperrklauseln natürlich nicht zutrifft[54].
– Ferner werden die Kennzahlen[55] der einzelnen Konzernunternehmen – welche oft in völlig verschiedenen Geschäftsbereichen mit entsprechend unterschiedlichen

---

52 Vgl. zum Börsengesetz S. 277 ff.
53 BÖCKLI, Aktienrecht, N. 1168.
54 Vgl. dazu die Beispiele bei BÖCKLI, Aktienrecht, N. 1169.
55 Z.B. "return on sales" (ROS), "return on capital" (ROC), "return on equity" (ROE), Kapital-, Lager- und Debitorenumschlag usw.

Finanzstrukturen operieren – saldiert, so dass die konsolidierten Durchschnittszahlen kaum mehr aussagekräftig sind[56].

Dennoch vermag die Konsolidierung wichtige Informationen zu liefern:

- Die Konsolidierung zeigt die finanzielle Performance des Gesamtkonzerns schonungslos auf, was vor allem für die (potentiellen) Anleger von Bedeutung ist.
- Eine allfällige Verschlechterung der finanziellen Lage der abhängigen Unternehmen, welche sich ohne Konsolidierung möglicherweise erst zu spät (z.B. im Falle des finanziellen Zusammenbruchs des abhängigen Unternehmens) zeigen würde, fliesst ohne Verzug in die Konzernrechnung ein und wird daraus – wenn auch saldiert – ersichtlich[57].
- Korrigiert wird durch die Konsolidierung die "trügerische Eigenkapitaladdition einer verschachtelten Unternehmensgruppe"[58].
- Umsätze und Erträge aus konzerninternen Geschäften, welche in den Rechnungen der einzelnen Konzernunternehmen erscheinen und diese möglicherweise verzerren, verschwinden in der konsolidierten Rechnung[59].

Obwohl die Konzernrechnung in gewissen Bereichen wichtig ist, bleibt zu bedenken, dass ihre Aussagekraft wegen der Saldierung letztlich doch relativ beschränkt ist und ihre Interpretation stets mit Vorsicht erfolgen sollte.

1.2. Die zur Erstellung einer Konzernrechnung verpflichteten Unternehmen

Gemäss OR 663e I muss das herrschende Unternehmen für alle von ihm kontrollierten Konzernunternehmen eine konsolidierte Jahresrechnung erstellen[60].

Wie im folgenden zu zeigen ist, sind jedoch nicht alle Konzerne zur Erstellung einer Konzernrechnung verpflichtet.

a) Unternehmen mit Sitz in der Schweiz

Die Konsolidierungspflicht betrifft (gemäss der Definition von OR 663e I) vorweg einmal nur herrschende Unternehmen mit Sitz in der Schweiz[61], wobei ohne Belang

---

56 BÖCKLI, Aktienrecht, N. 1170.
57 BÖCKLI, Aktienrecht, N. 1165.
58 BÖCKLI, Aktienrecht, N. 1172.
59 BÖCKLI, Aktienrecht, N. 1173.
60 Die Pflicht zur Erstellung konsolidierter Jahresrechnungen ist nicht neu, sondern war bereits vor der letzten Revision des Aktienrechts in der Banken- und Anlagefondsgesetzgebung enthalten (OR-NEUHAUS, N. 1 zu OR 663e). Auch das Bundesgericht hat bereits im Jahr 1975 die Revisoren bei verschachtelten Unternehmensgruppen dazu angehalten, eine Konsolidierung vorzunehmen (BÖCKLI, Aktienrecht, N. 1163 m.w.H.).
61 BÖCKLI, Aktienrecht, N. 1203.

ist, wem dieses Unternehmen gehört[62]. Auch eine Beherrschung durch ausländische Anleger vermag somit an der Pflicht zur Erstellung einer konsolidierten Jahresrechnung nichts zu ändern.

Dem Kriterium der einheitlichen Leitung entsprechend müsste eigentlich eine reine Finanzholding eigentlich keine konsolidierte Rechnung erstellen[63], sondern nur jenes Unternehmen, welches den Konzern tatsächlich leitet. In der Praxis kommt es jedoch häufig vor, dass das Holdingunternehmen nicht zugleich auch Konzernleitungsfunktionen ausübt, sondern die beiden Aufgaben von getrennten Unternehmen wahrgenommen werden. In diesem Fall ist nichts dagegen einzuwenden, wenn die Konsolidierung durch die Holding und – entgegen dem Wortlaut von OR 663e I – nicht durch das herrschende Unternehmen vorgenommen wird.

b) Rechtsform des herrschenden Unternehmens

Zur Konsolidierung verpflichtet sind (nach der sedes materiae) einmal Aktiengesellschaften, aber – wie an anderer Stelle noch nachzuweisen sein wird[64] – kraft Verweisungsnormen auch Kommandit-Aktiengesellschaften[65], GmbHs[66] und Genossenschaften, sofern es sich um Kreditgenossenschaften oder konzessionierte Versicherungsgenossenschaften handelt[67].

c) Überschreitung bestimmter Grössenordnungen

Nach OR 663e II müssen nur Unternehmen ab einer bestimmten Grösse konsolidieren. Ein von der Konsolidierungspflicht befreiter Kleinkonzern[68] liegt vor, wenn zwei der drei massgeblichen Grössen in zwei aufeinanderfolgenden Geschäftsjahren nicht überschritten werden:

- Bilanzsumme von 10 Millionen Franken,
- Umsatzerlös von 20 Millionen Franken,
- 200 Arbeitnehmer im Jahresdurchschnitt.

Sinnigerweise muss ein Konzern gemäss gesetzgeberischer Intention erst einmal konsolidieren, um zu wissen, ob eine Konsolidierung überhaupt erforderlich ist.

---

62 OR-NEUHAUS, N. 5 zu OR 663e.
63 A.M. FORSTMOSER, Ungereimtheiten, S. 68.
64 Für die Kommandit-AG, S. 197 ff.; für die GmbH, S. 199 ff. und für die Genossenschaft, S. 214 ff.
65 OR 764 II.
66 OR 805.
67 OR 858 II.
68 BÖCKLI, Aktienrecht, N. 1192 ff., insbesondere zur Problematik der Freistellung von Kleinkonzernen N. 1195.

d) Weitere Voraussetzungen

Unabhängig von der Grösse besteht nach OR 663e III jedoch beim Vorliegen bestimmter Voraussetzungen dennoch eine Konsolidierungspflicht:

– So müssen herrschende Unternehmen, die den Kapitalmarkt in Anspruch nehmen (d.h. entweder Anleihensobligationen ausstehend haben oder börsenkotiert sind), unabhängig von ihrer Grösse konsolidieren.
– Dies gilt auch, wenn die Konsolidierung für die Beurteilung der Vermögens- und Ertragslage des herrschenden Unternehmens notwendig ist[69].
– Eher als Kuriosum mutet die Bestimmung an, wonach 10% der Aktionäre die Erstellung einer Konzernrechnung verlangen können. Diese Bestimmung vermag nicht zu befriedigen. Ist für die Beurteilung der Vermögens- und Ertragslage eine Konsolidierung notwendig, so muss sie ohnehin erstellt werden. Für den Minderheitenschutz – notabene einer Minderheit im herrschenden Unternehmen – gibt die Pflicht zur Konsolidierung auch nicht viel her: Konzerninterne Vorgänge – welche die Minderheitsaktionäre interessieren – lassen sich der Konzernrechnung nur sehr beschränkt oder überhaupt nicht entnehmen.

e) Zwischengesellschaften

Für Zwischengesellschaften (Subkonzerne) gelten spezielle Vorschriften[70]. Sie sind von der selbständigen Konsolidierungspflicht befreit, wenn die folgenden Voraussetzungen kumulativ gegeben sind:

– Die Zwischengesellschaft hat ihren Sitz in der Schweiz.
– Das die Zwischengesellschaft beherrschende Unternehmen erstellt eine Konzernrechnung.
– Die Konzernrechnung des herrschenden Unternehmens ist nach schweizerischen oder gleichwertigen ausländischen Vorschriften erstellt und geprüft worden.
– Die Zwischengesellschaft macht die Konzernrechnung ihren Aktionären und Gläubigern bekannt, wobei sie im Anhang zur eigenen Jahresrechnung darauf hinzuweisen hat, dass sie auf eine eigene Konsolidierung verzichtet[71].

Trotz Vorliegens all dieser Voraussetzungen besteht für die Zwischengesellschaft die Pflicht zur Konsolidierung, sofern sie ihre Jahresrechnung nach OR 697h veröffentlichen muss (d.h. wenn sie selbst den Kapitalmarkt benutzt, indem sie Anleihensobligationen ausstehend hat oder ihre Aktien börsenkotiert sind) oder wenn Aktionäre, welche zusammen mindestens 10% des Aktienkapitals vertreten, dies verlangen[72].

---

69 BÖCKLI, Aktienrecht, N. 1196.
70 OR 663f; BÖCKLI, Aktienrecht, N. 1197 ff.
71 OR-NEUHAUS, N. 8 zu OR 663f.
72 OR 663f II.

1.3. Die zu konsolidierenden abhängigen Unternehmen

OR 663e I spricht lediglich von der Zusammenfassung von "Gesellschaften" unter einheitlicher Leitung, ohne sich zur Rechtsform oder zum Sitz dieser abhängigen Unternehmen näher zu äussern. Aus der Botschaft[73] ergibt sich jedoch klar, dass Rechtsform und Sitz der abhängigen Unternehmen für die Konsolidierungspflicht ohne Belang sind[74], d.h. es müssen weltweit alle Konzernunternehmen von der Konsolidierung erfasst werden[75].

Die Frage der Konsolidierung von *Gemeinschaftswerken,* insbesondere von Joint Ventures mit einer paritätischen Beteiligung, wurde bereits an anderer Stelle erörtert[76]. Die Konsolidierungspflicht wird in der Botschaft[77] mit der Begründung verneint, es fehle in einem solchen Fall an einer einheitlichen Leitung. Das wird in der Regel so sein. Sollte aber eine der Parteien die einheitliche Leitung des Gemeinschaftswerks aufgrund des Joint Venture-Vertrags ohne Zustimmung der anderen beteiligten Parteien ausüben können, d.h. in der Lage sein, die wesentlichen Entscheide über die wirtschaftliche Ausrichtung des Gemeinschaftsunternehmens allein zu fällen (was bei einer paritätischen Beteiligung nur selten zutreffen dürfte), müsste das Joint Venture in den Konsolidierungskreis des beherrschenden Joint Venture-Partners einbezogen werden[78]. Es besteht zudem die Möglichkeit einer mehrfachen Abhängigkeit, d.h. dass einem Joint Venture-Unternehmen mehrere paritätisch herrschende Unternehmen gegenüber stehen können. In diesem Fall ist das von den Joint Venture-Partnern einheitlich geleitete Gemeinschaftsunternehmen von allen beteiligten herrschenden Unternehmen in deren Konsolidierungskreis einzubeziehen.

1.4. Grundsätze betreffend die Erstellung einer Konzernrechnung

a) Aufbau der Konzernrechnung

Die Konzernrechnung besteht aus Konzernerfolgsrechnung[79], Konzernbilanz[80] und Konzernrechnungsanhang[81].

Dagegen ist die Erstellung eines Konzernjahresberichts[82] nicht erforderlich.

---

73 Botschaft 1983, Sonderdruck, S. 74.
74 So auch OR-NEUHAUS, N. 6 zu OR 663e und BÖCKLI, Aktienrecht, N. 1204.
75 Zu allfälligen Ausnahmen siehe FORSTMOSER/MEIER-HAYOZ/NOBEL, Aktienrecht, § 51 N. 217 ff.
76 S. 25 f.
77 Botschaft, Sonderdruck, 1983, S. 75.
78 ZENHÄUSERN/BERTSCHINGER, Konzernrechnungslegung, S. 69 f.; OR-NEUHAUS, N. 10 zu OR 663e.
79 Zur konkreten Ausgestaltung siehe BÖCKLI, Aktienrecht, N. 1241 und 1241a.
80 Zur konkreten Ausgestaltung siehe BÖCKLI, Aktienrecht, N. 1244 und 1244a.
81 Zum Inhalt im einzelnen siehe BÖCKLI, Aktienrecht, N. 1245 ff.
82 BÖCKLI, Aktienrecht, N. 1247 f., bezeichnet ihn als "Konzernlagebericht". Er weist darauf hin, dass im Vergleich zum EU-Gesellschaftsrecht insofern ein Defizit bestehe, als das herrschende Unter-

b) Anwendung der Grundsätze der ordnungsmässigen Rechnungslegung

Der Gesetzgeber hat darauf verzichtet, spezifische Vorschriften zur Konsolidierungsmethode ins Gesetz aufzunehmen[83]. Damit untersteht die Konzernrechnung kraft Verweisung[84] den allgemeinen Grundsätzen der ordnungsmässige Rechnungslegung nach OR 662a, welche verlangen, dass die Vermögens- und Ertragslage der Gesellschaft möglichst zuverlässig beurteilt werden kann, was auch die Publikation von Vorjahreszahlen bedingt.

Im einzelnen beinhaltet die ordnungsmässige Rechnungslegung die folgenden Grundsätze[85]:

– Vollständigkeit,
– Klarheit und Wesentlichkeit,
– Vorsicht,
– Fortführung der Unternehmenstätigkeit (also keine Bewertung nach Liquidationswerten, sondern als "going concern"),
– Stetigkeit (in Bewertung und Darstellung),
– Verrechnungsverbot für Aktiven und Passiven sowie Aufwand und Ertrag.

Abweichungen sind nur vom Grundsatz der Unternehmensfortführung, der Stetigkeit und vom Verrechnungsverbot möglich, allerdings auch nur in begründeten Fällen, welche im Anhang darzulegen sind[86].

Die allgemeinen Bestimmungen über die kaufmännische Buchführung[87] gelten selbstverständlich auch für die Konzernrechnung[88].

c) Grundsatz der Einheitlichkeit

In OR 662a II nicht ausdrücklich aufgeführt, aber für die ordnungsmässige Rechnungslegung im Rahmen einer Konzernrechnung unerlässlich, ist der Grundsatz der Einheitlichkeit[89]. Er stellt geradezu die absolute Grundlage jeder Konzernrechnung dar und leitet sich aus dem Grundsatz der Klarheit ab[90]. Denn nur wenn auf einer einheitlichen Basis konsolidiert wird, sagen die konsolidierten Zahlen überhaupt etwas aus.

---

nehmen nicht verpflichtet sei, über die "voraussichtliche Entwicklung" des Konzerns und über den "Bereich Forschung und Entwicklung" zu berichten.
83 BÖCKLI, Aktienrecht, N. 1209.
84 OR 663g I.
85 OR 662a II.
86 OR 662a III.
87 OR 957 ff.
88 OR 662a IV.
89 BÖCKLI, Aktienrecht, N. 1227 ff.; FORSTMOSER/MEIER-HAYOZ/NOBEL, Aktienrecht, § 51 N. 227 ff.
90 OR 662a II 2.

Die Konzernleitung muss also den abhängigen Unternehmen klare Vorgaben machen, wie sie in ihrem Bereich die Zahlen zu erfassen haben: Dies bedingt die Erstellung von sog. "accounting manuals", welche für sämtliche Konzernunternehmen Verbindlichkeit haben und genau vorschreiben, wie die Erfolgsrechnung und die Bilanz zu gliedern ist und wie die einzelnen Positionen (z.B. Umsatz, Erlösminderungen, Herstellkosten usw.) definiert sind. Selbstverständlich müssen auch die Stichtage der Rechnungslegung und die Methoden der Fremdwährungsumrechnung[91] von der Konzernleitung einheitlich vorgegeben werden.

d) Die Stetigkeit der Konsolidierungs- und Bewertungsregeln

Der Konzern ist also im Rahmen der Vorschriften über die ordnungsmässige Rechnungslegung[92] und der Bestimmungen über die kaufmännische Buchführung[93] frei, seine Konsolidierungs- und Bewertungsregeln selbst zu definieren.

Allerdings verpflichtet OR 663g II die Konzernleitung, die für ihren Konzern geltenden Konsolidierungs- und Bewertungsregeln im Anhang zur Konzernrechnung zu nennen. Sie bleibt dann an die Befolgung ihrer eigenen Regeln gebunden und hat allfällige Abweichungen davon im Anhang zu erwähnen und "in anderer Weise die für den Einblick in die Vermögens- und Ertragslage des Konzerns nötigen Angaben"[94] zu liefern, was wohl bedeutet, dass die Folgen der Abweichung darzulegen sind[95].

1.5. *Die Konsolidierungs- und Bewertungsregeln*

Die in einem Konzern angewendeten Konsolidierungs- und Bewertungsregeln sowie begründete Abweichungen davon sind im Anhang zur Konzernrechnung bekanntzugeben[96].

a) Konsolidierungskreis

Zum Konsolidierungskreis eines Konzerns[97] gehören neben dem zur Konsolidierung verpflichteten herrschenden Unternehmen mit Sitz in der Schweiz (in der Rechtsform einer Aktiengesellschaft, einer Kommandit-Aktiengesellschaft, einer GmbH oder

---

91 Dazu im Detail BÖCKLI, Aktienrecht, N. 1228a.
92 OR 662a.
93 OR 957 ff.
94 OR 663g II.
95 BÖCKLI, Aktienrecht, N. 1238.
96 OR 662a III, 663g II.
97 Siehe dazu im Detail S. 91 ff.

einer Kredit- oder Versicherungsgenossenschaft)[98] sämtliche abhängigen Unternehmen, unabhängig von ihrem Sitz und ihrer Rechtsform[99].

In Anwendung des Grundsatzes der Wesentlichkeit[100] können abhängige Unternehmen von geringer Bedeutung für den Konzern von der Konsolidierung ausgeschlossen werden[101].

b) Konsolidierungsmethode

Das Gesetz schreibt keine bestimmte Konsolidierungsmethode[102] vor, sondern überlässt diesen Entscheid dem herrschenden Unternehmen. Die gewählte Methode ist dann allerdings im Anhang zur Jahresrechnung zu erwähnen[103].

Die weitaus am häufigsten Verwendung findende Methode ist die sog. *Vollkonsolidierung*[104], welche in den FER-Richtlinien[105] sogar als verbindlich erklärt wird[106]. Wie der Ausdruck sagt, wird "voll" konsolidiert, d.h. es werden sämtliche Zahlen der abhängigen Unternehmen zusammengefasst, und zwar unabhängig von der Beteiligung, die der Konzern an ihnen hält. Die Beteiligung konzernfremder Dritter wird erst in einem zweiten Schritt durch einen entsprechenden Korrekturposten in der Bilanz (als Passivposten) und in der Erfolgsrechnung (als Aufwand) berücksichtigt.

Bei der *Quotenkonsolidierung* wird prozentual nur jener Teil der abhängigen Unternehmen konsolidiert, welcher der vom Konzern gehaltenen Beteiligung entspricht[107]. Die Quotenkonsolidierung kommt häufig bei Gemeinschaftsunternehmen und dort meist bei den zu 50:50 gehaltenen Beteiligungen vor.

Die sog. *Equity-Methode* findet bei Beteiligungen unter 50% Anwendung. Es handelt sich nicht um eine Konsolidierung, sondern es wird lediglich der prozentuale

---

98   Siehe dazu S. 92 sowie S. 197 ff.
99   BÖCKLI, Aktienrecht, N. 1204; FORSTMOSER/MEIER-HAYOZ/NOBEL, Aktienrecht, § 51 N. 216.
100 OR 662a II 2.
101 BÖCKLI, Aktienrecht, N. 1205 m.w.H. auch auf die Materialien. FORSTMOSER/MEIER-HAYOZ/NOBEL, Aktienrecht, § 51 N. 218. BÖCKLI, Aktienrecht, N. 1206 ff., verlangt ferner die Möglichkeit eines Ausschlusses aus dem Konsolidierungskreis in (den wohl sehr seltenen) Fällen, in denen die Schutzklausel von OR 663h angerufen werden kann, sowie dann, wenn es sich um Unternehmen handelt, welche ein grundlegend verschiedenes Bilanzbild aufweisen (z.B. Versicherungen bzw. Banken im Vergleich zu Fabrikations- und Handelsunternehmen). FORSTMOSER/MEIER-HAYOZ/NOBEL, Aktienrecht, § 51 N. 219 f., schliessen sich der Meinung von BÖCKLI an.
102 Hier ist zu verweisen auf die einschlägige Fachliteratur: Revisionshandbuch 1992 II 5.34 ff.; ZENHÄUSERN/BERTSCHINGER, Konzernrechnungslegung; BOEMLE, Jahresabschluss. Sehr eingehend auch BÖCKLI, Aktienrecht, N. 1209 ff.
103 OR 663g II.
104 BÖCKLI, Aktienrecht, N. 1211; FORSTMOSER/MEIER-HAYOZ/NOBEL, Aktienrecht, § 51 N. 238 ff.
105 Fachempfehlungen für Empfehlungen zur Rechnungslegung (FER), letztmals publiziert in der Sondernummer ST, August 1995. Einen Überblick über die FER-Richtlinien gibt BEHR, Richtlinien, S. 109 ff. Siehe dazu im Detail S. 98 ff.
106 FER-Richtlinie 2 (1994) Ziff. 4.
107 BÖCKLI, Aktienrecht, N. 1212; FORSTMOSER/MEIER-HAYOZ/NOBEL, Aktienrecht, § 51 N. 243.

Anteil am Eigenkapital und am Ertrag der betreffenden Beteiligung in der Konzernbilanz aufgeführt[108].

c) Konsolidierungsregeln

Nicht nur die Konsolidierungsmethode, sondern auch die von einem Konzern gewählten Konsolidierungsregeln sind im Anhang zur Konzernrechnung zu publizieren. Sie haben den Erfordernissen einer ordnungsmässigen Rechnungslegung zu genügen, d.h. vor allem dem Gebot der Vollständigkeit[109], der Klarheit[110] sowie der Stetigkeit in Darstellung und Bewertung[111] zu entsprechen[112].

Die FER-Richtlinie zur Konzernrechnung[113] schreibt vor, dass die Grundsätze der Konzernrechnungslegung im Anhang zur Konzernrechnung darzulegen sind. Darzustellen sind insbesondere:

- Angaben zum Konsolidierungskreis,
- Methode der Kapitalkonsolidierung,
- Behandlung nichtkonsolidierter Beteiligungen,
- Behandlung von Gemeinschaftsunternehmen,
- Behandlung konzerninterner Gewinne (Zwischengewinne),
- Fremdwährungsumrechnung,
- Bewertungsgrundsätze.

d) Die Rolle von privaten und öffentlichen, nationalen und internationalen Standards

Die aktienrechtlichen Rechnungslegungsvorschriften für Konzerne des schweizerischen Rechts stellen einen Minimalstandard dar. Viele Konzerne – vor allem jene mit ausländischer Börsenkotierung – gehen deshalb über die Minimalanforderungen des schweizerischen Rechts hinaus[114]. Dabei besteht eine gewisse Gefahr, dass wegen der Anwendung unterschiedlicher Rechnungslegungsvorschriften die Vergleichbarkeit erschwert wird[115]. Aus diesem Grund kommt den verschiedenen nationalen und internationalen, öffentlichen und privaten Regelwerken eine wichtige Funktion[116] zu:

---

108 FORSTMOSER/MEIER-HAYOZ/NOBEL, Aktienrecht, § 51 N. 245 f.; BÖCKLI, Aktienrecht, N. 1213 f.
109 OR 662a II 1.
110 OR 662a II 2.
111 OR 662a II 5.
112 BÖCKLI, Aktienrecht, N. 1223.
113 FER-Richtlinie Nr. 2 (1994), Ziff. 8.
114 FORSTMOSER/MEIER-HAYOZ/NOBEL, Aktienrecht, § 51 N. 187.
115 FORSTMOSER/MEIER-HAYOZ/NOBEL, Aktienrecht, § 51 N. 166.
116 Vgl. dazu auch QUIROGA, Rechnungslegung, S. 103 ff.

Sie versuchen, Rechnungslegungsvorschriften zu standardisieren, um damit die Vergleichbarkeit zu ermöglichen[117].

Folgende Standards sind im Bereich der Konzernrechnungslegung von Bedeutung[118]:
- *Revisionshandbuch der Schweiz*[119].
- *Fachkommission für Empfehlungen zur Rechnungslegung (FER)*: Hier sind es vor allem
  - FER Nr. 1 (Bestandteile des Einzelabschlusses und der Konzernrechnung),
  - FER Nr. 2 (Konzernrechnung),
  - FER Nr. 3 (Grundlagen und Grundsätze ordnungsmässiger Rechnungslegung),
  - FER Nr. 4 (Fremdwährungsumrechnung bei der Konsolidierung von Jahresrechnungen in fremder Währung),
  - FER Nr. 5 (Bewertungsrichtlinien für die Konzernrechnung),
  - FER Nr. 7 (Darstellung und Gliederung der Konzernbilanz und -erfolgsrechnung),
  - FER Nr. 8 (Anhang der Konzernrechnung),
  - FER Nr. 10 (Ausserbilanzgeschäfte),
  - FER Nr. 11 (Steuern im Konzernabschluss),
  - FER Nr. 14 (Konzernrechnung von Versicherungsunternehmen),
  - In Vorbereitung: FER Nr. 15 (Transaktionen mit nahestehenden Personen).
- *EU-Richtlinien*: Die folgenden Richtlinien sind für die Konzernrechnungslegung von Bedeutung:
  - Vierte Richtlinie über den Abschluss von Kapitalgesellschaften ("Bilanzrichtlinie"),[120]
  - Siebente Richtlinie über den Konzernabschluss ("Konzernbilanzrichtlinie"),[121]
  - Richtlinie über den Jahresabschluss und den konsolidierten Abschluss von Banken und anderen Finanzinstituten[122],
  - Richtlinie über den Jahresabschluss und den konsolidierten Abschluss von Versicherungsunternehmen[123].

---

117 Weitere Literaturangaben bei FORSTMOSER/MEIER-HAYOZ/NOBEL, Aktienrecht, § 51 N. 1 f.
118 Siehe dazu FORSTMOSER/MEIER-HAYOZ/NOBEL, Aktienrecht, § 51 N. 165 ff. sowie BÖCKLI, Aktienrecht, N. 812e ff.
119 Revisionshandbuch der Schweiz, herausgegeben von der Treuhandkammer (Kammer der Bücher-, Steuer- und Treuhandexperten der Schweiz), 2 Bände, Zürich 1992.
120 Vierte Richtlinie des Rates vom 25. Juni 1978 (78/660/EWG) mit zwei Änderungen vom 8. November 1990.
121 Siebente Richtlinie des Rates vom 13. Juni 1983 (83/349/EWG) mit Änderungen durch zwei Richtlinien vom 8. November 1990.
122 Richtlinie des Rates vom 8. Dezember 1986 (86/635/EWG) über den Jahresabschluss und den konsolidierten Abschluss von Banken und anderen Finanzinstituten.
123 Richtlinie des Rates vom 19. Dezember 1991 (91/674/EWG) über den Jahresabschluss und den konsolidierten Abschluss von Versicherungsunternehmen.

– *International Accounting Standards (IAS)*, herausgegeben vom International Accounting Standards Committee (IASC)[124]. Sie geniessen weltweit wohl das höchste Ansehen und erfüllen auch die Anforderungen der FER[125].
– *Generally Accepted Accounting Principles*[126]. Die sog. US-GAAP ebenso wie die UK-GAAP sind in der Schweiz von geringer Bedeutung.

1.6. Zur Publizitätswirkung der Konzernrechnung

Die Publizitätswirkung der Konzernrechnung wird durch zwei Faktoren einerseits negativ, andererseits positiv beeinflusst:

– *Negativ*, indem das herrschende Unternehmen in der Konzernrechnung auf Angaben verzichten darf, welche dem Konzern erhebliche Nachteile bringen könnten (sog. Schutzklausel). Allerdings muss in diesem Fall die Revisionsstelle über die Gründe unterrichtet werden[127].
– *Positiv*, indem die Konzernrechnung mit dem Revisionsbericht entweder im SHAB publiziert oder *jedermann* auf Verlangen und gegen Kostenerstattung innerhalb eines Jahres zugestellt werden muss, allerdings nur, wenn das herrschende Unternehmen den Kapitalmarkt benutzt, also Anleihensobligationen ausstehend hat oder über börsenkotierte Aktien verfügt[128]. In diesem Fall ist die Konzernrechnung nicht nur den Gläubigern des herrschenden Unternehmens, sondern auch Aktionären, Gläubigern und Arbeitnehmern von abhängigen Unternehmen zugänglich.

Auch ohne Anleihensobligationen oder börsenkotierte Aktien muss jedes *herrschende Unternehmen seinen Gläubigern*, welche ein schutzwürdiges Interesse nachweisen, Einsicht in Konzernrechnung und Revisionsbericht gewähren[129]. Den Gläubigern, Aktionären und Arbeitnehmern der abhängigen Unternehmen räumt der Gesetzgeber jedoch kein Einsichtsrecht ein.

Zudem ist das herrschende Unternehmen nach OR 652a 5 verpflichtet, in einem allfälligen Emissionsprospekt für das öffentliche Zeichnungsangebot neuer Aktien u.a. über die Konzernrechnung samt dem entsprechenden Revisionsbericht Aufschluss zu geben.

---

124 Weltweit tätige private Organisation der Wirtschaftsprüferverbände aus über 80 Nationen (FORSTMOSER/MEIER-HAYOZ/NOBEL, Aktienrecht, § 51 N. 182 ff.). Siehe dazu im Detail BÜRGE/OHLUND, IAS, S. 340 ff.
125 FORSTMOSER/MEIER-HAYOZ/NOBEL, Aktienrecht, § 51 N. 54.
126 FORSTMOSER/MEIER-HAYOZ/NOBEL, Aktienrecht, § 51 N. 186.
127 OR 663h.
128 OR 697h I.
129 OR 697h II.

Allerdings sollte man sich keinen Illusionen bezüglich des Ausmasses der damit verbundenen Publizität hingeben: Alle finanziellen Transaktionen zwischen herrschendem und abhängigen Unternehmen werden in der Konzernrechnung saldiert, sodass eine Aussage über die Angemessenheit konkret ausgetauschter Leistungen und Entschädigungen praktisch unmöglich ist. Gläubiger und Aktionäre abhängiger Unternehmen können aufgrund der Konzernrechnung also nicht beurteilen, ob ihr Unternehmen im Interesse des Konzerns durch eine bestimmte Transaktion geschädigt wurde.

Den *Aktionären des abhängigen Unternehmens* steht immerhin die Möglichkeit offen, ihr Auskunfts- und Einsichtsrecht nach OR 697 an der Generalversammlung ihrer Gesellschaft auszuüben. Diese Rechte haben mit der Einführung der Sonderprüfung (OR 697a-g) einiges an Gewicht gewonnen, da anzunehmen ist, dass der Verwaltungsrat als Adressat der entsprechenden Begehren präventiv eher geneigt sein wird, gewünschte Auskünfte zu erteilen bzw. Einsicht zu gewähren, um ein allfälliges Begehren auf Einleitung einer Sonderprüfung zu vermeiden. Diese Rechte stehen bekanntlich jedoch nur dem Aktionär und nicht auch dem Gläubiger zu.

Zusammenfassend lässt sich also sagen, dass der Gesetzgeber mit den neuen Vorschriften über die Konzernrechnung eine Verbesserung der Transparenz im Konzernverhältnis erreicht hat. Dennoch sind Lücken festzustellen:

– Die Konzernrechnungen von herrschenden Unternehmen ohne Anleihensobligationen und börsenkotierten Aktien müssen nicht publiziert werden und sind somit nur den Aktionären des herrschenden Unternehmens zugänglich, nicht aber den Gläubigern des herrschenden Unternehmens bzw. den Aktionären und Gläubigern der abhängigen Unternehmen.
– Selbst wenn die Konzernrechnung auch für diese Personenkreise zugänglich gemacht wird, ist deren Transparenz beschränkt. Lediglich das Auskunfts- und Einsichtsrecht des Aktionärs (verstärkt durch die Möglichkeit der Einleitung einer Sonderprüfung) können gegebenenfalls vermehrte Klarheit schaffen.
– Der hilfsweise Einsatz des Auskunftsrechts steht jedoch den Gläubigern (und zwar sowohl jenen des herrschenden wie auch jenen der abhängigen Unternehmen) nicht zu.

2. Die Pflicht zur Erstellung einer Konzernrechnung nach Börsenrecht

Das Börsengesetz[130] geht bei der Konzernrechnungslegung wesentlich weiter als das Aktienrecht. Allerdings sind dadurch nur die in der Schweiz börsenkotierten Unter-

---

130 Vgl. zum Börsengesetz S. 277 ff.

nehmen betroffen. Für nicht kotierte Unternehmen bleiben die oben erwähnten aktienrechtlichen Lücken bestehen.

Das Reglement über die Zulassung von Effekten zum Handel ("Kotierungsreglement"[131]) hat gemäss BEHG 8 III international anerkannten Standards Rechnung zu tragen. Damit gelten für börsenkotierte Gesellschaften strengere Vorschriften, als das Aktienrecht sie vorsieht. In Art. 66 des Kotierungsreglementes der Schweizer Börse wird der international anerkannte Grundsatz der "true and fair view" statuiert. In Art. 67 des Reglementes werden die relevanten Bereiche, welche weitgehend mit den unter 1.5.d) erläuterten FER-Richtlinien übereinstimmen, aufgezählt. Im Anhang II zum Kotierungsreglement werden sodann die detaillierten Regeln zur Rechnungslegung wiedergegeben.

3. Die Pflicht zur Erstellung einer Konzernrechnung nach Bankengesetz

Auch das Bankengesetz[132] und insbesondere die Bankenverordnung[133] legen fest, in welchen Fällen eine Konzernrechnung zu erstellen ist. Es kann somit bei Unternehmen, welche dem Bankengesetz unterstellt sind, nicht auf OR 663e abgestellt werden. Massgebend im Bereich der Rechnungslegung ist vielmehr BankV 23a. Danach gilt jene Bank als Bankkonzern und ist zum Erstellen einer konsolidierten Jahresrechnung verpflichtet, die mit mehr als der Hälfte der Stimmen direkt oder indirekt an einer oder mehreren Gesellschaften beteiligt ist oder auf andere Weise einen beherrschenden Einfluss ausübt.

Weiter wird in diesem Artikel die Ausnahme von der Konzernrechnungslegungspflicht sowie die Gegenausnahme (entsprechend OR 663e II und III) in bankspezifischer Weise geregelt. Befreit von der Pflicht zur Erstellung einer Konzernrechnung werden Banken, die eine Bilanzsumme von weniger als Fr. 1 Mrd. und weniger als 50 Beschäftigte aufweisen. Die Gegenausnahme entspricht der Regelung von OR 663e, ergänzt durch die Bestimmung, dass eine Konzernrechnung zu erstellen ist, wenn die Bank eine oder mehrere Banken, Finanz- oder Immobiliengesellschaften mit Sitz im Ausland durch Stimmenmehrheit oder auf andere Weise beherrscht.

Schliesslich verlangt auch das Bankenrecht die Anwendung besonderer, vom Aktienrecht abweichende Grundsätze für die Rechnungslegung. So statuiert z.B. BankV 25d den Grundsatz der "true and fair view", und auch die Konsolidierungsmethoden werden in BankV 25e verbindlich vorgeschrieben.

---

131 Kotierungsreglement der Schweizer Börse vom 24. Januar 1996.
132 BG über die Banken und Sparkassen vom 8. November 1934 (SR 952.0).
133 Verordnung über die Banken und Sparkassen vom 17. Mai 1972 (SR 952.02).

4. Offenlegung wesentlicher Beteiligungsverhältnisse

4.1. Nach Aktienrecht

OR 663b 7 verpflichtet die Gesellschaften, ihre Beteiligungen im Anhang (welcher zusammen mit Erfolgsrechnung und Bilanz die Jahresrechnung bildet) offenzulegen, allerdings nur insofern, als die betreffenden Beteiligungen für die Beurteilung der Vermögens- und Ertragslage der Gesellschaft wesentlich sind.

Mit diesem Vorbehalt wird die Vorschrift stark relativiert: Was für einen kleinen Konzern ins Gewicht fällt, kann für einen Grosskonzern bedeutungslos sein. Es wäre sinnvoller gewesen, für die Pflicht zur Veröffentlichung statt auf die Relevanz für die Beurteilung der Vermögens- und Ertragslage (und damit letztlich auf ein subjektives Element) auf ein objektives Kriterium abzustellen (wie z.B. auf alle Beteiligungen, welche einen bestimmten Prozentsatz überschreiten[134]).

Die Vorschrift von OR 663b 7 ist zudem einseitig nur auf die Interessenlage des herrschenden Unternehmens ausgerichtet. Sie schützt nur die Interessen der Aktionäre und Gläubiger des herrschenden Unternehmens, obwohl es für die Aktionäre, die potentiellen Anleger, die Gläubiger und die Arbeitnehmer des abhängigen Unternehmens mindestens ebenso wichtig zu wissen wäre, ob sie es mit einem wirtschaftlich selbständigen oder einem konzernierten Unternehmen zu tun haben, und zwar unabhängig davon, ob die Beteiligung am abhängigen Unternehmen einen wesentlichen Einfluss auf die Vermögens- oder Ertragslage des herrschenden Unternehmens hat oder nicht. Die Regelung von OR 663b 7 ist unter diesem Gesichtspunkt verunglückt, indem keineswegs sichergestellt ist, dass sämtliche Konzernbeteiligungen offengelegt werden müssen[135].

---

134 So gelten nach OR 665a III stimmberechtigte Anteile von mindestens 20% als Beteiligung. Diese Norm bezieht sich nun aber auf OR 663a IV, wonach in der Bilanz die Gesamtbeträge der Beteiligungen gesondert anzugeben sind. Es ist nicht einzusehen, wieso der Gesetzgeber eine prozentuale Bestimmung im Hinblick auf die Gesamtbeteiligungen statuiert, bei der Angabe der einzelnen Beteiligung der Gesellschaft aber eine erhebliche Entscheidungsfreiheit einräumt.

135 Die Bestimmung von OR 716b II, wonach der Verwaltungsrat Aktionäre und Gläubiger, die ein schutzwürdiges Interesse glaubhaft machen können, schriftlich über die Organisation der Geschäftsführung orientiert, hilft den Gläubigern und Aktionären der abhängigen Gesellschaft auch nicht weiter. Aus dem Organisationsreglement ist nur ersichtlich, dass die Geschäftsführung der abhängigen Gesellschaft an einzelne Mitglieder des Verwaltungsrats oder an Dritte übertragen wurde. Ob eine Gesellschaft in einen Konzern eingebunden ist, lässt sich daraus jedenfalls nicht ablesen.

4.2. Nach Börsengesetz

Das Börsengesetz[136] nimmt auch bei der Pflicht zur Offenlegung von Beteiligungen Korrekturen an der unbefriedigenden aktienrechtlichen Regelung vor, allerdings nur bei börsenkotierten Unternehmen[137].

BEHG 20 I enthält die Verpflichtung, dass jedermann, der direkt, indirekt (über sog. nominees) oder in Absprache mit Dritten (z.B. in einem Aktionärspool) Beteiligungen an einer in der Schweiz kotierten Gesellschaft erwirbt oder veräussert, gegenüber der betreffenden Gesellschaft und den Börsen, an denen das Papier kotiert ist, meldepflichtig wird, sobald die Grenzwerte von 5, 10, 20, 30, $33\frac{1}{3}$, 50 oder $66\frac{2}{3}$% der Stimmrechte überschritten werden[138], wobei es nicht darauf ankommt, ob die Stimmrechte tatsächlich ausgeübt werden können oder nicht. Die Gesellschaft ihrerseits ist gemäss BEHG 21 verpflichtet, die ihr zugegangenen Meldungen zu publizieren. Auch Aktionäre, deren vinkulierte Namenaktien eine statutarische Prozentgrenze[139] bzw. deren Aktien eine statutarische Stimmrechtsbegrenzung[140] überschreiten, haben der Meldepflicht nachzukommen. Die Bekanntgabepflicht trifft im Börsengesetz also richtigerweise nicht die Gesellschaft, sondern den betreffenden Anleger.

4.3. Nach Bankengesetz

BankG 3 V verlangt, dass jede natürliche oder juristische Person der Bankenkommission Meldung zu erstatten hat, bevor sie direkt oder indirekt eine qualifizierte Beteiligung an einer nach schweizerischem Recht organisierten Bank erwirbt oder veräussert. Als qualifiziert gilt eine Beteiligung im Sinne des Bankengesetzes, wenn der Erwerber direkt oder indirekt mit mindestens 10% des Kapitals oder der Stimmen an der Bank beteiligt ist oder deren Geschäftstätigkeit auf andere Weise massgebend beeinflussen kann.

Eine Meldepflicht entsteht zudem, wenn eine qualifizierte Beteiligung in solcher Weise vergrössert oder verkleinert wird, dass die Schwellen von 20, 33 oder 50% des Kapitals oder der Stimmen erreicht oder über- bzw. unterschritten werden.

---

136 Vgl. dazu S. 277 ff.
137 Zu dieser Frage eingehend CEREGHETTI, Offenlegung, S. 127 ff.; ferner ROLF WEBER, Offenlegungspflichten, S. 301 ff. und VON BÜREN/BÄHLER, Börsengesetz, S. 395 ff.
138 BEHG enthält eine wichtige Übergangslösung: Die Meldepflicht gemäss BEHG 20 für eine Beteiligung von mindestens 5% ist spätestens nach Ablauf von drei Jahren seit Inkrafttreten des Börsengesetzes zu erfüllen, sodass die Möglichkeit besteht, sich durch Veräusserung eines Teils der Beteiligung der börsenrechtlichen Meldepflicht zu entziehen.
139 OR 685d I.
140 OR 692 II.

5. Bekanntgabe bedeutender Aktionäre

5.1. Nach Aktienrecht

OR 663c verpflichtet die Gesellschaften, bedeutende Aktionäre[141] und deren Beteiligungen im Anhang zur Bilanz anzugeben. Die Gesellschaft kann nun aber nicht mehr melden, als sie selbst weiss. Die Offenlegungspflicht besteht also nur, wenn die Gesellschaft im ordentlichen Verlauf ihrer Geschäftstätigkeit Kenntnis über ihre Aktionäre erhält. Eine eigentliche Nachforschungspflicht trifft die Gesellschaft nicht; es handelt sich um eine lex imperfecta[142]. Daraus folgt, dass die Meldepflicht von OR 663c bei Dispoaktien[143] und selbstverständlich auch bei Inhaberaktien[144] nicht funktioniert. Daraus ist bereits ersichtlich, dass die in OR 663c enthaltene Meldepflicht der Gesellschaft im Aktienrecht eigentlich fehl am Platz ist[145].

Abgesehen davon gilt diese Vorschrift nur für Publikumsaktiengesellschaften, deren Aktien börsenkotiert sind[146]. Diese Voraussetzung dürfte für abhängige Unternehmen nur selten zutreffen.

---

141 Als bedeutende Aktionäre gelten Aktionäre oder stimmrechtsverbundene Aktionärsgruppen, die mehr als 5% aller Stimmrechte auf sich vereinigen. Sind die Namenaktien vinkuliert und ist deren prozentmässige Begrenzung kleiner als 5%, so gilt für die Bekanntgabepflicht diese Grenze (OR 663c II).

142 Protokoll der Sitzung der NR-Komm. vom 14. September 1989, S. 296. Die Einführung einer Meldepflicht durch die Aktionäre wurde im Rahmen der nationalrätlichen Kommission diskutiert, aber nicht weiterverfolgt (Protokoll der Sitzung der NR-Komm. vom 14. September 1989, S. 314). Im Rahmen der parlamentarischen Beratungen sagte NR Leuenberger: "Eine wirklich saubere Lösung wird erst eine Börsengesetzgebung ... bringen" (AmtlBull NR 1990, S. 1362 f.). In der Kommission des Ständerats schliesslich stellte man illusionslos fest, die Bestimmung lasse bezüglich Durchsetzbarkeit Fragen offen. Ohne Meldepflicht der Aktionäre werde die Vorschrift nicht voll zum Tragen kommen (Protokoll der Sitzung der StR-Komm. vom 17. Januar 1991, S. 5 f.).

143 Bei börsenmässig verkauften börsenkotierten Namenaktien meldet die verkaufende Bank den Veräusserer und die Zahl der verkauften Aktien unverzüglich der Gesellschaft, welche den Verkäufer aus dem Aktienregister streicht (OR 685e). Bis zur Anmeldung des Erwerbers bei der Gesellschaft weiss diese nicht, wer Aktionär ist, und sie kann es beim besten Willen auch nicht herausfinden.

144 Wertpapierrechtlich enthalten Inhaberaktien bekanntlich neben einer doppelten Präsentationsklausel auch eine doppelte Legitimationsklausel, d.h. die Papiervorlage genügt als Legitimationsmittel und der Schuldner (hier also die Gesellschaft) darf vom Gläubiger keine weiteren Nachweise verlangen. Ein Inhaberaktionär kann sich also hinter seiner Anonymität verstecken und die Bekanntgabe seines Namens an die Gesellschaft verweigern. Abgesehen davon wird das Aktionariat bei Inhaberaktien der Gesellschaft – einmal abgesehen von langfristig gehaltenen, stabilen Beteiligungsblöcken – höchstens im Zusammenhang mit der Ausstellung der Zutrittskarten für die Generalversammlung bekannt. Die entsprechende Meldepflicht könnte sich also in jedem Fall nur auf die Beteiligungsverhältnisse anlässlich der letzten Generalversammlung beziehen. Zu dieser Frage siehe auch LEUENBERGER, Inhaberaktionär, S. 114 ff.

145 VON BÜREN, Publikumsgesellschaften, S. 88 ff. In diesem Sinn auch BÖCKLI, Aktienrecht, N. 972 ff.

146 Fraglich ist, ob diese Vorschrift auch für börsenkotierte Partizipationsscheine gilt. Gemäss OR 656a II, wonach die Bestimmungen über die Aktien auch für Partizipationsscheine gelten, müssten mangels abweichender Vorschrift in OR 663c der Gesellschaft bekannte bedeutende Partizipanten im Anhang aufgeführt werden (so wohl auch BÖCKLI, Aktienrecht, N. 962).

5.2. Nach Börsengesetz

Wie gesehen bringt das Börsengesetz in diesem Punkt ebenfalls eine Verbesserung, indem BEHG 20 I vorschreibt, dass erworbene oder veräusserte Beteiligungen, welche die gesetzlich vorgesehenen Grenzwerte überschreiten, vom Erwerber bzw. Veräusserer zu melden sind. Die Bekanntgabepflicht richtet sich also nicht wie bei OR 663c an die Gesellschaft, sondern an den Erwerber bzw. Veräusserer einer Beteiligung.

Allerdings bezieht sich diese Meldepflicht nach Börsengesetz nur auf den Erwerb börsenkotierter Beteiligungen.

6. Bekanntgabe eigener Aktien und konzernverbundener Beteiligungen

Gemäss OR 659b II gelten für den Erwerb von Aktien des herrschenden Unternehmens durch ein abhängiges Unternehmen die gleichen Rechtsfolgen wie sie das Gesetz für das herrschende Unternehmen vorsieht (OR 659 und 659a)[147].

Daraus folgt, dass beim herrschenden Unternehmen im Anhang zur Jahresrechnung die gemäss OR 663b 10 erforderlichen Angaben zu machen sind[148]. Diese Information ist deswegen nicht unwichtig, weil die Stimmrechte eigener Aktien (und gemäss OR 659b I auch der von Konzernunternehmen gehaltenen Aktien des herrschenden Unternehmens) ruhen, was u.U. für die Beurteilung der Stimmenverhältnisse in der Generalversammlung von Bedeutung sein kann[149].

---

[147] Siehe sogleich S. 107.
[148] Angaben über Erwerb, Veräusserung und Anzahl der von der Gesellschaft gehaltenen eigenen Aktien, einschliesslich der Aktien, die eine andere Gesellschaft hält, an der sie mehrheitlich beteiligt ist. Ferner sind die Bedingungen des Erwerbs bzw. der Veräusserung bekanntzugeben.
[149] OR-NEUHAUS, N. 35 zu OR 663b.

V. Weitere konzernspezifische Normen im Aktienrecht

1. Das Verbot des Erwerbs eigener Aktien und wechselseitiger Beteiligungen innerhalb eines Konzerns

OR 659b I erklärt die allgemeine Vorschrift betreffend die Beschränkung des Erwerbs eigener Aktien[150] auch dann für anwendbar, wenn der Erwerb durch eine Gesellschaft – das Gesetz spricht von "Tochtergesellschaft" – erfolgt, an welcher die Gesellschaft, deren Aktien erworben werden, *"mehrheitlich beteiligt"* ist.

Weiter gilt nach OR 659b II die prozentuale Beschränkung von OR 659 zusätzlich im Falle, dass das herrschende Unternehmen ein anderes Unternehmen *mehrheitlich übernimmt*, welches seinerseits bereits Aktien des erwerbenden Unternehmens hält. Zur Ermittlung der Prozentgrenzen werden diesfalls die *Beteiligungen* der beiden Gesellschaften *addiert*.

Als Mehrheitsbeteiligung gilt nach klarem Wortlaut des Gesetzes die *Kapitalmehrheit* und *nicht die Stimmenmehrheit*[151]. Selbstverständlich liegt auch eine Mehrheitsbeteiligung vor, wenn diese über verschiedene Stufen, sozusagen kaskadenweise über mehrere Unternehmen, oder durch Schachtelbeteiligungen erreicht wird[152].

OR 659b gewichtet demnach die wirtschaftliche Einheit des Konzerns stärker als die juristische Selbständigkeit der abhängigen Unternehmen, indem bei der Frage der Zulässigkeit des Erwerbs eigener Aktien das abhängige Unternehmen und das herrschende Unternehmen als Einheit behandelt werden.

Es fällt auf, dass OR 659b I eine andere Terminologie als OR 663e I verwendet:

– Bei *OR 663e I* wird für das Vorliegen eines Konzerns und die damit verbundene Konsolidierungspflicht[153] darauf abgestellt, ob eine Gesellschaft eine andere Gesellschaft "durch Stimmenmehrheit oder auf andere Weise" (z.B. durch Vertrag) beherrscht, und zusätzlich verlangt, dass diese Beherrschung zur *Schaffung einer einheitlichen wirtschaftlichen Leitung* eingesetzt wird.
– Für die Anwendung von *OR 659b* genügt dagegen bereits eine gewöhnliche *Mehrheitsbeteiligung*, ohne dass damit eine Konzernierung verbunden sein muss,

---

150 OR 659: Erwerb von höchstens 10% des Aktienkapitals bezogen auf den Nennwert und Finanzierung aus frei verwendbarem Eigenkapital. Die Grenze beträgt höchstens 20% (allerdings befristet auf zwei Jahre), wenn ein Aktionär bei vinkulierten, nicht börsenkotierten Namenaktien gemäss OR 685b I abgewiesen wird und die Gesellschaft deshalb seine Beteiligung übernehmen muss.
151 FORSTMOSER/MEIER-HAYOZ/NOBEL, Aktienrecht, § 50 N. 178; HANDSCHIN, Konzern, S. 162. A.M. OR-ANDREAS VON PLANTA, N. 3 zu OR 659b, welcher die Ansicht vertritt, letztlich mache es nur die Mehrheit der Stimmen möglich, das abhängige Unternehmen dazu zu bringen, Aktien des herrschenden Unternehmens zu erwerben.
152 FORSTMOSER/MEIER-HAYOZ/NOBEL, Aktienrecht, § 50 N. 179.
153 Sofern die Voraussetzungen von OR 663e II für eine Befreiung von der Konsolidierungspflicht nicht gegeben sind.

m.a.W. ohne dass die Mehrheitsbeteiligung auch zur Beherrschung der betreffenden Gesellschaft tatsächlich eingesetzt wird[154].

Folge dieser Formulierung ist demnach, dass bei einer *Beherrschung durch Vertrag* (also bei einem Vertragskonzern ohne mehrheitliche Beteiligung) oder bei einem *Joint Venture ohne Mehrheitsbeteiligung* (selbst wenn sie aufgrund des Joint Venture-Vertrags von einer Partei beherrscht wird) OR 659b nicht anwendbar ist, da diese Bestimmung auf das Vorliegen einer *Mehrheitsbeteiligung* und *nicht auf die Beherrschung* eines Unternehmens abstellt.

Unklar ist die Forderung von OR 659 I nach *Finanzierung aus frei verfügbarem Eigenkapital*: Gilt diese Bestimmung für das herrschende Unternehmen oder auch für das kaufende abhängige Unternehmen? Nach Meinung der Botschaft[155] trifft diese Verpflichtung nur das herrschende Unternehmen[156].

Klar geregelt sind dafür zwei weitere Pflichten des herrschenden Unternehmens:

- Zum einen ist gemäss OR 659b III beim herrschenden Unternehmen eine *Reserve* in der Höhe des Kaufpreises zu bilden. Damit wird eine Erhöhung der Ausschüttungs-Sperrzahl bewirkt: Beim Auftreten von Verlusten dürfen die Dividendenzahlungen erst wieder aufgenommen werden, wenn die Aktiven die Summe von Aktienkapital, Partizipationskapital, des nicht verwendbaren Teils der gesetzlichen Reserve, einer allfälligen Aufwertungsreserve und eben der Reserve für eigene Aktien wieder überschreiten.
- Der Erwerb durch das abhängige Unternehmen hat zum anderen Folgen für die *Informationspflicht* des herrschenden Unternehmens, indem gemäss OR 663b 10 *im Anhang zur Jahresrechnung* Angaben über Erwerb und Veräusserung, Bedingungen des Erwerbs und der Veräusserung sowie Anzahl der von einem abhängigen Unternehmen gehaltenen eigenen Aktien gemacht werden müssen[157].

---

154 OR-ANDREAS VON PLANTA, N. 2 zu OR 659b. HANDSCHIN, Konzern, S. 163 ff., unterscheidet zwischen einem "Erwerb durch eine konzernfreie Gesellschaft, an der die Gesellschaft mehrheitlich beteiligt ist oder auf andere Weise die einheitliche Leitung ausübt" (S. 163 f.), und dem "Erwerb durch eine konzernfreie Gesellschaft, an der die Gesellschaft mehrheitlich beteiligt ist, aber keine einheitliche Leitung ausübt" (S. 164 f.). Diese Unterscheidung ist aus zwei Gründen problematisch: Einmal ergibt sich aus dem Gesetzeswortlaut klar, dass OR 659b anwendbar ist, wenn eine Mehrheitsbeteiligung (auch ohne einheitliche wirtschaftliche Leitung) vorliegt. Anderseits ist schlicht nicht begreiflich, wie eine Gesellschaft konzernfrei sein kann, wenn eine andere Gesellschaft an ihr eine Mehrheitsbeteiligung besitzt und diese zur Ausübung einer einheitlichen wirtschaftlichen Leitung einsetzt!
155 Botschaft, Sonderdruck, S. 63.
156 FORSTMOSER/MEIER-HAYOZ/NOBEL, Aktienrecht, § 50 N. 181.
157 Nach Ansicht von BÖCKLI, Aktienrecht, N. 412 und 414, gilt die Angabepflicht im Anhang auch für das abhängige Unternehmen. OR-ANDREAS VON PLANTA, N. 11 zu OR 659b, scheint sich dieser Ansicht anzuschliessen. Diese Meinung kann sich jedenfalls nicht auf den klaren Wortlaut von OR 663b 10 stützen.

Der Erwerb zeitigt dagegen sowohl für das herrschende wie auch für das abhängige Unternehmen die Folge, dass das *Stimmrecht* an den Aktien des herrschenden Unternehmens sowie die damit verbundenen Rechte (wie z.B. das Antragsrecht, das Recht auf Einberufung einer Generalversammlung usw.) ruhen, solange sich die Aktien im Eigentum des abhängigen Unternehmens befinden[158].

2. Die Begebung einer Anleihe mit Bezugsrecht für Aktien eines Konzernunternehmens

OR 653 I sieht ausdrücklich die Möglichkeit vor, im Rahmen einer bedingten Kapitalerhöhung den Gläubigern von Anleihens- oder ähnlichen Obligationen sowie den Arbeitnehmern Options- oder Wandelrechte für den Bezug von Aktien nicht nur des betreffenden Schuldners, sondern auch eines mit ihm verbundenen Konzernunternehmens einzuräumen.

Meist sind es abhängige Unternehmen, welche solche Obligationen ausgeben und ihren Gläubigern Wandel- oder Optionsrechte auf Aktien ihres herrschenden Unternehmens anbieten. Geschieht dies durch ein im Ausland domiziliertes Konzernunternehmen, welches die entsprechenden Mittel auch im Ausland verwendet, so ergeben sich daraus Steuereinsparungen, indem die schweizerische Verrechnungssteuer und die Emissionsabgabe auf Obligationen entfallen[159].

3. Aktienrechtliche Holdingprivilegien

3.1. Sondernormen bei der Reservenbildung

OR 671 IV mildert die Vorschriften betreffend die Bildung gesetzlicher Reserven, indem diese Bestimmung OR 671 II 3 und OR 671 III nicht anwendbar erklärt "für Gesellschaften, deren Zweck hauptsächlich in der Beteiligung an anderen Unternehmen besteht (Holdinggesellschaften)".

Holdinggesellschaften sind also davon befreit, über die Bildung einer ersten Reserve in der Höhe von 5% des Jahresgewinnes bis zur Höhe von 20% des einbezahlten Aktienkapitals[160] hinaus eine zweite Reserventranche (d.h. 10% der Beträge, die nach Bezahlung einer Dividende von 5% als Gewinnanteil ausgerichtet werden)[161] zu bilden.

---

158 OR 659b I i.V.m. OR 659a I.
159 FORSTMOSER/MEIER-HAYOZ/NOBEL, Aktienrecht, § 52 N. 325, Fn. 108; OR-ISLER/ZINDEL, N. 14 zu OR 653.
160 OR 671 I.
161 OR 671 II 3.

Holdinggesellschaften sind auch in der Verwendung der gesetzlichen Reserve insofern freier, als sie darüber nicht erst verfügen dürfen, wenn diese die Hälfte des Aktienkapitals überschritten haben[162], sondern bereits ab 20% und zudem noch nach ihrem Gutdünken, also ohne die Einschränkungen von OR 671 III[163].

3.2. *Sondernormen betreffend Nationalität und Wohnsitz von Verwaltungsräten*

Gemäss OR 708 I kann der Bundesrat (in der Praxis ist es das EJPD)[164] auf Antrag "Gesellschaften, deren Zweck hauptsächlich in der Beteiligung an anderen Personen besteht (Holdinggesellschaften)", Ausnahmen von der allgemeinen Nationalitäts- und Wohnsitzvorschrift für Verwaltungsräte[165] gestatten, sofern die Mehrheit dieser Unternehmen sich tatsächlich im Ausland befindet[166].

4. Die Unabhängigkeit der Kontrollstelle im Konzernverhältnis

OR 727c I verlangt, dass die Revisoren vom Verwaltungsrat und von einem Aktionär, welcher über die Stimmenmehrheit verfügt[167], unabhängig sein müssen[168].

Damit ist schon gesagt, dass die Revisionsstelle eines durch Mehrheitsbeteiligung konzernierten abhängigen Unternehmens in jedem Fall vom herrschenden Unternehmen (welches eben "Mehrheitsaktionär" i.S.v. OR 727c I ist) unabhängig zu sein hat.

Das Gebot der Unabhängigkeit geht aber noch weiter: Es gilt nämlich auch bezüglich aller anderen Unternehmen des gleichen Konzerns (OR 727c II und OR 731a II), allerdings nur, sofern ein Gläubiger oder ein Aktionär dies verlangt. Die Revisionsstelle muss in diesem Fall also nicht nur von der Gesellschaft unabhängig sein, welche sie zu prüfen hat, sowie vom herrschenden Unternehmen, sondern auch von allen anderen Unternehmen, welche dem gleichen Konzern angehören.

Der Kontrolle dieser Vorschriften dient die Bestimmung, wonach die Revisionsstelle im Handelsregister einzutragen ist[169].

---

162 OR 671 III.
163 OR-NEUHAUS, N. 38 zu OR 671.
164 OR-WERNLI, N. 13 zu OR 708.
165 OR 708 I, d.h. der Verwaltungsrat muss sich merheitlich aus Personen mit schweizerischem Bürgerrecht und Wohnsitz in der Schweiz zusammensetzen.
166 Vertiefend dazu: OR-WERNLI, N. 13-18 zu OR 708.
167 OR 727c I.
168 Die Unabhängigkeit fehlt nach der nicht abschliessenden Aufzählung im Gesetz bei Revisoren, die gleichzeitig Arbeitnehmer der zu prüfenden Gesellschaft sind oder welche Arbeiten für die Gesellschaft ausführen, welche mit dem Prüfungsauftrag unvereinbar sind. Weiterführend OR-PEDROJA/ WATTER, N. 4 ff. zu OR 727c; FORSTMOSER/MEIER-HAYOZ/NOBEL, Aktienrecht, § 32 N. 24 ff.
169 OR 641 10.

VI. Der Minderheitenschutz im Konzern

Im folgenden Kapitel geht es darum, die rechtliche Situation von Minderheitsaktionären im Konzern zu untersuchen.

Damit ist bereits gesagt, dass sich die hier zu erörternden Probleme nicht stellen, wenn ein abhängiges Unternehmen zu 100% beherrscht wird; der Minderheitenschutz ist dann kein Thema[170].

1. Die spezifische Situation von Minderheiten im Konzern

Es fällt auf, dass im *Aktienrecht* keine konzernspezifischen Minderheitsschutznormen existieren, sodass auf Konzernverhältnisse der "normale" aktienrechtliche Minderheitenschutz anzuwenden ist. Dagegen enthält das *Börsengesetz* mehrere Bestimmungen, welche auf Minderheitsbeteiligungen im Konzern zugeschnitten sind. Es werden also in diesem Abschnitt nicht nur die aktienrechtlichen Normen, sondern auch die das Aktienrecht ergänzenden bzw. abändernden Vorschriften des Börsengesetzes behandelt.

Bei der Untersuchung der rechtlichen Situation von Minderheitsaktionären im Konzern ist zu unterscheiden zwischen Minderheiten beim herrschenden und solchen beim abhängigen Unternehmen.

1.1. Die Minderheitsaktionäre des herrschenden Unternehmens

Das herrschende Unternehmen setzt bekanntlich die einheitliche wirtschaftliche Leitung innerhalb eines Konzerns durch und wird in dieser Rolle erzwingen, dass die abhängigen Unternehmen im Interesse des Konzerns und nicht in ihrem eigenen Interesse handeln. Das herrschende Unternehmen definiert die Konzerninteressen, und es wird auch im eigenen Geschäftsbetrieb alles tun, was für den Konzern von Vorteil ist. Was aber (zumindest langfristig) dem Konzern nützt, nützt letztlich auch den Aktionären des herrschenden Unternehmens.

Allerdings kann es ausnahmsweise zu konzerninternen Transaktionen zwischen dem herrschenden Unternehmen und anderen Konzernunternehmen kommen, welche für sich allein und kurzfristig gesehen nicht im Interesse des herrschenden Unternehmens bzw. seiner Aktionäre zu liegen scheinen[171]. Langfristig besteht jedoch

---

170 Dagegen ist auch in diesem Fall dem Schutz der Gläubiger Rechnung zu tragen, welcher später zu behandeln sein wird (siehe dazu S. 145 ff.).
171 Selbstverständlich bleiben in einem solchen Fall die Rechtsbehelfe von OR 678 vollumfänglich erhalten.

zwischen den Konzerninteressen und den Aktionärsinteressen des herrschenden Unternehmens Kongruenz. Damit unterscheidet sich die Lage der Minderheitsaktionäre des herrschenden Unternehmens grundsätzlich nicht von jener der Minderheitsaktionäre eines nicht verbundenen Unternehmens.

1.2. Die Minderheitsaktionäre im abhängigen Unternehmen

Völlig anders ist die Situation der *Minderheitsaktionäre der abhängigen Unternehmen*.

Der Minderheitenschutz in abhängigen Unternehmen ist ein zentrales, dem Konzern inhärentes Problem[172]: Der Minderheitsaktionär eines *abhängigen* Unternehmens (der sog. "freie Aktionär"[173]) darf – im Gegensatz zum Minderheitsaktionär einer *unabhängigen* (d.h. nicht konzernierten) Aktiengesellschaft – nicht ohne weiteres davon ausgehen, dass die Verwaltung oder auch die vom Konzern beherrschte Generalversammlung ihr Verhalten auf das Interesse seines Unternehmens ausrichten. Vielfach wird gerade die Verwaltung des abhängigen Unternehmens gezwungen sein, im Interesse der Konzernleitung und zu Gunsten des Gesamtkonzerns zu handeln[174], was nicht im Sinne des abhängigen Unternehmens und seiner Minderheitsaktionäre zu sein braucht und zu deren Benachteiligung führen kann[175].

Bis zum Inkrafttreten des neuen Aktienrechts wurden Minderheitsaktionäre in der Schweiz durch Gesetzgebung und Rechtsprechung nur mangelhaft geschützt[176]. Aus

---

172 Dazu HANDSCHIN, Konzern, S. 143: "Der Minderheits- und Kleinaktionär ist immer in einer ungünstigen Position ... Seine relative Bedeutungslosigkeit als einzelnes Machtelement innerhalb der Gesellschaft ist kein konzernspezifisches Problem ... Beim Konzerntochterunternehmen kommen jedoch zahlreiche weitere Einschränkungen dazu, welche die Situation des Minderheitsaktionärs weiter verschlechtern." Ferner MARTIN PLÜSS, Freier Aktionär, S. 18: All die "Möglichkeiten der Schädigung von freien Aktionären, welche in unabhängigen Gesellschaften teils nur in beschränktem Masse, teils überhaupt nicht möglich sind, machen die qualitative Andersartigkeit der Stellung der freien Aktionäre gegenüber derjenigen von gewöhnlichen Minderheitsaktionären aus." Vgl. zu diesem Thema auch ZWEIFEL, Minderheitenschutz, S. 91 f.
173 Dieser Begriff für Minderheitsaktionäre abhängiger Konzernunternehmen wird in konzernrechtlichen Publikationen häufig verwendet, z.B. von MARTIN PLÜSS, Freier Aktionär, und von BRATSCHI, Freier Aktionär. Vgl. dazu auch ZWEIFEL, Minderheitenschutz, S. 91.
174 Daraus kann sich aber u.U. eine persönliche Verantwortlichkeit der handelnden Verwaltungsratsmitglieder ergeben. Vgl. dazu S. 163 ff.
175 In diesem Sinn FLURIN VON PLANTA, Verwaltungsrat, S. 27: "Ausgangspunkt aller Überlegungen, die eine Schädigung des abhängigen Unternehmens im Konzerninteresse beinhalten, ist die betriebswirtschaftliche Erkenntnis, dass der Konzern als wirtschaftliche Einheit seine Leistungsfähigkeit nicht nach dem Erfolg der einzelnen Gesellschaften, sondern nach seinem Gesamtergebnis zu bemessen hat". Zu den verschiedenen Interessenlagen von herrschenden und abhängigen Unternehmen vgl. MARTIN PLÜSS, Freier Aktionär, S. 17 ff.; HANDSCHIN, Konzern, S. 143 f.
176 Vgl. WATTER, Minderheitenschutz, S. 117, mit weiteren Literaturhinweisen. Ferner auch MARTIN PLÜSS, Freier Aktionär, S. 17: "... dass selbst bei grosszügiger Auslegung der geltenden Schutzbestimmungen die freien Aktionäre oft in stossender Weise benachteiligt werden." Vgl. zur früheren Praxis BGE 99 II 62: "Mit dem Eintritt in die Gesellschaft unterwirft der Aktionär sich bewusst dem Willen der Mehrheit und anerkennt, dass diese auch dann bindend entscheidet, wenn sie nicht die

diesem Grund wurde bei der Revision des Aktienrechtes u.a. der Verstärkung des Aktionärsschutzes, namentlich des Schutzes des Minderheitsaktionärs, besondere Aufmerksamkeit geschenkt[177]. Trotz vieler Verbesserungen in diesem Bereich[178] bleibt der Schutz von Minderheitsaktionären abhängiger Unternehmen aber auch unter dem neuen Recht unbefriedigend[179]. Dies ist einerseits darauf zurückzuführen, dass das schweizerische Recht nach wie vor kein eigentliches Konzernrecht kennt. Andererseits geht das schweizerische Aktienrecht – von einigen Ausnahmen abgesehen[180] – nach wie vor von der Fiktion der "Einheit des Aktienrechts" aus[181] und trägt deshalb der unterschiedlichen Position von Minderheitsaktionären in herrschenden oder abhängigen Unternehmen gar nicht[182] bzw. nur in einem Punkt von untergeordneter Bedeutung Rechnung[183]. Das konzernspezifische Problem der Minderheitsaktionäre eines abhängigen Unternehmens und ihre speziellen Schutzbedürfnisse sind demnach auch nach dem revidierten Aktienrecht mit Hilfe der auf die selbständigen (d.h. von einem Konzern unabhängigen) Aktiengesellschaften zugeschnittenen Normen zu lösen[184].

In den folgenden Abschnitten soll nun untersucht werden, wie sich die Rechtslage der Minderheitsaktionäre abhängiger Unternehmen darstellt und welche Rechtsbehelfe ihnen zum Schutz ihrer Interessen zur Verfügung stehen.

---

bestmögliche Lösung trifft und ihre eigenen Interessen unter Umständen denjenigen der Gesellschaft und einer Minderheit vorgehen lässt ... Der Richter darf nur einschreiten, wenn die Mehrheitsaktionäre die Macht ... im Hinblick auf entgegengesetzte Interessen der Minderheitsaktionäre offensichtlich missbraucht haben."

177 Vgl. dazu Botschaft, Sonderdruck, S. 23 f., und HOMBURGER, Minderheitenschutz, S. 75.
178 Normen zum Schutz von Minderheitsaktionären finden sich etwa beim Bezugsrecht (OR 652b), beim Vorwegzeichnungsrecht (OR 653c), bei der Sonderprüfung (OR 697a ff.), bei der Gleichbehandlungspflicht des Verwaltungsrats (OR 717 II) und der Generalversammlung (OR 706 II 3), beim Recht auf Einberufung und Traktandierung bei der Generalversammlung (OR 699 III) sowie bei der Erleichterung der Auflösungsklage gegenüber dem früheren Recht (OR 736 4).
179 Dies bereits vor Abschluss der Revision vorausahnend HOMBURGER, Minderheitenschutz, S. 79. Eine gewisse Korrektur schafft OR 678 sowie ausserhalb des Aktienrechts das neue BEHG. Vgl. dazu hinten S. 122.
180 Eine solche Ausnahme stellt die Unterscheidung zwischen Gesellschaften mit börsenkotierten und nicht börsenkotierten Namenaktien bei der Vinkulierung dar (OR 685d ff. und 685b f.). Vgl. VON BÜREN/BÄHLER, Börsengesetz, S. 391 ff. m.w.H.
181 Siehe dazu VON BÜREN/BÄHLER, Börsengesetz, S. 391 ff.
182 Dazu WATTER, Minderheitenschutz, S. 117 f. Vgl. auch die zum alten Recht gemachten, aber heute noch gültigen Aussagen von MARTIN PLÜSS, Freier Aktionär, S. 17 f.: "Das geltende Aktienrecht kennt zwar einen Schutz für Minderheitsaktionäre, ignoriert jedoch den Umstand, dass die Stellung von Minderheitsaktionären einer abhängigen Konzerngesellschaft qualitativ von anderer Art ist, als diejenige von Minderheitsaktionären einer unabhängigen Gesellschaft" und "Dies lässt sich daraus erklären, dass das geltende Aktienrecht von der Vorstellung einer selbständigen Aktiengesellschaft ausgeht, in der das Gesellschaftsinteresse nicht einem Konzerninteresse geopfert wird" (S. 2). Dazu auch ZWEIFEL, Minderheitenschutz, S. 92.
183 Eine in der Auswirkung wohl eher bescheidene Sondernorm stellt OR 727c II dar, wonach der Minderheitsaktionär eines abhängigen Unternehmens verlangen kann, dass die Kontrollstelle seines Unternehmens auch von anderen Konzernunternehmen unabhängig ist.
184 Zur Rechtslage unter altem Recht: FLURIN VON PLANTA, Verwaltungsrat, S. 22.

Dabei lassen sich drei verschiedene Phasen unterscheiden[185], nämlich
- die Konzerneintrittsphase,
- die Konzernbetriebsphase und
- die Konzernaustrittsphase.

2. Konzerneintrittsphase

2.1. Konzerneintritt mit dem Willen des Minderheitsaktionärs

Auch wenn ein Konzern i.d.R. eine 100%ige Beteiligung an seinen abhängigen Unternehmen anstrebt, gibt es immer wieder Fälle, in denen dies wegen verkaufsunwilliger Aktionäre nicht möglich ist. Eine 100%ige Beteiligung kann aber u.U. vom Konzern gar nicht gewünscht sein, weil sich eine Beherrschung auch bereits mit einer geringeren Beteiligung (und damit billiger) realisieren lässt.

In diesen Fällen zirkulieren die Aktien abhängiger Unternehmen im Markt[186] und können unter Vorbehalt allfälliger Vinkulierungsbestimmungen von jedermann erworben werden.

Der *rechtsgeschäftliche Erwerb* durch Kauf oder Tausch sowie der *Erwerb auf dem Weg der Zwangsvollstreckung* dürften in der Praxis wenig attraktiv sein, wenn der Erwerber einerseits um die Konzernzugehörigkeit des betreffenden Unternehmens weiss und die Gegenleistung andererseits in marktüblicher Höhe liegt, sodass die Beteiligung also nicht besonders günstig (sozusagen mit einem erheblichen "Konzerndiscount") erworben werden kann. Erwirbt der konzernfremde Dritte *im Wissen um die Konzernzugehörigkeit* aber dennoch, so tut er dies aus eigenem Willen und in Kenntnis der damit verbundenen Probleme.

Es kann jedoch vorkommen, dass die Konzernzugehörigkeit eines Unternehmens nicht bekannt ist, weil das herrschende Unternehmen keine Pflicht zur Bekanntmachung trifft[187] und auch das abhängige Unternehmen nicht verpflichtet ist, bedeutende Aktionäre bekanntzugeben[188]. In diesem Fall erfolgt der Erwerb von Aktien des

---

185 Ich übernehme diese Einteilung und die Terminologie gerne von meinem Doktoranden BERNHARD BRATSCHI, Freier Aktionär.
186 Es gibt in der Praxis sogar Fälle abhängiger Unternehmen mit kotierten Aktien (z.B. Elektrowatt).
187 Die Pflicht zur Bekanntmachung kann beim herrschenden Unternehmen fehlen, weil OR 663b 7 die Gesellschaften zur Offenlegung ihrer Beteiligungen nur insofern verpflichtet, als die betreffenden Beteiligungen für die Beurteilung der Vermögens- und Ertragslage der Gesellschaft wesentlich sind. Ist dies hinsichtlich eines abhängigen Unternehmens nicht der Fall, so muss das herrschende Unternehmen seine Beteiligung nicht publizieren. Eine Korrektur der aktienrechtlichen Vorschrift bringt BEHG 20; vgl. dazu S. 122.
188 Die Pflicht, bedeutende Aktionäre (d.h. Aktionäre oder stimmrechtsverbundene Aktionärsgruppen, die mehr als 5% aller Stimmrechte auf sich vereinigen bzw. mehr als eine allenfalls tiefere statutarische Prozentschwelle bei vinkulierten Namenaktien) bekanntzugeben, besteht gemäss

abhängigen Unternehmens durch den zukünftigen Minderheitsaktionär zwar willentlich, aber *ohne dessen Wissen um die Konzernzugehörigkeit* seines Unternehmens. Der Erwerber gerät also sozusagen versehentlich in einen Konzern.

Das geltende Recht bietet dem Erwerber für diesen Fall des Konzerneintritts keinen ausreichenden Schutz. Dieser könnte nur durch eine Verschärfung der Publizitätsvorschriften bewirkt werden, indem de lege ferenda auch nicht börsenkotierte Unternehmen zur Bekanntgabe ihrer Konzernzugehörigkeit im Anhang zur Jahresrechnung gezwungen würden. Doch selbst dann bestünde insofern noch ein Problem, als ein potentieller Aktionär u.U. gar keine Möglichkeit hätte, in die Jahresrechnung und damit in den Anhang Einsicht zu nehmen: Gemäss OR 697h I besteht eine Pflicht zur Publikation bzw. Zustellung der Jahresrechnung nämlich nur für Aktiengesellschaften, welche den Kapitalmarkt benutzen[189], was – wie erwähnt – nur für die wenigsten abhängigen Unternehmen zutrifft. Bei den übrigen Aktiengesellschaften sind nur Gläubiger, welche ein schutzwürdiges Interesse nachzuweisen vermögen, zur Einsichtnahme in die Jahresrechnung berechtigt (OR 697h II), nicht aber potentielle Aktionäre.

Unproblematisch ist dagegen der Fall einer *Schenkung* oder der *Erwerb durch Erbgang*, da hier der Erwerb ohne Gegenleistung erfolgt und man einem geschenkten Gaul bekanntlich nicht ins Maul zu schauen pflegt[190].

Zusammenfassend kann man feststellen, dass der Konzerneintritt mit dem Willen des Minderheitsaktionärs nur in jenen Fällen problematisch ist, in welchen der Erwerber nichts über die Konzernzugehörigkeit des Unternehmens weiss, dessen Beteiligung er erwirbt.

2.2. Konzerneintritt gegen den Willen des Minderheitsaktionärs

Der wohl häufigste Fall eines Konzerneintritts ist die sog. *Kontrollübernahme* (d.h. der Erwerb einer Beteiligung durch ein anderes Unternehmen[191]), welche die Beherrschung des Unternehmens und damit dessen Konzernierung, d.h. die Unterstellung unter eine einheitliche wirtschaftliche Leitung ermöglicht. Eine Kontrollübernahme

---

OR 663c nur für Publikumsaktiengesellschaften, deren Aktien börsenkotiert sind. Auch die verschärfte Publizität nach BEHG 20 betrifft nur börsenkotierte Unternehmen. Diese Voraussetzung dürfte aber bei abhängigen Unternehmen nur ausnahmsweise zutreffen.

189 D.h. Unternehmen, deren Aktien börsenkotiert sind oder die Anleihensobligationen ausstehend haben.

190 Zu erwähnen bleibt, dass in diesem Fall – wie übrigens auch beim rechtsgeschäftlichen Erwerb – die Konzernleitung das abhängige Unternehmen veranlassen kann, den Eintrag ins Aktienbuch zu verweigern und dem Erwerber die Übernahme der Aktien zum wirklichen Wert anzubieten (OR 685b IV).

191 Der Erwerb kann auf verschiedene Weise geschehen, z.B. durch den direkten Erwerb eines Aktienpakets von Privaten oder anderen Unternehmen, durch einen über längere Zeit erfolgenden Aufkauf über die Börse oder schliesslich durch ein öffentliches Kaufangebot.

dürfte i.d.R. gegen den Willen der an der Transaktion nicht beteiligten Minderheitsaktionäre der Zielgesellschaft erfolgen[192].

Eine Kontrollübernahme hat ausserordentlich weitreichende Konsequenzen für das betreffende Unternehmen: Das Unternehmen wechselt über Nacht seinen Charakter. Es ist nicht mehr unabhängig und eigendeterminiert, sondern dem Konzernwillen unterworfen und damit fremdbestimmt; es verfolgt nicht mehr seinen eigenen Zweck, sondern die Konzerninteressen. Dieser Paradigmenwechsel hat natürlich einen grossen Einfluss auf die Rechtsstellung der Minderheitsaktionäre. Es ist im folgenden zu untersuchen, welche rechtlichen Möglichkeiten bestehen, um eine Kontrollübernahme zu verhindern[193].

a) Aktienrechtliche Behelfe

aa) Aktienrechtliche Behelfe der Aktionäre

– *Publizitätsvorschriften:* Die Publizitätsvorschriften des Aktienrechts vermögen zwar eine Kontrollübernahme nicht unmittelbar zu verhindern, sie verschaffen den Aktionären jedoch – wenn auch nur unter bestimmten Voraussetzungen – Kenntnis über von Dritten gehaltene Beteiligungen, welche die Unterstellung ihres Unternehmens unter die einheitliche wirtschaftliche Leitung eines solchen Dritten ermöglichen.

Nach der Vorschrift von OR 663b 7 haben diese Dritte – also auch eine potentielle *Konzernleitung* – im Anhang zu ihrer Jahresrechnung wesentliche Beteiligungen bekanntzugeben. Die Pflicht zur Bekanntgabe besteht jedoch nur insoweit, als die Beteiligungen für die Beurteilung der Vermögens- und Ertragslage der Gesellschaft wesentlich sind; auf die mit dieser Voraussetzung verbundenen Schwierigkeiten wurde schon früher hingewiesen[194]. Eine weitere Einschränkung ergibt sich daraus, dass die Aktionäre der Beteiligungsgesellschaft die Jahresrechnung der potentiellen Konzernleitung überhaupt nur dann zu Gesicht bekommen, wenn deren Aktien börsenkotiert sind oder sie Anleihensobligationen ausstehend hat, und damit die Jahresrechnung gemäss OR 697h offenzulegen ist.

Andererseits hat nach OR 663c die *Gesellschaft der Aktionäre* in der eigenen Jahresrechnung bedeutende Aktionäre und deren Beteiligungen anzugeben, allerdings ebenfalls nur dann, wenn es sich um eine börsenkotierte Gesellschaft handelt[195].

---

192 BRATSCHI, Freier Aktionär, S. 62 ff.
193 Zu den Abwehrmassnahmen gegen Unternehmensübernahmen im schweizerischen Recht allgemein siehe EBENROTH/SCHRUPKOWSKI, Unternehmensübernahmen, S. 319 ff.
194 Siehe S. 103 f.
195 Eines der wenigen Beispiele eines börsenkotierten abhängigen Unternehmens ist die bereits erwähnte Elektrowatt.

– *Auflösungsklage:* Aktionäre, welche mindestens 10% des Aktienkapitals besitzen[196], können aus wichtigen Gründen die *Auflösung der Gesellschaft* verlangen, wobei der Richter auch auf andere für die Beteiligten zumutbare Lösungen erkennen kann (OR 736 4)[197]. Das Gesetz sagt nicht, was unter einem wichtigen Grund zu verstehen ist, sodass jeder Fall einzeln beurteilt werden muss, wobei die wirtschaftlichen und sozialen Folgen einer allfälligen Gutheissung der Klage in die Beurteilung mit einzubeziehen sind. Angesichts der Möglichkeit, weniger einschneidende Massnahmen als die Auflösung zu verfügen, könnte der Richter im Vergleich zum alten Recht eher bereit sein, das Vorhandensein eines wichtigen Grundes anzunehmen[198].

Zweifellos wird jedoch die Kontrollübernahme in einem konkreten Fall einen wichtigen Grund darstellen können, da die Gesellschaftsinteressen durch die Konzerninteressen ersetzt werden und damit eine fundamentale Neuausrichtung der Geschäftstätigkeit erfolgt, welche dem Minderheitsaktionär u.U. nach Treu und Glauben nicht mehr zugemutet werden kann[199]. Der Richter kann diesem "Kippen der Interessenlage" dadurch Rechnung tragen, dass er anstelle der Auflösung der Gesellschaft[200] z.B. den Erwerb der Beteiligung des betreffenden Minderheitsaktionärs durch die Gesellschaft mit anschliessender Kapitalherabsetzung und Vernichtung der betreffenden Aktien verfügt[201]. Diese Massnahme vermag zwar die Kontrollübernahme insgesamt nicht zu verhindern, eröffnet dem klagenden Aktionär jedoch die Möglichkeit des Austritts aus dem zum Konzernglied gewordenen Unternehmen[202]. Denkbar sind auch andere Lösungen, wie z.B. eine Dividendengarantie, die Aufnahme eines Minderheitsaktionärs in den Verwaltungsrat usw.[203]. Die Praxis wird hier die Möglichkeiten, welche OR 736 4 bei Kontrollübernahmen bietet, noch ausloten müssen. Es bestehen aber begründete Bedenken, dass die

---

196 Damit kommt die Auflösungsklage von vornherein nur für grössere Minderheitsaktionäre in Betracht.
197 Dazu allgemein: HANDSCHIN, Auflösung, S. 43 ff.; BÖCKLI, Aktienrecht, N. 1939 ff.; OR-STÄUBLI, N. 17 ff. zu OR 736; FORSTMOSER/MEIER-HAYOZ/NOBEL, Aktienrecht, § 55 N. 57 ff.
198 OR-STÄUBLI, N. 23 zu OR 736. STÄUBLI stellt in N. 24 f. auch die bisherige Praxis des Bundesgerichtes bezüglich der Annahme eines wichtigen Grundes zusammen.
199 FORSTMOSER/MEIER-HAYOZ/NOBEL, Aktienrecht, § 55 N. 72.
200 Vor der Aktienrechtsrevision führte eine Gutheissung der Klage immer zur Auflösung der Gesellschaft. Nicht zuletzt wegen den daraus resultierenden schwerwiegenden Folgen wirtschaftlicher und sozialer Natur, die durch das Bundesgericht betont wurden, waren Auflösungsklagen wenig aussichtsreich (WATTER, Minderheitsschutz, S. 124, mit Verweisen auf verschiedene bundesgerichtliche Entscheide). Zur Auflösungsklage als Instrument des Minderheitsschutzes unter altem Recht vgl. FRANZ-PETER OESCH, Minderheitsschutz, S. 193 f.; MARTIN PLÜSS, Freier Aktionär, S. 52; TAPPOLET, Konzernmässige Abhängigkeit, S. 126 ff.
201 Ein "gewöhnlicher" Erwerb durch das abhängige Unternehmen gemäss OR 659 ist wegen der 10%-Hürde nicht möglich, und der Erwerb durch das herrschende Unternehmen ist ausgeschlossen, weil es im Verfahren nach OR 736 gar nicht Partei ist! Zur Problematik der richterlich angeordneten Kapitalherabsetzung siehe BÖCKLI, Aktienrecht, N. 1950 ff.
202 Siehe dazu auch S. 143.
203 JAKOB HÖHN, OR 736, S. 123 ff.; BÖCKLI, Aktienrecht, N. 1953.

Gerichte die im Gesetz vorgesehene Möglichkeit zur Schaffung eines Interessenausgleichs nicht oder zumindest nicht in vollem Ausmass ausschöpfen werden[204].

– *Aktionärbindungsverträge*: Schliesslich besteht auch die Möglichkeit, dass sich mehrere Aktionäre auf der Basis *vertraglicher Abmachungen*, d.h. durch einen Aktionärbindungsvertrag mit Stimmenpool, gegen die Kontrollübernahme zur Wehr setzen[205]. Diesem Vorgehen wird allerdings nur dann Erfolg beschieden sein, wenn es gelingt, die Beherrschung der Gesellschaft durch den Konzern – praktisch also dessen Erreichen einer Mehrheit der vertretenen Aktienstimmen in der Generalversammlung – zu verhindern. Ist dies nicht möglich, so kann ein Aktionärbindungsvertrag lediglich dazu dienen, Sperrminoritäten für die Fassung von wichtigen Beschlüssen nach OR 704 bzw. von Beschlüssen mit statutarisch erhöhten Quoren zu schaffen.

bb) Aktienrechtliche Behelfe des Verwaltungsrats

Der Verwaltungsrat als Exekutivorgan hat verschiedene Möglichkeiten, um im Vorfeld einer Kontrollübernahme zu intervenieren:

– *Vinkulierung*[206]: Der Verwaltungsrat ist im Rahmen des Gesetzes und der entsprechenden Statutenbestimmungen i.d.R. für die Durchsetzung der Vinkulierungsbestimmungen bei vinkulierten Namenaktien verantwortlich[207]. Da es sich bei den Zielgesellschaften einer Kontrollübernahme meist um nicht börsenkotierte Gesellschaften handelt, steht dem Verwaltungsrat ein relativ grosser Ermessensspielraum zur Verfügung, wenn er im konkreten Fall einer Kontrollübernahme über das Vorliegen der statutarisch festgelegten wichtigen Gründe zu befinden hat[208]. Auch wenn es an den erforderlichen wichtigen Gründen fehlen sollte, steht dem Verwaltungsrat die Möglichkeit offen, die Eintragung zu verweigern und die Übernahme der betreffenden Aktien anzubieten[209]. Dabei handelt es sich jedoch um eine blosse Offerte, welche der Veräusserer annehmen oder ablehnen kann. Lehnt er sie ab, so bleibt er auf seinen Aktien vorläufig sitzen[210]. In jedem Fall hat der Verwaltungsrat die Möglichkeit, die Eintragung abzulehnen, wenn sich der Erwerber zu erklären

---

204 Mindestens die bisherige Praxis hat bei Auflösungsklagen einen strengen Massstab angelegt. Dazu im einzelnen FORSTMOSER/MEIER-HAYOZ/NOBEL, Aktienrecht, § 55 N. 80 ff.
205 EBENROTH/SCHRUPKOWSKI, Unternehmensübernahmen, S. 364.
206 Vgl. dazu EBENROTH/SCHRUPKOWSKI, Unternehmensübernahmen, S. 350 ff.
207 Die Statuten können diese Kompetenz zwar der Generalversammlung zuweisen, dies ist jedoch sehr unpraktisch und dürfte deshalb in der Praxis nur höchst selten (wohl am ehesten noch bei kleinen Familien-Aktiengesellschaften) vorkommen.
208 OR 685b I. Ein wichtiges Beispiel stellen in diesem Zusammenhang statutarische Bestimmungen betreffend die wirtschaftliche Selbständigkeit des Unternehmens gemäss OR 685b II dar.
209 OR 685b I.
210 BÖCKLI, Aktienrecht, N. 709.

weigert, dass er die Aktien in eigenem Namen und auf eigene Rechnung erwirbt[211]. Kommt die Eintragung schliesslich aufgrund falscher Angaben zustande, so kann der Verwaltungsrat die Eintragung wieder streichen[212].
- *Verkauf wichtiger Unternehmensteile*: Der Verwaltungsrat hat es in der Hand, die Zielgesellschaft durch verschiedene Massnahmen für den Konzern unattraktiv zu machen, indem z.B. wichtige Unternehmensteile, welche für den Konzern von besonderem Interesse sind, an Dritte veräussert werden[213].
- *"Golden parachutes"*: Der Verwaltungsrat kann durch prohibitive Abgangsentschädigungen für die Mitglieder des Verwaltungsrats und der Geschäftsleitung u.U. verhindern, dass eine Kontrollübernahme erfolgt, weil einerseits der Konzern nicht bereit sein wird, mit dem bisherigen Führungsteam (welches die Konzernierung verhindern würde) weiterzuarbeiten, und andererseits bei einer Absetzung desselben für die Zielgesellschaft ruinöse finanzielle Verpflichtungen entstehen[214].
- *Informationspolitik*: Eine aggressive Informationspolitik des Verwaltungsrats gegenüber den Aktionären, den Mitarbeitern und der Öffentlichkeit kann gegebenenfalls wegen des damit für den übernahmewilligen Konzern verbundenen Badwills dazu beitragen, dass eine Kontrollübernahme erschwert oder sogar verhindert wird.

cc) Aktienrechtliche Behelfe der Generalversammlung

Auch die Generalversammlung hat die Möglichkeit, *präventive Massnahmen gegen eine Kontrollübernahme* zu ergreifen:

- Zu den wichtigsten Verteidigungsmassnahmen gegen eine unerwünschte Übernahme gehört sicher die *Vinkulierung*: Die Generalversammlung kann im Rahmen der (allerdings engen) gesetzlichen Möglichkeiten[215] Vinkulierungsbestimmungen erlassen. Sollte die betreffende Gesellschaft über Inhaberaktien verfügen, so ist deren Umwandlung in Namenaktien mit anschliessender Vinkulierung möglich[216].
- Mit der Einführung einer *statutarischen Stimmrechtsbeschränkung*[217] wird bewirkt, dass – selbst beim Erwerb einer Mehrheitsbeteiligung – das betreffende Unternehmen nicht beherrschbar wird und folglich auch nicht konzerniert werden kann[218].

---

211 OR 685b III.
212 OR 686a.
213 EBENROTH/SCHRUPKOWSKI, Unternehmensübernahmen, S. 367 f., sprechen von "crown jewels".
214 EBENROTH/SCHRUPKOWSKI, Unternehmensübernahmen, S. 361.
215 OR 685a ff.
216 OR 627 7.
217 Gem. OR 692 II.
218 EBENROTH/SCHRUPKOWSKI, Unternehmensübernahmen, S. 355 ff.

- *Beschlussquoren* können über das gesetzliche Mass hinaus durch die Statuten verschärft werden[219], z.B. für die Umwandlung von Namen- in Inhaberaktien, für die Abänderung der Vinkulierungsbestimmungen oder der Stimmrechtsbeschränkungen (sog. "lock-up-clauses")[220]. Darüber hinaus können statutarische *Präsenzquoren* eingeführt werden. In beiden Fällen besteht jedoch die Gefahr der Immobilisierung, durch welche sich die Zielgesellschaft selbst in Ketten legt[221].
- Eine recht erfolgreiche Verteidigungsmassnahme kann darin bestehen, dass statutarische *Beschränkungen für die Abwahl des Verwaltungsrats* vorgesehen werden, indem einerseits die Verwaltungsräte gestaffelt für eine bestimmte Amtszeit gewählt werden[222] und andererseits statutarisch festgelegt wird, dass eine Abberufung nur aus wichtigen Gründen möglich ist. Während gegen die gestaffelte Wahl nichts einzuwenden ist, würde eine statutarische Beschränkung des von Gesetzes wegen eingeräumten jederzeitigen Abberufungsrechts der Generalversammlung auch ohne das Vorliegen wichtiger Gründe gegen OR 705 verstossen und wäre wohl nichtig[223].
- *Finanzielle Giftpillen ("poison pills")*[224]: Dieses Verteidigungsmittel gegen unerwünschte Übernahmen ist vor allem in den USA weit verbreitet. Die Giftpille wird dann aktiviert, wenn eine Übernahme bevorsteht, sie stellt also eine bedingt beschlossene Abwehrmassnahme dar. Meist handelt es sich um Optionen auf eine für die Aktionäre ausserordentlich günstige Kapitalerhöhung zu pari[225] oder mit einem sehr geringen Agio. Daraus resultiert eine Erhöhung der Anzahl ausgegebener Titel und damit verbunden eine massive Verwässerung der mit diesen verbundenen Rechte, was eine Übernahme erschwert. Eine andere Variante der Giftpille ist die Gewinnausschüttung in Form von Gratisaktien, deren Liberierung aus Gesellschaftsmitteln erfolgt. Mit diesen Massnahmen wird eine Auslagerung gesellschaftseigener Mittel auf die Aktionäre bewirkt und damit die Attraktivität der Zielgesellschaft beeinträchtigt.

Beide Massnahmen funktionieren natürlich nur dann, wenn der Raider nicht schon ein grosses Aktienpaket besitzt, welches ihm die Beherrschung der Zielgesellschaft ermöglicht, bzw. wenn er von den entsprechenden Bezugsrechten ausgeschlossen werden kann. Die Zulässigkeit eines gezielten Bezugsrechtsausschlusses für einen Raider ist unter dem Gesichtspunkt des Gleichbehandlungsgrundsatzes zu prüfen[226]. Eine Ungleichbehandlung wäre nur zulässig, wenn sie

---

219 OR 704 II.
220 MEIER-SCHATZ, Unternehmensübernahmen, S. 111 f.
221 BÖCKLI, Aktienrecht, N. 1400 ff., spricht deswegen treffend von sog. "Petrifizierungs-Klauseln".
222 Sog. "staggered boards". Dazu EBENROTH/SCHRUPKOWSKI, Unternehmensübernahmen, S. 360.
223 MEIER-SCHATZ, Unternehmensübernahmen, S. 110 m.w.H. in Fn. 38 und 39.
224 Vgl. dazu MEIER-SCHATZ, Unternehmensübernahmen, S. 113 ff., und EBENROTH/SCHRUPKOWSKI, Unternehmensübernahmen, S. 361 f.
225 Wegen OR 624 I unzulässig wäre eine Emission unter pari.
226 OR 652b II.

sachlich gerechtfertigt und durch den Gesellschaftszweck geboten wäre. Es ist nicht auszuschliessen, dass diese Voraussetzungen in einem konkreten Fall vorliegen könnten[227].

Da in jedem Fall eine Kapitalerhöhung – meist wohl eine genehmigte oder bedingte – vorliegt, fällt der Beschluss über solche Abwehrmassnahmen grundsätzlich in die Kompetenz der Generalversammlung[228], auch wenn gerade die Vorschriften über die genehmigte bzw. bedingte Kapitalerhöhung dem Verwaltungsrat beträchtliche Kompetenzen bei der Umsetzung zugestehen. Zu bedenken ist allerdings, dass der Beschluss betreffend eine genehmigte oder bedingte Kapitalerhöhung[229] bzw. eine Kapitalerhöhung aus Eigenkapital[230] ein qualifiziertes Mehr[231] erfordert.

– *Stimmrechtliche Giftpillen*: Wesentlich problematischer als die finanziellen sind die stimmrechtlichen Giftpillen.

Während gegen eine generelle statutarische Stimmrechtsbeschränkung nichts einzuwenden ist[232], würde eine gezielte Stimmrechtsbeschränkung für einzelne Aktionäre wohl am aktienrechtlichen Sachlichkeitsgebot und am Gleichbehandlungsgrundsatz scheitern[233]. Zwar ist eine Ungleichbehandlung nicht an sich verboten, sie darf aber nicht unsachlich und muss durch das Gesellschaftsinteresse[234] gerechtfertigt sein.

Die gleichen Bedenken bestehen auch bei der (an sich zulässigen) Einführung bzw. der Schaffung weiterer Stimmrechtsaktien[235]. Der Eingriff in die Rechtsstellung der nicht privilegierten Stammaktionäre muss sachlich begründet und im Gesellschaftsinteresse begründet sein. Zudem dürfen Aktionäre durch die Einführung von Stimmrechtsaktien weder ungerechtfertigt bevorzugt noch benachteiligt werden[236]. Abgesehen davon ist für den entsprechenden Beschluss ein qualifiziertes Mehr erforderlich[237], und die Hebelwirkung ist gesetzlich auf das Verhältnis 1:10 beschränkt[238]. Zudem gilt die erhöhte Stimmkraft nicht für alle Beschlüsse[239].

---

227 Zu dieser Frage im Detail: MEIER-SCHATZ, Unternehmensübernahmen, S. 113 ff.
228 OR 650 I, 651 I und 653 I.
229 OR 704 I 4.
230 OR 704 I 5.
231 Zwei Drittel der vertretenen Stimmen und die absolute Mehrheit der vertretenen Aktiennennwerte (OR 704 I).
232 OR 692 II sieht diese Möglichkeit ja ausdrücklich vor.
233 OR 706 II 2 und 3.
234 Abzustellen ist auf das Gesellschaftsinteresse und nicht auf den Gesellschaftszweck. BÖCKLI, Aktienrecht, N. 1907, weist zu Recht auf dieses Versehen des Gesetzgebers in OR 706 II 3 hin. Gl.M. auch OR-DREIFUSS/LEBRECHT, N. 12 zu OR 706.
235 OR-LÄNZLINGER, N. 6 und 9 zu OR 693 m.w.H.
236 BÖCKLI, Aktienrecht, N. 337a.
237 OR 704 I 2.
238 OR 693 II.
239 OR 693 III.

Nichtig wäre die Ausgabe stimmrechtsloser Aktien[240] bzw. der Entzug des Stimmrechts für bestimmte Aktionäre[241].

Selbst *nach erfolgter Kontrollübernahme* stehen der Generalversammlung *Mittel gegen die totale Eingliederung ihres Unternehmens in den Konzern* zur Verfügung: Die Kontrollübernahme im Sinne der Umsetzung einer blossen Beherrschungsmöglichkeit in eine effektive Konzernierung stellt dann eine *Zweckänderung* dar, wenn die Interessen der Zielgesellschaft durch die Konzerninteressen abgelöst werden[242]. Änderungen des statutarischen Zwecks erfordern aber ein qualifiziertes Mehr i.S.v. OR 704 I 1, die Aufgabe des Endzwecks der Gewinnstrebigkeit gar Einstimmigkeit[243]. Kommt das für eine Zweckänderung erforderliche Quorum nicht zustande, so handelt der Verwaltungsrat der Zielgesellschaft und allenfalls die vom Verwaltungsrat mit der Geschäftsführung und Vertretung betraute Geschäftsleitung dann ultra vires, wenn sich ihre die Konzerninteressen verfolgenden Handlungen nicht mehr innerhalb des Gesellschaftszwecks bewegen. In diesem Fall werden die betreffenden Personen für ihre Handlungen persönlich haftbar.

b) Börsenrechtliche Behelfe

Das Börsengesetz[244] bringt für den Minderheitsaktionär eines abhängigen Unternehmens vor allem in der Konzerneintrittsphase beträchtliche Verbesserungen, welche weit über die aktienrechtlichen Schutznormen hinausgehen.

Diese Feststellung ist allerdings insofern stark zu relativieren, als die börsengesetzlichen Normen nur für Unternehmen gelten, deren Beteiligungspapiere mindestens teilweise in der Schweiz kotiert sind. Das BEHG betrifft also lediglich ca. 300 Unternehmen.

Für den Minderheitenschutz im Konzern relevant sind die folgenden Bestimmungen:

aa) Die verschärften Vorschriften über die Rechnungslegung

Die *Rechnungslegung*[245] eines kotierten Konzernunternehmens hat gemäss BEHG 8 III international anerkannten Standards Rechnung zu tragen. Insbesondere wird damit – anders als im Aktienrecht – das international anerkannte Prinzip der "true and fair view" verwirklicht: Die Rechnungslegung muss ein den tatsächlichen Verhältnissen

---

240 OR 692 II i.V.m. OR 706b 3.
241 OR 706b 1; OR-DREIFUSS/LEBRECHT, N. 9 zu OR 706b; MEIER-SCHATZ, Unternehmensübernahmen, S. 116.
242 Zu diesem Thema siehe S. 85 ff.
243 OR 706 II 4. Vgl. dazu hinten S. 128 f.
244 BG über die Börsen und den Effektenhandel (Börsengesetz, BEHG) vom 24. März 1995 (SR 954.1).
245 Vgl. dazu S. 101 f. und S. 281.

entsprechendes Bild der Vermögens-, Finanz- und Ertragslage des Konzerns vermitteln.

Dadurch wird auch die Information der Minderheitsaktionäre von abhängigen Unternehmen verbessert, da gemäss OR 697h Jahresrechnung und Konzernrechnung des über kotierte Aktien verfügenden herrschenden Unternehmens samt Revisionsbericht entweder im SHAB zu publizieren oder jeder Person auf deren Verlangen[246] zuzustellen sind.

bb) Die Pflicht zur Offenlegung von Beteiligungen

Massgebliche Beteiligungen sind kursrelevante Informationen, weshalb sie den Anlegern zugänglich gemacht werden sollen. Die geltenden aktienrechtlichen Bestimmungen[247] tragen dieser Forderung nur in unzureichendem Masse Rechnung[248].

Das Börsengesetz enthält in BEHG 20 eine *Pflicht zur Offenlegung für Beteiligungen*[249], welche weit über die geltende aktienrechtliche Regelung von OR 663b 7[250] bzw. OR 663c[251] hinausgeht und auch konzeptionell völlig anders ausgestaltet ist: Wer direkt, indirekt oder in Absprache mit Dritten kotierte Beteiligungspapiere erwirbt oder veräussert und dabei den Grenzwert von 5, 10, 20, 33 1/3, 50 oder 66 2/3 % der Stimmrechte erreicht, über- oder unterschreitet, wird gegenüber der betreffenden Gesellschaft und der Börse meldepflichtig.

Die Meldepflicht trifft hier also – anders als im Aktienrecht – den Aktionär und nicht die Gesellschaft. Die Gesellschaft ihrerseits ist gemäss BEHG 21 verpflichtet, die ihr von den Aktionären mitgeteilten Informationen zu veröffentlichen.

Die Rechtsstellung des Minderheitsaktionärs wird durch die neue börsenrechtliche Regelung erheblich verbessert, indem ihm jederzeit bekannt ist, wie die massgebenden Beteiligungsverhältnisse in seiner Gesellschaft aussehen. Gestützt auf diese Information kann er seine Anlageentscheide en toute connaissance de cause fällen.

---

246 Allerdings nur innerhalb eines Jahres und auf deren Kosten.
247 OR 663b 7 und OR 663c.
248 Zur Kritik an der geltenden aktienrechtlichen Regelung siehe VON BÜREN, Konzern, S. 53 f., und VON BÜREN/BÄHLER, Börsengesetz, S. 395 f.
249 Vgl. S. 282 f.
250 Bekanntgabe von Beteiligungen, welche für die Beurteilung der Vermögens- und Ertragslage der Gesellschaft wesentlich sind.
251 Bekanntgabe bedeutender Aktionäre und ihrer Beteiligung im Anhang zur Bilanz, wobei eine Beteiligung dann als bedeutend gilt, wenn sie 5% der Stimmrechte bzw. weniger als 5% bei einer tiefer liegenden statutarischen Vinkulierungsschwelle gemäss OR 685d I überschreitet. Das Problem dieser Norm besteht darin, dass die Bekanntgabepflicht die Gesellschaft trifft, welche ihr Aktionariat u.U. nicht kennt (z.B. bei Inhaberaktien oder Dispoaktien).

cc) Die freiwillige Unterbreitung eines öffentlichen Kaufangebots

Öffentliche Kaufangebote[252] für schweizerische Gesellschaften mit kotierten Beteiligungspapieren (sog. "tender offers") werden in BEHG 22 ff. geregelt, wobei das Börsengesetz nicht zwischen "friendly take-overs" (also Übernahmen mit dem Willen des Exekutivorgans der Zielgesellschaft) und "unfriendly take-overs" (d.h. gegen den Willen des Exekutivorgans der Zielgesellschaft) unterscheidet.

Die Anteilsinhaber der Zielgesellschaft – also die potentiellen Minderheitsaktionäre eines möglicherweise später abhängigen Unternehmens – sollen durch einen vom Anbieter anzufertigenden Prospekt vollständige und wahre Informationen erhalten, um einen bewussten Entscheid fällen zu können. Dabei verlangt das Gesetz vom Anbieter eine Gleichbehandlung der Inhaber gleicher Beteiligungspapiere[253]. Der Verwaltungsrat der Zielgesellschaft hat zu Handen der Anteilseigner einen Bericht zum Kaufangebot vorzulegen. Die Übernahmekommission prüft das Angebot und ist für die Überwachung des korrekten Ablaufs der Transaktionen besorgt. Die Anteilsinhaber der Zielgesellschaften können nun das Angebot prüfen und innert Frist verkaufen oder nicht. Nach Ablauf der Frist muss der Anbieter das Ergebnis veröffentlichen, also Auskunft darüber geben, ob das Geschäft zustande gekommen ist (z.B. ob der gewünschte Prozentsatz an Beteiligungen erreicht wurde). Sofern dies der Fall ist, haben diejenigen Aktionäre, welche das Kaufangebot bisher nicht angenommen haben, innert einer Nachfrist nochmals Gelegenheit, zu den gleichen Bedingungen zu verkaufen[254]. Damit räumt das neue Gesetz den Anteilseignern die Möglichkeit ein, über ihr zukünftiges Engagement in der zu übernehmenden Gesellschaft selbst zu bestimmen.

dd) Die Unterbreitung eines Zwangsangebots ("Austrittsrecht")

Der soeben beschriebene Mechanismus von BEHG 22 ff. wird nur ausgelöst, wenn jemand von Beginn an weg ein öffentliches Angebot macht. Übernahmen brauchen aber nicht von Anfang an über ein öffentliches Kaufangebot zu laufen, Beteiligungen können vielmehr auch ausserbörslich bzw. an der Börse, aber ohne öffentliches Kaufangebot, erworben werden.

Für diesen Fall hat das Börsengesetz in BEHG 32 eine Sonderregelung getroffen: Wer direkt, indirekt oder in gemeinsamer Absprache mit Dritten die Schwelle von $33\frac{1}{3}\%$ der Stimmrechte überschreitet, ist verpflichtet, allen restlichen Aktionären nachträglich ein öffentliches Angebot für den Kauf ihrer Aktien zu unterbreiten ("Zwangsangebot")[255].

---

252 Vgl. S. 284 ff.
253 BEHG 24 II.
254 BEHG 27 II.
255 BEHG 32. Vgl. dazu ausführlich S. 287 f.

Die Bedingungen der Übernahme werden gesetzlich festgelegt: Der Preis muss mindestens dem Börsenkurs entsprechen und darf höchstens 25% unter dem Preis liegen, den der Anbieter in den letzten zwölf Monaten für Beteiligungspapiere der Zielgesellschaft bezahlt hat[256].

Mit dem Instrument des Zwangsangebots wird verhindert, dass jemand ohne öffentliches Kaufangebot eine massgebliche Beteiligung erwirbt, welche ihm die Beherrschung eines Unternehmens ermöglicht, so dass er nicht mehr auf den Erwerb der übrigen Beteiligungen angewiesen ist. Die Minderheitsaktionäre einer ohne öffentliches Kaufangebot von einem Aktionär beherrschten Unternehmen erhalten so ein *Austrittsrecht:* Sie können frei entscheiden, ob sie weiterhin an der betreffenden Gesellschaft beteiligt bleiben wollen oder nicht. Dieses präventive Instrument des Minderheitenschutzes beinhaltet für den einzelnen Aktionär keine Verpflichtung zum Verkauf seiner Beteiligungsrechte. Nimmt er das Angebot der übernehmenden Gesellschaft nicht an, so darf ihm deswegen kein Nachteil erwachsen[257].

3. Konzernbetriebsphase

3.1. Mögliche Schädigungen der Minderheitsaktionäre

a) Indirekte Schädigung der Minderheitsaktionäre

Am häufigsten dürften die Fälle sein, in denen nicht der Minderheitsaktionär einen direkten Schaden erleidet, sondern der Schaden beim abhängigen Unternehmen entsteht und sich nur indirekt auf dessen Minderheitsaktionäre auswirkt, indem der Ertrag des Unternehmens und damit die Möglichkeit der Gewinnausschüttung sinkt oder der innere Wert der Beteiligung des Aktionärs abnimmt.

Es wurde bereits mehrmals darauf hingewiesen, dass die Zusammenfassung der Konzernunternehmen unter einer einheitlichen wirtschaftlichen Leitung dazu führt, dass sich die Konzerninteressen gegenüber den Interessen der abhängigen Unternehmen – und damit auch ihrer allfälligen Minderheitsaktionäre – durchsetzen. Dies ist solange problemlos, als die Interessen parallel gerichtet sind. Ergibt sich jedoch ein Interessenkonflikt zwischen dem herrschenden und einem abhängigen Unternehmen, so wird er zu Gunsten des Konzerns entschieden. Dies kann u.U. zu einer Schädigung des abhängigen Unternehmens und eben indirekt auch seiner Aktionäre führen.

Das in einem Konzernverhältnis bestehende Schädigungspotential ist beträchtlich, und nur die menschliche Fantasie setzt den Möglichkeiten Grenzen, mit denen abhängige Unternehmen im Konzerninteresse geschädigt werden können. In jedem

---

256 BEHG 32 IV.
257 HANDSCHIN, Konzern, S. 144.

Fall geht es darum, dass Mittel aus den abhängigen Unternehmen auf steuerlich möglichst optimale Weise[258] an den Konzern (d.h. an das herrschende Unternehmen, eine Holdinggesellschaft oder ein anderes Konzernunternehmen) abgeführt werden[259]. Durch all diese Massnahmen wird der Gewinn des abhängigen Unternehmens zu Gunsten des herrschenden oder eines anderen Konzernunternehmens reduziert[260]. Diese Schädigungen erfolgen oft in sehr subtiler und nicht ohne weiteres erkennbarer Weise[261].

Dazu einige Beispiele[262]:

– Erhebliches Schädigungspotential beinhalten die *konzerninternen Verrechnungspreise ("Transferpreise")*[263]: So kann z.B. das abhängige Unternehmen von der Konzernleitung verpflichtet werden, bestimmte Investitionen zu tätigen, welche für den eigenen Markt gar nicht nötig wären, und dann Halbfabrikate oder Fertigprodukte anderen Konzernunternehmen zu unangemessen tiefen Preisen zu verkaufen. Auch der umgekehrte Fall ist denkbar: Ein abhängiges Unternehmen wird dazu gezwungen, Waren beim herrschenden oder einem anderen Konzernunternehmen zu überhöhten Preisen zu beziehen.

– Nicht nur im Bereich der Warenlieferungen[264], sondern auch bei der *Zurverfügungstellung von Dienstleistungen* besteht ein beträchtliches Missbrauchspotential zu Ungunsten der abhängigen Unternehmen, indem ihnen Dienstleistungen des herrschenden Unternehmens oder eines anderen Konzernunternehmens zu überhöhten Entschädigungen erbracht werden oder sie für selbst erbrachte Dienstleistungen nicht angemessen entschädigt werden.

---

258 Steuerlich optimal bedeutet hier: Die zu verschiebenden Mittel sollten nicht aus versteuerten Erträgen stammen (wie dies z.B. bei Dividenden oder Tantiemen der Fall ist), sondern beim abhängigen Unternehmen möglichst als Aufwand steuerlich abzugsfähig und damit ertragsmindernd sein.
259 Zu den Steuerfolgen dieses Verhaltens siehe S. 343 ff.
260 WATTER, Minderheitenschutz, S. 125: "Nach wie vor bleibt der Kleinaktionär einer Gesellschaft, welche in einen Konzern eingegliedert ist, Gewinnverschiebungen von der Unter- in die Obergesellschaft praktisch schutzlos ausgeliefert." Ferner MARTIN PLÜSS, Freier Aktionär, S. 18: "Die grösste Benachteiligung der abhängigen Gesellschaft ergibt sich ... bei der Gewinnerwirtschaftung und Gewinnverteilung." Im gleichen Sinn TAPPOLET, Konzernmässige Abhängigkeit, S. 48 ff., 56 und 135 ff.
261 HANDSCHIN, Konzern, S. 157: "Die Einbindung des Tochterunternehmens in den Konzern erfolgt in vielen Fällen subtiler und ohne Verletzung der Rechte des Minderheitsaktionärs; oft bereits dadurch, dass die Motive für an sich vertretbare Entscheide sich ausschliesslich aus dem Konzerninteresse ergeben." Gleich FRANZ-PETER OESCH, Minderheitenschutz, S. 209: "Dagegen dürfte es nur selten vorkommen, dass die Mehrheit Kleinaktionäre in brutaler Offenheit durch gesellschaftsinterne Massnahmen schädigt ... Die leichte Erkennbarkeit des Unrechtes schliesst dieses Vorgehen aus."
262 Vgl. BRATSCHI, Freier Aktionär, S. 99 ff.; MARTIN PLÜSS, Freier Aktionär, S. 58 ff.; FLURIN VON PLANTA, Verwaltungsrat, S. 31 ff., mit weiteren, ausführlich beschriebenen Beispielen für mögliche Schädigungen von abhängigen Unternehmen und deren Minderheitsaktionären durch das herrschende Unternehmen. Zu den Schädigungsmotiven vgl. FLURIN VON PLANTA, Verwaltungsrat, S. 27 ff.
263 Dazu BRATSCHI, Freier Aktionär, S. 99 ff.
264 Der sog. "tangibles".

– In der Regel wird im Konzern versucht, möglichst alle *Immaterialgüterrechte* in der Hand eines Konzernunternehmens – nämlich beim herrschenden Unternehmen oder einem speziellen Technologiezentrum in einem anderen Konzernunternehmen – zu konzentrieren[265]. Dabei werden auch Immaterialgüterrechte, welche abhängigen Unternehmen durch die eigene Tätigkeit (z.B. im Bereich der Forschung und Entwicklung) zugekommen sind, vom Konzern erworben, und zwar u.U. zu nicht marktgerechten Bedingungen.

  Den abhängigen Unternehmen werden anschliessend durch den Abschluss von *Lizenzverträgen* Nutzungsrechte an diesen Ausschliesslichkeitsrechten erteilt. Bei der Festsetzung der Lizenzgebühren kommt dem Lizenzgeber ein grosser Ermessensspielraum zu, und es besteht durchaus die Gefahr, dass dieser überschritten wird. Zudem können die abhängigen Unternehmen im Lizenzvertrag verpflichtet werden, Rohstoffe, Halbfabrikate oder Anlagen vom herrschenden Unternehmen zu überhöhten Preisen zu beziehen[266].
– Schliesslich kann das abhängige Unternehmen auch durch *Darlehen* geschädigt werden, sei es, dass es dem herrschenden Unternehmen solche zu günstigen Zinssätzen zu gewähren hat, sei es, dass es vom herrschenden Unternehmen solche zu überhöhten Zinssätzen erhält[267].
– Auch im Rahmen eines *Erwerbs von Aktien des herrschenden Unternehmens*[268] kann das abhängige Unternehmen Schaden erleiden, wenn es zum Kauf oder Verkauf zu ungünstigen Bedingungen gezwungen wird.

Auf die Rechtsbehelfe des Minderheitsaktionärs gegen solche indirekte Schädigungen ist unter Kapitel 3.2. näher einzugehen.

b) Direkte Schädigung der Minderheitsaktionäre

Im Konzernverhältnis kann es ebenso vorkommen, dass nicht das abhängige Unternehmen, sondern dessen Aktionäre direkt geschädigt werden. Das ist immer dann der Fall, wenn Aktionärsrechte entzogen oder beeinträchtigt werden. In diesem Punkt ist die Stellung des Minderheitsaktionärs in einem abhängigen Unternehmen gleich wie in einem selbständigen Unternehmen. In beiden Fällen bietet das geltende Aktienrecht weitgehend Schutz.

---

265 Vgl. dazu S. 309 ff.
266 Es handelt sich dabei um sog. Koppelungsverträge, welche zwischen unabhängigen Dritten kartellrechtlich unzulässig sind. Siehe dazu S. 366 f.
267 BRATSCHI, Freier Aktionär, S. 102 f.
268 BRATSCHI, Freier Aktionär, S. 103 f.

3.2. Aktienrechtlicher Minderheitenschutz

Dem herrschenden Unternehmen sind in seinem Verhalten gegenüber dem Minderheitsaktionär des abhängigen Unternehmens sowohl formelle wie auch materielle Schranken gesetzt[269]. Es sind insbesondere die nachfolgend zu erläuternden gesetzlichen Bestimmungen und die von der Rechtsprechung entwickelten Rechtsgrundsätze, welche den Minderheitsaktionär im Konzern vor missbräuchlichem[270] Verhalten schützen[271].

a) Aktienrechtlicher Minderheitenschutz im abhängigen Unternehmen

aa) Gesellschaftsinteresse und Gesellschaftszweck als Grenze

Der Handlungsspielraum der Organe des abhängigen Unternehmens wird durch den Gesellschaftszweck[272] und das Gesellschaftsinteresse[273] beschränkt. Dies bedeutet, dass die Organe eines abhängigen Unternehmens den Konzerninteressen nur folgen dürfen, wenn diese mit den Interessen des abhängigen Unternehmens übereinstimmen[274]. Halten sie sich nicht daran und führt ihr Verhalten zu einer Schädigung ihres Unternehmens und (indirekt) der Minderheitsaktionäre, so kann dies einen Haftungsgrund nach OR 754 f. darstellen. Somit bildet der Gesellschaftszweck und das Gesellschaftsinteresse die Grenze des Handelns für die Organe des abhängigen Unternehmens und ist Ausgangspunkt für Sanktionen gegen die Verwaltung und gegebenenfalls sogar gegen das herrschende Unternehmen[275].

Das Gesellschaftsinteresse ergibt sich v.a. aus dem Zweck der Gesellschaft[276]. Dabei sind mit dem Zweck sowohl der sog. Endzweck, d.h. die Wirtschaftlichkeit

---

269 Dazu HANDSCHIN, Konzern, S. 144 f.: "Die Leitungsmöglichkeiten, die sich aus dem Recht am Tochterunternehmen ergeben können, sind durch die Rechte der Minderheitsaktionäre innerhalb des Tochterunternehmens begrenzt, zu denen sie nicht im Widerspruch stehen dürfen."
270 FRANZ-PETER OESCH, Minderheitenschutz, S. 170: "Der Minderheitenschutz beschränkt sich einzig auf den Kampf gegen Auswüchse der Mehrheitsmacht und will keineswegs das Mehrheitsprinzip mit seinen gezwungenermassen nachteiligen Folgen für die Minderheit einengen."
271 Völlig zu Recht weist WATTER, Minderheitenschutz, S. 117 f., darauf hin, dass der Minderheitenschutz für Aktionäre von Publikums- oder Kleingesellschaften einen völlig unterschiedlichen Stellenwert haben kann. Die verschiedenen nachfolgend erläuterten gesetzlichen Bestimmungen und Rechtsgrundsätze können deswegen für einen Minderheitsaktionär je nachdem, ob er an einer abhängigen Publikums- oder Kleingesellschaft beteiligt ist, von recht unterschiedlicher Wichtigkeit sein.
272 OR 718a.
273 OR 717 I. Vgl. auch DRUEY, Grundzüge, S. 629.
274 HANDSCHIN, Konzern, S. 107.
275 Allgemein zur Haftung im Konzern siehe S. 168 ff.
276 HANDSCHIN, Konzern, S. 107 f., 147: "Das Gesellschaftsinteresse ist durch das Recht und den Gesellschaftszweck bestimmt."

und Gewinnstrebigkeit[277], wie auch der statutarische Zweck[278], der das vorgesehene Tätigkeitsfeld der Gesellschaft umschreibt[279], gemeint. Der Endzweck kann ohne die Zustimmung aller Aktionäre nicht aufgehoben werden[280], während der statutarische Zweck unter Beachtung des Quorums von OR 704 jederzeit neu festgelegt werden kann.

Für den Minderheitsaktionär eines abhängigen Unternehmens, der keinen oder nur einen sehr beschränkten Einfluss auf die Geschäftspolitik des Unternehmens hat, steht sicherlich der Endzweck, also die Gewinnstrebigkeit des Unternehmens, im Vordergrund. Denn nur wenn dieser von der Gesellschaft konsequent verfolgt wird, kann auch der Minderheitsaktionär die Früchte seiner Beteiligung ernten. Die Gewinnstrebigkeit wird nun aber dann aufgegeben, wenn sich das abhängige Unternehmen vollständig in den Dienst des herrschenden Unternehmens stellt und dadurch auf die Erzielung eines eigenen Gewinns und auf die sich daraus ergebende Möglichkeit der Ausschüttung von Dividenden an die Aktionäre verzichtet[281].

Eine besondere Schwierigkeit ergibt sich für den Minderheitsaktionär aus dem Umstand, dass die Verletzung des Gesellschaftszwecks bzw. der Gesellschaftsinteressen durch die Organe des abhängigen Unternehmens in der Praxis meist nicht in offensichtlicher, sondern oft in schwer durchschaubarer Weise erfolgt[282] und dass er sich damit in einem allfälligen Feststellungsprozess[283], bei dem zuerst ein Feststellungsinteresse dargelegt werden muss, in einer schwierigen Beweislage befindet[284].

bb) Das Gebot der Gleichbehandlung der Aktionäre

Das Gebot der Gleichbehandlung der Aktionäre ist ein fundamentales Prinzip, das bereits unter altem Aktienrecht als ungeschriebener Rechtsgrundsatz anerkannt

---

277 Vgl. BÖCKLI, Aktienrecht, N. 109; OR-NEUHAUS, N. 7 zu OR 660: "Der Aktionär hat ein absolutes Recht auf Gewinnstrebigkeit." HANDSCHIN, Konzern, S. 97: "Die Gewinnstrebigkeit stellt bei der Aktiengesellschaft den Normalfall dar und braucht nicht ausdrücklich aus den Statuten hervorzugehen."
278 Dieser bildet Teil des notwendigen Statuteninhaltes (OR 626 2).
279 HANDSCHIN, Konzern, S. 92 ff.; OR-SCHENKER, N. 9 zu OR 626.
280 OR 706 II 4. Die Gewinnstrebigkeit ist demnach ein unentziehbares Recht des Aktionärs.
281 HANDSCHIN, Konzern, S. 97, 148. Kein Problem ist dagegen die vorübergehende Thesaurierung von Gewinnen z.B. im Hinblick auf die Eigenfinanzierung zukünftiger Investitionsvorhaben des abhängigen Unternehmens. Zur Änderung des Endzwecks bei Kontrollübernahmen siehe S. 85 ff.
282 HANDSCHIN, Konzern, S. 100: "In vielen Fällen wird mit der Konzernierung trotz materieller Zweckänderung keine formelle Zweckänderung vorgenommen. Vielmehr werden neue Sachverhalte geschaffen und gelebt."
283 Stillschweigende Zweckänderungen (siehe dazu S. 88 f.) sind nach HANDSCHIN, Konzern, S. 155, nichtig. Nichtigkeit wird mittels Feststellungsklage geltend gemacht.
284 Die Tatsache einer schleichenden, stillschweigenden Zweckänderung ist für den Aktionär mit seinem beschränkten Informationsstand meist äusserst schwierig zu beweisen. Zu den Abwehrrechten des Minderheitsaktionärs gegen stillschweigende Zweckänderungen und den Beweisproblemen: HANDSCHIN, Konzern, S. 155 f.

war[285]. Mit der letzten Revision wurde dieser Grundsatz nun gleich in mehreren Vorschriften ausdrücklich ins Gesetz aufgenommen[286].

Das Gleichbehandlungsgebot richtet sich ausdrücklich an die Generalversammlung sowie an die (formellen und faktischen) Exekutivorgane der Gesellschaft[287]. Der Mehrheitsaktionär des abhängigen Unternehmens, also das herrschende Unternehmen, ist damit durch das Gleichbehandlungsprinzip nur insoweit betroffen, "als seine Handlungen nicht nur Handlungen eines Aktionärs sind, sondern zugleich auch Handlungen eines dem Gleichbehandlungsgebot unterworfenen Organs"[288]. Das Gleichbehandlungsgebot verpflichtet die Adressaten, alle Aktionäre nach Massgabe ihrer Beteiligungsrechte[289] und unter Würdigung der sachlich vertretbaren Interessen der Gesellschaft gleich[290] zu behandeln[291]. Als reines "Gebot" verschafft es dem betroffenen Aktionär jedoch keinen direkten positiven Anspruch[292] auf Durchsetzung: Gegenüber der *Generalversammlung* dient das Gleichbehandlungsprinzip lediglich als Kriterium zur Aufhebung von Beschlüssen[293]; zur Erzwingung eines – gleichbehandelnden – Beschlusses ist es jedoch untauglich.

Bei *Verwaltungsratsbeschlüssen*, welche gegen das Gleichbehandlungsgebot verstossen, ist der Aktionär noch schlechter gestellt: Da solche Beschlüsse nicht angefochten werden können, kann der ungleich behandelte Aktionär i.d.R. nur auf Ersatz des ihm aus der Verletzung der Gleichbehandlungspflicht allenfalls entstandenen Schadens klagen, den ihn benachteiligenden Verwaltungsratsbeschluss aber nicht

---

285 HUGUENIN, Gleichbehandlungsprinzip, S. 5, 10 ff., 59.
286 Jetzt ausdrücklich in OR 706 II 3 (Generalversammlung) und OR 717 II (Verwaltungsrat), aber auch etwa in OR 652b II (Bezugsrecht). Dazu HUGUENIN, Gleichbehandlungsprinzip, S. 30: "Der Gesetzgeber des neuen Aktienrechts hat das Gleichbehandlungsgebot aus der Verankerung in Art. 2 ZGB herausgelöst. Anstatt es indessen in allgemeiner Weise zu kodifizieren, hat er es ... in verschiedene Regelungszusammenhänge gestellt."
287 HUGUENIN, Gleichbehandlungsprinzip, S. 5, 59; vgl. auch S. 47: "Die erste Aufgabe des Gleichbehandlungsprinzips besteht in einer Begrenzung der Beschlussfreiheit der Generalversammlung" und S. 51: "Die zweite Aufgabe des Gleichbehandlungsprinzips besteht darin, den Handlungsspielraum des Verwaltungs- oder Drittorgans zu strukturieren."
288 HANDSCHIN, Konzern, S. 133. Weiter wird dort ausgeführt: "Ausserhalb ihrer Funktion als Organ der Gesellschaft sind die Aktionäre der Gesellschaft nach herkömmlicher Auffassung keinerlei Gleichbehandlungspflichten unterworfen." Das neue Börsengesetz wird nun allerdings insofern zu einer Ausweitung des Gleichbehandlungsgebotes führen, als auch anderen als den Gesellschaftsorganen Gleichbehandlungspflichten auferlegt werden: So werden bei Unternehmensübernahmen dem zukünftigen Minderheitsaktionär zusätzliche Rechte gegenüber dem zukünftigen Mehrheitsaktionär eingeräumt (vgl. z.B. BEHG 24 II). Zum Gleichbehandlungsgebot unter Aktionären bei Unternehmensübernahmen vgl. HANDSCHIN, Konzern, S. 136 ff.
289 Vgl. dazu HUGUENIN, Gleichbehandlungsprinzip, S. 32, 61.
290 Dabei handelt es sich um eine materielle und nicht um eine rein formale Gleichbehandlung. Vgl. dazu HUGUENIN, Gleichbehandlungsprinzip, S. 35 f.
291 HUGUENIN, Gleichbehandlungsprinzip, S. 31; HANDSCHIN, Konzern, S. 133 f.
292 HANDSCHIN, Konzern, S. 135.
293 Ein die Aktionäre ungleich behandelnder Generalversammlungsbeschluss ist bei erfolgreicher Anfechtung gemäss OR 706 II 3 ungültig. Ausnahmsweise kann er sogar nichtig sein. Vgl. HUGUENIN, Gleichbehandlungsprinzip, S. 74 f.

beseitigen[294]. Damit sind ausgerechnet diejenigen Beschlüsse, von denen die Gefährdung des Minderheitsaktionärs im Konzern in der Regel ausgeht, unumstösslich. Immerhin besteht die Möglichkeit, dass Verwaltungsratsbeschlüsse nach OR 714 i.V.m. OR 706b nichtig sind[295].

Neben diesen Einschränkungen kommt für den Aktionär bei der Durchsetzung seines Rechtes auf Gleichbehandlung erschwerend hinzu, dass er keinen uneingeschränkten Anspruch auf Gleichbehandlung geniesst, denn nach Gesetz können sachlich vertretbare Interessen der Gesellschaft eine objektive Ungleichbehandlung des Minderheitsaktionärs unter Umständen rechtfertigen[296].

Trotz der genannten Einschränkungen und Erschwerungen ist das Gleichbehandlungsgebot für den Minderheitsaktionär von nicht zu unterschätzender Bedeutung[297].

cc) Das Gebot der schonenden Rechtsausübung

Das aus ZGB 2 abgeleitete Gebot der schonenden Rechtsausübung besagt, dass die Ausübung eines Rechts unzulässig ist, wenn sie einem Dritten einen Nachteil bringt und dieser Nachteil durch ein anderes, das gleiche Interesse verwirklichendes Verhalten vermieden werden könnte[298].

Auf den aktienrechtlichen Minderheitsschutz übertragen bedeutet dies, dass Handlungen, welche die Rechte der Minderheitsaktionäre einschränken, nur zulässig sind, wenn sie durch das Interesse der Gesellschaft geboten sind und überdies unter mehreren zweckdienlichen Lösungen diejenigen darstellen, welche die Minderheitsaktionäre am wenigsten belasten. Bei einem Entscheid darüber, welche von mehreren möglichen Lösungen gewählt werden soll, ist also immer eine vorgängige Abwägung der Interessen des Minderheitsaktionärs erforderlich[299].

dd) Vorschriften betreffend die Einladung zur Generalversammlung

Um wenigstens den kleinen Einfluss, der ihr verbleibt, geltend machen zu können, ist die Minderheit darauf angewiesen, rechtzeitig zur Generalversammlung eingeladen zu werden[300].

---

294 Zum Ganzen vgl. auch HUGUENIN, Gleichbehandlungsprinzip, S. 6.
295 Zur Problematik der gesetzlichen Nichtigkeitsgründe siehe BÖCKLI, Aktienrecht, N. 1920 ff.
296 Vgl. OR 706 II 3. HANDSCHIN, Konzern, S. 135.
297 WATTER, Minderheitenschutz, S. 121, meint sogar, dass sich das nun ausdrücklich ins Gesetz aufgenommene Gleichbehandlungsgebot "als kraftvolle Waffe in der Hand des Minderheitsaktionärs entpuppen" könnte.
298 Vgl. BK-MERZ, N. 393 ff. zu ZGB 2; MARTIN PLÜSS, Freier Aktionär, S. 60.
299 Genau in dieser Abwägung liegt aber – wie bei anderen allgemeinen Rechtsgrundsätzen in der Regel auch – das Problem bei der Anwendung des Gebotes der schonenden Rechtsausübung. Vgl. MARTIN PLÜSS, Freier Aktionär, S. 61.
300 Dazu WATTER, Minderheitenschutz, S. 123.

Nach OR 700 I muss die Einladung mindestens 20 Tage vor der Generalversammlung erfolgen. Zudem ist auch der Geschäfts- und Revisionsbericht spätestens 20 Tage im voraus zur Einsicht aufzulegen oder auf Verlangen dem Aktionär zuzusenden[301]. Auf der Einladung zur Generalversammlung hat der Verwaltungsrat auch die Verhandlungsgegenstände und seine Anträge anzugeben[302]. Alle diese Bestimmungen geben dem Minderheitsaktionär die Möglichkeit, sich seriös auf die bevorstehende Generalversammlung vorzubereiten[303] und verringern damit die Gefahr, dass er an dieser durch unvorhersehbare Traktanden oder Anträge des Grossaktionärs überrollt wird und dadurch seine Rechte nicht mehr angemessen wahren kann. Die Bedeutung der verschiedenen Einberufungsvorschriften für den Minderheitenschutz ist jedoch in Konzernverhältnissen letztlich relativ bescheiden.

ee) Einberufungs- und Traktandierungsrecht

Nach OR 699 III haben Minderheitsaktionäre, welche mindestens 10% des Aktienkapitals vertreten, ein *Recht auf Einberufung einer Generalversammlung*[304]; Aktionären, die Aktien im Nennwert von einer Million Franken[305] halten, steht ein *Traktandierungsrecht* zu.

Macht der Minderheitsaktionär von seinem *Einberufungsrecht* Gebrauch, so muss der Verwaltungsrat eine ausserordentliche Generalversammlung einberufen. Entspricht der Verwaltungsrat dem Einberufungsbegehren nicht, so hat der Richter die Einberufung anzuordnen[306].

Verfügt der Minderheitsaktionär dagegen bloss über ein *Traktandierungsrecht* (d.h. vertritt er Nennwerte von mindestens einer Million Franken, aber weniger als 10% des Aktienkapitals), so kann er bloss die Traktandierung der von ihm gewünschten Geschäfte anlässlich der nächsten vom Verwaltungsrat einzuberufenden – ordentlichen oder ausserordentlichen – Generalversammlung verlangen.

Obschon in Anbetracht der Mehrheitsverhältnisse in einem abhängigen Unternehmen realistischerweise davon ausgegangen werden muss, dass der Minderheitsaktionär an der Generalversammlung mit seinen Anträgen nicht durchdringen wird, so kommen dem Traktandierungs- und vor allem dem Einberufungsrecht dennoch in

---

301 OR 696.
302 OR 700 II. Beschlüsse über nicht gehörig traktandierte Verhandlungsgegenstände sind unter Verletzung dieser Bestimmung zustandegekommen und damit anfechtbar.
303 Vgl. WATTER, Minderheitenschutz, S. 123.
304 Das Einberufungsrecht nach 699 III beinhaltet – obschon im Gesetz nicht ausdrücklich gesagt – selbstverständlich auch ein Traktandierungsrecht. Anders zu entscheiden hiesse, das Einberufungsrecht ins Leere laufen zu lassen.
305 Diese recht hohe Hürde schliesst wohl schon viele Minderheitsaktionäre vom Traktandierungsrecht aus.
306 OR 699 IV.

zweierlei Hinsicht eine nicht zu unterschätzende Bedeutung für den Minderheitenschutz zu:

- Durch die Traktandierung kann ein Minderheitsaktionär ein unkorrektes oder sogar missbräuchliches Verhalten des abhängigen oder des herrschenden Unternehmens insofern publik machen, als darüber an der Generalversammlung verhandelt werden muss. Vielfach wird das herrschende bzw. das abhängige Unternehmen daran kein Interesse haben und sich deshalb eher zu einer einvernehmlichen Lösung mit dem Minderheitsaktionär durchringen können[307].
- Weit wichtiger ist aber eine andere Wirkung des Traktandierungs- und Einberufungsrechtes: Die Ausübung dieser beiden Rechte führt dazu, dass eine Generalversammlung durchzuführen ist, deren Beschlüsse zu den vorgeschlagenen Traktanden gegebenenfalls angefochten werden können[308].

ff) Quorumsvorschriften

Die Vorschrift betreffend *Beschlussquoren* von OR 704 dient insofern dem Schutz der Minderheit, als für gewisse wichtige Beschlüsse der Generalversammlung wie die Änderung des Gesellschaftszweckes[309] oder die Einführung von Stimmrechtsaktien eine qualifizierte Beschlussmehrheit[310] verlangt wird, die u.U. nur erreicht werden kann, wenn auch Minderheitsaktionäre dem Beschluss zustimmen (sog. Sperrminorität)[311]. OR 704 verlangt für eine gültige Beschlussfassung nun auch die absolute Mehrheit der vertretenen Aktiennennwerte. Dadurch wird der Einfluss von Stimmrechtsaktien zurückgebunden, und der Minderheitsaktionär erhält so bei der Beschlussfassung ein grösseres Gewicht[312], sofern die Gesellschaft über Stimmrechtsaktien des abhängigen Unternehmens verfügt. Allgemein kann gesagt werden, dass die gesetzlichen Beschlussquoren in der Generalversammlung zu einer Gewichtsverschiebung vom Mehrheits- zum Minderheitsaktionär führen, indem die Wahrscheinlichkeit, dass letzterem eine Sperrminorität zukommt, mit der Heraufsetzung der Mehrheitserfordernisse wächst[313].

---

307 Vgl. HANDSCHIN, Konzern, S. 145.
308 Vgl. HANDSCHIN, Konzern, S. 145.
309 Wie erwähnt, kann die Kontrollübernahme eine Zweckänderung darstellen (vgl. dazu S. 85 ff.).
310 Gemäss OR 704 I gilt als qualifiziertes Mehr eine Mehrheit von mindestens zwei Dritteln der vertretenen Stimmen und der absoluten Mehrheit der vertretenen Aktiennennwerte.
311 Eine Sperrminorität ist also dann gegeben, wenn der Mehrheitsaktionär das qualifizierte Mehr nicht schon allein durch seine Stimmen erreicht.
312 Vgl. WATTER, Minderheitenschutz, S. 120; MARTIN PLÜSS, Freier Aktionär, S. 38 ff.; HANDSCHIN, Konzern, S. 146 f.: "Die Quorenbestimmungen sind nicht geeignet, die Konzernierung an sich zu verhindern. Sie setzen jedoch dem Mutterunternehmen klare Grenzen in bezug auf die Qualität und das Ausmass der einheitlichen Führung...".
313 OR-DREIFUSS/LEBRECHT, N. 17 zu OR 704.

Neben den Beschlussquoren können auch *statutarische Präsenzquoren* einen zusätzlichen Minderheitenschutz bewirken[314]. Deren Einführung ist ohne qualifiziertes Quorum möglich, da sich OR 704 II ausdrücklich nur auf Beschlussquoren bezieht[315]. Für den Abschaffungsbeschluss ist dann allerdings das Quorum, welches abgeschafft werden soll, erforderlich (sog. "Siegwart-Regel")[316].

gg) Informations- und Kontrollrechte

Bei den vom Gesetz vorgesehenen Informations- und Kontrollrechten stehen das Recht auf Auskunft[317], auf Einsicht[318] und auf Einsetzung eines Sonderprüfers[319] im Vordergrund.

Als weiteres Informationsrecht ist das Recht auf Orientierung über die Organisation der Geschäftsführung (OR 716b II) zu erwähnen.

Nicht als Kontrollrecht ausgestaltet, für den Minderheitenschutz aber auch von gewisser Bedeutung, sind die im Rahmen der Revision stark verbesserten Buchführungsvorschriften[320], welche der Gesellschaft eine zusätzliche Informationspflicht auferlegen und ihr damit (direkt oder indirekt) Grenzen für ihr Verhalten setzen.

Isoliert betrachtet sind diese – im neuen Aktienrecht stark ausgebauten – Rechte als Instrumente im Kampf gegen missbräuchliches Verhalten des abhängigen Unternehmens und seiner Verwaltung nur beschränkt brauchbar. In der Praxis bringen sie dem Minderheitsaktionär aber dennoch einen nicht zu unterschätzenden Schutz: Die Informations- und Kontrollrechte bilden nämlich vielfach die unabdingbare Grundlage für die Ergreifung weiterer Massnahmen gegen missbräuchliches Verhalten der Gesellschaft. So wird z.B. die Sonderprüfung einer Minderheit von Aktionären vor allem zur Vorbereitung von Verantwortlichkeitsklagen nützen[321].

Das Problem dieser Rechte, namentlich des Auskunfts- und Einsichtsrechts, liegt darin, dass es zu einem grossen Teil im Ermessen des Verwaltungsrats liegt, ob er Auskunft erteilen oder Einsicht gewähren will. Die Verwaltung kann nämlich jegliche

---

314 BÖCKLI, Aktienrecht, N. 1384 ff.
315 BÖCKLI, Aktienrecht, N. 1384a und 1400, m.w.H. auf abweichende Lehrmeinungen.
316 BÖCKLI, Aktienrecht, N. 1405 ff.
317 OR 697 I. Das Auskunftsrecht richtet sich primär gegen den Verwaltungsrat und ist an der Generalversammlung auszuüben. Eingeschränkt wird es aber durch die Bestimmung, dass die Auskunft nur insoweit zu erteilen ist, "als sie für die Ausübung der Aktionärsrechte erforderlich ist" (OR 697 II).
318 OR 697 III.
319 OR 697a ff. Da die Sonderprüfung nur in ihrer Idealform als Individualrecht ausgestaltet wurde (OR 697a), ist sie in der Praxis wohl nur für grössere Minderheitsaktionäre, die mindestens 10% des Aktienkapitals auf sich vereinigen (OR 697b I), von Bedeutung.
320 Buchführungsgrundsätze (OR 662a), Mindestgliederungsvorschriften (OR 663, 663a), vorgeschriebener Vergleich mit Vorjahreszahlen (OR 662a I), Erfordernis eines Anhanges (OR 662 II, 663b) und einer Konzernrechnung (OR 663e ff.), Erfordernis der Offenlegung bedeutender Aktionäre im Anhang für kotierte Gesellschaften (OR 663c). Dazu WATTER, Minderheitenschutz, S. 119 f.
321 Vgl. WATTER, Minderheitenschutz, S. 123. Zur Sonderprüfung und zu den Erfahrungen mit diesem neuen Instrument vgl. BAER, Sonderprüfung, S. 27.

Auskunft verweigern, wenn ihrer Ansicht nach schutzwürdige Interessen der Gesellschaft[322] schon nur gefährdet werden oder wenn durch die Einsicht Geschäftsgeheimnisse verletzt würden. Beide Informationsrechte sind jedoch durchsetzbar, wobei eine Auskunfts- oder Einsichtsverweigerung Voraussetzung für eine Klage auf Auskunft bzw. Einsicht oder für ein Begehren um Einsetzung eines Sonderprüfers[323] ist[324]. Gerade die Sonderprüfung erfüllt im Konzernrecht eine wichtige Aufgabe: Da im abhängigen Unternehmen, "in welchem Generalversammlung und Verwaltung einheitlich beherrscht werden und die den Minderheitsaktionär belastenden Entscheide folglich in der Regel nicht in Form von – anfechtbaren – Generalversammlungsbeschlüssen gefällt, sondern wenn immer möglich durch die Verwaltung beschlossen werden"[325], ist es für die Minderheit wichtig, zu Informationen zu kommen, die Grundlage für eine allfällige Verantwortlichkeitsklage bilden können. Das Institut der Sonderprüfung ermöglicht dem Minderheitsaktionär unter gewissen gesetzlich geregelten Voraussetzungen[326] genau diese Informationsbeschaffung[327].

Ihren grössten Nutzen für den Minderheitsaktionär entfalten die Informations- und Kontrollrechte jedoch in ihrer präventiven Wirkung gegenüber der Verwaltung des abhängigen Unternehmens: Aus Angst vor einer Klage auf Auskunft oder Einsicht und vor allem vor einem Begehren auf Sonderprüfung wird die Verwaltung des abhängigen Unternehmens eher zu Kompromissen mit den Minderheitsaktionären bereit sein oder von Anfang an auf unkorrektes oder missbräuchliches Verhalten gegenüber dem Minderheitsaktionär verzichten[328].

hh) Bezugs- und Vorwegzeichnungsrecht

Neben den bisher besprochenen Normen und Rechtsgrundsätzen kann auch in den verschärften Bestimmungen über das *Bezugs- und Vorwegzeichnungsrecht* ein gewisser Minderheitenschutz erblickt werden[329]. Die entsprechenden gesetzlichen Be-

---

322 Zum Begriff des "schutzwürdigen Interesses" vgl. etwa OR-WEBER, N. 8 ff. zu OR 697.
323 Die Einreichung einer Klage auf Gewährung des Auskunfts- bzw. Einsichtsrechts ist hier nicht erforderlich. Es genügt, dass das Recht erfolglos ausgeübt wurde. Die Klage auf Auskunftserteilung bzw. Gewährung von Einsicht besteht also alternativ zur Klage auf Durchführung einer Sonderprüfung.
324 Vgl. HANDSCHIN, Konzern, S. 151.
325 HANDSCHIN, Konzern, S. 152.
326 Vgl. OR 679a ff.
327 Deckt der Sonderprüfer in seinem Bericht widerrechtliche Verhalten der Verwaltung auf, so wird dieser sicherlich Entscheidgrundlage für die Erhebung einer Verantwortlichkeitsklage sein.
328 HANDSCHIN, Konzern, S. 153: "Die ... Behauptung einer Rechtswidrigkeit durch einen Minderheitsaktionär hat auf den Geltungsanspruch oder auf die Persönlichkeit des Konzerns einen ungleich kleineren Einfluss als ein Bericht eines vom Richter eingesetzten Sonderprüfers, der zum gleichen Ergebnis gelangt. In vielen Fällen wird daher die Abwägung zwischen Prestigeverlust und Ertrag der widerrechtlichen Benachteiligung des Minderheitsaktionärs zur Beendigung des widerrechtlichen Zustands führen."
329 Die Bestimmungen über das Bezugs- (OR 652b ff.) und das Vorwegzeichnungsrecht (OR 653c) verhindern eine – sachlich nicht gerechtfertigte – Bevorzugung des Mehrheitsaktionärs.

stimmungen von OR 652b ff. und 653c haben jedoch durch den Entscheid des Bundesgerichts i.S. SBG/BK Vision[330] eine gewisse Relativierung erfahren, indem entgegen dem klaren Wortlaut des Gesetzes die Delegierbarkeit des Entscheids über den Bezugsrechtsausschluss bei einer genehmigten oder bedingten Kapitalerhöhung an den Verwaltungsrat bejaht wurde[331] und der Interessenkonflikt zwischen Aktionärsschutz und Flexibilisierung der Kapitalbeschaffung zu Ungunsten des Aktionärs entschieden wurde.

Es sind Fälle denkbar, in denen den Minderheitsaktionären des abhängigen Unternehmens die Bezugsrechte de iure sehr wohl gewährt werden, diese ihre Rechte aber de facto gar nicht ausüben können. So kann das herrschende Unternehmen z.B. versuchen, seinen Einfluss auf das abhängige Unternehmen dadurch zu vergrössern, dass es durch die von ihm beherrschte Generalversammlung des abhängigen Unternehmens eine massive Kapitalerhöhung im Wissen darum beschliessen lässt, dass die Minderheitsaktionäre ihre Bezugsrechte nicht oder zumindest nicht voll ausüben können oder wollen, und so seine eigene Beteiligung erhöhen kann. Dies erscheint dann als besonders stossend, wenn die Kapitalerhöhung zu pari oder mit einem nur sehr bescheidenen Agio durchgeführt wird und dadurch eine massive Verwässerung der Minderheitsbeteiligungen eintritt.

Das Bundesgericht hatte sich in zwei Fällen mit einem krassen Fall einer solchen Kapitalerhöhung zu befassen[332]. Es gab zum grossen Ärger der schweizerischen Lehre[333] der Mehrheit Recht, welche gezielt eine massive Kapitalerhöhung zu pari durchführte und damit die Minderheit zwang, entweder beträchtliche Mengen an Kapital einzuschiessen oder eine dramatische Verwässerung ihrer Beteiligung in Kauf zu nehmen[334].

ii) Recht der Aktionäre verschiedener Aktienkategorien auf Vertretung im Verwaltungsrat

Es ist denkbar, dass der Konzern im Rahmen der Konzernbetriebsphase versucht, verschiedene Aktienkategorien zu schaffen (z.B. Stimmrechts- oder Vorzugsaktien), um das abhängige Unternehmen leichter beherrschen zu können bzw. um für den Konzern finanzielle Vorteile zu realisieren.

---

330 BGE 121 III 219 ff. Vgl. auch VON BÜREN/BURI, Kapitalerhöhung, S. 598 ff.
331 Das Bundesgericht führt damit seine frühere Praxis (BGE 117 II 290 ff. i.S. Canes/Nestlé) ungeachtet der veränderten gesetzlichen Rahmenbedingungen weiter.
332 Es handelt sich um die beiden "Ringier-Entscheide" BGE 99 II 55 (Zeichnung neuer Aktien im Betrag von Fr. 2.4 Mio. oder Stimmkraftverminderung von 45.7% auf 5.7%) und 102 II 265 (Zeichnung neuer Aktien für Fr. 1.89 Mio. oder Kapitalverwässerung von über Fr. 8.5 Mio.). Dazu BÖCKLI, Aktienrecht, N. 259.
333 Nachweise bei BÖCKLI, Aktienrecht, Fn. 448 zu N. 259.
334 Vgl. dazu BRATSCHI, Freier Aktionär, S. 105 ff. m.w.H.

Für diesen Fall sieht OR 709 I zwingend vor, dass den Aktionären jeder Aktienkategorie das Recht auf einen Vertreter im Verwaltungsrat zu gewähren ist. Zudem können die Statuten eine Vertretung von Minderheiten oder anderen Aktionärsgruppen vorsehen[335].

Durch die Vertretung im Verwaltungsrat kann die Rechtsstellung der Minderheitsaktionäre eines abhängigen Unternehmens beträchtlich verstärkt werden, da sie auf diesem Weg u.U. zu wichtigen Informationen gelangen, welche ihnen als Aktionäre nicht zugänglich wären. Abgesehen davon kann die Vertretung der Minderheitsaktionäre im Verwaltungsrat dazu führen, dass der Konzern von gewissen Geschäften mit Schädigungspotential für die Minderheit, für welche der Verwaltungsrat zuständig ist, Abstand nimmt[336].

kk) Erwerb eigener Aktien

Schliesslich ist im Zusammenhang mit dem aktienrechtlichen Minderheitenschutz auf eine ausdrücklich konzernspezifische Norm hinzuweisen, nämlich auf die Bestimmung von OR 659b betreffend den Erwerb von Aktien des herrschenden Unternehmens durch das abhängige Unternehmen[337].

Die Vorschrift von OR 659, wonach höchstens 10% des Aktienkapitals des herrschenden Unternehmens erworben werden dürfen und überdies die Finanzierung aus frei verwendbarem Eigenkapital zu erfolgen hat, gilt für sämtliche Konzernunternehmen. Sie schützt indirekt auch die Interessen der Minderheitsaktionäre des abhängigen Unternehmens. Da die Bildung der entsprechenden gesetzlichen Reserve[338] dem herrschenden Unternehmen obliegt[339], wird bei einem allfälligen Erwerb von Aktien des herrschenden Unternehmens durch das abhängige Unternehmen dessen Ausschüttungssperre nicht erhöht, sodass die Minderheitsaktionäre bei der Dividendenausschüttung keine Einbusse erleiden[340].

b) Aktienrechtliche Ansprüche der Minderheitsaktionäre gegenüber dem herrschenden Unternehmen

In diesem Bereich macht sich das Fehlen konzernrechtlich relevanter Normen im Aktienrecht besonders deutlich bemerkbar: Das Gesetz sieht zwar den Konzern – und

---

335 OR 709 II.
336 Vgl. im übrigen zur Problematik der Stellung des Minderheitsverwaltungsrats und zu seinem Nutzen für die Minderheitsaktionäre: OR-WERNLI, N. 20 ff. zu OR 709, und TAPPOLET, Konzernmässige Abhängigkeit, S. 99 f. Letzterer weist mit Recht darauf hin, dass der grösste Vorteil eines Minderheitsvertreters im Verwaltungsrat darin bestehe, dass diesem – im Gegensatz zum Minderheitsaktionär – ein umfassendes Auskunfts- und Einsichtsrecht zukomme.
337 Siehe bereits S. 107 ff.
338 OR 659a II.
339 OR 659b III.
340 OR-ANDREAS VON PLANTA, N. 9 zu OR 659b.

damit auch die Existenz eines herrschenden Unternehmens – ausdrücklich vor[341], enthält aber keinen spezifischen Schutz gegen das herrschende Unternehmen, auf welche sich die Minderheitsaktionäre der abhängigen Unternehmen berufen könnten. So steht dem Minderheitsaktionär gegenüber dem herrschenden Unternehmen ein recht armseliges Arsenal an Instrumenten zu seinem Schutz zur Verfügung.

aa) Das Verbot der verdeckten Gewinnausschüttung

Dem in OR 678 enthaltenen Verbot der verdeckten Gewinnausschüttung kommt für den Minderheitenschutz in Konzernverhältnissen eine besondere Bedeutung zu. Der Anspruch auf Rückerstattung unrechtmässig bezogener Leistungen an das abhängige Unternehmen stellt für den Minderheitsaktionär ein probates Mittel dar, um vom Konzern abgezogenes Substrat wieder zurückzuholen (OR 678 wird später im Detail behandelt[342]).

bb) Treuepflicht des herrschenden Unternehmens gegenüber dem Minderheitsaktionär?

Ausgehend von der Kapitalbezogenheit der Aktiengesellschaft hat der Aktionär nach schweizerischer Rechtsordnung nur eine einzige Pflicht, nämlich diejenige zur Liberierung seiner Aktien[343]. Eine spezielle (aktienrechtliche) Treuepflicht gegenüber seinen Mitaktionären hat er demnach nach dem Gesetz keine. Dennoch wollen verschiedene Autoren[344] eine Treuepflicht unter den Aktionären annehmen. Sowohl das Bundesgericht wie auch die herrschende Lehre[345] teilen jedoch diese Auffassung nicht[346] und verneinen eine über die Liberierung hinausgehende Aktionärspflicht[347].

3.3. Aktienrechtliche Rechtsmittel der Minderheitsaktionäre gegen das abhängige Unternehmen und seine Organe

Die gesetzlichen Schutznormen und die durch die Rechtsprechung entwickelten allgemeinen Rechtsgrundsätze nützen den Minderheitsaktionären solange nichts, als sie nicht durchgesetzt werden können. Ihnen muss daher auch das nötige Instrumen-

---

341 OR 663e I.
342 Siehe S. 153 ff.
343 Vgl. OR 680 I, wonach der Aktionär nicht verpflichtet werden kann, mehr zu leisten, als den für den Bezug einer Aktie bei ihrer Ausgabe festgesetzten Betrag. Zum Ganzen vgl. TAPPOLET, Konzernmässige Abhängigkeit, S. 37 ff.
344 Vgl. die Aufzählung dieser Autoren bei HANDSCHIN, Konzern, S. 149.
345 Dazu HANDSCHIN, Konzern, S. 149, mit Hinweisen auf die einschlägigen Entscheide des Bundesgerichtes und weiteren Literaturhinweisen.
346 Vgl. auch TAPPOLET, Konzernmässige Abhängigkeit, S. 40; WATTER, Minderheitenschutz, S. 124.
347 Wie in den USA wird neuerdings auch in Deutschland eine Treuepflicht von Grossaktionären gegenüber der Minderheit bejaht (WATTER, Minderheitenschutz, S. 124 f.).

tarium zur Durchsetzung ihrer Rechte gegenüber dem abhängigen Unternehmen und seinen Organen zur Verfügung gestellt werden.

a) Anfechtungsklage

Als Instrument des Minderheitenschutzes kommt der Anfechtungsklage[348], die von jedem einzelnen Aktionär erhoben werden kann[349], eine äusserst wichtige Rolle zu. Das Recht auf Anfechtung ermöglicht dem Minderheitsaktionär eines abhängigen Unternehmens, sich gegen gesetz- oder statutenwidriges Verhalten der Generalversammlung direkt zur Wehr zu setzen. Insbesondere kann er sich gegen Beschlüsse wehren, welche ihm in unsachlicher Weise Rechte entziehen[350], eine nicht berechtigte Ungleichbehandlung oder Benachteiligung bewirken oder die Gewinnstrebigkeit der Gesellschaft aufheben[351]. Aus der Sicht des konzernrechtlichen Minderheitenschutzes dürften dabei wohl diejenigen Anfechtungsgründe, welche den Minderheitsaktionär vor dem Entzug seiner Rechte oder vor Benachteiligung gegenüber dem Mehrheitsaktionär schützen, die wichtigsten sein[352].

Verstärkt wird das Anfechtungsrecht durch die Bestimmung über die Tragung des Kostenrisikos: OR 706a III bestimmt nämlich, dass der Richter – selbst bei Abweisung der Anfechtungsklage – die Kosten nach seinem Ermessen auf die Parteien verteilen kann. Damit wird für den klagenden Minderheitsaktionär, der sich aus begründetem Anlass[353] gegen einen Generalversammlungsbeschluss wendet, das mit einer Anfechtung verbundene hohe Kostenrisiko gedämpft. Es ist anzunehmen, dass die Aktionäre aufgrund dieser Kostenregelung eher geneigt sein werden, Anfechtungsprozesse zu riskieren, was wiederum den Verwaltungsrat, der an solchen Prozessen kein Interesse haben kann, zu vorsichtigerem Verhalten anhalten wird.

b) Nichtigkeitsklage

Neben den Anfechtungsgründen statuiert das Gesetz in OR 706b auch Nichtigkeitsgründe, welche sowohl für Generalversammlungs- wie auch für Verwaltungsratsbe-

---

348 Zu der Anfechtungsklage im einzelnen vgl. unter vielen: BÖCKLI, Aktienrecht, N. 1898 ff.; OR-DREIFUSS/LEBRECHT, N. 1 ff. zu OR 706.
349 Auch dem kleinsten, vielleicht nur über einen minimalen Anteil verfügenden Minderheitsaktionär steht also das Anfechtungsrecht zu. Dies im Gegensatz zu anderen Minderheitenschutzrechten, die vielfach eine Minimalbeteiligung voraussetzen (vgl. z.B. Einberungs-, Traktandierungsrecht, Sonderprüfung, etc.).
350 OR 706 II 2. Darunter fallen alle Sachverhalte, welche das Gebot der schonenden Rechtsausübung verletzen oder bei denen die Aktionärsmehrheit (hier das herrschende Unternehmen) ihre eigenen Interessen gegen das Interesse des abhängigen Unternehmens durchdrückt. Vgl. dazu WATTER, Minderheitenschutz, S. 123 m.w.H.
351 Vgl. OR 706 II. Zu den einzelnen Anfechtungsgründen nach OR 706 vgl. unter vielen BÖCKLI, Aktienrecht, N. 1898 ff.; OR-DREIFUSS/LEBRECHT, N. 8 ff. zu OR 706.
352 Vgl. dazu HANDSCHIN, Konzern, S. 154.
353 Vgl. dazu unter vielen OR-DREIFUSS/LEBRECHT, N. 9 ff. zu OR 706a.

schlüsse[354] gelten. Auf die Nichtigkeit kann sich der Minderheitsaktionär jederzeit mittels Feststellungsklage[355] berufen. Die Abgrenzung zwischen Nichtigkeits- und Anfechtungsgründen fällt z.T. nicht leicht. Aktionären, welche sich gegen einen Generalversammlungsbeschluss wehren wollen, ist daher zur Sicherheit eine Anfechtungsklage innerhalb der Frist von OR 706a I zu empfehlen[356].

Die Nichtigkeitsklage spielt in Konzernverhältnissen eine enorm wichtige Rolle: Die Konzernleitung kann zwar durchaus Beschlüsse in der Generalversammlung fassen lassen, in der Praxis wird sie ihren Einfluss aber meist direkt über den Verwaltungsrat des abhängigen Unternehmens ausüben. Da jedoch – wie gesehen – die Beschlüsse des Verwaltungsrates gerade nicht angefochten werden können, bildet die Berufung auf die Nichtigkeit die einzige Möglichkeit, diese umzustossen. In der Konzernpraxis ist es denkbar, dass Verwaltungsratsbeschlüsse deshalb nichtig sind, weil sie die Grundstrukturen der Aktiengesellschaft im Sinne von OR 706b 3 missachten, indem z.B. die Konzernleitung Entscheide fällt, welche unübertragbar und unentziehbar in die Kompetenz des Verwaltungsrats[357] des abhängigen Unternehmens fallen, oder indem an einer Sitzung des Verwaltungsrats des abhängigen Unternehmens nicht als Verwaltungsräte gewählte Vertreter des Konzerns teilnehmen und mitentscheiden[358].

c) Verantwortlichkeitsklage

Neben der Anfechtung von Generalversammlungsbeschlüssen bzw. der Nichtigkeitsklage gegen Beschlüsse der Generalversammlung oder des Verwaltungsrats stellt die Verantwortlichkeitsklage gegen die Verwaltung des abhängigen Unternehmens[359] für den Minderheitsaktionär wohl eines der wichtigsten Instrumente zur Durchsetzung seiner Rechte dar[360].

Allerdings kann der Minderheitsaktionär mit der Verantwortlichkeitsklage seine Rechte nur mittelbar durchsetzen. Gemäss OR 754 ff. kann ein Aktionär die Verwal-

---

354 Verwaltungsratsbeschlüsse können zwar nicht angefochten werden, sie können aber nach OR 714 i.V.m. OR 706b nichtig sein.
355 Die Klage auf Nichtigkeit führt daher nicht zu einem Gestaltungsurteil; im Urteil wird nur eine bereits bestehende Rechtslage rechtskräftig festgehalten.
356 Vgl. WATTER, Minderheitenschutz, S. 124.
357 OR 716a.
358 So OR-WERNLI, N. 5 zu OR 713 und N. 12 zu OR 714. A.M. BÖCKLI, Aktienrecht, N. 1515a.
359 OR 754 ff.
360 MARTIN PLÜSS, Freier Aktionär, S. 149: "Da die Verantwortlichkeitsklage ... praktisch die einzige Möglichkeit der Minderheitsaktionäre ist, um sich gegen schädigende Beschlüsse der Verwaltung zu schützen, ist ihre Bedeutung für den Minderheitenschutz kaum zu überschätzen ... Im Konzernzusammenhang ist vor allem auch die Verantwortlichkeitsklage aus OR 755 [neu OR 756 f.] von Bedeutung, womit der mittelbare Schaden geltend gemacht werden kann." Gleich TAPPOLET, Konzernmässige Abhängigkeit, S. 87; FRANZ-PETER OESCH, Minderheitenschutz, S. 231: "Im Konzernzusammenhang gefährdet nicht so sehr die direkte, unmittelbare, sondern die mittelbare Schädigung die Interessen des Kleinaktionärs." Vgl. auch FLURIN VON PLANTA, Verwaltungsrat, S. 60 f.

tung nämlich nur auf Leistung von Schadenersatz, nicht aber auf ein Tun oder Unterlassen verklagen. Ihren grössten Nutzen für den Minderheitsaktionär erfüllt die Verantwortlichkeitsklage daher in ihrer präventiven Wirkung: Aus Angst vor einer allfälligen Klage wird sich die Verwaltung des abhängigen Unternehmens möglichst immer an Gesetz und Statuten halten oder zu einer einvernehmlichen Lösung mit dem Minderheitsaktionär Hand bieten[361].

Ihre Grenzen findet die Verantwortlichkeitsklage dort, wo die Verwaltung – ohne gegen Statuten oder Gesetz zu verstossen – das ihr zustehende Ermessen vollständig zugunsten des herrschenden Unternehmens und gegen die Interessen der Minderheitsaktionäre des abhängigen Unternehmens ausübt. Denn für den Aktionär ungünstige, aber durchaus vertretbare Entscheide der Verwaltung begründen noch keine Verantwortlichkeit im Sinne von OR 754 ff. Geschwächt wird die Position des Minderheitsaktionärs aber auch durch den Umstand, dass er Handlungen des Verwaltungsrates rügen muss, die sich zumeist hinter verschlossenen Türen abspielen und von denen er gar keine Kenntnis haben kann[362]. Der Minderheitsaktionär wird dadurch bei der Erhebung der Verantwortlichkeitsklage oft in einen Beweisnotstand geraten[363], der auch durch die Berufung auf die ihm zur Verfügung stehenden Auskunfts-, Einsichts- und Kontrollrechte nur schwer zu beseitigen sein wird[364].

Auch im Bereich der Verantwortlichkeitsklage bringt das neue Recht eine Regelung betreffend die Tragung des Kostenrisikos: OR 756 II bestimmt – ähnlich wie OR 706a III für die Anfechtungsklage – dass auch bei Unterliegen des Klägers der Richter die Kosten ganz oder zum Teil der Gesellschaft auferlegen kann[365]. Die neue Kostenregelung wird wohl auch hier "dazu führen, dass der Verwaltungsrat nun eher mit Klagen rechnen muss, was heilsame prophylaktische Wirkung zeitigen dürfte"[366].

---

361 Vgl. auch MARTIN PLÜSS, Freier Aktionär, S. 149.
362 MARTIN PLÜSS, Freier Aktionär, S. 55, 149. Vielfach wird der Minderheitsaktionär daher überhaupt nicht merken, dass er durch einen – ihm nicht bekannten – Verwaltungsratsentscheid benachteiligt wird. Ihm fehlen regelmässig die Informationen, um auch nur einen begründeten Verdacht aufkommen zu lassen (TAPPOLET, Konzernmässige Abhängigkeit, S. 98, 137).
363 Vgl. auch TAPPOLET, Konzernmässige Abhängigkeit, S. 98, 137.
364 Um die notwendigen Informationen für die Führung eines Verantwortlichkeitsprozesses zu erlangen, wird der klagende Aktionär fast ausnahmslos auf seine aktienrechtliche Auskunfts- und Kontrollrechte angewiesen sein. Zu den Kontroll-, Auskunfts- und Einsichtsrechten vgl. die Ausführungen vorne S. 134.
365 Nach der Systematik des Gesetzes – der betreffende Artikel trägt den Titel "Schaden der Gesellschaft" – gilt dies nur für Klagen aus mittelbarem Schaden.
366 WATTER, Minderheitenschutz, S. 121.

3.4. Aktienrechtliche Rechtsmittel der Minderheitsaktionäre gegen das herrschende Unternehmen und seine Organe

Vorweg ist festzustellen, dass Minderheitsaktionären eines abhängigen Unternehmens zwar durchaus einige Rechtsmittel gegen das herrschende Unternehmen zur Verfügung stehen, dass aber alle diese Massnahmen lediglich darauf ausgerichtet sind, dem Minderheitsaktionär bzw. seinem Unternehmen einen finanziellen Ausgleich für einen vom herrschenden Unternehmen bzw. seinen Organen verursachten Schaden zu bieten. Dagegen sieht das geltende Recht – obwohl es den Konzern und seine Leitungsmacht über die abhängigen Unternehmen ausdrücklich anerkennt – keine Möglichkeiten vor, wie der Minderheitsaktionär unzulässige Übergriffe des herrschenden Unternehmens direkt abwehren könnte. Dafür stehen ihm lediglich die im vorigen Kapitel behandelten Schritte gegen das abhängige Unternehmen zu, an welchem der Konzern aber immerhin als Mehrheitsaktionär beteiligt ist. Die eigentliche Schlacht wird also aktienrechtlich auf der Ebene des abhängigen Unternehmens geschlagen. Die Klagen gegen das herrschende Unternehmen und seine Organe sind blosser Nebenschauplatz, denn sie zielen lediglich (aber immerhin!) auf finanzielle Aspekte, welche die negativen Folgen eines Fehlverhaltens des Konzerns korrigieren sollen. Das Fehlverhalten des Konzerns als solches lässt sich aber durch Klagen gegen das herrschende Unternehmen und seine Organe nicht direkt verhindern. Indirekt mag der Umstand, dass finanzielle Forderungen gegen das herrschende Unternehmen geltend gemacht werden können, eine abschreckende Präventivwirkung haben.

Es sind zwei Arten von Klagen gegen das herrschende Unternehmen möglich, nämlich

– einerseits Klagen aus eigenem Verhalten des herrschenden Unternehmens (Rückerstattungsklage nach OR 678, Haftung aus Durchgriff, Haftung aus Konzernvertrauen) und
– andererseits Klagen aus dem Verhalten von Organen und Hilfspersonen des herrschenden Unternehmens (Organ- und Geschäftsherrenhaftung).

Auf diese Rechtsmittel und generell auf die Frage der Haftung des herrschenden Unternehmens wird an anderer Stelle im Detail eingegangen[367].

---

367 Siehe dazu S. 168 ff.

4. Konzernaustrittsphase

4.1. Aktienrechtlicher Behelf: Die Auflösungsklage

Auch nach der Übernahme der Kontrolle über ein Unternehmen[368] schützt die Auflösungsklage nach OR 736 4, die von Aktionären mit einem Kapitalanteil von mindestens 10% erhoben werden kann, die Minderheit vor schwerem Machtmissbrauch durch die Konzernleitung[369]. Wie bereits früher aufgezeigt wurde[370], kann der Richter statt der Auflösung auf eine andere sachgemässe, den Beteiligten zumutbare Lösung erkennen. So hat er insbesondere die Möglichkeit, die Gesellschaft zum Aktienrückkauf zu zwingen, was zum Konzernaustritt des klagenden Aktionärs führt. Damit kann die Minderheit wirkungsvoll geschützt werden, ohne dass die Gesellschaft liquidiert werden muss[371].

Die Auflösungsklage bringt dem Minderheitsaktionär ihren grössten Nutzen wohl in ihrer präventiven Wirkung gegen einen allfälligen Machtmissbrauch des Mehrheitsaktionärs oder der Verwaltung[372], da keine Gesellschaft ein Interesse daran haben kann, dass gegen sie eine Klage auf Auflösung eingereicht wird, deren Gutheissung unter Umständen einschneidende Wirkungen hat.

4.2. Börsenrechtliche Behelfe

a) Öffentliches Kaufangebot

Nach Ablauf der Angebotsfrist bei einem öffentlichen Kaufangebot[373] hat der Anbieter darüber Auskunft zu geben, in welchem Ausmass die Übernahmeofferte angenommen wurde und ob die Übernahme zustandegekommen ist. Sofern letzteres der Fall ist, muss denjenigen Anteilseignern, welche das erste Angebot nicht angenommen haben, innerhalb einer bestimmten Nachfrist noch einmal Gelegenheit gegeben werden, ihre Beteiligungen zu den gleichen Bedingungen zu verkaufen[374]. Diese Bestimmung ist von ausserordentlich grosser Bedeutung: Wurde durch die erste Offerte nämlich eine Kontrollübernahme ermöglicht, so soll der Minderheit eines nunmehr beherrschbar gewordenen Unternehmens nachträglich noch die Möglich-

---

368 Siehe dazu S. 115 ff.
369 Vgl. OR-STÄUBLI, N. 17 zu OR 736, mit Verweisen auf die bisherige Bundesgerichtspraxis. "Die Auflösungsklage ... kann zur Auflösung der Gesellschaft gegen das sonst herrschende Mehrheitsprinzip durchgesetzt werden."
370 Siehe dazu S. 117 f.
371 WATTER, Minderheitenschutz, S. 124. Andere Beispiele für weniger eingreifende Massnahmen finden sich bei OR-STÄUBLI, N. 27 zu OR 736.
372 ZK-BÜRGI, N. 39 zu OR 736: "Durch ihre Aufnahme ins Gesetz ist die Verpflichtung des Handelns nach Treu und Glauben für den Aktionär gesetzlich verankert worden, wodurch auch eine gewisse Präventivwirkung gegen Machtmissbrauch der Mehrheit begründet werden soll."
373 Vorne S. 124 und eingehend S. 284 ff.
374 BEHG 27 II.

keit geboten werden, aus dem zu konzernierenden Unternehmen auszusteigen. Die Aktionäre können also in vollem Wissen um die Konsequenzen frei entscheiden, ob sie in Zukunft als Minderheit einem Konzernunternehmen angehören wollen oder nicht.

b) Zwangsangebot

Auch für den Fall der ohne Unterbreitung eines öffentlichen Kaufangebots erfolgenden ("schleichenden") Konzernierung durch sukzessive Käufe an der Börse oder ausserbörslichen Erwerb einer massgeblichen Beteiligung enthält das Börsengesetz eine Regelung: BEHG 32 sieht vor, dass wer direkt, indirekt oder in gemeinsamer Absprache mit Dritten die Schwelle von $33\frac{1}{3}\%$ der Stimmrechte eines börsenkotierten Unternehmens überschreitet, allen restlichen Aktionären nachträglich ein öffentliches Angebot für die Übernahme ihrer Beteiligung zu unterbreiten hat (Zwangsangebot)[375], wobei die Zielgesellschaft in ihren Statuten die Schwelle auf 49% anheben[376] oder die Pflicht zur Unterbreitung eines Zwangsangebots ganz ausschliessen[377] kann.

Dieser börsenrechtlich vorgesehene Ausstieg bedeutet eine erhebliche Verbesserung der Stellung eines Minderheitsaktionärs, welcher so bei einer sich abzeichnenden Konzernierung seines Unternehmens rechtzeitig und zu fairen Bedingungen[378] aussteigen kann.

c) Der Ausschluss von Minderheitsaktionären

Sozusagen als Ausgleich für das gesetzliche Zwangsangebot sieht das Börsengesetz in BEHG 33 die Möglichkeit vor, Minderheitsaktionäre aus der Gesellschaft auszuschliessen (Ausschlussrecht bzw. "squeeze out")[379]: Verfügt die übernehmende Gesellschaft nämlich nach Ablauf der Angebotsfrist über mehr als 98% der Stimmrechte der Zielgesellschaft, so kann sie vom Richter verlangen, dass die restlichen Beteiligungspapiere, die nicht auf sie übertragen wurden, gegen Entschädigung kraftlos erklärt werden[380]. Die Zielgesellschaft gibt diesfalls die kraftlos erklärten Papiere neu aus und übergibt sie der übernehmenden Gesellschaft gegen Entrichtung des Angebotspreises, welcher dem ausgeschlossenen Minderheitsaktionär ausbezahlt wird.

---

375 Siehe vorne S. 124 f. und ausführlich S. 287 f.
376 BEHG 32 I.
377 BEHG 22 II bzw. III.
378 Gemäss BEHG 32 IV muss der angebotene Preis mindestens dem Börsenkurs entsprechen und darf höchstens 25% unter dem Preis liegen, den der Anbieter in den letzten zwölf Monaten für die entsprechenden Beteiligungspapiere selbst bezahlt hat.
379 Vgl. ausführlich S. 286 f.
380 Dies kommt im Ergebnis einer Enteignung derjenigen Minderheitsaktionäre, die ihre Beteiligungspapiere nicht verkaufen wollten, gleich.

VII. Gläubigerschutz im Konzern

1. Vorbemerkung

Gibt eine Partei in einem Schuldverhältnis Kredit, indem sie für ihre Sach- oder Kapitalleistung auf die Erbringung der Gegenleistung Zug-um-Zug verzichtet, so steht ihr eine Forderung zu, d.h. ein klagbares Recht auf Leistung[381]. Die kreditierende Partei bedarf besonderen Schutzes durch die Rechtsordnung, falls der Schuldner die Forderung nicht erfüllt.

Es stellt sich nun die Frage, welchen Einfluss es hat, wenn dem Gläubiger eine Partei gegenübersteht, die in einen Konzern eingebunden ist – wenn der Kreditor also ein Konzernunternehmen zum Schuldner hat.

In einem ersten Schritt wird dargelegt, warum ein Spezialfall vorliegt, der eine gesonderte Erörterung rechtfertigt. In einem zweiten Schritt ist dann die Frage zu beantworten, ob dieser Spezialfall Auswirkungen auf das normale Gläubigerschutzinstrumentarium zeitigt und ob und gegebenenfalls wie der Gesetzgeber dieser Besonderheit Rechnung getragen hat.

2. Der konzernverbundene Schuldner als Spezialfall

2.1. Das Risiko des Gläubigers – Privatautonomie und Eigenverantwortlichkeit

Jedes Schuldverhältnis birgt das Risiko eines Forderungsverlustes. Bis zur Tilgung der Schuld trägt der Gläubiger stets die Gefahr, dass der Schulder seine Leistung nicht oder nicht vereinbarungsgemäss erbringt. Diese typische Risikosituation des Gläubigers hat zur Folge, dass dieser sich eingehend über die Verhältnisse seines Gegenübers informieren muss. Die Rechtsordnung stellt mit dem Obligationenrecht und den Vollstreckungserlassen (SchKG, Zivilprozessordnungen) dem Gläubiger wohl ein Instrumentarium zur Verfügung, um bei Nicht- oder Schlechterfüllung der schuldnerischen Verpflichtungen zu seinem Recht zu kommen; mit flankierenden Erlassen wird zudem sichergestellt, dass die Privatautonomie vor Missbräuchen geschützt wird (Kartellgesetz, UWG etc.). Aber all dies hilft nicht weiter, wenn nach der vollen Ausschöpfung dieser Behelfe ein Fehlbetrag bestehen bleibt, welcher durch das realisierbare Schuldnervermögen nicht gedeckt werden kann.

---

381 Eine Forderung kann – ausser aus Vertrag – aus Delikt, ungerechtfertigter Bereicherung, Geschäftsführung ohne Auftrag und culpa in contrahendo entstehen. Im folgenden wird von einer Forderung aus Vertrag ausgegangen.

Die Eigenverantwortlichkeit des Gläubigers ist Korrelat zu Privatautonomie und Vertragsfreiheit: Soweit die Vertragsfreiheit spielt, hat ein Gläubiger den Schaden, der durch das Ausbleiben der geschuldeten Leistung entsteht, selbst zu verantworten, wenn er bei der Wahl seines Partners – z.B. bezüglich dessen Bonität oder Rechtsform – oder bei der Vertragsgestaltung – etwa hinsichtlich der gewährten Sicherheiten – nicht vorsichtig genug war[382].

2.2. Der Sonderfall eines konzernverbundenen Schuldners

Ist der Schuldner ein Konzernunternehmen, so wird der Grundsatz der strengen Zweiseitigkeit der Schuldverhältnisse relativiert[383]. Dem Gläubiger – sei er nun eine natürliche oder eine juristische Person – steht nicht mehr ein isoliertes Rechtssubjekt gegenüber, sondern ein Unternehmen, welches in vielfältiger Wechselwirkung mit anderen verbundenen Unternehmen steht. Die Interessen des abhängigen Unternehmens sind auf das Konzerninteresse ausgerichtet, also fremdbestimmt. Von zentraler Bedeutung für den Gläubiger ist daher die Frage, ob er bei Leistungsstörungen oder Insolvenz des Schuldners Ansprüche aus dieser Konzernverbundenheit ableiten kann[384].

Die Wirklichkeit zeigt, dass das oben aufgeführte Zusammenspiel von Eigenverantwortung und Vertragsautonomie häufig gestört ist, wenn ein Konzernunternehmen als Partei auftritt. Der Gläubiger ist unter Umständen im Rahmen der Wahl des Schuldners nicht frei und oftmals zur Kreditgewährung gezwungen. Es macht einen Unterschied, ob eine Partei ihr Risiko durch Risikozuschläge oder Sicherheiten des Schuldners berücksichtigen kann oder ob das Konzernrisiko beim Gläubiger liegt, ohne dass dieser einen angemessenen Ausgleich dafür erhält[385].

Dem Gläubiger kann als Schuldner

– ein herrschendes Unternehmen (Konzernleitung) oder
– ein abhängiges Unternehmen

gegenüberstehen.

Entsprechend der typischen Funktionsweise des Konzerns ist insbesondere der Gläubiger eines abhängigen Unternehmens in seinen Rechten und Interessen gefährdet, weil der Mittelfluss idealtypisch "von unten nach oben" verläuft und damit die abhängigen Unternehmen der Konzernleitung und den Aktionären derselben zuzudienen haben. Unser Augenmerk soll also insbesondere der Stellung des Gläubigers eines abhängigen Unternehmens gelten.

---

382 ZÜRCHER, Aktienrechtskonzern, S. 6.
383 BOSMAN, Konzernverbundenheit, S. 54 f.; ECKARD REHBINDER, Konzernaussenrecht, S. 26.
384 ZÜRCHER, Aktienrechtskonzern, S. 3.
385 TEUBNER, Konzernverfassung, S. 276 (zitiert nach ZÜRCHER, Aktienrechtskonzern, S. 9).

Im folgenden wird die Problematik des Gläubigerschutzes im Hinblick auf den weitaus häufigsten Fall der Konzernunternehmen in der Rechtsform der Aktiengesellschaft behandelt[386].

3. Konzernrechtlicher Gläubigerschutz

Bevor näher auf das konzernspezifische Schädigungspotential eingegangen wird, sollen kurz die Möglichkeiten beleuchtet werden, welche das Aktienrecht allgemein zum Schutz der Gläubiger bietet.

3.1. Das aktienrechtliche Gläubigerschutzinstrumentarium

a) Formenzwang und Formenfixierung, Typologie der Aktiengesellschaft

Trotz des im schweizerischen Recht geltenden Prinzips des Formenzwangs und der Formenfixierung lassen sich in der Praxis die Gesellschaftsformen überaus flexibel ausgestalten. Insbesondere die Aktiengesellschaft entspricht in ihrer praktischen Ausgestaltung kaum je dem gesetzlichen Typus. Ein Teil der Lehre, allen voran JÄGGI[387], vertrat das Postulat der typengerechten Auslegung: Bei der Auslegung des Gesetzes darf keine Rücksicht auf eine Typenabweichung gemacht werden. Wenn sich eine atypische Gesellschaft der Rechtsform der Aktiengesellschaft bedient, muss sie demnach das Spiel der Aktiengesellschaft spielen. Paradefall für eine atypische Aktiengesellschaft ist – neben der Einmann-Aktiengesellschaft – ein abhängiges Unternehmen in der Rechtsform der Aktiengesellschaft. Der Gläubiger eines solchen Konzernunternehmens hätte nach dieser Ansicht Gewähr dafür, dass sich der Richter bei der Behandlung dieses abhängigen Unternehmens am Leitbild der Aktiengesellschaft – also einer Erwerbsgesellschaft, die den Gewinn zu maximieren versucht – zu orientieren hat.

Die Rechtsentwicklung, insbesondere jüngere Bundesgerichtsentscheide, haben nun aber dazu geführt, dass das Postulat der typengerechten Auslegung m.E. nicht mehr zu vertreten ist. Wohl haben wir grundsätzlich noch immer eine formell einheitliche Regelung für alle Aktiengesellschaften, aber Gesetz und Judikatur haben die materielle Einheit des Aktienrechts teilweise aufgegeben, so dass die konkrete

---

386 Wie an anderer Stelle noch zu zeigen sein wird, können jedoch sowohl die Konzernleitung als auch die abhängigen Unternehmen neben dem Hauptfall der Aktiengesellschaft auch noch andere Rechtsformen aufweisen (siehe dazu S. 197 ff.). Grundsätzlich ist also bei jeder Rechtsform zu fragen, inwiefern der Situation der Gläubiger speziell Rechnung zu tragen ist und inwieweit das Gläubigerschutzinstrumentarium der betreffenden Rechtsform allenfalls zu ergänzen ist.
387 JÄGGI, Ungelöste Fragen, S. 70; DERS., Atypische Aktiengesellschaft, S. 255.

Ausgestaltung der Gesellschaft zu berücksichtigen ist[388]. Dies gilt auch für Konzernunternehmen in der Rechtsform der Aktiengesellschaft.

b) Gesetzliche Regelung der Vertretungsmacht

Die Vertretungsmacht der zur Vertretung befugten Personen einer Aktiengesellschaft ergibt sich aus OR 718a I[389].

Der Vertretungsmacht als Massstab des rechtlichen "Könnens" steht die Vertretungsbefugnis des "Dürfens" gegenüber. Im Innenverhältnis kann der Umfang der Vertretung anders umschrieben werden, als das Gesetz dies vorsieht. Welche Auswirkungen hat dies nun auf einen Gläubiger? Bei Überschreitung der Vertretungsbefugnis ist zunächst zu prüfen, ob die betreffende Rechtshandlung noch von der Vertretungsmacht des handelnden Organs erfasst ist. Ist dies der Fall, so kann sich der gutgläubige Dritte darauf berufen, und eine allfällige interne Beschränkung zeitigt für ihn keine Wirkung. Bei einer Überschreitung der Vertretungsmacht wird dagegen die Gesellschaft nicht verpflichtet.

Für den Konzern stellt sich in diesem Zusammenhang die Frage, ob ein Organ eines abhängigen Unternehmens Rechtsgeschäfte vornehmen darf, die wohl im Konzerninteresse liegen, aber dem statutarischen Zweck des abhängigen Unternehmens widersprechen[390].

Sofern ein Organ des abhängigen Unternehmens ein den statutarischen Zweck verletzendes Rechtsgeschäft tätigt, das aber im Interesse des Konzerns liegt, kann das vertretene Unternehmen dieses Geschäft immer noch genehmigen. Es ist denn auch anzunehmen, dass sie dies – allenfalls unter Druck der Konzernleitung – auch tun wird. Bei einer *vertretungsrechtlichen Betrachtungsweise* wird der Gläubiger des abhängigen Unternehmens vor der Aushöhlung seiner Gesellschaft nicht geschützt.

Bei *aktienrechtlicher Betrachtungsweise* sieht die Situation allerdings anders aus: Der Verwaltungsrat darf keine Handlungen genehmigen, die dem statutarischen Gesellschaftszweck offensichtlich widersprechen; es fehlt ihm an der Vertretungsmacht. Diese könnte nur dadurch begründet werden, dass die Generalversammlung entweder eine formelle Zweckänderung oder aber bloss die Genehmigung des betreffenden Rechtsgeschäfts beschliessen würde. Da aber auch im zweiten Fall faktisch der Zweck der Aktiengesellschaft geändert würde, müsste der Genehmigungsbeschluss nach richtiger Ansicht der herrschenden Lehre ebenfalls mit dem für

---

388 Siehe dazu S. 192 ff.
389 Diese können alle Rechtshandlungen vornehmen, die der Zweck der Gesellschaft mit sich bringen kann. Gemäss bundesgerichtlicher Rechtsprechung (BGE 111 II 284, 96 II 444) kann das sehr weit gehen: Von der Vertretungsmacht werden alle Rechtsgeschäfte erfasst, welche durch den Gesellschaftszweck nicht geradezu ausgeschlossen sind.
390 Als Beispiel möge die Gewährung eines ungesicherten, zinslosen Darlehens an die Konzernleitung dienen.

Zweckänderungen erforderlichen qualifizierten Quorum[391] erfolgen. Nach OR 706 II 4 braucht es sogar Einstimmigkeit, wenn das Recht des Aktionärs auf Gewinnstrebigkeit aufgehoben werden soll.

Selbst bei der nachträglichen Genehmigung einer Rechtshandlung durch die Generalversammlung bleibt die Frage, ob ein solcher Genehmigungsbeschluss Nichtigkeit nach OR 706b 3 zur Folge haben könnte, da u.U. die Grundstrukturen der Aktiengesellschaft missachtet werden bzw. eine Verletzung der Bestimmungen zum Kapitalschutz vorliegt (insbesondere bei offensichtlicher Aushöhlung des Unternehmens). Nichtigkeit dürfte nur in Ausnahmefällen und bei offensichtlicher Schädigungsabsicht anzunehmen sein. Denn obwohl eine Handlung auf den ersten Blick den Anschein erwecken könnte, dass damit zugunsten des Konzerns die Interessen des abhängigen Unternehmens geschädigt werden sollten, wäre es aber durchaus möglich, dass die Interessen des abhängigen Unternehmens gerade dadurch wahrgenommen würden, dass der Konzern als Ganzes durch diese Handlung gestärkt oder gestützt würde, was wiederum dem abhängigen Unternehmen als Teil des Konzerns zugute käme. In der Praxis liesse sich eine entsprechende Behauptung nur selten schlüssig widerlegen[392].

c) Sicherung der Kapitalaufbringung

Den Gläubigerinteressen dienen auch die Vorschriften über das Mindestkapital[393], die Verpflichtung zur vollständigen Zeichnung des Aktienkapitals[394] und das Gebot der Mindestliberierung[395]. Dadurch wird die Kapitalaufbringung sichergestellt. Flankierend kommen die Regelungen über die qualifizierte Gründung[396], die Prüfung des Gründungsvorganges durch den Handelsregisterführer[397] sowie die Gründungshaftung[398] und die Auflösungsklage bei Gründungsmängeln[399] hinzu.

d) Sicherung der Kapitalerhaltung

Anspruchsvoller ist die Sicherung der Erhaltung des Vermögens. Sie erfolgt durch das Verbot der Einlagenrückgewähr[400], die Beschränkung des Erwerbs eigener An-

---

391 OR 704 I 1.
392 ZÜRCHER, Aktienrechtskonzern, S. 40, Fn. 178.
393 OR 621.
394 OR 629 II 1.
395 OR 632.
396 OR 628, 634, 635 und 641 6.
397 OR 940 und HRV 21.
398 OR 753.
399 OR 643 III.
400 OR 680 II. Vgl. dazu THOMAS MÜLLER, Kapitalentnahmen, S. 45 ff. m.w.H.

teile[401], das Verfahren bei der Kapitalherabsetzung[402] und die Verpflichtung, dass Dividenden nur aus Bilanzgewinnen ausgeschüttet werden dürfen[403]. Die Regeln über die Rechnungslegung (Reservenbildung, Buchführungs- und Bewertungsvorschriften, Vorgehen bei Kapitalverlust und Überschuldung)[404] und die Revision[405] bieten dem Gläubiger darüber hinaus Gewähr, dass die Mittel der Gesellschaft erhalten bleiben. Verstärkt wird diese Absicherung durch die Regeln über die Verantwortlichkeit der Organe[406], welche für die Einhaltung der entsprechenden Vorschriften Sorge zu tragen haben.

e) Publizität

Ebenfalls Sicherungsfunktion für Gläubiger haben die Vorschriften über die *registerrechtliche Publizität*[407], welche Auskunft über Haftungsverhältnisse, Vertretungsverhältnisse und Individualisierungsmerkmale gibt, sowie die *Rechnungslegungspublizität*[408], welche einen möglichst zuverlässigen Einblick in das Betriebsgeschehen vermitteln soll.

3.2. Konzernspezifische Schädigungspotentiale

Es soll im folgenden näher untersucht werden, welche konzernspezifischen Risikosituationen der Gläubiger eines Konzernunternehmens zu gewärtigen hat[409]:

a) Transparenzverlust und Erschwerung der Durchsetzung von Gläubigerpositionen

Als Folge der nach aussen hin schwer überblickbaren Organisations- und Vertretungsstrukturen eines Konzerns stellt sich dem Gläubiger insofern ein "Identifizierungsproblem"[410], als die konkrete Zurechnung von Handlungen zum entsprechenden Konzernunternehmen innerhalb einer Konzernorganisation mit einem einheitlichen Auftreten erschwert ist. Die Komplexität einer Organisation kann sogar bewusst als Gläubigerbenachteiligung eingesetzt werden, um die Durchsetzung von Forderungen zu erschweren. Dabei ist es aber überaus schwierig, legitime Strategien zur optimalen

---

401 OR 659.
402 OR 732 ff.
403 OR 675 II.
404 OR 662 ff.
405 OR 728 ff.
406 OR 754 und 755.
407 OR 641.
408 OR 662 II und 662a ff. sowie OR 697h.
409 In Anlehnung an SCHANZE, Gläubigerschutz, S. 478 ff.
410 ECKARD REHBINDER, Konzernaussenrecht, S. 133.

Unternehmensorganisation von eindeutig zur Erschwerung der Durchsetzung von Gläubigerpositionen entwickelten Strategien zu unterscheiden[411].

Die Organisationsstruktur eines multinationalen Konzerns weist ein weiteres gläubigerschädigendes Potential auf: Durch das Überspringen von nationalen Grenzen kann auf Drittländer, gläubigerferne Gerichtsstände und Rechtssysteme ausgewichen und dadurch die Durchsetzung eines Anspruches erheblich erschwert werden.

b) Kapitalaufbringung und Kapitalerhaltung

Im Zusammenhang mit der realen Kapital*aufbringung* kann durch Konzernstrukturen der notwendige Mitteleinsatz erheblich reduziert werden: Zum einen durch den sog. "Pyramiden-Effekt" (wonach mit 51% des Kapitals die Herrschaft über eine Körperschaft in der Regel erreicht werden kann), zum anderen durch den sog. "Teleskop-Effekt" (also dem fortgesetzten Einsatz ein- und derselben Mittel zur Gründung von mehreren Gesellschaften).

Die Kapital*erhaltung* bei einem Unternehmen stellt bei verbundenen Konzernunternehmen geradezu die Krux des Gläubigerschutzes dar. Es besteht nämlich bei abhängigen Unternehmen eine erhebliche Gefahr der Kapitalaushöhlung, weil die Tätigkeit des abhängigen Unternehmens dem Konzernzweck unterworfen wird und es in diesem Zusammenhang zu verdeckten Gewinnverschiebungen kommen kann[412].

c) Qualifizierte Verhandlungsmacht

Die wirtschaftliche Macht von Konzernen kann dazu führen, dass diese Macht gezielt bei Verhandlungen eingesetzt wird, was zur Folge haben kann, dass Gläubiger beispielsweise auf Sicherheiten verzichten, die sie üblicherweise fordern würden.

3.3. Konsequenzen für den Gläubigerschutz im Konzern

Wie gezeigt wurde, weist der Konzern für einen Gläubiger ein zusätzliches Schädigungspotential auf. Das Gesetz kennt – nebst den aufgeführten aktienrechtlichen Bestimmungen, welche auf eine Konzernsituation zugeschnitten sind – jedoch keinen umfassenden Konzerngläubigerschutz. Vielmehr muss im konkreten Einzelfall das konzernspezifische Risiko miteinbezogen und entsprechend gewertet werden, und zwar auch auf der Gläubigerseite. Konzerngläubigerschutz heisst also angemessene Korrektur und Ausgleich der Schädigungsgefahr durch das spezifische Instrumenta-

---

411 SCHANZE, Gläubigerschutz, S. 480.
412 Siehe dazu S. 153 ff.

rium, welches im Zusammenhang mit der Haftung im Konzern[413] und der verdeckten Gewinnausschüttung[414] aufgezeigt wird.

Keinesfalls kann aber ein umfassender, möglicherweise an "deep pockets" von Konzernen orientierter Gläubigerschutz rechtspolitisches Ziel sein.

---

413 Siehe dazu S. 168 ff.
414 Siehe dazu sogleich S. 153 ff.

VIII. Die verdeckte Gewinnausschüttung

1. Vorbemerkung

Die verdeckte Gewinnausschüttung spielt in verschiedenen Rechtsgebieten eine Rolle. Entwickelt wurde der Begriff im *Steuerrecht*[415]. Dort hat er im Zusammenhang mit der sachlichen Bemessung der Gewinnsteuer erhebliche Bedeutung.

Aber auch das *Aktienrecht* befasst sich mit diesem Phänomen. Im Aktienrecht wird die verdeckte Gewinnausschüttung als eine Form der Verletzung von Aktionärsrechten behandelt.

Im *Konzern* sind verdeckte Gewinnausschüttungen an der Tagesordnung. Dafür gibt es zahlreiche Motive[416]. Insbesondere dienen solche Transaktionen zum Ausgleich unterschiedlicher Geschäftsergebnisse[417], zur Erzielung steuerrechtlicher Vorteile[418] oder in extremen Fällen sogar zum verbotenen Entzug von Haftungssubstrat.

Da Mittel im Konzern tendenziell "nach oben" (d.h. an das herrschende Unternehmen) fliessen[419], erfolgt die verdeckte Gewinnausschüttung meist zu Lasten der abhängigen Unternehmen und damit deren allfälligen Minderheitsaktionären und Gläubigern.

2. Terminologie

2.1. Übersicht

Bei der Verwendung und Umschreibung des Begriffs der verdeckten Gewinnausschüttung herrscht eine beträchtliche Verwirrung, nicht zuletzt wegen seiner Bedeutung in verschiedenen Rechtsgebieten. Um etwas Klarheit in den Begriffsdschungel zu bringen, ist in einem ersten Schritt auf die in Lehre und Praxis alles andere als einheitliche Terminologie einzugehen.

---

415 Zu den steuerrechtlichen Aspekten der verdeckten Gewinnausschüttung siehe S. 343 ff.
416 NEUHAUS, Aktienertrag, S. 92.
417 Damit verbunden ist eine konsolidierte Steuereinsparung für den Konzern, weil einerseits das Ergebnis vor Steuern und damit auch die Steuern des Gewinne verschiebenden Konzernunternehmens gesenkt werden und andererseits das die Gewinne empfangende Konzernunternehmen die verschobenen Gewinne mit seinen Verlusten kompensieren kann. Die verschobenen Gewinne werden so nicht besteuert.
418 Verdeckte Gewinnausschüttungen haben – sofern sie von den Steuerbehörden nicht korrigiert werden – gegenüber den offenen Gewinnausschüttungen steuerlich den doppelten Vorteil, dass sie nicht wie Dividenden aus versteuerten Gewinnen ausgeschüttet werden müssen, und zudem bei dem ausschüttenden Konzernunternehmen als steuerlich abzugsfähiger und damit den Ertrag vor Steuern sowie die Steuern reduzierender Aufwand gelten.
419 HANDSCHIN, Konzern, S. 93.

Unter dem Begriff der *Kapitalentnahme* versteht man Vermögensüberführungen einer Kapitalgesellschaft in das Vermögen der Gesellschafter in ihrer Eigenschaft als Inhaber der Kapitalanteilsrechte. Kapitalentnahmen können gegliedert werden in *Kapitalrückzahlungen*[420] und *Gewinnausschüttungen*, wobei letztere wiederum in offene und verdeckte eingeteilt werden können[421].

Die *offenen Gewinnausschüttungen* werden von OR 678 I erfasst. Es handelt sich dabei um formell als Ausschüttungen deklarierte Leistungen der Gesellschaft wie Dividenden, Tantiemen, Bauzinse oder andere Gewinnanteile.

Verdeckte Gewinnausschüttungen können umschrieben werden als geldwerte Leistungen, denen keine oder keine angemessene Gegenleistung der Gesellschafter gegenüberstehen und die einem Dritten nicht oder in einem wesentlich geringeren Umfang erbracht worden wären[422].

Wie es der Name sagt, erfolgt die Leistung bei der verdeckten Gewinnausschüttung verborgen. Dies bedeutet, dass sie in der Buchhaltung entweder gar nicht ausgewiesen wird oder dann zwar unter korrektem Rechtstitel als Aufwand verbucht wird, aber in einem Missverhältnis zur Gegenleistung steht[423].

Die verdeckte Gewinnausschüttung bringt insbesondere steuerrechtliche Vorteile. Namentlich kann dadurch mindestens die Doppelbelastung[424], die bei der offenen Gewinnausschüttung zwingend erfolgt, vermieden werden.

Ursache für die Leistung ist zwar formell eine gewöhnliche vertragliche Beziehung, materiell erfolgte die Vorteilszuwendung aber causa societatis[425]. Die Leistung stellt somit keine Erfüllung eines vertraglichen Anspruchs des Aktionärs dar.

Beispiele für verdeckte Gewinnausschüttungen sind:

– übersetzter Preis für ein vom Aktionär erworbenes Aktivum bzw. zu tiefer Verkaufspreis eines an den Aktionär veräusserten Vermögenswertes,
– zinsloses Darlehen ohne Sicherheit an den Aktionär,
– übersetzte Löhne, Provisionen oder Spesenvergütungen für Arbeits- oder sonstige Dienstleistungen,
– übersetzte Zinszahlungen oder Lizenzgebühren an den Aktionär.

Bei *verdeckten Gewinnausschüttungen i.e.S.* fehlt es an einer adäquaten Gegenleistung des Aktionärs, d.h. der Aktionär erhält für seine Leistung mehr, als ihm eigentlich zustehen würde, z.B. indem die Gesellschaft von ihm Aktiven zu einem

---

420 Ein wesentlicher Unterschied zur verdeckten Gewinnausschüttung besteht darin, dass bei der Kapitalrückzahlung nicht ein verjährbarer Rückforderungsanspruch entsteht, sondern eine unverjährbare Liberierungsobligation nach OR 680; vgl. BÖCKLI, Sondervermögen, S. 9.
421 BEHNISCH, Verdeckte Gewinnausschüttungen, S. 379.
422 BOCHUD, Aktionärsdarlehen, S. 162 ff.
423 NEUHAUS, Steuerliche Sicht, S. 985 ff.
424 Die Doppelbelastung folgt aus dem Umstand, dass der im Unternehmen bereits versteuerte Gewinn zusätzlich noch durch den Aktionär als Einkommen zu versteuern ist.
425 CREZELIUS, Gewinnermittlung, S. 333.

übersetzten Preis erwirbt[426]. Verdeckte Gewinnausschüttungen i.e.S. wirken sich bei der Gesellschaft in übersetztem Aufwand (und damit tieferem Gewinn und geringeren Steuern) aus. Geregelt sind die verdeckten Gewinnausschüttungen i.e.S. in OR 678 II.

Vor allem im Zusammenhang mit *Konzernunternehmen* wird von *verdeckten Vorteilszuwendungen* gesprochen[427]. Je nach leistendem Unternehmen und je nach Leistungsempfänger liegen verschiedene Tatbestände vor:

– Fliesst die Leistung vom abhängigen zum herrschenden Unternehmen, was im Konzern die Regel ist, so spricht man von einer verdeckten Gewinnausschüttung; Leistungsempfänger ist der Inhaber von Beteiligungsrechten.
– Fliesst die Leistung vom herrschenden an das abhängige Unternehmen, so liegt eine verdeckte Kapitaleinlage vor.
– Fliesst die Leistung schliesslich zwischen zwei abhängigen Unternehmen, so spricht man von verdeckten Vorteilszuwendungen unter abhängigen Unternehmen.

2.2. Die Legaldefinition von OR 678 II

Das Gesetz enthält eine Legaldefinition der verdeckten Gewinnausschüttung. Danach handelt es sich bei der verdeckten Gewinnausschüttung um eine *Leistung der Gesellschaft* an Aktionäre, Mitglieder des Verwaltungsrates sowie diesen nahestehende Personen, die in einem *offensichtlichen Missverhältnis zur Gegenleistung und zur wirtschaftlichen Lage der Gesellschaft* steht.

Die verdeckte Gewinnausschüttung gehört gesetzessystematisch zu den ungerechtfertigten Gewinnentnahmen, welche eine Rückerstattungspflicht begründen.

OR 678 II spricht von "anderen" Leistungen der Gesellschaft. Damit sind jene Leistungen gemeint, welche nicht unter die in *OR 678 I* erwähnten Gewinnentnahmen fallen, welche formal und somit "offen" als Dividenden, Tantiemen und sog. "andere Gewinnanteile" ausgeschüttet werden, aber nicht gerechtfertigt sind.

Die Legaldefinition von OR 678 II verlangt für das Vorliegen einer verdeckten Gewinnausschüttung kumulativ die Erfüllung folgender Tatbestandselemente:

a) Offensichtliches Missverhältnis zwischen Leistung und Gegenleistung

Verdeckte Gewinnausschüttungen sind Leistungen der Gesellschaft, die zur Gegenleistung des Empfängers in einem offensichtlichen Missverhältnis stehen. Ein solches

---
426 REIMANN/ZUPPINGER/SCHÄRER, Steuerkommentar, N. 86 zu § 45.
427 Häufig werden die drei Begriffe "verdeckte Vorteilszuwendung", "verdeckte Gewinnausschüttung" und "Gewinnverschiebung" in Lehre und Praxis synonym verwendet, was die Verständlichkeit nicht gerade erleichtert. Hier (und auch im Kapitel über den Konzern im Steuerrecht, siehe S. 343 ff.) wird der Begriff "verdeckte Vorteilszuwendung" als Oberbegriff verwendet.

Missverhältnis liegt vor, wenn der geldwerten Leistung der Gesellschaft keine oder keine angemessene Gegenleistung gegenübersteht. Wenn also die Gesellschaft im Rahmen eines Rechtsgeschäftes, das Grundlage für den Leistungsaustausch bildet, mehr leistet, als sie eigentlich müsste bzw. weniger erhält, als ihr zustehen würde. In solchen Fällen spricht man von geschäftsmässig nicht begründeten Aufwendungen.

Zur Beurteilung der Frage, ob ein Missverhältnis besteht oder nicht, ist zu untersuchen, ob auch an unabhängige Dritte die konkrete Leistung in dieser Form erbracht worden wäre[428]. Ist dem nicht so, dann ist das erste Tatbestandselement erfüllt.

b) Offensichtliches Missverhältnis zur wirtschaftlichen Lage der Gesellschaft

Eine weitere Voraussetzung für das Vorliegen einer verdeckten Gewinnausschüttung ist, dass die Leistung der Gesellschaft auch zu ihrer wirtschaftlichen Lage in einem offensichtlichen Missverhältnis steht. In der Botschaft[429] wird erklärt, mit diesem zweiten Tatbestandselement habe man einen strengen Massstab an die Rückerstattungspflicht stellen und eine kleinliche Nachrechnerei verhindern wollen. BÖCKLI[430] kritisiert diese Begründung. Für ihn ist diese Formulierung als Beurteilungshilfe aufzufassen. M.a.W. ist bei der Beurteilung des offensichtlichen Missverhältnisses immer auch die wirtschaftliche Lage der Gesellschaft zu berücksichtigen. Die Offensichtlichkeit eines Missverhältnisses von Leistung und Gegenleistung ist demnach umso eher anzunehmen und der Gegenbeweis des guten Glaubens wird umso schwieriger, je schlechter die wirtschaftliche Lage der Gesellschaft ist[431]. In der Tat leuchtet es nicht ein, warum die Privilegierung eines einzelnen Aktionärs bei guter Geschäftslage der Aktiengesellschaft im Hinblick auf den Gleichbehandlungsgrundsatz plötzlich unbedenklich sein soll.

3. Die Ausschüttungssperren im Aktienrecht

Verdeckte Gewinnausschüttungen können überall dort auftreten, wo eine juristische Person einen Gewinn erzielt und diesen an ihre Anteilsinhaber oder an mit ihr verbundene Unternehmen ausschüttet. In der Literatur wird das Problem der verdeckten Gewinnausschüttung vor allem im Zusammenhang mit der Aktiengesellschaft behandelt, was aber keinesfalls bedeutet, dass es nicht auch bei Unternehmen in

---

428 OR-KURER, N. 14 zu OR 678.
429 Botschaft, Sonderdruck, S. 153.
430 BÖCKLI, Aktienrecht, N. 1429.
431 BÖCKLI, Aktienrecht, N. 1429.

anderer Rechtsform zu verdeckten Gewinnausschüttungen kommen kann[432]. Im folgenden soll die verdeckte Gewinnausschüttung bei der Aktiengesellschaft Gegenstand der Betrachtung sein.

Für Gesellschaftsschulden der Aktiengesellschaft haftet ausschliesslich das Geschäftsvermögen. Zur Erhaltung des Haftungssubstrats bildet das Aktienkapital[433] in der Bilanz eine Sperrziffer, welche entsprechend dem Grundsatz der Kapitalerhaltung nicht ohne weiteres verändert werden darf.

Bei der Ausschüttung von Gewinnen oder Kapitalrückzahlungen an die Aktionäre hat die Gesellschaft gesetzliche Vorschriften zu beachten, welche verhindern sollen, dass den Gesellschaftsgläubigern Haftungssubstrat verloren geht.

Dem Schutz des Aktienkapitals dienen insbesondere die nachstehenden Bestimmungen[434]:

- OR 698 II 4 (Beschlussfassung über Dividenden nur durch Generalversammlung),
- OR 675 II (Ausrichtung von Dividenden nur aus Bilanzgewinn oder speziellen Reserven),
- OR 728 I (Jahresabschluss unterliegt Prüfung durch Revisionsstelle),

---

432 Verdeckte Gewinnausschüttungen sind insbesondere auch bei der GmbH oder der Genossenschaft denkbar.
Wie bei der Aktiengesellschaft ist die Gewinnstrebigkeit auch bei der GmbH kein notwendiges Erfordernis. OR 772 III verlangt lediglich einen wirtschaftlichen Gesellschaftszweck. Der Begriff des wirtschaftlichen Zwecks umfasst neben der Gewinnstrebigkeit (Dividendenausschüttung) die Einräumung anderweitiger ökonomischer Vorteile gegenüber den Gesellschaftsmitgliedern. Dennoch ist in der Praxis die gewinnstrebige GmbH die Regel. Der von der GmbH erzielte Gewinn wird gemäss OR 804 I unter Vorbehalt einer anderen statutarischen Regelung im Verhältnis der Beteiligung auf die Gesellschafter verteilt. Es liegt auf der Hand, dass überall dort, wo ein Gewinn erzielt wird, die Ausschüttung aus denselben Gründen wie bei der Aktiengesellschaft verdeckt erfolgen kann (insbesondere zur Vermeidung der steuerrechtlichen Doppelbelastung).
Was die verdeckte Gewinnausschüttung in der Genossenschaft betrifft, so hat sich das Bundesgericht schon in verschiedenen Entscheiden damit auseinandergesetzt (ASA 58, S. 148, ASA 56, S. 244). Das Bundesgericht verlangt für die Besteuerung der verdeckten Gewinnausschüttung bei der Genossenschaft dieselben Voraussetzungen wie bei der Aktiengesellschaft. In ASA 58, S. 151, führt es aus: "Keine geschäftsmässig begründeten Unkosten und daher zum steuerbaren Reinertrag hinzuzurechnen sind indessen Leistungen der Genossenschaft an ihre Genossenschafter oder diesen nahestehenden Personen, die einem aussenstehenden Dritten unter im übrigen gleichen Umständen nicht erbracht worden wären und deren Grund ausschliesslich in den engen Beziehungen zwischen Genossenschaft und Leistungsempfänger erblickt werden muss."
Insbesondere bejahte das Bundesgericht das Vorliegen einer geldwerten Leistung im Zusammenhang mit einer Wohnbaugenossenschaft, die eine Liegenschaft unter dem Verkehrswert an ihre Genossenschafter veräusserte. Die Differenz zwischen Verkaufspreis und effektivem Verkehrswert wurde zum Reinertrag der Genossenschaft hinzugerechnet.
433 BÖCKLI, Aktienrecht, N. 795 und N. 9 ff.; zu den Sperrziffern des Eigenkapitals gehören neben dem Aktienkapital, das Partizipationskapital, der nicht verwendbare Teil der allgemeinen gesetzlichen Reserven (OR 671), die Reserven für eigene Aktien (OR 671a) und die Aufwertungsreserven (OR 671b).
434 Weiter dazu BÖCKLI, Aktienrecht, N. 1413; BEHNISCH, Verdeckte Gewinnausschüttungen, S. 380.

Ein Gewinnausschüttungsbeschluss, welcher die obgenannten Bestimmungen verletzt, ist nichtig[435]. Da jedoch eine verdeckte Gewinnausschüttung nicht in die Form eines entsprechenden Beschlusses gekleidet wird, stellt sich die Frage, ob die Bestimmungen über die Ausrichtung einer Dividende überhaupt auf diesen Fall übertragen werden können.

Die herrschende Literatur ist sich einig, dass jede verdeckte Gewinnausschüttung zwingende handelsrechtliche Normen verletzt[436] und somit handelsrechtswidrig[437] ist. Klarheit besteht ferner darüber, dass bei allen verdeckten Gewinnausschüttungen ein unverzichtbarer Rückerstattungsanspruch der Gesellschaft nach OR 678 entsteht. Zweck dieser Norm ist in erster Linie die Korrektur eines unrechtmässigen Vorgangs, nämlich der Verletzung materieller Ausschüttungssperren[438], sowie formeller Ausschüttungsvorschriften, auf welche eingangs hingewiesen wurde.

KURER[439] ist der Ansicht, einer Rückerstattungsklage liege – infolge Verstosses gegen zwingende Zuständigkeitsbestimmungen, gegen zwingende Entnahmesperren oder gegen OR 706b, 714 und 729c II – in aller Regel ein nichtiger Akt der Gesellschaft bzw. ihrer Organe zugrunde. Auch BEHNISCH[440] geht davon aus, dass verdeckte Gewinnausschüttungen die Kapitalschutzvorschriften verletzten und deshalb nichtig seien. Dabei stützt er sich auf BÖCKLI, welcher jedoch nur in jenen Fällen von Nichtigkeit spricht, in welchen ordentliche Dividendenbeschlüsse nicht den dazu aufgestellten Vorschriften entsprächen. Die verdeckte Gewinnausschüttung qualifiziert BÖCKLI als widerrechtlich[441] und hält fest, dass in diesen Fällen gestützt auf den neu statuierten OR 678 II für "verdeckte Gewinnentnahmen" eine Rückerstattungspflicht bestehe. GURTNER[442] ist der Ansicht, Fälle der verdeckten Gewinnausschüttung seien klarerweise handelsrechtswidrig.

---

435 BÖCKLI, Aktienrecht, N. 1415.
436 Nach NEUHAUS, Aktienertrag, S. 94, verstösst jede verdeckte Gewinnausschüttung gegen OR 675 II, 662 ff., 671, 696, 698 I 3 und 729.
437 A.M. BEHNISCH, Verdeckte Gewinnausschüttungen, S. 380, Fn. 34, der die Existenz zivilrechtskonformer verdeckter Gewinnausschüttungen anerkennt. So auch BRUNO SCHERRER, Verdeckte Gewinnausschüttungen, S. 463.
438 Wie sie in OR 675 ff. enthalten sind.
439 OR-KURER, N. 34 zu OR 678, mit Hinweis auf das Verhältnis zur Anfechtungsklage in denjenigen Fällen, in welchen ein Rückerstattungsanspruch auf einem bloss anfechtbaren Generalversammlungsbeschluss beruhe.
440 BEHNISCH, Verdeckte Gewinnausschüttungen, S. 380 Ziff. 2.2.
441 BÖCKLI, Aktienrecht, N. 25, 1427.
442 GURTNER, Steuerfolgen, S. 478.

4. Der Rückerstattungsanspruch nach OR 678 II

4.1. Gegenstand der Rückerstattungspflicht nach OR 678 II

Gegenstand der Rückerstattungspflicht ist ein *verdeckt ausgeschütteter Gewinn*. Es ist somit jene geldwerte Leistung zurückzuerstatten, welcher keine oder keine angemessene Gegenleistung der Gesellschafter gegenübersteht und die einem Dritten nicht oder in einem wesentlich geringeren Umfang erbracht worden wäre[443].

4.2. Rückerstattungspflichtige Personen

Erfasst werden *Aktionäre und Mitglieder des Verwaltungsrats sowie diesen nahestehende Personen*. Darunter fallen auch diejenigen, welche den Aktionären oder dem Verwaltungsrat aufgrund enger persönlicher oder wirtschaftlicher, rechtlicher oder tatsächlicher Bindung nahestehen (Verwandtschaft, Konzernverhältnis oder finanzielle Verflechtung)[444].

4.3. Bösgläubigkeit

Beim Rückforderungsanspruch nach OR 678 handelt es sich um einen Sondertatbestand der ungerechtfertigten Bereicherung[445]. Er unterscheidet sich insofern von OR 62, als der Rückerstattungsanspruch gemäss OR 678 jedenfalls nach Abs. 1 und wohl auch, obwohl dem Wortlaut des Gesetzes nach nicht verlangt, nach Abs. 2 den *bösen Glauben des Begünstigten* voraussetzt[446]. Dieser sei jedoch, nach Ansicht von BÖCKLI, im Falle eines offensichtlichen Missverhältnisses zu vermuten. Der Gegenbeweis des guten Glaubens sei allerdings zuzulassen[447]. Bösgläubigkeit wäre dann zu bejahen, wenn der Empfänger die fehlende Rechtfertigung des Bezugs kannte oder bei gebührender Sorgfalt hätte kennen müssen[448].

4.4. Klagelegitimation

Der Rückerstattungsanspruch steht sowohl der Gesellschaft als auch dem Aktionär zu, wobei dieser auf Leistung an die Gesellschaft klagt.

---

443 BOCHUD, Aktionärsdarlehen, S. 162 ff.
444 OR-KURER, N. 8 zu OR 678.
445 OR-KURER, N. 3 zu OR 678.
446 So steht denn auch in der Botschaft, Sonderdruck, S. 153, zu OR 678 II: "...am guten Glauben des Empfängers wird es regelmässig fehlen."
447 BÖCKLI, Aktienrecht, N. 1427.
448 OR-KURER, N. 27 zu OR 678.

Mit der Rückerstattungspflicht des Empfängers hat es nicht sein Bewenden: Zusätzlich ist die Verantwortlichkeit des mit der Gewinnentnahme befassten Verwaltungsrates nach OR 754 ff. zu prüfen.

4.5. Verjährung

Der Anspruch auf Rückerstattung verjährt aufgrund der speziellen Regelung in OR 678 IV nach fünf Jahren seit Empfang der Leistung. Hier besteht ein weiterer Unterschied zur allgemeinen Verjährungsregel gemäss OR 67.

5. Die verdeckte Vorteilszuwendung im Rahmen konzerninterner Transaktionen

Zwischen Konzernunternehmen werden regelmässig Rechtsgeschäfte abgeschlossen. Dabei spricht man vom sog. "intra-firm-trade"[449]. Es sind konzerninterne Leistungen verschiedenster Art[450] denkbar, so z.B. Warenlieferungen[451], Dienstleistungen[452], Einräumung von Krediten, Nutzungsüberlassungen und Übertragungen von Immaterialgüterrechten oder Know-how.

Charakteristisch für diese konzerninternen Austauschverhältnisse ist, dass ihre Bedingungen in der Regel nicht vom Markt, sondern von der Konzernleitung bestimmt werden. Einem objektiven Marktvergleich im Sinne des "dealing at arm's length"[453] halten sie somit meistens nicht stand. Sind die entsprechenden Vergütungen (sog. Verrechnungs- oder Transferpreise) unangemessen, so schmälert die Konzernleitung die Gewinne des einen Konzernunternehmens zu Gunsten des anderen[454].

---

449 BRAUN, Verrechnungspreise, S. 10.
450 BRAUN, Verrechnungspreise, S. 9.
451 Die Warenlieferungen werden auch als sog. "tangibles" bezeichnet, darunter fallen Lieferungen von Rohstoffen, Halbfabrikaten und Fertigprodukten.
452 Die Dienstleistungen bilden zusammen mit den Immaterialgüterrechten die Kategorie der sog. "intangibles". Meist verfügt das herrschende Unternehmen über eine ganze Palette von Dienstleistungen, welche es den abhängigen Unternehmen gegen Entschädigung zur Verfügung stellt (Forschung und Entwicklung, Engineering, Qualitätssicherung, Marketing, Logistik, Finanzen, Personal usw.).
453 Dieses Prinzip besagt, dass auf konzerninterne Rechtsgeschäfte der Massstab des Fremdverhaltens anzuwenden ist. Das Prinzip ist dann eingehalten, wenn die Rechtsgeschäfte zu den gleichen Bedingungen abgewickelt werden, wie sie auch mit aussenstehenden Dritten vereinbart würden, d.h. wenn die Preise durch das Spiel von Angebot und Nachfrage bestimmt werden und somit marktkonform sind. Das "dealing at arm's length"-Prinzip ist im internationalen Verhältnis verbreitet und anerkannt. Im schweizerischen Steuerrecht ist dieser Grundsatz nur zum Teil verankert. Vgl. dazu REICH, Verdeckte Vorteilszuwendungen, S. 618 f., und BRAUN, Verrechnungspreise, S. 12.
454 Gemäss BRAUN, Verrechnungspreise, S. 12 und den dortigen Hinweisen ist die Bedeutung der Gewinnverschiebungen innerhalb multinationaler Konzerne allerdings nicht zu überschätzen. Die Verrechnungspreise entsprächen oftmals doch den allgemeinen wirtschaftlichen Verhältnissen, weil

Die Qualifizierung eines Verrechnungspreises als gerechtfertigt oder als unangemessen ist oftmals schwierig.

Bei *Rohstofflieferungen* ist vom durchschnittlichen Weltmarktpreis zum betreffenden Zeitpunkt, für die entsprechende Qualität und Menge auszugehen, wobei ein gewisser Zuschlag, zum Beispiel für kurzfristige Belieferung, garantierte Liefermengen bzw. eine spezielle Qualität, steuerlich anerkannt wird.

Bei *Halbfabrikaten und Fertigprodukten* kann eine gewisse Orientierung an jenen Preisen erfolgen, welche Wettbewerber für gleiche Ware, Menge und Qualität zum gleichen Zeitpunkt in Rechnung stellen. Fehlt es an einer entsprechenden Vergleichsmöglichkeit, so kann auf die nachgewiesenen Herstellungskosten, zuzüglich eines Zuschlags für allgemeine Unternehmungskosten, Finanzierungskosten und eines angemessenen Gewinns abgestellt werden.

Problematisch wird die Festlegung des gerechtfertigten Preises bei *patentierten Substanzen oder Produkten*, bei deren Preisgestaltung auch die für die Entwicklung der betreffenden Erfindung anfallenden Kosten eingeschlossen werden. Die Umlage von Forschungskosten auf Transferpreise stellt einen der häufigsten Anlässe für Steuerkonflikte in Konzernen dar. Unzulässig ist jedenfalls die Methode, als Vergleichsbasis die Lieferpreise von Konkurrenten in Ländern ohne Patentschutz heranzuziehen, da für die Konkurrenten die Entwicklungskosten für die betreffenden Erfindungen entfallen.

In den Fällen, in denen für die erbrachte Leistung kein Markt besteht, der für den Vergleich herangezogen werden könnte, gibt es sog. Hilfskriterien[455], welche die Qualifizierung eines Leistungsverhältnisses als verdeckte Gewinnausschüttung erleichtern. Man hat sich die Frage zu stellen, ob die Gegenleistung, welche die Gesellschaft empfängt, ihr zum Vorteil gereicht oder dies zumindest zu erwarten war[456]. D.h. es muss im Einzelfall geprüft werden, ob eine Leistung ein Gewinnelement enthält oder nicht.

Ein gewichtiges Indiz für die Angemessenheit einer Entschädigung stellt die Ertragskraft des abhängigen Unternehmens dar: Führen die Warenlieferungen, Dienstleistungen bzw. die zum Gebrauch überlassenen Immaterialgüterrechte zu befriedigenden lokalen Erträgen, so wird dies tendenziell eher zur Anerkennung der Angemessenheit der Entschädigungen führen. Weist das abhängige Unternehmen jedoch über längere Zeit eine unbefriedigende Ertragslage auf und gibt es dafür keine plausible Erklärung, so wird dagegen die Angemessenheit der Entschädigung eher in Frage zu stellen sein.

---

    die Leiter der abhängigen Unternehmen an möglichst grossen Gewinnen ihrer Unternehmen interessiert seien.
455 NEUHAUS, Aktienertrag, S. 205.
456 In diesem Zusammenhang spricht man vom sog. "potential benefit".

Es sind verschiedene Konstellationen[457] von *verdeckten Vorteilszuwendungen* zwischen Konzernunternehmen denkbar. Je nach Identität des Leistenden bzw. Leistungsempfängers:

– Eine verdeckte Vorteilszuwendung von *"unten nach oben"* und somit eine *verdeckte Gewinnausschüttung* der Gesellschaft an die Anteilsinhaber liegt beispielsweise vor, wenn
   – das abhängige dem herrschenden Unternehmen im Falle von Warenlieferungen zu tiefe Preise in Rechnung stellt oder zu hohe Preise bezahlt;
   – den vom herrschenden Unternehmen eingesetzten Verwaltungsräten bzw. den Mitgliedern der Geschäftsleitung des abhängigen Unternehmens überhöhte Saläre bzw. Tantiemen oder Spesenvergütungen ausgerichtet werden und diese dann ganz oder teilweise an das herrschende Unternehmen abgeliefert werden.
– Um eine *verdeckte Kapitaleinlage* handelt es sich, wenn der Leistungsfluss von *"oben nach unten"* erfolgt: Das herrschende Unternehmen bezahlt zu hohe Preise oder übersetzte Zinsen an das abhängige Unternehmen bzw. stellt dem abhängigen Unternehmen für eigene Leistungen zu tiefe Preise in Rechnung[458]. Während bei einer verdeckten Gewinnausschüttung die leistende Gesellschaft (d.h. das abhängige Unternehmen) entreichert ist, ist das beim herrschenden Unternehmen, welches eine Kapitaleinlage leistet, dann nicht der Fall, wenn es sämtliche Beteiligungen am abhängigen Unternehmen hält[459]. Vielmehr erhöht sich durch die Kapitaleinlage das Eigenkapital des abhängigen Unternehmens. Das herrschende Unternehmen erhält für seine Kapitaleinlage ein angemessenes Entgelt, welches sich einerseits aus der Gegenleistung des abhängigen Unternehmens und andererseits aus der Wertzunahme der Beteiligung zusammensetzt.
– Als *verdeckte Vorteilszuwendung unter abhängigen Unternehmen* ist die Kapitaleinlage eines abhängigen Unternehmens an ein anderes abhängiges Unternehmen zu erwähnen[460]. Eine solche Vorteilsgewährung liegt im Interesse des Empfängers und des herrschenden Unternehmens. Dieser Interessenlage versucht die Besteuerung nach der vom Bundesgericht vertretenen sog. Dreieckstheorie gerecht zu werden. Nach dieser Theorie erfolgt in einem ersten Schritt eine verdeckte Gewinnausschüttung vom abhängigen Unternehmen an das herrschende Unternehmen und von diesem in einem zweiten Schritt eine verdeckte Kapitaleinlage an das zweite abhängige Unternehmen[461].

---

457 BRAUN, Verrechnungspreise, S. 22.
458 Beispiele zur verdeckten Kapitaleinlage in BRAUN, Verrechnungspreise, S. 24.
459 Vgl. REICH, Verdeckte Vorteilszuwendungen, S. 625.
460 Steuerrechtlich ergibt sich das Problem, dass derselbe Gewinn zweimal besteuert wird, einmal als "fiktiver" Gewinn bei der empfangenden Gesellschaft und ein zweites Mal als "echter" Gewinn bei der Gesellschaft, wo er zwar nicht hingehört, aber eben ausgewiesen wurde. Vgl. DUSS, Verdeckte Vorteilszuwendung, S. 19, sowie REICH, Verdeckte Vorteilszuwendungen, S. 636 ff.
461 Vgl. zum Ganzen S. 343 ff.

IX. Die Rechtsstellung des fiduziarischen Verwaltungsrats

Während das herrschende Unternehmen die Generalversammlung des abhängigen Unternehmens als Mehrheitsaktionär weitgehend[462] und als Alleinaktionär sogar vollständig beherrscht und damit die der Generalversammlung vorbehaltenen Befugnisse[463] im Interesse des Konzerns – wenn auch unter Vorbehalt der Rechte der Minderheitsaktionäre[464] sowie der Gläubiger[465] – voll ausschöpfen kann, ist die direkte Einflussnahme auf die Verwaltung des abhängigen Unternehmens, welcher neben der Subsidiärkompetenz[466] eine ganze Reihe sehr wichtiger unübertragbarer und unentziehbarer Kompetenzen zukommt[467], nicht möglich: OR 707 III verbietet nämlich der Konzernleitung (sofern sie – was die Regel darstellt – eine juristische Person ist), selbst Einsitz in den Verwaltungsrat des abhängigen Unternehmens zu nehmen[468]. Das herrschende Unternehmen kann seinen Willen in der Verwaltung des abhängigen Unternehmens also nur indirekt, d.h. mit Hilfe von natürlichen Personen durchsetzen, welche das herrschende Unternehmen von der Generalversammlung des abhängigen Unternehmens (die sie ja beherrscht) wählen lässt. Dabei kann es sich um konzerninterne Organe (Doppelorgane[469]) bzw. Hilfspersonen oder um konzernfremde Dritte handeln. Wenn das herrschende Unternehmen eine weisungsgebundene natürliche Person in den Verwaltungsrat des abhängigen Unternehmens wählen lässt, spricht man von einem *abhängigen oder fiduziarischen Verwaltungsrat*[470].

---

462 Für gewöhnliche Beschlüsse genügt die einfache Mehrheit der vertretenen Aktienstimmen (OR 703), während für wichtige Beschlüsse zwei Drittel der vertretenen Aktienstimmen und die absolute Mehrheit der vertretenen Aktiennennwerte erforderlich ist (OR 704). Die Aufgabe der Gewinnstrebigkeit ist dagegen nur bei vollständiger Beherrschung (d.h. bei 100% der Stimmen) bzw. mit der – wenig wahrscheinlichen – Zustimmung allfälliger Minderheitsaktionäre möglich (OR 706 II 4).
463 OR 698.
464 Siehe dazu S. 111 ff.
465 Siehe dazu S. 145 ff.
466 OR 716.
467 OR 716a.
468 Anders als z.B. im französischen Recht: L.s.c. no. 66-537 vom 24. Juli 1966, Art. 91.
469 In diesem Fall ist die Haftungsfrage klar: Das entsendende herrschende Unternehmen haftet für die Handlungen seines beim abhängigen Unternehmen tätig werdenden Organs nach ZGB 55 bzw. OR 722 (wenn es sich um eine Aktiengesellschaft handelt). Zur Haftung des herrschenden Unternehmens für seine Vertreter im Verwaltungsrat des abhängigen Unternehmens siehe S. 175 ff.
470 Von einem fiduziarischen Verwaltungsrat spricht man unabhängig davon, ob dieser Interessenvertreter durch blossen Mandatsvertrag an das herrschende Unternehmen gebunden ist oder ob darüber hinaus noch ein arbeitsrechtliches oder organschaftliches Verhältnis besteht. A.M. FLURIN VON PLANTA, Verwaltungsrat, S. 104 f.; er versteht Fiduzia in einem viel engeren Sinn und definiert entsprechend den fiduziarischen Verwaltungsrat anders. Irrelevant ist für den Begriff des fiduziarischen Verwaltungsrates ferner, entgegen der Ansicht von FLURIN VON PLANTA, Verwaltungsrat, S. 105, Fn. 7, ob der Interessenvertreter verdeckt oder offen die Anliegen eines Dritten im besagten Verwaltungsrat vertritt (vgl. zur Problematik des Arbeitnehmer-Verwaltungsrates ausführlich SCHILTKNECHT, Arbeitnehmer als Verwaltungsräte).
Bei der sog. Doppelorganschaft, ist ein Organ des herrschenden Unternehmens zugleich Organ des

Die Wahl dieser fiduziarischen Verwaltungsräte erfolgt ad personam. Daraus folgt, dass die betreffenden Verwaltungsräte ebenfalls Aktionäre des abhängigen Unternehmens sein müssen[471] und die Nationalitäts- und Wohnsitzvorschriften gemäss OR 708 auch für Vertreter juristischer Personen gelten[472].

Ferner bedeutet die ad personam-Wahl, dass die Vertreter des herrschenden Unternehmens im Verwaltungsrat des abhängigen Unternehmens für ihre Handlungen nach OR 754 persönlich die Verantwortung tragen, auch wenn sie im Auftrag des herrschenden Unternehmens gehandelt haben.

Die Verwaltungsräte können nicht einfach vom herrschenden Unternehmen bestimmt, sondern sie müssen von der Generalversammlung des abhängigen Unternehmens formell gewählt werden[473]. Das gleiche gilt für die Abberufung: Sie kann nicht durch das herrschende Unternehmen vorgenommen werden, sondern erfordert gemäss OR 705 einen Generalversammlungsbeschluss des abhängigen Unternehmens, was sich allerdings aufgrund der bestehenden Mehrheitsverhältnisse problemlos realisieren lässt.

Der fiduziarische Verwaltungsrat ist ein typisches Kind des Konzerns. Das Dilemma des fiduziarischen Verwaltungsrats spiegelt lediglich das Dilemma des Gesetzgebers wieder:

– Einerseits sieht OR 663e I die Zusammenfassung mehrerer juristisch selbständiger Gesellschaften unter einheitlicher wirtschaftlicher Leitung durch das herrschende Unternehmen ausdrücklich vor.
– Andererseits ist – wie erwähnt – das herrschende Unternehmen für die Beherrschung des abhängigen Unternehmens auf den Einsatz natürlicher Personen (eben fiduziarischer Verwaltungsräte) angewiesen.

---

abhängigen Unternehmens. Dies kann zwar auch beim fiduziarischen Verwaltungsrat der Fall sein, ist hingegen nicht Voraussetzung. Vgl. VON BÜREN, Konzern, S. 58, Fn. 49.

471 A.M. OR-WERNLI, N. 34 m.w.H. sowie N. 6 zu OR 707. Der Ansicht von WERNLI kann nicht gefolgt werden: Auch wenn man mit guten Argumenten der Meinung sein kann, die Aktionärsqualität des Verwaltungsrats sei historisch bedingt und heute überholt, steht sie nach wie vor im Gesetz als klare Voraussetzung für die Ausübung eines Verwaltungsratsmandats (OR 707 I). Da der Vertreter einer juristischen Person ad personam gewählt wird, muss er zwingend auch Aktionär sein. Diese Frage ist letztlich kaum von praktischem Belang, da sich die vertretene juristische Person mit der treuhänderischen Übertragung von Aktien auf den Vertreter behelfen wird. Zur Rechtfertigung der Aktionärsqualität des Verwaltungsrats auch im neuen Recht, siehe BÖCKLI, Aktienrecht, N. 1468.

472 OR-WERNLI, N. 34 zu OR 707. Der formell gewählte Vertreter des herrschenden Unternehmens darf sich im übrigen seinerseits nicht durch einen Dritten (z.B. durch ein Organ des herrschenden Unternehmens) vertreten lassen, da sein Mandat höchstpersönlicher Natur ist. Gemäss BGE 71 II 279 ist das Verwaltungsratsmandat der Natur nach an die Person des von der Generalversammlung Betrauten gebunden. A.M. MARTIN WEBER, Verwaltungsrat, S. 26.

473 OR 698 II 2.

Der fiduziarische Verwaltungsrat gehört also zum Inventar jedes Konzerns: Er ist nach Instruktionen des herrschenden Unternehmens im Verwaltungsrat eines abhängigen Unternehmens[474] tätig und übt folglich sein Amt nicht frei, sondern weisungsgebunden aus[475]. In seiner Funktion als Verwaltungsrat im abhängigen Unternehmen wird er somit die Interessen des herrschenden Unternehmens miteinbeziehen dürfen[476] bzw. müssen[477].

Das erbarmungswürdige Geschöpf des fiduziarischen Verwaltungsrats befindet sich in einem kaum lösbaren Interessenkonflikt: Er pendelt zwischen Scylla und Charybdis, zwischen Honorar und Haftung, zwischen Tantiemen und sofortiger Abberufung: Als Beauftragter des herrschenden Unternehmens hat er die Konzerninteressen im abhängigen Unternehmen zu vertreten; andererseits ist er als Verwaltungsrat des abhängigen Unternehmens verpflichtet, dessen Interessen zu wahren, wobei eine Verletzung dieser Sorgfalts- und Treuepflicht[478] eine Verantwortlichkeitsklage von Seiten der Minderheitsaktionäre bzw. der Gläubiger nach sich ziehen kann[479]. Stehen die Interessen des Konzerns und jene des abhängigen Unternehmens im Widerspruch zueinander, wird sich der fiduziarische Verwaltungsrat notgedrungen zwischen den Interessen seines Auftraggebers und seiner Treuepflicht gegenüber dem abhängigen Unternehmen entscheiden müssen.

Das Gesetz befreit den fiduziarischen Verwaltungsrat nicht aus seiner Zwickmühle[480], sodass – wie immer wieder im Handelsrecht – die Praxis selbst Lösungen finden musste. Wie sehen diese Lösungen aus?

– Eine Variante besteht im Abschluss bzw. in der Finanzierung einer (hoffentlich) ausreichenden *Versicherungsdeckung* für den Fiduziar durch den Konzern[481].
– Üblicher ist der Abschluss eines *Mandatsvertrags mit einer Freistellungsklausel* ("hold harmless-clause") zwischen dem fiduziarischen Verwaltungsrat und dem

---

474 DRUEY, Verwaltungsrat, S. 59.
475 Nach Ansicht von DE CAPITANI, Verwaltungsrat, S. 347 f., ist es sogar die Regel, dass der Verwaltungsrat sein Mandat frei und ohne Weisungen ausübt. Eine Ausnahme sieht jedoch auch er im Konzernverhältnis.
476 HANDSCHIN, Verantwortlichkeit, S. 14, kommt allerdings zum Schluss, in abhängigen Unternehmen mit Minderheitsaktionären sei der Verwaltungsrat ausschliesslich an die Interessen des abhängigen Unternehmens gebunden. Ob diese Interessen hingegen verletzt seien, ergebe sich erst gestützt auf eine Gesamtbetrachtung, bei der Vor- und Nachteile der Konzernzugehörigkeit gegeneinander abgewogen werden müssten.
477 BÖCKLI, Aktienrecht, N. 1634; KRNETA, Organ, S. 15.
478 OR 717.
479 OR 754.
480 BÖCKLI, Aktienrecht, N. 1635, weist darauf hin, dass ein ausgebautes Konzernrecht diesen Interessenkonflikt lösen müsste. Gl.M. VON BÜREN, Konzern, S. 59.
481 Es handelt sich hier um die sog. "D&O-Deckung" (Directors and Officers), also um die Versicherung von Verwaltungsräten und Mitgliedern der Geschäftsleitung.

herrschenden Unternehmen[482]. Mit dem Mandatsvertrag verpflichtet sich der fiduziarische Verwaltungsrat, bei seiner Tätigkeit Weisungen der Konzernleitung zu befolgen. Als Gegenleistung verspricht das herrschende Unternehmen, den fiduziarischen Verwaltungsrat im Falle einer Verantwortlichkeitsklage schadlos zu halten.

– In der Praxis kommt auch die *Kombination der beiden Varianten* vor: Der Konzern verpflichtet sich in diesem Fall, einen allfälligen, durch die Versicherung nicht gedeckten Schaden zu übernehmen[483].

Von einem Teil der Lehre wurden Bedenken geäussert, ob diese Mandatsverträge überhaupt zulässig seien oder ob darin nicht ein Verstoss gegen die Norm über die unübertragbaren Befugnisse des Verwaltungsrats im Sinne von OR 716a bzw. der Sorgfalts- und Treuepflicht gemäss OR 717 erblickt werden müsse[484], der Vertragsinhalt also gegen das Gesetz verstosse und damit gemäss OR 20 nichtig sei[485].

Wie verhält es sich damit? Wie bereits erwähnt, sieht OR 663e I ausdrücklich vor, dass eine Aktiengesellschaft als herrschendes Unternehmen andere Unternehmen unter einheitlicher Leitung zusammenfasst. Konzernleitungsmacht ist also keineswegs verboten, sondern wird vom Gesetz sogar als Voraussetzung für das Vorliegen eines Konzerns gefordert. Wegen des Verbots der Einsitznahme einer juristischen Person im Verwaltungsrat in OR 707 III kann der Konzern seine Leitungsmacht aber nur über natürliche Personen geltend machen. Die Führung eines Konzerns ohne fiduzarische Verwaltungsräte ist also praktisch gar nicht möglich, sondern der Konzern muss seine gesetzlich sanktionierte Konzernleitungsmacht in die Hände natürlicher Personen legen, welche damit u.U. gegen das Interesse des abhängigen Unternehmens verstossen und ihre Pflichten als Verwaltungsrat verletzen, wofür sie persönlich verantwortlich werden. Kein vernünftig denkender Mensch würde sich nun aber bereit erklären, für einen Dritten Dinge zu tun (oder zu unterlassen), von denen er weiss oder zumindest wissen müsste, dass sie seine volle persönliche und unbeschränkte Haftung begründen könnten, es sei denn, er werde von diesem Dritten von den möglicherweise gegen ihn erhobenen Schadenersatzansprüchen freigestellt bzw. versicherungsmässig abgedeckt.

---

482 BÖCKLI, Aktienrecht, N. 1633-1635 und N. 1990 ff.; VON BÜREN, Konzern, S. 58 ff.; VON BÜREN, Publikumsaktiengesellschaften, S. 84 ff.; OR-WERNLI, N. 26 ff. zu OR 707; FORSTMOSER/MEIER-HAYOZ/NOBEL, Aktienrecht, § 28 N. 175 ff.
483 Vgl. SCHILTKNECHT, Arbeitnehmer als Verwaltungsräte, S. 57 f.
484 Zur Zulässigkeit von Konzernweisungen an Verwaltungsräte vgl. VISCHER, Verwaltungsrat, S. 89 m.w.H.
485 Gegen die Zulässigkeit von Konzernweisungen an Verwaltungsräte sprachen sich unter altem Aktienrecht aus: FRITZ VON STEIGER, Abhängiger Verwaltungsrat, S. 33 ff. und PICENONI, Abhängiger Verwaltungsrat, S. 324. Bejahend dagegen u.a. EMIL SCHUCANY, Abhängiger Verwaltungsrat, S. 109 ff.

Die Schlussfolgerung ist klar: Ohne Haftungsfreistellung findet man keine fiduziarischen Verwaltungsräte und ohne fiduziarische Verwaltungsräte lässt sich kein Konzern leiten. Nachdem es der Gesetzgeber versäumt hat, die Stellung des fiduziarischen Verwaltungsrats zu regeln, kann eine entsprechende vertragliche Abmachung zwischen Fiduziar und Konzernleitung nicht widerrechtlich sein. Konzerninterne Mandatsverträge[486] mit fiduziarischen Verwaltungsräten sind also zulässig[487].

---

[486] Wie steht es nun aber mit fiduziarischen Verwaltungsräten ausserhalb eines Konzerns, z.B. Strohmännern von Mehrheitsaktionären, die – aus welchen Gründen auch immer – nicht selbst in den Verwaltungsrat Einsitz nehmen wollen? KRNETA, Organ, S. 13 ff. und 17 ff., erachtet Mandatsverträge von Verwaltungsräten auch nach neuem Aktienrecht als generell zulässig. Er begründet dies mit der im Gesetz ausdrücklich festgehaltenen freien Vertreterwahl (OR 707-709). Die neu eingeführte Bestimmung, wonach dem Verwaltungsrat gewisse Aufgaben unübertragbar zustünden (OR 716a) sowie die Sanktionierung der Sorgfalts- bzw. Treuepflicht hätten faktisch grösstenteils schon unter dem alten Recht gegolten, sodass die Praxis des Bundesgerichts zu den Mandatsverträgen von Verwaltungsräten (Bsp. BGE 115 II 200) nach wie vor ihre Richtigkeit habe. Dagegen sind von verschiedenen Autoren Bedenken vorgebracht worden (z.B. VON BÖCKLI, Aktienrecht, N. 1636-1640; OR-WERNLI, N. 27 zu OR 707, weist in diesem Zusammenhang auf mögliche standesrechtliche Probleme hin). Die Antwort auf die gestellte Frage muss vorläufig offen bleiben. Möglicherweise ist die Grenze dort zu ziehen, wo ein fiduziarischer Verwaltungsrat durch eine juristische Person eingesetzt wird, welche selbst gar nicht Einsitz in einen Verwaltungsrat nehmen kann. Die Vertretung einer natürlichen Person durch einen fiduziarischen Verwaltungsrat andererseits wäre wohl unzulässig, weil der Einsatz eines fiduziarischen Verwaltungsrats in diesem Fall nicht zwingend wäre, sondern der betreffende Aktionär sich selbst als Verwaltungsrat wählen lassen könnte. Sofern der betreffende Aktionär aufgrund der Nationalitäts- bzw. Wohnsitzvorschriften von OR 708 selbst nicht wählbar sein sollte, wäre die Einsetzung eines fiduziarischen Verwaltungsrats – d.h. eines Verwaltungsrats, der nicht nach eigenem Ermessen, sondern weisungsgebunden handeln würde – wohl als rechtsmissbräuchlich zu qualifizieren.

[487] Im Ergebnis gleich BÖCKLI, Aktienrecht, N. 1634, allerdings nur für Mandatsverträge im Konzernverhältnis. Für entsprechende Vereinbarungen ohne Konzernverhältnis verneint BÖCKLI deren Zulässigkeit im Lichte von OR 716a und 717 (N. 1638). Nach Ansicht von FLURIN VON PLANTA, Verwaltungsrat, S. 114, ist ein Mandatsvertrag nur zulässig, wenn das abhängige Unternehmen zu hundert Prozent beherrscht wird, weil in diesem Fall keine Minderheitsaktionäre existieren, welche in ihren Rechten verletzt werden könnten. Bei dieser Argumentation wird aber übersehen, dass u.U. auch die Interessen der Gläubiger des abhängigen Unternehmens durch Handlungen eines fiduziarischen Verwaltungsrats beeinträchtigt werden können.

X. Die Haftung des herrschenden Unternehmens im Konzern

1. Die fehlende gesetzliche Regelung

Eine der zentralsten Fragen im Konzernrecht betrifft die Haftung des herrschenden Unternehmens im Konzern.

Das Gesetz sieht in OR 663e I vor, dass eine Aktiengesellschaft als herrschendes Unternehmen andere Unternehmen unter einheitlicher Leitung zusammenfassen kann. Ausfluss dieser Leitungsfunktion ist es, dass das herrschende Unternehmen durch seinen Verwaltungsrat bzw. die Konzernleitung die Strategie des Konzerns als Ganzes und damit auch jene des abhängigen Unternehmens bestimmt[488]. Dies kann u.U. zu einem massiven Eingriff in die Geschäftsführung des abhängigen Unternehmens führen, weshalb sich die Frage stellt, inwiefern Minderheitsaktionäre und Gläubiger des abhängigen Unternehmens neben oder anstelle ihres Verwaltungsrats bzw. ihrer Geschäftsleitung direkt das herrschende Unternehmen bzw. dessen Organe zur Verantwortung ziehen können.

Da die Möglichkeit der "einheitlichen Leitung" im Konzern vom Gesetzgeber explizit statuiert wurde, hätte er folgerichtig auch die Durchsetzung der Leitungsfunktion in den abhängigen Unternehmen sanktionieren und deren rechtliche Folgen im Bereich der Haftung regeln müssen. Bedauerlicherweise ist dies im neuen Aktienrecht jedoch nicht erfolgt, sodass zu prüfen bleibt, welche Lösungen Lehre und Rechtsprechung anzubieten haben, damit die faktische Machtausübung durch das herrschende Unternehmen und ihre Organe mit der entsprechenden Haftung in Einklang gebracht werden kann[489].

Das Problem der Haftung des herrschenden Unternehmens im Konzern wurde in der bisherigen schweizerischen Konzernrechtsliteratur zwar sehr häufig aufgegriffen und z.T. eingehend behandelt[490], aber bisher kaum befriedigend systematisch erfasst.

---

488 Statt vieler vgl. STEBLER, Konzernrecht, S. 17.
489 Zu den in der Lehre vertretenen Meinungen vgl. die Zusammenfassung bei FORSTMOSER, Verantwortlichkeit, S. 221 ff., insbes. S. 225 ff. In der Rechtsprechung finden sich diverse Urteile über die Haftung im Konzern. Vgl. die Aufzählung bei HOFSTETTER, Haftung, S. 178, N. 25; ferner BGE 112 II 347; 120 II 331; PKG 1990 Nr. 8; Urteil des Bundesgerichts vom 14. Oktober 1981, Recht und Politik im Kanton Basel-Landschaft, Bd. 5, 1984; Urteil des St. Gallischen Handelsgerichts vom 25. März 1983, GVP 1983 Nr. 45; SAG 1986, S. 38.
490 ALBERS-SCHÖNBERG, Haftungsverhältnisse, S. 25 ff.; BOSMAN, Konzernverbundenheit, S. 53 ff., 123 ff., 175 ff.; VON BÜREN, Konzern, S. 60; CAFLISCH, Haftung; DENNLER, Durchgriff, S. 21 f., 24 ff., 41 ff.; FORSTMOSER, Verantwortlichkeit, S. 221 ff.; GEHRIGER, Organe, S. 105 ff.; GRAF, Konzerngesellschaften, S. 32 ff., 51 ff.; HANDSCHIN, Konzern, S. 293 ff., 317 ff.; HOFSTETTER, Haftung, S. 175 ff.; HOMBURGER, Durchgriff; KAUFMANN, Konzernspitze, S. 79 ff.; PETITPIERRE-SAUVAIN, Groupes de sociétés, S. 107 ff.; ANDREAS VON PLANTA, Hauptaktionär; FLURIN VON PLANTA, Verwaltungsrat, S. 91 ff., S. 137 ff.; RUEDIN, Responsabilités, S. 197 ff.; GIOVANNI SCHUCANY, Verwaltungsrat, S. 102 ff.; SLONGO, Konzernbegriff, S. 164 ff.; TOBLER, Verbundene Unternehmen; WOERNLE, Hauptaktionär, S. 25 ff., 58 ff., 63 ff.; ZÜRCHER, Aktienrechtskonzern,

Es ist das Verdienst von KARL HOFSTETTER[491], die Konzernhaftung erstmals in eine überzeugende Systematik gebracht zu haben. HOFSTETTER unterscheidet die folgenden drei Haftungsansätze:

- Die Haftung des herrschenden Unternehmens als Aktionär des abhängigen Unternehmens[492];
- Die Haftung des herrschenden Unternehmens als Geschäftsführer im abhängigen Unternehmen[493];
- Die Haftung des herrschenden Unternehmens als Drittperson[494].

Den folgenden Ausführungen liegt im wesentlichen die gleiche Systematik zugrunde, auch wenn im einzelnen abweichende Ansichten vertreten und zusätzliche Aspekte berücksichtigt werden.

2. Die Haftung des herrschenden Unternehmens als Aktionär des abhängigen Unternehmens

2.1. Grundsätzlich fehlende Haftung des herrschenden Unternehmens als Aktionär des abhängigen Unternehmens

a) Die Aktionärshaftung

Bei der Frage nach der Haftung des herrschenden Unternehmens in seiner Funktion als Aktionär setzen zwei massive Leitplanken klare Grenzen und geben die Richtung der Diskussion vor:

- Die einzige Aktionärspflicht – egal ob es sich um einen Minderheits-, Mehrheits- oder Alleinaktionär handelt – ist die Pflicht zur Liberierung der Aktien (OR 680 I).
- Für die Verbindlichkeiten der Gesellschaft haftet ausschliesslich das Gesellschaftsvermögen; es besteht keine persönliche Haftung der Aktionäre (OR 620 II)[495].

Im schweizerischen Aktienrecht findet sich also keine Grundlage für eine allgemeine Haftung des Mehrheits- oder Alleinaktionärs.

Solange das herrschende Unternehmen sich darauf beschränkt, seine Aktionärsrechte beim abhängigen Unternehmen korrekt wahrzunehmen, hat es in einem Schadensfall keine Haftungsansprüche von Aktionären und Gläubigern des abhängi-

---

S. 153 ff.; ZWEIFEL, Konzern, S. 92 ff., 159 ff.
491 HOFSTETTER, Haftung, insbes. S. 175 ff.
492 HOFSTETTER, Haftung, S. 177 ff.
493 HOFSTETTER, Haftung, S. 193 ff.
494 HOFSTETTER, Haftung, S. 205 ff.
495 ALBERS-SCHÖNBERG, Haftungsverhältnisse, S. 122.

gen Unternehmens[496] zu gewärtigen. Die Durchsetzung von Konzernleitungsmacht ist legitim, solange die vom Gesetzgeber für die Organe des abhängigen Unternehmens aufgestellten zwingenden Kompetenznormen[497] gewahrt werden und nicht gegen andere allgemeine Grundsätze wie Treu und Glauben, das Gebot der schonenden Rechtsausübung und das Rechtsmissbrauchsverbot verstossen wird.

Der Aktionär ist aber nicht verpflichtet, sein Stimmrecht im Interesse des Gesellschaftszwecks oder gar im Interesse anderer Aktionäre auszuüben[498]. Entsprechend kann er auch nicht gestützt auf eine "allgemeine Aktionärshaftpflicht"[499] belangt werden. Zwar können die resultierenden Generalversammlungsbeschlüsse grundsätzlich angefochten werden, allerdings nur, wenn sie gegen Gesetz oder Statuten verstossen[500]. Sie bieten indes keine Angriffsfläche, wenn sie nicht im Interesse aller Aktionäre erfolgt sind[501]. Die Tatsache, dass der Gesetzgeber von einem Stimmrechtsausschluss wegen Interessenkonflikts absah[502], zeigt klar, dass nach dem schweizerischen Aktienrecht der Aktionär frei und in eigenem Interesse abstimmen kann[503].

Anders verhält es sich einzig bei einer ganz klar rechtsmissbräuchlichen Stimmabgabe[504] des herrschenden Unternehmens als Aktionär in der Generalversammlung, welche die Anfechtbarkeit des Generalversammlungsbeschlusses zur Folge hat.

b) Die Treuepflicht des Aktionärs

Weitere denkbare Grundlage für eine Haftung des Aktionärs wäre eine aktienrechtliche Treuepflicht des Aktionärs gegenüber seiner Gesellschaft oder gegenüber den

---

496 A.M. ZWEIFEL, Haftungsverhältnisse, S. 99, welcher eine Haftung gestützt auf OR 41 bejaht. Gewisse Rechtsordnungen kennen im übrigen eine Haftung des Hauptaktionärs; vgl. dazu FORSTMOSER, Verantwortlichkeit, S. 222. In der Schweiz kommt lediglich die Anfechtung des entsprechenden Generalversammlungsbeschlusses gemäss OR 706 in Frage. Vgl. YILMAZ, Konzern, S. 43.
497 OR 698 für die Generalversammlung und OR 716a für den Verwaltungsrat.
498 HOFSTETTER, Haftung, S. 191 m.w.H. in Fn. 136.
499 ZÜRCHER, Aktienrechtskonzern, S. 175.
500 OR 706 (Anfechtung) bzw. OR 706b (Nichtigkeit als "qualifizierte Anfechtbarkeit").
501 Vgl. ALBERS-SCHÖNBERG, Haftungsverhältnisse, S. 134 ff. Er lehnt ebenfalls eine Treuepflicht des (Haupt-)Aktionärs ab. Hingegen bejaht er eine Treuepflicht des herrschenden Unternehmens im Rahmen seiner Einflussnahme auf die Geschäftsführung des abhängigen Unternehmens zwecks Erreichung der einheitlichen Leitung.
502 BÖCKLI, Aktienrecht, N. 1410r. Auch das GmbH-Recht kennt mit der Ausnahme von OR 808 V keinen Ausschluss des Stimmrechts. Vgl. HANDSCHIN, GMBH, S. 77 f.
503 ALBERS-SCHÖNBERG, Haftungsverhältnisse, S. 144; er weist auf die Rechtsprechung des Bundesgerichts (BGE 99 II 62) hin, welches nur sehr zurückhaltend einen Generalversammlungsbeschluss als rechtsmissbräuchlich qualifiziert.
504 HOFSTETTER, Haftung, S. 191, nennt als Beispiel für eine rechtsmissbräuchliche Stimmabgabe die Wegnahme aller Vermögenswerte vom abhängigen Unternehmen. M.E. bedeutet allerdings eine solche vermögensrechtliche Aushöhlung die Aufgabe der Gewinnstrebigkeit der Gesellschaft, welche Einstimmigkeit erfordert (OR 706 II 4).

anderen Aktionären[505]. Das Gesetz sieht eine solche Treuepflicht nicht vor[506], und das Bundesgericht wie auch die herrschende Lehre[507] lehnen sie ab[508].

Folglich kann das herrschende Unternehmen nicht aufgrund einer allgemeinen aktienrechtlichen Treuepflicht verantwortlich gemacht werden. In seiner Funktion als Aktionär kann das herrschende Unternehmen seine Stimmrechte in seinem eigenen Interesse und ohne Rücksicht auf Minderheitsaktionäre oder den Gesellschaftszweck ausüben und riskiert dabei keine Schadenersatzpflicht. Das gilt für jeden Aktionär; die Tatsache der Konzernverbundenheit vermag daran nichts zu ändern. Eine spezielle Treuepflicht für herrschende Unternehmen gegenüber ihren abhängigen Unternehmen müsste de lege ferenda explizit vorgesehen werden. Aus dem geltenden Gesellschaftsrecht kann eine solche Haftung nicht konstruiert werden.

Es ist im folgenden zu untersuchen, unter welchen Voraussetzungen dennoch eine Haftung des herrschenden Unternehmens als Aktionär des abhängigen Unternehmens besteht.

2.2. *Die Haftung aus Durchgriff*

Ein wichtiger Grundsatz des schweizerischen Aktienrechts ist die Trennung zwischen Aktiengesellschaft und Gesellschafter[509]. Beim Durchgriff[510] wird diese Trennung der Rechtskreise von juristischer Person und Trägerschaft aufgehoben und der Allein- oder Hauptaktionär ausnahmsweise mit seiner Gesellschaft gleichgesetzt[511]. Bezogen auf den Konzern bedeutet dies, dass die juristische Selbständigkeit der einzelnen Konzernunternehmen schlicht ignoriert wird. Diese Durchbrechung des Trennungsprinzips führt zu einer Ausdehnung der Haftung auf das herrschende Unternehmen (Haftungsdurchgriff). Die Rechtsfolgen aller Handlungen und Unterlassungen des

---

505 BÖCKLI, Aktienrecht, N. 1646b f.
506 Eine gegenseitige Treuepflicht der Aktionäre wäre einzig durch einen Aktionärbindungsvertrag begründbar.
507 FORSTMOSER/MEIER-HAYOZ/NOBEL, Aktienrecht, § 42 N. 32; BÖCKLI, Aktienrecht, N. 38i; HOFSTETTER, Haftung, S. 192, Fn. 145; alle m.w.H.
508 Den Gesellschafter einer (personalistischen) GmbH trifft hingegen eine Treuepflicht. Vgl. HANDSCHIN, GmbH, S. 117 f.
509 HOMBURGER, Durchgriff, S. 251.
510 Der Durchgriff wurde von Lehre und Rechtsprechung schon verschiedentlich als Grundlage für eine Haftung des herrschenden Unternehmens herangezogen (HOMBURGER, Durchgriff, S. 249 ff.). Da jedoch mit diesem Institut die juristische Verschiedenheit von Gesellschaft und deren Mitglieder nicht beachtet wird und der mit der juristischen Person verfolgte Zweck der Haftungsbeschränkung dahinfällt, muss der Durchgriff als ultima ratio gelten und an das Vorliegen bestimmter Voraussetzungen (Gläubigerschädigung, wirtschaftliche Einheit und Rechtsmissbrauch) geknüpft werden (DENNLER, Durchgriff, S. 30 f.).
511 DENNLER, Durchgriff, S. 24; STEBLER, Konzernrecht, S. 14, mit Hinweis auf WERNER VON STEIGER, Holdinggesellschaft, S. 273a ff.

herrschenden Unternehmens im abhängigen Unternehmen werden jenem unmittelbar zugerechnet[512].

In der Literatur[513] wurde ein Durchgriff als gerechtfertigt erachtet, wenn eine wirtschaftliche Einheit vorliegt[514] und die Berufung auf die rechtliche Selbständigkeit des abhängigen Unternehmens rechtsmissbräuchlich ist[515]. Der Grundsatz von Treu und Glauben ist dann verletzt, wenn das Rechtsinstitut der juristischen Person sinn- und zweckwidrig verwendet wird[516]. So sind etwa folgende Durchgriffsfälle denkbar:

– *Unterkapitalisierung von abhängigen Unternehmen:* Eine Beschränkung der Haftung auf das Geschäftsvermögen einer Aktiengesellschaft ist nur dann gerechtfertigt, wenn dieses für die Gläubiger ein ausreichendes Haftungssubstrat darstellt. Da das herrschende Unternehmen eine hohe Beteiligungsquote bei gleichzeitig möglichst geringem Kapitaleinsatz anstrebt[517], wird das abhängige Unternehmen i.d.R. über ein geringes Aktienkapital verfügen. Um das Unternehmen dennoch mit den erforderlichen Mitteln auszustatten, werden vom Konzern entsprechende Darlehen gewährt, die wirtschaftlich u.U. als Eigenkapital zu qualifizieren sind[518], rechtlich hingegen Fremdkapital darstellen. Damit wird das Haftungssubstrat für die Gläubiger des abhängigen Unternehmens verkleinert, was dann als missbräuchlich bezeichnet werden muss, wenn ein offensichtliches Missverhältnis[519] zwischen Eigenkapital und der Geschäftstätigkeit und den damit verbundenen Unternehmungsrisiken des abhängigen Unternehmens besteht[520]. Falls die Unterkapitalisierung zur Folge hat, dass der Gesellschaftsgläubiger nicht mehr aus dem

---

512 Im angelsächsischen Rechtsbereich spricht man bildhaft von "piercing/lifting the corporate veil". Zu den verschiedenen Durchgriffsarten sowie den Voraussetzungen vgl. DENNLER, Durchgriff, S. 32 ff.
513 ALBERS-SCHÖNBERG, Haftungsverhältnisse, S. 127 m.w.H.; DENNLER, Durchgriff, S. 56 ff.; MEIER-HAYOZ/FORSTMOSER, Gesellschaftsrecht, § 19 N. 40 f.
514 Eine wirtschaftliche Einheit bildet der Allein- oder Hauptaktionär mit seiner Gesellschaft; vgl. FORSTMOSER, Aktienrecht, § 1 N. 115 f.; ANDREAS VON PLANTA, Hauptaktionär, S. 159; DENNLER, Durchgriff, S. 34 f. In BGE 71 II 276 bestätigte das Bundesgericht, dass der Durchgriff auch zulässig ist, wenn ein Aktionär nicht sämtliche Aktien hält, die Gesellschaft aber trotzdem beherrscht.
515 DENNLER, Durchgriff, S. 35 ff.; FORSTMOSER, Aktienrecht, § 1 N. 107 ff. und 115 ff.; ALBERS-SCHÖNBERG, Haftungsverhältnisse, S. 125; DALLÈVES, Coopération, S. 679; MEIER-HAYOZ/ FORSTMOSER, Gesellschaftsrecht, § 19 N. 40 f.
Zur Kasuistik vgl. FORSTMOSER, Aktienrecht, § 1 N. 142 ff.; DENNLER, Durchgriff, S. 56 ff. Aus der bundesgerichtlichen Rechtsprechung seien erwähnt:
– Direkter Durchgriff: bejaht in BGE 98 II 96; 81 II 455; 72 II 275; 71 II 272; verneint in 108 II 213; 97 II 289; 92 II 160.
– Rückdurchgriff: bejaht in BGE 102 III 165; verneint in 85 II 111.
– Querdurchgriff: bejaht in BGE 113 II 31.
516 Rechtsgrundlage bildet ZGB 2; vgl. DENNLER, Durchgriff, S. 36 ff.
517 ALBERS-SCHÖNBERG, Haftungsverhältnisse, S. 128 m.w.H.
518 Das Steuerrecht spricht vom sog. verdeckten Eigenkapital; vgl. DBG 75. Siehe dazu S. 344 f.
519 DBG 75 bzw. StHG 29a.
520 ALBERS-SCHÖNBERG, Haftungsverhältnisse, S. 128 f.; DENNLER, Durchgriff, S. 59 ff.

Vermögen des abhängigen Unternehmens befriedigt werden kann und deshalb geschädigt wird, und wenn zusätzlich die Voraussetzungen der wirtschaftlichen Einheit und des Rechtsmissbrauchs gegeben sind, ist das Institut des Durchgriffs heranzuziehen.

– *Verdeckte Gewinnausschüttung*[521]: Zwecks Steuereinsparungen wird der Gewinn einzelner Konzernunternehmen durch das herrschende Unternehmen oftmals künstlich reduziert[522]. Durch solchermassen motivierte Vermögensverschiebungen kann es u.U. zu einer systematischen Aushöhlung des abhängigen Unternehmens kommen, wodurch dessen Gläubiger und allfällige Minderheitsaktionäre geschädigt werden können[523].

– *Vermögensvermischung*: Zu einer Haftung des herrschenden Unternehmens kann es auch kommen, wenn aufgrund einer Vermögensvermischung verunmöglicht wird, die Vermögensmassen von Aktionär und Gesellschaft buchhalterisch auseinanderzuhalten[524]. Das Haftungssubstrat der Gläubiger des abhängigen Unternehmens kann auf diese Weise erheblich geschmälert werden.

Auch wenn es verlockend erscheinen mag, die von der Praxis für den Durchgriff entwickelten Regeln auf das Konzernverhältnis anzuwenden, so muss doch darauf hingewiesen werden, dass diese Lösung aus zweierlei Gründen problematisch ist: Zum einen wird das Grundprinzip des aktienrechtlichen Sondervermögens in Frage gestellt, weil Vermögensbestandteile wohl innerhalb einer wirtschaftlichen Einheit, aber zwischen verschiedenen Gläubiger- und u.U. Aktionärskreisen[525] verschoben werden[526], was unter dem Gesichtspunkt der Rechtssicherheit und -gleichheit höchst fragwürdig ist[527]. Zum anderen dürfte der Durchgriff im Konzernverhältnis in der Praxis regelmässig mit grössten Beweisproblemen verbunden sein: Die konzerninternen Transaktionen und deren Bedingungen sind nämlich im Detail nur Insidern bekannt. Im besten Fall könnte ein Aktionär mittels einer Sonderprüfung Aufschluss über Einzelheiten erlangen (wobei dieses Mittel dem Gläubiger nicht einmal zur Verfügung stünde). Selbst dann kann es sich zeigen, dass das herrschende Unternehmen seine Einflussmöglichkeit als Aktionär wohl ausgenutzt hat, dass aber noch kein

---

521 Vgl. dazu im Detail S. 153 ff. und S. 343 ff.
522 ALBERS-SCHÖNBERG, Haftungsverhältnisse, S. 129. Auch die künstliche Erhöhung des Gewinns ist denkbar, der verdeckte Gewinn würde dann vom herrschenden Unternehmen an das abhängige Unternehmen ausgeschüttet werden. Dieser Fall ist aber in concreto nicht von Interesse.
523 DENNLER, Durchgriff, S. 67 f.
524 DRUEY, Konzernrecht, S. 372. Zu erwähnen ist ferner die in mehreren Ländern geltende Regel, wonach das Absinken der Aktionärszahl unter ein bestimmtes Minimum eine persönliche Haftung der Aktionäre auslöst (DRUEY, Konzernrecht, S. 372 f.).
525 Sofern freie Aktionäre Beteiligungen halten.
526 Darauf weist BÖCKLI, Aktienrecht, N. 1186, hin.
527 BÖCKLI, Aktienrecht, N. 1186, spricht von einem "Konzernrecht durch Einzelentscheide".

Rechtsmissbrauch vorliegt, welcher nach der geltenden Praxis Voraussetzung für einen Durchgriff wäre[528].

Das Institut des Durchgriffs ist überdies subsidiär[529]: Der Durchgriff auf das herrschende Unternehmen ist erst dann möglich, wenn eine offensichtliche Schädigung der Gläubiger vorliegt. Diese Offensichtlichkeit ist letztlich aber erst im Falle des Konkurses des abhängigen Unternehmens gegeben, sodass die Konkurseröffnung gegen das abhängige Unternehmen eine weitere Voraussetzung für den Durchgriff auf das herrschende Unternehmen sein dürfte.

Es sind denn auch in der Praxis bisher keine Urteile über Durchgriffsfälle im Konzern gefällt worden[530].

2.3. Die Rückerstattung von Leistungen nach OR 678

Das herrschende Unternehmen kann im Falle der Entgegennahme einer ungerechtfertigten Leistung des abhängigen Unternehmens von einer Haftung im Sinne einer Rückerstattungspflicht betroffen sein. Dieser Tatbestand wird von OR 678 II umschrieben[531]: Aktionäre und Mitglieder des Verwaltungsrates sowie diesen nahestehende Personen – im Konzern also u.a. alle konzernverbundenen Unternehmen – sind verpflichtet, die ihnen durch die Gesellschaft zugeflossenen geldwerten Leistungen, welche in einem offensichtlichen Missverhältnis zur Gegenleistung stehen (sog. verdeckte Gewinnausschüttungen), zurückzuerstatten.

Verdeckte Gewinnausschüttungen kommen relativ häufig im Zusammenhang mit konzerninternen Austauschverträgen vor, wo Leistung und Gegenleistung oft nicht den Marktverhältnissen entsprechen.

Auf die steuerlichen Konsequenzen von Gewinnverschiebungen im Konzern ist an anderer Stelle einzugehen[532].

---

528 So ALBERS-SCHÖNBERG, Haftungsverhältnisse, S. 130.
529 HOFSTETTER, Haftung, S. 186 m.w.H. in Fn. 94.
530 Die bisherigen Urteile betreffen das Vertretungsverbot der vom abhängigen Unternehmen gehaltenen Aktien des herrschenden Unternehmens an dessen Generalversammlung (BGE 72 II 275) sowie den Querdurchgriff zwischen zwei Konzernunternehmen bei Verhinderung der Ausübung einer Option auf Verlängerung des Untermietverhältnisses mittels Kündigung der Miete durch das eine Konzernunternehmen und Abschluss eines neuen Mietvertrages durch das andere abhängige Unternehmen (BGE 113 II 31).
531 Siehe dazu S. 153 ff.
532 Siehe dazu S. 343 ff.

2.4. Die Rückerstattung von Leistungen nach SchKG 285 ff.

Die Bedeutung der paulianischen Anfechtung von konzerninternen Austauschverträgen mit unangemessenen Leistungen an das herrschende Unternehmen ist in zweifacher Hinsicht beschränkt:

Zum einen wird das herrschende Unternehmen für eine empfangene verdeckte Gewinnausschüttung bereits gemäss OR 678 II rückerstattungspflichtig, sodass die Anfechtungsbestimmungen von SchKG 285 ff. in den Hintergrund treten[533].

Zum anderen wird sich der Kläger in einem Anfechtungsprozess gemäss SchKG 285 ff. grossen Beweisschwierigkeiten gegenüber sehen. Diese Thematik wird später noch eingehend behandelt[534].

3. Die Haftung des herrschenden Unternehmens für seine Vertreter im Verwaltungsrat des abhängigen Unternehmens

Um eine einheitliche Leitung durchzusetzen, wird sich das herrschende Unternehmen in der Regel nicht damit begnügen, die Generalversammlung des abhängigen Unternehmens mit seiner Stimmenmehrheit zu beherrschen[535], sondern es wird darüber hinaus versuchen, durch seine Vertreter im Verwaltungsrat des abhängigen Unternehmens unmittelbar auf dessen Geschäftsführung Einfluss auszuüben[536].

In diesem Fall stellt sich die Frage, ob und allenfalls gestützt auf welche Normen das herrschende Unternehmen selbst für die Handlungen seiner Vertreter im Verwaltungsrat des abhängigen Unternehmens haftet. Es sind drei verschiedene Haftungsansätze möglich:

– Die Haftung gegenüber den fiduziarischen Verwaltungsräten aus Mandatsvertrag;
– Die Haftung für die Tätigkeit der eigenen Organe im Verwaltungsrat des abhängigen Unternehmens;
– Die Haftung für die Tätigkeit der eigenen Hilfspersonen im Verwaltungsrat des abhängigen Unternehmens.

---

533 Und dies auch nur dann, wenn man die Anwendung von SchKG 285 ff. mit einem Teil der Lehre auf zivilrechtlich ungültige Rechtsgeschäfte bejaht und nicht einen gültigen Vertrag verlangt.
534 Siehe S. 450 ff.
535 FLURIN VON PLANTA, Verwaltungsrat, S. 103; ALBERS-SCHÖNBERG, Haftungsverhältnisse, S. 120. Aus dem Aktienbesitz alleine resultiert nicht zwingend eine Einflussnahme eines Mehrheitsaktionärs auf die Geschäftsführung.
536 FORSTMOSER, Verantwortlichkeit, S. 223, N. 709 f.

3.1. Die Haftung gegenüber den fiduziarischen Verwaltungsräten aus Mandatsvertrag

Die schwierige Rechtsstellung des fiduziarischen Verwaltungsrats wurde bereits an anderer Stelle eingehend behandelt[537].

In diesem Zusammenhang wurde darauf hingewiesen, dass in der Praxis – in Ermangelung einer entsprechenden gesetzlichen Regelung – häufig Mandatsverträge zwischen dem herrschenden Unternehmen und dem fiduziarischen Verwaltungsrat abgeschlossen werden, wonach sich der Fiduziar verpflichtet, die Weisungen der Konzernleitung im Verwaltungsrat des abhängigen Unternehmens durchzusetzen, das herrschende Unternehmen andererseits den fiduziarischen Verwaltungsrat bei möglichen Haftpflichtansprüchen Dritter schadlos zu halten[538].

Tritt nun der Fall ein, dass der fiduziarische Verwaltungsrat die Weisungen der Konzernleitung befolgt, welche gegen die Interessen des abhängigen Unternehmens verstossen, so verletzt er damit seine Treue- und Sorgfaltspflicht[539] gegenüber dem abhängigen Unternehmen. Minderheitsaktionäre und Gläubiger des abhängigen Unternehmens könnten dann gestützt auf OR 754 gegen den Fiduziar vorgehen. In dieser Situation würde die vertragliche Freistellungsverpflichtung des herrschenden Unternehmens zugunsten des fiduziarischen Verwaltungsrats greifen: Das herrschende Unternehmen haftet in diesem Fall aus Vertrag, aber selbstverständlich nicht gegenüber den Klägern, sondern nur gegenüber dem mit ihm vertraglich verbundenen beklagten fiduziarischen Verwaltungsrat.

3.2. Die Haftung des herrschenden Unternehmens für die Tätigkeit seiner eigenen Organe im Verwaltungsrat des abhängigen Unternehmens

Das herrschende Unternehmen kann seinen Willen im Verwaltungsrat des abhängigen Unternehmens nicht nur durch formell gewählte fiduziarische Verwaltungsräte durchsetzen, sondern auch unmittelbar durch seine eigenen Organe, welche – ohne als Verwaltungsräte des abhängigen Unternehmens gewählt zu sein – als faktische Organe in die Geschäfte des Verwaltungsrats des abhängigen Unternehmens eingreifen. Es ist in der Lehre umstritten, ob faktische Organe immer natürliche Personen sein müssen, oder ob auch juristische Personen faktische Organe sein können[540]. Nach der hier vertretenen Meinung[541] können nur natürliche Personen faktische Organe sein. Dies aus zwei Gründen:

---

537 Siehe dazu S. 163 ff.
538 Zur Zulässigkeit solcher Mandatsverträge siehe S. 166 f.
539 OR 717.
540 Zu den verschiedenen Lehrmeinungen siehe HOFSTETTER, Haftung, S. 194, Fn. 158 und Fn. 159.
541 Anders noch: VON BÜREN, Konzern, S. 63.

- Aus OR 707 III ergibt sich eindeutig die Absicht des Gesetzgebers, als Verwaltungsräte nur natürliche Personen zuzulassen und diese mit OR 754 auch haftungsmässig persönlich in die Pflicht zu nehmen. Die Vorschrift von OR 707 II gilt zwar nach ihrem Wortlaut nur für formell gewählte Verwaltungsräte. Konsequenterweise muss sie aber auch auf das faktische Organ Anwendung finden. Andernfalls könnte die Norm von OR 707 III problemlos über den Einsatz des herrschenden Unternehmens als faktisches Organ im Verwaltungsrat des abhängigen Unternehmens umgangen werden.
- Dazu kommt ein Zweites: Als juristische Person kann das herrschende Unternehmen gar nicht handeln (also gar nicht zum faktischen Organ werden), sondern es muss sich zwingend natürlicher Personen als Organe oder Hilfspersonen bedienen. Für deren Handlungen haftet das herrschende Unternehmen aber aus Organhaftung (OR 722) bzw. aus Geschäftsherrenhaftung (OR 55).

Diese Auslegung ist konsequent: Die Verwaltungsräte (formell gewählte oder faktische) haften persönlich nach OR 754, während das herrschende Unternehmen für die von ihm delegierten Vertreter im Verwaltungsrat aus Organhaftung bzw. Geschäftsherrenhaftung einzustehen hat. Der Umweg über die Konstruktion des herrschenden Unternehmens als faktisches Organ ist demnach nicht erforderlich.

Wie die fiduziarischen Verwaltungsräte werden die im abhängigen Unternehmen faktisch handelnden Organe des herrschenden Unternehmens für ihre Handlungen persönlich haftbar, da gemäss OR 754 nicht nur die mit der Verwaltung und Geschäftsführung *betrauten*, sondern die mit ihr *befassten* Personen haften[542]. Dazu zählen insbesondere auch jene Organe des herrschenden Unternehmens, welche die Entscheide des abhängigen Unternehmens de facto fällen, ohne auch de iure dazu ermächtigt zu sein[543]. Die Haftung betrifft also jene Vertreter des herrschenden Unternehmens, welche den Konzernwillen im abhängigen Unternehmen durchset-

---

542 Mit OR 754 trägt der Gesetzgeber der bisherigen Doktrin und Rechtsprechung Rechnung. Die Haftung soll nicht nur die formell gewählten Organe des abhängigen Unternehmens treffen, sondern auch die faktischen Organe. Vgl. Botschaft, Sonderdruck, S. 191; FORSTMOSER, Verantwortlichkeit, S. 209 ff.; Pra 1992, S. 600 ff.; BGE 117 II 570 sowie die Besprechung dieses Urteils durch FLACH, Verantwortlichkeit, S. 535 ff. Die Haftung aus OR 754 für das faktische Organ wurde schon vor der Revision des Aktienrechtes verschiedentlich bejaht. Vgl. etwa STEBLER, Konzernrecht, S. 17, und GEHRIGER, Organe, S. 12, beide m.w.H. Zur Definition des faktischen Organs vgl. etwa GEHRIGER, Organe, S. 15, sowie ALBERS-SCHÖNBERG, Haftungsverhältnisse, S. 39.

543 Man spricht in diesem Zusammenhang von materiellen oder faktischen Organen. Vgl. für die verschiedenen Organbegriffe FORSTMOSER, Organbegriff, S. 125. Die Beurteilung ist nicht generell, sondern nur fallweise möglich. In der Regel kommen in Frage: einzelne oder alle Mitglieder der Konzernleitung, Mitarbeiter von Konzernstabsstellen usw. Wichtiges Indiz kann die Geschäftsordnung des herrschenden Unternehmens sein, in der festgehalten wird, welche Entscheide im abhängigen Unternehmen dem herrschenden Unternehmen vorbehalten werden. BGE 102 II 359 schildert den Fall eines verdeckten/faktischen Verwaltungsrats, der zwar nur Handlungsbevollmächtigter des abhängigen Unternehmens war, aber zusammen mit einem weiteren Aktionär das gesamte Aktienkapital des abhängigen Unternehmens besass und dieses de facto führte.

zen⁵⁴⁴. Diese faktische Organstellung kommt allerdings nur denjenigen Personen zu, welche an Entscheidungen in einer Weise mitwirken, die wesentlich über die Vorbereitung und Grundlagenbeschaffung hinausgeht⁵⁴⁵. Der Einfluss auf die Entscheidung muss ein massgeblicher sein⁵⁴⁶.

Die im abhängigen Unternehmen faktisch tätigen Organe des herrschenden Unternehmens haften doppelt⁵⁴⁷: Einmal als Organe des herrschenden Unternehmens gegenüber dessen Aktionären und Gläubigern sowie als faktische Organe gegenüber den Aktionären und Gläubigern des abhängigen Unternehmens nach OR 754⁵⁴⁸.

Daneben haftet aber Dritten gegenüber auch das herrschende Unternehmen für die Tätigkeit seiner Organe gestützt auf OR 722 als lex specialis von ZGB 55 II⁵⁴⁹, sofern diese in Ausübung ihrer geschäftlichen Verrichtungen beim abhängigen Unternehmen einen Schaden verursachen. Das herrschende Unternehmen haftet für Schaden aus unerlaubter Handlung seines Organs⁵⁵⁰ und zwar auch für Handlungen, welche der Vertreter ohne Weisung oder sogar entgegen erteilter Weisungen begangen hat⁵⁵¹.

---

544 Botschaft, Sonderdruck, S. 191; PETITPIERRE-SAUVAIN, Groupes de sociétés, S. 133 ff.; FORSTMOSER, Verantwortlichkeit, S. 223, N. 710; ANDREAS VON PLANTA, Doppelorganschaft, S. 605 f.; ZK-BÜRGI/NORDMANN, N. 124 zu OR 753/754; MEIER-HAYOZ/FORSTMOSER, Gesellschaftsrecht, § 19 N. 40 ff.
545 OR-WIDMER, N. 3 zu OR 754.
546 PETER WIDMER, Verantwortlichkeit, S. 798. Nach Ansicht von ALBERS-SCHÖNBERG, Haftungsverhältnisse, S. 76, ist es nicht massgebend, ob eine Weisung des faktischen Organs im Einzelfall erteilt und vom abhängigen Unternehmen befolgt wurde, sondern lediglich ob aufgrund der bestehenden Konzernstruktur ein herrschendes Unternehmen in der Regel Weisungen erteilt.
547 Die für die Verantwortlichkeitsklage gemäss OR 754 I ebenfalls aktivlegitimierten Gesellschaften kommen aus offensichtlichen Gründen im Konzernverhältnis im Normalfall als Klägerinnen nicht in Betracht.
548 ALBERS-SCHÖNBERG, Haftungsverhältnisse, S. 79.
549 Vgl. GEHRIGER, Organe, S. 107 f. Die Haftung von OR 722 ist im Vergleich zu jener nach ZGB 55 II beschränkter: Nach OR 722 haftet das herrschende Unternehmen nur für Schaden aus unerlaubter Handlung, während es nach ZGB 55 II auch für das "sonstige Verhalten" der Organe einzutreten hat, was – der Wortlaut würde dem zumindest nicht entgegenstehen – Pflichtwidrigkeit eines delegierten Verwaltungsrats im Sinne von OR 754 durchaus einschliessen könnte. Ebenso SPIRO, Doppelorgane, S. 647; vgl. auch FORSTMOSER, Verantwortlichkeit, S. 224, N. 713, wobei auf S. 224, N. 715 nur noch von einer Haftung für unerlaubte Handlungen der Organe die Rede ist. A.M. PETER PORTMANN, Haftpflichtrecht, S. 41. Nach PORTMANN vermag die aktienrechtliche Sonderbestimmung ZGB 55 nicht einzuschränken.
550 FORSTMOSER, Verantwortlichkeit, S. 224, N. 715; ALBERS-SCHÖNBERG, Haftungsverhältnisse, S. 163; ANDREAS VON PLANTA, Doppelorganschaft, S. 599; a.M. SPIRO, Doppelorgane, S. 647, und PETER PORTMANN, Haftpflichtrecht, S. 41. Nicht jede Sorgfaltspflichtverletzung im Sinne von OR 754 stellt aber zugleich auch eine widerrechtliche Handlung dar (ANDREAS VON PLANTA, Hauptaktionär, S. 75; FORSTMOSER, Verantwortlichkeit, S. 224, N. 715; DRUEY, Organ, S. 77 ff. und S. 81 f.).
551 FORSTMOSER, Verantwortlichkeit, S. 224, N. 714; SPIRO, Doppelorgane, S. 644; GIOVANNI SCHUCANY, Verwaltungsrat, S. 89; a.M. ZWEIFEL, Konzern, S. 97.

3.3. Die Haftung des herrschenden Unternehmens für die Tätigkeit seiner Hilfspersonen im Verwaltungsrat des abhängigen Unternehmens

Es ist denkbar, dass das herrschende Unternehmen im Verwaltungsrat des abhängigen Unternehmens weder durch fiduziarische Verwaltungsräte, noch durch seine eigenen Organe tätig wird, sondern sich dazu einer Hilfsperson bedient[552], sei es ein untergeordneter Mitarbeiter des herrschenden Unternehmens ohne Organstellung, sei es eine Hilfsperson ohne arbeitsvertragliche Beziehung[553] zum herrschenden Unternehmen. Die delegierte Hilfsperson hat hier – anders als das Organ – keinen eigenen Handlungsspielraum, sondern ist blosses Werkzeug[554] und handelt strikte nach den Weisungen des sie delegierenden herrschenden Unternehmens.

Die im Verwaltungsrat des abhängigen Unternehmens tätig werdende Hilfsperson haftet auch hier als faktisches Organ des abhängigen Unternehmens nach OR 754.

Daneben wird aber eine Haftung des herrschenden Unternehmens als Geschäftsherr gestützt auf OR 55 begründet. Der Entlastungsbeweis des herrschenden Unternehmens dürfte i.d.R. misslingen, da die Hilfsperson ja nach den Weisungen des herrschenden Unternehmens handelt, welche für den Schaden kausal waren. Das herrschende Unternehmen trifft damit eine culpa in instruendo. Insofern dürfte in der Praxis kein Unterschied zum Fall der Organhaftung nach OR 722 bestehen[555].

In der Konzernwirklichkeit wird sich allerdings das Problem stellen, dass dem klagenden Dritten der Nachweis ausserordentlich schwer fallen dürfte, dass eine Hilfsperson nach den Weisungen des herrschenden Unternehmens tätig geworden ist, da ihm diese Weisungen zumindest i.d.R. gar nicht bekannt sind und er deren Vorliegen folglich auch nicht beweisen kann.

---

552 Zur Abgrenzung zwischen Organ und Hilfsperson BUCHER, OR AT, S. 628, Fn. 98, mit folgenden Hinweisen: BGE 87 II 187 E. 2; 81 II 226 ff.; OFTINGER/STARK, Haftpflichtrecht, S. 272 ff.; ALFRED KELLER, Haftpflichtrecht, S. 92 ff.
553 Umstritten ist allerdings, ob ein Dritter überhaupt Hilfsperson des herrschenden Unternehmens sein kann. Vgl. dazu FORSTMOSER, Verantwortlichkeit, S. 229, N. 728; ALBERS-SCHÖNBERG, Haftungsverhältnisse, S. 166.
554 FORSTMOSER, Verantwortlichkeit, S. 224, N. 712. ALBERS-SCHÖNBERG, Haftungsverhältnisse, S. 167, spricht von einer "blossen Strohmannfunktion".
555 Diesen Umstand habe ich bisher übersehen und deswegen anstelle der Geschäftsherrenhaftung die Haftung des herrschenden Unternehmens als faktisches Organ postuliert, das sich einer Hilfsperson als Strohmann bedient (VON BÜREN, Konzern, S. 63). Dieser Umweg erübrigt sich jedoch, da der Entlastungsbeweis nach OR 55 I regelmässig misslingt und in diesem Fall kein Unterschied zur Organhaftung nach OR 722 besteht.

4. Die Haftung des herrschenden Unternehmens für seine Vertreter in der Geschäftsleitung des abhängigen Unternehmens

Die Geschäftsleitung des abhängigen Unternehmens wird vom Verwaltungsrat bestimmt, sofern die Statuten diesen dazu ermächtigen, die Geschäftsführung zu delegieren[556]. Die Mitglieder der Geschäftsleitung sind für ihr pflichtwidriges Verhalten nach OR 754 haftbar.

In der Praxis kommt es immer wieder vor, dass Vertreter (Organe oder Hilfspersonen) des herrschenden Unternehmens, welche nicht formell (d.h. vom Verwaltungsrat des abhängigen Unternehmens) mit der Geschäftsleitung betraut wurden, beim abhängigen Unternehmen Geschäftsleitungsfunktionen wahrnehmen[557]. Dieses "Hineinregieren" mittels direkten Weisungen erfolgt häufig lateral auf mittleren Führungsebenen in funktionalen Bereichen wie Marketing, Produktion, Engineering, Forschung oder Controlling[558].

In diesem Fall gelten die gleichen Haftungsregeln wie beim Verwaltungsrat: Die handelnden Personen können für ihre Tätigkeit als faktische Organe des abhängigen Unternehmens haftbar werden, während das herrschende Unternehmen für ihre Vertreter in der Geschäftsleitung des abhängigen Unternehmens aus Organhaftung (wenn es sich um ein Organ des herrschenden Unternehmens handelt) bzw. aus Geschäftsherrenhaftung (wenn es sich um eine Hilfsperson des herrschenden Unternehmens handelt) einzustehen hat.

5. Die Haftung des herrschenden Unternehmens aus anderen Gründen

Ansprüche gegen das herrschende Unternehmen können u.U. selbst dann geltend gemacht werden, wenn das Unternehmen nicht als Aktionär auftritt und auch nicht über seine Vertreter in den Verwaltungsrat oder die Geschäftsleitung des abhängigen Unternehmens eingreift.

In Frage kommen die folgenden Anspruchsgrundlagen:

– Vertragsrechtliche Haftung (OR 97 bzw. OR 101),
– Deliktische Haftung (OR 41 bzw. PrHG 1),
– Haftung aus sog. Konzernvertrauen (ZGB 2).

---

556 OR 716b I.
557 Man könnte sie als sog. "faktische Geschäftsleiter" bezeichnen.
558 Diese Tätigkeit subalterner Stellen des herrschenden Unternehmens im abhängigen Unternehmen wurde von einem Praktiker einmal als "Robinson-Spielplatz des middle-managements" bezeichnet.

5.1. Vertragsrechtliche Haftung des herrschenden Unternehmens

a) Haftung des herrschenden Unternehmens gegenüber dem abhängigen Unternehmen gestützt auf konzerninterne Verträge

In einem Konzern sind herrschendes und abhängiges Unternehmen regelmässig durch verschiedene Verträge miteinander verbunden, wie z.B. Lizenzverträge, Dienstleistungsverträge, Darlehensverträge etc.[559]. Es kommt nicht selten vor, dass bei solchen Vertragsabschlüssen ein und dieselbe Person als Organ beider Vertragspartner auftritt und gleichzeitig beide Unternehmen vertritt (Doppelvertretung). Die Doppelvertretung ist nach der Praxis dann zulässig, wenn eine entsprechende Ermächtigung vorliegt[560]. Diese dürfte im Konzernverhältnis in der Regel vorliegen.

Das Handeln eines solchen bevollmächtigten Doppelvertreters bindet das herrschende Unternehmen, sodass dieses aus Verträgen, welche der Doppelvertreter mit Konzernunternehmen abgeschlossen hat, verpflichtet wird. Das herrschende Unternehmen haftet dem abhängigen Unternehmen für die gehörige Erfüllung der konzerninternen Verträge. Daraus können sich Ansprüche des abhängigen Unternehmens gegen das herrschende Unternehmen ergeben, welche nach Vertragsrecht zu beurteilen sind. Die Ansprüche können durch das abhängige Unternehmen selbst geltend gemacht werden[561] oder durch die Gläubiger des abhängigen Unternehmens im Konkurs nach einer Abtretung gemäss SchKG 260.

b) Haftung des herrschenden Unternehmens gegenüber den Gläubigern des abhängigen Unternehmens im Zusammenhang mit Verträgen zwischen dem abhängigen Unternehmen und einem Dritten

aa) Das herrschende Unternehmen als Vertragspartei

Abhängige Unternehmen werden oft mit einer begrenzten Eigenkapitalbasis versehen, aber ergänzend dazu mit Konzerndarlehen oder durch Darlehen von Dritten finanziert. Die konzernfremden Kreditgeber werden sich i.d.R. durch Patronatserklärungen bzw. Garantien oder Bürgschaften des herrschenden Unternehmens absichern[562].

Aus diesen Verträgen des herrschenden Unternehmens mit Gläubigern des abhängigen Unternehmens können vertragliche Ansprüche gegen das herrschende Unter-

---

559 Weitere Beispiele bei HOFSTETTER, Haftung, S. 206.
560 HOFSTETTER, Haftung, S. 207, Fn. 270. Nach BUCHER, OR AT, S. 640, Fn. 142, soll die Doppelvertretung bei konzernmässig verbundenen Unternehmen sogar trotz erwiesener Interessenkollision die Gültigkeit des Geschäfts nicht hindern.
561 Aus steuerlichen Gründen kann sich dies aufdrängen, weil sonst u.U. eine verdeckte Gewinnverschiebung zu Gunsten des herrschenden Unternehmens angenommen werden könnte, welche beim abhängigen Unternehmen als Ertrag aufgerechnet und besteuert würde. Siehe dazu S. 343.
562 Für Details zur Frage der Patronatserklärungen siehe S. 326 ff.

nehmen geltend gemacht werden, deren Umfang in der Praxis häufig umstritten ist, weil der Wortlaut der Vereinbarungen oft bewusst unklar gehalten wird, um die Haftung des herrschenden Unternehmens zu vermeiden oder zumindest einzuschränken.

bb) Die Mitwirkung des herrschenden Unternehmens an Vertragsverhandlungen des abhängigen Unternehmens mit Dritten

In der Praxis kommt es häufig vor, dass Vertreter des herrschenden Unternehmens an Vertragsverhandlungen des abhängigen Unternehmens teilnehmen oder die Verhandlungen für das abhängige Unternehmen sogar selbst führen[563]. Aus einer solchen Mitwirkung des herrschenden Unternehmens können sich u.U. Ansprüche aus culpa in contrahendo ergeben[564]. So kann etwa die Teilnahme des herrschenden Unternehmens an den Vertragsverhandlungen bei der Gegenpartei möglicherweise den falschen Eindruck erwecken, der Vertrag werde mit dem herrschenden Unternehmen abgeschlossen, oder das herrschende Unternehmen stehe zumindest hinter dem ausgehandelten Vertragsinhalt und garantiere dessen Erfüllung durch das abhängige Unternehmen, obwohl der Vertrag letztlich mit dem abhängigen Unternehmen geschlossen wird[565].

5.2. Deliktische Haftung des herrschenden Unternehmens

a) Nach OR 41

Wo ein Schaden vorliegt, stellt sich immer auch die Frage nach der Anwendbarkeit des Deliktsrechtes. Grundsätzlich ist beim Eintritt eines Schadens im Bereich des abhängigen Unternehmens zu prüfen, ob sich allenfalls aus ausservertraglichem Haftpflichtrecht eine Haftung ergibt.

Voraussetzungen dazu sind – nebst dem Schaden – Verschulden, Widerrechtlichkeit und Kausalzusammenhang. Das Hauptproblem liegt eindeutig bei der Frage nach der *Widerrechtlichkeit*[566] des verursachten Schadens.

Eine Schadenszufügung ist widerrechtlich, "wenn sie gegen eine allgemeine gesetzliche Pflicht verstösst, sei es dass ein absolutes Recht des Geschädigten

---

563 Vgl. dazu S. 317 ff.
564 Dazu ausführlich und m.w.H. HOFSTETTER, Haftung, S. 219 ff., und HANDSCHIN, Konzern, S. 304 ff.
565 Wenn das herrschende Unternehmen aber im Rahmen der Vertragsverhandlungen unrichtige Auskünfte erteilt oder später nicht honorierte Zusicherungen macht, welche die Gegenpartei dann zum Abschluss des Vertrages bewegen, liegt eine Täuschung i.S.v. OR 28 II vor.
566 HOFSTETTER, Haftung, S. 190.

verletzt oder eine reine Vermögensschädigung durch Verstoss gegen eine einschlägige Schutznorm bewirkt wird"[567].

Wenig Probleme bietet die Schädigung des abhängigen Unternehmens oder dessen Gläubiger bei Verletzung *absoluter Rechte* (z.B. Eigentumsverletzungen). Das herrschende Unternehmen haftet diesfalls für Organe und Hilfspersonen kraft ZGB 55 II/ OR 722 und OR 55.

Erheblich mehr Mühe bereitet die Spielart der *Vermögensschädigung* durch Verstoss gegen eine einschlägige Schutznorm. Das Vermögen ist kein generell geschütztes Rechtsgut und bedarf deshalb zu seinem Schutz einer besonderen Verhaltensnorm[568]. Es gilt nun, einschlägige Verhaltensnormen zu finden, deren Schutzzweck die Bewahrung des Vermögens des abhängigen Unternehmens, von deren Gesellschafter oder Gläubiger beinhaltet[569].

– Im Aktienrecht: Wie oben gesehen[570], treffen dass herrschende Unternehmen als Aktionär keine über die Liberierung hinausgehenden Pflichten. Es fehlt also an einer aktienrechtlichen Schutznorm. Die einschschlägigen Behelfe bleiben in dieser Konstellation Durchgriff und Rückerstattung von Leistungen nach OR 678[571].
– ZGB 2: Bei krass treuwidriger oder rechtsmissbräuchlicher Ausübung des Stimmrechts[572] könnte das geschädigte abhängige Unternehmen (oder dessen Aktionäre bzw. Gläubiger nach Abtretung gemäss SchKG 260) einen Deliktsanspruch gestützt auf das Gebot des Handels nach Treu und Glauben gelten machen. Weiter können – falls die entsprechenden Voraussetzungen gegeben sind – die von der Lehre und Praxis zu ZGB 2 erarbeiteten Grundsätze wie Durchgriff oder Vertrauenshaftung weiterhelfen.
– In der Lehre werden weitere Bestimmungen auf ihre Tauglichkeit als Schutznorm zur Begründung der Widerrechtlichkeit einer Vermögensschädigung untersucht[573].

Diese Ausführungen lassen den Schluss zu, dass – mit wenigen Ausnahmen – die Anwendung des allgemeinen Deliktsrechts im Konzernverhältnis praktisch unbedeutend ist und somit keinen entscheidenden Beitrag zur Frage der Haftung im Konzern zu leisten vermag.

---

567 Vgl. statt vieler BGE 115 II 15.
568 OFTINGER/STARK, Haftpflichtrecht AT, S. 177.
569 Solche Normen finden sich natürlich im Strafrecht, z.B. Veruntreuung, Unterschlagung, Betrug etc.
570 Siehe dazu S. 169 ff.
571 Siehe dazu S. 171 ff. bzw. S. 174 f.
572 Z.B. bei Abdisposition aller Vermögenswerte des abhängigen Unternehmens, vgl. HOFSTETTER, Haftung, S. 191.
573 Culpa in contrahendo, ZGB 27 und allgemeiner Gefahrensatz. Vgl. HOFSTETTER, Haftung, S. 210 ff.; HANDSCHIN, Konzern, S. 293 ff.

Zu der praktischen Bedeutungslosigkeit des allgemeinen Deliktsrechts in Zusammenhang mit der Haftung im Konzern kommen die Mühen der Durchsetzung: Zum einen obliegt dem Geschädigten der Nachweis des Schadens, des Kausalzusammenhanges und des Verschuldens, zum anderen stehen die Ansprüche gegen das herrschende Unternehmen meist dem abhängigen Unternehmen als unmittelbar Geschädigtem zu[574], sodass ein Minderheitsaktionär auf Leistung an das abhängige Unternehmen klagen müsste, was für ihn unter Berücksichtigung des Kostenrisikos nicht unbedingt attraktiv wäre. Im Falle eines mittelbaren Schadens können die Gläubiger des abhängigen Unternehmens ihren Anspruch sogar erst im Konkurs des abhängigen Unternehmens nach Verzicht der Konkursverwaltung (OR 757 II) bzw. einer Abtretung i.S.v. SchKG 260 (OR 757 III) geltend machen.

b) Nach Produktehaftpflichtgesetz

Zur erwähnen bleibt die von HOFSTETTER[575] diskutierte Haftung aus *Produktehaftpflichtrecht:* Der Herstellerbegriff in PrHG 2 ist so weit gefasst, dass das herrschende Unternehmen selbst dann von einer Haftung erfasst werden kann, wenn die Herstellung des fehlerhaften Produktes durch das abhängige Unternehmen erfolgt ist. Das herrschende Unternehmen kann beispielsweise direkt belangt werden, wenn es seinen Namen, Warenzeichen[576] oder ein anderes Erkennungszeichen auf dem Produkt anbringt. Dieser Ansatz birgt einiges Potential in sich.

5.3. Haftung des herrschenden Unternehmens aus sog. Konzernvertrauen

Abhängige Unternehmen verfügen in aller Regel aufgrund ihrer bescheideneren finanziellen Mittel nicht über dieselbe Kredit- und Vertrauenswürdigkeit wie das herrschende Unternehmen. Dazu kommt, dass in einem Konzern die Betriebsergebnisse der Konzernunternehmen oft in das herrschende Unternehmen abgeführt und im Sinne des Konzernzwecks einheitlich verwendet werden[577]. Dieses Defizit versuchen die herrschenden Unternehmen häufig durch die Abgabe von Patronats-, Garantie- oder Bürgschaftserklärungen zugunsten von Gläubigern der abhängigen Unternehmen wettzumachen[578], womit deren Attraktivität als Geschäftspartner erhöht wird[579]. Solche Erklärungen begründen, je nach konkreter Formulierung, eine

---

574 Anders läge der Fall allerdings, wenn ein unmittelbarer Schaden bei den Aktionären eingetreten wäre.
575 HOFSTETTER, Haftung, S. 223.
576 Als Beispiel möge das Nestlé-Zeichen auf Produkten von Tochtergesellschaften dienen.
577 HANDSCHIN, Konzern, S. 57.
578 HANDSCHIN, Konzernvertrauen, S. 27.
579 Patronatserklärungen treten in den verschiedensten Formen auf, mit jeweils unterschiedlichem Bindungscharakter. Vgl. dazu etwa SCHNYDER, Patronatserklärungen, S. 57 ff.

unmittelbare vertragliche Haftung des herrschenden Unternehmens für Verbindlichkeiten des abhängigen Unternehmens[580].

Auch ohne entsprechende ausdrückliche Erklärung hat nun aber das Bundesgericht im Swissair-Entscheid ein herrschendes Unternehmen zur Verantwortung gezogen, und zwar aus "erwecktem Konzernvertrauen"[581].

Das Bundesgericht hat in diesem Entscheid die Swissair Beteiligungen AG aufgrund des von einem Gläubiger des abhängigen Unternehmens in sie gesetzten Vertrauens für haftbar erklärt. Es lag von Seiten der Swissair weder eine Patronatserklärung vor, noch wurde ein Garantievertrag abgeschlossen[582]. Die Haftung der Swissair ergab sich ausschliesslich aus dem beim Geschäftspartner des abhängigen Unternehmens erzeugten und enttäuschten Konzernvertrauen. Massgebend war, dass sie bei Dritten den Eindruck erweckte, für die Verbindlichkeiten des abhängigen Unternehmens zu haften resp. für die Einhaltung bestimmter Standards besorgt zu sein[583].

Diese unmittelbare Vertrauenshaftung, die eine eigene Verantwortlichkeit des herrschenden Unternehmens statuiert, wird von der Lehre schon seit geraumer Zeit postuliert[584]. So vertritt etwa ECKARD REHBINDER die Ansicht, dass das Verhandlungsverhalten und die Erklärungen des herrschenden Unternehmens die Gläubiger des abhängigen Unternehmens dazu bewegen könnten, einen Vertrag einzugehen, weitere Untersuchungen über Kapitalausstattung und Kreditwürdigkeit des Vertragspartners zu unterlassen sowie ganz allgemein mit Rücksicht auf die vorhandene und bewusst eingesetzte Verbindung zwischen herrschendem und abhängigem Unternehmen zu handeln. Aufgrund des Vertrauensprinzips sei daraus u.U. auf eine Ausfallhaftung des herrschenden Unternehmens zu erkennen[585].

Nach Ansicht des Bundesgerichts folgt die Haftung aus Konzernvertrauen aus der Verallgemeinerung des Grundsatzes der Haftung aus culpa in contrahendo[586]. Wird die culpa in contrahendo als besonderer Haftungstatbestand anerkannt, so darf gemäss Bundesgericht der haftpflichtrechtliche Schutz in wertungsmässig vergleichbaren Fällen ebenfalls nicht versagt bleiben. Eine einlässliche Erörterung der Voraus-

---

580 Siehe dazu auch S. 326 ff.
581 Siehe dazu S. 60 ff.
582 Nach Ansicht des Bundesgerichts musste die Swissair sich zwar anrechnen lassen, dass ihre Tochter das Swissair-Logo auf dem Briefpapier verwendet und in den Werbeunterlagen die Verbindung zur Swissair betont hatte, doch genügte dies nicht für die Annahme einer Garantieübernahme i.S.v. OR 111. Zu den Folgen dieser Anrechnung jedoch die nachfolgenden Ausführungen.
583 Die Literatur hat sich eingehend mit dem Swissair-Entscheid auseinandergesetzt. Siehe z.B. die Urteilsbesprechungen von ROLF BÄR, ZBJV 1996, S. 454 ff.; AMSTUTZ/WATTER, Swissair, S. 502 ff.; GONZENBACH, Vertrauenshaftung, S. 117 ff.; PETER MÜNCH, ZBJV 1994, S. 767 ff.; NOBEL, Patronatserklärungen, S. 61 f.; WICK, Vertrauenshaftung, S. 1270 ff.; WOLFGANG WIEGAND, ZBJV 1996, S. 321 ff.
584 ECKARD REHBINDER, Konzernaussenrecht, S. 305 ff.
585 ECKARD REHBINDER, Konzernaussenrecht, S. 308 f., 305, 311 ff.
586 BGE 120 II 335 E. 5a.

setzungen einer Haftung aus culpa in contrahendo ist in diesem Entscheid zwar unterblieben, doch wurde das Institut als allgemeine Rechtsfigur dargestellt[587].

Im Konzernverhältnis kann das in die Vertrauens- und Kreditwürdigkeit des Konzerns gesteckte Vertrauen ebenso schutzwürdig sein, wie dasjenige, das sich Partner im Rahmen von Vertragsverhandlungen entgegenbringen. Erklärungen des herrschenden Unternehmens, die bei den Geschäftspartnern des abhängigen Unternehmens ein entsprechendes Vertrauen hervorrufen, begründen eine dem Vertragsverhandlungsverhältnis vergleichbare rechtliche Sonderverbindung, aus der sich auf Treu und Glauben beruhende Schutz- und Aufklärungspflichten ergeben[588]. Analog kann die Verletzung solcher Pflichten Schadenersatzansprüche begründen.

Eine Haftung aus Konzernvertrauen ist, wie im übrigen auch eine solche aus culpa in contrahendo, an strenge Voraussetzungen zu knüpfen – so das Bundesgericht – und dient nicht dazu, das Geschäftsrisiko sämtlicher Geschäftspartner des abhängigen Unternehmens zu minimieren. Insofern spricht sich das Bundesgericht gegen eine uferlose Ausdehnung der Haftung des herrschenden Unternehmens aus. Insbesondere das Bonitätsrisiko trägt eine Vertragspartei grundsätzlich selbst[589]. Ein Dritter wird nur dann geschützt, wenn sein berechtigtes Vertrauen missbraucht wird. Schutz verdient der Geschäftspartner des abhängigen Unternehmens nur,

"wenn die Muttergesellschaft durch ihr Verhalten bestimmte Erwartungen in ihr Konzernverhalten und ihre Konzernverantwortung erweckt, später aber in treuwidriger Weise enttäuscht. Diesfalls hat die Muttergesellschaft für den Schaden einzustehen, den sie durch ihr gegen Treu und Glauben verstossendes Verhalten adäquat kausal verursacht hat"[590].

Unter welchen Umständen dem herrschenden Unternehmen die Erweckung berechtigter Erwartungen und deren Enttäuschung vorgeworfen werden kann, ergibt sich aufgrund des Einzelfalles. Bei den aus der konkreten Vertrauenslage resultierenden Pflichten eines herrschenden Unternehmens können grundsätzlich zwei Bereiche unterschieden werden:

– Zum einen die Pflicht des herrschenden Unternehmens, dem abhängigen Unternehmen diejenigen Mittel zur Verfügung zu stellen, die erforderlich sind "um die realistischerweise zu erwartenden Risiken abzudecken"[591].
– Zum anderen eine Aufklärungspflicht[592] gegenüber den Gläubigern des abhängigen Unternehmens über die wirtschaftliche Lage des abhängigen Unternehmens

---

587 Vgl. dazu GONZENBACH, Vertrauenshaftung, S. 125 f.
588 BGE 120 II 336; SCHNYDER, Patronatserklärungen, S. 65.
589 BGE 120 II 336; SCHNYDER, Patronatserklärungen, S. 65.
590 BGE 120 II 336 f.
591 BGE 120 II 337. GONZENBACH, Vertrauenshaftung, S. 127, spricht von der Pflicht zu wirtschaftlicher Absicherung.
592 BGE 120 II 337.

bzw. über bevorstehende Verkaufsabsichten, als Ausfluss des in das herrschende Unternehmen gesetzten Konzernvertrauens.

Wann immer der Ruf und die Finanzkraft des herrschenden Unternehmens massgebend sind für den Entscheid eines Dritten, mit dem abhängigen Unternehmen zu kontrahieren, kann das unliebsame wirtschaftliche Folgen für das herrschende Unternehmen haben. Es sollte sich deshalb schon vor dem Entscheid über den Erwerb einer Mehrheitsbeteiligung ein klares Bild über die finanzielle Tragweite dieses Unterfangens machen, da derartige latente Verpflichtungen u.U. wesentlich höher sein können als der Preis für den Erwerb der Beteiligung. Insbesondere abhängige Unternehmen, die eine massive Unterkapitalisierung ausweisen, stellen für das herrschende Unternehmen eine latente Gefahr dar. Bei der Pflicht, das abhängige Unternehmen mit den erforderlichen Mitteln zu dotieren, handelt es sich jedoch nicht um eine "Nachschusspflicht", die als solche im klaren Widerspruch zu OR 680 I stehen würde[593]. Übersteigt das Projekt den Rahmen des finanziell Möglichen, erwächst daraus den Aktionären des herrschenden Unternehmens dennoch keine Nachschusspflicht[594]. Im Swissair-Entscheid blieb die Unterkapitalisierung de facto ohne Bedeutung. Das Bundesgericht ging davon aus, das abhängige Unternehmen der Swissair sei wegen Ausbleibens erwarteter Drittbeteiligungen gescheitert und nicht aufgrund unzureichender Dotierung durch das herrschende Unternehmen. Dies schliesst jedoch nicht aus, dass gestützt auf die Erwägungen im Swissair-Entscheid in einem anderen Fall die Haftung eines herrschenden Unternehmens damit begründet werden könnte.

Während also im Swissair-Entscheid das herrschende Unternehmen nach Ansicht des Bundesgerichtes der Pflicht zur wirtschaftlichen Absicherung hinreichend nachgekommen war[595] und unter diesem Titel nicht mittels Haftungsdurchgriff zur Verantwortung gezogen wurde, lag eine Verletzung der Aufklärungspflicht vor. Der Swissair wurde im besagten Fall zum Verhängnis, dass in den Werbeunterlagen des abhängigen Unternehmens deren Einbindung in den Swissair-Konzern "herausgestrichen" wurde. Obschon dies für die Begründung einer vertraglichen Haftung nicht ausreichte[596], wurde das Vertrauen des Gläubigers des abhängigen Unternehmens in

---

593 Vgl. etwa GONZENBACH, Vertrauenshaftung, S. 127 am Schluss, der dazu ausführt, dass man zwar auf moralisch-wirtschaftliche Unterstützung durch das Elternhaus hoffen möge, darauf bauen dürfe man nicht.
594 Zu beachten ist dabei die Verantwortlichkeit der mit dem Geschäft befassten Personen (OR 754).
595 Aufgrund des den Konzernunternehmen zur Verfügung gestellten Darlehens (BGE 120 II 339 E. 5c aa).
596 Zur Frage der vertraglichen Haftung des herrschenden Unternehmens gestützt auf Werbeaussagen des abhängenden Unternehmens vgl. GONZENBACH, Vertrauenshaftung, S. 121. Seiner Ansicht nach würde der Verpflichtungswille weit über Gebühr strapaziert, wenn im Zuge der Offenlegung von Konzernverbindungen entsprechende Hinweise den Charakter von Garantieerklärungen trügen. Der Gewährung eines Einblicks in die Konzernstruktur misst GONZENBACH keineswegs Bindungswillen bei. Fehlt dieser schon in aller Regel bei individualisierten Patronatserklärungen, gilt das umso mehr bei blosser Logo-Verwendung oder allgemeinen Verweisen auf die übereinstimmende Geschäftsphilosophie.

das herrschende Unternehmen geschützt. Insbesondere durfte dieser damit rechnen, korrekt über die Geschäftslage informiert zu werden[597].

Speziell am Swissair-Entscheid ist, dass der Haftungsgrund nicht primär im Handeln sondern vielmehr in der Unterlassung des herrschenden Unternehmens gesehen wurde, nämlich in der fehlenden Aufklärung der Geschäftspartner des abhängigen Unternehmens. Das Werbeverhalten des abhängigen Unternehmens wurde dem herrschenden Unternehmen deshalb zugerechnet. Eine vertrauenserweckende Erklärung braucht nach Ansicht des Bundesgerichtes also nicht zwingend vom Haftenden auszugehen, sondern kann zum Beispiel auch im Rahmen blosser Werbung durch das abhängige Unternehmen abgegeben werden. Im vorliegenden Fall ging das Bundesgericht davon aus, die Werbeunterlagen des abhängigen Unternehmens seien gemeinsam mit der Swissair ausgearbeitet worden. Sieht man die Haftungsvoraussetzungen in concreto darin, dass das herrschende Unternehmen einer Aufklärungspflicht nicht nachgekommen ist, spielt es jedoch grundsätzlich keine Rolle, ob das herrschende Unternehmen von der Werbung lediglich Kenntnis gehabt hat oder auch bei deren Ausarbeitung mitbeteiligt gewesen ist. Die Vertrauenshaftung würde diesfalls ausschliesslich auf der unterlassenen Richtigstellung beruhen[598].

Die Frage, wie weit die Pflicht eines herrschenden Unternehmens zur Überwachung der Werbung und der Mitteilungen des abhängigen Unternehmens reicht, lässt das Bundesgericht unbeantwortet. Es ist wohl davon auszugehen, dass die Konzernleitungsverantwortung und die damit verbundene Aufsichtspflicht mit steigendem Bekanntheitsgrad des herrschenden Unternehmens zunehmen[599]. Dies erklärt sich unweigerlich damit, dass gerade in diesen Fällen der Ruf des herrschenden Unternehmens von massgeblicher Bedeutung ist für die Kontrahierungsabsicht potentieller Vertragspartner. Was umfasst nun aber das Pflichtenheft, welches aus der Konzernleitungsverantwortung resultiert? DRUEY ist zuzustimmen, wenn er schreibt: "Konzernvertrauen kann nicht bedeuten, dass jeder Brief der Tochter durch die Mutter kontrolliert wird. Die Aufsicht, auf welche das Konzernvertrauen 'hoffen' darf, wird sich doch wohl auf die grossen Linien beschränken dürfen, wenn nicht explizit mehr zugesagt ist"[600]. Bei der Beurteilung der Konzernleitungspflichten ist OR 716a als Richtschnur beizuziehen. Die Aufgaben der Konzernleitung resultieren aus den unübertragbaren Pflichten des Verwaltungsrates, bezogen auf den Konzern. Zentral ist hierbei die Oberaufsicht gemäss OR 716a 5, welche die Konzernleitung verpflichtet, die Geschäftsführung des abhängigen Unternehmens zu überwachen. Auch hier muss der Grundsatz gelten, dass keine Einzelhandlungen nachgeprüft werden müssen. Es reicht, wenn die Konzernleitung durch ein Kontrollsystem gewährleisten

---

597 BGE 120 II 340.
598 HANDSCHIN, Konzernvertrauen, S. 27.
599 GONZENBACH, Vertrauenshaftung, S. 128.
600 DRUEY, Greyhound, S. 11.

kann, über die wesentlichen Geschäfte orientiert zu sein, um gegebenenfalls einschreiten zu können[601]. Mehr kann die Oberaufsicht nicht umfassen, zumal es sonst zu einer ineffizienten Verdoppelung der Aufgaben zwischen dem herrschenden Unternehmen und dem Verwaltungsrat des abhängigen Unternehmens kommen würde.

Will ein herrschendes Unternehmen das Risiko der Mitverantwortlichkeit minimieren, tut es gut daran, die Geschäftspartner des abhängigen Unternehmens möglichst gut zu informieren. Dies ist gewiss die sicherste Art, eine Haftung aus unterlassener Aufklärung zu umgehen[602]. Wie weit diese Informationspflicht des herrschenden Unternehmens reicht, wird sich erst im Laufe einer gefestigteren Gerichtspraxis erweisen. Dieser Entscheid allein liefert diesbezüglich noch zu wenig Anhaltspunkte.

Da herrschende Unternehmen ihre Kreditwürdigkeit und ihr "Standing" bewusst einsetzen, um den abhängigen Unternehmen den Abschluss von Rechtsgeschäften zu ermöglichen, werden die herrschenden Unternehmen in Zukunft nicht um eine intensivere Kontrolle der Informationspolitik der abhängigen Unternehmen herumkommen. Auch wenn die Zugehörigkeit zu einem Konzern allein für Dritte nie Gewähr für den wirtschaftlichen Erfolg eines abhängigen Unternehmens bieten wird, können herrschenden Unternehmen gestützt auf das Konzernvertrauen dennoch erhebliche finanzielle Pflichten erwachsen[603]. Stützt sich nämlich ein abhängiges Unternehmen nach aussen – wie etwa in einer Werbekampagne – auf den Ruf des herrschenden Unternehmens, um von deren Goodwill zu profitieren, reicht dies u.U., wie der Swissair-Entscheid gezeigt hat, zur Haftungsbegründung aus[604].

6. Die Relativierung der Haftung im Konzern durch die Rechtswirklichkeit: ein Beweisproblem

Sämtliche Lösungsvorschläge, welche eine Haftung des herrschenden Unternehmens bzw. seiner Organe zu begründen versuchen, stossen letztlich auf ein entscheidendes Problem in der Konzernwirklichkeit: Alle vorgeschlagenen Klagemöglichkeiten setzen voraus, dass das herrschende Unternehmen selbst oder über seine Vertreter beim abhängigen Unternehmen nachweislich etwas tut oder unterlässt, was gegen die Interessen der abhängigen Unternehmen verstösst und rechtlich verpönt ist. Nun zeigt sich in der Praxis aber, dass die blosse Möglichkeit des Konzerns, seinen Willen wenn

---
601 OR-WATTER, N. 20 zu OR 716a.
602 GONZENBACH, Vertrauenshaftung, S. 128, spricht beim Swissair-Entscheid gar von einer überzogenen Abmahnungspflicht.
603 SCHNYDER, Patronatserklärungen, S. 64.
604 DRUEY, Konzernrecht, S. 97.

nötig mit formeller Stimmkraft im abhängigen Unternehmen durchzusetzen, erfahrungsgemäss für die Steuerung des abhängigen Unternehmens genügt, sodass das herrschende Unternehmen keine Beschlüsse fassen und keine Weisungen erteilen muss, sondern dass ein blosser Hinweis auf die Konzernpolitik bzw. eine Empfehlung oder ein Wunsch genügt[605]. Dass dem in der Konzernwirklichkeit so ist, ergibt sich schon aus dem Umstand, dass das herrschende Unternehmen oft nicht identisch ist mit der die Beteiligungen des abhängigen Unternehmens haltenden Holdinggesellschaft: Das herrschende Unternehmen kann de facto den Konzern führen, ohne selbst eine einzige Beteiligung zu halten. Es genügt für die tatsächliche Beherrschung der abhängigen Unternehmen, dass sie beteiligungsmässig zum gleichen Konzern gehören und das herrschende Unternehmen also jederzeit auch de iure seine Rechte geltend machen könnte. In der Regel ist dies jedoch gar nicht erforderlich. Unter diesen Umständen wird es einem Aktionär bzw. Gläubiger ausserordentlich schwer fallen, rechtliche Mittel mit Erfolg gegen das herrschende Unternehmen oder seine Organe einzusetzen, und zwar ganz einfach deswegen, weil ihm der Nachweis nicht gelingt, dass ein bestimmtes Verhalten des abhängigen Unternehmens auf eine Weisung des herrschenden Unternehmens zurückzuführen ist.

Dazu kommt ein weiteres: Der Konzern ist – auch nach Meinung des Gesetzgebers – eine wirtschaftliche Einheit, und dazu gehört begriffsnotwendig, dass das herrschende Unternehmen seinen Willen in allen abhängigen Unternehmen durchsetzt. Die Wahrnehmung der Leitungsfunktion im Konzern ist deshalb legitim[606]. Zur Konzernleitungskompetenz gehört aber zwingend auch die Konzernleitungsverantwortung. Diese sollte sich jedoch nicht nur wie bei den soeben besprochenen Haftungstatbeständen punktuell und korrigierend repressiv auf konkrete Verletzungen beschränken, sondern prospektiv bereits abstrakte Gefährdungen (wie sie z.B. bei einer Kontrollübernahme auftreten) korrigieren[607]. Leider hat es der Gesetzgeber versäumt, diesen Punkt im Aktienrecht zu regeln.

Einige Korrekturen in der richtigen Richtung bringt das Börsengesetz[608]. Dieses Gesetz ist für die Konzernierung von börsenkotierten Unternehmen durch öffentliche Kaufangebote von immenser Bedeutung, da es gewisse Korrekturen hinsichtlich Gleichbehandlung von Aktionären und vor allem Minderheitsaktionären einen gewissen Schutz gegen die Beherrschung einer Gesellschaft durch eine neue Aktionärsgruppe bietet. Diese Korrektur wird namentlich erreicht durch die Meldepflicht des Aktionärs bei Erwerb von Beteiligungspapieren. Ferner stellt das BEHG Regeln für das Vorgehen bei öffentlichen Kaufangeboten auf. Bedeutend ist auch die Vorschrift

---

605 So auch RUEDIN, Groupes de sociétés, S. 165. Es besteht mit anderen Worten ein vorauseilender Gehorsam des Verwaltungsrates des abhängigen Unternehmens.
606 Darauf weist auch BÖCKLI, Aktienrecht, N. 1634, hin.
607 Wie es z.B. das deutsche Konzernrecht getan hat. Vgl. dazu S. 255 ff.
608 AMSTUTZ/WATTER, Swissair, S. 502 ff.

in BEHG 32, wonach der Übernehmer von Beteiligungspapieren, der mehr als $33\frac{1}{3}\%$ der Stimmen einer Gesellschaft auf sich vereinigt, den übrigen Gesellschaftern ein "Zwangsangebot" zur Übernahme der restlichen Beteiligungspapiere unterbreiten muss.

Trotz der punktuellen Korrekturen im Börsengesetz bleibt die Konzernhaftung de lege lata mangelhaft geregelt. Es wird Rechtsprechung und zukünftiger Gesetzgebung überlassen sein, diese Lücke auf befriedigende Weise zu schliessen.

XI. Einheit des Aktienrechts und Konzern

1. Einführung

Das schweizerische Aktienrecht basiert auf der Idee der einheitlichen Regelung für alle Arten von Aktiengesellschaften. Die Bestimmungen von OR 620 ff. gelten grundsätzlich sowohl für den Typus der international tätigen, grossen und weitgehend anonymen Publikumsaktiengesellschaft ("MNU" – multinationale Unternehmen) wie für kleine und mittlere, vielfach personenbezogene Unternehmen ("KMU") und sogar für Einmanngebilde oder reine Objektgesellschaften in der Rechtsform der Aktiengesellschaft.

Folge dieser beachtlichen Flexibilität und Offenheit des gesetzlichen Konzeptes für so unterschiedliche Erscheinungen ist eine eindeutige Dominanz der Rechtsform der Aktiengesellschaft, wie sie in unsern Nachbarländern mit vergleichbaren gesellschaftsrechtlichen Konzepten unbekannt ist: Die Aktiengesellschaft[609] stellt per 31.12.1996[610] mit 170'439 Gesellschaften die klar am weitesten verbreitete Gesellschaftsform dar, gefolgt von den 16'734 Kollektivgesellschaften. Die GmbH, als valable Konkurrentin zur Aktiengesellschaft im Segment der KMU, liegt mit 16'206 Gesellschaften an dritter Stelle, vor den 14'174 Genossenschaften. Weit abgeschlagen folgen die Kommanditgesellschaften und die eingetragenen Vereine[611].

Vor allem der Vergleich Aktiengesellschaft und GmbH ist bemerkenswert, weil der weitaus grösste Teil[612] der gut 170'000 Aktiengesellschaften eigentlich nicht dem gesetzlichen Typus[613] der Kapitalgesellschaft[614] entspricht und aus diesem Grunde besonderer Regelungen in den Statuten sowie vertraglicher Bindungen unter den Gesellschaftern bedarf. Für nicht wenige dieser Gesellschaften wäre die Form der GmbH prädestiniert, was nach der Aktienrechtsrevision von 1991 nun auch zu einer

---

609 Einschliesslich der verschwindend kleinen Zahl von Kommandit-Aktiengesellschaften.
610 Vgl. SHAB Nr. 12 vom 21.1.1997.
611 3857 Vereine und 3549 Kommanditgesellschaften.
612 Als Indiz gilt sicher die Kapitalgrösse. Per Ende 1990 wies die Hälfte der Aktiengesellschaften ein Aktienkapital in der Höhe des damaligen gesetzlichen Minimums von Fr. 50'000.– auf, rund 70% aller Aktiengesellschaften hatten ein Aktienkapital von bis zu Fr. 100'000.– und über 90% aller Aktiengesellschaften lagen im Segment unter einer halben Million Aktienkapital (vgl. die Aufstellung bei Meier-Hayoz/Forstmoser, Gesellschaftsrecht, Anhang, S. 453).
613 Vgl. statt vieler den Überblick über die Typen-Diskussionen der Lehre bei Druey, Personalistische AG, S. 548.
614 Die Aktiengesellschaft ist auf kapitalintensive Unternehmen ausgerichtet, bei denen mehrere anonyme Personen als Geldanlage Risikokapital zur Verfügung stellen. Die Rechte der Aktionäre bestimmen sich grundsätzlich nach ihrem Kapitaleinsatz, ihre Pflichten sind ausschliesslich finanzieller Natur, und auf die Person des Gesellschafters soll es typischerweise nicht ankommen. Dieses Bild traf zumindest im 19. Jahrhundert noch zu. Sowohl bei der Gesetzesrevision von 1936 wie von 1991 sind auch die Belange der geschlossenen Gesellschaften zum Zuge gekommen, sodass diese absolute Aussage etwas relativiert werden muss. Vgl. Böckli, Aktienrecht, N. 17a.

Verschiebung des Verhältnisses zugunsten der GmbH geführt hat[615]. Aber auch nach der angekündigten GmbH-Revision mit der beabsichtigten Modernisierung der gesetzlichen Regelung dürfte die Aktiengesellschaft die beliebteste Gesellschaftsform bleiben. Somit wird also auch in Zukunft hinter der Rechtsform der Aktiengesellschaft nicht unbedingt eine grosse, anonyme Gesellschaft stecken, sondern wohl auch weiterhin bedeutend häufiger eine KMU.

Es soll nun untersucht werden, inwiefern *die Art der Aktiengesellschaft* für Konzernunternehmen von Belang ist.

2. Differenzierungen im Aktienrecht

Seit der Aktienrechtsrevision von 1991 nimmt das Gesetz selbst zahlreiche Differenzierungen vor[616]. In verschiedenen Bereichen werden für grosse (definiert über Bilanzsumme, Umsatz und Arbeitnehmer) bzw. börsenkotierte Publikumsgesellschaften einerseits und für kleine und mittlere bzw. geschlossene Aktiengesellschaften ohne Auftritt am Kapitalmarkt andererseits unterschiedliche Regelungen getroffen[617]:

– Bei der *Vinkulierung* gilt für die kotierten Gesellschaften eine völlig andere Regelung – mit wesentlicher Einschränkung der Vinkulierungsgründe und abweichender Regelung der Rechtsfolgen[618] – als für Gesellschaften mit nicht börsenkotierten Namenaktien[619]. Zudem kennt nur die nicht kotierte Gesellschaft die Übertragungsbeschränkung durch Aufkauf zum wirklichen Wert, die sog. "escape clause"[620]. Für diesen Fall ist auch der Erwerb eigener Aktien anders geregelt, indem eine höhere Grenze von 20% gilt[621].
– Das Gesetz begründet eine *Pflicht zur Offenlegung bedeutender Aktionäre* (OR 663c) nur für diejenigen Gesellschaften, die an der Börse kotiert sind.
– Gesellschaften, die den Kapitalmarkt nutzen oder bei denen bestimmte Kenngrössen überschritten werden, sind von *besonders befähigten Revisoren* zu prüfen (OR 727b).
– Die *Emissionsprospektpflicht* (OR 652a) und die entsprechende *Prospekthaftung* (OR 752) betrifft nur Aktiengesellschaften, welche Aktien öffentlich zur Zeichnung anbieten, also Aktiengesellschaften mit offenem Aktionariat.

---

615 Vgl. VON BÜREN/BÄHLER, GmbH I, S. 18 ff.
616 Vgl. BÖCKLI, Aktienrecht, N. 11 ff., insbesondere N. 15.
617 VON BÜREN/BÄHLER, Börsengesetz, S. 391 f.
618 OR 685d-685g.
619 OR 685b und c.
620 OR 685b.
621 OR 659 II i.V.m. 685b I.

- Der *Konsolidierungspflicht* (OR 663e) unterstehen – und zwar unabhängig von ihrer Grösse – alle Gesellschaften, welche Anleihensobligationen ausstehend haben oder deren Aktien börsenkotiert sind. Die *Befreiung von der Konsolidierungspflicht* gemäss OR 663e II betrifft dagegen nur geschlossene Gesellschaften.
- Die Vorschriften über die gesetzlich geregelte *Stimmrechtsvertretung* in der Generalversammlung (Organvertreter, unabhängiger Stimmrechtsvertreter und Depotvertreter) kommen in der Praxis nur bei Publikumsgesellschaften zum Tragen und sind auch auf diese zugeschnitten.
- Das *"Austrittsrecht"* von OR 736 4[622] ist sowohl von der ratio legis, der Grösse des Unternehmens (mindestens 10% des Aktienkapitals sind zur Klage erforderlich) sowie der Notwendigkeit der Abfindung aus Gesellschaftsmitteln her realistischerweise nur auf kleinere Gesellschaften anwendbar.

Diese Sondernormen lassen den Schluss zu, dass die formelle Einheit des Aktienrechts zwar weiterhin besteht, die materielle Einheit aber in wichtigen Bereichen aufgegeben wurde[623]. Das Recht der MNU ist nicht mehr identisch mit dem Recht der KMU.

3. Auswirkungen des Börsengesetzes

Verstärkt wird der Riss in der materiellen Einheit durch das Börsengesetz[624]. Gewiss gibt es auch andere Spezialgesetze, welche mit ihren Regelungen punktuell das Aktienrecht verdrängen. Dabei handelt es sich um Branchengesetze, wie beispielsweise das Bankengesetz[625] und das Versicherungsaufsichtsgesetz[626].

Das Börsengesetz seinerseits unterwirft nun aber alle Gesellschaften mit Auftritt am Kapitalmarkt einer einheitlichen Regelung und greift damit massiv in das Aktienrecht ein. Wie an anderer Stelle gezeigt wird[627], hat dieser Eingriff für Aktiengesellschaften mit börslich gehandelten Beteiligungspapieren und deren Aktionäre

---

622 Der Richter kann nach dieser Bestimmung bei einer Auflösungsklage "auf eine andere sachgemässe und den Beteiligten zumutbare Lösung" erkennen, was u.a. auf einen Auskauf des klagenden Aktionärs hinauslaufen kann.
623 BÖCKLI, Aktienrecht, N. 12, weist denn auch darauf hin, dass der Begriff der "Einheit des Aktienrechts" den Rechtszustand nach der Aktienrechtsrevision nicht mehr richtig umschreibe, da eine Zweiteilung in wichtigen Bereichen bereits erfolgt sei. Er spricht deshalb von einer "Stammregelung mit Differenzierungen".
624 Vgl. dazu im einzelnen S. 277 ff.
625 BG über die Banken und Sparkassen vom 8.11.1934 (SR 952.0) sowie VO über die Banken und Sparkassen vom 17.5.1972 (SR 952.02).
626 BG betreffend die Aufsicht über die privaten Versicherungseinrichtungen vom 23.6.1978 (SR 961.01) und VO über die Beaufsichtigung von privaten Versicherungseinrichtungen vom 29.11.1993 (SR 961.05).
627 Vgl. S. 277 ff.

weitreichende Auswirkungen. Im Bereich der Rechnungslegungsvorschriften, der Transparenz (Offenlegungspflichten), der Stellung des Aktionärs (Regelung der öffentlichen Kaufangebote, Kraftloserklärung von Beteiligungspapieren, Zwangsangebot) und insbesondere bei den Kompetenzen des Verwaltungsrates im Rahmen einer öffentlichen Übernahme unterscheidet sich eine kotierte Aktiengesellschaft wesentlich von einer nicht kotierten.

4. Niederschlag in der Judikatur

Das Bundesgericht wird mit der ganzen Bandbreite der tatsächlichen Erscheinungsformen der Aktiengesellschaft konfrontiert. In seiner Rechtsanwendung ist das höchste Gericht bereit, den konkreten Gebilden Rechnung zu tragen und nach Art der Aktiengesellschaft zu differenzieren. In der Interessenabwägung im Einzelfall geht das Bundesgericht teilweise sogar über den (notabene noch jungen[628]) Gesetzeswortlaut hinaus:

Im Entscheid BGE 121 III 219 (SBG gegen BK Vision AG) drehte sich die Streitfrage um den Ausschluss des Bezugs- und Vorwegzeichnungsrechts in einer Publikumsaktiengesellschaft. Zum einen ging es um die Schranken der Delegation der Generalversammlungskompetenzen an den Verwaltungsrat, zum anderen um die Anforderungen an die Konkretisierung der Entzugsgründe im Delegationsbeschluss der Generalversammlung. In diesem Zusammenhang wurde in Erwägung 2 eine wichtige Differenzierung vorgenommen:

"Vom Standpunkt des bezugsberechtigten Aktionärs aus macht es dabei einen Unterschied, ob das genehmigte Kapital einer bedeutenden Publikumsgesellschaft oder einer kleinen bis mittleren, mit personalistischen Elementen durchsetzten Gesellschaft zur Verfügung gestellt werden soll ... Geht es um Publikumsgesellschaften mit breit gestreutem, börsenkotiertem Aktienkapital, dürfen die Anforderungen [an die von der Generalversammlung festzulegenden Rahmenbedingungen] nicht überdehnt werden."

Das Bundesgericht korrigiert mit diesem Urteil die vom Gesetzgeber vorgesehene einheitliche Regelung des Bezugsrechts für alle Arten von Aktiengesellschaften und schafft eine Sonderbehandlung für Publikumsgesellschaften, obwohl sich eine solche weder aus dem klaren Wortlaut des Gesetzes noch aus den Materialien ergibt.

Eine solche Differenzierung – diesmal bezüglich einer geschlossenen Gesellschaft – hat das Bundesgericht bereits im sogenannten Togal-Fall (BGE 105 II 114, E. 7b) vorgenommen: In diesem Entscheid gelangte das Bundesgericht zum Schluss, dass

---

628 Im konkreten Fall ging es um ein anlässlich der Aktienrechtsrevision von 1991 neu geschaffenes Institut.

im Rahmen von OR 736 4 (Auflösung aus wichtigem Grund) bei kleinen Familiengesellschaften auch persönliche Aspekte beachtlich sein können[629].

Allerdings gibt es auch mehrere Entscheide, in denen das Bundesgericht nicht bereit war, über die bestehende gesetzliche Regelung hinaus weitere Differenzierungen für Publikumsgesellschaften bzw. geschlossene Gesellschaften vorzunehmen[630]. Immerhin lässt gerade die jüngste (mutige) Praxis aber vermuten, dass das Bundesgericht auch zukünftig der Art der Aktiengesellschaft im Einzelfall Rechnung tragen wird.

5. Schlussfolgerungen für den Konzern

Die formelle Einheit des Aktienrechts darf auch im Konzern nicht darüber hinwegtäuschen, dass nach der Art der Aktiengesellschaft zu differenzieren ist. Während es sich beim herrschenden Unternehmen typischerweise um eine eher grosse, börsenkotierte Publikumsaktiengesellschaft handelt, werden abhängige Unternehmen i.d.R. nicht am Kapitalmarkt auftreten. Je nach "Typus" eines Konzernunternehmens in der Rechtsform der Aktiengesellschaft sind deshalb die einschlägigen Spezialbestimmungen im Aktienrecht, zum anderen aber auch die Spezialgesetze zu beachten. Überdies ist zu prüfen, ob in der Rechtsprechung weitere Differenzierungen vorgenommen werden.

---

629 Kritisch zur Bedeutung dieses Entscheides im Hinblick auf die Frage der Einheit des Aktienrechts DRUEY, Personalistische AG, S. 549.
630 Vgl. etwa die beiden bemerkenswerten Entscheide BGE 91 II 298 ("Wyss-Fux AG") und 99 II 55 ("Ringier"), in denen die personalistischen Aspekte bei den betroffenen (geschlossenen) Gesellschaften nicht beachtet wurden.

Dritter Abschnitt

Der Konzern mit Konzernunternehmen in anderer Rechtsform

I. Die Kommandit-Aktiengesellschaft im Konzern

1. Die Kommandit-Aktiengesellschaft als Rechtsform des herrschenden Unternehmens

Die erste Bestimmung des 27. Titels über die Kommandit-Aktiengesellschaft verweist auf die Bestimmungen des Aktienrechts, sofern die Vorschriften über die Kommandit-Aktiengesellschaft nicht ausdrücklich etwas anderes vorsehen bzw. nicht auf das Recht der Kollektivgesellschaft verwiesen wird[631]. Es handelt sich um einen *generellen Verweis*, d.h. es sollen nicht nur einzelne Bestimmungen des Aktienrechts subsidiär Anwendung finden, sondern sämtliche aktienrechtlichen Normen gelten auch für die Kommandit-Aktiengesellschaft, sofern OR 764-771 nicht ausdrücklich spezifische Vorschriften aufstellt. In diesem Punkt unterscheidet sich die gesetzliche Regelung der Kommandit-Aktiengesellschaft von der der GmbH[632] und bestimmten Genossenschaften[633], bei welchen die entsprechenden Verweisungsnormen nur Teilbereiche des Aktienrechts betreffen.

Die Frage, ob sich der Verweis von OR 764 II auf die jeweils geltenden Bestimmungen des Aktienrechts bezieht, m.a.W. ein dynamischer Verweis ist, wurde zwar bisher in der Literatur nicht behandelt, dürfte aber klar zu bejahen sein[634].

Da konzernspezifische Normen in OR 764-771 fehlen, folgt aus der generellen Verweisungsnorm von OR 764 II, dass *alle den Konzern betreffenden Vorschriften des Aktienrechts Anwendung finden*, wenn ein Konzern von einer Kommandit-Aktiengesellschaft als herrschendem Unternehmen geleitet wird. Es kann also diesbezüglich auf die früher zum Aktienrechtskonzern gemachten Ausführungen verwiesen werden[635].

---

631 OR 764 II. OR-BAHLSEN, N. 8 zu OR 764.
632 Siehe dazu S. 199 ff.
633 Siehe dazu S. 214 ff.
634 Eingehend zur Verweisungsproblematik siehe SPR20.
635 Siehe dazu S. 77 ff.

2. Die Kommandit-Aktiengesellschaft als Rechtsform des abhängigen Unternehmens

Fristet in der Realität die Rechtsform der Kommandit-Aktiengesellschaft schon als solche ein kümmerliches Dasein[636], so dürfte die von einem fremden Unternehmen beherrschte Kommandit-Aktiengesellschaft völlig inexistent sein. Dies aus guten Gründen: Um die Gesellschaft einheitlich wirtschaftlich leiten zu können, muss die Konzernleitung in der Verwaltung mitsprechen können bzw. ihr angehören[637]. Nun dürfen aber von Gesetzes wegen nur die unbeschränkt haftenden Gesellschafter im Verwaltungsrat Einsitz nehmen[638]. Setzt sich demnach die Konzernleitung aus einer oder mehreren natürlichen Personen zusammen, so wird angesichts der Verschmelzung der Haftungssubstrate die Beherrschung einer Kommandit-Aktiengesellschaft ebenso uninteressant wie die Beherrschung einer Personengesellschaft[639]. Ist die Konzernleitung andererseits eine juristische Person, so kann sie nicht selbst Mitglied der Verwaltung sein[640], sondern muss sich eines Fiduziars bedienen. Angesichts der gegenüber einem fiduziarischen Verwaltungsrat einer Aktiengesellschaft wesentlich verschärften Haftung[641] dürfte es jedoch nicht allzu einfach sein, jemanden für diesen Posten zu begeistern.

---

636 MEIER-HAYOZ/FORSTMOSER, Gesellschaftsrecht, § 13 N. 35.
637 Diese führt die Geschäfte der Gesellschaft (OR 765 I), zudem bedürfen einige wichtige Beschlüsse der Generalversammlung ihrer Zustimmung (OR 766).
638 OR 765 I.
639 Dazu ausführlich S. 242 ff.
640 Das Gesetz sagt zwar nirgends ausdrücklich, dass unbeschränkt haftende Mitglieder einer Kommandit-Aktiengesellschaft nur natürliche Personen sein dürfen, dies ergibt sich aber aus OR 764 I, OR 770 I und OR 947 III.
641 Die Mitglieder der Verwaltung einer Kommandit-Aktiengesellschaft haften den Gesellschaftsgläubigern wie Kollektivgesellschafter unbeschränkt und solidarisch (OR 764).

II. Die GmbH im Konzern

1. Die GmbH als Rechtsform des herrschenden Unternehmens

1.1. Die Verweisungsnormen auf das Aktienrecht im Recht der GmbH

Anders als bei der Kommandit-Aktiengesellschaft[642] enthält das Recht der GmbH *keine generelle Verweisung auf die subsidiäre Anwendbarkeit des Aktienrechts*, sondern verweist *lediglich punktuell* auf aktienrechtliche Normen[643]. Von diesen punktuellen Verweisungen sind im Konzernbereich lediglich drei Bestimmungen von Interesse, nämlich

– OR 805 betreffend die Bilanz und die Reservevorschriften;
– OR 819 II betreffend die Kontrollstelle und Kontrollrechte;
– OR 827 betreffend die Verantwortlichkeit.

Diese Verweisungsnormen werfen zwei Fragen auf, nämlich:

– Beziehen sich die Verweisungen auf das neue oder das alte Aktienrecht?
– Welches ist der genaue Umfang der Verweisungen?

Diesen beiden Fragen ist zuerst nachzugehen.

a) Dynamische Verweisungen

Unbestrittenermassen wurde lediglich das Recht der Aktiengesellschaft revidiert. Die übrigen Gesellschaftsformen – welche z.T. Verweisungsnormen auf das Aktienrecht beinhalten – blieben unverändert[644].

Aus diesem Grund ist umstritten, ob sich die Verweisungen weiterhin auf das alte Aktienrecht von 1936 beziehen (sog. "statische" Verweisungen) oder ob die revidierten Zielnormen des Aktienrechtes Anwendung finden (sog. "dynamische" Verweisungen).

---

642 Vgl. dazu S. 197 f.
643 OR 788 II: Herabsetzung des Stammkapitals; OR 805: Bilanz und Reservevorschriften; OR 808 VI: Anfechtung von Gesellschaftsbeschlüssen; OR 814 I: Vertretungsbefugnis; OR 817 I: Massnahmen bei Überschuldung; OR 819 II: Kontrollstelle und Kontrollrechte; OR 823: Liquidation; OR 827: Verantwortlichkeit.
644 Dazu die Kritik von FORSTMOSER, Teilrevision, S. 46 ff., und FORSTMOSER, Aktienrechtsreform, S. 238 f., der darin eine Störung der "Wettbewerbsneutralität des Gesellschaftsrechts" sieht.

Für die Anwendung des alten Aktienrechtes sprechen sich BAUDENBACHER[645], DRUEY[646] und WOHLMANN[647] aus. Begründet werden deren Ansichten vornehmlich mit politischen[648] Argumenten[649].

Demgegenüber vertreten BÖCKLI[650], MEIER-HAYOZ/FORSTMOSER[651], NOBEL[652], GAUCH[653], TANNER[654], TERCIER[655], RAPP[656] sowie, mit der erwähnten Ausnahme von BAUDENBACHER, sämtliche Kommentatoren des Basler Kommentars[657] die Meinung, dass sich die Verweisungen *auf das jeweils geltende Recht* beziehen. Diese Ansicht entspricht auch der allgemeinen Lehre der Verweisungsnormen[658], und ihr ist zu folgen.

Für die dynamische Verweisung können mehrere Gründe ins Feld geführt werden:

– Anlässlich der Behandlung der Vorlage in der vorberatenden Nationalratskommission[659] wurde die Frage aufgeworfen, ob im Rahmen der Übergangsbestimmungen ausdrücklich festgehalten werden solle, dass die Verweisungen im GmbH-, Kommandit-Aktiengesellschafts- und Genossenschaftsrecht das neue Aktienrecht betreffen. Es wurde der Antrag gestellt, einen neuen Art. 4bis mit folgendem Wortlaut in die Schlussbestimmungen aufzunehmen:

---

645 OR-BAUDENBACHER, N. 17 Vorbemerkungen zu OR 620.
646 GUHL/KUMMER/DRUEY, Obligationenrecht, S. 715.
647 WOHLMANN, Verweisungen, S. 139 ff.
648 OR-BAUDENBACHER, N. 17 Vorbemerkungen zu OR 620, stösst sich daran, dass ganze Rechtsgebiete wie das Recht der GmbH und der Genossenschaft "gleichsam durch die Hintertüre als revidiert erklärt werden, ohne dass das Parlament auch nur ein Wort über diese Revision verloren hat". Ebenso geht es WOHLMANN, Verweisungen, S. 139 ff., um den "Respekt vor dem Gesetzgeber"; ferner argumentiert er mit einer historischen Auslegung des Gesetzgeberwillens von 1936. GUHL/KUMMER/DRUEY, Obligationenrecht, S. 715, ziehen ihren Schluss aus der Tatsache, dass das Recht der GmbH eben nicht in die Revision einbezogen worden war.
649 Im Zusammenhang mit der Frage nach der Konsolidierungspflicht (Konzernrechnung, OR 663e) kommen folgende Autoren zum Schluss, dass die entsprechenden Regeln nur auf eine Aktiengesellschaft, nicht aber auf eine GmbH oder Genossenschaft anwendbar sind (allerdings ohne weitere Begründung): BOEMLE, Jahresabschluss, S. 397; ZENHÄUSERN/BERTSCHINGER, Konzernrechnungslegung, S. 48 f.; BERTSCHINGER, Konzernrechnung, S. 566; Revisionshandbuch der Schweiz 1992, Band II, S. 94. Anders auch noch VON BÜREN, Publikumsaktiengesellschaften, S. 82 f. Angesichts der aufgeführten Überlegungen ist diese Ansicht aber nicht mehr haltbar.
650 BÖCKLI, Aktienrecht, N. 2037a und b.
651 MEIER-HAYOZ/FORSTMOSER, Gesellschaftsrecht, § 6 N. 76 ff.
652 NOBEL, Start, S. 33.
653 GAUCH, Textausgabe, S. 310, 328.
654 TANNER, Neues Aktienrecht, S. 34 ff.
655 TERCIER, Kartothek, S. 10.
656 RAPP, Kartothek, S. 3.
657 OR-KÜNG, N. 1 zu OR 788; OR-NEUHAUS, N. 3 ff. zu OR 805; OR-DREIFUSS/LEBRECHT, N. 35 zu OR 808; OR-WATTER, N. 2 zu OR 814; OR-WÜSTINER, N. 3 zu OR 817; OR-PEDROJA/WATTER, N. 8 ff. Vorbemerkungen zu OR 820-823; OR-STÄUBLI, N. 4 zu OR 823; OR-PETER WIDMER, N. 1 f. zu OR 827.
658 GRAUER, Verweisung, S. 64 ff., 71 ff.; HOTZ, Rechtsetzung, S. 217; KARPEN, Gesetzgebungstechnik, S. 19 ff., 66 ff. und 222 ff.
659 Protokoll der 5. Sitzung der NR-Kommission vom 14. September 1989, S. 304 ff.

"Die revidierten Bestimmungen für das Recht der Aktiengesellschaft gelten auch für die Kommandit-Aktiengesellschaft, die Gesellschaft mit beschränkter Haftung und die Genossenschaft, soweit unter diesen Titeln auf das Aktienrecht verwiesen wird."

Da die dynamische Verweisung in der anschliessenden Diskussion als selbstverständlich angesehen wurde, insbesondere aufgrund der bestätigenden Ausführungen des beigezogenen Experten, wurde auf eine ausdrückliche gesetzliche Regelung dieses Punktes verzichtet.

– Der Bundesrat geht ebenfalls klarerweise von einer dynamischen Verweisung aus. Entsprechend hat er in Art. 90 der revidierten HRV eine Reihe der revidierten aktienrechtlichen Vorschriften auch für die GmbH als verbindlich erklärt[660]. Weiter wurde angeordnet, dass der Text des bisherigen Aktienrechtes aus der Systematischen Sammlung des Bundesrechts entfernt wird. Neben diesen lediglich impliziten Stellungnahmen hat der Bundesrat seine klare Meinung als Antwort auf eine im Rahmen einer Interpellation[661] gestellten Frage zur Verweisungsproblematik geäussert. Nachdem das Parlament nach dieser eindeutigen Antwort des Bundesrats bis jetzt keine gesetzgeberischen Weiterungen angestrebt hat, ist das politische Argument der Gegner einer dynamischen Verweisung weitgehend obsolet geworden.

Allerdings bleibt der Makel, dass das geltende Gesetz die Frage nicht eindeutig regelt, sodass die Klärung der Frage letztlich dem Bundesgericht vorbehalten bleibt.

b) Umfassende Verweisung

aa) Die Verweisung von OR 805

OR 805 steht unter der Marginalie "Bilanzvorschriften und Reservefonds" und erklärt die aktienrechtlichen "Bestimmungen über die Bilanz und die Reservefonds" auch für Gesellschaften mit beschränkter Haftung als anwendbar.

Bei enger Auslegung könnte man zum Ergebnis gelangen, dass sich der in OR 805 enthaltene Verweis nur auf OR 663a über die Bilanz sowie auf OR 671-674 über die Reserven bezieht, nicht aber auf die gesamten Rechnungslegungsvorschriften des Aktienrechts.

Dass es sich bei OR 805 um eine umfassende Verweisungsnorm handelt, war unter der Geltung des alten Aktienrechts nie bestritten[662]. Es ist nicht einzusehen, warum die Revision des Aktienrechts daran etwas geändert haben sollte, auch wenn die aktienrechtlichen Vorschriften über die Rechnungslegung erheblich verschärft wurden.

---

660 Vgl. dazu aber auch die berechtigte Kritik bezüglich HRV 90 b von OR-SCHENKER, N. 2 zu OR 778.
661 Interpellation Dettling vom 23.6.1995, Nr. 95.3333, Revision der Bestimmungen über die GmbH.
662 WOHLMANN, GmbH, S. 401. Ferner ZK-VON STEIGER, N. 1 zu OR 805, und BK-JANGGEN/BECKER, N. 2 zu OR 805.

Auch NEUHAUS[663] geht von einer umfassenden Verweisung auf das neue Aktienrecht aus: OR 662-674 sowie OR 697h gelten auch für die GmbH.

Auch BRIGITTE TANNER ist in ihrem Aufsatz "Die Auswirkungen des neuen Aktienrechts auf Gesellschaften mit beschränkter Haftung, Genossenschaften und Bankaktiengesellschaften"[664] nach eingehender Untersuchung zum Schluss gelangt, dass sich die Verweisung in OR 805 auf sämtliche Rechnungslegungsvorschriften des neuen Aktienrechts, d.h. auf OR 662-674, beziehen muss[665]. Als Begründung führt sie an, dies ergebe sich aus dem Zweck der Verweisungsnorm, welche auf eine Gleichstellung hinziele, um ein Ungleichgewicht zwischen der GmbH und der Aktiengesellschaft zu vermeiden. Allerdings wird diese Feststellung unter Bezugnahme auf FORSTMOSER[666] insofern eingeschränkt, als bei Gesellschaften mit beschränkter Haftung, deren Statuten keine Kontrollstelle gemäss OR 819 II vorsehen und deren Gesellschafter entweder gestützt auf ihre Geschäftsführungsbefugnis umfassende Kontrollrechte haben oder denen bei fehlender Geschäftsführungsbefugnis gestützt auf OR 819 I die Kontrollbefugnisse analog zu den nicht geschäftsführenden Gesellschaftern einer einfachen Gesellschaft zustehen, die verschärften aktienrechtlichen Rechnungslegungsvorschriften nicht analog anwendbar sein sollen, "welche die Information des Gesellschafters über den Geschäftsgang sowie die Vermögens- und Ertragslage der Gesellschaft ermöglichen sollen". Diese Meinung kann aus einem formellen und einem materiellen Grund nicht geteilt werden: Einerseits sieht die Verweisung in OR 805 diese Differenzierung eindeutig nicht vor, sondern behandelt alle Gesellschaften mit beschränkter Haftung gleich, unabhängig davon, ob sie über eine besondere Kontrollstelle verfügen oder nicht. Andererseits – und das ist wohl wichtiger – schützen die verschärften aktienrechtlichen Rechnungslegungsvorschriften nicht nur die Gesellschafter, sondern ebenfalls die Gläubiger der Gesellschaft, für deren Stellung das Vorhandensein oder das Fehlen einer Kontrollstelle ohne Belang ist.

bb) Die Verweisung von OR 819 II

Für den Fall, dass die Statuten einer GmbH die Schaffung einer Kontrollstelle vorsehen, verweist OR 819 II für deren Zusammensetzung und Aufgaben auf die Vorschriften des Aktienrechts. Dass damit die Bestimmungen von OR 727-731a gemeint sind, ist wohl unbestritten.

Sehen die GmbH-Statuten eine Kontrollstelle vor, so stehen jedem Gesellschafter die gleichen Kontrollrechte zu wie einem Aktionär, d.h. das Recht auf Bekanntgabe des Geschäftsberichts (OR 696) und das Auskunfts- und Einsichtsrecht (OR 697).

---

663   OR-NEUHAUS, N. 5 und N. 14 zu OR 805.
664   TANNER, Neues Aktienrecht, S. 43 ff.
665   TANNER, Neues Aktienrecht, S. 39.
666   FORSTMOSER, Teilrevision, S. 49.

TANNER[667] vertritt die Ansicht, dass die in OR 819 II erwähnten Kontrollrechte auch die neuen aktienrechtlichen Vorschriften über die Sonderprüfung umfassen (OR 697a ff.), da diese der Verbesserung der Kontrolle der Aktionäre über die Tätigkeit der Verwaltung (und wohl auch zur Vorbereitung allfälliger Verantwortlichkeitsklagen gegen den Verwaltungsrat) dienen würde, die GmbH aber in OR 827 ausdrücklich auf die aktienrechtlichen Verantwortlichkeitsbestimmungen verweise (OR 752-761).

cc) Die Verweisung von OR 827

OR 827 verweist für alle Ansprüche gegen die an der Gesellschaftsgründung beteiligten und mit der Geschäftsführung, der Kontrolle oder der Liquidation betrauten Personen auf das Aktienrecht.

Dass sich diese Verweisung auf die Bestimmungen von OR 752-761 bezieht, steht ausser Zweifel.

1.2. Folgen für den GmbH-Konzern

Was sind nun die spezifisch konzernrechtlichen Folgen dieser drei Verweisungen im GmbH-Recht?

a) Die Rechnungslegungsvorschriften (OR 805)

Wie oben dargelegt, ist davon auszugehen, dass die Verweisungsnorm von OR 805 sich auf die gesamten aktienrechtlichen Rechnungslegungsvorschriften, einschliesslich der Offenlegungspflicht von OR 697h bezieht.

Dies hat nun erhebliche praktische Konsequenzen für einen Konzern mit einer GmbH als herrschendem Unternehmen[668]:

– *Konsolidierungspflicht (OR 663e)*: Sofern ein GmbH-Konzern die Voraussetzungen von OR 663e erfüllt, ist er verpflichtet, eine Konzernrechnung zu erstellen.
– *Bekanntgabe von Beteiligungen (OR 663b 7)*: Im Anhang der Jahresrechnung sind alle Beteiligungen aufzuführen, welche für die Beurteilung der Vermögens- und Ertragslage des herrschenden Unternehmens wesentlich sind.
– *Angaben über eigene Aktien und von abhängigen Gesellschaften gehaltene Aktien der herrschenden Gesellschaft (OR 663b 10)*: Im Anhang der Jahresrechnung sind ferner Angaben über Erwerb, Veräusserung und Anzahl der von einer Gesellschaft

---

667 TANNER, Neues Aktienrecht, S. 41 f.; OR-PEDROJA/WATTER, N. 9 zu OR 819, schliessen sich dieser Meinung an.
668 Allgemein zu den Auswirkungen der einzelnen aktienrechtlichen Rechnungslegungsvorschriften auf die GmbH OR-NEUHAUS, N. 15-23 zu OR 805.

gehaltenen eigenen Aktien einschliesslich der von einem Konzernunternehmen gehaltenen Aktien des herrschenden Unternehmens zu machen. Übertragen auf die GmbH bedeutet dies, dass im Anhang die entsprechenden Angaben über Stammanteile zu machen sind.

- *Offenlegung von Jahresrechnung und Konzernrechnung (OR 697h)*: Falls die GmbH Anleihensobligationen ausstehend hat[669], muss sie ihre Jahresrechnung und die Konzernrechnung gemäss OR 697h I veröffentlichen, andernfalls hat sie im Rahmen von OR 697h II den Gläubigern Einsicht zu gewähren.

b) Die Vorschriften über die Kontrollstelle (OR 819 II)

Für das Konzernverhältnis relevant ist hier lediglich die Bestimmung von OR 727c II, welche besagt, dass die Revisionsstelle (sofern die Gesellschaft mit beschränkter Haftung eine solche gemäss OR 819 in den Statuten überhaupt vorsieht) auch von Gesellschaften, die dem gleichen Konzern angehören, unabhängig sein muss, sofern ein Gesellschafter oder ein Gläubiger dies verlangt.

c) Die Vorschriften über die Verantwortlichkeit (OR 827)

Die Verweisung von OR 827 hat zur Folge, dass für die bei der Gesellschaftsgründung beteiligten und mit der Geschäftsführung, der Kontrolle und der Liquidation der Gesellschaft betrauten Personen die Vorschriften des Aktienrechts über die Verantwortlichkeit gelten.

Von konzernspezifischer Bedeutung ist die im Rahmen der Revision des Aktienrechts erfolgte Präzisierung von OR 754, wonach nicht nur die Verwaltungsräte und die mit der Geschäftsführung der Gesellschaft *betrauten*, sondern auch die mit ihr *befassten Personen* haftbar werden können. Damit sind auch die im Konzernverhältnis häufig auftretenden faktischen Organe[670] für ihre Handlungen bei der abhängigen Gesellschaft haftbar, auch wenn es sich bei der betreffenden Gesellschaft um eine Gesellschaft mit beschränkter Haftung handelt[671].

---

669 Demgegenüber kann sich die Offenlegungspflicht nicht auch aus einer Börsenkotierung der GmbH-Stammanteile ergeben: Diese dürfen nicht als Wertpapiere ausgestaltet sein (OR 789 III) und können demnach auch nicht an einer Börse kotiert bzw. gehandelt werden.
670 Siehe dazu eingehend S. 176 ff.
671 Dass sich der Wortlaut von OR 827 weiterhin nur auf die mit der Geschäftsführung "betrauten" Personen bezieht, macht deshalb keinen Unterschied, weil sich der gleichlautende aOR 754 nach Lehre und Praxis schon vor der Revision des Aktienrechts auch auf die faktischen Organe bezog (vgl. dazu BGE 117 II 571 ff. mit Hinweisen auf die einschlägige Literatur).

2. Die GmbH als Rechtsform des abhängigen Unternehmens

2.1. Eignung

Wird eine GmbH gezielt *als abhängiges Unternehmen eines Konzerns gegründet*, so kann die Beherrschung derselben auf verschiedene Weise sichergestellt werden: Abgesehen von der Möglichkeit, die Gesellschaft bereits durch eine entsprechende Zweckgebung in die Dienste des Konzerns zu stellen[672], können in den Statuten – anders als bei der Aktiengesellschaft[673] – beliebige Nebenpflichten der Gesellschafter vorgesehen werden[674]. Damit kann diesen direkt ein Verhalten im Interesse des Konzerns vorgeschrieben werden[675]. Weiter besteht die Möglichkeit, ebenfalls bereits statutarisch die Geschäftsführung fest der Konzernleitung zu übertragen[676], wobei juristische Personen unmittelbar – also ohne Vertreter – im Geschäftsführungsorgan Einsitz nehmen können[677]. Schliesslich ist die Konzernleitung nicht einmal auf eine massgebliche Beteiligung am Stammkapital angewiesen, um bestimmend Einfluss auf die Beschlussfassung der Gesellschafterversammlung ausüben zu können: OR 808 IV erlaubt eine von der relativen Kapitalbeteiligung abweichende Regelung des Stimmrechts, solange jenes der übrigen Gesellschafter nicht gänzlich ausgeschlossen wird.

Als Ausdruck des personalistischen Einschlags der GmbH enthält nun aber bereits das Gesetz verschiedene Bestimmungen, welche eine *Kontrollübernahme* empfindlich erschweren: So ist für den rechtsgeschäftlichen Erwerb einer Stammeinlage die Zustimmung von drei Vierteln aller Gesellschafter, die zugleich mindestens drei Viertel des Stammkapitals vertreten, erforderlich[678]. Denkbar ist dagegen der Fall, dass ein Gesellschafter, welcher bereits eine Mehrheit der Beteiligungen an einer GmbH hält, diese plötzlich ausnutzt, um die Gesellschaft fremde Interessen verfolgen

---

672 Auf die Fragen, welche sich in diesem Zusammenhang stellen, wurde bereits auf S. 85 ff. eingegangen.
673 Dort ist die Liberierung der gezeichneten Aktien ausdrücklich die einzige Pflicht des Aktionärs (OR 680 I).
674 OR 777 2; HANDSCHIN, GmbH, S. 23 m.w.H.
675 Zur Frage, wieweit ZGB 27 solchen Verpflichtungen Grenzen setzt, vgl. S. 247 f.
676 OR 811 II (bzw. OR 812 I, sofern die Konzernleitung formell nicht Gesellschafterin ist).
677 OR-WATTER, N. 3 zu OR 811 und N. 2 zu OR 815. SPR-WOHLMANN, S. 417, schliesst aus OR 815 II, dass sowohl Geschäftsführung wie auch Vertretung nur durch natürliche Personen wahrgenommen werden können. Diese Auffassung verkennt, dass sich OR 815 II lediglich auf das Aussenverhältnis der GmbH bezieht und selbst hier keine weitergehenden Einschränkungen macht als jene, dass im Handelsregister nur natürliche Personen als zeichnungsberechtigt eingetragen werden können (so auch der in dieser Hinsicht klare Wortlaut von OR 815 II: "Gehören der Gesellschaft zur Vertretung ermächtigte Handelsgesellschaften oder Genossenschaften an..."). Vgl. dazu die Ausführungen zur Haftung der Konzernleitung als Geschäftsführerin der GmbH (S. 211 ff.).
678 OR 791 I und II. Dies gilt gemäss OR 796 selbst dann, wenn der Gesellschaftsanteil von einem Mitgesellschafter erworben wird.

zu lassen[679]. Eine Konzernleitung, welche nicht schon Gründungsmitglied war, nimmt zudem erst durch besonderen Gesellschafterbeschluss an der Geschäftsführung teil[680]. Diesen zu erwirken wird ihr bei einer Mehrheitsbeteiligung zwar nicht schwerfallen; neben ihr bleiben aber die Gründungsmitglieder weiter geschäftsführungsbefugt, da ihnen die Geschäftsführung nur aus wichtigen Gründen entzogen werden kann[681].

2.2. Folgen für den Konzern

Verschiedene konzernrechtliche Fragen richten sich massgeblich nach den für das abhängige Unternehmen geltenden Bestimmungen. Es sind dies:

– der Schutz der Minderheit von freien Anteilseignern im abhängigen Unternehmen,
– der Schutz der Gläubiger des abhängigen Unternehmens sowie
– die Haftung des herrschenden Unternehmens bzw. dessen Vertreter aufgrund einer bestimmten Rolle im abhängigen Unternehmen.

Im folgenden ist deshalb auf die Besonderheiten einzugehen, welche sich ergeben, falls das abhängige Unternehmen in der Rechtsform der GmbH ausgestaltet ist.

a) Minderheitenschutz in der GmbH

Die Gefährdung der Interessen der freien Gesellschafter einer konzernierten GmbH ist grundsätzlich die gleiche wie jene der Minderheitsaktionäre einer Aktiengesellschaft[682]. In zwei Richtungen ist die Situation der Minderheitsgesellschafter einer GmbH sogar noch verschärft: Einerseits führt jede durch die Konzernleitung vorgenommene Verminderung des Stammkapitals im Sinne von OR 802 II unmittelbar zu einer erneuten solidarischen Haftung sämtlicher Gesellschafter[683], obwohl das Stammkapital voll einbezahlt wurde. Andererseits können die Gesellschafter bei einer Schädigung der GmbH durch die Konzernleitung auch aufgrund von statutarischen Nebenpflichten, namentlich einer Nachschusspflicht, zusätzlich zur Verantwortung gezogen werden[684]. Die anschliessend behandelten Bestimmungen über den Kapitalschutz[685], welche im Aktienrecht vor allem dem Schutz der Interessen der Gläubiger

---

679 Vgl. OR-AMSTUTZ, N. 15 zu OR 818.
680 OR 811 III.
681 OR 814 i.V.m. OR 565; MEIER-HAYOZ/FORSTMOSER, Gesellschaftsrecht, § 14 N. 69a.
682 Vgl. dazu S. 125 ff.
683 Demgegenüber werden die Aktionäre einer Aktiengesellschaft durch derartigen Substanzentzug immer nur indirekt geschädigt.
684 Anders die Aktionäre, deren einzige Pflicht bekanntlich die Liberierung der gezeichneten Aktien ist.
685 Vgl. dazu S. 210 f.

dienen[686], sowie jene über die Haftung des herrschenden Unternehmens[687] sind deshalb bei einer abhängigen GmbH auch im Zusammenhang mit dem Minderheitenschutz von grosser Bedeutung.

Sonst entsprechen die Schutzrechte des einzelnen Gesellschafters weitgehend jenen eines Aktionärs[688], wenn sich auch aus der personalistischen Struktur der GmbH einige Abweichungen ergeben:

– Der 28. Titel des OR enthält kein ausdrückliches Gebot der *Gleichbehandlung der Gesellschafter*. In OR 808 VI wird für die Anfechtung von Gesellschaftsbeschlüssen jedoch auf das Aktienrecht verwiesen, wo eine Ungleichbehandlung der Aktionäre ohne sachliche Gründe Anfechtungsgrund ist[689], sodass das Gleichbehandlungsgebot grundsätzlich auch für die Gesellschafterversammlung der GmbH gilt. Allerdings ist zu beachten, dass dem Gleichbehandlungsgebot bei der GmbH insgesamt eine geringere Bedeutung zukommt als im Aktienrecht. Jenes kann nämlich in den Statuten verschiedentlich durchbrochen werden[690], so insbesondere beim Stimmrecht[691]. In diesen Fällen besteht keine Anfechtungsmöglichkeit.

Als allgemeiner Grundsatz des Gesellschaftsrechts[692] muss das Gleichbehandlungsgebot auch für die Geschäftsführung gelten, vor allem wenn nicht alle Gesellschafter an dieser beteiligt sind. Gegenüber der Geschäftsführung ist die Einhaltung des Gebots jedoch nicht direkt erzwingbar, einer Verletzung kann einzig im Rahmen von Verantwortlichkeitsansprüchen begegnet werden[693].

– Ein oder mehrere Gesellschafter, die zusammen mindestens 10% des Stammkapitals vertreten, können von der Geschäftsführung die *Einberufung einer Gesellschafterversammlung* verlangen[694]. Darüber hinaus wird ihnen in der Literatur ein selbständiges *Traktandierungsrecht* eingeräumt[695]. Schliesslich bestehen Vorschriften über die *Einberufungsformalitäten*[696], welche die gehörige Teilnahme an der Versammlung gewährleisten sollen.

– Die Beschlussfassung über Fragen von besonderer Wichtigkeit ist *qualifizierten Quoren* unterstellt, welche allerdings nur teilweise zwingendes Recht darstellen: So können Beschlüsse, welche eine Vermehrung der Leistungen oder eine Ausdeh-

---

686 MEIER-HAYOZ/FORSTMOSER, Gesellschaftsrecht, § 12 N. 41.
687 Vgl. dazu S. 211 ff.
688 MEIER-HAYOZ/FORSTMOSER, Gesellschaftsrecht, § 14 N. 47.
689 OR 706 II 3.
690 SPR-WOHLMANN, S. 351; OR-DREIFUSS/LEBRECHT, N. 36 zu OR 808.
691 OR 808 IV. SPR-WOHLMANN, S. 351, hält auch die Setzung von Sonderrechten und Sonderpflichten für einzelne Gesellschafter für angebracht.
692 HUGUENIN, Gleichbehandlungsprinzip, S. 5.
693 SPR-WOHLMANN, S. 412; OR-DREIFUSS/LEBRECHT, N. 37 zu OR 808.
694 OR 809 II.
695 OR-DREIFUSS/LEBRECHT, N. 31 zu OR 809; HANDSCHIN, GmbH, S. 68 f.
696 OR 809 IV.

nung der Haftung der Gesellschafter mit sich bringen[697], sowie – was für abhängige Konzernunternehmen besondere Bedeutung hat[698] – die Aufgabe der Gewinnstrebigkeit der Gesellschaft[699] nur mit Zustimmung sämtlicher Gesellschafter gefasst werden. Drei Viertel sämtlicher Mitglieder, welche drei Viertel des Stammkapitals innehaben, müssen in die Übertragung[700] oder in die Teilung[701] eines Gesellschaftsanteils einwilligen, wobei dieses Quorum statutarisch noch verschärft[702], nicht aber gemildert werden kann. Mit der gleichen Mehrheit – diesmal jedoch gänzlich dispositiv – sind Statutenänderungen[703] und die Auflösung der Gesellschaft[704] zu beschliessen[705].

– Die an der Geschäftsführung teilnehmenden Gesellschafter haben schon aufgrund dieser Geschäftsführerkompetenz ein umfassendes *Einsichts- und Kontrollrecht*[706]. Bezüglich der nicht geschäftsführenden Gesellschafter ist der Umfang dieser Rechte dagegen davon abhängig, ob die betreffende GmbH über eine Kontrollstelle verfügt oder nicht: Ist keine Kontrollstelle eingesetzt, so ist das Informationsrecht ein umfassendes[707], andernfalls ist es beschränkt auf die Rechte eines Aktionärs[708].

– Der Wortlaut von OR 787 könnte zur Annahme verleiten, das *Bezugsrecht* sei bei der GmbH wesentlich weniger geschützt als bei der Aktiengesellschaft, da die Gesellschafterversammlung dieses in den Statuten oder beim Kapitalerhöhungsbeschluss entziehen könne. Abgesehen davon, dass die aktienrechtlichen Bedingungen für einen Bezugsrechtsentzug allgemein anerkannte Rechtsgrundsätze darstellen und damit auch bei der GmbH massgebend sind[709], ist folgendes zu beachten: Die Frage des Bezugsrechts bzw. eines Ausschlusses desselben stellt sich nur im Zusammenhang mit einer Erhöhung des Stammkapitals der GmbH, welche immer eines einstimmigen Gesellschaftsbeschlusses bedarf[710]. Somit ist auch ein

---

697   OR 784 III. OR-SCHENKER, N. 9 zu OR 784, nennt als Beispiele jede Kapitalerhöhung sowie die Einführung oder Verschärfung von Nachschuss- oder Nebenleistungspflichten.
698   Zu dieser Frage äussert sich auch HANDSCHIN, GmbH, S. 103.
699   OR 808 IV i.V.m. OR 706 II 4.
700   OR 791 II.
701   OR 795 i.V.m. 791 II.
702   OR 791 III.
703   OR 784 II.
704   OR 820 2.
705   HANDSCHIN, GmbH, S. 78, nennt die Beschlüsse über den Antrag auf richterlichen Ausschluss eines Gesellschafters (OR 822 III) sowie über den Ausschluss und die Abfindung eines konkursiten Gesellschafters (OR 794 I 4) als weitere Beispiele gesetzlicher Mindestmehrheiten.
706   HANDSCHIN, GmbH, S. 95; OR-PEDROJA/WATTER, N. 3 zu OR 819.
707   OR 819 I ("gleich den nicht geschäftsführenden Mitgliedern einer einfachen Gesellschaft") i.V.m. OR 541. Vgl. dazu MEIER-HAYOZ/FORSTMOSER, Gesellschaftsrecht, § 14 N. 48 und § 8 N. 48 f.
708   OR 819 II. Vgl. dazu vorne S. 134 f.
709   OR-ISLER/ZINDEL, N. 3 zu OR 787; HANDSCHIN, GmbH, S. 107.
710   OR 784 III. In der Literatur herrscht Uneinigkeit darüber, ob dies auch dann gilt, wenn das Erhöhungskapital sofort liberiert wird. Vgl. zur Kontroverse HANDSCHIN, GmbH, S. 57 f. m.w.H., dessen Auffassung sich hier auch angeschlossen wird.

Entzug des Bezugsrechts nur mit der Zustimmung aller Gesellschafter möglich[711], wodurch dieses in höchstem Masse geschützt ist.
- Für die *Anfechtung von Gesellschaftsbeschlüssen* wie auch für die *Verantwortlichkeitsklage* gegen die Geschäftsführer sind gemäss OR 808 VI bzw. 827 die aktienrechtlichen Vorschriften anwendbar[712]. Gleiches gilt, obschon nicht im Gesetz erwähnt, für die *Nichtigkeit von Gesellschaftsbeschlüssen*[713]. Es kann deshalb grundsätzlich – wenn auch unter dem Vorbehalt, dass wegen der verschiedenartigen Natur der GmbH gewisse Anpassungen unumgänglich sind[714] – auf die diesbezüglichen Ausführungen zum Aktienrechtskonzern[715] verwiesen werden.
- Die *Klage auf Auflösung der Gesellschaft* gemäss OR 820 4 ist wegen des personalistischen Einschlags besonders bedeutsam: Einerseits handelt es sich dabei um ein unentziehbares Recht jedes Gesellschafters[716], und zwar unabhängig von der Grösse des Anteils. Andererseits braucht der erforderliche wichtige Grund nicht sachlicher Natur zu sein[717], sondern kann auch im persönlichen Bereich der Gesellschafter liegen[718]. Allerdings ist die richterliche Auflösung der Gesellschaft auch bei der GmbH nur ultima ratio[719]: Stattdessen kann der Richter auch nur auf Austritt des klagenden Gesellschafters gemäss OR 822 II erkennen[720].
- Unabhängig von einem möglichen statutarischen Austrittsrecht ist jeder Gesellschafter befugt, von sich aus auf *Austritt aus der GmbH* aus wichtigem Grund klagen[721], wobei letzterer auch hier sachlicher oder persönlicher Art sein kann[722].

---

711 SPR-WOHLMANN, S. 382; HANDSCHIN, GmbH, S. 106 ff.
712 Dass es sich dabei um eine Verweisung auf das geltende (d.h. revidierte) Aktienrecht handelt, wurde unter Ziff. 1.1. hiervor ausführlich dargelegt.
713 Die Verweisung von OR 808 VI ist umfassend zu verstehen und gilt auch für die Nichtigkeit von Gesellschaftsbeschlüssen (TANNER, Neues Aktienrecht, S. 40; OR-DREIFUSS/LEBRECHT, N. 40 zu OR 808), zumal allgemein anerkannt ist, dass Beschlüsse der Gesellschafterversammlung nichtig sein können (HANDSCHIN, GmbH, S. 84). Angesichts der allgemeinen Geltung der Grundsätze über die Nichtigkeit von Rechtsgeschäften kommt TANNER, Neues Aktienrecht, S. 41, zum weiteren Schluss, dass auch OR 714 (Nichtigkeit von Verwaltungsratsbeschlüssen) sinngemäss auf die GmbH anwendbar und die Verweisung von OR 808 VI dahingehend zu ergänzen sei.
714 Diese rühren primär daher, dass sich die Rechtswidrigkeit von Gesellschaftsbeschlüssen bzw. des Verhaltens der Geschäftsführer nach GmbH-Recht beurteilt (SPR-WOHLMANN, S. 412; TANNER, Neues Aktienrecht, S. 40). Auf die deshalb abweichende Beurteilung der Anfechtung wegen Ungleichbehandlung (OR 706 II 3) wurde bereits hingewiesen.
715 Siehe dazu S. 138 ff.
716 OR-STÄUBLI, N. 13 zu OR 820.
717 Dies gilt für die Klage auf Auflösung einer Aktiengesellschaft gemäss OR 736 4 (BÖCKLI, Aktienrecht, N. 1955f).
718 OR-STÄUBLI, N. 17 ff. zu OR 820, und HANDSCHIN, GmbH, S. 181 ff., je mit Beispielen.
719 SPR-WOHLMANN, S. 436 f.
720 OR-STÄUBLI, N. 23 zu OR 820. HANDSCHIN, GmbH, S. 183, räumt dem Richter gar die Befugnis ein, wie im Aktienrecht (OR 736 4) auch andere geeignete Massnahmen zu treffen.
721 OR 822 II.
722 SPR-WOHLMANN, S. 364 f.; HANDSCHIN, GmbH, S. 126.

b) Gläubigerschutz in der GmbH

Die Konzernverbundenheit eines Schuldners birgt – wie bereits an früherer Stelle[723] aufgezeigt wurde – für die Gläubigerinteressen besondere Gefahren: Den Gläubigern eines rechtlich selbständigen Unternehmens haftet grundsätzlich bloss dessen eigenes Vermögen, von einer allfälligen, von der Rechtsform abhängigen subsidiären Haftung der Unternehmensträger einmal abgesehen. Auf der anderen Seite droht bei einer Fremdbestimmung des Schuldners eine Verminderung genau dieses Haftungssubstrates durch die Konzernleitung[724]. Dem Schutz der Gläubiger vor einer solchen Aushöhlung des abhängigen Schuldners dienen zum einen Bestimmungen über den Kapitalschutz, zum anderen die an späterer Stelle behandelten Möglichkeiten, bei einer Schädigung gegebenenfalls auf das herrschende Unternehmen zurückgreifen zu können[725]. Hinzu kommen Publizitätsvorschriften, welche den Gläubigern einen Einblick in die Verhältnisse ihres Schuldners ermöglichen sollen.

Die *Sicherung des Stammkapitals* einer GmbH entspricht weitgehend jener des Aktienkapitals einer Aktiengesellschaft[726]:

– Vorschriften über ein *Mindestkapital* und dessen vollständige Übernahme durch die Gründer[727], über die *Mindestliberierung*[728] sowie über die *Durchsetzung der Einzahlungspflicht*[729] stellen die Aufbringung des Stammkapitals bei der Gründung der GmbH oder bei einer Kapitalerhöhung sicher. Eine zusätzliche Sicherung bietet die persönliche Haftung der Gesellschafter im Umfang des nicht einbezahlten Stammkapitals[730].

– Der *Kapitalerhaltung* dienen Bestimmungen über die Bilanz und die Reservenbildung[731], die Auszahlung von Gewinnbeträgen nur aus Reingewinn[732] und die Rückerstattungspflicht bei einem unberechtigten Bezug von Gewinn[733], das Verbot der Verzinsung des Stammkapitals[734], die Beschränkungen beim Erwerb eigener Anteile durch die GmbH[735], die besonderen Vorkehren bei einer Kapitalherabsetzung[736] sowie endlich die Anzeigepflicht der Geschäftsführer bei Kapitalverlust

---

723 Vgl. dazu S. 146 f.
724 DRUEY, Konzernrecht, S. 298.
725 Vgl. sogleich S. 211 ff.
726 MEIER-HAYOZ/FORSTMOSER, Gesellschaftsrecht, § 14 N. 20. Vgl. auch HANDSCHIN, GmbH, S. 49 ff.
727 OR 773 und 779 II 1.
728 OR 774 II.
729 OR 798 ff.
730 OR 802. Vgl. sogleich S. 211 ff.
731 OR 805 verweist vollumfänglich auf das Aktienrecht. Vgl. dazu oben 1.1.b) aa).
732 OR 804 I.
733 OR 806. Vgl. sogleich S. 210 ff.
734 OR 804 II.
735 OR 807.
736 OR 788 i.V.m. 732 ff.

oder bei Überschuldung[737]. Die persönliche Haftung der Gesellschafter erstreckt sich auch auf Stammkapital, welches der GmbH nachträglich entzogen wird, was zu einer zusätzlichen Sicherung führt[738].

In bezug auf die *Publizität* ist zwischen der registerrechtlichen und der Rechnungslegungspublizität zu unterscheiden:

- *Registerrechtliche Publizität* besteht bei einer abhängigen GmbH wie bei jedem anderen eintragungspflichtigen Unternehmen: Dem Handelsregister können insbesondere die Gesellschafter und deren Anteile am Stammkapital, die Geschäftsführer sowie die Vertretungsverhältnisse entnommen werden[739].
- Für die *Publizität der Rechnungslegung*, welche Einsicht in die aktuellen Vermögensverhältnisse der GmbH gewähren soll, gelten die Bestimmungen des Aktienrechts[740].

c) Haftung des herrschenden Unternehmens

So wie das herrschende Unternehmen gegenüber einer abhängigen GmbH in verschiedenen Eigenschaften auftreten kann – als Gesellschafter und/oder Geschäftsführer der GmbH oder auch nur mittelbar durch Vertreter – sind verschiedene Haftungsgrundlagen heranzuziehen, wenn im Schadensfall die Konzernleitung haftbar gemacht werden soll:

- Als *Gesellschafterin* haftet die Konzernleitung einmal – ohne dass ein Verschulden vorausgesetzt wäre – solidarisch mit den anderen Gesellschaftern für sämtliche Verbindlichkeiten der GmbH, soweit das Stammkapital ursprünglich nicht einbezahlt oder nachträglich wieder entzogen wurde[741]. Ist eine Verminderung des Kapitals auf ungerechtfertigte Gewinnbezüge der Konzernleitung zurückzuführen, so ist diese zudem gemäss OR 806 zur Rückerstattung an die Gesellschaft verpflichtet, selbst wenn sie sich dabei in gutem Glauben befand[742].

Aus einer allfälligen statutarischen Nachschusspflicht gemäss OR 803 hat das herrschende Unternehmen demgegenüber keine ernsten Nachteile zu befürchten: Es wird regelmässig über die nötige Stimmenmehrheit verfügen, um den für die

---

737 OR 817 i.V.m. 725 f.
738 OR 802. Vgl. dazu unten c).
739 OR 781 und HRV 90 f.
740 OR 805. Vgl. dazu S. 203 f.
741 OR 802. Zu dieser allgemeinen Haftung der Gesellschafter einer GmbH vgl. SPR-WOHLMANN, S. 397 ff.; OR-AMSTUTZ, N. 1 ff. zu OR 802; MEIER-HAYOZ/FORSTMOSER, Gesellschaftsrecht, § 14 N. 24 ff.; HANDSCHIN, GmbH, S. 162 ff.
742 OR-KURER, N. 6 zu OR 860. Diese Rückerstattungspflicht entspricht – abgesehen von der Tatsache, dass sie auch bei Gutgläubigkeit eintritt, und den damit zusammenhängenden Sonderregelungen in OR 806 II und III – jener des Aktienrechts (OR 678), weshalb auf die Ausführungen auf S. 153 ff. verwiesen werden kann.

Einforderung von Nachschüssen jeweils erforderlichen Gesellschaftsbeschluss[743] zu verhindern[744].

Schliesslich ist auch bei einer abhängigen GmbH denkbar, dass es in Rechtsmissbrauchsfällen zu einem Durchgriff auf die hinter der Gesellschaft stehenden Mitglieder kommt[745].

– Es wurde bereits an früherer Stelle darauf hingewiesen, dass die Konzernleitung auch dann, wenn sie eine juristische Person ist, unmittelbar im Geschäftsführungsorgan einer GmbH Einsitz nehmen kann[746]. Sie ist damit nicht auf die Figur des fiduziarischen Verwaltungsrates angewiesen, um auf die laufenden Geschäfte der GmbH Einfluss nehmen zu können. Als *Geschäftsführer* untersteht das herrschende Unternehmen aber direkt der Verantwortlichkeit gemäss OR 827, worin auf die aktienrechtlichen Vorschriften verwiesen wird[747]. Auch hier handeln für eine juristische Person letztlich natürliche Personen[748], welche in diesem Fall jedoch keine persönliche Haftung trifft[749].

– Lässt das herrschende Unternehmen gewisse Aufgaben in der abhängigen GmbH durch *Vertreter* wahrnehmen[750], so stellt sich die Frage nach der Haftung für deren schädigende Handlungen. Die Verantwortlichkeit des Vertreters selbst richtet sich nach dessen Stellung innerhalb der abhängigen GmbH: Ist er persönlich formeller oder faktischer Geschäftsführer[751], so hat er gemäss OR 827 i.V.m. OR 754 für jede Verletzung der besonderen Sorgfalts- und Treuepflichten einzustehen, anson-

---

743 OR 803 III.
744 Durch die Nachschusspflicht wird die Trennung der Vermögen von Konzernleitung und abhängigem Unternehmen – eines der Motive für die Konzernbildung überhaupt (vgl. dazu S. 38) – aufgeweicht, weshalb eine solche grundsätzlich nicht im Interesse der Konzernleitung liegt. Für eine gänzliche Beseitigung der Nachschusspflicht müsste diese allerdings die für Statutenänderungen erforderliche Stimmenmehrheit (OR 784 II) halten.
745 Vgl. dazu die nicht nur für die Aktiengesellschaft geltenden Bemerkungen auf S. 171 ff.
746 Vgl. S. 205 ff.
747 Zum Verweis auf das Aktienrecht vgl. S. 204. Allgemein zu den Pflichten der Geschäftsführer einer GmbH und deren Verantwortlichkeit vgl. HANDSCHIN, GmbH, S. 168 ff.
748 Vgl. OR 815 II: Handelsgesellschaften und Genossenschaften können selbst "zur Vertretung ermächtigt" sein, es sind jedoch die deren Vertretungsbefugnis wahrnehmenden natürlichen Personen im Handelsregister einzutragen.
749 Dies gilt nur – und immer unter dem Vorbehalt der allgemeinen Haftung nach OR 41 ff. – im Verhältnis zur abhängigen GmbH: Selbst wenn die natürliche Person im Aussenverhältnis direkte Vertreterin der GmbH ist und die Vertretungswirkung nicht über die eigentlich vertretungsbefugte Konzernleitung eintritt (OR-WATTER, N. 2 zu OR 815), muss die interne Willensbildung des GmbH-Geschäftsführungsorgans vollumfänglich der Konzernleitung zugerechnet werden und nicht wiederum der natürlichen Person, welche lediglich den Willen der Konzernleitung ausführt: Nimmt die natürliche Person aber an der Willensbildung der GmbH nicht teil, so ist sie selbst weder formelles noch faktisches Organ und untersteht somit auch nicht deren (gesellschaftsrechtlichen) Pflichten. Eine andere Frage ist jene der Verantwortlichkeit der natürlichen Person gegenüber der Konzernleitung, für welche sie handelt.
750 Wie bereits aufgezeigt wurde, *muss* dies eine Konzernleitung in der Form einer juristischen Person hinsichtlich der Vertretung der GmbH nach aussen sogar tun.
751 Es wurde bereits mehrmals darauf hingewiesen, dass dafür keine Notwendigkeit besteht. Diese Konstellation dürfte denn auch regelmässig vermieden werden.

sten haftet er nach den allgemeinen Vorschriften von OR 41 ff. Die Verantwortlichkeit des herrschenden Unternehmens andererseits hängt von dessen Verhältnis zum Vertreter ab: Ist der Vertreter der Konzernleitung gleichzeitig Organ derselben, haftet diese gemäss OR 814 IV, ist er nur Hilfsperson, so greift die Geschäftsherrenhaftung von OR 55[752].

– Schliesslich sind *weitere Gründe* denkbar, aus denen das eine GmbH beherrschendes Unternehmen haftbar gemacht werden kann. Dazu kann vollumfänglich auf die einschlägigen Ausführungen zum Aktienrechtskonzern[753] verwiesen werden.

---

752 Vgl. zur gleichen Haftung der Konzernleitung für Vertreter in einer abhängigen Aktiengesellschaft S. 175 ff.
753 Vgl. dazu S. 180 ff.

III. Der Genossenschaftskonzern

1. Zum Begriff des Genossenschaftskonzerns

Unter den Begriff "Genossenschaftskonzern" fallen drei verschiedene Erscheinungsformen des Konzerns, welche allerdings stark voneinander abweichen und deshalb im folgenden gesondert betrachtet werden, nämlich:

- Der Konzern mit einer *Kreditgenossenschaft*[754] bzw. *einer konzessionierten Versicherungsgenossenschaft*[755] *als herrschendem Unternehmen:* Auf diesen Genossenschaftskonzern sind kraft Verweisung die aktienrechtlichen Rechnungslegungsvorschriften, d.h. also auch die konzernrechtliche Bestimmung über die Konsolidierungspflicht, anwendbar[756].
- Der Konzern mit einer *"gewöhnlichen" Genossenschaft als herrschendem Unternehmen, aber abhängigen Unternehmen in der Rechtsform von Kapitalgesellschaften* (Aktiengesellschaft, Kommandit-Aktiengesellschaft, GmbH): Dieser Genossenschaftskonzern ist im Gesetz nicht vorgesehen[757].
- Der Konzern mit einer *"gewöhnlichen" Genossenschaft als herrschendem Unternehmen und mit abhängigen Unternehmen in der Rechtsform von Genossenschaften.* Regelungsansätze für diese Konzernform finden sich in den Bestimmungen über die Genossenschaftsverbände[758] (OR 921 ff.)[759]. Bei dieser Form des Genossenschaftskonzerns stellt sich wegen des Kopfstimmrechts das Problem der Beherrschbarkeit der abhängigen Unternehmen durch die Konzernleitung[760].

---

754 Kreditgenossenschaften sind Genossenschaften, die dem BankG unterstehen (Genossenschaftsbanken) bzw. die Gelder an ihre Mitglieder ausleihen, ohne öffentlich die Annahme fremder Gelder anzubieten (OR-NEUHAUS, N. 10 zu OR 858 m.w.H.).
755 Konzessionierte Versicherungsgenossenschaften sind Genossenschaften, welche dem Bundesgesetz betreffend die Aufsicht über die privaten Versicherungseinrichtungen vom 23.6.1978 (VAG; SR 961.01) unterstehen (OR-NEUHAUS, N. 10 zu OR 858 m.w.H.).
756 Siehe sogleich S. 215.
757 Siehe S. 218 ff.
758 Gemäss OR-SCHMID, N. 1 zu OR 921, liegt ein Genossenschaftsverband selbst dann vor, wenn die Mitglieder nicht ausschliesslich, aber immerhin mehrheitlich Genossenschaften sind. Anders KUMMER, Genossenschaftsverband, S. 265 f., der eine Statutenbestimmung verlangt, welche OR 921 ff. explizit für anwendbar erklärt.
759 Nicht jeder Genossenschaftskonzern ist ein Genossenschaftsverband, nämlich dann nicht, wenn das herrschende Unternehmen zwar eine Genossenschaft ist, die abhängigen Unternehmen jedoch alle die Rechtsform einer Kapitalgesellschaft aufweisen. Umgekehrt ist nicht jeder Genossenschaftsverband zwingend auch ein Genossenschaftskonzern, nämlich dann nicht, wenn es an der einheitlichen wirtschaftlichen Leitung fehlt, weil die Statuten von der in OR 924 vorgesehenen Möglichkeit keinen Gebrauch machen, der Verwaltung des Genossenschaftsverbandes das Recht einzuräumen, die geschäftliche Tätigkeit der angeschlossenen Genossenschaften zu überwachen und deren Beschlüsse beim Richter durch Klage anzufechten.
760 Siehe S. 219 f.

Bevor die einzelnen Formen von Genossenschaftskonzernen besprochen werden, ist kurz auf den Genossenschaftskonzern als Selbsthilfeorganisation einzugehen.

2. Der Genossenschaftskonzern als Selbsthilfeorganisation

Eine Genossenschaft, selbst wenn sie als herrschendes Unternehmen eines Konzerns auftritt, kann nicht als "cash cow" für ihre Genossenschafter eingesetzt werden, d.h. das Konzerninteresse darf nicht in erster Linie auf die Erwirtschaftung von Gewinnen ausgerichtet sein (die dann wie bei den Kapitalgesellschaften *indirekt* an die Genossenschafter ausgeschüttet werden), sondern das gesetzliche Konzept der Genossenschaft ist und bleibt das einer Selbsthilfeorganisation, welche ihren Genossenschaftern *direkt* materielle Vorteile durch die Nutzung gemeinsamer Einrichtungen zu ermöglichen hat[761]. Dies bedingt, dass der Genossenschaftskonzern einen Bezug zur wirtschaftlichen Tätigkeit der Genossenschafter des herrschenden Unternehmens aufweist[762].

Zwar ist die Erzielung eines Überschusses durchaus gestattet. Dies darf jedoch nicht der Hauptzweck des Konzerns sein. Die Norm von OR 859 III, wonach der auf Anteilscheinen ausgerichtete Reinertrag den landesüblichen Zinsfuss für langfristige Darlehen ohne besondere Sicherheiten nicht übersteigen darf, verhindert zudem, dass der Genossenschaftskonzern als Gewinnmaschine für die Genossenschafter des herrschenden Unternehmens funktioniert.

3. Der Konzern mit einer Kreditgenossenschaft bzw. einer konzessionierten Versicherungsgenossenschaft als herrschendes Unternehmen

3.1. Die Verweisung auf die aktienrechtlichen Rechnungslegungsvorschriften in OR 858 III

Das Genossenschaftsrecht enthält (wie bei der GmbH) *keine Bestimmung über die subsidiäre Anwendbarkeit des Aktienrechts*, sondern es wird *lediglich punktuell* auf einige aktienrechtliche Vorschriften verwiesen[763], wobei einige Verweisungsnormen

---

761 OR 828 und HRV 92 I. OR-BAUDENBACHER, N. 18 zu OR 828.
762 Ausnahme bildet die zulässige gemeinnützige Genossenschaft gemäss HRV 92 II.
763 OR 858 II (Bilanzvorschriften), OR 874 II (Herabsetzung/Aufhebung der Anteilscheine), OR 896 II (Amtsdauer der Verwaltung), OR 913 I (Liquidation), OR 917 II und OR 920 (Verantwortlichkeit). TANNER, Neues Aktienrecht, S. 46, vertritt die Ansicht, dass neben diesen ausdrücklichen Verweisungen auch die aktienrechtlichen Vorschriften von OR 706b und OR 714 (Nichtigkeit von Beschlüssen der Generalversammlung und der Verwaltung) auf die Genossenschaft anzuwenden seien, da eine echte Verweisungslücke vorliege.

nur auf bestimmte Arten von Genossenschaften (nämlich Kreditgenossenschaften und konzessionierte Versicherungsgenossenschaften) anwendbar sind[764].

Selbstverständlich gelten die aktienrechtlichen Bestimmungen unter Vorbehalt abweichender spezialgesetzlicher Normen[765] für Banken[766] und Versicherungen[767].

Konzernrechtlich von Bedeutung ist lediglich die Verweisungsnorm von OR 858 II, welche für Kreditgenossenschaften und konzessionierte Versicherungsgenossenschaften die für die Aktiengesellschaft geltenden Bilanzvorschriften anwendbar erklärt.

Die Mehrheit der schweizerischen Doktrin[768] vertritt die Ansicht, dass bei den Verweisungen des Genossenschaftsrechts (wie bei der GmbH auch[769]) von einer dynamischen Verweisung auf die Normen des neuen Aktienrechts auszugehen ist.

Nicht einfach ist die Beantwortung der Frage nach dem genauen Umfang der Verweisungsnorm von OR 858 II. Es ist nämlich nicht ohne weiteres klar, welche Normen unter den Begriff "Bilanzierungsvorschriften" fallen: Ist es nur OR 663a mit der Marginalie "Bilanz; Mindestgliederung" oder sind es alle Vorschriften des Abschnitts "B. Geschäftsbericht", d.h. OR 662-670?

BRIGITTE TANNER[770] hat diese Frage eingehend untersucht und ist zum Schluss gelangt, dass sich die Verweisung in OR 858 II auf sämtliche Rechnungslegungsvorschriften des neuen Aktienrechts, d.h. auf OR 662-670, beziehen muss. Als Begründung führt sie an, dass bereits anlässlich der vorletzten Gesetzesrevision im Rahmen der Expertenkommission immer über das "Rechnungswesen der Genossenschaft" diskutiert wurde und mit der Verweisung also offensichtlich nicht bloss die Bilanzvorschriften i.e.S. (d.h. die Vorschriften über die Bilanz), sondern sämtliche Vorschriften über die Rechnungslegung gemeint waren[771]. Die Meinung von BRIGITTE TANNER wird geteilt von MARKUS NEUHAUS[772], der ebenfalls von einer umfassenden Verweisung ausgeht, "welche sich auf sämtliche Rechnungslegungsvorschriften des

---

764 OR 858 II (Bilanzvorschriften); OR 896 II (Amtsdauer der Verwaltung), OR 920 (Verantwortlichkeit).
765 SchlT 16 zu den Titeln XXIV-XXXIII (OR-NEUHAUS, N. 12 zu OR 858).
766 BG über die Banken und Sparkassen vom 8.11.1934 (SR 952.0) und VO über die Banken und Sparkassen vom 17.5.1972 (SR 952.02).
767 BG betreffend die Aufsicht über die privaten Versicherungseinrichtungen vom 23.6.1978 (SR 961.01) und VO über die Beaufsichtigung von privaten Versicherungseinrichtungen (SR 961.05).
768 BÖCKLI, Aktienrecht, N. 2037a und b; MEIER-HAYOZ/FORSTMOSER, Gesellschaftsrecht, § 6 N. 76 ff.; FORSTMOSER/MEIER-HAYOZ/NOBEL, Aktienrecht, § 6 N. 17; OR-NEUHAUS, N. 9 zu OR 858; OR-SCHMID, N. 1 zu OR 920; OR-PETER WIDMER, N. 11 zu OR 917 und N. 2 Vorbemerkungen zu OR 916-920; wohl auch OR-WERNLI, N. 3 zu OR 896. TANNER, Neues Aktienrecht, S. 36 f., nennt als historische Absicht des die Verweisungen einfügenden Gesetzgebers die Angleichung der verschiedenen Körperschaftsformen an das Aktienrecht zwecks Erhaltung der Wettbewerbsneutralität zwischen den verschiedenen Rechtsformen.
769 VON BÜREN/BÄHLER, GmbH I, S. 20 ff. m.w.H.
770 TANNER, Neues Aktienrecht, S. 43 ff.
771 Protokoll Expertenkommission Entwurf II (1928), S. 645 ff.
772 OR-NEUHAUS, N. 8 zu OR 858.

Aktienrechts bezieht". Im Zusammenhang mit der aktienrechtlichen Konsolidierungspflicht weist er ausdrücklich auf die Anwendbarkeit von OR 663e auf konzessionierte Versicherungsgenossenschaften hin[773].

Allerdings muss erwähnt werden, dass in der betriebswirtschaftlichen Lehre auch die gegenteilige Meinung vertreten wird[774], jedoch durchwegs ohne Begründung, wohl von der irrigen Annahme ausgehend, was im Aktienrecht geregelt werde, gelte nur für Aktiengesellschaften.

Nach der hier vertretenen Meinung ist von einer umfassenden Verweisung auf alle die Rechnungslegung betreffenden aktienrechtlichen Vorschriften auszugehen[775], nicht zuletzt deswegen, weil dies für die entsprechenden Verweise im GmbH-Recht[776] ebenfalls gilt[777].

Daraus folgt, dass Konzerne mit einer Kredit- oder Versicherungsgenossenschaft als herrschendem Unternehmen zur Erstellung einer Konzernrechnung verpflichtet sind (sofern die entsprechenden Voraussetzungen von OR 663e zutreffen) und überdies die weiteren aktienrechtlichen Rechnungslegungsvorschriften zu beachten haben[778].

3.2. *Weitere Verweisungen auf aktienrechtliche Normen für Kredit- und Versicherungsgenossenschaften*

Neben der soeben besprochenen, für einen Kredit- und Versicherungsgenossenschaftskonzern zentralen Bestimmung von OR 858 enthält das Genossenschaftsrecht weitere für diese Arten von Genossenschaften *spezifische Verweisungsnormen*. Es handelt sich um die beiden folgenden Bestimmungen:

– OR 896 verweist für die Amtsdauer der Verwaltung einer konzessionierten Versicherungsgenossenschaft auf die entsprechenden Vorschriften des Aktienrechts (OR 710).
– OR 920 erklärt für die Verantwortlichkeit bei Kreditgenossenschaften und konzessionierten Versicherungsgenossenschaften die entsprechenden Bestimmungen des Aktienrechts (OR 752-761) für anwendbar.

---

773 OR-NEUHAUS, N. 5 zu OR 663e.
774 BOEMLE, Jahresabschluss, S. 397; ZENHÄUSERN/BERTSCHINGER, Konzernrechnungslegung, S. 48 f.; BERTSCHINGER, Konzernrechnung, S. 566; Revisionshandbuch der Schweiz, Zürich 1992, Bd. II, S. 94.
775 Anders noch VON BÜREN, Publikumsaktiengesellschaften, S. 82 f.
776 OR 805.
777 SPR-WOHLMANN, S. 401; VON BÜREN/BÄHLER, GMBH I, S. 20 ff.; OR-NEUHAUS, N. 5 zu OR 805; TANNER, Neues Aktienrecht, S. 39. Siehe dazu auch S. 199 ff.
778 OR 662-670 und 697h.

Weiter sind die *für sämtliche Genossenschaften geltenden Verweisungsnormen* auf das Aktienrecht selbstverständlich auch für Kredit- und Versicherungsgenossenschaften anwendbar[779].

3.3. Anwendung des Genossenschaftsrechts

Abgesehen von den unter den Ziffern 3.1. und 3.2. behandelten Verweisungen auf das Aktienrecht bleiben die Bestimmungen des Genossenschaftsrechts auf Konzerne mit einer Kredit- oder Versicherungsgenossenschaft als herrschende Unternehmen vollumfänglich anwendbar.

Daraus ergeben sich für das herrschende Unternehmen eigentlich keine Probleme. Bei konzessionierten Versicherungsgesellschaften mit über 1000 Mitgliedern können die Statuten nämlich bestimmen, dass die Befugnisse der Generalversammlung ganz oder zum Teil (allerdings mit gewissen Ausnahmen[780]) der Verwaltung übertragen werden können, was die Leitung eines Konzerns beträchtlich erleichtert[781].

Hat der Kredit- oder Versicherungsgenossenschaftskonzern jedoch nicht Kapitalgesellschaften, sondern Genossenschaften als abhängige Unternehmen, so stellt sich das Problem der Beherrschbarkeit derselben. Auf diese Frage wird generell für Genossenschaftskonzerne unter Ziffer 4.3. eingegangen.

4. Der Genossenschaftskonzern mit einer "gewöhnlichen" Genossenschaft als herrschendem Unternehmen

4.1. Das herrschende Unternehmen

Es gibt in der Praxis auch Genossenschaftskonzerne, bei denen das herrschende Unternehmen weder eine Kreditgenossenschaft noch eine Versicherungsgenossenschaft ist, sondern eine "gewöhnliche" Genossenschaft, für welche die Verweisungsnorm auf die Rechnungslegungsvorschriften des Aktienrechts nicht gilt.

Diese Genossenschaften sind also von der Pflicht zur Erstellung einer Konzernrechnung befreit, und sie müssen auch den übrigen mit der aktienrechtlichen Rechnungslegung verbundenen Pflichten[782] nicht nachkommen. Dies ist stossend, weil es gerade die grössten und volkswirtschaftlich bedeutendsten Genossenschaften sind[783],

---

779 OR 874 II, 913 I und 917 II.
780 OR 893 II.
781 OR 893 I. FORSTMOSER, Genossenschaft, S. 350.
782 Siehe dazu die Ausführungen auf S. 215 ff.
783 Wie z.B. Migros, Coop oder Fenaco.

die hier ungerechtfertigterweise durch die Maschen schlüpfen. Eine entsprechende Korrektur durch den Gesetzgeber ist hier überfällig.

An dieser Stelle ist jedoch eine wichtige Differenzierung vorzunehmen: Es besteht von der Beherrschbarkeit der abhängigen Unternehmen und damit von der Möglichkeit der Durchsetzung einer einheitlichen wirtschaftlichen Leitung her gesehen ein entscheidender Unterschied, ob es sich bei den abhängigen Unternehmen um Genossenschaften oder um Kapitalgesellschaften handelt. Auf diese Unterscheidung ist in den beiden folgenden Abschnitten näher einzugehen.

4.2. Kapitalgesellschaften als abhängige Unternehmen

Es gibt in der Praxis zahlreiche Fälle, bei denen Genossenschaftskonzerne mit Ausnahme des herrschenden Unternehmens aus lauter Kapitalgesellschaften und dabei fast ausnahmslos aus Aktiengesellschaften bestehen.

Hier besteht bezüglich der Beherrschungsmöglichkeit kein Problem: Die Genossenschaft als herrschendes Unternehmen kann über 100% des Aktienkapitals oder zumindest über eine massgebliche Beteiligung verfügen, welche die Beherrschung der Generalversammlung und damit die Ausgestaltung der Statuten und die Bestellung des Verwaltungsrates gestattet. Eine Konzernierung ist unter diesen Umständen also ohne Probleme zu bewerkstelligen. Die Lage ist praktisch gleich wie in einem Aktienrechtskonzern. Es kann daher auf die dort gemachten Ausführungen verwiesen werden.

4.3. Genossenschaften als abhängige Unternehmen

a) Das Problem der Beherrschbarkeit von Genossenschaften

Bestehen die abhängigen Unternehmen eines Genossenschaftskonzerns nicht oder nicht nur aus Kapitalgesellschaften, sondern auch aus Genossenschaften, ergeben sich bezüglich deren Beherrschung durch die Konzernleitung erhebliche Probleme.

Der Grund dafür liegt im Umstand, dass Genossenschaften einerseits wegen des gesetzlich zwingend vorgeschriebenen Kopfstimmrechts in der Generalversammlung[784] und andererseits wegen der von Gesetzes wegen massiv beschränkten

---

[784] Nach OR 885 gilt "one man, one vote" und nicht wie im Aktienrecht "one share, one vote"! Daraus resultiert eine Zersplitterung der Stimmen in der General- oder Delegiertenversammlung und damit eine vermehrte Machtkonzentration bei der Verwaltung: KRATZ, Genossenschaftliche Aktiengesellschaft, S. 46; BK-FORSTMOSER, N. 74 Systematischer Teil. FORSTMOSER, Genossenschaft, S. 350, erwähnt als weitere Folge des Kopfstimmrechts die kleinere Übernahmegefährdung durch Konkurrenzunternehmen.

Vertretungsmöglichkeit[785] *kapitalmässig nicht beherrschbar* sind[786]. Ohne die Beherrschung kann jedoch die für das Vorliegen eines Konzerns erforderliche einheitliche wirtschaftliche Leitung nicht durchgesetzt werden. Prima vista erscheint somit die Führung eines Genossenschaftskonzerns mit abhängigen Unternehmen in der Rechtsform von Genossenschaften unmöglich.

Es gibt jedoch Mechanismen, welche die Konzernierung von Genossenschaften dennoch ermöglichen.

b) Der körperschaftliche Konzern als mögliche Lösung

Die vorstehenden Ausführungen haben gezeigt, dass eine formelle Beherrschung der abhängigen Unternehmen durch Stimmkraft nicht möglich ist. Als Alternative bietet sich der sog. körperschaftliche Konzern an[787], eine Art konzernrechtliche Konsensdemokratie[788].

Ansätze für den körperschaftlichen Konzern finden sich in den gesetzlichen Bestimmungen über die Genossenschaftsverbände[789]. Der demokratische Charakter eines Genossenschaftsverbands geht aus dessen Struktur hervor: Er ist nicht hierarchisch aufgebaut wie der Konzern, sondern stellt vielmehr eine auf dem Kopf stehende Pyramide dar[790]. Die Vorschriften über die Genossenschaftsverbände sind nicht nur dann anwendbar, wenn alle abhängigen Unternehmen die Rechtsform einer Genossenschaft haben. Sie gelten auch, wenn abhängige Unternehmen in anderer Rechtsform dem körperschaftlichen Konzern angehören. Allerdings muss die Mehrheit der abhängigen Unternehmen aus Genossenschaften bestehen[791].

aa) Die Konzernleitung im körperschaftlichen Konzern

Das oberste Organ im körperschaftlichen Konzern ist die *Delegiertenversammlung*, welche aus Delegierten der abhängigen Unternehmen gebildet wird, wobei die Statuten des herrschenden Unternehmens die Zahl der Delegierten der abhängigen Unternehmen festlegen. Die Delegierten haben grundsätzlich je eine Stimme, aber die Statuten können die Stimmverteilung auch anders regeln (z.B. nach der wirtschaftlichen Bedeutung der einzelnen Unternehmen)[792].

---

785 OR 886: Vertretung nur durch einen anderen Genossenschafter, der aber nicht mehr als einen (bzw. max. 9 bei entsprechender statutarischer Bestimmung in Genossenschaften mit über 1000 Mitgliedern) Genossenschafter vertreten darf.
786 Dazu KRATZ, Genossenschaftliche Aktiengesellschaft, S. 42; KUMMER, Genossenschaftsverband, S. 279 f.; PAUL, Genossenschaft, S. 571 f.
787 Der Begriff wird verwendet von HANDSCHIN, Konzern, S. 67 ff.
788 HANDSCHIN, Konzern, S. 70, spricht von einer "demokratischen" Struktur eines Konzerns.
789 OR 921-925.
790 PAUL, Genossenschaft, S. 575, spricht von einem "Konzern verkehrt".
791 OR-SCHMID, N. 1 zu OR 924. Anders KUMMER, Genossenschaftsverband, S. 266.
792 OR 922 III.

Die Statuten des herrschenden Unternehmens können auch ein *anderes Organ als die Delegiertenversammlung* als oberstes Organ vorsehen[793]. Das wird meist ein Ausschuss der Delegiertenversammlung oder die Verwaltung[794] sein. Auch die Verwaltung wird aus Mitgliedern der abhängigen Unternehmen zusammengesetzt, sofern statutarisch nicht eine andere Lösung gewählt wird[795].

Die abhängigen Unternehmen "regieren sich" also sozusagen selbst, indem die *mitgliedschaftliche Kontrolle des herrschenden Unternehmens* durch Vertreter der abhängigen Unternehmen erfolgt: Diese legen als Delegierte den Konzernzweck in den Statuten fest und bestimmen, in welchen Bereichen das herrschende Unternehmen Konzernleitungskompetenzen erhält. Sie bilden auch die Verwaltung[796], welche die Konzernleitungsmacht ausübt. Die Konzernleitungsmacht findet also in dieser mitgliedschaftlichen Kontrolle durch die Delegierten der abhängigen Unternehmen ihre Grenze.

Die *konzernmässige Kontrolle durch das herrschende Unternehmen* wird erst dadurch ermöglicht, dass die Delegierten ihre mitgliedschaftliche Kontrolle im herrschenden Unternehmen ausüben und der Konzernleitung in den Statuten gewisse Leitungsbefugnisse einräumen. Die Konzernleitung in einem körperschaftlich organisierten Genossenschaftskonzern muss sich immer bewusst sein, dass die Vertreter der abhängigen Unternehmen letztlich den Kurs bestimmen.

bb) Die Kompetenzen der Konzernleitung

Die Statuten des herrschenden Unternehmens können der Verwaltung[797] das Recht einräumen, die *Geschäftstätigkeit der dem Konzern angeschlossenen Genossenschaften zu überwachen*[798]. Direkte Eingriffe in die laufende Geschäftstätigkeit ("ordinary course of business") des abhängigen Unternehmens sind dagegen nicht zulässig[799]. Das Überwachungsrecht umfasst auch das Recht der Konzernleitung zur Delegation eines Vertreters in die Entscheidungsgremien des abhängigen Unternehmens[800],

---

793 OR 922 I.
794 In der Lehre ist umstritten, ob anstelle der Delegiertenversammlung die Verwaltung als oberstes Organ treten kann (vgl. OR-SCHMID, N. 2 zu OR 922 m.w.H.). SCHMID, Genossenschaftsverbände, S. 108, 110 f., lehnt das Ersetzen der Delegiertenversammlung durch die Verwaltung ab. Anders hingegen ZK-GUTZWILLER, N. 2 zu OR 922; KUMMER, Genossenschaftsverband, S. 274 ff. Explizit vorgesehen ist die Kompetenzdelegation in OR 893 für Versicherungsgenossenschaften mit mehr als 1000 Mitgliedern.
795 Denkbar wäre gemäss OR 923 somit durchaus auch eine ausschliesslich mit Nichtgenossenschaftern besetzte Verwaltung. Vgl. KUMMER, Genossenschaftsverband, S. 276.
796 Unter Vorbehalt einer anderslautenden statutarischen Regelung; vgl. OR 923.
797 Richtig wohl nicht der Verwaltung, sondern dem herrschenden Unternehmen (OR-SCHMID, N. 9 zu OR 924).
798 OR 924 I.
799 HANDSCHIN, Konzern, S. 74 m.w.H.
800 PAUL, Genossenschaft, S. 578.

wobei umstritten ist, ob diesem auch das Stimmrecht zusteht[801]. Dies ist wohl eher zu verneinen[802].

Ferner kann die Konzernleitung *Beschlüsse der abhängigen Unternehmen anfechten*, welche gegen die Statuten des herrschenden Unternehmens oder gegen die Statuten des betreffenden Unternehmens selbst verstossen, sofern die Statuten des herrschenden Unternehmens dies vorsehen[803].

Über diese im Gesetz vorgesehenen Möglichkeiten der Einflussnahme hinaus können die Statuten weitere Massnahmen vorsehen, welche die Durchsetzung einer einheitlichen wirtschaftlichen Leitung ermöglichen, z.B. die Verpflichtung der abhängigen Unternehmen, ihre Statuten den jeweiligen Statuten des herrschenden Unternehmens anzupassen[804] bzw. Statutenänderungen vom herrschenden Unternehmen vorgängig genehmigen zu lassen, oder sogar Vorschriften betreffend die Führung der eigenen Geschäfte[805].

Damit erhält die Konzernleitung je nach der konkreten Ausgestaltung der Statuten ein mehr oder weniger taugliches Instrumentarium in die Hand, um eine einheitliche wirtschaftliche Leitung im körperschaftlichen Genossenschaftskonzern durchzusetzen.

Die Vertreter der abhängigen Unternehmen (d.h. je nach den konkreten Statuten die Delegiertenversammlung[806] oder die Verwaltung[807]) bestimmen also durch die Ausgestaltung der Statuten des herrschenden Unternehmens, welche Befugnisse die abhängigen Unternehmen der Konzernleitung abzutreten bereit sind. Sie legen damit selbst fest, in welchem Ausmass sie die Ausübung von Konzernleitungsmacht zu akzeptieren bereit sind.

Die formelle Beherrschungsmöglichkeit der Konzernleitung hängt also davon ab, ob es gelingt, die Vertreter der abhängigen Unternehmen – welche ja die Statuten des herrschenden Unternehmens und damit auch den Umfang der Konzernleitungsmacht beschliessen – mit guten Argumenten und wirtschaftlichen Vorteilen zu überzeugen, Kompetenzen an die Konzernleitung abzutreten und deren Leitung zu akzeptieren.

---

801 HANDSCHIN, Konzern, S. 73.
802 Bejahend SCHMID, Genossenschaftsverband, S. 188 f. m.w.H.
803 OR 924 II. Eine analoge Anwendung der Anfechtungsfrist von zwei Monaten gemäss OR 891 II ist anzunehmen (OR-SCHMID, N. 7 zu OR 924). PAUL, Genossenschaft, S. 577, und OR-SCHMID, N. 10 zu OR 924, weisen darauf hin, dass die Bedeutung dieses Anfechtungsrechts in der Praxis offenbar nicht sehr gross ist, da von der statutarischen Einräumung dieser Möglichkeit nur wenig Gebrauch gemacht wird und entsprechende Gerichtsentscheide fehlen.
804 PAUL, Genossenschaft, S. 577.
805 HANDSCHIN, Konzern, S. 72. Zum Umfang des Überwachungsrechts vgl. OR-SCHMID, N. 3 zu OR 924.
806 OR 922.
807 OR 923.

cc) Die Rolle der Verwaltung der abhängigen Unternehmen

Faktisch ist für die Beherrschung eines abhängigen Unternehmens in einem körperschaftlich organisierten Genossenschaftskonzern entscheidend, dass die Verwaltung des abhängigen Unternehmens zur einheitlichen wirtschaftlichen Leitung des Konzerns Hand bietet.

Vielfach werden es nämlich gerade Leute aus der Verwaltung des abhängigen Unternehmens sein, welche als Delegierte in der Konzernleitung auftreten. Dadurch wird das Verständnis für die Belange des Konzerns gefördert und die Information verbessert. Die Verwaltung des abhängigen Unternehmens ist sozusagen die Scharnierstelle zum Konzern.

Gerade wegen der grösseren Sachkenntnis und der damit verbundenen Autorität werden sich in der Generalversammlung eines abhängigen Unternehmens nicht so leicht Mehrheiten gegen die Verwaltung finden lassen[808].

dd) Der Austritt aus dem körperschaftlichen Konzern

Das Gesetz regelt zwar den Eintritt in einen Genossenschaftsverband[809], enthält aber keine Vorschriften über das Ausscheiden eines abhängigen Unternehmens. Bei Fehlen einer expliziten Bestimmung im Recht der Genossenschaftsverbände[810] gelangt das allgemeine Genossenschaftsrecht zur Anwendung. Das Gesetz statuiert dort den Grundsatz des freien Austrittsrechts jedes Genossenschafters (OR 842)[811]. Einzige Besonderheit ist die Möglichkeit, in den Verbandsstatuten die Anfechtbarkeit gesetzes- oder statutenwidriger Austrittsbeschlüsse vorzusehen[812].

Grundsätzlich ist festzustellen, dass der körperschaftlich organisierte Genossenschaftskonzern ein sehr loses Gebilde ist, welches eigentlich nur auf der Basis eines laufend zu erneuernden Konsenses funktioniert. Wenn ein abhängiges Unternehmen sich nicht mehr mit dem Konzern identifizieren kann, braucht es lediglich seine Statuten zu ändern und allenfalls die mit dem Konzern kooperierende Verwaltung abzusetzen. Es scheidet damit faktisch aus dem Konzern aus[813]. Möglich ist aber auch die Abgabe einer Austrittserklärung, welche ohne anderslautende statutarische Bestimmung formlos gültig ist[814].

Das herrschende Unternehmen hat – unter Vorbehalt des Anfechtungsrechts gegenüber rechts- oder statutenwidrigen Austrittsbeschlüssen – keine Möglichkeit, das Ausscheiden eines abhängigen Unternehmens aus dem Konzern genossenschafts-

---

808 HANDSCHIN, Konzern, S. 76.
809 OR 925.
810 OR 921 ff.
811 OR-SCHMID, N. 2 zu OR 921; DERS., Genossenschaftsverbände, S. 141.
812 OR 924 II. SCHMID, Genossenschaftsverbände, S. 141, Fn. 70.
813 HANDSCHIN, Konzern, S. 75 f.
814 OR-SCHWARTZ, N. 2 zu OR 842.

rechtlich zu verhindern. Es wird daher bei der Wahrnehmung seiner Konzernleitungsaufgaben alles daran setzen, um die abhängigen Unternehmen – u.a. mit der Gewährung wirtschaftlicher Vorteile – bei der Stange zu halten. Die Austrittmöglichkeit der Mitgliedgenossenschaften als Damoklesschwert über der Konzernleitung stellt eine Besonderheit des Genossenschaftskonzerns dar; es besteht eine wechselseitige Einflussmöglichkeit von Mitgliedgenossenschaften und Verband[815].

c) Flankierende Massnahmen zur Konzernierung von Genossenschaften

aa) Die Beherrschung durch Vertrag

Als erste flankierende Massnahme zur Konzernierung von Genossenschaften ist der Abschluss von Beherrschungsverträgen mit den abhängigen Unternehmen zu erwähnen, also eine Konzernierung, welche sozusagen die Normen des Genossenschaftsrechts umgeht[816]. Der Abschluss von Beherrschungsverträgen ist grundsätzlich zulässig, solange diese nicht in gesetzlich zwingend festgelegte Kompetenzen der Organe des abhängigen Unternehmens eingreifen[817].

Der Abschluss eines Beherrschungsvertrags (und damit die Unterwerfung unter die einheitliche wirtschaftliche Leitung des herrschenden Unternehmens) bedingt jedoch vorgängig eine Anpassung des Zweckartikels in den Statuten der abhängigen Genossenschaft, da deren Zweck durch die Konzernierung eine massive Veränderung erfährt[818]. Für diesen Beschluss ist die Generalversammlung zuständig[819], und es ist dafür eine Mehrheit von zwei Dritteln der abgegebenen Stimmen oder ein höheres statutarisches Beschlussquorum erforderlich[820].

Das abhängige Unternehmen ist zwar durch den Beherrschungsvertrag gebunden, was aber die Generalversammlung nicht daran hindert, die dem Beherrschungsvertrag zugrunde liegende Zweckänderung in den Statuten jederzeit wieder rückgängig zu machen und sich nicht mehr an den Vertrag zu halten, was allenfalls Schadenersatzforderungen oder Konventionalstrafen zur Folge haben kann, aber die Konzernierung letztlich nicht rettet. Das gilt auch bei kündbaren oder ungültigen Beherrschungsverträgen.

Konzernbildende Beherrschungsverträge werden von der schweizerischen Doktrin als unrealistisch bezeichnet und sie sind in der Schweiz praktisch unbekannt[821].

---

815 PAUL, Genossenschaft, S. 579.
816 Siehe dazu S. 302 f.
817 HANDSCHIN, Konzern, S. 127 m.w.H.
818 HANDSCHIN, Konzern, S. 127 f.
819 OR 879 II 1.
820 OR 888 II.
821 HANDSCHIN, Konzern, S. 128, Fn. 63.

bb) Wirtschaftliche Abhängigkeit

Viel wichtiger als juristische Überlegungen dürften für die abhängigen Unternehmen wohl wirtschaftliche Vorteile sein, welche sie zum Mitmachen in einem körperschaftlichen Konzern bewegen[822]. Die starke Machtposition des Genossenschaftsverbandes fusst somit nicht auf der rechtlichen Bindung, sondern auf der wirtschaftlichen Abhängigkeit der Mitgliedgenossenschaften vom Verband[823].

---

[822] HANDSCHIN, Konzern, S. 75.
[823] KUMMER, Genossenschaftsverband, S. 278 und 280, nennt eine Reihe von Faktoren, welche die Abhängigkeit der Mitglieder eines Genossenschaftsverbands ausmachen.

IV. Verein und Stiftung im Konzern

1. Verein

1.1. Der Verein als Rechtsform des herrschenden Unternehmens

a) Zulässigkeit

Nach der gesetzlichen Konzeption[824] hat ein Verein grundsätzlich einen ideellen Zweck zu verfolgen, während diese Rechtsform für wirtschaftliche Ziele in der Regel nicht zur Verfügung steht[825]. Es ist dem Verein jedoch ausdrücklich erlaubt, im Rahmen seiner Zweckverfolgung ein nach kaufmännischer Art geführtes Gewerbe zu betreiben[826]. Dies schliesst die Möglichkeit mit ein, vom Verein juristisch verschiedene Unternehmen – ihrerseits mit oder ohne wirtschaftlichem Zweck – unter einheitlicher wirtschaftlicher Leitung zusammenzufassen und in den Dienst des ideellen Endziels zu stellen[827]. Die Konzernleitung kann also durchaus ein Verein sein, solange der Konzernzweck ein nichtwirtschaftlicher ist[828].

Vom Verbot wirtschaftlicher Zielsetzung macht das Bundesgericht – mindestens für Kartelle sowie Berufs- und Wirtschaftsverbände in Vereinsform – dann eine Ausnahme, wenn der Verein selbst kein nach kaufmännischer Art geführtes Gewerbe betreibt[829]. Allerdings ist die Leitung eines Konzerns immer mit dem Betrieb eines kaufmännischen Gewerbes verbunden[830], sodass einem Konzern mit wirtschaftlichem Gesamtzweck auch über diesen Umweg kein Verein vorangestellt werden kann.

---

824 ZGB 60 I und 59 II.
825 Über die Abgrenzung zwischen wirtschaftlichem und ideellem Zweck herrscht in Lehre und Praxis weitgehend Einigkeit: Danach verfolgt eine Gesellschaft dann wirtschaftliche Zwecke, wenn sie darauf abzielt, ihren Mitgliedern einen wirtschaftlichen Vorteil zu verschaffen; ein ideeller Zweck liegt dagegen vor, wenn Dritte (d.h. Nichtmitglieder) wirtschaftliche Vorteile erfahren sollen oder wenn die Gesellschaft überhaupt keine wirtschaftlichen Vorteile anstrebt (statt vieler: BK-RIEMER, Vereine, N. 47 zu ZGB 60 m.w.H.).
826 ZGB 61 II.
827 BK-RIEMER, Vereine, N. 56 zu ZGB 60, spricht explizit vom "Holding-Verein".
828 A.M. TAPPOLET, Konzernmässige Abhängigkeit, S. 3 f., welcher – allerdings ohne zwischen herrschendem und abhängigem Unternehmen zu unterscheiden – den Verein als Konzerngesellschaft ausschliesst, weil er "nicht Träger eines Unternehmens sein kann, das für die Beteiligten ökonomische Vorteile anstrebt". Dem ist entgegenzuhalten, dass die für den Konzern typischen Interessenkonflikte nicht bloss zwischen verschiedenen wirtschaftlichen Zielsetzungen auftreten können und infolgedessen auch ideelle Interessen verfolgende Rechtssubjekte in die Konzernrechtsdiskussion miteinzubeziehen sind. HANDSCHIN, Konzern, S. 80, geht ebenfalls davon aus, dass Vereine herrschende Unternehmen in einem Konzern sein können.
829 BGE 90 II 333 ff. Zur Entwicklung dieser Rechtsprechung und zur Kritik in der Lehre vgl. MEIER-HAYOZ/FORSTMOSER, Gesellschaftsrecht, § 4 N. 24 ff., und PEDRAZZINI/OBERHOLZER, Personenrecht, S. 226 ff.
830 Auf diese Feststellung wird im Zusammenhang mit der einfachen Gesellschaft näher eingegangen (vgl. dazu hinten S. 239 f.).

b) Folgen für den Konzern

Im von einem Verein geleiteten Konzern herrscht nur beschränkte *Publizität*: Zwar ist der Verein, der ein nach kaufmännischer Art geführtes Gewerbe betreibt, zum Eintrag ins Handelsregister[831] und demnach auch zur ordnungsgemässen Buchführung verpflichtet[832]. Gerade letztere hat aber nur nach den allgemeinen Vorschriften von OR 957 ff. zu geschehen, weshalb der Verein namentlich keine konsolidierte Konzernrechnung erstellen und nur im Rahmen der Editionspflicht von OR 963 Einblick in die Bücher gewähren muss.

Im Falle der *Haftung des herrschenden Unternehmens*[833] kann sich unter Umständen aus dem Vereinsrecht eine Besonderheit ergeben: Setzen nämlich die Statuten der Konzernleitung die Beiträge der Mitglieder nicht fest – was vernünftigerweise nur als Ausnahme vorkommen dürfte – so haben diese zu gleichen Teilen die zur Deckung der Vereinsschulden nötigen Beiträge zu leisten[834]. Diese (betraglich unbegrenzte!) Haftung besteht zwar primär gegenüber dem Verein, die Eintreibung der Ansprüche des Vereins gegen seine Mitglieder kann im Falle der Zahlungsunfähigkeit des Vereins jedoch auch durch die Gläubiger erzwungen werden[835].

Ansonsten bringt der Umstand, dass die Konzernleitung ein Verein ist, keine besonderen Folgen für den Konzern mit sich.

1.2. Der Verein als Rechtsform des abhängigen Unternehmens

a) Eignung

Aus dem Umstand, dass als ideeller und damit zulässiger Vereinszweck auch das Erzielen von wirtschaftlichen Vorteilen zugunsten von Nichtmitgliedern gilt, ergibt sich ein auf den ersten Blick verführerischer Gedanke: Durch den Einsatz eines Vereins mit dem Zweck, der Konzernleitung wirtschaftliche Vorteile zu verschaffen, könnten wesentliche Teile der Konzernaktivität über eine äusserst freiheitlich normierte Rechtsform[836] abgewickelt werden, solange nur die Konzernleitung selbst nicht Vereinsmitglied wäre. Einer solchen Konstellation wohnt jedoch eine grosse

---

831 ZGB 61 II und OR 934 I.
832 OR 957.
833 Zum Beispiel wegen einer unerlaubten Handlung seiner Organe (ZGB 55 II). Vgl. zur Haftung des herrschenden Unternehmens auch S. 168 ff.
834 ZGB 71. Eine persönliche Haftung der Mitglieder kann auch durch eine Statutenbestimmung im Sinne von HRV 99 begründet werden. Es gilt allerdings zu beachten, dass eine Haftung gemäss HRV 99 direkt gegenüber den Gläubigern des Vereins besteht (in diesem Sinne BK-RIEMER, Vereine, N. 17 zu ZGB 71).
835 MEIER-HAYOZ/FORSTMOSER, Gesellschaftsrecht, § 16 N. 21, mit dem Hinweis, dass aus der Verwertung dieser Ansprüche sogar direkte Forderungsrechte der Gläubiger gegenüber den beitragspflichtigen Vereinsmitgliedern hervorgehen können.
836 Vgl. dazu S. 229 ff.

Missbrauchsgefahr inne, welcher das Vereinsrecht nicht gewachsen wäre. Deshalb muss hier eine materielle Betrachtungsweise Platz greifen: Der vorwiegend auf die wirtschaftlichen Interessen der Konzernleitung ausgerichtete Zweck eines abhängigen Vereins ist als ein wirtschaftlicher zu verstehen. Hat nämlich das herrschende Unternehmen einerseits die Geschicke des Vereins massgeblich in der Hand, wozu es in der Tat nicht Vereinsmitglied zu sein braucht[837], so kann es sich andererseits nicht darauf berufen, Dritter zu sein, welchem der Verein wirtschaftliche Vorteile verschaffen darf. Die Konzernleitung hat also hier als (faktisches) Vereinsmitglied zu gelten; ein Verweis auf ihre Nichtmitgliedschaft würde einen Rechtsmissbrauch im Sinne von ZGB 2 II darstellen.

Auf der anderen Seite dürften Fälle, in denen die Verfolgung echter ideeller Zwecke durch einen Verein einer Konzernleitung in einem solchen Masse zugute kommt, dass diese an der Beherrschung des Vereins ernsthaft interessiert ist, in der Praxis nur selten vorkommen[838].

Im übrigen müsste ein abhängiger Verein regelmässig unmittelbar als solcher durch die Konzernleitung selbst gegründet werden[839], ist doch eine Kontrollübernahme[840] über einen bestehenden Verein praktisch unmöglich: In der Vereinsversammlung, welche gewöhnlich den Vorstand wählt, gilt nämlich grundsätzlich das Kopfstimmrecht[841]. Die Konzernleitung müsste also – sei es direkt für die Wahl eines ihr genehmen Vorstands, sei es indirekt zur Beseitigung des Kopfstimmrechts zugunsten eines Mehrfachstimmrechts der Konzernleitung[842] – entweder eine Mehrheit der Vereinsmitglieder für ihre Einzelinteressen gewinnen können (was ihr kaum gelingen dürfte) oder aber selbst eine solche Mehrheit stellen (was wiederum schwierig sein

---

837 Dem die Geschäfte des Vereins führenden Vorstand können auch Nichtmitglieder angehören (BK-RIEMER, Vereine, N. 16 zu ZGB 69; PEDRAZZINI/OBERHOLZER, Personenrecht, S. 251).

838 Mindestens denkbar wäre etwa folgendes Beispiel: Durch die Kontrolle z.B. über einen Verein, welcher Tagesheime für die Kinder berufstätiger Eltern betreibt, könnte dessen Tätigkeit mit dem eigenen Geschäftsbetrieb koordiniert und damit die Verfügbarkeit der im Konzern tätigen Arbeitskräfte optimiert werden.

839 Immerhin böte in diesem Fall die Sicherstellung der einheitlichen Leitung keine Schwierigkeiten: Die Statuten könnten die Wahl des die Vereinsgeschäfte führenden Vorstands der Konzernleitung übertragen, oder es könnte bereits statutarisch Personalunion zwischen Vorstand und Konzernleitung vorgesehen werden (BK-RIEMER, Vereine, N. 26 zu ZGB 65); dabei bräuchte diese weder eine natürliche Person noch Vereinsmitglied zu sein (gemäss BK-RIEMER, Vereine, N. 14 f. zu ZGB 69, gilt ersteres für im Handelsregister nicht eingetragene wie auch – trotz HRV 41 – für eingetragene Vereine).

840 Hier sind nur Kontrollübernahmen in einem engen Sinn gemeint, d.h. mittels einer kapital- und/oder stimmenmässig massgeblichen Beteiligung. Die Errichtung von Leitungsmechanismen gegenüber einem bereits bestehenden Verein durch Vertrag oder personelle Anbindung des Vorstands an die Konzernleitung bleibt natürlich immer vorbehalten.

841 ZGB 65 I und 67 I.

842 Das Kopfstimmrecht von ZGB 67 I gilt allgemein als dispositiv (BK-RIEMER, Vereine, N. 8 ff. zu ZGB 67; MEIER-HAYOZ/FORSTMOSER, Gesellschaftsrecht, § 16 N. 37; PEDRAZZINI/OBERHOLZER, Personenrecht, S. 236 und 249).

wird, weil der Verein grundsätzlich frei über die Aufnahme neuer Mitglieder entscheiden kann[843]).

b) Folgen für den Konzern

Für den Fall, dass ein Verein ausnahmsweise doch abhängiges Unternehmen in einem Konzern ist, stellt sich die Frage, mit welchen Behelfen das Vereinsrecht den Schutz allfälliger freier Vereinsmitglieder und der Gläubiger gewährleistet. Angesichts der nichtwirtschaftlichen Ausrichtung des Vereins haben diese Probleme eine weit weniger einlässliche Behandlung durch den Gesetzgeber erfahren als bei den für wirtschaftliche Zwecke konzipierten Kapitalgesellschaften[844].

aa) Minderheitenschutz

Der vereinsrechtliche Minderheitenschutz findet seine Grundlage in der Personenbezogenheit des Vereins. Hier besteht an sich ein recht umfassender Katalog von Schutzrechten, wobei jedoch einige der betreffenden Gesetzesbestimmungen nur als dispositiv gelten:

– Zwingend ist das Recht eines Fünftels der Mitglieder, eine *Vereinsversammlung* einberufen zu lassen (ZGB 64 III)[845]. Im Rahmen ihres Stimmrechts haben die Vereinsmitglieder auch ohne explizite Nennung im Gesetz das Recht auf Auskunft[846]. Gemäss ZGB 74 gilt ein – allerdings einziges – besonderes Quorum. Die Umwandlung des Vereinszwecks bedarf der Einstimmigkeit[847].

---

843 SPR-HEINI, S. 543 f.; BK-RIEMER, Vereine, N. 56 zu ZGB 70; PEDRAZZINI/OBERHOLZER, Personenrecht, S. 234. Ein Sonderfall ist mindestens theoretisch denkbar: Vereine können ein Grundkapital und ein nach der Kapitalbeteiligung bemessenes Stimmrecht aufweisen (BK-RIEMER, Vereine, N. 280 Systematischer Teil und N. 9 zu ZGB 67, je m.w.H.). Sehen die Statuten eines solchen Vereins auch noch die freie Übertragbarkeit der Mitgliedschaft vor – auch ZGB 70 II ist dispositiv (BK-RIEMER, Vereine, N. 91 zu ZGB 70 m.w.H.) – so kann ein massgeblicher Kapitalanteil und damit der gewünschte Einfluss auch gegen den Willen des Vereins und dessen übrige Mitglieder erworben werden.
844 MEIER-HAYOZ/FORSTMOSER, Gesellschaftsrecht, § 16 N. 2 ff. Weil beim Betrieb eines kaufmännischen Gewerbes durch einen Verein jedoch ein genau gleiches Schutzbedürfnis für Gläubiger und allfällige kapitalmässig Beteiligte besteht, postuliert BK-RIEMER, Vereine, N. 361 Systematischer Teil, de lege ferenda in dieser Hinsicht eine Angleichung an das Recht der Körperschaften des OR.
845 Davon abgesehen besteht jedoch nicht einmal ein Recht auf die Durchführung von Vereinsversammlungen überhaupt, können doch diese statutarisch durch eine Delegiertenversammlung oder schriftliche Abstimmung ersetzt werden (BK-RIEMER, Vereine, N. 20 Vorbemerkungen zu ZGB 64-69 und N. 13 zu ZGB 64; PEDRAZZINI/OBERHOLZER, Personenrecht, S. 247).
846 SPR-HEINI, S. 545; MEIER-HAYOZ/FORSTMOSER, Gesellschaftsrecht, § 16 N. 38c; PEDRAZZINI/OBERHOLZER, Personenrecht, S. 235.
847 Und selbst diese Bestimmung wird von einem Teil der Lehre als dispositiv angesehen: vgl. BK-RIEMER, Vereine, N. 6 zu ZGB 74, und die dort genannten Autoren. Allerdings relativiert RIEMER die Bedeutung seiner Auffassung gleich selbst, indem er fordert, dass statutarische Abweichungen von ZGB 74 ihrerseits nur mit Einstimmigkeit eingeführt werden können, wodurch dieses Quorum im Grunde bloss vorverschoben wird. Echte Folgen zeigt eine entsprechende Statutenbe-

- Zwar wird der Grundsatz der *Gleichbehandlung* auch im Recht der Vereine als ungeschriebene Norm anerkannt[848], die Gleichheit braucht jedoch auch hier bloss eine relative zu sein: Sachliche Gründe können eine Ungleichbehandlung rechtfertigen, wobei beim Verein geringere Anforderungen an diese Gründe gestellt werden als z.B. im Aktienrecht[849].
- Der *Rechtsschutz* bei einer Verletzung von Gesetz oder Statuten ist ein ähnlicher wie bei der Aktiengesellschaft: Ein verletzender Beschluss eines Vereinsorgans kann beim Richter angefochten werden (ZGB 75)[850], bei schwerwiegenden Mängeln ist eine Klage auf Feststellung der Nichtigkeit möglich[851]. Weiter können die Mitglieder der Organe – vorab des Vorstands – für den Vereinsmitgliedern durch ihre unerlaubten Handlungen unmittelbar zugefügten Schaden zur Verantwortung gezogen werden; die Vereinsmitglieder sind jedoch nicht befugt, den dem Verein zugefügten Schaden selbst geltend zu machen[852]. Schliesslich kann mittels Klage die Auflösung des Vereins durch den Richter verlangt werden, allerdings nur dann, wenn der Vereinszweck seit der Gründung widerrechtlich oder unsittlich geworden ist[853]; dabei sind anerkannterweise nicht nur die Statuten, sondern auch – gegebenenfalls sogar nur – der tatsächlich verfolgte Zweck massgebend[854].

---

stimmung jedoch für seit deren Erlass in den Verein eingetretene Mitglieder (welche das Vorhandensein der Bestimmung aber immerhin zur Kenntnis nehmen konnten).

848 Das Gleichbehandlungsprinzip stellt gemäss Lehre und Praxis einen allgemeinen Grundsatz des gesamten Gesellschaftsrechts dar (HUGUENIN, Gleichbehandlungsprinzip, S. 5; für das Vereinsrecht BGE 108 II 22 und BK-RIEMER, Vereine, N. 149 zu ZGB 70 m.w.H.).

849 Während im Aktienrecht eine Ungleichbehandlung nur dann gerechtfertigt ist, wenn "Abweichungen unumgänglich nötig sind, um im Interesse aller den Gesellschaftszweck zu verfolgen" (BGE 102 II 267), dürfen im Vereinsrecht Unterschiede in den Rechten und Pflichten der Mitglieder bloss nicht willkürlich sein (BK-RIEMER, Vereine, N. 153 zu ZGB 70; PEDRAZZINI/OBERHOLZER, Personenrecht, S. 235): Vgl. als Beispiel die gemäss BK-RIEMER, N. 9 zu ZGB 67, zulässigen Kriterien für eine Abstufung des Stimmrechts. Uneinig ist sich die Lehre lediglich darüber, ob die Ungleichbehandlung mindestens noch in einem Zusammenhang mit dem Vereinszweck stehen muss oder nicht (bejahend für das Stimmrecht SPR-HEINI, S. 545, und PEDRAZZINI/OBERHOLZER, Personenrecht, S. 236; generell verneinend BK-RIEMER, Vereine, N. 153 zu ZGB 70).

850 Als vereinsrechtliche Besonderheit lassen Lehre und Praxis auch eine Anfechtung von Beschlüssen des Vorstands zu, wenn sie Mitgliedschaftsrechte betreffen und vereinsintern nicht mehr weitergezogen werden können (SPR-HEINI, S. 549; BK-RIEMER, Vereine, N. 17 zu ZGB 75; PEDRAZZINI/OBERHOLZER, Personenrecht, S. 240 f.). Das Anfechtungsrecht geht somit entscheidend weiter als bei der Aktiengesellschaft, wo gegenüber Verwaltungsratsbeschlüssen nur Nichtigkeit geltend gemacht werden kann (OR 714).

851 SPR-HEINI, S. 550; BK-RIEMER, Vereine, N. 89 ff. zu ZGB 75; MEIER-HAYOZ/FORSTMOSER, Gesellschaftsrecht, § 16 N. 38b.

852 Vgl. dazu sogleich S. 231.

853 ZGB 78. Vereine mit ursprünglich widerrechtlichem oder unsittlichem Zweck konnten gemäss ZGB 52 III das Recht der Persönlichkeit gar nicht erlangen (SPR-HEINI, S. 539; BK-RIEMER, Vereine, N. 47 zu ZGB 76-79 m.w.H.; PEDRAZZINI/OBERHOLZER, Personenrecht, S. 233; a.M. offenbar BGE 112 II 6).

854 BK-RIEMER, N. 41 zu ZGB 76-79; PEDRAZZINI/OBERHOLZER, Personenrecht, S. 233. Uneinig ist sich die Literatur dagegen in der Frage, ob der Zweck auch dann widerrechtlich wird, wenn sich der Verein wirtschaftlichen Zielen zuwendet (bejahend SPR-HEINI, S. 539; verneinend BK-RIEMER, Vereine, N. 39 zu ZGB 76-79), was gerade im Rahmen der Konzernierung eines Vereins – sollte eine solche ausnahmsweise doch einmal gelingen – entscheidende Bedeutung erlangen könnte.

– Jedes Mitglied hat von Gesetzes wegen ein Recht auf *Austritt aus dem Verein*, welches durch die Statuten nicht beschränkt werden darf[855]. Darüber hinaus gewähren Lehre und Praxis ein sofortiges Austrittsrecht aus wichtigem Grund, wobei dieser auch in den persönlichen Verhältnissen des Vereinsmitglieds liegen kann[856].

bb) Gläubigerschutz

Prüft man das Vereinsrecht auf Massnahmen zum Schutz der Gläubigerinteressen, welche bei konzernverbundenen Schuldnern bekanntlich besonders gefährdet sind[857], so stellt man am Ende ernüchtert fest, dass solche vollends fehlen:

– Betreibt der abhängige Verein kein kaufmännisches Gewerbe, so ist er nicht zum Eintrag ins Handelsregister und damit auch nicht zu einer ordnungsgemässen Führung von Büchern verpflichtet[858], sodass aussenstehende Dritte weder in die organisatorischen noch in die finanziellen Verhältnisse des Vereins auch nur beschränkt *Einsicht* nehmen können.
– Ein *Haftungssubstrat* von einem bestimmten Mindestumfang ist in keiner Weise sichergestellt: Auf der einen Seite haftet für die Schulden des Vereins regelmässig nur dessen eigenes Vermögen[859] – eine persönliche Haftung der Mitglieder müsste in den Statuten ausdrücklich festgehalten sein (HRV 99), nur selten wird auch der Fall der unbeschränkten Beitragspflicht gemäss ZGB 71 II vorkommen – auf der anderen Seite bestehen keine Vorschriften über die Aufbringung und Erhaltung eines Mindestkapitals oder über die Bildung von Reserven.

Den Vereinsgläubigern verbleibt deshalb einzig die Möglichkeit, für ungedeckte Forderungen diejenigen Organe des Vereins, welche den Schaden der Gläubiger durch unerlaubtes Verhalten verursacht haben, haftbar zu machen[860].

cc) Haftung der Konzernleitung

Je nach Verhältnis des herrschenden Unternehmens zum Verein bestehen unterschiedliche Rechtsgründe, aus denen jenes vom Verein selbst, von dessen Mitgliedern sowie den Gläubigern für einen ihnen zugefügten Schaden zur Verantwortung gezogen werden kann:

---

855 SPR-HEINI, S. 552 f.; BK-RIEMER, Vereine, N. 270 zu ZGB 70; PEDRAZZINI/OBERHOLZER, Personenrecht, S. 243; MEIER-HAYOZ/FORSTMOSER, Gesellschaftsrecht, § 16 N. 42.
856 Statt vieler: BK-RIEMER, Vereine, N. 285 ff. zu ZGB 70 m.w.H.
857 Vgl. dazu S. 146 f.
858 E contrario ZGB 61 sowie OR 934 und 957.
859 BK-RIEMER, Vereine, N. 17 zu ZGB 71; MEIER-HAYOZ/FORSTMOSER, Gesellschaftsrecht, § 16 N. 20.
860 Vgl. dazu sogleich cc).

– Ist die Konzernleitung selbst *Vereinsmitglied*, so wird sie ihre allgemeine Leistungspflicht tunlichst mittels einer Statutenbestimmung gemäss ZGB 71 I auf einen bescheidenen Mitgliederbeitrag beschränken[861]. Dieser Bestimmung werden auch allfällige freie Vereinsmitglieder zustimmen, welche mangels einer solchen zu gleichen Teilen mithaften würden.

Lehre und Rechtsprechung anerkennen jedoch eine allgemeine, dem Recht der Genossenschaft[862] nachgebildete Treuepflicht der Vereinsmitglieder[863], was im Konzern besonders bedeutsam ist: Soweit ein Verstoss gegen diese Treuepflicht[864] zu einem Schaden des Vereins führt, kann die Konzernleitung vom Verein wegen positiver (Gesellschafts-)Vertragsverletzung gemäss OR 97 ff. belangt werden[865].

Schliesslich kann ausnahmsweise ein Durchgriff auf die hinter dem Verein stehende Konzernleitung angezeigt sein[866].

– Die Verantwortlichkeit der als *Organ des Vereins*[867] wirkenden Konzernleitung erfährt einige Abweichungen von der Regelung, welche etwa für die Aktiengesellschaft gilt: Zum einen stützt sich die Haftung gegenüber dem Verein primär auf das Vertragsverhältnis zwischen Organ und Verein (Auftrag oder Arbeitsvertrag)[868], während die allgemeine Haftung gemäss OR 41 ff. hier von geringerer Bedeutung ist[869]. Zum anderen kann der Schaden des Vereins mangels einer Sonderbestimmung im Sinne von OR 756 nur von diesem und nicht – als mittelbarer Schaden – auch von den Vereinsmitgliedern geltend gemacht werden[870].

---

861 Vgl. dazu S. 227. Überhaupt ist für eine Konzernleitung, welche selbst Mitglied des Vereins ist, die Ausübung der Vereinstätigkeit durch ein von ihr verschiedenes Rechtssubjekt nur dann interessant, wenn die Vereinsmitglieder nicht eine umfassende Beitragspflicht im Sinne von ZGB 71 II trifft: Eine solche führte nämlich zu einer Verschmelzung der Haftungssubstrate, deren Trennung doch gerade eines der Hauptmotive für die Konzernbildung ist (vgl. dazu S. 38).
862 OR 866.
863 Ausführlich URS SCHERRER, Rechtsfragen, S. 77 ff.; vgl. ferner SPR-HEINI, S. 551; BK-RIEMER, Vereine, N. 189 ff. zu ZGB 70, m.w.H. auf die Praxis des Bundesgerichts; PEDRAZZINI/OBERHOLZER, Personenrecht, S. 242; MEIER-HAYOZ/FORSTMOSER, Gesellschaftsrecht, § 16 N. 33.
864 Mindestens die Offensichtlichkeit soll hier eine Verletzung selbst ungeschriebener Unterlassungspflichten in Betracht kommen (BK-RIEMER, Vereine, N. 195 zu ZGB 70).
865 BK-RIEMER, Vereine, N. 203 zu ZGB 70; URS SCHERRER, Rechtsfragen, S. 106, welcher den Fall der Schadenersatzpflicht allerdings als "eher theoretischer Natur" bezeichnet.
866 Vgl. dazu BK-RIEMER, Vereine, N. 459 ff. Systematischer Teil; vorne S. 171 ff.
867 Der Organbegriff wird im Vereinsrecht ebenso weit verstanden wie bei den Körperschaften des OR, d.h. über die ausdrücklich als solche bezeichneten Personen hinaus gelten als Organe auch jene, welche ohne formelle Organstellung faktisch einen massgebenden Einfluss auf die Führung der Geschäfte bzw. die Verfolgung des Zweckes des Vereins haben (BK-RIEMER, Vereine, N. 105 und 110 ff. zu ZGB 69 m.w.H.). Die einen Verein bestimmende Konzernleitung gilt demnach auch dann als Organ, wenn sie nicht explizit in den Vorstand gewählt wurde.
868 SPR-HEINI, S. 566 ff.; BK-RIEMER, Vereine, N. 124 zu ZGB 69; PEDRAZZINI/OBERHOLZER, Personenrecht, S. 252.
869 Das Erfordernis der Widerrechtlichkeit verlangt hier die Verletzung eines absoluten Rechtsgutes oder aber einer Norm, welche den Schutz der verletzten Interessen des Geschädigten bezweckt (OFTINGER/STARK, Haftpflichtrecht, S. 17); also solche Norm dürfte ZGB 69 allein jedoch kaum genügen.
870 BK-RIEMER, Vereine, N. 97 zu ZGB 69. SPR-HEINI, S. 567, will demgegenüber mindestens den

Diese wie auch die Gläubiger und andere Dritte können die Organe des Vereins einzig für unmittelbar erlittenen Schaden belangen, und zwar gemäss ZGB 55 III bzw. OR 41 ff.[871].
- Bezüglich *weiterer möglicher Gründe* für eine Haftung kann auf die früheren Ausführungen zu den anderen Rechtsformen verwiesen werden[872].

1.3. Vereinsverbände

Nachdem an früherer Stelle festgestellt wurde, dass verbundene Genossenschaften gegebenenfalls einen körperschaftlichen Konzern darstellen können[873], ist auch hier zu untersuchen, in welchem Verhältnis die Vereinsverbände zum Konzernrecht stehen. Dabei sind von vornherein einzig diejenigen Verbände von Interesse, deren Sektionen mit eigener Rechtspersönlichkeit ausgestattet sind[874]; nur in diesem Fall liegt die Mehrheit von selbständigen Rechtssubjekten vor, welche eine konzernrechtliche Untersuchung überhaupt erst rechtfertigt[875].

Ähnlich wie beim Genossenschaftskonzern, auf dessen Charakter als Selbsthilfeorganisation hingewiesen wurde[876], sind auch beim Vereinsverband – sollte einem solchen unter bestimmten Umständen Konzernqualität zugesprochen werden – Abweichungen vom üblichen Bild des Konzerns zu erwarten: So ist und bleibt der Zweck des Vereinsverbands einmal ein ideeller, auch wenn dessen Verfolgung nun massgebend in den Sektionen, also dezentral[877] stattfindet. Andererseits weisen Vereinsverbände eine vom durchschnittlichen Konzern abweichende Struktur auf, wobei unter den Verbänden mit rechtlich selbständigen Sektionen noch einmal zwei verschiedene Arten bestehen[878]:

- Sind die *Sektionen* die Mitglieder des Vereinsverbands, so entspricht die Struktur jenem des Genossenschaftsverbands[879]. Auch aus konzernrechtlicher Sicht besteht Übereinstimmung: Dem Vereinsverband kann durchaus genügend Einflussnahme

---

    Gläubigern eine Klage auf Leistung an den Verein gewähren (den Mitgliedern selbst sei ein Austritt zuzumuten), was in dieser allgemeinen Form sogar über die Lösung des Aktienrechts (vgl. OR 756 f.) hinausginge.
871 BK-RIEMER, Vereine, N. 119 zu OR 69; PEDRAZZINI/OBERHOLZER, Personenrecht, S. 252.
872 Vgl. dazu insbesondere S. 180 ff. und S. 211 ff.
873 Vgl. dazu S. 214 ff.
874 Zur Unterteilung der Vereinsverbände in solche mit Sektionen mit eigener Rechtspersönlichkeit und solche mit unselbständigen Sektionen vgl. BK-RIEMER, Vereine, N. 465 ff. Systematischer Teil.
875 Vgl. S. 15 f. sowie S. 79.
876 Vgl. S. 215.
877 BK-RIEMER, Vereine, N. 491 Systematischer Teil, weist darauf hin, dass eine Aufgliederung nicht nur nach räumlichen, sondern auch etwa nach sachlichen oder persönlichen Gesichtspunkten erfolgen kann.
878 Vgl. zu dieser Unterscheidung BK-RIEMER, Vereine, N. 510 ff. Systematischer Teil.
879 OR 921 ff.

auf die Sektionen gewährt werden, sodass von einheitlicher Leitung gesprochen werden kann[880]; nur steht und fällt dessen Leitungsmacht mit dem Wohlwollen der "abhängigen" Sektionen, welche als Mitglieder des Verbands dessen Schicksal direkt oder über Vertreter an der Delegiertenversammlung in der Hand haben[881]. Der auf diese Art gebildete Konzern ist also ebenfalls ein körperschaftlicher[882].

– Sind die *einzelnen Sektionsmitglieder* gleichzeitig auch die Mitglieder des Verbands, so besteht zwischen dem Verband und den Sektionen selbst keine mitgliedschaftliche, sondern nur eine vertragliche Verbindung[883]. Die Identität von Verbands- und Sektionsmitgliedern allein garantiert jedoch noch keine einheitliche Leitung; die Durchsetzung des Verbandswillens namentlich in denjenigen Sektionen, deren Mitglieder bei der Beschlussfassung im Verband unterlegen sind, muss vielmehr auf diesem Vertragsweg sichergestellt werden. Ein solcher Vertragskonzern ist im Gegensatz zum obigen Fall aber kein körperschaftlicher, weil die abhängigen Sektionen hier eben gerade nicht an der Konzernleitung beteiligt sind.

2. Stiftung

2.1. Die Stiftung als Rechtsform des herrschenden Unternehmens

a) Zulässigkeit

Bei der Frage, ob eine Stiftung einen Konzern leiten kann, richtet sich das Augenmerk unweigerlich auf die sog. Unternehmensstiftung – also eine Stiftung, die unmittelbar ein wirtschaftliches Unternehmen betreibt (Unternehmensträgerstiftung) oder die massgebend an einem solchen beteiligt ist (Holding-Stiftung)[884]. Die Zulässigkeit des Betriebs eines nach kaufmännischer Art geführten Gewerbes durch eine Stiftung ist weitgehend unbestritten[885]. Dagegen herrscht – mindestens in der Lehre – Unei-

---

880 Dies wird hauptsächlich mittels entsprechender Ausgestaltung der für die Sektionen verbindlichen Verbandsstatuten geschehen, allenfalls flankiert durch vertragliche Vereinbarungen zwischen Verband und Sektionen. BK-RIEMER, Vereine, N. 528 ff. Systematischer Teil, spricht in diesem Zusammenhang von "Organfunktionen des Verbandes bezüglich der Sektionen"; vgl. dazu auch SPR-HEINI, S. 568.
881 Deshalb werden die Sektionen ihrerseits etwa als Organe des Verbandes bezeichnet (BK-RIEMER, Vereine, N. 526 Systematischer Teil).
882 Vgl. dazu auch S. 220.
883 Gemäss BK-RIEMER, Vereine, N. 522 Systematischer Teil, findet diese in den Verbandsstatuten und allenfalls in besonderen Vereinbarungen zwischen Verband und Sektionen Ausdruck.
884 PEDRAZZINI/OBERHOLZER, Personenrecht, S. 276; MEIER-HAYOZ/FORSTMOSER, Gesellschaftsrecht, § 18 N. 6. Der Begriff der Unternehmensstiftung wird in der Literatur nicht einheitlich verwendet; eine Zusammenstellung verschiedener Ansatzpunkte findet sich bei BK-RIEMER, Stiftungen, N. 384 Systematischer Teil.
885 BK-RIEMER, Stiftungen, N. 387 ff. Systematischer Teil; PEDRAZZINI/OBERHOLZER, Personenrecht, S. 276; MEIER-HAYOZ/FORSTMOSER, Gesellschaftsrecht, § 18 N. 9; besonders deutlich auch BGE 110

nigkeit in der Frage, ob die Stiftung dabei nur ideelle oder aber auch wirtschaftliche Zwecke verfolgen darf[886]; in der Praxis gilt jeder nicht widerrechtliche oder unsittliche Zweck als zulässig[887]. Aus der Anerkennung der Unternehmensstiftung als solche oder m.a.W. aus der Tatsache, dass Stiftungen überhaupt unternehmerische Interessen verfolgen dürfen, folgt ohne weiteres auch die Möglichkeit des Auftretens einer Stiftung als herrschendes Unternehmen in einem Konzern[888].

Ob und inwieweit sich eine Stiftung zur Führung eines Unternehmens überhaupt eignet, um ein Unternehmen zu führen, wird in der Literatur ausführlich diskutiert. Da sich die dort vorgebrachten Argumente vollständig auf die Frage nach der Eignung der Stiftung als Konzernleitung übertragen lassen, soll hier ein kurzer Hinweis auf die in der Lehre angesprochenen Punkte genügen: Erwähnt werden vorab das Fehlen von Personen mit Eigentümer- und Mitgliederinteressen, die Starrheit in Organisation und Zweckausrichtung, Probleme bei der Finanzierung sowie die hemmende staatliche Überwachung der Stiftungstätigkeit[889].

b) Folgen für den Konzern

Im von einer Stiftung geleiteten Konzern herrscht grundsätzlich die gleiche beschränkte Publizität wie in einem Konzern, welchem ein Verein vorsteht: Selbst die gemäss ZGB 52 II von der Pflicht zur Eintragung ins Handelsregister befreiten besonderen Arten von Stiftungen werden eintragungspflichtig, wenn sie ein nach kaufmännischer Art geführtes Gewerbe betreiben[890]. Damit ist eine konzernleitende Stiftung in jedem Fall zur Buchführung gemäss OR 957 ff. verpflichtet; auch diesfalls braucht jedoch weder eine Konsolidierung vorgenommen noch weitgehend Einsicht gewährt zu werden.

In einer anderen Richtung erfährt ein solcher Konzern jedoch – und dies ist wohl die bedeutendste Abweichung von den übrigen Konzernformen – eine Kontrolle

---

Ib 22 f. E. 3d, wonach nicht einmal unterschieden zu werden braucht, ob der geführte Gewerbebetrieb der Erfüllung des Stiftungszwecks unmittelbar oder bloss mittelbar dient.
886 BK-RIEMER, Stiftungen, N. 392 ff. Systematischer Teil, hält die im Gesellschaftsrecht übliche Abgrenzung nach dem Empfänger der geldwerten Vorteile bei den Stiftungen für unbrauchbar, da es bei ihnen ausschliesslich Dritte gäbe. Er entwirft deshalb eigene Abgrenzungskriterien und lehnt in der Folge (N. 403 ff.) Unternehmensstiftungen mit wirtschaftlichem Zweck als unzulässig ab. GRÜNINGER, Unternehmensstiftung, S. 39 ff., kritisiert die von RIEMER vorgenommene Differenzierung als im Stiftungsrecht überhaupt unzweckmässig und tritt im Ergebnis für eine weitergehende Zulässigkeit von Unternehmensstiftungen ein.
887 BGE 110 Ib 22, unter Hinweis auf den Grundsatz der Stiftungsfreiheit und auf ZGB 52 III; ebenso PEDRAZZINI/OBERHOLZER, Personenrecht, S. 255 f.
888 Die Zulässigkeit der Stiftung als Konzernleitung bejaht auch HANDSCHIN, Konzern, S. 80.
889 Vgl. dazu BK-RIEMER, Stiftungen, N. 402 Systematischer Teil; GRÜNINGER, Unternehmensstiftung, S. 75 ff.; MEIER-HAYOZ/FORSTMOSER, Gesellschaftsrecht, § 18 N. 10 ff.; alle mit zahlreichen weiteren Hinweisen.
890 Je unter Bezugnahme auf OR 934 BK-RIEMER, Stiftungen, N. 411 f. Systematischer Teil, und GRÜNINGER, Unternehmensstiftung, S. 70 f. m.w.H. (der dort angebrachte Vorbehalt betreffend die reinen Holdingstiftungen erübrigt sich im Falle einer Konzernleitung).

besonderer Art: Gemäss ZGB 84 II wacht nämlich das Gemeinwesen über eine zweckgemässe Verwendung des Stiftungsvermögens. Diese Aufsicht ist eine umfassende, d.h. sie erstreckt sich "nicht nur auf die Anlage und Verwendung des Stiftungsvermögens im engeren Sinne, sondern in dieser Hinsicht auch auf die generellen Anordnungen der Stiftungsorgane wie den Erlass von Reglementen und Statuten usw. und auf die Verwaltung im allgemeinen" (BGE 111 II 99)[891]. Damit untersteht nun aber die gesamte Konzerntätigkeit – jedenfalls soweit sie unter der einheitlichen Leitung der Stiftung erfolgt – der Aufsicht des Staates, welcher zur Durchsetzung seiner Kontrollzuständigkeit über weitgehende Befugnisse verfügt[892].

2.2. Die Stiftung als Rechtsform des abhängigen Unternehmens

a) Eignung

Probleme eigener Art wirft die Frage nach der Beherrschbarkeit von Stiftungen als juristisch verselbständigte Zweckvermögen[893] auf[894]: Diese werden vorderhand vom Willen ihres seinerzeitigen Stifters bestimmt, während ihnen – dies im Unterschied sowohl zu den Personengesellschaften wie auch zu den Körperschaften – eine eigene Willensbildung weitgehend fehlt[895]. Der Stifter legt bei der Errichtung der Stiftung Stiftungszweck und Organisation der Stiftung fest; über die Einhaltung dieser Vorgaben wacht künftig das Gemeinwesen als Aufsichtsbehörde[896].

Es hängt deshalb von der Bestimmtheit der stifterischen Anordnungen bzw. dem den Organen der Stiftung bei der Ausführung des Stifterwillens im Einzelfall verbleibenden Ermessen ab, inwieweit die Konzernleitung auf eine Stiftung Einfluss nehmen kann[897]. Problemlos ist der Fall der Errichtung einer Stiftung durch die Konzernleitung. Andernfalls ist eine Einflussnahme nur dann möglich, wenn einerseits dem Stiftungsrat bei der Konkretisierung des Zwecks – insbesondere bei der näheren Bestimmung der Destinatäre – ein gewisser Spielraum zusteht und andererseits die Konzernleitung auf die Zusammensetzung dieses Stiftungsrates einwirken kann[898].

---

891 Vgl. auch BK-RIEMER, Stiftungen, N. 49 zu ZGB 84; PEDRAZZINI/OBERHOLZER, Personenrecht, S. 263 f.
892 Vgl. zu den Aufsichtsmitteln im einzelnen BK-RIEMER, Stiftungen, N. 54 ff. zu ZGB 84; GRÜNINGER, Unternehmensstiftung, S. 87 ff.; PEDRAZZINI/OBERHOLZER, Personenrecht, S. 264 ff.
893 ZGB 80 ff.
894 Zum Problem der Stiftung als abhängiges Unternehmen äussert sich auch HANDSCHIN, Konzern, S. 85.
895 BK-RIEMER, Stiftungen, N. 17 Systematischer Teil, spricht – gänzlich in Übereinstimmung mit der hier verwendeten Terminologie – von der "Beherrschung" der Stiftung durch den Stifterwillen. Vgl. auch GRÜNINGER, Unternehmensstiftung, S. 28.
896 ZGB 80, 83 I und 84.
897 So auch GRÜNINGER, Unternehmensstiftung, S. 28.
898 Die entsprechenden Möglichkeiten werden aufgezeigt von BK-RIEMER, Stiftungen, N. 12 zu ZGB 83.

Im übrigen wird an der Beherrschung einer Stiftung überhaupt nur dann ein Interesse bestehen, wenn der Stiftungszweck so ausgelegt werden kann, dass die zu verfolgenden Interessen der Destinatäre auch das Konzerninteresse massgeblich erfassen. Dies ist bei einer unmittelbar durch die Konzernleitung errichteten Stiftung regelmässig der Fall.

b) Folgen für den Konzern

Wurde bei den bisher behandelten Rechtsformen an dieser Stelle jeweils geprüft, wie es um den Schutz der Interessen von freien Mitgliedern und der Gläubiger steht, so erübrigt sich – mangels Mitglieder überhaupt – bei einer abhängigen Stiftung mindestens die erste Frage. Stattdessen ist der Wahrung des stifterischen Willens umso grössere Aufmerksamkeit zu schenken, wenn dessen Vollzug in Abhängigkeit von einer Konzernleitung mit eigenen unternehmerischen Interessen erfolgt. Darüber – und damit im Ergebnis auch über die Interessen der Destinatäre – wacht jedoch wie gesehen[899] der Staat in umfassender Weise, sodass die Erfüllung des Stiftungszwecks auch in einer abhängigen Stiftung genügend sichergestellt ist.

Demgegenüber fehlen besondere Schutzmassnahmen für die Gläubiger einer solchen Stiftung: So sind weder eine Bildung von Reserven noch Massnahmen zur Erhaltung der Kapitalgrundlage vorgesehen[900]. Das Haftungssubstrat der Stiftung geniesst einzig da Schutz, wo die Erfüllung eines auf Dauer ausgerichteten Stiftungszwecks eine werterhaltende Verwaltung des Stiftungsvermögens erfordert; diesfalls dient die staatliche Aufsicht über die Erfüllung jenes Zwecks indirekt auch dem Schutz der Gläubigerinteressen.

Lassen die Anordnungen des Stifters der Konzernleitung genügend Einwirkungsmöglichkeiten, um die Stiftung einheitlich zu leiten, so gilt sie als Trägerin von Organfunktionen[901]; als solche hat sie ihre Aufgaben getreu und sorgfältig zu erfüllen[902]. Bezüglich der Haftung der Stiftungsorgane – hier also der Konzernleitung – gegenüber der Stiftung wird allgemein auf das zwischen dieser und den Organen bestehende Vertragsverhältnis (Arbeitsvertrag oder Auftrag) und die einschlägigen Spezialbestimmungen bzw. OR 97 ff. verwiesen[903]. Die Verantwortlichkeit der Kon-

---

899 Vgl. dazu S. 235 f.
900 MEIER-HAYOZ/FORSTMOSER, Gesellschaftsrecht, § 18 N. 12; GRÜNINGER, Unternehmensstiftung, S. 83 f.
901 BGE vom 1.12.1953 in ZR 1954, S. 225 f., zitiert nach BK-RIEMER, Stiftungen, N. 12 zu ZGB 83.
902 BK-RIEMER, Stiftungen, N. 18 zu ZGB 83; PEDRAZZINI/OBERHOLZER, Personenrecht, S. 262.
903 BK-RIEMER, Stiftungen, N. 18 f. zu ZGB 83, mit zahlreichen weiteren Hinweisen; PEDRAZZINI/ OBERHOLZER, Personenrecht, S. 262. Offenbar wird der Kreis der Organträger als so genau durch die stifterischen Anordnungen vorgegeben erachtet, dass hier auf die Figur des faktischen Organs – welches nicht notwendigerweise in einer vertraglichen Beziehung zur jeweiligen Körperschaft zu stehen braucht – verzichtet wird.

zernleitung gegenüber Dritten, insbesondere Gläubigern und Destinatären der Stiftung richtet sich nach den allgemeinen Haftungsgrundsätzen von OR 41 ff. (hier i.V.m. ZGB 55 III)[904]; gleich wie beim Verein ist auch hier mangels einer Sonderbestimmung eine Geltendmachung nur des unmittelbar erlittenen Schadens möglich.

---

904 BK-RIEMER, Stiftungen, N. 28 zu ZGB 83; PEDRAZZINI/OBERHOLZER, Personenrecht, S. 262.

V. Personengesellschaften im Konzern

1. Personengesellschaften als herrschendes Unternehmen

1.1. Zulässigkeit

Die Frage, ob das herrschende Unternehmen in der Rechtsform einer Personengesellschaft auftreten kann, ist für die *Kollektivgesellschaft* und die *Kommanditgesellschaft* ohne jeden Zweifel zu bejahen[905]. Diesen ist erlaubt, unternehmerische Interessen zu verfolgen und dabei ein nach kaufmännischer Art geführtes Gewerbe zu betreiben[906], was ohne weiteres auch die Möglichkeit der Leitung eines Konzerns erfasst[907].

Nicht ohne weiteres klar ist dagegen die Zulässigkeit der *einfachen Gesellschaft* als Konzernleitung. Jener ist es nämlich – zur Verfolgung wirtschaftlicher wie nichtwirtschaftlicher Ziele – grundsätzlich untersagt, ein nach kaufmännischer Art geführtes Gewerbe zu betreiben[908]. Andererseits ist es nicht möglich, einen Konzern zu leiten[909], ohne über "einen kaufmännischen Betrieb und eine geordnete Buchführung" (HRV 53 C) zu verfügen. Namentlich im Bereich des Finanz- und Rechnungswesens ist eine zentrale Führung ohne besondere buchhaltungstechnische Massnahmen[910] nicht denkbar. Wird nun aber davon ausgegangen, dass jede Konzernleitung schon aus dem Konzernbegriff heraus die Voraussetzungen von HRV 53 C erfüllt und damit begriffsimmanent ein nach kaufmännischer Art geführtes Gewerbe gemäss OR 934 I betreibt, scheidet die einfache Gesellschaft als Rechtsform für die Konzernleitung aus[911].

---

905 KAUFMANN, Konzernspitze, S. 29 ff.
906 OR 552 I und 594 I.
907 Kein Hindernis stellt die Tatsache dar, dass der Kollektiv- und der Kommanditgesellschaft keine eigene Rechtspersönlichkeit zukommt: Die für den Konzernbegriff wesentliche juristische Unabhängigkeit von herrschendem und abhängigen Unternehmen kann auch dann gegeben sein, wenn die Konzernleitung selbst keine eigene Rechtsperson ist. Näheres dazu im folgenden Abschnitt 1.2.
908 Zur detaillierten Begründung siehe MEIER-HAYOZ/FORSTMOSER, Gesellschaftsrecht, § 4 N. 58 ff. und § 8 N. 23.
909 Vgl. dazu S. 56 ff.
910 Dazu gehört unter anderem die Erstellung einer konsolidierten Konzernrechnung, welche auch ohne entsprechende Pflicht (vgl. dazu sogleich S. 240 ff.) ein unerlässliches Führungsinstrument ist.
911 KAUFMANN, Konzernspitze, S. 21, hält zwar vorerst fest, dass theoretisch gesehen alle Rechtsformen Träger eines Konzernunternehmens sein können, da die Rechtsform der beteiligten Unternehmen für die einheitliche Leitung und damit für den Konzerntatbestand keine Rolle spiele, kommt dann aber aus den hier erwähnten Gründen zum Schluss, dass die einfache Gesellschaft als Konzernleitung nicht zur Verfügung steht (S. 22 ff. m.w.H.). HANDSCHIN, Konzern, S. 80, bejaht die Zulässigkeit der einfachen Gesellschaft als Konzernleitung, allerdings ohne auf die Problematik des Verbots der Führung eines nach kaufmännischer Art geführten Gewerbes einzutreten; er zieht deshalb – zu Unrecht – auch Interessengemeinschaften (S. 81) und Aktionärbindungsverträge (S. 83) in der Form der einfachen Gesellschaft generell als herrschende Unternehmen in einem Konzern in Betracht.

Eine Ausnahme von diesem Grundsatz könnte sich aus folgendem Umstand ergeben: Einfache Gesellschaften, welche ein nach kaufmännischer Art geführtes Gewerbe betreiben, pflegt die Praxis den Vorschriften über die Kollektivgesellschaft zu unterstellen[912]. Ist diese Umwandlung nicht möglich, weil der einfachen Gesellschaft auch juristische Personen angehören – OR 552 sieht ja bekanntlich nur natürliche Personen als Mitglieder einer Kollektivgesellschaft vor – wird die einfache Gesellschaft trotz des kaufmännischen Gewerbes als solche geduldet[913]. Diese Praxis dürfte nun aber kaum vom betriebenen Gewerbe abhängen und sich demnach auch auf die Leitung eines Konzerns erstrecken, weshalb aufgrund der nicht unbestrittenen Praxis des Bundesgerichts davon auszugehen ist, dass eine Konzernleitung wohl dann in der Rechtsform der einfachen Gesellschaft hingenommen werden muss, wenn an ihr eine juristische Person beteiligt ist.

1.2. Folgen für den Konzern

Im Unterschied zu den bisher besprochenen juristischen Personen geht einer Konzernleitung in der Form einer Kollektiv- oder Kommanditgesellschaft eine eigentliche Rechtspersönlichkeit ab. Im Aussenverhältnis stehen die beiden Personengesellschaften den juristischen Personen jedoch sehr nahe, da sie im eigenen Namen Rechte und Pflichten erwerben[914] können, über ein vom Privatvermögen der Mitglieder zu unterscheidendes Sondervermögen[915] verfügen und auch prozessfähig sind[916]. Zudem besitzen die geschäftsführenden Gesellschafter die gleiche Vertretungsmacht wie die geschäftsführenden Organe einer juristischen Person und verpflichten die Gesellschaft auch durch unerlaubte geschäftliche Handlungen[917]. Durch diese Annäherung ergibt sich für das Verhältnis zwischen Konzernleitung und übrigen Konzernunternehmen bzw. Dritten, dass hier weitgehend die gleichen Regeln gelten wie bei einer juristischen Person[918].

Für den durch eine Kollektiv- oder Kommanditgesellschaft geleiteten Konzern kann deshalb grundsätzlich auf die früheren Ausführungen zum Aktienrechtskonzern als häufigste und deshalb am einlässlichsten behandelte Konzernform verwiesen

---

912 BGE 73 I 315; MEIER-HAYOZ/FORSTMOSER, Gesellschaftsrecht, § 4 N. 59.
913 BGE 84 II 381; 79 I 181 f. Diese Praxis wird von einem Teil der Lehre als unzulässig bezeichnet: so von GAUCH, Gedanken, S. 89 f., und wohl auch von MEIER-HAYOZ/FORSTMOSER, Gesellschaftsrecht, § 4 N. 62a.
914 OR 562 und 602.
915 MEIER-HAYOZ/FORSTMOSER, Gesellschaftsrecht, § 9 N. 16; OR-BAUDENBACHER, N. 3 zu OR 552 und N. 3 zu OR 594.
916 Gemäss SchKG 39 I 5 und 6 sind die beiden Gesellschaften auch betreibungsfähig.
917 Für die Personengesellschaften gelten OR 564 und 567 III bzw. OR 603, für die juristischen Personen OR 718a, 722, 764 II, 814 und 899 sowie ZGB 55 II.
918 So im Zusammenhang mit der Haftung des herrschenden Unternehmens ausdrücklich auch KAUFMANN, Konzernspitze, S. 93.

werden. Immerhin verbleiben folgende Besonderheiten bzw. Abweichungen zu den dort erläuterten Prinzipien:

- Die Konzernleitung untersteht im Bereich der Rechnungslegung lediglich den allgemeinen Vorschriften von OR 957 ff. und nicht den verschärften aktienrechtlichen Bestimmungen[919]. Damit entfallen aber praktisch alle Offenlegungspflichten, welche ansonsten die Publizität im Konzern gewährleisten sollen[920]: So braucht nicht zwingend eine konsolidierte Jahresrechnung (OR 663e) erstellt zu werden[921], die Bilanz muss keinen Anhang mit Angaben über wesentliche Beteiligungen an anderen Unternehmen (OR 663b 7) enthalten und die Jahres- und eine allenfalls doch erstellte Konzernrechnung müssen nicht nach OR 697h I bzw. II offengelegt werden. Einsicht in die Geschäftsbücher muss bloss im Rahmen der Editionspflicht gemäss OR 963 – also immer nur auf besondere richterliche Anordnung in einer rechtshängigen geschäftlichen Streitsache hin[922] – gewährt werden. Im übrigen wird einzig die mögliche Abhängigkeit einer börsenkotierten Aktiengesellschaft publik, welche im Anhang zu ihrer Bilanz die Konzernleitung als bedeutende Aktionärin anzuführen[923] und die Jahresrechnung dann auch gemäss OR 697h I offenzulegen hat.
- Einer abhängigen Aktiengesellschaft wird es in der Regel nicht nur in den Grenzen von OR 659 i.V.m. OR 659b sondern überhaupt nicht erlaubt sein, Anteile an der Konzernleitung zu halten, welche in der Rechtsform einer Personengesellschaft konstituiert ist. Vorab kann festgehalten werden, dass sich diese Frage ohnehin nur gegenüber einer Kommanditgesellschaft stellt, da eine Aktiengesellschaft als juristische Person nur Gesellschafterin einer solchen (und zwar als Kommanditärin) und nicht auch einer Kollektivgesellschaft sein kann[924]. Ist die Aktiengesellschaft aber einmal Kommanditärin, hält sie nicht nur einen Anteil an der herrschenden Kommanditgesellschaft, sondern ist gleichzeitig an ihren eigenen Aktien als Teil des Gesellschaftsvermögens zu gesamter Hand beteiligt[925]. Dabei

---

919 Anders als jenes von Kommandit-Aktiengesellschaft, GmbH und Genossenschaft (vgl. dazu S. 197 ff., S. 199 ff. und S. 214 ff.) enthält das Recht der Personengesellschaften nämlich keinen entsprechenden Verweis auf das Aktienrecht. Immerhin dürfen OR 662a I und II als allgemeingültige Konkretisierung der in OR 957 und 959 I gestellten Forderung nach einer ordnungsgemässen Buchführung angesehen werden (im gleichen Sinne FORSTMOSER/MEIER-HAYOZ/NOBEL, Aktienrecht, § 51 N. 32), sodass diese Vorschrift mindestens inhaltlich auch für Kollektiv- und Kommanditgesellschaften gilt.
920 Vgl. dazu S. 90 ff.
921 Ohne interne Konsolidierung dürfte in der Praxis allerdings auch ein Personengesellschaftskonzern kaum erfolgreich zu führen sein.
922 Diese Pflicht zur Vorlage der Geschäftsbücher gilt immerhin auch für Verfahren, an denen die Konzernleitung nicht selbst als Partei beteiligt ist (GUHL/KUMMER/DRUEY, Obligationenrecht, S. 790 m.w.H.).
923 OR 663c.
924 OR 552 I und 594 II.
925 Das Gesellschaftsvermögen einer Kommanditgesellschaft steht im Gesamteigentum sämtlicher Gesellschafter, auch der nur beschränkt haftenden Kommanditäre (ZGB 652; BK-MEIER-HAYOZ,

erstreckt sich ihr Eigentumsrecht – wie auch jenes der übrigen Gesellschafter – auf das ganze Vermögen der Gesellschaft[926] und damit auch auf das gesamte Aktienpaket, auf welches die Konzernleitung ihre Herrschaft über die Aktiengesellschaft stützt. Diese Beteiligung übersteigt nun aber die gemäss OR 659 erlaubten 10 bzw. 20 Prozent des Aktienkapitals. Der Erwerb eines Anteils an der Kommanditgesellschaft durch die Aktiengesellschaft würde also einen gesetzwidrigen Zustand herbeiführen[927], welchem nicht mit einer Veräusserung der Aktien auf das zulässige Mass durch die Kommanditgesellschaft begegnet werden kann, sondern damit, dass eben auf eine Beteiligung der Aktiengesellschaft an der Konzernleitung überhaupt verzichtet wird.
– Neben eine allfällige Haftung des herrschenden Unternehmens tritt immer auch die persönliche Haftung der Gesellschafter selbst[928]. Diese ist zwar nur eine subsidiäre, entsteht jedoch unabhängig vom konkreten Haftungsgrund[929] und erstreckt sich – von den Kommanditären abgesehen – auf das ganze Vermögen der Mitglieder der Konzernleitung.

2. Personengesellschaften als abhängige Unternehmen

2.1. Kollektiv- und Kommanditgesellschaft

Die rechtlichen Voraussetzungen für die Beherrschung einer Kollektiv- oder Kommanditgesellschaft sind an sich durchaus gegeben. Allerdings – und daran dürfte das Vorhaben wegen der gegenüber Dritten nicht wegbedingbaren solidarischen und unbeschränkten Haftung aller Kollektivgesellschafter bzw. Komplementäre[930] in der Praxis regelmässig scheitern – ist das herrschende Unternehmen dazu weitgehend auf das Einverständnis der (übrigen) Gesellschafter angewiesen: Für eine wirksame Durchsetzung von einheitlicher Leitung muss die Konzernleitung sowohl im Bereich der Geschäftsführung wie auch bei der Fassung von Gesellschaftsbeschlüssen massgeblichen Einfluss ausüben können. Dazu sind jedoch im Gesellschaftsvertrag bzw.

N. 37 zu ZGB 652 m.w.H.).
926 BK-MEIER-HAYOZ, N. 15 Vorbemerkungen zu ZGB 646-654.
927 OR 659 wird allgemein nur als Ordnungsvorschrift angesehen, deren Verletzung zwar das Erwerbsgeschäft nicht nichtig macht, wohl aber Handlungspflichten und Verantwortlichkeit von Verwaltungsrat, Geschäftsführung und Revisionsstelle auslöst (FORSTMOSER/MEIER-HAYOZ/NOBEL, Aktienrecht, § 50 N. 173; BÖCKLI, Aktienrecht, N. 398 ff.).
928 OR 568, 604 und 608 I.
929 OR-PESTALOZZI/WETTENSCHWILER, N. 4 zu OR 568. Die persönliche Haftung der Gesellschafter stellt insofern eine Kausalhaftung dar.
930 OR 568 I und II.

durch Beschluss entsprechende Änderungen an der dispositiven gesetzlichen Regelung vorzunehmen[931].

Hat die Konzernleitung die Rechtsform einer juristischen Person, so stellt sich ein zusätzliches Problem: Sie kann sich nämlich an einer Kollektivgesellschaft überhaupt nicht[932] und an einer Kommanditgesellschaft nur als Kommanditärin[933] direkt beteiligen. Letzteres ist aber uninteressant, weil es der Konzernleitung als Kommanditärin verwehrt ist, an der Geschäftsführung der Gesellschaft teilzunehmen (OR 600 I)[934], sodass die Durchsetzung einer einheitlichen wirtschaftlichen Leitung nicht möglich ist. Ist die Konzernleitung andererseits nicht einmal Kommanditärin bzw. handelt es sich um eine Kollektivgesellschaft, so kann sie höchstens über einen fiduziarischen Gesellschafter Einfluss auf die Gesellschaftsbeschlüsse nehmen[935].

Die aufgezeigten Probleme stellen sich nur dann nicht, wenn Konzernleitung und Gesellschafter identisch sind, also beide aus natürlichen Personen bestehen. Dies wiederum ist aber deshalb wenig sinnvoll, weil eines der Hauptmotive für die Beibehaltung der juristischen Selbständigkeit der Konzernunternehmen ja gerade darin zu erblicken ist, dass die einzelnen Unternehmen mit ihrem jeweiligen Vermögen als Haftungssubstrat für ihre eigenen Verbindlichkeiten gesondert haften[936]. Diese Trennung ist nicht mehr möglich, wenn die Konzernleitung mit den Gesellschaftern einer abhängigen Gesellschaft identisch ist. Kollektiv- und Kommanditgesellschaft sind also als Rechtsform für abhängige Unternehmen zwar sehr wohl möglich, faktisch aber ungeeignet.

Dennoch sieht das Mehrwertsteuerrecht ganz generell – d.h. ohne einen Unterschied zu machen, ob es sich um herrschende oder um abhängige Unternehmen handelt – vor, dass Kollektiv- und Kommanditgesellschaften in die Gruppenbesteuerung einbezogen werden können[937].

---

931 Diese sieht einerseits vor, dass jeder Gesellschafter einzeln zur Geschäftsführung befugt ist und gegenüber nicht vollendeten Handlungen der anderen Geschäftsführer ein Vetorecht hat (OR 535 i.V.m. OR 557 II und OR 598 II), womit eine einheitliche Leitung stark behindert werden kann; die Konzernleitung sollte sich deshalb die Geschäftsführung ausschliesslich übertragen lassen – was auch möglich ist, wenn sie selbst nicht Gesellschafterin ist bzw. sein kann (vgl. dazu sogleich unten) – ist aber damit nicht gegen deren Entzug aus wichtigen Gründen (OR 539 II) gefeit. Andererseits bedürfen Gesellschaftsbeschlüsse vermutungsweise der Einstimmigkeit (OR 534 I), was die Durchsetzung des Willens der Konzernleitung ebenfalls erschwert; hier kann eine Abstufung des Stimmrechts nach der Höhe der Beiträge (MEIER-HAYOZ/FORSTMOSER, Gesellschaftsrecht, § 8 N. 40) Abhilfe schaffen.
932 OR 552 I sieht ausschliesslich natürliche Personen als Mitglieder einer Kollektivgesellschaft vor.
933 OR 594 II.
934 So ist auch für ZWEIFEL, Konzern, S. 53, die Beteiligung als Kommanditär an einer Kommanditgesellschaft "denkbar", wegen der sehr schwachen Stellung des Kommanditärs aber "ungünstig".
935 Dieser befindet sich in einer noch schwierigeren Lage als der fiduziarische Verwaltungsrat einer Aktiengesellschaft (vgl. dazu S. 163 ff.): Über die Verantwortlichkeit für Schäden aus einer schuldhaften Verletzung von Sorgfaltspflichten hinaus haftet er kausal für sämtliche Schulden der Gesellschaft.
936 Vgl. dazu S. 38.
937 Eidgenössiche Steuerverwaltung, Merkblatt zur Gruppenbesteuerung vom 30. November 1994,

2.2. Einfache Gesellschaft

Gegen die Beherrschung einer einfachen Gesellschaft sprechen ebenfalls weniger rechtliche als vielmehr praktische Gründe: Hier können zwar auch juristische Personen vollwertige Gesellschafter sein[938]. Dagegen ist die einfache Gesellschaft bekanntlich nicht berechtigt, ein nach kaufmännischer Art geführtes Gewerbe zu betreiben[939]; schon aus diesem Grund wird sie in der Regel als Rechtsform für ein abhängiges Unternehmen nicht in Frage kommen.

Ihre Untauglichkeit als abhängiges Unternehmen ergibt sich jedoch – wie bei der Kollektiv- und der Kommanditgesellschaft – vor allem aus der Haftungsordnung: Auch bei der einfachen Gesellschaft besteht für die Gesellschaftsschulden eine persönliche, solidarische und unbeschränkte Haftung der Gesellschafter, welche – anders als bei den beiden anderen Personengesellschaften – sogar eine primäre und ausschliessliche ist, da die einfache Gesellschaft über kein eigenes, vorab haftendes Gesellschaftsvermögen verfügt[940]. Die Haftungssubstrate einer an der Gesellschaft beteiligten Konzernleitung und der Gesellschaft selbst wären also vollständig vermischt[941], was die einfache Gesellschaft als Rechtsform für abhängige Unternehmen völlig uninteressant macht.

Ziff. 2. Vgl. dazu S. 354 ff. Allerdings gibt es – trotz der ausdrücklichen Regelung im Merkblatt – auch Stimmen, welche alle Personengesellschaften dennoch von der Gruppenbesteuerung ausnehmen wollen (z.B. PESTALOZZI/GMÜR/PATRY, Mehrwertsteuer, II B Art. 17, S. 5).
938 OR 530 I; MEIER-HAYOZ/FORSTMOSER, Gesellschaftsrecht, § 8 N. 12.
939 MEIER-HAYOZ/FORSTMOSER, Gesellschaftsrecht, § 4 N. 58 ff. und § 8 N. 23.
940 MEIER-HAYOZ/FORSTMOSER, Gesellschaftsrecht, § 8 N. 27.
941 So auch HANDSCHIN, Konzern, S. 86.

VI. Die natürliche Person im Konzern

1. Die natürliche Person als herrschendes Unternehmen

1.1. Zulässigkeit

Es spricht nichts dagegen, dass eine einzelne natürliche Person an der Spitze eines Konzerns stehen kann, sofern sie neben der Konzernleitung noch andere unternehmerische Interessen verfolgt[942]. Trifft dies nämlich zu, so besteht in bezug auf das abhängige Unternehmen die gleiche Gefahr von Interessenkonflikten wie bei einem Konzern, der durch eine Aktiengesellschaft oder eine andere Gesellschaft geleitet wird[943].

Im Mehrwertsteuerrecht werden natürliche Personen denn auch ausdrücklich als herrschende Unternehmen anerkannt (MWSTV 17 III)[944].

1.2. Folgen für den Konzern

Wird danach gefragt, was sich ändert, wenn der Konzern anstelle einer juristischen Person durch eine natürliche Person geleitet wird, so erkennt man bald, dass sich ein solcher Konzern bloss durch Vereinfachungen kennzeichnet, während aus dem verschiedenen Wesen der Konzernleitung keine neuen Schwierigkeiten erwachsen. Vorab erübrigen sich naturgemäss alle Fragen im Zusammenhang mit dem Innenverhältnis der Konzernleitung[945]: Geschäftsführung und die dieser zugrundeliegende Willensbildung geschehen durch eine einzige Person, welche – von dabei eingegangenen Verpflichtungen gegenüber Dritten abgesehen – für ihr Handeln auch nur sich selbst Rechenschaft ablegen muss.

---

942 RUEDIN, Propositions, S. 111, geht zwar vom Regelfall der Aktiengesellschaft als herrschendes Unternehmen aus, erwähnt dann aber klar, dass auch andere Gesellschaftsformen für die Konzernleitung in Frage kommen und auch natürliche Personen diese Rolle übernehmen können, sofern sie mehrere unternehmerische Interessen verfolgen ("exerçant en outre une autre activité commerciale"). Den Fall der natürlichen Person als Konzernspitze aufgrund "multiplen Beteiligungsbesitzes" erwähnt auch KOPPENSTEINER, Definitionsprobleme, S. 75, m.w.H. auf die entsprechende deutsche Literatur.
943 So auch RUEDIN, Propositions, S. 105 ("Cette personne physique doit être assimilée en tous points à une société-mère ... car, dès le moment où une personne physique domine plus d'une société, elle fait courir autant de risques aux différents intérêts qu'une société-mère. Elle a, autant qu'une société-mère, intérêt à gérer ses sociétés dans le but de la maximisation du profit de l'ensemble."), und HANDSCHIN, Konzern, S. 37 ff. und S. 79.
944 Vgl. dazu S. 354 ff.
945 Auf die in bezug auf den Konzern überhaupt geringe Bedeutung des Innenverhältnisses des herrschenden Unternehmens wurde schon auf S. 74 f. hingewiesen.

Gegen aussen hin kann sich der Einzelunternehmer grundsätzlich in die gleichen Rechte und Pflichten begeben wie eine juristische Person[946], untersteht also insoweit auch den gleichen Regeln. In einzelnen Bereichen unterscheidet sich die Situation einer einen Konzern leitenden Einzelperson jedoch deutlich von jener einer juristischen Person, namentlich einer Kapitalgesellschaft oder Genossenschaft:

– Wie bei den Personengesellschaften hat der Einzelunternehmer seine Bücher lediglich nach den Vorschriften von OR 957 ff. zu führen, ist also insbesondere nicht konsolidierungs- und nicht offenlegungspflichtig[947].
– Die natürliche Person kann in den Führungsorganen sämtlicher abhängiger Unternehmen – namentlich im Verwaltungsrat einer Aktiengesellschaft[948] – direkt Einsitz nehmen, ist also insofern nicht auf die Entsendung eines Vertreters angewiesen. Dabei unterscheidet sich ihre Situation grundlegend von derjenigen des fiduziarischen Vertreters einer juristischen Person: Die durch sie im abhängigen Unternehmen wahrzunehmenden Fremdinteressen sind nämlich durchwegs ihre ganz persönlichen und nicht jene eines Dritten (d.h. nicht jene des den Vertreter entsendenden Unternehmens). Der Einzelunternehmer ist demnach nicht "Diener zweier Herren" und somit in seinem Entscheidverhalten frei: Wo seine Interessen mit denjenigen des zu leitenden Unternehmens in Konflikt geraten, kann er in eigener Verantwortung zwischen dem Risiko seiner Haftbarkeit einerseits und dem Nachteil für sein eigenes Unternehmen andererseits abwägen[949].
– Dies bringt auch im Bereich der Haftung einen Unterschied mit sich: Weil die Konzernleitung dann, wenn sie eine natürliche Person ist, unmittelbar handeln kann, entfällt hier die doppelte Verantwortlichkeit der Konzernleitung einerseits und der für sie handelnden natürlichen Personen andererseits, welche ja für ihr Verhalten im abhängigen Unternehmen jeweils noch persönlich haftbar sind[950].

2. Die natürliche Person als abhängiges Unternehmen

Bei der Prüfung der Frage, ob eine natürliche Person als abhängiges Unternehmen in einen Konzern eingegliedert werden kann, steht weniger die rechtliche Zulässigkeit einer solchen Konstellation im Vordergrund als vielmehr die Tatsache, dass aus einer allfälligen Bejahung der Frage kaum praktischer Nutzen zu ziehen ist: Die konzerntypischen Probleme stellen sich hier grösstenteils gar nicht – so verfügt eine natürliche Person weder über besonders zu schützende Minderheiten noch über einen

---

946 Vgl. dazu ZGB 53.
947 Für Einzelheiten dazu vgl. S. 240 f.
948 OR 707 III.
949 Vgl. zum Ganzen S. 163 ff.
950 Vgl dazu S. 175 ff.

fiduziarischen Verwaltungsrat, schüttet nie verdeckten Gewinn aus und wird auch von den besonderen Publizitätsvorschriften nur am Rande erfasst[951] – oder reduzieren sich andernfalls auf Fragen, welche weitestgehend mit den traditionellen Rechtsregeln gelöst werden können[952]. Die nachfolgende Prüfung der Zulässigkeit einer natürlichen Person als abhängiges Unternehmen in einem Konzern erfolgt deshalb unter dem Vorbehalt der zumindest i.d.R. fehlenden praktischen Relevanz.

Als Mittel zur Eingliederung einer natürlichen Person in einen Konzern kommt von vornherein nur ein Vertrag in Betracht. Dieser dürfte sich in der Praxis allerdings kaum als eigentlicher Beherrschungsvertrag, wie ihn das deutsche Recht[953] kennt, präsentieren: Kein vernünftiger Einzelkaufmann überträgt – bei bleibender persönlicher und unbeschränkter Haftung – die Leitung seines Unternehmens förmlich auf ein fremdes Unternehmen. Es ist jedoch denkbar, dass ein anderes Vertragsverhältnis, namentlich ein Franchisingvertrag[954], den Einzelunternehmer so eng an den Willen des Franchisegebers bindet, dass dies tatsächlich zu einer einheitlichen wirtschaftlichen Leitung – und damit zu einem Konzernverhältnis – führt.

In beiden Fällen stellt sich die Frage nach der Vereinbarkeit eines solchen Vertrages mit ZGB 27 II, wonach niemand seine Freiheit übermässig beschränken kann[955]. Nach der hier vertretenen Auffassung kann in ZGB 27 nicht per se ein Hindernis für die vertragliche Einbindung einer natürlichen Person in einen Konzern gesehen werden: Zum einen werden Einschränkungen der wirtschaftlichen Bewegungsfreiheit generell sehr weitgehend toleriert[956], wobei namentlich die Leistungen der Vertragsgegenseite – hier der Konzernleitung – sowie alle anderen aus der Bindung resultierenden Vorteile des Verpflichteten als entlastende Momente in die massgebliche Gesamtbetrachtung einzubeziehen sind. Zum anderen führt nach neuerer

---

951 Zwar wäre grundsätzlich auch ein Einzelunternehmen in die konsolidierte Jahresrechnung der Konzernleitung aufzunehmen, das Wesentlichkeitsgebot von OR 662a II 2 dürfte jedoch auch dem oft Grenzen setzen (vgl. dazu BÖCKLI, Aktienrecht, N. 1205, und HANDSCHIN, Konzern, S. 199).

952 So verbleiben aus dem ganzen komplexen Bereich der Haftung des herrschenden Unternehmens die gewöhnlichen Haftungen aus Vertrag oder Delikt sowie jene aus culpa in contrahendo (u.U. immerhin in ihrer besonderen Spielart als Haftung aus Konzernvertrauen).

953 AktG 291 ff.

954 Die Aussage von GÜRZUMAR, Franchisevertrag, S. 9, wonach in Franchise-Systemen seitens des Franchise-Gebers "die Ziele und Leistungsbeiträge der System-Partner, ... die Art und das Mass des Einflusses des Franchise-Gebers auf das franchisierte Unternehmen, wie z.B. die Kontroll- und Steuerungsfunktionen und andere organisatorische, administrative und finanzielle Massnahmen klar, abschliessend und verbindlich definiert werden" müssen, macht die Nähe solcher Systeme zum konzernrechtlichen Begriff der einheitlichen wirtschaftlichen Leitung augenfällig.

955 HANDSCHIN, Konzern, S. 41 und 84, geht davon aus, dass eine natürliche Person gemäss ZGB 27 nicht beherrschbar ist und deshalb als abhängiges Unternehmen in einem Konzern ausscheidet.

956 BGE 114 II 162: "Eine vertragliche Einschränkung der wirtschaftlichen Bewegungsfreiheit wird nur dann als übermässig angesehen, wenn sie den Verpflichteten der Willkür eines anderen ausliefert, seine wirtschaftliche Freiheit aufhebt oder in einem Masse einschränkt, dass die Grundlagen seiner wirtschaftlichen Existenz gefährdet sind".

Tendenz[957] selbst eine übermässige Bindung nicht zur Nichtigkeit des fraglichen Vertrags, sondern bloss zu einer Kündigungsmöglichkeit des zu Schützenden. ZGB 27 stände also der Konzernierung einer natürlichen Person nicht grundsätzlich entgegen, könnte aber unter Umständen von dieser zur Befreiung aus der Konzernbindung herangezogen werden[958].

---

957 BK-BUCHER, N. 523 ff. zu ZGB 27, und im Ergebnis auch BGE 114 II 159 ff., in welchem allerdings die Nichtigkeitsdoktrin noch "nachwirkt" (BK-BUCHER, a.a.O.).

958 Hindert ZGB 27 eine natürliche Person und damit auch eine Personengesellschaft nicht daran, sich vertraglich einem anderen Unternehmen zu unterwerfen, so trifft dies für juristische Personen umso weniger zu: Deren Persönlichkeitsrecht besteht von vornherein nur in den Schranken des ihr gegebenen Zwecks und erleidet deshalb durch zweckkonforme Verpflichtungen keinerlei Einschränkungen. Vgl. dazu ausführlich HANDSCHIN, Konzern, S. 90 f. und 124 ff., ferner TAPPOLET, Konzernmässige Abhängigkeit, S. 117 m.w.H.

VII. Die öffentliche Hand im Konzern

1. Das Auftreten des Gemeinwesens in privatrechtlicher Form

Es stellt sich die Frage, ob auch das Gemeinwesen – Bund, Kantone und Gemeinden – von ihm rechtlich unabhängige Unternehmen unter einheitlicher wirtschaftlicher Leitung zusammenfassen kann, womit an sich der Konzerntatbestand erfüllt wäre. Kurz gefragt, kann eine Gebietskörperschaft herrschendes Unternehmen sein? Von der Betrachtung von vornherein ausgeschlossen werden soll hier der Fall, in dem eine öffentlich-rechtliche Körperschaft auf ein anderes juristisch selbständiges Unternehmen des öffentlichen Rechts – z.B. eine selbständige öffentliche Anstalt[959] – massgeblich Einfluss ausübt; dieses Verhältnis bestimmt sich für jede Anstalt einzeln nach dem jeweiligen Spezialgesetz und untersteht im übrigen ausschliesslich dem öffentlichen Recht. Im folgenden wird also nur noch nach der Möglichkeit der Konzernierung von Unternehmen in Privatrechtsform durch das Gemeinwesen gefragt.

Kommt dem Staat selbst Unternehmensqualität im hier verwendeten Sinne zu? Im Rahmen der Verwaltung des sog. Finanzvermögens – dieses dient der Erfüllung öffentlicher Aufgaben nur mittelbar, d.h. durch seinen Vermögenswert oder seine Erträgnisse – handelt der Staat im Aussenverhältnis nach Massgabe des Privatrechts[960]; es besteht deshalb kein Anlass, ihn insoweit anders als die normalen privaten Unternehmer zu behandeln. Aber auch bei der unmittelbaren Wahrnehmung öffentlicher Aufgaben hat das Gemeinwesen nach wirtschaftlichen Grundsätzen vorzugehen[961]. Das eigene unternehmerische Interesse des Staates kann hier zudem auch darin gesehen werden, dass dieser versucht, seine öffentlichen Aufgaben bestmöglich zu erfüllen, woraus sich gegenüber von ihm abhängigen Unternehmen ohne weiteres die konzerntypischen Interessenkonflikte ergeben können[962].

Schliesslich ist zu prüfen, ob das Gemeinwesen bei der Erfüllung öffentlicher Aufgaben überhaupt Möglichkeiten hat, Gesellschaften in Privatrechtsform unter einheitlicher Leitung zusammenzufassen. Es bieten sich generell folgende zwei Arten der Einflussnahme an:

---

959 Eine solche zwar rechtsfähige, aber nicht autonome Anstalt ist z.B. die Eidgenössische Alkoholverwaltung (Art. 71 Alkoholgesetz; HÄFELIN/MÜLLER, Verwaltungsrecht, S. 247).
960 HÄFELIN/MÜLLER, Verwaltungsrecht, S. 424.
961 Das Finanzhaushaltgesetz des Bundes und regelmässig auch die entsprechenden kantonalen Erlasse nennen als zentralen Grundsatz der Haushaltsführung ausdrücklich jenen der Wirtschaftlichkeit (FHG 2 I; für den Kanton Bern: BE FHG 2 I und BE GFHG 1 II).
962 Gemäss EMMERICH/SONNENSCHEIN, Konzernrecht, S. 48, sind sich in Deutschland Lehre und Praxis einig, dass die Gebietskörperschaften bei der Verwaltung ihrer Unternehmen selbst eine Unternehmerrolle innehaben und infolgedessen dem privaten Konzernrecht unterstehen.

– Bund, Kantone, Gemeinden oder von diesen getragene öffentlich-rechtliche Organisationen können sich mit Privaten in sog. *gemischtwirtschaftlichen Unternehmen* zusammenschliessen, wobei letztere hier in einem weiten Sinne verstanden werden[963]: Das Gemeinwesen kann sich entweder am Kapital der Gesellschaft – meist eine Aktiengesellschaft, seltener auch eine Genossenschaft – beteiligen oder, gestützt auf die Sonderbestimmungen von OR 762 I bzw. 926 I, auch ohne Kapitalbeteiligung Vertreter in Verwaltung und Revisions- bzw. Kontrollstelle entsenden[964]. Eine solche Beteiligung darf aber primär nur zur Förderung des Gemeinwohls erfolgen, also nie aus rein finanziellen Überlegungen eingegangen werden.
– Ein Gemeinwesen kann die Erfüllung einer öffentlichen Aufgabe auch auf eine private Institution übertragen, ohne selbst als Gesellschafter oder Organ derselben mitzuwirken, was etwa als *"Beleihung"* bezeichnet wird. Dies erfordert ein formelles Gesetz[965], neben welchem oft ein öffentlich-rechtlicher Vertrag zwischen den beteiligten Parteien einhergeht[966]. Im Rahmen der dabei zu formulierenden Bedingungen kann sich das Gemeinwesen das gewünschte Mass an Einfluss vorbehalten.

Die öffentliche Hand weist demnach durchaus die Eigenschaften auf, die erforderlich sind, um als Konzernleitung in Frage zu kommen.

2. Die gemischtwirtschaftliche Aktiengesellschaft als Beispiel

2.1. Das anwendbare Recht

Die gemischtwirtschaftliche Aktiengesellschaft ist eine Aktiengesellschaft des privaten Rechts, und die Normen des Aktienrechtes sind auf sie in ihrem ganzem Umfang anwendbar. Gleichzeitig hat die gemischtwirtschaftliche Aktiengesellschaft aber einen engen Bezug zu der Wahrnehmung öffentlicher Aufgaben und ist somit an die entsprechende öffentlich-rechtliche Gesetzgebung (z.B. Energie-, Eisenbahngesetzgebung) gebunden. Der Einfluss des öffentlichen Rechts darf aber keinesfalls dazu

---

963 STÄMPFLI, Gemischtwirtschaftliche Aktiengesellschaft, S. 3 f., versteht den Begriff des gemischtwirtschaftlichen Unternehmens wie hier, verweist aber auf eine z.T. uneinheitliche Verwendung in der Literatur (Fn. 5). Wie hier auch HÄFELIN/MÜLLER, Verwaltungsrecht, S. 277 f.
964 Von den gemischtwirtschaftlichen Unternehmen zu unterscheiden sind die sog. öffentlichen Unternehmen in Privatrechtsform, an denen grundsätzlich keine Privaten beteiligt sind (HÄFELIN/MÜLLER, Verwaltungsrecht, S. 280 f.). Hier beurteilen sich in gewöhnlichen Konzernen zentrale Fragen – namentlich betreffend die Stellung der einzelnen Aktionäre sowie Verantwortlichkeitsfragen – weitgehend nach öffentlichem Recht.
965 HÄFELIN/MÜLLER, Verwaltungsrecht, S. 279.
966 HÄFELIN/MÜLLER, Verwaltungsrecht, S. 205 und 279.

führen, dass dadurch die aktienrechtlichen Vorschriften, insbesondere zum Schutz von Minderheiten in der Aktiengesellschaft, umgangen werden können[967].

2.2. Art und Umfang der Einflussnahme des Gemeinwesens

Der Einfluss des Gemeinwesens auf eine gemischtwirtschaftliche Aktiengesellschaft kann sowohl nach Art wie auch nach Umfang stark variieren. Von der blossen finanziellen Beteiligung, bei der das Gemeinwesen nach der statutarischen Ordnung genau die gleichen Rechte besitzt wie die übrigen Aktionäre, über vertragliche oder statutarische Sonderrechte bis hin zu Mehrheitsbeteiligungen und der Anpassung des Gesellschaftszwecks an öffentliche Bedürfnisse findet sich in der Praxis alles. Diese Ausführungen zeigen, dass das Problem nicht anders liegt, als im rein privatrechtlichen Konzern. Setzt das Gemeinwesen seinen u.U. beherrschenden Einfluss auf die gemischtwirtschaftliche Aktiengesellschaft dazu ein, die Verfolgung der öffentlichen Aufgaben übermässig zu gewichten, so wird eine Vernachlässigung wirtschaftlicher Zielsetzungen nur schwerlich zu verhindern sein und zu einer Gefährdung der Interessen der übrigen Aktionäre führen[968].

Da – wie wir gesehen haben – die aktienrechtlichen Bestimmungen vollumfänglich auch auf die gemischtwirtschaftliche Aktiengesellschaft anzuwenden sind, kann, was das Höchstmass der zulässigen Einflussnahme und den Minderheitenschutz betrifft, auf die dortigen Ausführungen verwiesen werden[969].

2.3. Die Haftung des Gemeinwesens als herrschendes Unternehmen

Wie einer juristischen Person allgemein, so ist es auch dem Gemeinwesen nicht möglich, im Verwaltungsrat einer gemischtwirtschaftlichen Aktiengesellschaft direkt Einsitz zu nehmen. Auch sie ist auf Vertreter angewiesen. In einem Haftungsfall wäre es für einen Geschädigten natürlich sehr interessant, neben dem Vertreter auch auf das in jedem Fall solvente Gemeinwesen greifen zu können. Zur Beantwortung dieser Frage spielt es aber keine Rolle, ob das herrschende Unternehmen ein Subjekt des öffentlichen oder des privaten Rechts ist. Es kann auch hier wiederum auf die Ausführungen über den Konzern ohne Beteiligung des Gemeinwesens verwiesen werden. Daraus folgt, dass durchaus ein reelles Verantwortlichkeitsrisiko des Gemeinwesens, sei es für eigenes Verhalten als herrschendes Unternehmen, sei es für

---

967 STÄMPFLI, Gemischtwirtschaftliche Aktiengesellschaft, S. 21.
968 STÄMPFLI, Gemischtwirtschaftliche Aktiengesellschaft, S. 11 bzw. 21 ff.
969 Siehe S. 111.

Handlungen der (formellen/faktischen) Exekutivorgane in der abhängigen Gesellschaft, bestehen kann[970].

2.4. Entsendung von Verwaltungsräten gemäss OR 762

Wie gesehen, erlaubt OR 762 der privatrechtlichen Aktiengesellschaft, durch Statutenbeschluss Körperschaften des öffentlichen Rechts im Verwaltungsrat und in der Kontrollstelle Mitwirkungsrechte zu gewähren, dies unter Abweichung von den Bestimmungen von OR 698 und 705. Diese Verwaltungsräte haben sowohl gleiche Rechte wie auch Pflichten wie die von der Generalversammlung gewählten Mitglieder. Zu beachten ist aber, dass gegenüber der Gesellschaft, deren Aktionären und den Gläubigern das beteiligte Gemeinwesen für Verfehlungen entsandter Verwaltungsräte direkt haftet; eine persönliche Haftung des Vertreters gemäss OR 754 gegen aussen entfällt. Diese Direkthaftung rechtfertigt sich einerseits dadurch, dass durch den Interessenkonflikt – öffentliche Interessen gegen Gewinnstrebigkeit – das Schadensrisiko erhöht wird, und es anderseits der Gesellschaft verwehrt ist, den Schädiger abzuberufen. Hingegen fällt die direkte Haftung des Gemeinwesens weg und macht der ordentlichen Haftungsnorm von OR 754 Platz, wenn Vertreter der öffentlichen Hand mit ordentlichem Generalversammlungsbeschluss in den Verwaltungsrat gewählt werden[971].

2.5. Beteiligung des Gemeinwesens an einem herrschenden Unternehmen

Andere Fragen stellen sich, wenn das Gemeinwesen finanziell oder durch Entsendung von Verwaltungsräten an einer Gesellschaft beteiligt ist, die Konzernleitungsfunktionen wahrnimmt. Wie wir gesehen haben, ist es ein Problem des gemischtwirtschaftlichen Unternehmens, dass Private und Gemeinwesen von einer anderen Zielsetzung auszugehen haben. Während der Private grundsätzlich die Gewinnstrebigkeit verfolgt, geht es dem Gemeinwesen – auch in der Funktion einer Konzernleitung – primär um das öffentliche Wohl und eine Leistungserbringung zu sozialen Bedingungen. Das gemischtwirtschaftliche Unternehmen steht also vor der schwierigen Aufgabe, eine Verbindung zwischen privatwirtschaftlichen und gemeinnützigen Zielen herzustellen. Die Beteiligung an einem herrschenden Unternehmen aus vorwiegend finanziellen Überlegungen kommt für das Gemeinwesen nicht in Frage. Sofern das Gewinnstreben aber lediglich sekundärer Zweck ist und in massvollem Rahmen betrieben wird, ist es mit dem öffentlichen Zweck vereinbar[972].

---

970 STÄMPFLI, Gemischtwirtschaftliche Aktiengesellschaft, S. 89 ff.
971 STÄMPFLI, Gemischtwirtschaftliche Aktiengesellschaft, S. 114 ff.
972 THOMANN, Staatlich gebundene Aktiengesellschaft, S. 269 ff.

Schwieriger ist nun die Frage zu beantworten, wie es sich verhält, wenn das gemischtwirtschaftliche Unternehmen seinerseits zwar öffentliche Interessen verfolgt, gleichzeitig aber abhängige Unternehmen bestehen, die ihrerseits unter Umständen ausschliesslich gewinnstrebige Ziele verfolgen. Ist es dem Gemeinwesen in diesem Fall weiterhin erlaubt, sich am herrschenden Unternehmen zu beteiligen, oder ist dieser Sachverhalt mit der öffentlichen Gemeinwohlförderung nicht mehr vereinbar?

Grundsätzlich steht dem nichts entgegen, sofern auch die Tätigkeit der abhängigen Unternehmen dem primär öffentlichen Zweck des herrschenden Unternehmens dient. Hingegen wäre eine uneingeschränkte Gewinnstrebigkeit der abhängigen Unternehmen, gerade in Bereichen, die mit dem Hauptzweck in keiner Verbindung stehen, mit der primär am öffentlichen Wohl orientierten Zielsetzung des gemischtwirtschaftlichen herrschenden Unternehmens nicht mehr vereinbar.

Vierter Abschnitt

Konzernrechtliche Regelungen in anderen Rechtsordnungen

Der nachfolgende Rechtsvergleich hat zum Ziel, die Normierung des Konzerns in anderen Rechtskreisen anhand dreier Beispiele darzustellen[973]. Diese Einschränkung rechtfertigt sich, weil die gewählten Länder für drei Modelle stehen: *Deutschland*[974] hat das Konzernrecht kodifiziert, *Frankreich* begnügt sich mit punktuellen Regelungen, und in den *USA* ist Konzernrecht weitgehend Richterrecht.

Anschliessend wird der Entwurf der neunten Richtlinie (Konzernrechtsrichtlinie) der *EU* kurz dargestellt.

---

973 Für einen guten *Überblick* über das ausländische Konzernrecht: LUTTER, Konzernrecht; MESTMÄCKER/BEHRENS, Konzerne; WYMEERSCH, Groups of Companies. Literaturauswahl zu ausgewählten, im folgenden nicht gesondert dargestellten Staaten: *Belgien*: DABIN, Konzernrecht; GEENS, Konzernrecht, S. 1 ff. *Brasilien*: COMPARATO, Konzerne, S. 32 ff. *Grossbritannien*: PRENTICE, Gesellschaftsgruppe, S. 93 ff.; SCHMITTHOFF/WOODRIDGE, Groups of Companies. *Italien*: PAVONE, Gruppi di società; VANETTI, Konzerne, S. 126 ff. *Japan*: YAMAUCHI, Konzernrecht, S. 154 ff. *Niederlande*: BARTMA/DORRESTEYN, Concern; SLAGTER, Konzernrecht, S. 171 ff. *Österreich*: DORALT, Konzernrecht, S. 192 ff.; KOPPENSTEINER, Abhängige Aktiengesellschaften, S. 79 ff. *Portugal*: LUTTER/OVERRATH, Portugiesisches Konzernrecht, S. 229 ff. *Spanien*: IRUJO, Konzernrecht, S. 247 ff.

974 Deutschland und Portugal sind die einzigen Staaten in Europa mit einer umfassenden Kodifikation des Konzernrechts.

I. Deutschland: Kodifiziertes Konzernrecht

Neben der Definition des Konzerns in AktG 18[975] behandelt das 3. Buch des Aktiengesetzes den Konzern unter dem Titel "Verbundene Unternehmen" (AktG 291-338). Das Konzernrecht wird also als Teil des Aktienrechts behandelt[976], was zur Folge hat, dass die konzernspezifischen Schutzbestimmungen grundsätzlich nur dann anwendbar sind, wenn das abhängige Unternehmen in die Rechtsform einer Aktiengesellschaft gekleidet ist[977]. Allerdings werden die Regelungen gemäss AktG 291 ff. auch auf *Kommanditgesellschaften auf Aktien* (KGaA) ausgedehnt[978]. Für die in Deutschland am weitesten verbreitete Rechtsform der *GmbH* gelten demgegenüber lediglich die allgemeinen Vorschriften von AktG 15-22, nicht aber die Schutzbestimmungen für Gläubiger und Minderheitsgesellschafter[979].

1. Konzernbegriff

Der Konzern wird im Allgemeinen Teil des Aktiengesetzes definiert (AktG 18):

"(1) Sind ein herrschendes und ein oder mehrere abhängige Unternehmen unter der einheitlichen Leitung des herrschenden Unternehmens zusammengefasst, so bilden sie einen Konzern; die einzelnen Unternehmen sind Konzernunternehmen. Unternehmen, zwischen denen ein Beherrschungsvertrag besteht oder von denen das eine in das andere eingegliedert ist, sind als unter einheitlicher Leitung zusammengefasst anzusehen. Von einem abhängigen Unternehmen wird vermutet, dass es mit dem herrschenden einen Konzern bildet.

---

975 Aktiengesetz vom 6.9.1965 (AktG).
976 Weiterführende Literatur zum gesamten deutschen Konzernrecht: EMMERICH/SONNENSCHEIN, Konzernrecht; HOMMELHOFF, Konzernleitungspflicht; DERS., GmbH-Konzernrecht; LUTTER, SAG, S. 152 ff.; DERS., Qualifizierter faktischer Konzern, S. 179 ff.; ECKARD REHBINDER, Konzernaussenrecht; SONNENSCHEIN, Konzerngesellschaftsrecht. Vgl. auch die Kommentare zum Aktienrecht: BARZ, Aktiengesetz; GESSLER, Aktiengesetz; ZÖLLNER, Aktiengesetz.
977 Vgl. AktG 291 I und KÜBLER, Gesellschaftsrecht, S. 362 f. Zur ganzen Problematik auch SCHOLZ, GmbH-Gesetz, S. 1156 ff.
978 AktG 291 I.
979 Diesbezüglich ist folgendes festzuhalten: Ist die abhängige GmbH Teil eines *faktischen Konzerns*, so ist gemäss Bundesgerichtshof die Lösung nicht etwa in analoger Anwendung der aktienrechtlichen Normen zu suchen. Vielmehr würden sowohl die Beziehungen zwischen Gesellschaftern und GmbH als auch diejenige der Gesellschafter untereinander von der Treuepflicht bestimmt, wie sie auch in Personengesellschaften gilt. Für das Konzernverhältnis folge daraus eine unmittelbare Pflichtbindung der Mehrheit gegenüber der Minderheit. So hat diese beispielsweise einen direkten Anspruch gegen jene auf Rückzahlung von verdeckt ausgeschütteten Gewinnen (wegweisend dazu: BGHZ 65, 15). Beim GmbH-*Vertragskonzern* ist zu beachten, dass das Gesellschaftsvermögen lediglich in der Höhe des Stammkapitals gebunden ist, woraus folgt, dass keine der Aktiengesellschaft entsprechende Schutzbestimmungen für das Gesellschaftsvermögen notwendig sind; die Regelungen im GmbH-Recht genügen. In GmbH-Vertragskonzernen kann sich die Minderheit gegen verdeckte Gewinnausschüttungen aus denselben Gründen wie bei den faktischen Konzernverhältnissen wehren (KÜBLER, Gesellschaftsrecht, S. 363).

(2) Sind rechtlich selbständige Unternehmen, ohne dass das eine Unternehmen von dem anderen abhängig ist, unter einheitlicher Leitung zusammengefasst, so bilden sie auch einen Konzern; die einzelnen Unternehmen sind Konzernunternehmen."

Das Gesetz stellt also auf die einheitliche Leitung von mehreren rechtlich selbständigen Unternehmen ab[980]. Zentrales Element bildet dabei die sog. *Vermutungskaskade*:

- Ist ein Unternehmen mehrheitlich im Besitz eines anderen Unternehmens, wird vermutet, dass es von diesem abhängig ist (AktG 17 II).
- Von einem abhängigen Unternehmen wiederum wird vermutet, dass es mit dem herrschenden Unternehmen einen Konzern bildet (AktG 18 I Satz 2).

Wenn dies aus der Systematik des Gesetzes auch nicht auf Anhieb ersichtlich ist, so folgt dieses doch der in Deutschland üblichen Unterteilung in den sog. *Vertragskonzern*, bei dem die Beziehungen zwischen herrschendem und abhängigem Unternehmen in einem Vertrag geregelt werden[981], den sog. *faktischen Konzern*, bei welchem die wirtschaftliche Einheit mittels Beteiligung oder personeller Verflechtung hergestellt wird[982], sowie die sog. *Eingliederung*, bei welcher das abhängige Unternehmen bei Aufrechterhaltung der rechtlichen Selbständigkeit wirtschaftlich völlig in den Konzern integriert wird und welche deshalb eine Zwischenform zwischen der Konzernierung und der Fusion darstellt[983].

2. Der Vertragskonzern

Das AktG unterscheidet zwei Gruppen von Konzernverträgen: den Beherrschungs- und den Gewinnabführungsvertrag gemäss AktG 291 einerseits und die sonstigen Unternehmensverträge gemäss AktG 292 andererseits. Der Unterschied liegt darin, dass die ersten beiden als sog. *Organisationsverträge* zu qualifizieren sind, d.h. eine spezifisch gesellschaftsrechtliche Vertragsart darstellen, während es sich bei der zweiten Gruppe um gewöhnliche *Schuldverträge* handelt.

---

[980] Der Unternehmensbegriff wird von der h.L. dahingehend interpretiert, dass entweder ein Gewerbe betrieben wird oder zumindest an einer anderen Handelsgesellschaft eine massgebliche Beteiligung im Besitz des Unternehmens vorhanden sein muss (KK-KOPPENSTEINER, N. 13 ff. zu AktG 15; EMMERICH/SONNENSCHEIN, Konzernrecht, S. 37 f. m.w.H.).

[981] AktG 291-310. In Deutschland ist – im Unterschied zur Schweiz – der Vertragskonzern die Regel und der faktische Konzern die Ausnahme.

[982] Die gesetzliche Regelung des faktischen Konzerns findet sich hauptsächlich in AktG 311-318 ("Verantwortlichkeit bei Fehlen eines Beherrschungsvertrags").

[983] Der Eingliederung widmen sich AktG 319-327.

a) Gemeinsame Bestimmungen

Die Vorschriften über Abschluss, Änderung und Beendigung der Verträge sind für alle Arten der Vertragskonzerne gleich geregelt. Um die Information der Aktionäre zu erleichtern, bedarf es für den Vertragsschluss der Schriftform (AktG 293 III 1). Die Hauptversammlungen[984] der sich unterwerfenden Aktiengesellschaft und des herrschenden Unternehmens – sofern es sich bei diesem um eine Aktiengesellschaft handelt – haben dem Vertrag mit qualifizierter Mehrheit zuzustimmen (AktG 293 I und II). Der Vertrag wird jedoch erst nach Eintrag im Handelsregister wirksam (AktG 294). Bei Änderung des Unternehmensvertrages gelten diese Regeln analog. Für dessen Beendigung sind, zusätzlich zu den allgemeinen Regeln über die Vertragsbeendigung, die Grundsätze für die Auflösung von Dauerschuldverhältnissen anwendbar: Neben der vertraglichen Auflösung (AktG 296) sind die ordentliche und die fristlose Kündigung aus wichtigem Grund möglich (AktG 297).

b) Organisationsverträge

Durch Organisationsverträge[985] werden *Zuständigkeiten* festgelegt. Sie legalisieren Massnahmen zum Nachteil der abhängigen Aktiengesellschaft. Davon werden deren Gläubiger und Aktionäre betroffen, welche im Gegenzug von gewissen Vorteilen profitieren:

– Als Gläubigerschutzmassnahmen stehen die Pflichten zum Verlustausgleich während der Vertragsdauer (AktG 302) und zur Sicherheitsleistung nach Beendigung des Vertragsverhältnisses (AktG 303) im Vordergrund.
– Zum Schutz der konzernfremden Aktionäre muss der Gesellschaftsvertrag einen angemessenen Ausgleich vorsehen (AktG 304 I 1 und 2); wenn er das nicht tut, ist der Vertrag nichtig. Das herrschende Unternehmen hat sich zu verpflichten, die Aktien eines aussenstehenden Aktionärs auf dessen Verlangen gegen eine Abfindung zu erwerben, deren Höhe angemessen sein muss und im Vertrag festzulegen ist (AktG 305 I).

Der *Beherrschungsvertrag* ist ein Vertrag, durch den sich eine Aktiengesellschaft der Leitung eines anderen Unternehmens unterstellt (AktG 291 I 1)[986]. Daraus folgt, dass sich Beherrschungsvertrag und Gleichordnungskonzern[987] begrifflich ausschliessen. Durch den Beherrschungsvertrag wird die Leitung der Aktiengesellschaft auf das herrschende Unternehmen übertragen: Der Vorstand hat die Geschäfte nicht mehr

---

984 D.h. Generalversammlung nach schweizerischer Terminologie.
985 WÜRDINGER, Aktienrecht, S. 323 f.
986 Nur Unternehmen im Sinne von AktG 15 (also keine Privatpersonen) dürfen die Beherrschung ausüben.
987 Vgl. unten S. 275 f.

unter eigener Verantwortung, sondern primär nach Weisungen der Konzernleitung zu führen (AktG 308 I und II). Das gilt auch für Weisungen, die der abhängigen Aktiengesellschaft nachteilig sind, solange sie dem Konzerninteresse dienen (AktG 308 I 2)[988].

Durch den *Gewinnabführungsvertrag* verpflichtet sich eine Aktiengesellschaft, ihren ganzen Gewinn an ein anderes Unternehmen abzuführen (AktG 291 I 1). Auch hier handelt es sich nicht etwa um einen Schuld-, sondern um einen Organisationsvertrag. Für die Gewinnermittlung sind in AktG 300 und 301 Schutzbestimmungen zugunsten der Gesellschaft und der Gläubiger verankert[989].

c) Schuldverträge

Durch die *Gewinngemeinschaft* verpflichtet sich eine Aktiengesellschaft, ihren Gewinn ganz oder teilweise mit dem Gewinn anderer Unternehmen zusammenzulegen, um einen gemeinschaftlichen Gewinn zu bilden und aufzuteilen (AktG 292 I 1). Die Gewinngemeinschaft ist ein schuldrechtlicher Austauschvertrag. Die der Aktiengesellschaft eingeräumte Gegenleistung darf nicht unangemessen hinter dem von ihr eingebrachten Gewinn zurückbleiben (AktG 57, 58 und 60, e contrario aus AktG 292 III).

Durch den *Teilgewinnabführungsvertrag* wird die Aktiengesellschaft verpflichtet, einen Teil ihres Gewinnes oder den Gewinn einzelner Betriebe an andere abzuführen (AktG 292 I 2). Da es sich um einen schuldrechtlichen Vertrag handelt (im Gegensatz zum Gewinnabführungsvertrag als Organisationsvertrag), ist auch hier eine angemessene Gegenleistung gefordert.

Mit dem *Betriebspacht- bzw. dem Betriebsüberlassungsvertrag* wird der Betrieb einer Aktiengesellschaft einem anderen Unternehmen verpachtet oder sonst überlassen (AktG 292 I 3)[990].

3. Eingliederung

Die Eingliederung bewirkt bei Erhaltung der rechtlichen Selbständigkeit die *völlige wirtschaftliche Integration* eines abhängigen Unternehmens in ein herrschendes Unternehmen durch die Übernahme sämtlicher Aktien. Voraussetzung ist eine Beteiligung von mindestens 95% (AktG 320). Überdies muss nicht nur das abhängige,

---

988 Zu den Grenzen der Weisungsmacht: MERTENS, Leitungsmacht, S. 225 ff.; EMMERICH/SONNENSCHEIN, Konzernrecht, S. 192.
989 Das Institut des Gewinnabführungsvertrages ist fragwürdig: Ohne Beherrschungsvertrag erscheint er nicht als sinnvoll, da in diesem Fall die der Aktiengesellschaft erwachsenen Nachteile ausgeglichen werden müssen (AktG 311). Neben einem Beherrschungsvertrag ist er unnötig, da auch dieser dazu berechtigt, Weisungen in bezug auf die Abführung von Gewinnen zu erteilen (SONNENSCHEIN, Konzerngesellschaftsrecht, S. 430).
990 Siehe dazu S. 304 f.

sondern auch das herrschende Unternehmen in die Rechtsform der Aktiengesellschaft gekleidet sein (AktG 319). Vollzogen wird die Eingliederung durch Mehrheitsbeschluss der Hauptversammlung der einzugliedernden Aktiengesellschaft. Dem geht die Zustimmung (mit qualifizierter Mehrheit) der Hauptversammlung des herrschenden Unternehmens voraus (AktG 319 und 320). Der Grund für diese zusätzliche Hürde liegt darin, dass die herrschende Aktiengesellschaft nach der Eingliederung für die Schulden der eingegliederten Aktiengesellschaft solidarisch mithaftet (Gläubigerschutzmassnahme).

Die Eingliederung wird mit der Handelsregistereintragung wirksam (AktG 322). Weil die Aktien der aussenstehenden Aktionäre auf die Hauptgesellschaft übergehen, haben diese einen angemessenen Abfindungsanspruch – grundsätzlich in Form von Aktien der Hauptgesellschaft (AktG 320 V)[991].

Als Folge der Eingliederung erwirbt die Hauptgesellschaft die unbeschränkte Leitungsmacht über die eingegliederte Aktiengesellschaft und kann demzufolge Weisungen erteilen, ohne zum Ausgleich verpflichtet zu sein. Ebenso kann sie frei über Gewinn und Vermögen der eingegliederten Gesellschaft verfügen. Weil die eingegliederte Aktiengesellschaft in die Konzernbilanz einbezogen wird, braucht sie auch keinen eigenen Jahresabschluss mehr zu veröffentlichen (AktG 325 i.V.m. AktG 329).

4. Der faktische Konzern

a) Der einfache faktische Konzern

Der einfache faktische Konzern unterscheidet sich vom Vertragskonzern dadurch, dass die Einwirkungsmöglichkeiten des herrschenden auf das abhängige Unternehmen nicht auf einem Akt privatautonomer Unterwerfung in Form eines Vertrages beruhen, sondern auf *tatsächlichen Umständen*, im Regelfall auf einer Mehrheitsbeteiligung.

Normen über den faktischen Konzern finden sich im Aktiengesetz, nämlich in AktG 311-318. Sie gehören zu den rechtspolitisch und dogmatisch umstrittensten Vorschriften des AktG. Angewendet werden sie unter der Voraussetzung, dass

– ein Abhängigkeitsverhältnis[992] vorliegt und
– weder ein Beherrschungsvertrag noch eine Eingliederung zwischen abhängigem und herrschendem Unternehmen besteht.

---

991 Auch wenn sich alle Aktien der einzugliedernden Aktiengesellschaft in der Hand der zukünftigen Hauptgesellschaft befinden, bedarf es eines Beschlusses der Hauptversammlung der abhängigen Aktiengesellschaft (AktG 319).
992 Gemäss AktG 17 sind abhängige Unternehmen rechtlich selbständige Unternehmen, auf die ein Unternehmen unmittelbar oder mittelbar einen beherrschenden Einfluss ausüben kann.

AktG 311 statuiert als zentrale Vorschrift das grundsätzliche Verbot, die abhängige Aktiengesellschaft zu veranlassen, ein für sie nachteiliges Rechtsgeschäft vorzunehmen oder Massnahmen zu ihrem Nachteil zu treffen. Dieses Verbot gilt nicht, wenn die der Aktiengesellschaft entstehenden Nachteile ausgeglichen werden[993].

Zur Sicherung des komplizierten Ausgleichsverfahrens (AktG 311 i.V.m. 317 II) hat die abhängige Aktiengesellschaft jährlich einen Abhängigkeitsbericht aufzustellen, in dem sie über die Beziehung zum herrschenden Unternehmen berichtet (AktG 312 ff.). Falls die Nachteilsausgleichung gemäss AktG 311 I unterbleibt, räumen AktG 317 und 318 der abhängigen Aktiengesellschaft und ihren Aktionären Ansprüche auf Schadenersatz ein.

b) Der qualifizierte faktische Konzern

Eine genaue Definition des qualifizierten faktischen Konzerns gibt es nicht. Nach EMMERICH/SONNENSCHEIN[994] soll er immer dann vorliegen, wenn sich im Einzelfall das gesetzliche Haftungssystem als *nicht mehr funktionsfähig* erweist. Dabei werden formelhaft zwei mögliche Anwendungsfälle genannt:

– Die Einflussnahme des herrschenden Unternehmens auf das abhängige Unternehmen hat eine derartige Intensität und Breite angenommen, dass sich einzelne Weisungen des herrschenden Unternehmens nicht mehr isolieren lassen, oder
– das abhängige Unternehmen wird wie eine "Betriebsabteilung" geführt, indem das herrschende Unternehmen laufend in das Tagesgeschäft eingreift[995].

Entscheidend ist also der *Grad* der mittels zentraler Leitung erreichten Integration des abhängigen in das herrschende Unternehmen.

Die *Rechtsfolgen* bereiten ebenso wie die Definition grosse Mühe. Während langer Zeit wurde zumindest in der Lehre die Unzulässigkeit des qualifizierten faktischen Konzerns postuliert, weil dieser mit der gesetzlichen Regelung unvereinbar sei[996]. Diese Meinung konnte sich allerdings nicht durchsetzen. Heute wird einhellig die Anwendung von *Schutzvorschriften* gefordert, ohne dass hinsichtlich deren Grundlage Einigkeit bestünde. Nach einer weitverbreiteten Ansicht sind die qualifizierten faktischen Konzerne partiell in Vertragskonzerne überzuleiten und so AktG 302-305 analog anzuwenden. Für die Überführung eines einfachen in einen qualifizierten faktischen Konzern wird von einem Teil der Lehre die Zustimmung der Aktionäre

---

993 Der Nachteilsausgleich muss nicht sofort erfolgen; es reicht sogar, wenn der abhängigen Aktiengesellschaft am Ende des Geschäftsjahres ein Rechtsanspruch auf Vorteile eingeräumt wird.
994 EMMERICH/SONNENSCHEIN, Konzernrecht, S. 344.
995 Umstritten ist demgegenüber, ob auch die Organverflechtung (vor allem Tätigkeit der Vertreter des herrschenden im Vorstand des abhängigen Unternehmens) als Anwendungsfall zu behandeln ist (vgl. die Hinweise bei EMMERICH/SONNENSCHEIN, Konzernrecht, S. 345, Fn. 65).
996 Siehe die Lehrmeinungen bei EMMERICH/SONNENSCHEIN, Konzernrecht, S. 346.

mit qualifizierter Mehrheit verlangt. Sodann seien die Interessen der aussenstehenden Aktionäre zu berücksichtigen, indem der Mehrheitsaktionär ihnen eine Abfindung in Aktien oder allenfalls in bar anzubieten habe. Eine Haftung des herrschenden Unternehmens sei – wenn die Weisungen im Rahmen des nach AktG 308 Zulässigen blieben – zwar nicht gegenüber dem abhängigen Unternehmen selbst, wohl aber gegenüber dessen Gläubigern in analoger Anwendung von AktG 302 und 303 anzunehmen[997].

---

997 Ausführlich EMMERICH/SONNENSCHEIN, Konzernrecht, S. 345 ff. m.w.H.

II. Frankreich: Punktuelle konzernrechtliche Regelungen

1. Konzernbegriff

Im französischen Recht[998] ist der Konzern nicht kodifiziert. Diesbezügliche Versuche scheiterten in den siebziger Jahren nicht zuletzt am Widerstand der Wirtschaft. Der Gesetzgeber hat sich darauf beschränkt, einzelne Schutznormen zugunsten der Minderheitsgesellschafter, der Gläubiger und der Arbeitnehmer aufzustellen[999]. Der Konzernbegriff (*"groupe de sociétés"*) wird dementsprechend nicht einheitlich verwendet, sondern je nach Gesetzeszweck und Schutzobjekt weiter oder enger gefasst.

Im Bereich des hier interessierenden Handelsrechts kann auf die in der französischen Lehre unbestrittene Definition des Konzerns für das Gesellschaftsrecht abgestellt werden[1000]. Danach ist die "groupe de sociétés" durch die rechtliche Selbständigkeit ihrer Glieder und die wirtschaftliche Einheit (*"unité économique"*) gekennzeichnet, basierend auf der zentralen Lenkung durch das herrschende Unternehmen (*"société-mère"*).

2. Der Begriff der "contrôle"

Das entscheidende Kriterium für die Beantwortung der Frage, ob ein Konzern vorliegt oder nicht, ist der Begriff der *"contrôle"*. Ähnlich wie in der Schweiz ist auch in Frankreich der Beteiligungskonzern die in der Praxis am häufigsten auftretende Form[1001]. Indessen ist hier wie dort eine reine Mehrheitsbeteiligung nicht konzernbildend: Das ausschliessliche Halten einer Beteiligung (Holding), ohne das Wahrnehmen der Kontrollfunktionen durch die Holding, reicht nicht aus, um einen Konzern zu bilden. Allerdings knüpft das französische Recht an den Besitz einer bestimmten Beteiligung eine *Vermutung:* Besitzt ein Unternehmen mehr als 40% der Stimmrechtsanteile eines anderen Unternehmens, so wird die Beherrschung vermutet, sofern kein anderer Aktionär über einen höheren Anteil verfügt[1002]. Unabhängig

---

998 BARTHÉLÉMY, Groupes de sociétés; BÉJOT, Konzernrechtliche Sonderregeln, S. 169 ff.; GUYON, Gesellschaftsgruppe, S. 76 ff.; MESTRE, Droit commercial; SONNENBERGER, Handelsrecht. Die einschlägigen gesellschaftsrechtlichen Normen finden sich im Originaltext und in deutscher Übersetzung in GRAVENSTEIN, Französisches Gesellschaftsrecht.
999 Solche Normen finden sich in erster Linie in der Loi sur les sociétés commerciales vom 24.7.1966 (Loi 66-537), welche mehrmals – namentlich durch Gesetz vom 12.7.1985 (Loi 85-705) sowie durch Gesetz vom 2.8.1989 (Loi 89-531) – abgeändert wurde.
1000 GUYON, Gesellschaftsgruppe, S. 77.
1001 Der Beteiligungskonzern wird in Loi sur les sociétés commerciales 354 definiert: Hält eine Gesellschaft mehr als 50% der Anteile an einer anderen Gesellschaft, so wird diese als Tochtergesellschaft ("filiale") bezeichnet.
1002 Loi sur les sociétés commerciales 355 I.

davon muss jedes Unternehmen bei Vorliegen einer Kapitalbeteiligung (*"participation"*) zwischen 10 und 50% gewisse Informationspflichten erfüllen[1003].

Eine reine Mehrheitsbeteiligung ist für das Ausüben von *"contrôle"* und damit für die Qualifikation als Konzern aber auch nicht notwendig. Eine Gesellschaft kann eine andere dann kontrollieren, wenn

- sie unmittelbar oder mittelbar einen so hohen Kapitalanteil der anderen Gesellschaft hält, dass sie über die Mehrheit der Stimmrechte in der Generalversammlung dieser Gesellschaft verfügt,
- sie allein mit Hilfe von Verträgen, die sie mit anderen Gesellschaften oder Gesellschaftern geschlossen hat und die den Interessen der Gesellschaft nicht zuwiderlaufen, über die Mehrheit der Stimmrechte verfügt,
- sie faktisch über die ihr zur Verfügung stehenden Stimmrechte die Entscheidungen in der Generalversammlung dieser Gesellschaft bestimmt[1004].

Zusammengefasst kann festgestellt werden, dass der Unterschied zwischen *"contrôle"* und *"participation"* darin besteht, dass erstere strategischer und letztere finanzieller Natur ist: "Le contrôle constitue un instrument du pouvoir. En cela, il se différencie catégoriquement de la participation, qui constitue simplement un avoir"[1005].

Kontrolle ist selbstverständlich an keine bestimmte Rechtsform geknüpft; sie kann auch durch natürliche Personen ausgeübt werden. Allerdings rechtfertigt sich eine Beschränkung auf die Aktiengesellschaft aus rechtstatsächlicher Sicht. Gerade in grösseren Konzernen tritt das herrschende Unternehmen fast ausschliesslich in der Rechtsform der Aktiengesellschaft auf[1006]. Auch bezüglich des abhängigen Unternehmens ist in der Literatur einzig von der Aktiengesellschaft und allenfalls noch von der SARL[1007] die Rede. Weitere Gesellschaftformen wären zwar theoretisch denkbar, sind aber praktisch unbedeutend.

3. Die gesetzlichen Rechtsfolgen

Sofern "contrôle" ausgeübt wird oder eine "participation" vorliegt, ergeben sich daraus gewisse Rechtspflichten.

1003 Ungeachtet dessen, dass die Informationspflichten keinen Konzern, sondern lediglich eine Mindestkapitalbeteiligung voraussetzen, wird im folgenden darauf eingegangen (siehe sogleich S. 264), da die Informationspflichten generell auch von der französischen Lehre unter dem Konzernrecht abgehandelt werden.
1004 BARTHÉLÉMY, Groupes de sociétés, S. 50.
1005 BARTHÉLÉMY, Groupes de sociétés, S. 49.
1006 GUYON, Gesellschaftsgruppe, S. 78.
1007 Société à responsabilité limitée (ähnlich der schweizerischen GmbH).

3.1. Informationspflichten bei einer Kapitalbeteiligung ("participation")

a) Einfache Beteiligung

Der Erwerb einer Beteiligung an einer börsenkotierten[1008] Gesellschaft löst bei Überschreiten eines bestimmten Schwellenwertes (bei $1/20$, $1/10$, $1/5$, $1/2$ oder $2/3$ des Kapitals bzw. niedrigeren, in den Statuten festgelegten Schwellenwerten) eine Informationspflicht der erwerbenden Gesellschaft aus gegenüber

- ihren eigenen Aktionären im Jahresbericht,
- der Zielgesellschaft (unter Offenlegung der Anzahl der stimmberechtigten Anteile innerhalb von 15 Tagen) und
- des Börsenrats (Conseil des bourses de valeurs)[1009].

Die Verletzung dieser gesetzlichen Bestimmungen löst den Verlust des Stimmrechts an dem den Schwellenwert übersteigenden Aktienanteil für zwei Jahre aus. Ausserdem sind strafrechtliche Sanktionen möglich[1010].

b) Wechselseitige Beteiligung

Eine Aktiengesellschaft darf keine Anteile an einer anderen besitzen, sofern diese bereits einen Kapitalanteil von mehr als zehn Prozent an ihr hält (Loi sur les sociétés commerciales 358). Damit sollte die sog. *"autocontrôle"* beschränkt werden. Diese Vorschrift wurde häufig umgangen. Der Gesetzgeber schränkte deshalb mit der Loi 85-705 das Halten eigener Aktien weiter ein, indem er die "autocontrôle" als das unmittelbare oder mittelbare (über ein abhängiges Unternehmen) Halten eigener Aktien definierte und vorschrieb, dass in solchen Fällen das Stimmrecht nicht mehr ausgeübt werden darf. Die unter Missachtung dieser Bestimmungen gefällten Entscheidungen der Generalversammlung sind nichtig[1011].

3.2. Rechtspflichten in einer "groupe de sociétés"

a) Pflichten bei der Konzernierung

Im Falle der Kontrollübernahme über eine börsenkotierte Aktiengesellschaft kommen die Loi 89-531 und die Verordnung der Allgemeinen Regeln des Börsenaufsichtsamtes für Aktienwerte vom 28.9.1989 zur Anwendung. Gemäss diesen

---

1008 Bestimmte Mitteilungspflichten der nichtbörsenkotierten Gesellschaften wurden dagegen mit der Loi 89-531 aufgehoben (siehe BÉJOT, Konzernrechtliche Sonderregeln, S. 173).
1009 Loi sur les sociétés commerciales 356 (in der Fassung der Loi 89-531).
1010 BARTHÉLÉMY, Groupes de sociétés, S. 45.
1011 BÉJOT, Konzernrechtliche Sonderregeln, S. 176.

Vorschriften sind Aktionäre, die unmittelbar oder mittelbar mehr als 33% des Kapitals oder der Stimmrechte einer französischen Gesellschaft erwerben, verpflichtet, ohne Aufforderung ein öffentliches *Kaufangebot* an die Minderheitsaktionäre abzugeben.

Der Erwerber eines Aktienpaketes, das ihm zukünftig die Mehrheit der Stimmrechte sichert, ist verpflichtet, alle Aktien, die ihm während der folgenden 15 Börsentage angeboten werden, zu kaufen, und zwar zum Preis oder Kurs, den er für diejenigen Aktien bezahlt hat, die ihm die Mehrheit verschafft haben.

Minderheitsaktionäre können von Aktionären, die mindestens 95% der Stimmrechte auf sich vereinigen, verlangen, ihnen ein öffentliches *Ausstiegsangebot* zu unterbreiten.

b) Informationspflicht bei Statutenänderungen

Werden der Generalversammlung wichtige Statutenänderungen vorgelegt (z.B. Änderung des Gesellschaftszweckes oder der Gesellschaftsform), hat das herrschende Unternehmen den Börsenrat zu informieren und gemeinsam mit ihm zu entscheiden, ob ein öffentliches Ausstiegsangebot gemacht werden muss.

c) Rechnungslegung

Jedes Unternehmen, das ein anderes kontrolliert, hat besondere Vorschriften in bezug auf die Rechnungslegung zu beachten[1012]:

– Im Gechäftsbericht ("rapport de gestion") ist das Jahresergebnis sowohl des herrschenden als auch des abhängigen Unternehmens aufzuführen,
– bedeutende Beteiligungen, die im Laufe des Jahres erworben wurden, sind bekannt zu geben, und
– das herrschende Unternehmen ist zur Aufstellung einer konsolidierten Jahresrechnung verpflichtet, die im Anhang die Erträge aller Konzernunternehmen enthalten muss.

d) Minderheitenschutz

Der Minderheitenschutz ist relativ schwach ausgestaltet[1013]; konzernspezifische Normen bestehen lediglich in zwei Bereichen[1014]:

– Beim Aktienerwerb durch Publikumsofferte einer zum Börsenhandel zugelassenen Gesellschaft ("offre public d'achat") gilt ein strenges, formalisiertes Verfahren, das

---

1012 GUYON, Gesellschaftsgruppe, S. 86 f.
1013 GUYON, Gesellschaftsgruppe, S. 88.
1014 Loi sur les sociétés commerciales 101 ff.

für Transparenz sorgen und die Gleichbehandlung aller Aktionäre sicherstellen soll[1015].
- Werden Geschäfte zwischen Gesellschaften einer "groupe de sociétés" getätigt, so unterliegen sie einer behördlichen Kontrolle, sofern die beiden Gesellschaften dieselben Geschäftsführer haben[1016].

Lehre und Rechtsprechung haben es abgesehen davon bisher abgelehnt, Instrumente des gewöhnlichen Minderheitenschutzes (wie z.B. Bestellung eines Sonderprüfers oder Traktandierungsrecht) der Stellung der Minderheitsaktionäre im abhängigen Unternehmen entsprechend anzupassen und beispielsweise die Quoren für das Ergreifen von Schutzmassnahmen zu senken.

e) Andere konzernspezifische Bestimmungen

In gewissen Spezialvorschriften wird auf den Konzern verwiesen:

- In Loi sur les sociétés commerciales 92, 136 und 137 wird statuiert, dass eine natürliche Person nicht mehr als acht Verwaltungsratsmandate in französischen Aktiengesellschaften ausüben darf.
- Loi sur les sociétés commerciales 220 verbietet Personen, die mit dem herrschenden Unternehmen verbunden sind, als Revisoren beim abhängigen Unternehmen tätig zu werden.

4. Richterrecht

Abgesehen von den erwähnten Bestimmungen statuiert das Gesellschaftsrecht keine weiteren Rechtsfolgen. Daraus folgt, dass andere konzernrechtlich relevante Fragen mittels Richterrecht entschieden werden müssen. Die Betrachtungsweise ist dabei notwendigerweise einzelfallbezogen, die konkreten Umstände dienen als Beurteilungskriterien (Kapitalbeteiligung, direkte oder indirekte Leitungsmacht, Auftreten gegen aussen, usw.).

Die Gerichte haben sich in der Vergangenheit insbesondere mit zwei Problemen auseinandergesetzt: mit der Organhaftung und mit dem Durchgriff.

4.1. Organhaftung

Während Jahren wurde es von der Rechtsprechung abgelehnt, das Handeln der Organe des abhängigen Unternehmens im Konzerninteresse, aber unter Verletzung

---

1015 SONNENBERGER, Handelsrecht, S. 156, 170.
1016 GUYON, Gesellschaftsgruppe, S. 85, 88.

der Interessen des eigenen Unternehmens zu rechtfertigen. Demzufolge ergingen viele Urteile, die entweder die Organe selbst oder das herrschende Unternehmen für den Schaden der Gläubiger oder Aktionäre haftbar machten. Diese Rechtsprechung stellte den Grundsatz der rechtlichen Selbständigkeit der Konzernunternehmen in den Vordergrund.

Mit dem Urteil DS 1985 J 478 vom 4.2.1985[1017] relativierte der Cour de Cassation diese Regel. Neu erachtet er den Einsatz von Mitteln im Konzerninteresse unter bestimmten Voraussetzungen als zulässig und anerkennt ausdrücklich das *"intérêt économique, social ou financier commun"* als Handlungsgrundlage. Nach diesem wichtigen Entscheid dürfte es in Zukunft schwierig sein, eine Gesellschaftsklage ("action sociale") gegen die Mitglieder der Konzernleitung bzw. die Organe des abhängigen Unternehmens anzustrengen, solange sich deren Handlungen im Rahmen des "intérêt commun" der "groupe de sociétés" bewegen.

4.2. Durchgriff

Grundsätzlich können sich die Gläubiger nur an jenes Konzernunternehmen halten, das die Verbindlichkeit eingegangen ist. Ähnlich wie in der Schweiz wird dieser Grundsatz aber in gewissen Fällen durchbrochen. So bejahen die Gerichte den *Durchgriff*, wenn

- die abhängigen Unternehmen fingiert werden (z.B. wenn diese kein eigenes Unternehmen führen und die Organe dieselben sind wie diejenigen des herrschenden Unternehmens) oder
- das herrschende Unternehmen Entscheidungen in seinem eigenen Interesse veranlasst und sich auf diese Art in die Angelegenheiten des abhängigen Unternehmens einmischt (*"inmixtion"*)[1018].

Nicht mit dem Durchgriff gleichzusetzen, aber mit ihm verwandt ist das Institut des Rechtsscheins (*"apparence"*)[1019]: Nach der Rechtsprechung können sich die Gläubiger des abhängigen Unternehmens an das herrschende Unternehmen halten, sofern sie den Vertrag lediglich aufgrund von Erklärungen oder Handlungen des herrschenden Unternehmens schlossen (z.B. im Falle von Patronatserklärungen mit unklarem Wortlaut)[1020].

1017 Zitiert bei SONNENBERGER, Handelsrecht, S. 154.
1018 BARTHÉLÉMY, Groupes de sociétés, S. 191.
1019 Bei sinngemässer Übersetzung kommt dieses Institut dem "Konzernvertrauen" näher als der Haftung aus Rechtsschein, da der Anschein eines Rechtsbindungswillens keinen Rechtsschein darstellt (u.a. ECKARD REHBINDER, Konzernaussenrecht, S. 319).
1020 BARTHÉLÉMY, Groupes de sociétés, S. 191.

Schliesslich hat der Cour de Cassation in einem Urteil aus dem Jahre 1988 gar die *solidarische Haftung* mehrerer Konzernunternehmen bejaht, weil diese einerseits einen gemeinsamen Konzernchef hatten und andererseits ein Vertrag im Namen des Konzerns geschlossen und die Rechnungen auf Geschäftspapier eines der Konzernunternehmen (unter Nennung der anderen in der Fusszeile) ausgestellt worden waren[1021].

[1021] BARTHÉLÉMY, Groupes de sociétés, S. 192.

III. USA: Konzernrecht als Richterrecht

1. Einleitung

Während es im amerikanischen Recht[1022] noch bis weit in dieses Jahrhundert hinein den Unternehmen verboten war, andere Unternehmen zu erwerben[1023], ist heute der Konzernierungsgrad der US-Wirtschaft sehr hoch[1024].

Dies lässt erwarten, dass sich zumindest die Lehre des Phänomens Konzern annehmen würde, was aber bisher (mit einer bekannten Ausnahme[1025]) nicht der Fall ist. Grund dafür ist wohl weniger die Tatsache, dass die Regelung des Gesellschaftsrechts in den USA den einzelnen Gliedstaaten überlassen wird und demzufolge keine einheitlichen handelsrechtlichen Normen existieren. Die Ursache für die mangelnde systematische Durchdringung des Konzernrechts ist vielmehr im pragmatischen "approach" der amerikanischen Juristen zu suchen, wonach differenzierte Lösungsvorschläge für die sich in der Konzernwirklichkeit stellenden Einzelprobleme entwickelt werden, der theoretische Überbau jedoch bewusst als nicht genügend einzelfallgerecht unberücksichtigt bleibt[1026].

2. Konzernbegriff

2.1. Die Terminologie

Nach dem Gesagten verwundert es nicht, dass die Terminologie völlig uneinheitlich ist. Lehre und Rechtsprechung sprechen von *"corporate groups"*, *"groups of companies"*, *"related groups"*[1027] oder *"system of corporations"*. Schliesslich umfasst der weitverbreitete Begriff der *"holding"* oftmals auch den Konzerntatbestand[1028].

1022 BLUMBERG, Amerikanisches Konzernrecht, S. 264 ff.; FRANZ-PETER OESCH, Minderheitenschutz; VAGTS, Konzernrecht, S. 31 ff. Das (einzige) Standardwerk der amerikanischen Literatur ist BLUMBERG, Corporate Groups.
1023 EBKE, US-Konzern, S. 281.
1024 Im Jahr 1982 hatten die 1000 grössten amerikanischen Industrieunternehmen durchschnittlich 48 Tochtergesellschaften (Quelle: EBKE, US-Konzern, S. 285).
1025 BLUMBERG, Corporate Groups.
1026 Vgl. SCHNEIDER, Konzernlage, S. 47 f.
1027 All diesen Begriffen ist gemeinsam, dass sie auf die Kapitalgesellschaft ("corporation") und nicht auf die Personengesellschaft ("partnership") Bezug nehmen. Der Grund liegt darin, dass die Unterschiede zwischen den Rechtsformen im US-Recht eine geringere Rolle spielen als in unserem Rechtskreis und dass sich die Lehre vor allem mit der rechtstatsächlich viel bedeutenderen "corporation" beschäftigt. Vgl. MERKT, US-Gesellschaftsrecht.
1028 FRANZ-PETER OESCH, Minderheitenschutz, S. 60.

In diesem Werk wird – um den Vergleich mit dem französischen Recht nicht bereits an der sprachlichen Verwirrung scheitern zu lassen – der Ausdruck "groups of companies" verwendet.

2.2. Die Tatbestandsmerkmale

Grundsätzlich geht auch die amerikanische Lehre für den Konzern von rechtlich selbständigen Unternehmen aus, die unter einheitlicher wirtschaftlicher Leitung stehen[1029].

a) Die rechtliche Selbständigkeit

Es ist festzuhalten, dass das Common Law die Frage der *rechtlichen Selbständigkeit* eines Konzernunternehmens nicht per se beantwortet. Nach der herrschenden Lehre müssen vier Voraussetzungen kumulativ erfüllt sein, damit das abhängige Unternehmen seine rechtliche Selbständigkeit behält[1030]:

– Das Unternehmen ist mit genügend Kapital ausgestattet, um den Unternehmenszweck selbständig zu erfüllen;
– die Routinegeschäfte von herrschendem und abhängigem Unternehmen werden getrennt verrichtet;
– die Verwaltungen werden formal getrennt geführt (z.B. je eigene Arbeitsverträge);
– gegen aussen werden die Unternehmen von getrennten Organen vertreten.

b) Die einheitliche wirtschaftliche Leitung

Zentrales Element der wirtschaftlichen Einheit ist der Begriff der Kontrolle (*"control"*). Dieses Kriterium findet sich in einzelnen bundesstaatlichen Spezialgesetzen, die keine eigentlichen konzernspezifischen Normen statuieren, aber die Konzerne in ihre Regelungen einschliessen[1031]. Die Rechtsprechung nimmt denn auch häufig Bezug auf diese Ansätze. Trotz der unterschiedlichen gesetzlichen Regelungen finden sich in der Praxis Gemeinsamkeiten:

– Vermutungsweise liegt Kontrolle vor, wenn ein Unternehmen direkt oder indirekt einen bestimmten Prozentsatz (10-25%) am stimmberechtigten Kapital eines anderen Unternehmens hält oder kontrolliert oder (vertraglich) zur Stimmabgabe berechtigt ist.

1029 Siehe zur Entwicklungsgeschichte BLUMBERG, Amerikanisches Konzernrecht, S. 265 ff.
1030 FRANZ-PETER OESCH, Minderheitenschutz, S. 65.
1031 Beispiele bei BLUMBERG, Amerikanisches Konzernrecht, S. 289, Fn. 50.

– Kontrolle liegt weiter dann vor, wenn das Unternehmen direkt oder indirekt einen beherrschenden Einfluss auf Leitung und Politik des abhängigen Unternehmens ausübt, sei es selbst oder zusammen mit anderen Unternehmen.
– Schliesslich wird das Vorliegen von "control" sogar in Fällen angenommen, in denen ein Unternehmen zusammen mit einem anderen beherrscht wird (Schwesterunternehmen)[1032].

3. Konzernrechtliche Einzelfragen

3.1. Minderheitenschutz

Die Gerichte bedienen sich in konzernrechtlichen Entscheiden häufig der bekannten gesellschaftsrechtlichen Instrumente. So werden Geschäfte zwischen herrschendem und abhängigem Unternehmen anhand des Massstabes der *"fairness"* beurteilt. Der Begriff hat je nach Fall bzw. nach urteilendem Richter eine objektive oder eine subjektive Bedeutung. Im ersten Fall ist das Kriterium, ob das Geschäft auch zwischen zwei nicht verbundenen Unternehmen abgeschlossen worden wäre. Ist der Ansatz demgegenüber ein subjektiver, hätte das Geschäft zwar nicht notwendigerweise auch zwischen Dritten abgeschlossen werden müssen, zumindest muss es aber vom herrschenden Unternehmen ohne absichtliche Schädigung, d.h. in guten Treuen, ausgeführt worden sein[1033].

Obwohl der Schaden regelmässig das Unternehmen trifft, haben die Gerichte die Aktivlegitimation der Minderheitsaktionäre zur Klage zugunsten des Unternehmens mit Hinweis auf sog. doppelt abgeleitete Klagen ("double derivative suits") häufig bejaht[1034]. Einzuklagen sind die Verantwortlichen (z.B. Board of Directors), und die Rechtsbegehren können auf Unterlassung einer drohenden Handlung, auf Nichtigkeit eines Rechtsgeschäfts oder auf Schadenersatz lauten[1035].

1032 Z.B. Gesetz über die Versorgungsbetriebe (Fundstelle bei BLUMBERG, Amerikanisches Konzernrecht, S. 289).
1033 VAGTS, Konzernrecht, S. 36 ff.
1034 Bei einer Schädigung der Gesellschaft oder der (Minderheits-)Aktionäre durch pflichtwidrig handelnde Organe oder Hauptaktionäre werden diese die Ansprüche der Gesellschaft gegen sie selbst nicht geltend machen. Die amerikanischen Gerichte lassen deshalb Klagen einzelner Aktionäre anstelle der Organe zu (sog. "derivative suits"), welche nicht zu verwechseln sind mit den direkten Aktionärsklagen ("individual suits"). Die sog. "double derivative suits" folgen demselben Prinzip im Konzernverhältnis: Danach haben die (Minderheits-)Aktionäre des herrschenden Unternehmens die Möglichkeit, die Rechte des durch die Pflichtwidrigkeit seiner Organe geschädigten abhängigen Unternehmens wahrzunehmen, sofern dessen (Minderheits-)Aktionäre von ihren "(simple) derivative suits" nicht Gebrauch machen (siehe zum Begriff und zu den Voraussetzungen FRANZ-PETER OESCH, Minderheitenschutz, S. 28 ff. und 99 ff.).
1035 FRANZ-PETER OESCH, Minderheitenschutz, S. 118.

3.2. Einheitsbehandlung des Konzerns

a) Die traditionelle Durchgriffslehre

Schon früh gaben die Gerichte einer Klage statt, wenn die Gesellschaft als Rechtsform missbraucht wurde. Nach dieser Rechtsprechung konnte ein herrschendes Unternehmen für die Schulden des abhängigen Unternehmens haftbar gemacht werden, wenn

- das herrschende Unternehmen einen so umfassenden Einfluss auf die Angelegenheiten des abhängigen Unternehmens ausübte, dass dieses nicht als eigenständige rechtliche Einheit anzusehen war,
- dieses Unternehmen benutzt wurde, um eine betrügerische, ungerechte, moralisch schuldhafte oder grundsätzlich unangemessene Handlung zum Nachteil der Gläubiger zu begehen, und
- wenn diese Handlung die Gläubiger geschädigt hatte[1036].

In der Lehre wurde diese Rechtsprechung als zu formalistisch kritisiert.

b) "Enterprise law"

Ein anderer, neuerer Ansatz ist derjenige des sog. *"enterprise law"*[1037]. Der Unterschied zum Durchgriff liegt darin, dass nicht mehr von der rechtlichen Selbständigkeit der Konzernunternehmen ausgegangen (*"entity law"*), sondern die wirtschaftliche Einheit des Konzerns ins Zentrum der Betrachtungen gestellt wird, mit den einschneidenden Rechtsfolgen einer solchen Einheitsbehandlung.

Dieser moderne Ansatz wurde bisher vor allem steuerrechtlichen Entscheidungen zugrundegelegt[1038]. Auf anderen Gebieten sind die Gerichte noch zurückhaltend. Auch die Lehre, welche dem "enterprise law" grundsätzlich nicht abgeneigt ist, fordert eine auf den Zweck des entsprechenden Gesetzgebungsbereichs bezogene, differenzierte Anwendung dieser Methode[1039].

4. Publizität

Die herrschenden Unternehmen im Konzern haben eine *konsolidierte Jahresrechnung* zu präsentieren, wobei selbst die Konzernunternehmen mit Sitz im Ausland einzubeziehen sind[1040].

1036 BLUMBERG, Amerikanisches Konzernrecht, S. 273.
1037 BLUMBERG, Amerikanisches Konzernrecht, S. 275 ff.
1038 BLUMBERG, Amerikanisches Konzernrecht, S. 279 f.
1039 BLUMBERG, Amerikanisches Konzernrecht, S. 284.
1040 VAGTS, Konzernrecht, S. 42.

Das Common Law gewährt zudem jedem Aktionär, der ein schützenswertes Interesse nachweist, das *Recht auf Einsicht* in das Aktionärsbuch, in das Rechnungsbuch, in die Korrespondenz, in die Steuererklärung und sogar in die Protokolle des Board of Directors[1041]. Dieses Recht gilt selbstverständlich auch im Konzern. Allerdings kennt der Aktionär des abhängigen Unternehmens nur gerade dessen Bilanzwert innerhalb des gesamten Konzerns. Oftmals finden Transaktionen zwischen den Konzernunternehmen darin jedoch ebensowenig Niederschlag wie Absprachen über deren Marktpolitik, was die Aussagekraft der Bücher natürlich mindert.

Anders präsentiert sich die Situation, wenn das Unternehmen dem Securities Exchange Act von 1934 unterstellt ist[1042]. Es hat in Form eines "regulation statement" der Börsenkommission (Securities Exchange Commission, SEC) Auskunft über die Organisation und Geschäftstätigkeit zu erteilen. Erst dann kann es seine Aktien ausgeben. Das Unternehmen untersteht einer dauernden Kontrolle der SEC, der gewisse Ereignisse innerhalb des Geschäftsjahres sofort gemeldet werden müssen. Eine weitgehende Publizität wird überdies mit den Bestimmungen über die Aktionärsvertretung an der Generalversammlung (sog. "proxy"-Stimmrecht[1043]) erreicht.

1041 FRANZ-PETER OESCH, Minderheitenschutz, S. 89.
1042 Diesem Gesetz unterstehen zwar nur rund 3000 Gesellschaften; allerdings fallen alle börsenkotierten "corporations" darunter.
1043 In den Statuten der amerikanischen Grossgesellschaften ist es üblich, die Möglichkeit einer Stimmabgabe durch Stellvertreter ("proxy") zu statuieren. Damit kann dem Kleinaktionär trotz seines unbedeutenden Aktienpakets im Verbund mit anderen Kleinaktionären ein gewisses Gewicht zukommen.

IV. De lege ferenda: Die neunte EU-Richtlinie

1. Einleitung

Die EU strebt seit Jahren die Vereinheitlichung des europäischen Konzernrechts an[1044]. Allerdings scheiterten die bisherigen Entwürfe für eine neunte Richtlinie (Konzernrechtsrichtlinie)[1045] am Widerstand derjenigen europäischen Staaten, die kein kodifiziertes Konzernrecht kennen und deshalb alle bisherigen Vorschläge, denen die starke Anlehnung an das deutsche Recht gemeinsam war, ablehnten[1046]. So konnte denn auch der bisher letzte Entwurf aus dem Jahre 1985 nicht verabschiedet werden, sondern erfuhr gar eine Zurückstufung auf die Form eines Vorentwurfs. Auch wenn dieser Entwurf im Augenblick als nicht realisierungsfähig erscheint, dominiert er die Diskussion über ein vereinheitlichtes europäisches Konzernrecht. Deshalb und weil das EU-Recht auch für die Schweiz von Bedeutung ist[1047], soll er nachfolgend kurz vorgestellt werden.

2. Konzernbegriff

Vorab ist festzustellen, dass der Entwurf für die neunte Richtlinie lediglich die Aktiengesellschaft als abhängiges Unternehmen betrifft. Art. 2 des Richtlinienentwurfs definiert den Begriff der Tochtergesellschaft in dem Sinne, dass ein herrschendes Unternehmen (das "Mutterunternehmen")

– die Mehrheit der Stimmrechte hat,
– das Recht hat, die Mehrheit der Mitglieder der Leitungsorgane zu bestellen und abzuberufen,
– Aktionär ist und durch Ausübung seiner Stimmrechte die Mehrheit der Mitglieder der Leitungsorgane bestellt worden sind oder
– Aktionär ist und aufgrund einer Vereinbarung mit anderen Aktionären dieser Gesellschaft über die Mehrheit der Stimmrechte der Aktionäre verfügt.

1044 Für eine grundsätzliche Einführung in die Problematik siehe GLEICHMANN, Verbundene Unternehmen, S. 581 ff.
1045 Abgedruckt bei LUTTER, Europäisches Unternehmensrecht, S. 244 ff.
  Die Richtlinie ist eine teilverbindliche Norm. Sie wird von der EU-Kommission erlassen und richtet sich an die Mitgliedstaaten. Für die Adressaten ist sie hinsichtlich des Ziels verbindlich, überlässt aber die Form und Mittel den Mitgliedstaaten.
1046 LUTTER, Europäisches Unternehmensrecht, S. 240.
1047 Sei dies im Rahmen eines Beitritts zur EU oder des sog. autonomen Nachvollzugs unserer Rechtsetzung.

3. Konzernarten und Rechtsfolgen

Die Anlehnung an das deutsche Recht wird deutlich, indem der Entwurf zwischen Vertragskonzern (Art. 13-32 Richtlinienentwurf) und faktischem Konzern (Art. 6-12 Richtlinienentwurf) unterscheidet.

Dem besonderen Schutz des *freien Aktionärs* dient Art. 39 Richtlinienentwurf: Hat ein Unternehmen unmittelbar oder mittelbar 90% oder mehr des Kapitals einer Gesellschaft erworben, so kann jeder freie Aktionär von diesem Unternehmen die Übernahme seiner Aktien gegen bar verlangen. Lehnt er das Angebot ab, setzt das zuständige Gericht auf seinen Antrag hin die Höhe der Entschädigung fest.

Die vorgesehenen Informationspflichten beim Erwerb bzw. der Veränderung einer Beteiligung (Art. 3 Richtlinienentwurf) sind inzwischen Gegenstand der sog. *Transparenzrichtlinie* vom 12.12.1988[1048] und somit obsolet geworden.

a) Vertragskonzern

In Art. 13-32 Richtlinienentwurf ist der *Beherrschungsvertrag* zur Begründung eines Unterordnungskonzerns geregelt. Die Vorschriften sind weitgehend identisch mit denjenigen des deutschen Rechts, weshalb darauf verwiesen werden kann[1049]. Lediglich den Verlustausgleich (AktG 302) kennt der Entwurf nicht. Stattdessen statuiert er eine solidarische Mithaftung des herrschenden Unternehmens unter der Bedingung, dass das abhängige Unternehmen durch die Gläubiger schriftlich in Verzug gesetzt worden ist (Art. 29 I Richtlinienentwurf). Im übrigen ist bei Beendigung des Beherrschungsvertrages ein einmaliger Verlustausgleich für die während der Vertragsdauer entstandene Verminderung des Vermögens des abhängigen Unternehmens vorgesehen (Art. 30 I Richtlinienentwurf).

Auch der Begriff der *Eingliederung* wird aus dem deutschen Recht übernommen[1050], ohne allerdings dieselben Voraussetzungen und Folgen daran zu knüpfen. Die für eine Eingliederung notwendige prozentmässige Beteiligung liegt mit 90% um fünf Prozent tiefer als die in Deutschland geforderte (Art. 33 Richtlinienentwurf). Sowohl bezüglich der Leitungsbefugnisse als auch der allgemeinen Schutzbestimmungen werden die Regeln für den Vertragskonzern als anwendbar erklärt (Art. 35 Richtlinienentwurf).

Schliesslich finden sich Vorschriften zum *Gleichordnungskonzern*, in welchem sich mehrere Unternehmen einer einheitlichen Leitung unterwerfen, ohne dass dadurch das eine Unternehmen dem anderen untergeordnet wird (Art. 40 Richtlinienentwurf). Ein solcher Vertrag bedarf der Zustimmung der Aufsichtsorgane und der

---

1048 Abgedruckt bei LUTTER, Europäisches Unternehmensrecht, S. 589 ff.
1049 Vgl. S. 256 ff.
1050 Vgl. S. 258 f.

Generalversammlungen der beteiligten Gesellschaften, wobei die Konzernleitung einen Bericht über die Gründe für den Vertragsschluss und über dessen Folgen zu erstellen hat.

b) Faktischer Konzern

Ist ein abhängiges Unternehmen eine "Tochtergesellschaft" im Sinne von Art. 2 Richtlinienentwurf, hat die Konzernleitung für jedes Geschäftsjahr einen *Sonderbericht* zu erstellen, der ermöglichen soll, den Umfang und die Intensität der Beziehungen zwischen herrschendem und abhängigem Unternehmen zu beurteilen. Der Bericht muss überdies die tatsächlichen und voraussehbaren Auswirkungen der Rechtsgeschäfte zwischen abhängigem und herrschendem Unternehmen auf die Lage der Arbeitnehmer behandeln. Im Unterschied zum deutschen Abhängigkeitsbericht ist er sowohl den Aktionären des herrschenden als auch des abhängigen Unternehmens vorzulegen.

Nach Art. 9 Richtlinienentwurf gilt jedes Unternehmen, das unmittelbar oder mittelbar einen bestimmenden Einfluss auf die Entscheidungen der Organe eines Unternehmens ausübt, als dessen *Geschäftsführer*. Das hat zur Folge, dass es für den Schaden, den es in dieser Stellung verursacht, haftet (Art. 9 I Richtlinienentwurf). Ersatzansprüche können dabei vom abhängigen Unternehmen, von jedem Aktionär und von den Arbeitnehmervertretern geltend gemacht werden (Art. 10 Richtlinienentwurf).

Den *Arbeitnehmern* werden sodann bestimmte Informationsrechte und gar Antragsrechte innerhalb des Konzerns zugestanden (z.B. Art. 8 I und 10 I Richtlinienentwurf).

Art. 11 Richtlinienentwurf enthält schliesslich die Befugnis der Gerichte, unter bestimmten Voraussetzungen die Organe *einstweilig ihres Amtes zu entheben* oder die *Rückabwicklung* der schädigenden Geschäfte anzuordnen.

Zweites Kapitel

Der Konzern im Börsenrecht

I. Bundesgesetz über die Börsen und den Effektenhandel (BEHG)

Das Bundesgesetz über die Börsen und den Effektenhandel vom 24.3.1995 (BEHG, Börsengesetz)[1] regelt die Voraussetzungen für die Errichtung und den Betrieb von Börsen sowie den gewerbsmässigen Handel mit Effekten, um für den Anleger Transparenz und Gleichbehandlung sicherzustellen. Es schafft den Rahmen, um die Funktionsfähigkeit der Effektenmärkte zu gewährleisten (BEHG 1). Für die betroffenen Gesellschaften und die Erwerber bzw. Veräusserer der Effekten zeitigt das Börsengesetz weitreichende Auswirkungen. Diese haben Folgen für den Konzern und sollen Gegenstand dieses Kapitels sein.

Die wichtigsten Bestimmungen für die Frage nach den Auswirkungen auf den Konzern finden sich im 2. Abschnitt (Börsen), im 4. Abschnitt (Offenlegung von Beteiligungen), im 5. Abschnitt (Öffentliche Kaufangebote) und – zumindest noch während einer gewissen Zeit – bei den Schlussbestimmungen des 10. Abschnittes (vgl. dazu unten).

Das BEHG ist eine Rahmenordnung. An nicht weniger als 20 Stellen wird für die Konkretisierung auf Ausführungserlasse verwiesen. Folgende Verordnungen und Reglemente sind zur Zeit beizuziehen: die Verordnung des Bundesrates (BEHV), die Verordnung der Eidg. Bankenkommission (BEHV-EBK) und die Verordnung der Übernahmekommission über öffentliche Kaufangebote sowie deren Reglement. Zu den Erlassen dieser drei Verordnungsgeber kommen noch die Reglemente dazu, welche die Börsen aufgrund des gesetzlichen Auftrages im 2. Abschnitt des BEHG zu erlassen haben. Das wichtigste davon ist das Kotierungsreglement.

---

[1] SR 954.1.

II. Vom Börsengesetz betroffene Konzernunternehmen

1. Aktiengesellschaften

Obwohl das Phänomen Konzern nicht auf die Aktiengesellschaft beschränkt ist, zeitigt das Börsengesetz grundsätzlich nur hier seine einschneidenden Auswirkungen. Der Grund liegt darin, dass nur beim Handel mit Aktien die massgeblichen Institute des BEHG zur Anwendung gelangen[2].

Innerhalb der Aktiengesellschaften gilt es eine zusätzliche Abgrenzung zu ziehen. Die Institute des BEHG kommen nur zur Anwendung, wenn die Zielgesellschaft bzw. das abhängige Unternehmen kotiert, d.h. zum Handel an der Haupt- oder Nebenbörse zugelassen ist (BEHG 2 c). Von den gut 170'000 Aktiengesellschaften im Jahre 1996 waren lediglich rund 250 mit ihren Aktien an der Börse zugelassen. Diese Gesellschaften sind mit Sicherheit alle in einen Konzern eingebunden, in der Regel wohl aber als herrschende Unternehmen. Wenn es sich bei den kotierten Aktiengesellschaften auch um volkswirtschaftlich sehr bedeutende Gesellschaften handelt, sind dennoch über 99% der Aktiengesellschaften vom BEHG nicht betroffen. Wenn man wie DRUEY[3] davon ausgeht, dass bis zu 70% aller Gesellschaften in der Schweiz konzerniert sind, wird klar, dass eine grosse Zahl von Konzernunternehmen und potentiellen Zielgesellschaften sowie deren Aktionäre nicht von den Instituten des BEHG profitieren können, obwohl die konzernrechtlichen Probleme (Haftung, Minderheitenschutz etc.) die gleichen sind.

In der Lehre wird allerdings auch die Meinung vertreten, dass sich die Vorschriften des BEHG indirekt auch auf die nicht kotierten Gesellschaften auswirken werden[4]. Diese Ansicht ist durch den Wortlaut des Gesetzes in keiner Weise gedeckt. Hier bleibt die Praxis der Gerichte abzuwarten.

Schliesslich gilt es, eine weitere Einschränkung zu machen: Nur bei einer Unternehmenszusammenfassung mittels Beteiligung (Beteiligungskonzern) entfaltet das BEHG seine konzernrechtlichen Wirkungen. Die geordnete Kontrollübernahme einer kotierten Aktiengesellschaft mit grösstmöglichem Schutz des Publikumsaktionärs ist denn auch eines der Hauptziele des BEHG.

2. Genossenschaften

Eine Genossenschaft kann ebenfalls mit Effekten an der Börse kotiert sein: mit forderungsrechtlichen Effekten und mit blankozedierten Anteilscheinen.

---

2 Vgl. dazu S. 282 ff.
3 DRUEY, Company Groups, S. 131.
4 HIRSCH, Droit boursier, S. 233 f.

Eine Folge bei der Kotierung einer Genossenschaft ist der erhöhte Massstab bei Rechnungslegung und Publizität. Gemäss BEHG 8 III erlässt die Börse ein Reglement über die Zulassung von Effekten zum Handel (Kotierungsreglement). Die gehandelte Gesellschaft hat die entsprechenden hohen Anforderungen an Berichterstattung, Rechnungslegung und Publizität der Art. 64-74 Kotierungsreglement zu erfüllen, wodurch sie sich massgeblich von einer nicht-kotierten Genossenschaft unterscheidet.

Weiter können die Regeln über die öffentlichen Kaufangebote grundsätzlich auch bei Genossenschaften zum Tragen kommen. Diese Bestimmungen gelten gemäss BEHG 22 I "für öffentliche Kaufangebote für Beteiligungen an schweizerischen Gesellschaften, deren Beteiligungspapiere mindestens teilweise an einer Börse in der Schweiz kotiert sind". Die Definition der Effekten[5] umfasst gemäss Botschaft[6] auch Genossenschaftsanteile (und damit Beteiligungspapiere), wodurch ein börslicher Handel mit blankozedierten Anteilscheinen möglich wäre[7]. Hingegen reicht die Kotierung mit forderungsrechtlichen Effekten für die Anwendbarkeit der Regeln über öffentliche Kaufangebote nicht aus, da es sich dabei nicht um Beteiligungspapiere handelt.

Wie aber an anderer Stelle[8] gezeigt wird, sind Genossenschaften als abhängige Unternehmen nicht kapitalmässig beherrschbar. Die Übertragung von Genossenschaftsanteilen bewirkt zudem keinen Mitgliedschaftswechsel; der Anteilserwerber verfügt einzig über die Vermögensrechte. Wohl gilt das Prinzip der offenen Tür, sodass der Erwerber einen Antrag um Aufnahme stellen kann. Die Statuten dürfen diesen Grundsatz nicht übermässig erschweren und können vielmehr sogar das Recht auf Eintritt für jeden Bewerber vorsehen. Solange die Praxis des Bundesgerichts dieses Recht auf Eintritt selbst dann nicht zuerkennt, wenn der Bewerber die statutarischen Eintrittsvoraussetzungen erfüllt, hilft diesem aber auch die liberalste statutarische Regelung nichts[9].

Aus diesen Gründen bleibt die grundsätzliche Anwendbarkeit der Regeln über öffentliche Kaufangebote auf eine mit Anteilen kotierte Genossenschaft als Zielge-

---

5 BEHG 2 a.
6 Botschaft zum Börsengesetz, Sonderdruck, S. 24.
7 Die Frage nach der Handelbarkeit von Genossenschaftsanteilen ist kontrovers: Wohl können die Anteilscheine blankozediert und Wertpapieren gleich börslich gehandelt werden (tatsächlich war die Schweizerische Volksbank – in Genossenschaftsform – während vieler Jahre mit ihren Anteilscheinen kotiert). Abgesehen von den zahlreichen rechtlichen Problemen als Folge dieses Konstruktes ist der börsliche Handel von Genossenschaftsanteilscheinen angesichts des gesetzgeberischen Willens, durch das Verbot der Ausgestaltung der Anteile in Wertpapierform deren Negotiabilität zu verhindern, jedoch hart an der Grenze zur unerlaubten Gesetzesumgehung (FORSTMOSER, Grossgenossenschaften, S. 211 ff.). Es erstaunt deshalb etwas, dass die Botschaft zum Börsengesetz (Sonderdruck, S. 24) die Anteile von Genossenschaften ohne weitere Erklärungen unter den Effektenbegriff subsumiert, obwohl der Wortlaut von BEHG 2 a diesen Schluss nicht zwingend nahelegt.
8 Siehe dazu S. 219 f.
9 BGE 98 II 221; 118 II 435.

sellschaft wohl selbst dann eine theoretische Angelegenheit, wenn zukünftig wieder Beteiligungsrechte einer Genossenschaft zum Handel zugelassen werden sollten[10].

Keinesfalls anwendbar sind aber die Regeln über die Offenlegung von Beteiligungen: nur Erwerb und Veräusserung von Aktien einer kotierten Gesellschaft – somit zwingend eine Aktiengesellschaft – werden davon erfasst.

3. Andere Gesellschaftsformen

Die gleichen Auswirkungen wie für die Aktiengesellschaft würden sich grundsätzlich auch bei einer *Kommandit-Aktiengesellschaft* ergeben. Wie an anderer Stelle[11] aufgezeigt wird, muss die Kommandit-Aktiengesellschaft als abhängiges Unternehmen (und damit als Zielgesellschaft) aus praktischen Gründen aber ausgeschlossen werden.

Neben Aktiengesellschaften und Genossenschaften können auch andere Gesellschaften Effekten im Sinne von BEHG 2 a ausgeben. In Frage kommen hier allerdings nur forderungsrechtliche Effekten oder Derivate. Für deren Zulassung gilt das Kotierungsreglement, welches die Voraussetzungen für die Kotierung nennt: Nach Art. 8 Kotierungsreglement bedarf es zum einen einer ausgewiesenen Eigenkapitalausstattung von mindestens Fr. 25 Mio., zum anderen einer Mindestkapitalisierung für neu zu kotierende Beteiligungsrechte von Fr. 25 Mio. (Art. 14) bzw. eines Nominalbetrags in gleicher Höhe bei Anleihen (Art. 15).

Bei der *GmbH* ist ein Eigenkapital in dieser Höhe aufgrund der Beschränkung auf ein Stammkapital von Fr. 2 Mio. nicht möglich, weshalb diese Rechtsform für den börslichen Handel von vornherein nicht in Betracht fällt.

Bei *einfachen Gesellschaften*, *Kollektiv-* und *Kommanditgesellschaften* sowie *Vereinen* fehlt es zwar an einem gesetzlichen Ausschluss, es braucht aber schon sehr viel Phantasie, um sich bei den skizzierten Voraussetzungen einen Börsengang vorstellen zu können. Bei forderungsrechtlichen Effekten kommen die konzernrechtlich besonders relevanten Bestimmungen des 4. und 5. Abschnitts ohnehin nicht zum Zug, aber immerhin müssten bei einer Kotierung Rechnungslegung und Publizität dieser Gesellschaften erheblich höheren Anforderungen als nach OR 957 entsprechen. Wie andernorts[12] dargelegt wird, eignen sich diese Gesellschaftsformen jedoch grundsätzlich nicht als abhängige Unternehmen in einem Konzern.

---

10 Gemäss Auskuft der Zulassungsstelle der Schweizer Börsen ist zur Zeit keine Genossenschaft mit Beteiligungspapieren kotiert (Stand: September 1996).
11 Siehe S. 198.
12 Für die Personengesellschaften siehe S. 242 ff.; für den Verein siehe S. 227 ff.

III. Konkrete Auswirkungen auf den Konzern

1. Rechnungslegung und Publizität

Die Rechnungslegung[13] für kotierte Unternehmen muss von Gesetzes wegen erhöhten Anforderungen genügen. BEHG 8 III verlangt, dass das Kotierungsreglement international anerkannten Standards Rechnung trägt. Im Kotierungsreglement der Schweizer Börsen wird nun neu der Grundsatz des "true and fair view" statuiert, der dem schweizerischen Recht bislang fremd war. Nach OR 662a II gilt lediglich das Gebot der Vorsicht: Beschönigen ist verboten, Tiefstapeln (d.h. die Bildung von stillen Reserven) aber nicht. Der innere Wert einer nicht kotierten Aktiengesellschaft ist aus dem Geschäftsbericht gemäss OR 662 nicht ersichtlich. Demgegenüber muss die Rechnungslegung einer kotierten Aktiengesellschaft "ein den tatsächlichen Verhältnissen entsprechendes Bild der Vermögens-, Finanz- und Ertragslage vermitteln"[14], wobei zu diesem Zweck die FER-Richtlinien[15] übernommen werden.

Einer weiteren Verbesserung der Transparenz dient die sog. Ad hoc-Publizität[16], d.h. die Pflicht zur Bekanntgabe von kursrelevanten Tatsachen. Als kursrelevant gelten neue Tatsachen, "die wegen ihrer beträchtlichen Auswirkungen auf die Vermögens- und Finanzlage oder auf den allgemeinen Geschäftsgang des Emittenten geeignet sind, zu einer erheblichen Änderung der Kurse zu führen". Darunter fallen Strukturveränderungen (z.B. tiefgreifende Reorganisation des Unternehmens, wesentliche Akquisitionen oder Desinvestitionen), Kapitalveränderungen, wesentliche Änderungen der Gewinnsituation oder des Geschäftsverlaufs sowie Veränderungen in der Zusammensetzung der Organe[17].

Folge dieses erhöhten Standards bei der Rechnungslegung und Publizität ist die erheblich bessere Information von Aktionär und Markt, was dazu beiträgt, dass die Anlage korrekt bewertet wird und eine Benachteiligung des Publikumsaktionärs erschwert wird. So sind diese Regeln von BEHG 8 bzw. des Kotierungsreglements überaus wertvolle Instrumente im Hinblick auf den Minderheitenschutz im Konzern[18].

---

13 Vgl. dazu auch S. 90 ff.
14 Art. 66 Kotierungsreglement.
15 Fachempfehlungen zur Rechnungslegung (FER), Art. 67 Kotierungsreglement. Vgl. zum Ganzen auch S. 98 f.
16 Art. 72 Kotierungsreglement.
17 Vgl. Erläuterungen zur Ad hoc-Publizität der Zulassungsstelle, Hrsg. Schweizer Börse, S. 8 f.
18 Der freie Aktionär erhält die Informationen über die Jahres- und Konzernrechnung kraft OR 697h entweder durch Publikation im SHAB oder durch persönliche Zustellung auf Verlangen.

2. Meldepflicht für Beteiligungen

Massgebliche Beteiligungen sind kursrelevante Informationen. Im Wissen um die Beteiligungsverhältnisse einer Aktiengesellschaft werden die gehandelten Effekten vom Markt korrekt beurteilt.

Das Aktienrecht kennt nur die Meldepflicht für die Gesellschaft (OR 663b 7, 663c). Die aktienrechtliche Konzeption weist zudem in verschiedener Hinsicht Mängel auf[19].

Demgegenüber verpflichtet das BEHG nun den Aktionär, Erwerb oder Veräusserung einer massgeblichen Beteiligung der Gesellschaft zu melden, falls er die Schwellen von 5, 10, 20, 33⅓, 50 oder 66⅔% der Stimmrechte (gemäss dem jeweiligen Eintrag im Handelsregister[20]) erreicht, über- oder unterschreitet. Dabei ist unerheblich, ob diese Stimmrechte ausübbar sind oder nicht (beispielsweise wegen noch ausstehender Eintragung im Aktienbuch bei vinkulierten Namenaktien oder einer statutarischen prozentualen Stimmrechtsbeschränkung). Die Meldepflicht erwächst auch bei indirektem Erwerb oder beim Handeln in gemeinsamer Absprache.

Ein organisierter Zusammenschluss von natürlichen oder juristischen Personen kann der Meldepflicht als Gruppe nachkommen, wobei zusätzlich Angaben über die Identität der einzelnen Mitglieder, die Art der Absprache innerhalb der Gruppe und die Vertretung (BEHG 20 III, BEHV-EBK 11) notwendig sind. Darunter fallen nebst den Aktionärbindungsverträgen insbesondere auch die Konzerne (gemäss BEHV-EBK 11 I b "Konzerne oder mehrheitlich beherrschte Unternehmensgruppen"). Wegen der Ausrichtung auf das Stimmrecht bei BEHG 20 sollte nach BÖCKLI[21] für den Konzernbegriff hier die stimmenmässige Beherrschung nach OR 659b als Kriterium ausreichen und nicht der Nachweis einer Zusammenfassung unter einheitlicher Leitung gemäss OR 663e notwendig sein. Einschneidende Folge dieser Gruppenmeldepflicht für Konzerne ist die Offenlegung der Identität der Konzernunternehmen und damit die Aufdeckung einer allenfalls versteckten Konzernstruktur. Demgegenüber ist die Angabe über die Art der Absprache angesichts der Seltenheit von Vertragskonzernen wenig ergiebig; der weitaus häufigste Fall des Beteiligungskonzernes beruht nicht auf Vereinbarungen. BEHG 20 III stellt aber auch eine Privilegierung der betroffenen Gruppen dar: Erwerb und Veräusserung von Paketen innerhalb der Gruppe müssen nicht gemeldet werden, wenn die bereits gemeldete Gesamtbeteiligung stabil bleibt.

---

19 Vgl. VON BÜREN/BÄHLER, Börsengesetz, S. 395. Zu den unterschiedlichen Konzepten von OR 663c und BEHG 20 vgl. BÖCKLI, Aktienrecht, N. 980i.
20 Entwurf BEHV-EBK 9 II und 23.
21 BÖCKLI, Aktienrecht, N. 980g. In gleicher Richtung auch die Erläuterungen zum Entwurf BEHV-EBK vom 4.3.1996, S. 10.

Die Meldung des Aktionärs geht an die Gesellschaft, welche ihrerseits die Informationen veröffentlichen muss (BEHG 21).

Folge der börsenrechtlichen Meldepflicht ist eine erhöhte Transparenz der Verhältnisse, welche dem freien Aktionär schon vor einer allfälligen Konzernierung seiner Gesellschaft zugute kommt. Zum einen wird – wie eingangs gesehen – sein Anteil vom Markt korrekt bewertet, zum anderen ist ein heimlicher Aufkauf von Anteilen bis zu einem massgeblichen Paket (mithin einer der Spielarten zur Konzernierung) nicht mehr möglich: Bei Erreichen der jeweiligen Stimmrechtsschwellen wird der heimliche Aufkäufer meldepflichtig. Aufgrund des gewählten Konzeptes im BEHG ist es mit der Anonymität der "société anonyme" vorbei: Selbst Inhaberaktionäre[22], Dispoaktionäre[23] und Aktionäre mit vorgeschobenem "nominee" müssen ihre Anteile bei gegebenen Voraussetzungen aufdecken. Wegen der Transparenz bezüglich der Beteiligungsverhältnisse ist es zudem nicht mehr möglich, dass ein freier Aktionär in eine beherrschte kotierte Aktiengesellschaft gelangt, ohne um deren Einbindung in einen Konzern zu wissen.

Die Verletzung der Meldepflichten[24] kann mit einer Busse bis zum doppelten Betrag des Kaufs- oder Verkaufspreises geahndet werden (BEHG 41)[25]. Der Aufsichtsbehörde, der EBK, stehen weiter die Mittel des Bundesverwaltungsrechtes zur Verfügung. Zivilrechtliche Sanktionen sind nicht vorgesehen.

Gemäss BEHG 51 sind innerhalb von drei Jahren nach Inkrafttreten des Gesetzes Beteiligungen von über 5% zu melden. So bleibt dem Aktionär, der anonym bleiben möchte, genügend Zeit, um seine Beteiligungspapiere sukzessive und ohne Hektik abzustossen.

---

22 Wertpapierrechtlich enthalten Inhaberaktien neben einer doppelten Präsentations- auch eine doppelte Legitimationsklausel, d.h. die Papiervorlage genügt als Legitimationsmittel, und der Schuldner (hier also die Gesellschaft) darf vom Gläubiger keine weiteren Nachweise verlangen. Ein Inhaberaktionär kann sich also nach Wertpapierrecht hinter seiner Anonymität verstecken und die Bekanntgabe seines Namens an die Gesellschaft verweigern.

23 Bei börsenmässig verkauften börsenkotierten Namenaktien meldet die verkaufende Bank den Veräusserer und die Zahl der verkauften Aktien unverzüglich der Gesellschaft, welche den Verkäufer aus dem Aktienbuch streicht (OR 685e). Bis zur Anmeldung des Erwerbers bei der Gesellschaft weiss diese nicht, wer Aktionär ist.

24 Aus dem Gesetz wird nicht klar, ob die angedrohte Sanktion auch bei Nichtmeldung einer Veräusserung von Beteiligungspapieren verhängt werden soll; anders als in BEHG 41 I b (Verletzung der Meldepflicht während eines laufenden Übernahmeangebotes nach BEHG 31) wird der Veräusserungstatbestand in BEHG 41 I a (Verletzung der Meldepflicht nach BEHG 20) nämlich nicht ausdrücklich genannt.

25 Zur Kritik an dieser Regelung vgl. VON BÜREN/BÄHLER, Börsengesetz, S. 396.

3. Öffentliches Kaufangebot

Eine Kontrollübernahme kann auf verschiedene Arten durchgeführt werden: Durch sukzessiven Kauf von Aktien an der Börse, durch ausserbörslichen Erwerb oder durch ein öffentliches Kaufangebot an die Aktionäre. Diese letzte Spielart wird im 5. Abschnitt des BEHG umfassend geregelt, falls die Beteiligungspapiere der Zielgesellschaft kotiert sind.

3.1. Ablauf des Angebotes

Der Anbieter wird verpflichtet, sein Angebot in einem wahren und vollständigen Informationsprospekt zu veröffentlichen, welcher von einer anerkannten Revisionsstelle oder einem Effektenhändler auf die Gesetzeskonformität hin überprüft wird[26]. Der Inhalt des Prospektes wird in der künftigen VO über öffentliche Kaufangebote geregelt und muss u.a. Angaben über die Identität des Anbieters, die bereits gehaltenen kapital- und stimmrechtsmässigen Beteiligungen und Erwerbsrechte, die Art der Finanzierung sowie Angaben zu den Absichten über die Art der Weiterführung des Unternehmens machen und die Vereinbarungen des Anbieters mit der Zielgesellschaft, mit deren Organen und Aktionären offenlegen[27]. Die Pflichten gemäss BEHG 24 – namentlich das Gleichbehandlungsgebot – gelten für alle, die mit dem Anbieter in gemeinsamer Absprache handeln. In Art. 12 III Entwurf VO über öffentliche Kaufangebote wird für den Fall, dass der Anbieter Mitglied eines Konzerns ist, die Vermutung aufgestellt, dass die anderen Gesellschaften des Konzerns in gemeinsamer Absprache mit dem Anbieter handeln. Das gleiche gilt, wenn ein Konzernunternehmen in gemeinsamer Absprache mit einem konzernfremden Anbieter handelt. So kann also nicht ein mit dem Anbieter verbundenes Konzernunternehmen während der Angebotsfrist Pakete zu anderen Konditionen kaufen, als sie der Anbieter gewährt.

Innert einer vernünftigen Frist können die Aktionäre in voller Kenntnis der Umstände über das Angebot entscheiden. Nach Ablauf der Frist hat der Anbieter das Ergebnis des öffentlichen Kaufangebotes zu veröffentlichen. Falls seine Bedingungen erfüllt wurden (z.B. indem die angestrebte Anzahl an Aktien erworben werden konnte) und die Übernahme somit zustande kommt, muss der Übernehmer die Angebotsfrist verlängern, um den verzichtenden Aktionären die Gelegenheit zu geben, doch noch auf den Zug aufzuspringen[28].

---

26 BEHG 24 und 25.
27 Art. 17-24 Entwurf VO über öffentliche Kaufangebote.
28 BEHG 27.

Während der Dauer eines öffentlichen Kaufangebotes gibt es für Erwerb und Verkauf von Paketen ab 5% der Stimmrechte eine zusätzliche Meldepflicht (BEHG 31). Nicht nur der Anbieter hat seine Fortschritte beim Aufkauf der Zielgesellschaft zu dokumentieren, sondern auch Dritte (und damit die sog. Parallelgeschäfte) werden meldepflichtig. Konzerne und andere organisierte Gruppen haben wiederum eine Gruppenmeldepflicht (BEHG 31 II).

3.2. Eingriffe in die Kompetenzordnung des Verwaltungsrates der Zielgesellschaft

Der oben aufgezeigte Ablauf kommt bei jedem öffentlichen Kaufangebot zum Tragen. Es ist unerheblich, ob die Übernahme mit dem Willen des Verwaltungsrates der Zielgesellschaft oder gegen dessen Willen (sog. "unfriendly takeover") durchgeführt werden soll.

BEHG 29 I verpflichtet nun den Verwaltungsrat, zum Angebot des Anbieters zu Handen der Aktionäre in einem wahren und vollständigen Bericht Stellung zu nehmen[29].

Sehr weit geht die Regelung von BEHG 19 II, wonach es dem Verwaltungsrat nach Veröffentlichung des Kaufangebotes bis zur Veröffentlichung des Ergebnisses verwehrt ist, Rechtsgeschäfte abzuschliessen, durch welche der Aktiv- und Passivbestand der Gesellschaft in bedeutender Weise verändert würde. Damit soll die strategische Leitung im Falle einer unfreundlichen Übernahme nicht noch schnell die Gesellschaft unattraktiv machen können. Die Verordnung über öffentliche Kaufangebote führt als gesetzeswidrige Abwehrmassnahmen auf[30]:

– Verkauf oder Erwerb von Betriebsteilen mit einem Wert von mehr als 10% der Bilanzsumme der Zielgesellschaft;
– Verkauf oder Belastung von Betriebsteilen oder von immateriellen Werten, welche zum Hauptgegenstand der Offerten zählen und vom Anbieter als solche bezeichnet werden (sog. "crown jewels");
– Abschluss von Verträgen mit Mitgliedern des Verwaltungsrates oder der Geschäftsleitung, welche unüblich hohe Entschädigungen für den Fall des Ausscheidens aus der Gesellschaft vorsehen (sog. "golden parachutes");
– Ausgabe von Beteiligungspapieren durch den Verwaltungsrat aufgrund einer von der Generalversammlung beschlossenen genehmigten oder bedingten Kapitalerhöhung mit Ausschluss des Bezugs- und Vorwegzeichnungsrechtes der Aktionäre, sofern der ermächtigende Generalversammlungsbeschluss nicht ausdrücklich die Ausgabe von Aktien im Fall eines Angebotes vorsieht.

---

29 Vgl. die kritischen Anmerkungen zur schriftlichen Stellungnahme bei BÖCKLI, Aktienrecht, N. 1661j und 1661k.
30 Art. 36 II Entwurf VO über öffentliche Kaufangebote.

Dennoch verbleiben dem Verwaltungsrat einige Mittel, um eine Kontrollübernahme abzuwehren (beispielsweise die Suche nach einem genehmeren Unternehmen, welches seinerseits die Zielgesellschaft übernehmen möchte)[31]. Zudem bleibt der Generalversammlung die volle Handlungsfähigkeit auch nach erfolgtem Übernahmeangebot erhalten, und der Verwaltungsrat darf entsprechende Beschlüsse selbstverständlich vollziehen. Dagegen darf die Generalversammlung ebenfalls nicht in die zwingenden Kompetenzen des Verwaltungsrats gemäss OR 716a eingreifen. Entsprechende Beschlüsse wären nach OR 706b 3 nichtig.

Natürlich sind auch präventiv gefasste Generalversammlungsbeschlüsse möglich, die im Falle eines Übernahmeversuches durch den Verwaltungsrat ausgelöst werden können[32]. Allerdings muss gemäss Art. 37 Entwurf VO über öffentliche Kaufangebote ein solcher Beschluss über Abwehrmassnahmen genügend bestimmt sein, damit der Verwaltungsrat diesen ohne grosse Ermessensfreiheit ausführen kann. Zudem wird die Wirkung eines solchen Generalversammlungsbeschlusses auf die Dauer von zwei Jahren beschränkt. Sollen präventiv beschlossene Abwehrmassnahmen ihre Gültigkeit länger behalten, müssen sie in Form einer Statutenklausel gefasst werden. Nach Veröffentlichung des Angebotes eines Anbieters müssen solche präventiv gefassten Beschlüsse – die anders als entsprechende Statutenklauseln nicht schon bekannt sind – innerhalb von zwei Börsentagen der Übernahmekommission mitgeteilt werden[33].

Die Abwehrmassnahmen der Zielgesellschaft – ob präventiv oder erst nach Kaufangebot beschlossen – sind vor deren Einsatz der Übernahmekommission zu melden[34]. Diese kann gegen Abwehrmassnahmen, die von einer Zielgesellschaft in offensichtlicher Verletzung des Gesellschaftsrechts ergriffen werden, mit ihrem verwaltungsrechtlichen Instrumentarium (d.h. insbesondere Verfügungen, Zwangsmassnahmen etc.) einschreiten[35].

3.3. Kraftloserklärung der restlichen Beteiligungspapiere ("Ausschlussrecht")

Geregelt wird im 5. Abschnitt des BEHG auch die Situation, dass der Anbieter nach einem öffentlichen Kaufangebot über praktisch alle Anteile der Zielgesellschaft verfügt. Vereinigt er mehr als 98% der Stimmrechte auf sich, wird er berechtigt, die

---

31 Vgl. dazu VON BÜREN/BÄHLER, Börsengesetz, S. 399.
32 Zu den Abwehrmöglichkeiten der Generalversammlung vgl. S. 119 ff.
33 Art. 35 II Entwurf VO über öffentliche Kaufangebote. Diese Regelung heisst nicht, dass Abwehrmassnahmen bis zu diesem Zeitpunkt beschlossen sein müssen. Die Übernahmekommission will damit erreichen, dass sie über die gefällten Beschlüsse (im Sinne von Art. 37 Entwurf VO über öffentliche Kaufangebote) informiert ist, unabhängig, ob diese eingesetzt werden oder nicht.
34 Art. 35 I Entwurf VO über öffentliche Kaufangebote.
35 Art. 38 Entwurf VO über öffentliche Kaufangebote.

restlichen nicht von ihm gehaltenen Beteiligungspapiere durch den Richter für kraftlos erklären zu lassen – unter voller Abgeltung des Wertes (BEHG 33).

Bei einer Kontrollübernahme kann sich das herrschende Unternehmen also der wenigen verbleibenden freien Aktionäre entledigen – es wird ihm damit praktisch ein "Ausschlussrecht" gewährt. Diese Regelung macht Sinn, denn so werden klare Verhältnisse geschaffen, die letztlich allen am besten dienen.

4. Zwangsangebot ("Austrittsrecht")

Beim Zwangsangebot nach BEHG 32 geht es nicht nur um einen Tatbestand im Rahmen eines öffentlichen Kaufangebotes, wie dies die Plazierung im 5. Abschnitt vermuten lassen könnte. Vielmehr ist es für die Pflicht zur Unterbreitung eines Kaufangebotes an alle Aktionäre einer Zielgesellschaft unerheblich, wie der massgebliche Aktionär zu seinem Anteil gekommen ist.

Wer direkt, indirekt oder in Absprache mit Dritten Beteiligungspapiere erwirbt (beispielsweise durch einen sukzessiven Kauf an der Börse, einen ausserbörslichen Kauf oder auch nach einem öffentlichen Teil-Kaufangebot[36]) und mehr als $33\frac{1}{3}\%$ der Stimmen einer Gesellschaft auf sich vereinigt[37], muss den übrigen Gesellschaftern ein Angebot zur Übernahme der restlichen Beteiligungspapiere unterbreiten[38]. Bestimmt wird weiter, dass der Preis des Angebotes mindestens dem Börsenkurs entsprechen muss und nicht mehr als 25% unter dem höchsten Preis liegen darf, den der Anbieter innert Jahresfrist für Beteiligungspapiere der Zielgesellschaft bezahlt hat.

BEHV-EBK 26 bestimmt, dass "Konzerne oder mehrheitlich beherrschte Unternehmensgruppen" in gemeinsamer Absprache handeln. Diese Formulierung lässt keinen Raum für den Beweis des Gegenteils offen. Somit reicht es für die Auslösung des Zwangsangebotes, wenn ein Konzern – verteilt auf seine Unternehmen – über $33\frac{1}{3}\%$ der Stimmrechte einer kotierten Aktiengesellschaft verfügt. Es ist also unerheblich, ob die einzelnen Unternehmen diese Beteiligung nur als Kapitalanlage (z.B. im Rahmen der Vorsorgeeinrichtungen) halten oder ob tatsächlich eine Beherrschung der Zielgesellschaft angestrebt wird.

Mit dieser Regelung werden die Rechte des freien Aktionärs einer kotierten Gesellschaft effizient gewahrt. Vorbei sind die Zeiten, in denen der Übernehmer massgebliche Pakete von einem starken Aktionär kaufte und ihm die dadurch resul-

---

[36] Der Anbieter kann bei einem öffentlichen Kaufangebot auch nur ein Teilangebot unterbreiten.
[37] Unabhängig davon, ob die Stimmrechte ausübbar sind oder nicht (BEHG 32 I).
[38] BEHG 32 II enthält verschiedene Ausnahmebestimmungen von diesem Grundsatz, und BEHG 32 III stellt klar, dass das Zwangsangebot nicht gilt, wenn Stimmrechte durch Schenkung, Erbgang, Erbteilung, eheliches Güterrecht oder Zwangsvollstreckung erworben wurden.

tierende Kontrolle über die Zielgesellschaft mit einer saftigen Kontrollprämie abgalt, während die verbleibenden Aktionäre ihre Aktien höchstens noch zu einem Bruchteil des Preises verkaufen konnten, den der Hauptaktionär erzielt hatte. Die Pflicht zur Unterbreitung eines Angebots läuft praktisch auf ein Austrittsrecht derjenigen freien Gesellschafter hinaus, welche sich mit den neuen Mehrheitsverhältnissen nicht abfinden wollen.

Mit der Festlegung der Schwelle bei 33⅓% der Stimmrechte wird der Tatsache Rechnung getragen, dass für die Kontrolle über eine Zielgesellschaft bei zersplittertem Aktionariat diese Stimmkraft in der Regel bereits ausreicht. Immerhin wird aber eine gewisse Kontrollprämie noch immer zugestanden, da ein massgebliches Paket mehr Wert hat als die Summe der einzelnen Anteile. BEHG 32 strebt also nur eine relative Gleichbehandlung an. Folge davon ist aber die unter Umständen erhebliche Verteuerung einer Kontrollübernahme.

Dieses "Zwangsangebot" gehörte zu den umstrittensten Regelungen im Börsengesetz[39]. Entsprechend wurde eine zweifache Korrekturmöglichkeit eingebaut: Die Zielgesellschaften können zum einen in ihren Statuten den Grenzwert für die Auslösung der Angebotspflicht bis auf 49% der Stimmrechte anheben (BEHG 32 I), zum anderen vor der Kotierung statutarisch festlegen, dass die Regelung des Zwangsangebotes für sie nicht gilt (sog. "opting out")[40].

Gemäss der Übergangsbestimmung in BEHG 52 trifft die Angebotspflicht auch denjenigen, der bei Inkrafttreten des Börsengesetzes mehr als 33⅓%, aber weniger als 50% der Stimmrechte einer Gesellschaft hält. Weiter gibt es die Möglichkeit des "opting out" auch für bereits kotierte Gesellschaften, welche innert zweier Jahre nach Inkraftsetzung eine entsprechende Statutenbestimmung erlassen können, auch wenn daraus eine Benachteiligung der Aktionäre im Sinne von OR 706 resultiert (BEHG 53 i.V.m. BEHG 22 III).

---

39 Vgl. dazu die Argumente pro und contra bei PLETSCHER, Übernahmeregelung, S. 174 ff.
40 BEHG 22 II; nach der Kotierung gilt die Einschränkung gemäss BEHG 22 III.

IV. Würdigung

Das BEHG steuert effiziente Lösungen zu typisch konzernrechtlichen Problemen bei und entspricht so einem echten Bedürfnis der Praxis. Insbesondere im Hinblick auf den Minderheitenschutz konnte einiges zur Entschärfung der Problematik beigetragen werden.

Es muss aber nochmals darauf hingewiesen werden, dass nur kotierte Unternehmen unter den Geltungsbereich des BEHG fallen und somit der grösste Teil der Gesellschaften nicht von den Vorteilen dieses Gesetzes profitieren kann. Dadurch entsteht trotz praktisch identischer konzernrechtlicher Problemstellungen ein Regelungsgefälle zwischen kotierten und nicht kotierten Unternehmen, welches auf die Dauer als schmerzlich empfunden werden könnte.

Drittes Kapitel

Konzern und Vertragsrecht

Das Thema dieses Kapitels, welches im weitesten Sinn Verträge im Zusammenhang mit Konzernen behandelt, lässt sich nach verschiedenen Gesichtspunkten unterteilen, nämlich nach dem Zeitpunkt des Vertragsschlusses (vor oder nach der Konzernierung), nach dem Vertragsinhalt oder nach den beteiligten Vertragsparteien.

Bevor von einem Konzern gesprochen werden kann, müssen juristisch selbständige Unternehmen unter einheitlicher wirtschaftlicher Leitung zusammengefasst werden. Eine *Konzernierung*[1] lässt sich unter anderem mittels Akquisitions-, Fusions-, Joint Venture-, Beherrschungs- und Aktionärbindungsverträgen sowie Betriebspachtverträgen erreichen. Betriebsüberlassungsverträge eignen sich dagegen für eine Konzernierung gerade nicht. All diesen Verträgen ist der I. Teil des Kapitels gewidmet.

Nach erfolgter Konzernierung kann die konkrete Ausgestaltung des Konzerns vertraglich festgelegt werden. Im Vordergrund stehen dabei die im II. Teil beschriebenen Gewinnabführungs- und Gewinngemeinschaftsverträge.

In der *Konzernbetriebsphase* werden zahlreiche Verträge abgeschlossen, sei es konzernintern oder zwischen einem Konzernunternehmen und Dritten. Diese Verträge werden im III.-V. Teil behandelt:

– *Konzerninterne Austauschverträge* (III. Teil),
– *Verträge mit Dritten* (IV. Teil),
– *Erklärungen des herrschenden Unternehmens zugunsten des abhängigen Unternehmens* als konzernrechtlicher Sonderfall (V. Teil).

---

1 DRUEY, Konzernrecht, S. 339, bezeichnet Verträge, welche die Unterordnung einer Gesellschaft unter eine andere bezwecken, als "Konzernverträge". Genauer wäre der Ausdruck "Konzernierungsverträge".

I. Verträge betreffend die Konzernierung

1. Akquisitionsverträge

Bereits an anderer Stelle wurde ausgeführt, dass Akquisitionen entweder in der Form einer Übernahme von Aktiven und Passiven oder als Beteiligungserwerb erfolgen können[2]. Die Vertragsgestaltung ist für die beiden Akquisitionstypen verschieden:

1.1. Übernahme von Aktiven und Passiven

Die Übernahme von Aktiven und Passiven[3] eines Unternehmens besteht einerseits aus einem Kaufvertrag über eine Reihe von Aktiven und andererseits aus einer Schuldübernahme[4].

Die Übertragung der *Aktiven* erfolgt mittels Singularsukzession[5]. Anders als bei der Universalsukzession sind für jedes einzelne Objekt die jeweils geltenden obligationen-, sachen- und allenfalls spezialrechtlichen Vorschriften zu beachten[6]. Dieses Vorgehen ist umständlich und sehr kostspielig[7].

Bei der Übernahme der *Passiven* dagegen greift die Sondernorm von OR 181: Sie setzt einen Übergang sämtlicher betroffener Schulden uno actu fest und befreit, im Gegensatz zur Schuldübernahme im Sinne von OR 176 ff., vom Erfordernis der Zustimmung der Gläubiger. Anderseits lässt sie die bisherigen Schuldner noch während zweier Jahre solidarisch haften.

Die Vertragsredaktion bei einer Aktiven- und Passivenübernahme bietet grundsätzlich keine besonderen Schwierigkeiten. Die dispositiven Kaufrechtsbestimmungen wie auch OR 181 liefern eine handliche Grundlage. Verstärkte Aufmerksamkeit verdienen immerhin folgende Gesichtspunkte:

– *Die Definition des Vertragsobjekts:* Da nicht eine Universalsukzession in das gesamte Vermögen einer juristischen Einheit vorliegt, sondern Vermögensteile

---

2 Siehe dazu S. 40 ff. Zu dieser Thematik sehr eingehend die Habilitationsschrift von WATTER, Unternehmensübernahmen.
3 Zu den Gründen für eine Übernahme von Aktiven und Passiven siehe S. 41.
4 Siehe zum Ganzen OR-TSCHÄNI, N. 1 ff. zu OR 181; DERS., Unternehmensübernahmen, S. 19 ff.; WATTER, Unternehmensübernahmen, S. 53 f.; ferner SCHAD, Änderung, S. 30 f.
5 BGE 109 II 100 f.; 115 II 419; ferner die in der vorangegangenen Fn. zitierte Literatur.
6 Z.B. einfache Schriftlichkeit bei Forderungen, Marken, Patentgesuchen und Patenten, Traditio bzw. Traditionssurrogate bei beweglichen Sachen, öffentliche Beurkundung und Grundbuch-Anmeldung bei Grundstücken, Indossament bei Namenaktien und Wechseln, Zustimmung der Gegenpartei bei Verträgen sowie des Arbeitnehmers zum Übergang des Arbeitsverhältnisses (OR 333 I; siehe dazu – im Zusammenhang mit Betriebsübernahmen zwecks Unternehmenssanierung – PFEIFER/DORMANN BESSENICH, Stolperstein, S. 28).
7 Siehe S. 41.

einzeln übernommen werden, kommt der Umschreibung des Vertragsgegenstandes grosse Bedeutung zu: Welche Aktiven sollen genau übernommen werden[8] und welche Passiven eben nicht[9]? Zu beachten ist dabei namentlich die zeitliche Abgrenzung (z.B. Lagerbestände per 31. Dezember, Debitoren nach dem 1. Januar des darauffolgenden Jahres).

– *Die Gewährleistung für die zu erwerbenden Aktiven:* Der Verkäufer muss über die zu veräussernden Aktiven grundsätzlich frei verfügen können, insbesondere dürfen die Aktiven nicht ohne sein Wissen zugunsten Dritter belastet sein[10] (*Rechtsgewährleistung*). Ferner hat der Verkäufer für die allgemein vorauszusetzenden und insbesondere die zugesicherten Eigenschaften[11] der Aktiven einzustehen (*Sachgewährleistung*). Für den Fall einer solchen Haftung wird meist ein Teil des Kaufpreises für einen bestimmten Zeitraum, z.B. zwölf Monate, vom Käufer zurückbehalten oder auf einem Sperrdepot hinterlegt und gegebenenfalls mit Forderungen aus Rechts- oder Sachgewährleistung verrechnet. Wird dagegen der Kaufpreis sogleich voll entrichtet, bestellt der Verkäufer häufig eine Bankgarantie zugunsten des Käufers.
– *Die Beschränkung der Haftung des Erwerbers gegenüber Dritten:* Gewöhnlich sind mit der Übernahme von Aktiven und Passiven auch Waren oder Dienstleistungen verbunden, welche vom Verkäufer vor der Übernahme an Dritte verkauft bzw. erbracht worden sind. In diesem Fall ist es wichtig, ausdrücklich zu vereinbaren, dass allfällige aus solchen Geschäften entstehende Forderungen dieser Dritten nicht vom Erwerber zu erfüllen sind, sondern weiterhin vom Veräusserer.

1.2. Erwerb einer Beteiligung

Wirtschaftliche Gesichtspunkte der Beteiligungsakquisition sind bereits an anderer Stelle angesprochen worden[12]. Nachstehend wird nunmehr auf den typischen Ablauf einer solchen Transaktion mit ihren sich üblicherweise stellenden vertragstechnischen Problemen eingegangen[13].

---

8   Z.B. welche Grundstücke, Anlagen sowie Lager an Rohstoffen, Zwischenfabrikaten und Fertigprodukten, welche Immaterialgüterrechte, allenfalls welche Verträge mit Dritten, welche Debitoren und u.U. welche nicht etc.
9   Z.B. Produktehaftpflichtansprüche für Waren, welche vor dem Übernahmedatum verkauft wurden; Steuernachforderungen; bereits gerichtlich gegen den Veräusserer geltend gemachte Forderungen usw.
10 Etwa durch Pfandrechte oder Nutzniessungen.
11 So bezüglich des Verfalldatums der übernommenen Lager, des Zustandes der Anlagen oder der Bonität der Debitoren (z.B. Debitorenverluste nicht grösser als 0,5% nach 12 Monaten).
12 Siehe S. 42.
13 Sehr eingehend zu diesem Bereich WATTER, Unternehmensübernahmen, S. 117 ff.

In der Regel wickelt sich die Akquisition mittels Beteiligungserwerbs in folgenden Schritten ab:

- *Geheimhaltungsvereinbarung ("Secrecy Agreement"):* Regelmässig ist bereits der Umstand geheim zu halten, dass ein Unternehmen Akquisitionsverhandlungen führt. Während der ersten Kontakte werden meist schon Informationen ausgetauscht, welche der Öffentlichkeit nicht bekannt sind und an deren Geheimhaltung beide Parteien ein Interesse haben. In diesen Fällen besteht der erste Verhandlungsschritt in der Unterzeichnung eines (i.d.R. gegenseitigen) Geheimhaltungsabkommens, wonach sich jede Partei verpflichtet, sämtliche im Rahmen der Verhandlungen erhaltenen Informationen geheim zu halten, die ihr nachgewiesenermassen nicht bereits vorher bekannt waren oder ihr später von Dritten ohne Verletzung irgendwelcher Geheimhaltungspflichten zugänglich gemacht werden. In einzelnen Fällen wird die Geheimhaltungspflicht zeitlich befristet. Sie ist meist mit einer Konventionalstrafe bewehrt.
- *Absichtserklärung ("Letter of Intent"):* Zu Beginn der Akquisitionsverhandlungen ist meist nur bekannt, dass ein Unternehmen zu verkaufen (weil der Verkäufer seine Verhandlungsbereitschaft zum Verkauf äussert) bzw. zu erwerben ist (weil der Käufer Interesse am Kauf zeigt). Im Letter of Intent bekunden die beiden Parteien im wesentlichen ihre grundsätzliche Bereitschaft zu Gesprächen über die Veräusserung bzw. den Erwerb der Beteiligung. In dieser Phase werden bereits gewisse Rahmenbedingungen der Akquisition vereinbart, deren wichtigste wohl der Kaufpreis bzw. eine gewisse Bandbreite eines möglichen Kaufpreises darstellt. Im Letter of Intent werden zum Teil auch schon Nebenpunkte festgelegt, wie z.B. die weitere Tätigkeit des Verkäufers – sofern es sich bei diesem um eine natürliche Person handelt – im Unternehmen, etwa als Verwaltungsrat oder Berater, bzw. die Abfindung für sein Ausscheiden aus dem Unternehmen.

  Freilich stellt der Letter of Intent keine Verpflichtung zum Abschluss eines Kaufvertrages dar, sondern fördert bloss den für die weitere Willensbildung nötigen Informationsaustausch. Regelmässig behalten sich die Parteien vor, von der Absichtserklärung Abstand zu nehmen, wenn die obersten Leitungsorgane der beiden Parteien dem Letter of Intent nicht zustimmen, wenn gewisse Bedingungen (vor allem finanzieller Art) nicht erfüllt werden oder letztlich keine Einigung über den Akquisitionsvertrag erzielt wird. Immerhin kann die Absichtserklärung auch bindende Elemente enthalten, z.B. die Pflicht zur Lieferung bestimmter Informationen bzw. das Verbot, Dokumente zu kopieren oder mit Dritten zu verhandeln.
- *"Due Diligence":* Nachdem im Letter of Intent eine grundsätzliche Einigung über die Grössenordnung des Kaufpreises bzw. allenfalls über die Methode zu dessen genauerer Ermittlung erzielt worden ist, gilt es, die Grundlagen für dessen definitive Festsetzung zu überprüfen. Der Kaufpreis wird nicht nur nach quantitativen (z.B. Umsatz und Ertrag, bilanzierte Aktiven und Passiven), sondern massgeblich

auch nach qualitativen Kriterien bestimmt (z.B. Qualität der Führung, strategische Aussichten, Wettbewerbsumfeld, in Entwicklung befindliche neue Produkte usw.). Der Käufer muss Gelegenheit erhalten, auch die qualitativen Aspekte zu überprüfen, um eine hinreichende Grundlage für die Festsetzung seiner Kaufpreisofferte bzw. für die Fällung seines Kaufentscheids zu erlangen. Diese vertiefte Einblicknahme in das Unternehmen wird als "Due Diligence" bezeichnet, d.h. der Käufer wird das Kaufobjekt mit "gebotener Vorsicht" von innen näher betrachten, in Dokumente[14] Einsicht nehmen und mit ausgewählten Personen Gespräche führen. Im Rahmen der Due Diligence können auch aussenstehende Fachleute beigezogen werden.

– *Verpflichtungsgeschäft ("Vertragsunterzeichnung", "Signing"):* Nach Abschluss des Due Diligence-Verfahrens einigen sich die Parteien endgültig über den *Kaufpreis* und legen die übrigen Bedingungen des Akquisitionsvertrages fest. Der vereinbarte Kaufpreis beruht meist auf der letzten ordentlichen bzw. der auf einen bestimmten Stichtag hin speziell erstellten Bilanz und Erfolgsrechnung und ist mit dem Vorbehalt verbunden, dass deren Richtigkeit durch die anschliessende Überprüfung seitens der Revisionsstelle bestätigt wird.

Der wichtigste Bestandteil des Akquisitionsvertrags sind die vom Verkäufer zu gewährenden *Garantien*, die sog. "Warranties". So kann der Vertrag z.B. vom Verkäufer die Abgabe von Garantien verlangen, wonach
– die Geschäftsbücher aufgrund allgemein anerkannter und während der letzten Jahre nicht geänderter Buchhaltungsgrundsätze geführt wurden;
– alle in der Bilanz aufgeführten Aktiven tatsächlich vorhanden sind und keine Veräusserung von Aktiven nach dem Bilanzstichtag stattgefunden hat, die sich nicht aus dem ordentlichen Geschäftsgang ergibt;
– unbrauchbare oder überalterte Lagerbestände vollständig abgeschrieben sind;
– die in der Bilanz aufgeführten Forderungen zu Recht bestehen und eingetrieben werden können bzw. – sofern dies nicht der Fall sein sollte – entsprechende Rückstellungen gebildet wurden;
– abgesehen von den in der Bilanz aufgeführten und zutreffend bewerteten Verbindlichkeiten keine Passiven bestehen und nach dem Bilanzstichtag keine neuen Verbindlichkeiten begründet wurden, welche sich nicht aus dem ordentlichen Geschäftsgang ergeben;
– keine Steuern oder andere Abgaben geschuldet sind, für die nicht ausgewiesene Rückstellungen gebildet wurden;
– die in der Bilanz aufgeführten Aktiven nicht zugunsten Dritter belastet sind;
– keine Garantien, Hypotheken oder ähnliches zur Sicherung von Verbindlichkeiten Dritter gewährt wurden;

---

14 Z.B. Verträge, Versicherungspolicen, Marketingpläne, Lohnlisten, hängige Gerichtsverfahren, Steuerdokumente, Auszüge aus amtlichen Registern usw.

- die aufgeführten Immaterialgüterrechte bestehen;
- keine gerichtlichen oder verwaltungsrechtlichen Verfahren gegen das Unternehmen hängig sind;
- alle Verträge mit Dritten, welche nicht innert sechs Monaten oder ohne Entschädigung aufgelöst werden können, im Anhang aufgeführt sind;
- zwischen der Unterzeichnung des Letter of Intent und dem Verfügungsgeschäft ("Closing")[15] keine ausserordentlichen Ereignisse eingetreten sind, welche einen Einfluss auf die Aktiven und Passiven bzw. die Ertragslage der Gesellschaft haben können[16], und in dieser Zeit auch keine Dividenden ausgeschüttet wurden;
- die Gesellschaft in der Zeitperiode X einen Gewinn vor Steuern von Y ausweisen wird.

Bei diesen Garantien handelt es sich um zugesicherte Eigenschaften, bei deren Fehlen ein Sachmangel vorliegt, welcher regelmässig eine Kaufpreisminderung zur Folge haben wird[17]. Gegebenenfalls können auch vom Gewährleistungsrecht unabhängige Garantieabsprachen vereinbart werden, welche eine Haftung nach OR 97 ff. auszulösen vermögen[18]. Das Ausmass dieser Kaufpreisminderung kann vertraglich oder durch nachträgliche Einigung zwischen den Parteien festgelegt oder durch ein im voraus eingesetztes Schiedsgericht bestimmt werden.

Die Garantien sind zeitlich beschränkt – meist auf zwölf Monate bzw. länger für allfällige Steuerforderungen – und regelmässig abgesichert durch die Rückbehaltung eines Teils des Kaufpreises oder dessen Hinterlegung auf einem Sperrdepot bzw. bei voller Bezahlung des Kaufpreises einer Bankgarantie des Verkäufers.

Schliesslich wird der Vertrag unterzeichnet, wobei er nicht selten eine Reihe von *Suspensivbedingungen* enthält, wie z.B. die Erteilung einer behördlichen Zustimmung zur Übernahme[19], die Ausgliederung nicht übernommener Unternehmensteile, den Rücktritt des früheren Verwaltungsrats, den Verzicht Dritter auf ein bestehendes Vorkaufsrecht oder die Eintragung im Aktienbuch bei vinkulierten Namenaktien.

---

15 Siehe dazu sogleich S. 297.
16 Eine ähnliche Bestimmung enthält BEHG 29 II im Falle eines öffentlichen Kaufangebots für eine in der Schweiz börsenkotierte Gesellschaft: In diesem Fall wird dem Verwaltungsrat der Zielgesellschaft untersagt, Handlungen zu unternehmen, welche einen erheblichen Einfluss auf den Aktiv- oder Passivbestand der Gesellschaft haben könnten. Zu dieser Frage siehe VON BÜREN/BÄHLER, Börsengesetz, S. 398 ff. m.w.H.; ferner S. 277 ff.
17 WATTER, Unternehmensübernahmen, S. 169.
18 Siehe dazu z.B. BUCHER, OR BT, S. 87 f., 105 ff.
19 In den meisten Fällen wird dies im Rahmen der Fusionskontrolle die Zustimmung der nationalen oder europäischen Wettbewerbsbehörden betreffen. Aber auch die Zustimmung anderer Behörden kann u.U. erforderlich sein und muss in diesem Fall vorbehalten werden (z.B. der Direction du Trésor in Frankreich).

– *Abschlussprüfung ("Audit"):* Nach Unterzeichnung des Kaufvertrags wird die ordentliche bzw. speziell auf einen vertraglich vereinbarten Stichtag hin erstellte Bilanz und Erfolgsrechnung durch eine meist vom Verkäufer zu bestimmende (und zu entschädigende) Revisionsstelle überprüft[20].
– *Verfügungsgeschäft ("Closing"):* Im Akquisitionsvertrag wird oft ein Stichtag ("closing date") festgelegt, an welchem die im Vertrag verabredeten Suspensivbedingungen erfüllt sein müssen. Ist dies der Fall, gehen vereinbarungsgemäss Eigentum und Gefahr hinsichtlich der Beteiligung auf den Käufer über, und der Kaufpreis wird fällig. Dessen definitive Festsetzung erfolgt erst im Zeitpunkt des Closings, soweit seine Höhe vom Vorliegen bestimmter Parameter abhängig gemacht wurde, welche bei der Vertragsunterzeichnung noch nicht bekannt waren (z.B. ob sich Bilanz und Erfolgsrechnung nach erfolgter Revision als einwandfrei herausgestellt haben).

2. Fusionsverträge

Eine Konzernierung kann auch dadurch erfolgen, dass zwei oder mehrere bisher juristisch und wirtschaftlich selbständige Unternehmen zu einer neuen juristischen und wirtschaftlichen Einheit verschmelzen, also fusionieren.

Ein Überblick über die Fusionen veranlassenden wirtschaftlichen Gesichtspunkte wie auch über die einzelnen Fusionsarten – Absorption, Kombination, ferner die rechtsform- und die grenzüberschreitende Fusion – findet sich weiter oben[21]. Aufgabe des vorliegenden Abschnittes bleibt es, den Abschluss und die Ausführung des Fusionsvertrages zu beschreiben, was vorab am Beispiel der Absorptionsfusion zwischen zwei Aktiengesellschaften erfolgen soll[22]. Nicht mehr erörtert werden die

---

20 WATTER, Unternehmensübernahmen, S. 129, erwähnt, der Verkäufer sei wegen der Bindungswirkung des Vertrags bereit, detaillierten Einblick zu gewähren. Diese Bereitschaft besteht aber nicht nur beim Audit nach Vertragsabschluss, sondern bereits im Rahmen des Due Diligence-Verfahrens vor Vertragsunterzeichnung, und zwar möglicherweise noch ausgeprägter: Der Verkäufer hat nämlich ein erhebliches Interesse daran, dem Käufer vor Unterzeichnung des Vertrages möglichst viele Informationen zu liefern, um dann im Rahmen der Vertragsverhandlungen vom Käufer verlangte Garantien mit der Begründung zu verweigern, die Gegenseite habe ja umfassenden Einblick erhalten und benötige daher keine entsprechenden vertraglichen Zusicherungen. Häufig werden die erteilten Informationen bzw. die zugänglich gemachten Dokumente im Vertrag als sog. "disclaimer" ausdrücklich aufgeführt.
21 S. 39 ff.
22 Siehe zur Absorptionsfusion eingehend ZK-BÜRGI/NORDMANN, N. 1 ff. zu OR 748; OR-TSCHÄNI, N. 1 ff. zu OR 748; zur Kombinationsfusion BÜRGI/NORDMANN, N. 1 ff. zu OR 749; OR-TSCHÄNI, N. 1 ff. zu OR 749; ferner zum Ganzen ROBERT MEIER, Fusionsvertrag, S. 5 ff.; TSCHÄNI, Unternehmensübernahmen, S. 63 ff.
    Als Beispiele einer Absorptionsfusion dienen der Fusionsvertrag zwischen der J.R. Geigy AG und der Ciba Aktiengesellschaft vom 15. September 1970 (veröffentlicht bei ERNI, Heirat, S. 75 ff.) sowie jener zwischen Sandoz AG, Ciba AG und Novartis AG vom 6. März 1996 (den Aktionären

im Rahmen der Abhandlung zum Beteiligungserwerb[23] eingehend beschriebenen Punkte Geheimhaltung, Absichtserklärung und Prüfung der wirtschaftlichen Lage des jeweils anderen Unternehmens. Die dortigen Ausführungen finden sinngemäss auf die Fusion Anwendung[24].

- *Verpflichtungsgeschäft:* Die Rechtsverhältnisse zwischen den an einer Fusion beteiligten Parteien werden in einem Fusionsvertrag festgelegt[25], einem Innominatkontrakt mit stark gesellschaftsrechtlichem Einschlag[26]. Dieser ist zwar formlos gültig, wird aber nahezu ausnahmslos in Schriftform abgeschlossen.

Beim Fusionsvertrag sind insbesondere die folgenden Punkte von Bedeutung[27]:
- Bezeichnung der Parteien,
- Verpflichtung zur Fusion,
- Strategische Gründe für den Zusammenschluss und die zukünftige Ausrichtung der Geschäftstätigkeit,
- Fusionsart (Absorptions-[28], Kombinations- oder unechte Fusion[29]),
- Sitz des neuen Unternehmens,
- Rechtsform und Führungsstruktur des neuen Unternehmens,
- Personelle Besetzung von Schlüsselstellen im Verwaltungsrat und in der Konzernleitung[30],
- Bestimmung der neuen Revisionsstelle,
- Bewertung der zu fusionierenden Unternehmen im Hinblick auf das Beteiligungsverhältnis am neuen Unternehmen[31],
- Festlegung des Verhältnisses für den Tausch der bestehenden Aktien in neue Aktien und genaue Abwicklung dieses Vorganges[32],

---

der Fusionspartner im März 1996 im Rahmen der Publikation "Erläuterungen für Aktionäre" auf S. 20 ff. zur Kenntnis gebracht und als "umgekehrte Doppelannexionsfusion" bezeichnet).

23 Siehe S. 293 ff.
24 Vgl. WATTER, Unternehmensübernahmen, S. 310.
25 Dazu eingehend WATTER, Unternehmensübernahmen, S. 312 ff.; ferner z.B. ROBERT MEIER, Fusionsvertrag, S. 19 ff.; OR-TSCHÄNI, N. 24 ff. zu OR 748; DERS., Unternehmensübernahmen, S. 68.
26 OR-TSCHÄNI, N. 25 zu OR 748; DERS., Unternehmensübernahmen, S. 68; a.M. ROBERT MEIER, Fusionsvertrag, S. 19 ff., insbes. S. 35 ff., der den Fusionsvertrag für einen gesellschaftsrechtlichen Vertrag hält.
27 Vgl. TSCHÄNI, Unternehmensübernahmen, S. 68.
28 In diesem Fall mitsamt der Bezeichnung jenes Unternehmens, das absorbiert wird.
29 Zu diesen Fusionsarten, einschliesslich der Hinweise zur sog. Quasifusion, siehe S. 42 ff.
30 Da alle Positionen zum Zeitpunkt der Fusion doppelt besetzt sind, ist die personelle Frage äusserst bedeutsam. Diesbezügliche Fehlentscheide (aber auch fehlende Entscheide!) können den Erfolg der gesamten Fusion gefährden.
31 Diese Bewertung beruht meist auf an einem bestimmten Stichtag abgeschlossenen Fusionsbilanzen. Damit verbunden sind häufig Vorbereitungsmassnahmen bei den zu fusionierenden Unternehmen, wie Kapitalerhöhungen oder -herabsetzungen, Dividendenausschüttungen, Aktiensplit oder Schaffung neuer Aktienkategorien (TSCHÄNI, Unternehmensübernahmen, S. 68).
32 Die Anteilscheininhaber des zu absorbierenden Unternehmens z.B. erhalten gegen Hingabe ihrer bisherigen Anteilscheine solche des übernehmenden Unternehmens. Dabei haben die Anteilscheine der beiden beteiligten Unternehmen in der Regel einen unterschiedlichen Wert, sodass etwa der

3. I. Verträge betreffend die Konzernierung   299

- Zeitplan der Fusion, namentlich Datum der Generalversammlungen, welche über die Fusion zu beschliessen haben,
- Vereinbarung eines Stillhalteabkommens bis zum Vollzug der Fusion bezüglich wesentlicher Veränderungen bei den Fusionspartnern,[33]
- Verhalten der Parteien bei einem gegen einen Fusionspartner gerichteten Übernahmeversuch eines Dritten vor Vollzug der Fusion,[34]
- Regelung betreffend die Kostentragung bei Nichtzustandekommen der Fusion wegen fehlender Zustimmung der Generalversammlung einer Partei,
- Einfügung von Suspensivbedingungen, wodurch der Fusionsvertrag abhängig wird von den Fusionsbeschlüssen der beiden Generalversammlungen[35] sowie u.U. weiterer Punkte, insbesondere der Zustimmung nationaler, internationaler oder supranationaler Stellen (bei Grossfusionen vorab Kartellbehörden) zum Vollzug der Fusion[36].

Häufig werden dem Fusionsvertrag die Statuten und das Organisationsreglement des neuen Unternehmens als Anhang (und damit als Teil des Vertrags) beigefügt.

Was die übrigen Vertragspunkte betrifft, kann auf den nachfolgend zu behandelnden Joint Venture-Vertrag verwiesen werden[37].

Anteilscheininhaber des zu übernehmenden Unternehmens für die Hingabe zweier bisheriger Aktien bloss eine Aktie der übernehmenden Gesellschaft erhält (siehe dazu z.B. GUHL/KUMMER/DRUEY, Obligationenrecht, S. 702).
Ein Beispiel aus der Praxis findet sich im Fusionsvertrag vom 15.9.1970 anlässlich des Zusammengehens zur Ciba-Geigy AG: Die Aktionäre der J.R. Geigy AG erhielten für eine Geigy-Namenaktie zum Nennwert von Fr. 200.– zwei Ciba-Geigy-Namenaktien zum Nennwert von je Fr. 100.– sowie für eine Geigy-Inhaberaktie zum Nennwert von Fr. 200.– zwei Ciba-Geigy-Inhaberaktien zum Nennwert von je Fr. 100.–. In diesem besonderen Fall traten dadurch für die Aktionäre keine Nennwertverluste ein, was einer Voraussetzung des Zusammengehens entsprach, welche von der Wertgleichheit der J.R. Geigy AG und der Ciba Aktiengesellschaft ausging (ERNI, Heirat, S. 70, 76 f.).
Eine Abfindung durch Barzahlung an Stelle der Verschaffung von Aktien des übernehmenden Unternehmens verstösst gegen den bei der Fusion geltenden Grundsatz der mitgliedschaftlichen Kontinuität und ist folglich nicht zulässig – bzw. ist eben gar keine Fusion mehr.

33   Z.B. Kapitalerhöhungen oder Ausgabe von eigenkapitalbezogenen Derivaten, grössere Akquisitionen oder Desinvestitionen sowie wesentliche Veränderungen in den Anstellungsbedingungen.
34   Die Fusionspartner können etwa "poison pills" oder "golden parachutes" im Fusionsvertrag vorsehen, um die Übernahme durch einen Dritten unattraktiv zu machen. Dies ist im Fusionsvertrag Novartis in Art. 7.4 und 7.5 erfolgt.
Zu diesen und anderen Abwehrmassnahmen, welche sich namentlich an den Rahmen von BEHG 29 zu halten haben, siehe S. 285 f. sowie Botschaft BEHG, S. 1414 f.; VON BÜREN/BÄHLER, Börsengesetz, S. 398 ff.; MEIER-SCHATZ, Betrachtungen, S. 61 ff.; DERS., Unternehmensübernahmen, S. 106 ff.; TSCHÄNI, Unternehmensübernahmen, S. 237 ff.
35   Die diesbezüglichen und weitere die Fusion betreffende Fragen wurden bereits auf S. 42 ff. erörtert.
36   Vgl. Fusionsvertrag Novartis Art. 13.2.
37   Sogleich S. 300.

3. Joint Venture-Verträge

Bereits an anderer Stelle wurde dargelegt, dass ein Joint Venture sich durchaus als abhängiges Unternehmen in einem Konzern eignet[38], sofern es einem Partner gelingt, das Joint Venture zu beherrschen und es seiner einheitlichen wirtschaftlichen Leitung zu unterstellen. Aus diesem Grund soll unter den Verträgen betreffend die Konzernierung auch der Joint Venture-Vertrag kurz erwähnt werden.

Der Joint Venture-Vertrag legt die Grundsätze für das Betreiben eines Gemeinschaftsunternehmens fest, bildet also die Grundvereinbarung, kraft welcher zwei oder mehrere Unternehmen ein neues Unternehmen gründen oder sich an einem vorbestehenden beteiligen. Das Gemeinschaftsunternehmen verfolgt einen gemeinsamen Zweck im Interesse aller Beteiligten[39].

Der Joint Venture-Vertrag enthält in der Regel hauptsächlich Elemente der einfachen Gesellschaft, daneben aber auch solche eines synallagmatischen Vertrages. Je nach Gewichtung der beiden Elemente qualifiziert die Lehre den Joint Venture-Vertrag als einfache Gesellschaft[40] oder als Innominatkontrakt[41]. Typisch für diese Grundvereinbarung ist, dass sie Abmachungen enthält, welche die Rechte und Pflichten überlagern, die sich für ihre Vertragspartner aus der gleichzeitigen Beteiligung am Gemeinschaftsunternehmen ergeben. Ist also das Gemeinschaftsunternehmen eine Aktiengesellschaft, so kann in der Grundvereinbarung z.B. die Verpflichtung zur Beteiligung an Kapitalerhöhungen vorgesehen werden, obwohl der Aktionär von Gesetzes wegen zu keinen weiteren Leistungen als zur Liberierung der von ihm gezeichneten Aktien gezwungen werden kann[42]. Der Ausgestaltung eines Joint Venture-Vertrages sind im Rahmen der Privatautonomie nur die allgemeinen gesetzlichen Grenzen von OR 20 gesetzt.

Der Joint Venture-Vertrag regelt insbesondere[43]:

– Rechtsform des zu gründenden Gemeinschaftsunternehmens,
– Zahl der Gesellschafter,
– Unternehmenszweck,
– Kapital, Sitz und Firma des Gemeinschaftsunternehmens,
– Beteiligungsverhältnisse,
– Zusammensetzung, Bestellung und Kompetenzen der Organe,

---

38 Siehe S. 25 f.
39 Dazu ausführlich OERTLE, Gemeinschaftsunternehmen, S. 59 ff.
40 Vgl. OERTLE, Gemeinschaftsunternehmen, S. 101 ff. m.w.H.; ferner TSCHÄNI, Unternehmensübernahmen, S. 77 f.
41 HUBER, Vertragsgestaltung, S. 55 ff. m.w.H.
42 OR 680 I.
43 Zum Inhalt des Joint Venture-Vertrags siehe OERTLE, Gemeinschaftsunternehmen, S. 65 ff.; TSCHÄNI, Unternehmensübernahmen, S. 76 ff.

- Quorum für Beschlussfassungen, "deadlock"-Regelungen[44],
- Festlegung von Sperrminoritäten,
- Finanzierung der Gesellschaft (sei es durch Aktienkapital oder Darlehen); Vorgehen bei zukünftigen Kapitalerhöhungen,
- Spezielle Leistungen der Joint Venture-Partner (z.B. Lizenzierung von Immaterialgüterrechten, zur Verfügungstellung von Dienstleistungen oder Personal),
- Sacheinlagen (gegen Anteile) bzw. Sachübernahmen (gegen bar),
- Dividendenpolitik,
- Vorgehen bei Konflikten,
- Wettbewerbsverbot,
- Geheimhaltung,
- Dauer,
- Vor-, Ver- und Kaufsrechte für Aktien,
- Übertragung von Gesellschaftsanteilen an Dritte,
- Voraussetzungen und Bedingungen der Auflösung des Joint Venture-Vertrages sowie des Gemeinschaftsunternehmens[45],
- Anwendbares Recht und Gerichtsstand.

Der Joint Venture-Vertrag besteht meist nicht nur aus einem einzigen Vertrag, sondern aus einem ganzen Bündel von Abmachungen: Zum eigentlichen Joint Venture-Vertrag als Grundvereinbarung (Basisvertrag, accord de base, Partnership Agreement) gesellen sich in der Regel eine ganze Reihe weiterer Abmachungen, wie Lizenz-, Dienstleistungs-, Sacheinlage-, Liefer-, Vertriebs- oder Darlehensverträge (sog. Satellitenverträge[46]), sowie die Statuten des Gemeinschaftsunternehmens. Diese Dokumente sind meist als Beilagen Teil des Joint Venture-Vertrags, und deren Abschluss ist eine Bedingung für die Gültigkeit der gesamten Vereinbarung.

Während die Grundvereinbarung zwischen den Partnern des Gemeinschaftsunternehmens abgeschlossen wird, bestehen die Satellitenverträge zwischen dem Gemeinschaftsunternehmen und den einzelnen Partnern desselben. Um Streitigkeiten von Beginn an zu vermeiden, ist darauf zu achten, dass der Joint Venture-Vertrag und die Statuten einerseits und der Joint Venture-Vertrag und die Satellitenverträge andererseits keine Widersprüche enthalten, sondern auch im Detail aufeinander abgestimmt sind. Dies erfordert eine sorgfältige Vertragsredaktion, was in Anbetracht des Zeitdrucks während der Verhandlungen, der oft in letzter Minute erfolgenden Änderungen und der zum Teil umfangreichen Verhandlungsdelegationen nicht leicht zu bewerkstelligen ist.

---

44 D.h. Regelungen darüber, wie bei einer Patt-Situation in der Generalversammlung oder im Verwaltungsrat vorzugehen ist (z.B. Stichentscheid des Vorsitzenden, Ernennung einer Schiedsperson).
45 Gerade diese Punkte sind sauber und ausführlich zu regeln, da ein Ausstieg aus einem Gemeinschaftsunternehmen höchst komplexe Probleme aufwirft.
46 Dazu OERTLE, Gemeinschaftsunternehmen, S. 139 ff.

Die Auflösung des Gemeinschaftsunternehmens bei Beendigung des Joint Venture-Vertrags ist häufig mit prohibitiv hohen Steuern verbunden und damit faktisch ausgeschlossen[47]. Um die Liquidierung des Gemeinschaftsunternehmens und die damit verbundenen negativen Steuerfolgen zu vermeiden, sollten in den Joint Venture-Vertrag Bestimmungen aufgenommen werden, welche die Übernahme bzw. den Verkauf der Beteiligung am Gemeinschaftsunternehmen durch einen Partner vorsehen (z.B. Veräusserungspflicht des Partners, welcher den Joint Venture-Vertrag aufheben will, bzw. Übernahmerecht oder Kaufverpflichtung des Partners, der dies nicht wünscht). In diesem Fall sollte bereits bei Unterzeichnung des Joint Venture-Vertrags eine Einigung über den Übernahmepreis oder doch mindestens über den Grundsatz der Bewertung der Anteile erfolgen.

4. Beherrschungsverträge

Die Beherrschungsverträge sind im deutschen Konzernrecht im Zusammenhang mit dem Vertragskonzern geregelt[48]: Durch den Abschluss eines Beherrschungsvertrags unterwirft sich das abhängige Unternehmen dem Willen des herrschenden Unternehmens. Der Beherrschungsvertrag hat also – auch wenn er meist zusammen mit anderen Beherrschungsmitteln eingesetzt wird, so vor allem einer Beteiligung des herrschenden am abhängigen Unternehmen – konzernbildende Wirkung[49].

In der Schweiz kommen Beherrschungsverträge – und auch ihre Spielarten in Form von Weisungsverträgen[50] – nicht vor[51], weil Konzernierungen in der Regel auf der Basis von Beteiligungen sowie allenfalls personellen Verflechtungen beruhen und nicht auf Verträgen. Das Institut des Vertragskonzerns und der Beherrschungsvertrag als Mittel zu dessen Bildung sind aus diesen Gründen kaum bekannt.

Nach schweizerischem Recht wären Beherrschungsverträge wohl ohnehin nur zulässig, wenn einerseits die Statuten des abhängigen Unternehmens in ihrem Zweckartikel die Konzernierung vorsähen und andererseits die für die Organe gesetzlich zwingend vorgeschriebene Kompetenzordnung durch den Beherrschungsvertrag nicht verletzt würde[52].

Würde die Gewinnstrebigkeit des abhängigen Unternehmens durch den Beherrschungsvertrag aufgehoben, so wäre dafür die Zustimmung sämtlicher Aktionäre

---

47 Es liegt steuerrechtlich eine Liquidation vor, was die Besteuerung eines allfälligen Liquidationsgewinns nach sich zieht.
48 AktG §§ 291 ff.
49 Zum Beherrschungsvertrag im deutschen Konzernrecht siehe EMMERICH/SONNENSCHEIN, Konzernrecht, S. 141 ff.
50 Dazu GRAF, Konzerngesellschaften, S. 98 ff., m.w.H. auf die schweizerische Literatur (S. 98, Fn. 13).
51 HANDSCHIN, Konzern, S. 128, Fn. 63 m.w.H.
52 Dazu HANDSCHIN, Konzern, S. 127 ff.

erforderlich[53]. Daraus folgt, dass Beherrschungsverträge, welche die Gewinnstrebigkeit des abhängigen Unternehmens ausschliessen, praktisch nur abgeschlossen werden können, wenn das abhängige Unternehmen zu 100% dem herrschenden oder einem anderen Konzernunternehmen gehört.

5. Aktionärbindungsverträge

Viel eher als Joint Venture- und Beherrschungsverträge dürften in der Schweiz für eine Konzernierung Aktionärbindungsverträge in Frage kommen, d.h. Verträge zwischen den Aktionären einer Aktiengesellschaft[54].

Aktionärbindungsverträge kommen in der Schweiz sehr häufig[55] vor, obwohl sie im Gesetz nicht ausdrücklich erwähnt werden[56]. Die Literatur hat sich dagegen mit diesem Rechtsinstitut befasst[57].

Aktionärbindungsverträge wirken nur inter partes, haben also keine aktienrechtliche Wirkung[58]. Die Gesellschaft – mag sie auch noch so stark betroffen sein – darf nicht als Partei auftreten, weil dadurch die gesetzliche Vorschrift verletzt würde, wonach dem Aktionär keine andere Pflicht als jene der Liberierung auferlegt werden darf[59].

Für die Konzernierung von Bedeutung sind Aktionärbindungsverträge, welche sich mit der Stimmbindung befassen: Gelingt einem Aktionär allein die Beherrschung eines Unternehmens nicht, vermag er vielleicht verbündete Aktionäre vertraglich auf seine Linie zu bringen und damit den gemeinsamen Willen in der Generalversammlung durchzusetzen: Diese Aktionärsvereinigung kann in der Folge die Statuten ändern (und damit z.B. den Zweckartikel oder die Kapitalbasis) und den Verwaltungs-

---

53   OR 706 II 4.
54   Selbstverständlich können auch Verträge zwischen den Mitgliedern eines Unternehmens anderer Rechtsformen abgeschlossen werden. In der Praxis haben jedoch die Aktionärbindungsverträge weitaus die grösste Bedeutung, weil – anders als bei anderen Rechtsformen – der Gesellschafter einer Aktiengesellschaft von Gesetzes wegen zu keiner anderen Leistung als zur Liberierung der von ihm gezeichneten bzw. erworbenen Aktien verpflichtet werden darf (OR 680 I). Aus diesem Grund können darüber hinausgehende Pflichten von Aktionären nicht in den Statuten vorgesehen bzw. vertraglich mit der Gesellschaft vereinbart werden; solche Bestimmungen wären nichtig (OR 706b 3). Damit bleibt lediglich die Lösung einer vertraglichen Regelung zwischen den Aktionären.
55   FORSTMOSER/MEIER-HAYOZ/NOBEL, Aktienrecht, § 39 N. 148.
56   OR 663c II und BEHG 22 III nehmen die Aktionärbindungsverträge (indirekt) immerhin zur Kenntnis, indem diese Bestimmung eine Sondernorm für "verbundene Aktionärsgruppen" enthält.
57   BÖCKLI, Aktienrecht, N. 1436 ff. m.w.H., vor allem in Fn. 712; DERS., Aktionärbindungsverträge, S. 475 ff.; FORSTMOSER/MEIER-HAYOZ/NOBEL, Aktienrecht, § 39 N. 139 ff. m.w.H. in Fn. 48; FORSTMOSER, Aktionärbindungsverträge, S. 359 ff. m.w.H. in Fn. 24.
58   ZR 1970, S. 260 ff. (= SAG 1972, S. 85 ff.); ferner z.B. BÖCKLI, Aktienrecht, N. 1442; FORSTMOSER/MEIER-HAYOZ/NOBEL, Aktienrecht, § 2 N. 46, § 39 N. 158.
59   OR 680 I.

rat sowie – indirekt über den Verwaltungsrat – auch die Geschäftsleitung wählen und jederzeit absetzen. Dadurch gelingt es ihr im Ergebnis, die Strategie des Unternehmens sowie dessen Organisation und personelle Besetzung zu steuern.

Es ist unbestritten, dass Stimmbindungsvereinbarungen zulässig sind, sofern sie nicht dazu dienen, statutarische oder gesetzliche Schranken zu umgehen[60], die z.B. in Prozentklauseln bei der Vinkulierung[61] oder in Stimmrechtsbeschränkungen[62] bestehen können. Ist die Stimmbindung widerrechtlich, dann sind die entsprechenden Generalversammlungsbeschlüsse – sofern die Stimmbindung kausal für deren Zustandekommen war – anfechtbar[63].

6. Betriebspacht- und Betriebsüberlassungsverträge

Durch einen *Betriebspachtvertrag*[64] verpflichtet sich das verpachtende Unternehmen, seinen gesamten Betrieb dem Pächter zur wirtschaftlichen Nutzung auf eigene Rechnung und in eigenem Namen zu überlassen[65]. Die Gegenleistung besteht in einer Entschädigung, entweder in der Form eines festen Pachtzinses oder als Gewinnbeteiligung bzw. allenfalls als Dividendengarantie[66]. Die Integration des Unternehmens in den Konzern erfolgt somit ausschliesslich durch Vertrag, also ohne Beteiligung[67]. Dies erfordert auf der Seite des verpachtenden Unternehmens vorgängig eine Zweckänderung, da mit dem Abschluss des Vertrages die Aufgabe der eigenen Geschäftstätigkeit verbunden ist[68]. Für die Zeit der Vertragsdauer wird das betroffene

---

60 So BGE 109 II 43 ff.; 114 II 64; ZR 1990, S. 91 ff. (jeweils m.w.H.).
    Die Lehre hat aus dem in OR 691 I verankerten Verbot, wonach Aktien nicht zur Stimmrechtsausübung in der Generalversammlung überlassen werden dürfen, sofern damit die Umgehung einer Stimmrechtsbeschränkung beabsichtigt wird, ein allgemeines Verbot der Umgehung von Stimmrechtsbeschränkungen entwickelt. Entsprechende Vereinbarungen sind nichtig (siehe dazu z.B. FORSTMOSER/MEIER-HAYOZ/NOBEL, Aktienrecht, § 24 N. 94, § 39 N. 202 ff. m.w.H.).
61 OR 685d I.
62 Zu den gesetzlichen Stimmrechtsbeschränkungen siehe OR 659a I, 685f II und III sowie 695 I, zu den statutarischen OR 692 II.
63 So z.B. ZR 1990, S. 95 (in offener Auslegung von OR 691 III).
64 Zum Betriebspacht- bzw. Betriebsüberlassungsvertrag siehe ANDREAS VON PLANTA, Hauptaktionär, S. 32 ff.; GRAF, Konzerngesellschaften, S. 109 ff.; TAPPOLET, Konzernmässige Abhängigkeit, S. 122 f.; FRANZ-PETER OESCH, Minderheitenschutz, S. 159 f.
65 GRAF, Konzerngesellschaften, S. 109 f. m.w.H.
66 Eine Dividendengarantie ist aus technischen Gründen nur möglich, wenn der Verpächter Anteile am Unternehmen des Pächters hält.
    Siehe zum Ganzen ANDREAS VON PLANTA, Hauptaktionär, S. 32 f.
67 Der Betriebspachtvertrag dient häufig nicht der Konzernierung, sondern der noch näheren Anbindung eines an sich bereits abhängigen an das herrschende Konzernunternehmen (GRAF, Konzerngesellschaften, S. 95).
68 ANDREAS VON PLANTA, Hauptaktionär, S. 33; GRAF, Konzerngesellschaften, S. 110; TAPPOLET, Konzernmässige Abhängigkeit, S. 123.

Unternehmen konzerniert, sofern der Vertrag dem Pächter die Durchsetzung einer einheitlichen wirtschaftlichen Leitung ermöglicht.

Der *Betriebsüberlassungsvertrag* dagegen betrifft lediglich das Innenverhältnis. Zwar übernimmt auch hier der Übernehmer den Betrieb zur wirtschaftlichen Nutzung auf eigene Rechnung, doch tritt er im Namen des Eigentümers auf[69]. Obwohl dann im Innenverhältnis das Geschäftsergebnis dem Übernehmer zusteht, der die Eigentümer für die Betriebsüberlassung seinerseits entschädigt, ist der Betriebsüberlassungsvertrag für die Eingliederung eines Unternehmens in einen Konzern nicht geeignet: Da nach aussen nach wie vor der Eigentümer als Betreiber des Unternehmens erscheint, ist ein Auftritt unter einheitlicher wirtschaftlicher Leitung nicht möglich.

---

69 GRAF, Konzerngesellschaften, S. 109 m.w.H.

II. Verträge betreffend die Ausgestaltung des Konzerns nach erfolgter Konzernierung

1. Gewinnabführungsverträge

Wie der Name sagt, wird in einem Gewinnabführungsvertrag vereinbart, dass das abhängige Unternehmen seinen erwirtschafteten Gewinn – selbstverständlich nach Bildung der gesetzlich und statutarisch vorgeschriebenen Reserven – an das herrschende Unternehmen oder ein anderes Konzernunternehmen abführt, und zwar entgeltlich oder unentgeltlich.

Die Gewinnabführung ist nicht gleichzusetzen mit der Aufgabe der Gewinnstrebigkeit: Wird die Gewinnstrebigkeit aufgegeben, so will das Unternehmen keinen Gewinn mehr erzielen, z.B. weil Leistungen vor Steuern an die Aktionäre oder an Dritte erbracht werden, welche in der Ertragsrechnung des Unternehmens als Aufwand anfallen und folglich den Gewinn reduzieren. Bei der Gewinnabführung strebt das Unternehmen sehr wohl einen Gewinn an, doch schreibt der Vertrag vor, wie dieser zu verwenden ist[70].

Der Entscheid über die Verwendung des Bilanzgewinns steht freilich zwingend der Generalversammlung zu[71], welche sich ihrerseits an Gesetz und Statuten zu halten hat. Die Statuten können nun aber vorsehen, dass ein allfälliger Bilanzgewinn z.B. dem herrschenden Unternehmen zukommen soll. Ein solcher Beschluss verletzt allerdings das Gebot, die Aktionäre gleich zu behandeln[72], sofern am abhängigen Unternehmen Minderheitsaktionäre beteiligt sind und diese für die entgangenen Dividenden nicht anderweitig entschädigt werden. Besitzt andererseits das herrschende Unternehmen das abhängige Unternehmen zu 100%, kann das herrschende Unternehmen den Gewinnverwendungsbeschluss in der Generalversammlung des abhängigen Unternehmens allein und damit nach seinem Gutdünken fällen, weshalb sich ein Gewinnabführungsvertrag erübrigt. Zusammenfassend ist seine Bedeutung folglich bescheiden: Meist wird er entweder infolge der Beteiligung von 100% gar nicht nötig sein oder aber die – nicht anderweitig entschädigten – Minderheitsaktionäre werden in seinem Sinne lautende Gewinnverwendungsbeschlüsse verhindern.

---

70 Gewinn wird also erzielt, aber eben gezielt abgeführt. Dies übersieht GRAF, Konzerngesellschaften, S. 105, wenn er schreibt: "Die statutarische Verankerung einer unentgeltlichen Gewinnabführung ... widerspricht diesem unentziehbaren Recht des Aktionärs auf Gewinnerzielung" (im Sinne von GRAF aber auch CAFLISCH, Abhängige Gesellschaft, S. 132; ANDREAS VON PLANTA, Hauptaktionär, S. 22; TAPPOLET, Konzernmässige Abhängigkeit, S. 122).
71 OR 698 II 4.
72 OR 706 II 3.

2. Gewinngemeinschaftsverträge

Durch einen Gewinngemeinschaftsvertrag[73] verpflichten sich zwei oder mehr Unternehmen, ihren Gewinn bzw. Verlust zu poolen und nach einem vereinbarten Schlüssel aufzuteilen[74].

Das Motiv für den Abschluss eines Gewinngemeinschaftsvertrags wird wohl in aller Regel steuerlicher Art sein: Dadurch dürfte versucht werden, die Gewinne eines Vertragspartners mit den Verlusten der anderen Partei zu verrechnen und damit die konsolidierte Steuerbelastung zu senken. Da die Steuerbehörden jedoch weiterhin von einer Individualbesteuerung der einzelnen Konzernunternehmen ausgehen, werden solche Verträge ihr Ziel in der Regel nicht erreichen. Auch im jüngsten Sofortprogramm des Bundesrats zur Unternehmensbesteuerung ist diese sog. Verlustverrechnung innerhalb des Konzerns nicht vorgesehen[75].

Auch die aktienrechtliche Zulässigkeit von Gewinngemeinschaftsverträgen ist nicht ohne weiteres klar: Der Vertrag berührt die *Gewinnstrebigkeit* der beteiligten Unternehmen nicht[76], sodass die Zustimmung sämtlicher Aktionäre[77] nicht erforderlich ist, doch greift er unmittelbar in die Art der *Gewinnerzielung* ein. Der Gewinn wird nicht mehr durch die einzelnen Unternehmen erwirkt, sondern durch alle Vertragspartner gemeinsam. Dies stellt einen massiven Eingriff in die Unternehmenstätigkeit dar, welcher eine Anpassung des Unternehmenszwecks und damit im Falle einer Aktiengesellschaft einen qualifizierten Beschluss nach OR 704 I 1 voraussetzt.

Die *Gewinnverwendung* dagegen bleibt Sache der Vertragspartner. In einer Aktiengesellschaft wird darüber folglich die dafür allein zuständige Generalversammlung beschliessen[78]. Damit greift der Gewinngemeinschaftsvertrag nicht in die unübertragbaren Befugnisse der Generalversammlung ein und ist somit – unter Vorbehalt der entsprechenden Ausgestaltung des Zweckartikels des Unternehmens – zulässig.

---

73 Siehe dazu GRAF, Konzerngesellschaften, S. 106 ff.; FRANZ-PETER OESCH, Minderheitenschutz, S. 157 f.; ANDREAS VON PLANTA, Hauptaktionär, S. 31 f.; CAFLISCH, Abhängige Gesellschaft, S. 138 f.
74 GRAF, Konzerngesellschaften, S. 107, Fn. 50, erwähnt das Beispiel der drei Basler Chemieunternehmen Ciba, Geigy und Sandoz, welche am 7.9.1918 einen Vertrag abschlossen, in dem vereinbart wurde, die Erträge der drei Unternehmen für die Dauer von 50 Jahren zusammenzulegen und nach festen Quoten zu verteilen.
75 NZZ vom 7.2.1997, Nr. 31, S. 23.
76 GRAF, Konzerngesellschaften, S. 108.
77 OR 706 II 4.
78 OR 698 II 4.

III. Konzerninterne Austauschverträge

1. Allgemeine Bemerkungen zum Abschluss konzerninterner Verträge

1.1. Zum Problem von Austauschverträgen innerhalb einer wirtschaftlichen Einheit

Bei konzerninternen Verträgen kontrahieren Parteien, welche wohl juristisch selbständig sind, aber unter einheitlicher wirtschaftlicher Leitung stehen. Ihre Interessen richten sich nach jenen des herrschenden Unternehmens und sind insofern parallel.

Bei Austauschverträgen kann dies zu einem Ungleichgewicht zwischen den gegenseitig zu erbringenden Leistungen führen, da die vereinbarten Pflichten nicht wie unter Dritten "at arm's length" ausgehandelt, sondern im Interesse des Konzerns festgelegt werden.

Korrigierend greift hier die Norm von OR 678, insbesondere jene von OR 678 II ein: Danach sind Aktionäre (d.h. im Konzern das herrschende Unternehmen) sowie diesen nahestehende Personen (d.h. im Konzern die übrigen Unternehmen des gleichen Konzerns) zur Rückerstattung von Leistungen verpflichtet, wenn diese in einem offensichtlichen Missverhältnis zur Gegenleistung stehen[79].

1.2. Das Kontrahieren durch Doppelorgane

Das Problem der Vereinbarung von Leistungen zwischen Konzernunternehmen, die in einem offensichtlichen Missverhältnis zu den Gegenleistungen stehen, wird durch den Umstand verschärft, dass das Kontrahieren durch Doppelorgane im Konzern ziemlich häufig vorkommt[80]: So kann der Verwaltungsrat eines abhängigen Unternehmens gleichzeitig Organ des herrschenden Unternehmens sein und in dieser Funktion sowohl das abhängige Unternehmen wie auch das herrschende Unternehmen als Organ vertreten: Es liegt ein Fall einer sog. Doppelvertretung vor.

Dagegen ist grundsätzlich solange nichts einzuwenden, als kein Interessenkonflikt besteht und damit auch keine Gefahr, dass das Doppelorgan einseitig die Interessen einer Partei zuungunsten der anderen Partei wahrnimmt[81].

Interessenkollisionen im Konzern sind nun aber weitgehend programmiert, da das herrschende Unternehmen seinen Willen zwecks Erzielung einer wirtschaftlichen

---

79 Näheres dazu siehe S. 153 ff.
80 GRAF, Konzerngesellschaften, S. 71 ff.
81 BGE 93 II 481: "...la double représentation est admissible lorsqu'il n'existe aucun conflit d'intérêts entre les deux personnes représentées et qu'il n y a dès lors aucune raison de craindre que le représentant n'avantage l'une d'elles au détriment de l'autre."

Einheit beim abhängigen Unternehmen durchsetzen muss und damit häufig gegen dessen Interessen zu handeln gezwungen ist. Nach schweizerischem Recht ist jedoch "die Doppelvertretung wegen der Gefahr der Benachteiligung einer Vertragspartei grundsätzlich untersagt"[82], es sei denn, der Vertreter sei zum Abschluss des betreffenden Geschäfts ermächtigt worden oder dieses werde nachträglich genehmigt[83].

Im Konzern haben wir es mit einer besonderen Situation zu tun: Die Konzernleitung muss in den Konzernunternehmen eine einheitliche wirtschaftliche Leitung durchsetzen, wobei sie sich (im Falle einer Aktiengesellschaft) natürlicher Personen zu bedienen hat[84]. Dies können Dritte sein, welche als fiduziarische Verwaltungsräte den Willen der Konzernleitung im abhängigen Unternehmen durchsetzen. Es können aber auch Doppelorgane sein, welche sowohl beim herrschenden wie auch beim abhängigen Unternehmen als Organe auftreten. Doppelorgane gehören also sozusagen zum Wesen des Konzerns. Deren Delegation durch das herrschende Unternehmen und deren formelle Ernennung durch das abhängige Unternehmen schliesst stillschweigend[85] die Ermächtigung beider Parteien ein, sie beim Vertragsschluss zu vertreten[86]. Die Doppelvertretung im Konzern ist folglich zulässig[87].

2. Verträge betreffend die Nutzung von geistigem Eigentum und Dienstleistungen des herrschenden Unternehmens

Die einheitliche wirtschaftliche Leitung im Konzern bringt meist auch mit sich, dass sämtliche *Immaterialgüterrechte*[88] bzw. *Immaterialgüter*[89] des Konzerns bei der Konzernleitung oder einem speziell dafür gegründeten Konzernunternehmen gepoolt und von dort aus den einzelnen Konzernunternehmen zum Gebrauch überlassen werden[90]. Dies bedingt einerseits Systeme zum Erwerb dieser Rechte durch den Konzern und andererseits Mechanismen betreffend deren Überlassung zum Gebrauch.

---

82 BGE 106 Ib 148, ferner BGE 95 II 453; 99 Ia 9.
83 BGE 95 II 621, mit zahlreichen Verweisen auf weitere Entscheide.
84 OR 707 III.
85 Im Entscheid BGE 93 II 482 erwähnt das Bundesgericht ausdrücklich, dass eine solche stillschweigende Ermächtigung genügt: "Le représenté peut donc conférer au représentant l'autorisation de contracter avec lui-même ou d'agir comme double représentant par une manifestation de volonté expresse ou tacite. Pour dire qu'il y a autorisation tacite, il faut examiner les circonstances de chaque cas particulier...".
86 Zur Frage der stillschweigenden Ermächtigung (allerdings mit Fragezeichen versehen) siehe auch HANDSCHIN, Konzern, S. 119.
87 Im Ergebnis gleich: GRAF, Konzerngesellschaften, S. 75 m.w.H. in Fn. 211.
88 Patente, Marken und Herkunftsbezeichnungen, Muster und Modelle, Urheberrechte und verwandte Schutzrechte, Sortenschutzrechte und Rechte an Halbleitererzeugnissen.
89 Spezialgesetzlich nicht geschütztes geistiges Eigentum wie z.B. Know-how oder Warenausstattungen.
90 Siehe dazu S. 383 ff.

Zudem sind Konzerne im *Dienstleistungsbereich* arbeitsteilig organisiert: Bestimmte Dienstleistungen werden ausschliesslich von der Konzernleitung oder spezialisierten Konzernunternehmen erbracht und den Konzernunternehmen zur Verfügung gestellt.

Diesen Verträgen ist gemeinsam, dass sie mit konzerninternen Zahlungen verbunden sind. Solche Zahlungen decken einerseits die zentral bei der Konzernleitung anfallenden Kosten ab, werden aber häufig auch als Mittel zur steuergünstigen Gewinnabführung eingesetzt[91], was zu steuerlichen Problemen führt, auf die an anderer Stelle eingegangen wird[92].

2.1. Lizenzverträge

Durch den Abschluss eines Lizenzvertrages räumt das herrschende Unternehmen (oder ein auf das Halten und Verwalten von Immaterialgüterrechten spezialisiertes Konzernunternehmen) dem abhängigen Unternehmen das Recht ein, bestimmte Immaterialgüterrechte oder Immaterialgüter bzw. sogar sämtliche entsprechenden Rechte des Konzerns generell gegen Entschädigung zu nutzen[93].

Bei konzerninternen Lizenzverträgen kommen wettbewerbsbeschränkende Abreden, die bei Verträgen mit Dritten unzulässig wären (z.B. die Pflicht zum Bezug von Rohstoffen oder Halbfabrikaten bzw. von Anlagen oder Anlageteilen vom Lizenzgeber, Festsetzung von Verkaufspreisen für die Lizenzprodukte, entschädigungslose Abtretung von Verbesserungen des Lizenzobjekts), recht häufig vor, weil sie nur innerhalb des Konzerns Wirkungen zeitigen und damit kartellrechtlich keine Folgen haben[94].

Im übrigen unterscheidet sich ein konzerninterner Lizenzvertrag nicht von einem zwischen voneinander unabhängigen Dritten geschlossenen Lizenzvertrag. Es kann daher auf die einschlägige Literatur verwiesen werden[95].

2.2. Dienstleistungsverträge

Die Konzernleitung stellt den abhängigen Unternehmen regelmässig Dienstleistungen zur Verfügung, welche sie selbst erbringt oder von einem darauf spezialisierten

---

91 Der günstige Steuereffekt liegt darin, dass die entsprechenden Aufwendungen beim abhängigen Unternehmen als Aufwand steuerlich abzugsfähig sind und nicht wie die Dividenden aus versteuerten Erträgen ausgeschüttet werden. Handelt es sich beim Empfänger der Zahlungen um eine Holdinggesellschaft, so können diese Zahlungen u.U. sogar steuerfrei vereinnahmt werden. Näheres dazu siehe S. 340 ff.
92 S. 343 ff.
93 Siehe dazu S. 391 ff.
94 Siehe dazu S. 359 f.
95 VON BÜREN, Lizenzvertrag, mit einer vollständigen Übersicht über die Literatur zum Lizenzvertrag.

Konzernunternehmen in ihrem Auftrag erbringen lässt, was insofern sinnvoll ist, als nicht jedes Konzernunternehmen selbst über alle (meist recht kosten- und kapitalintensiven[96]) Dienstleistungen verfügt.

Der Gegenstand dieser Dienstleistungen kann je nach dem Tätigkeitsgebiet des Konzerns sehr verschieden sein. So sind z.B. Arbeiten in folgenden Bereichen typischerweise Gegenstand von konzerninternen Dienstleistungsverträgen:

- Produkteentwicklung und -verbesserung für lokale Märkte,
- Engineering von Produktionsanlagen,
- Entwicklung von Marketingkonzepten,
- Entwicklung von Datenverarbeitungsprogrammen,
- Erarbeitung und Implementierung von konzernweit standardisierten Controlling-Systemen,
- Bearbeitung von konzernspezifischen Rechtsfragen,
- Massnahmen im Bereich des Umweltschutzes,
- Qualitätskontrolle,
- Zentraler Rohstoffeinkauf,
- Sicherstellung einer zentralen Versicherungsdeckung (z.B. im Bereich der Produktehaftpflicht oder für Transportschäden).

Die Entschädigung erfolgt meist pauschal durch eine umsatzproportionale Abgabe. Seltener werden einzelne Dienstleistungen nach effektivem Aufwand oder auf der Basis von Stundensätzen verrechnet.

Vielfach ist die Überlassung von Dienstleistungen Teil eines Lizenzvertrags. Die Lizenzgebühr umfasst in diesem Fall nicht nur die Überlassung von Immaterialgüterrechten und Immaterialgütern zur Nutzung, sondern auch die Erbringung von Dienstleistungen durch den Konzern.

2.3. Franchiseverträge

Franchiseverträge enthalten i.d.R. bekanntlich nicht nur die Lizenzierung von Marken und Know-how, verbunden mit Dienstleistungen, sondern auch Warenlieferungen.

Für einen Konzern sind Franchiseverträge sehr geeignet, da sie einerseits einen weltweit identischen Marktauftritt für Produkte und Dienstleistungen des Konzerns ermöglichen und andererseits eine klare geografische Aufteilung der Märkte bewirken.

---

96 Man denke z.B. an die in gewissen Industriebereichen horrenden Kosten für Forschung und Entwicklung.

Wie bei den Lizenzverträgen ist auch hier der Konzern – solange es sich um konzerninterne Franchiseverträge handelt – nicht an das (gerade bei Franchiseverträgen wichtige) Verbot wettbewerbsbeschränkender Abreden gebunden[97].

Inhaltlich unterscheiden sich konzerninterne Franchiseverträge nicht von entsprechenden Verträgen zwischen voneinander unabhängigen Vertragspartnern. Es kann daher auf die entsprechende Literatur verwiesen werden[98].

2.4. Zentralkostenverträge

Konzerntypisch sind die von der Praxis entwickelten sog. Zentralkostenverträge. Dabei werden sämtliche im Rahmen des Konzerns erworbenen Immaterialgüterrechte und Immaterialgüter gepoolt und die entsprechenden Kosten sowie die Kosten für zentrale Dienstleistungen des Konzerns auf alle Konzernunternehmen verlegt, welche als Gegenleistung die Rechte nutzen und die Dienstleistungen in Anspruch nehmen dürfen[99].

Praktisch funktionieren Zentralkostenverträge wie folgt:

- Die Kosten, die im Zusammenhang mit dem Erwerb von Schutzrechten im Bereich des geistigen Eigentums bzw. für die Erbringung zentraler Dienstleistungen bei der Konzernleitung oder bei den einzelnen Konzernunternehmen anfallen, werden zentral erfasst und von einem unabhängigen Treuhandunternehmen überprüft, welches die Richtigkeit der Kostenerfassung bestätigt.
- Der gesamte Kostenblock zuzüglich eines Zuschlags für Verwaltungs- und Finanzierungskosten (sog. "mark-up") wird dann zum konsolidierten Konzernumsatz in Beziehung gesetzt und umsatzproportional auf alle Konzernunternehmen umgelegt.
- Die einzelnen Konzernunternehmen dürfen ihre eigenen Aufwendungen im Bereich des geistigen Eigentums bzw. für die Erbringung zentraler Dienstleistungen von dem von ihnen geschuldeten Zentralkostenbeitrag abziehen, wobei im Gegenzug die von ihnen in diesem Zusammenhang erworbenen Rechte an die Konzernleitung abgetreten werden.
- Durch die Bezahlung ihres Zentralkostenbeitrags erwerben die Konzernunternehmen im Gegenzug das Recht, sämtliche dem Konzern gehörenden Rechte ohne weitere Entschädigung zu nutzen und zentrale Dienstleistungen ohne zusätzliche Zahlungen zu beanspruchen.

---

97 S. 359 f.
98 Zum Franchisevertrag im allgemeinen BAUDENBACHER, Behandlung, S. 365 ff.; BAUDENBACHER/ROMMÉ, Rechtsprobleme, S. 1 ff.; GÜRZUMAR, Franchisevertrag, S. 1 ff.; SPR-SCHLUEP, S. 849 ff.; WANG, Funktionsweise, S. 335 ff.
99 Insbesondere zur Zentralisierung von Marken siehe HINNY, Marke, S. 135 ff.; vgl. ferner S. 391 ff.

Dieses System[100] hat den Vorteil grosser Transparenz und wird von den Steuerbehörden im allgemeinen akzeptiert, da die Gefahr ungerechtfertigter verdeckter Gewinnverschiebungen der abhängigen Unternehmen an den Konzern (wie sie bei Lizenz- oder Franchisegebühren und auch bei sonstigen Entschädigungen für Dienstleistungen des Konzerns besteht) praktisch ausgeschaltet ist.

3. Verträge betreffend die Produktion und den Vertrieb von Gütern

Im Rahmen eines Konzerns wird die Produktion von Gütern spezialisiert und innerhalb weniger Konzernunternehmen zusammengefasst, um möglichst grosse Mengen bei optimaler Auslastung der Anlagen und damit zu tiefen Kosten herstellen zu können[101].

Konzernunternehmen, welche diese Produkte vermarkten, aber nicht selbst herstellen, beziehen sie von den produzierenden Konzernunternehmen, wofür verschiedene Vertragstypen zur Anwendung gelangen.

3.1. Lohnfabrikationsverträge

Durch einen Lohnfabrikationsvertrag beauftragt ein Konzernunternehmen ohne eigene Produktionsanlagen oder mit ungenügender Produktionskapazität für die betreffenden Produkte ein anderes Konzernunternehmen mit deren Herstellung. Es handelt sich um einen Werkvertrag, der sich inhaltlich kaum von Verträgen zwischen voneinander unabhängigen Vertragsparteien unterscheidet.

Dabei ist das bestellende Konzernunternehmen Inhaber der für die Herstellung und den Vertrieb erforderlichen immaterialgüterrechtlichen Nutzungsrechte. Das beauftragte Konzernunternehmen stellt die Produkte also nach den Spezifikationen des bestellenden Konzernunternehmens her und liefert sie nach dessen Weisungen aus.

Da es sich um konzerninterne Lieferungen handelt (sog. "Transferlieferungen"), besteht eine erhebliche Gefahr, dass es zu verdeckten Gewinnausschüttungen kommt oder solche zumindest von den betroffenen Steuerbehörden vermutet werden. Um Diskussionen über unangemessene Transferpreise zu vermeiden, wird in zahlreichen Konzernen das sog. "cost-plus"-Verfahren angewendet, d.h. das produzierende Konzernunternehmen verrechnet seine (von einem konzernunabhängigen Treuhandunternehmen überprüften) Herstellungskosten zuzüglich eines vertraglich vereinbarten Prozentzuschlags.

---

100 Es wurde von der englischen Chartered Accountant Firm "Rawlinson and Hunter" in der Zeit um den Zweiten Weltkrieg für den Nestlé-Konzern entwickelt und gelangte später in weiteren schweizerischen Konzernen zur Anwendung.
101 Sog. "economies of scale".

3.2. Vertriebsverträge

Verfügt nur das produzierende Konzernunternehmen über die für die Herstellung und den Vertrieb erforderlichen immaterialgüterrechtlichen Nutzungsrechte, werden zwischen den beteiligten Konzernunternehmen statt Lohnfabrikationsverträgen Vertriebsverträge abgeschlossen. Im Zusammenhang mit dem Produkt werden also – anders als bei Lohnfabrikationsverträgen – die Marken des produzierenden Unternehmens verwendet, und das vertreibende Konzernunternehmen tritt lediglich mit einem Vertriebsvermerk in Erscheinung.

In diesem Fall stehen die beiden folgenden Vertragstypen im Vordergrund:

a) Alleinvertriebsverträge

Bei einem Alleinvertriebsvertrag bezieht ein Konzernunternehmen von einem anderen Konzernunternehmen Produkte, welche es in eigenem Namen und auf eigene Rechnung vertreibt. Es ist berechtigt, die betreffenden Produkte in einem bestimmten geografischen Gebiet exklusiv zu vertreiben.

Das vertreibende Konzernunternehmen trägt somit das volle unternehmerische Risiko, obwohl es sich eigentlich um Produkte des produzierenden Unternehmens handelt.

b) Agenturverträge

Es kommt nun aber auch vor, dass das vertreibende Konzernunternehmen nicht bereit ist, das wirtschaftliche Risiko einer Produkteinführung für das produzierende Konzernunternehmen zu übernehmen, sondern diesem lediglich seine Vertriebsorganisation gegen Entgelt zur Verfügung stellen will.

In diesem Fall liegt der Abschluss eines Agenturvertrags nahe, bei welchem das vertreibende Konzernunternehmen auf fremde Rechnung und in fremdem Namen handelt[102] und für seine Tätigkeit eine umsatzproportionale Provision erhält, die übrigen Kosten aber, insbesondere die Werbekosten, vom produzierenden Konzernunternehmen getragen werden.

---

102 OR 418a I.

IV. Verträge zwischen Konzernunternehmen und Dritten

1. Fragestellung

In diesem Abschnitt soll untersucht werden, inwieweit die Konzernverbundenheit die Bestimmung der Vertragsparteien und der vertraglichen Pflichten beeinflusst, wenn an einem Vertragsschluss Konzernunternehmen und Dritte beteiligt sind.

Wie jede natürliche oder juristische Person kann grundsätzlich ein einzelnes Konzernunternehmen aufgrund seiner juristischen Selbständigkeit in eigenem Namen und auf eigene Rechnung Verträge schliessen. Es allein wird dabei seitens des Konzerns berechtigt und verpflichtet, während der Konzern als Gesamtheit mangels Rechts- und Handlungsfähigkeit nicht Vertragspartei werden kann.

Ruft man sich jedoch die Konzerndefinition in Erinnerung, wonach zur juristischen Selbständigkeit des Konzernunternehmens als zweites charakteristisches Tatbestandselement die wirtschaftliche Einheit gehört, wird jedoch sofort klar, dass ein Konzernunternehmen nicht eine frei und autonom handelnde Vertragspartei ist, sondern bei der Gestaltung seiner Verträge "von oben" gesteuert wird, zumindest sofern es sich um Verträge mit einer gewissen wirtschaftlichen Bedeutung handelt. Das Spannungsverhältnis zwischen Leitungseinheit und juristischer Selbständigkeit widerspiegelt sich also auch im Konzernvertragsrecht, was nachfolgend näher erörtert werden soll.

2. Bestimmung der Vertragspartei

Betrachtet man die vertraglichen Beziehungen zwischen einem Konzernunternehmen und einem Dritten, so stellt sich zuerst die Frage nach der Vertragspartei[103]: Kontrahiert der Dritte mit dem herrschenden oder dem abhängigen Unternehmen?

Das herrschende wie das abhängige Unternehmen handeln (sofern es sich um Körperschaften handelt) durch ihre Organe. Diese natürlichen Personen üben u.U. ihre Funktion für mehrere Konzernunternehmen aus (sog. Doppelorganschaft)[104] oder sind Organ des einen Konzernunternehmens, vertreten jedoch ein anderes im Einzelfall nach den Regeln der bürgerlichen Stellvertretung von OR 32 ff.

Für den letztgenannten Fall jedoch gilt es zu beachten, dass die Tatsache der Konzernverbundenheit an sich noch keine Vertretungsmacht der Konzernunternehmen untereinander begründet[105]. Allenfalls könnte sich in einem konkreten Fall die

---

103 BOSMAN, Konzernverbundenheit, S. 83 ff.
104 Siehe dazu vorne S. 309 f.
105 BOSMAN, Konzernverbundenheit, S. 89 ff., 103.

Annahme einer Anscheinsvollmacht[106] aufdrängen. Eine solche ist umso eher zu bejahen, je stärker der Konzern durch das Konzernunternehmen im Zusammenhang mit der Vertragsentstehung in Erscheinung tritt, z.B. indem im Rahmen der Verhandlungen auf Weisungen der Konzernleitung Bezug genommen wird oder falls die Verhandlungen am Sitz eines anderen Konzernunternehmens oder gar der Konzernleitung stattfinden bzw. wenn an der Verhandlung Mitarbeiter der Konzernleitung teilnehmen.

Dagegen ginge es eindeutig zu weit, bei einem nach aussen einheitlichen Auftritt[107] des Konzerns im Geschäftsverkehr nach Treu und Glauben von einer stillschweigenden Bevollmächtigung eines Konzernunternehmens auszugehen[108].

3. Willensmängel in bezug auf konzernbedeutsame Tatsachen

Wie auch sonst bei Fragen zu Verträgen mit konzernverbundenen Vertragspartnern greifen bei Willensmängeln die Bestimmungen des Allgemeinen Teils des Obligationenrechts. Gleichwohl sind mehrere Gesichtspunkte bemerkenswert:

Für den Dritten kann etwa die wirtschaftliche Unabhängigkeit seines Vertragspartners eine conditio sine qua non für den Vertragsabschluss darstellen, z.B. wenn die mit der Vertragspartei konzernverbundenen Unternehmen Konkurrenten des Dritten sind oder der Vertrag auf einem engen Vertrauensverhältnis beruht[109]. Falls das kontrahierende Konzernunternehmen dies erkannte oder hätte erkennen müssen und es sich auch "bei objektiver Betrachtung rechtfertigt", die unternehmerische Unge-

---

106 Eine Anscheinsvollmacht liegt vor, wenn der Vertretene weder den Willen zur Vollmachterteilung noch die Kenntnis vom Auftreten eines anderen als seinem Vertreter hat, bei pflichtgemässer Sorgfalt aber hätte haben müssen und dies hätte verhindern können (vgl. GAUCH/SCHLUEP, Obligationenrecht, N. 1412).

107 Sog. "corporate identity" mit gleichen Firmenbestandteilen, Logos und Briefpapier sowie allenfalls gemeinsamer Werbung.

108 Als Beispiel zur Vertretung bei einer konzernverbundenen Vertragspartei dient das Urteil des Oberger ZH vom 17. März 1978 (in ZR 1978, S. 246 f.): Die beklagte X. Holding AG, eine herrschende Gesellschaft, hatte namens und im Auftrag ihrer abhängigen Gesellschaft, der Y. S.A., ein Grundstück in Mallorca an den Kläger verkauft, welcher in der Folge bei einem weiteren abhängigen Unternehmen der Beklagten Mängel geltend machte. Nachdem diese nicht zur Zufriedenheit des Klägers beseitigt worden waren, verlangte er von der Beklagten Minderung. Diese bestritt ihre Passivlegitimation, weil gemäss Kaufvertrag nicht sie, sondern die Y. S.A. Vertragspartei sei, was vom Oberger ZH gestützt wurde: Bei einfachen Vorgängen wie z.B. einem Kaufvertrag könne nicht verlangt werden, es sei statt auf die Rechtsform der Unternehmen auf die wirtschaftlichen Zusammenhänge abzustellen, da ansonsten bei jedem Rechtsgeschäft der behauptete Durchgriff zu prüfen sei und so kein vernünftiger Geschäftsverkehr mehr möglich wäre.

109 Z.B. Dauerschuldverhältnisse oder Verträge über Immaterialgüter(-rechte), Verträge auf Arbeitsleistung, Forschungskooperationen und Joint Ventures (siehe zum Ganzen BOSMAN, Konzernverbundenheit, S. 96 ff.).

bundenheit als "notwendige Vertragsgrundlage anzusehen"[110], kann der Dritte den Vertrag wegen *Grundlagenirrtums* nach OR 24 I 4 und 31 anfechten[111].

Umgekehrt kann auch die Zugehörigkeit eines Unternehmens zu einem Konzern für den Vertragspartner Geschäftsgrundlage bilden. Ein Kreditgeber z.B. gewährt einen Kredit gerade im Hinblick auf die Konzernverbundenheit. Denn zumindest faktisch kann sich für die Konzernleitung aus vertraglichen Verbindlichkeiten des abhängigen Unternehmens die Verpflichtung ergeben, für diese Schuld einstehen zu müssen und das Darlehen zurückzuzahlen.

Schliesslich kann der Tatbestand der *Täuschung* erfüllt sein, wenn das verhandlungsführende Konzernunternehmen sich als ein anderes (kreditwürdigeres) Konzernunternehmen ausgibt oder wenn die konzernverbundene Vertragspartei die Gegenpartei nicht auf einen Irrtum über konzernerhebliche Tatsachen aufmerksam macht[112].

4. Bestimmung der Vertragspflichten der konzernverbundenen Vertragspartei

Sind die Vertragsparteien einmal bestimmt und folgt daraus, dass lediglich ein Konzernunternehmen allein vertraglich verpflichtet und berechtigt wurde, so heisst das noch nicht, dass dieser Vertrag nicht doch Wirkungen für andere Konzernunternehmen zeitigt.

4.1. Ein herrschendes Unternehmen als Vertragspartei

Die Tatsache, dass die eine Vertragspartei ein herrschendes Unternehmen eines Konzerns ist, kann auf die Auslegung ihrer Vertragspflichten insofern Einfluss haben, als Sinn und Zweck des Vertrages den Einbezug aller oder bestimmter Konzernunternehmen erfordern[113]. Eine solche Mitberücksichtigung setzen namentlich Verträge voraus, die ein Unterlassen zum Inhalt haben[114], wie Konkurrenz- und Wettbewerbsverbote, aber auch Geheimhaltungsabkommen und Preisgestaltungsverträge.

Der Einbezug bewirkt nicht[115], dass alle Konzernunternehmen zu Vertragsparteien werden[116], doch hat das herrschende Unternehmen zu gewährleisten, dass sich auch

---

110 Vgl. BGE 113 II 27.
111 Wüsste z.B. X, dass hinter Y Konkurrent Z steht, würde X dem Y kaum eine Lizenz einräumen (Beispiele bei DRUEY, Konzernrecht, S. 298, Fn. 61).
112 Zur Täuschung durch Verschweigen siehe z.B. KOLLER, OR AT I, S. 277 ff.; ferner BOSMAN, Konzernverbundenheit, S. 98 f.
113 Davon zu unterscheiden ist der Fall, in welchem das herrschende Unternehmen die Leistung eines anderen Konzernunternehmens verspricht. Dann läge ein Garantievertrag vor. Vgl. dazu OR-PESTALOZZI, N. 1 ff. zu OR 111.
114 HANDSCHIN, Konzern, S. 244.

andere Konzernunternehmen nicht in einer dem Vertrag zuwiderlaufenden Weise verhalten. Ein allfälliges Fehlverhalten der anderen Konzernunternehmen wird der Vertragspartei zur Last gelegt und bedeutet einen Vertragsbruch, wie wenn die Vertragspartei selbst gehandelt hätte.

Die Zurechnung des Verhaltens rechtfertigt sich aus den Einfluss- und Durchsetzungsmöglichkeiten der Konzernleitung auf die übrigen Konzernunternehmen[117]. Versuchte sich die Vertragspartei trotz ihrer Konzernleitungsmacht der Haftung mit der Begründung zu entziehen, die Gegenseite sei durch das Verhalten eines Dritten geschädigt worden, müsste ihr Rechtsmissbrauch vorgeworfen werden. Zudem besteht im Vertragsrecht der Grundsatz, dass der Schuldner alles zu unterlassen hat, was die Erfüllung der vertraglich geschuldeten Leistung stören oder verunmöglichen könnte, und gleichzeitig all das vorzukehren hat, was zur Bewirkung seiner Leistung erforderlich ist[118].

Das einen Vertrag des herrschenden Unternehmens verletzende abhängige Konzernunternehmen hingegen hat grundsätzlich nicht einzustehen, da es nicht selbst vertraglich verpflichtet wurde. Immerhin haftet es dann, wenn die Berufung auf die rechtliche Selbständigkeit des abhängigen Unternehmens gegenüber dem herrschenden Unternehmen in bezug auf dessen rechtliche Beziehungen zu Dritten nicht mehr dem Grundsatz von Treu und Glauben standhält[119]. Die Lehre spricht in diesen Fällen von einem Rückdurchgriff[120] bzw. einer Vertragsverdoppelung[121].

Ein Sonderproblem stellt sich bei einer nach Vertragsabschluss erfolgten Konzernierung. Erstreckt sich die vertragliche Pflicht des herrschenden Unternehmens, das vertragsgemässe Verhalten aller oder gewisser Konzernunternehmen zu gewährleisten, auch auf nach Vertragsabschluss neu hinzugetretene Konzernunternehmen? Die Frage ist wohl grundsätzlich zu bejahen, und zwar selbst dann, wenn das neue Konzernunternehmen vor seiner Konzernierung Dritten gegenüber Verpflichtungen eingegangen ist, welche mit den Vertragspflichten des herrschenden Unternehmens kollidieren. In diesem Fall hat sich die Konzernleitung dafür einzusetzen, dass die

---

115 So verneint HANDSCHIN, Konzern, S. 219 und 242, die unmittelbare Wirkung von Verträgen eines Konzernunternehmens mit einem Dritten auf andere Konzernunternehmen, die nicht Vertragspartei sind (sog. echte Konzernwirkung).
116 Das wäre ein Vertrag zu Lasten Dritter. Diesen gibt es im schweizerischen Recht nicht. OR 111 regelt trotz der Marginalie "Vertrag zu Lasten Dritter" den Garantievertrag, bei welchem der Promittent als Vertragspartei die Leistung des Dritten in eigenem Namen und auf eigene Rechnung verspricht. Der Dritte wird nicht Vertragspartei und somit auch nicht Schuldner des Garantievertrages. Vgl. OR-PESTALOZZI, N. 1 f. zu OR 111.
117 Dies ist keine Durchgriffssituation: Während es beim Durchgriff um die Frage geht, wer für die Vertragsverletzung zur Verantwortung zu ziehen ist (eben u.U. auch eine Nichtvertragspartei), gilt es hier, den Umfang der Vertragspflichten der Vertragspartei zu bestimmen und über die Zurechnung des Verhaltens anderer Konzernunternehmen zu urteilen.
118 BOSMAN, Konzernverbundenheit, S. 114 m.w.H.
119 BGE 71 II 272 ff.
120 FORSTMOSER/MEIER-HAYOZ/NOBEL, Aktienrecht, § 62 N. 87 ff.
121 BOSMAN, Konzernverbundenheit, S. 121.

vertragliche Bindung des abhängigen Unternehmens aufgelöst wird, sofern dies ohne Verletzung der Rechte des Vertragspartners des abhängigen Unternehmens möglich ist.

4.2. Ein abhängiges Unternehmen als Vertragspartei

Anders ist die Sachlage im umgekehrten Fall, wenn ein abhängiges Unternehmen einen Vertrag mit einem Dritten abgeschlossen hat und sich nun das herrschende oder ein anderes abhängiges Unternehmen auf eine dem Vertrag zuwiderlaufende Weise verhält.

Dies kann dem abhängigen Unternehmen grundsätzlich nicht zum Vorwurf gemacht werden, da es mangels Leitungsmacht auf die anderen Konzernunternehmen keinen Einfluss nehmen und die Vertragserfüllung nicht erzwingen kann. Vielmehr ist gegebenenfalls mittels Durchgriffs[122] oder allenfalls gesellschaftsrechtlicher Verantwortlichkeit[123] direkt auf das herrschende Unternehmen bzw. auf andere Konzernunternehmen zu greifen[124].

Allerdings sind Fälle denkbar, die eine Haftung für das Vorgehen anderer Konzernunternehmen durch das abhängige Unternehmen trotz Fehlens einer eigentlichen Leitungsmacht rechtfertigen: So wenn das abhängige Unternehmen mit dem Dritten einen Garantievertrag gemäss OR 111 abgeschlossen hat, in welchem es eine Leistung eines anderen Konzernunternehmens verspricht oder wenn das abhängige Konzernunternehmen andere Konzernunternehmen zu vertragswidrigem Verhalten veranlasst und somit direkt Einfluss genommen hat.

5. Haftung aus culpa in contrahendo und aus Vertragsverletzung

5.1. Die Aufklärungspflicht des Konzernunternehmens

Für das gesamte Vertragsrecht gilt der Grundsatz, dass die Parteien bereits während der Vertragsverhandlungen zueinander in einem Vertrauensverhältnis stehen und sich deshalb nach Treu und Glauben zu verhalten haben. Auch wenn an sich keine allgemeine Aufklärungspflicht besteht, müssen sich die Parteien doch bei besonderen Umständen aufgrund dieses allgemeinen Rechtsgrundsatzes oder auch aufgrund gesetzlicher Regeln über Tatsachen unterrichten, welche die Willensbildung der

---

122 Zum Durchgriff siehe S. 171 ff.
123 Voraussetzung für die Haftung aus gesellschaftsrechtlicher Verantwortlichkeit ist allerdings, dass das nicht vertragsgebundene Konzernunternehmen durch seine Organe tätig wird, welche dann für ihr Handeln nach OR 754 zur Rechenschaft gezogen werden können.
124 BOSMAN, Konzernverbundenheit, S. 119 ff.

Gegenpartei über den Vertragsschluss beeinflussen können. Kommt eine Vertragspartei dieser Pflicht nicht nach, kann sie namentlich aus culpa in contrahendo schadenersatzpflichtig werden. Kommt der Vertrag zustande, ist dieser wegen absichtlicher Täuschung im Sinne von OR 28 ungültig. Die Täuschung läge darin, die Gegenpartei treuwidrig in ihrem Irrtum belassen zu haben[125].

Eine solche sich auf *Treu und Glauben* stützende *Aufklärungspflicht* ist je nach Vertragstyp und nach den jeweiligen Umständen auch bei Vertragsbeziehungen zwischen Konzernunternehmen und Dritten anzunehmen. Sie bezieht sich namentlich auf die Information über die *Konzernverbundenheit*[126], welche in den Augen der Vertragspartei vielfach eine erhebliche Tatsache für oder gegen den Vertragsschluss darstellt, und auf die *Organ- bzw. Stellvertreterfunktion* der für das Konzernunternehmen auftretenden natürlichen Person.

Die Pflicht zur Aufklärung besteht insbesondere, wenn der Dritte berechtigterweise annimmt, er trete mit dem Konzern "als Ganzem" in vertragliche Verbindung, wenn also die juristische Selbständigkeit der einzelnen Konzernglieder gegen aussen nicht erkennbar wird. Diese Erkennbarkeit kann etwa bei verwechselbar ähnlichen Firmen, gleichem Sitz, gleichem Auftritt nach aussen (Konzernlogo, Briefpapier, Konzernwerbung[127] etc.) und vor allem bei personellen Verflechtungen (Doppelorganschaft) fehlen.

5.2. Vertragliche Haftung für eigenes Handeln

Nach den allgemeinen obligationenrechtlichen Grundsätzen haftet die eine Vertragspartei u.a. dann nicht für den bei der anderen durch eine Leistungsstörung verursachten Schaden, wenn ihr der Nachweis fehlenden eigenen Verschuldens gelingt[128]. So kann der Vertragspartei kein schuldhaftes Verhalten vorgeworfen werden, wenn ein aussenstehender Dritter für die Leistungsstörung verantwortlich zu machen ist.

Kein Drittverschulden, sondern ein Verschulden des abhängigen Konzernunternehmens liegt vor, wenn dieses den Vertrag mit dem Dritten verletzt, um den Vorstellungen seines herrschenden Unternehmens zu genügen.

Diesen Themenbereich veranschaulicht der Firestone-Fall[129]:

---

125 Siehe zum Ganzen z.B. BGE 102 II 84; 105 II 80; 106 II 42; 116 II 434 f.; 120 II 336; BUCHER, OR AT, S. 219 f.; GAUCH/SCHLUEP, Obligationenrecht, N. 956 ff.; KOLLER, OR AT I, S. 277 ff., 410 ff. (jeweils m.w.H.).
126 BOSMAN, Konzernverbundenheit, S. 91.
127 "Corporate advertising".
128 Siehe vorab OR 97 I.
129 Urteile Firestone, Recht und Politik im Kanton Basel-Landschaft, Bd. 5, 1984 (bezüglich Schiedsspruch des Einigungsamtes vom 23. November 1979, Beschluss des Oberger vom 28. Oktober 1980 und Urteil des BGer vom 14. Oktober 1981). DRUEY, Konzernrechtsgespräch, S. 193, spricht vom "vielleicht kühnsten konzernrechtlichen Urteil der Schweiz".

Das abhängige Unternehmen Firestone AG (Schweiz) schloss auf Geheiss des herrschenden Unternehmens Firestone Tire and Rubber & Co. in Akron (USA) den Produktionsbetrieb. Die Gewerkschaften klagten gegen die Firestone AG (Schweiz) auf Bezahlung einer Konventionalstrafe wegen Verletzung des Gesamtarbeitsvertrages zuzüglich Schadenersatzes. Das kantonale Einigungsamt entschied, die Beklagte könne sich nicht für ihr vertragswidriges Verhalten exkulpieren, selbst wenn das herrschende Unternehmen sie aufgrund der erteilten Weisungen an der Ausübung ihrer Vertragspflichten hindere. Die wirtschaftliche Einheit des Firestone-Konzerns führe dazu, dass auch vom herrschenden Unternehmen diktierte Handlungen oder Unterlassungen rechtlich die Beklagte träfen. Das Obergericht des Kantons Basel-Landschaft und das Bundesgericht stützen diese Auffassung.

Das herrschende Unternehmen dagegen sei vertraglich nicht belangbar, doch könne ihm ein unlauteres Verhalten nach UWG 4 a vorgeworfen werden, da es durch seine Weisung das abhängige Unternehmen von der Erfüllung des Vertrages abgehalten habe[130].

Demgegenüber sind auch Fälle denkbar, bei welchen dem vertraglich verpflichteten Konzernunternehmen die Exkulpation unter Hinweis auf das Verschulden eines konzernverbundenen Dritten nicht zu versagen ist: Lässt z.B.[131] der Detaillist die Ware dem Käufer verspätet zukommen, da er seinerseits vom demselben Konzern angehörenden Grossisten zu spät beliefert wurde, kommt der Detaillist in Verzug, doch kann er sich von den Verzugsfolgen der Haftung für Zufall und des Ersatzes des weiteren Verzugsschadens aufgrund von OR 103 II bzw. 106 I exkulpieren. Die Gegenpartei soll nicht ohne Grund aus der Konzernverbundenheit von Detaillist und Grossist Nutzen ziehen können[132].

5.3. Haftung für Erfüllungsgehilfen nach OR 101

Wie jede andere Vertragspartei kann sich auch ein Konzernunternehmen bei der Erfüllung seiner Pflichten einer Hilfsperson bedienen. Dabei haftet es für deren Fehlverhalten, sofern ihm, hätte es gleich wie die Hilfsperson gehandelt, ein Verschulden vorgeworfen werden könnte[133]. Als Hilfsperson wird ein Konzernunternehmen

---

130 HANDSCHIN, Konzern, S. 270 m.w.H.
131 Bsp. nach DRUEY, Konzernrecht, S. 323, Fn. 125.
132 Andererseits aber wird sie allenfalls nach den nicht unbestrittenen Regeln der Drittschadensliquidation den Detaillisten anhalten können, ihren Schaden beim Grossisten zu ihren Gunsten geltend zu machen (allgemein zur Frage der Drittschadensliquidation siehe z.B. GAUCH/SCHLUEP, Obligationenrecht, N. 2685 ff.).
133 Vgl. z.B. BUCHER, OR AT, S. 350 ff. m.w.H.

häufig die Mitarbeiter eines anderen Konzernunternehmens einsetzen. In BGE 112 II 347 ff. ("Sotheby's") etwa zog ein mit der Schätzung einer Jugendstillampe beauftragtes abhängiges Unternehmen einen Experten des herrschenden Unternehmens bei. In der Folge erwies sich der Schätzungswert als deutlich zu niedrig. Es stellte sich nun die Frage, ob das abhängige Unternehmen für den Schaden, der infolge des Irrtums des vom herrschenden Unternehmen beschäftigten Sachverständigen entstanden war, gestützt auf die Hilfspersonenhaftung von OR 101 zu belangen war oder ob es sich zu Recht auf die für den Beauftragten günstigere Norm von OR 399 II berufen konnte. Das Bundesgericht entschied sich für die Haftung aus OR 101: Angesichts der engen Beziehungen zwischen dem abhängigen und dem herrschenden Unternehmen, die sich im Konzerninteresse gegenseitig mit Diensten aushelfen, fehle ein sachlicher Grund für eine Beschränkung der Verantwortung gemäss OR 399 II.

6. Konzernklauseln

Die Wirtschaftspraxis tendiert eher dazu, den Konzern als wirtschaftliche *und* juristische Einheit zu behandeln. Dies wird erreicht durch eine Vielzahl[134] von sog. Konzernklauseln in Verträgen zwischen Konzernunternehmen und Dritten.

Eine Konzernklausel ist eine Vertragsklausel, welche sich auf die Konzernverbundenheit bezieht. Das Gemeinsame dieser Klauseln, die je nach Klauseltyp[135] und Formulierung anders auszulegen sind, ist der Zweck, die mit dem Vertragspartner verbundenen Konzernunternehmen in die Vertragswirkungen einzubeziehen. Die mit dem Dritten abschliessende Vertragspartei wird damit ausdrücklich verpflichtet, ein vertragskonformes Verhalten der übrigen Konzernunternehmen zu gewährleisten. Diese ihrerseits werden freilich nicht Vertragspartner.

Konzernklauseln sind vor allem bei Verträgen mit herrschenden Unternehmen anzutreffen, wogegen sie bei Verträgen mit abhängigen Unternehmen nicht sinnvoll sind, da diese ein bestimmtes Verhalten anderer Konzerunternehmen mangels Einflussmöglichkeit kaum mit Erfolg garantieren können. Zudem würde ein solcher Vertragsschluss ohnehin häufig schon konzernintern von der Konzernleitung abgelehnt werden. Wird eine solche Konzernklausel mit einem abhängigen Unternehmen gleichwohl Vertragsinhalt, kann ihr höchstens die Bedeutung zukommen, dass es die Vertragspartei unterlassen werde, mit dem herrschenden oder den übrigen Konzernunternehmen *aktiv zusammenzuwirken*, um damit die vertraglichen Pflichten zu umgehen. Allerdings ergibt sich diese Pflicht schon aus dem allgemeinen Grundsatz,

---

134 Vgl. die Beispiele bei SCHNEIDER, Konzernlage, S. 177.
135 SCHNEIDER, Konzernlage, S. 179 ff.

wonach der Vertragspartner nichts unternehmen darf, was die Erfüllung seiner Schuld erschwert, so dass die Klausel in diesen Fällen überflüssig wäre[136].

SCHNEIDER[137] unterscheidet zwischen der Generalklausel (oder Konzernanpassungsklausel) und der Verrechnungsklausel:

- Die *Generalklausel* bewirkt, dass die verbundenen Unternehmen in den Vertrag einbezogen werden, *wie wenn* sie auch Vertragspartei wären. Die Vertragspflichten erstrecken sich auch auf die an den Vertragsverhandlungen nicht beteiligt gewesenen Konzernunternehmen.
- Die *Konzernverrechnungsklausel*[138] legt fest, dass die wechselseitigen Forderungen der konzernverbundenen Partei(en) durch Verrechnung getilgt werden können. Obwohl die wirtschaftliche und in gewissem Sinn auch die vermögensrechtliche Einheit von Konzernunternehmen unbestritten ist, wäre dies ohne entsprechende Klausel wegen der juristischen Selbständigkeit der einzelnen Konzernunternehmen nicht möglich. Die Verrechnungsmöglichkeit gemäss OR 120 I besteht nur unter denselben Personen, d.h. jede Partei muss Gläubiger und Schuldner der anderen sein. Der Dritte, welcher gegenüber einem Konzernunternehmen eine Schuld offenstehen hat, kann diese mit einer Forderung, die ihm gegen ein anderes Konzernunternehmen zusteht, ohne Verrechnungsklausel mangels Gegenseitigkeit nicht verrechnen[139]. Ebensowenig kann ein Konzernunternehmen ohne solche Klausel seine Schuld mit Forderungen verrechnen, die einem anderen Konzernunternehmen zustehen.

7. Die Konzernierung als wichtiger Grund für die Beendigung von Dauerschuldverhältnissen

Rechtsprechung[140] und Lehre[141] billigen den Vertragsparteien eines Dauerschuldverhältnisses ein Recht auf Auflösung des Vertragsverhältnisses aus wichtigem Grund

---

136 BOSMAN, Konzernverbundenheit, S. 112, spricht von einer beschränkteren Wirkung der Konzernklausel in Verträgen mit abhängigen Unternehmen.
137 SCHNEIDER, Konzernlage, S. 179 ff.
138 Zur konkursrechtlichen Zulässigkeit dieser Klausel vgl. HANDSCHIN, Konzern, S. 276; ferner BOSMAN, Konzernverbundenheit, S. 152.
139 Aufgrund der rechtlichen Verschiedenheit von Alleinaktionär und Aktiengesellschaft verweigerte das BGer in BGE 85 II 111 ff. einem Dritten die Verrechnung einer gegenüber der Aktiengesellschaft bestehenden Schuld mit einer Forderung gegenüber dem Alleinaktionär.
  Am 22.1.1985 lehnte auch das Oberger TG die Verrechnung einer gegenüber dem herrschenden Unternehmen bestehenden Forderung mit einer Schuld gegenüber dem abhängigen Unternehmen mit der Begründung ab, es handle sich um zwei verschiedene juristische Personen, welche rechtlich selbständig und daher einzeln zu belangen und einzeln haftbar seien (SJZ 1987, S. 85).
140 Siehe z.B. BGE 92 II 299 ff.; 97 II 66.
141 VON BÜREN, Lizenzvertrag, S. 319 ff.; GAUCH, Dauerverträge, S. 190 ff.

zu, sofern ihnen dessen Weiterführung vernünftigerweise nicht mehr zugemutet werden kann. Es stellt sich die Frage, ob die Konzernierung einer bisher wirtschaftlich selbständigen Vertragspartei einen wichtigen Grund darstellt.

Die Konzernierung einer Vertragspartei berechtigt die Gegenseite jedenfalls dann nicht zur Vertragsauflösung aus wichtigem Grund, wenn sich der wirtschaftliche Zusammenschluss bereits während der Vertragsverhandlungen abgezeichnet hat, die Wandlung vom unabhängigen zum abhängigen Unternehmen also voraussehbar war.

Konnte die Konzernierung jedoch nicht vorausgesehen werden, stellt sich die Frage, ob die Umstände des konkreten Einzelfalls[142] die Weiterführung des Vertrags für die Gegenpartei unzumutbar machen, weil diese z.B. mit neu hinzukommenden Konzernunternehmen im Wettbewerb steht und im Wissen um die Konzernierung den Vertrag nicht abgeschlossen hätte, oder weil die Konzernierung das z.B. bei Zusammenarbeitsverträgen unerlässliche Vertrauensverhältnis beeinträchtigt. Zu berücksichtigen ist dabei immer, dass die Auflösung aus wichtigem Grund die Ausnahme bleiben muss[143], denn das Konzernunternehmen ist auch nach der Konzernierung noch an den Vertrag gebunden[144].

8. Einzelne Vertragsverhältnisse

Es würde zu weit führen, in diesem Werk auf die spezifischen Fragen jedes Vertragstyps einzeln einzugehen[145]. Von Fall zu Fall ist jeweils zu entscheiden, ob die Konzernverbundenheit einer Vertragspartei zu einer abweichenden Behandlung eines rechtlichen Problems führt. Als Grundsatz ist dabei stets zu beachten, dass der unternehmensmässige Zusammenschluss weder dem konzernierten Unternehmen noch dessen Gegenpartei ungerechtfertigterweise zum Vorteil gereichen darf.

Diese Gesichtspunkte sollen am Beispiel des Mietvertrags näher erläutert werden: Eine sich im Zusammenhang mit einem Konzernunternehmen als Vermieter häufig stellende Frage ist jene nach der Reichweite des Eigenbedarfsbegriffes von OR 261 II a, 271a III a und 272 II d. Kann z.B. ein Vermieter bei der Kündigung Eigenbedarf rechtens mit der Begründung anführen, ein mit ihm konzernmässig verbundenes Unternehmen bedürfe der Mieträumlichkeiten? Lehre[146] und Recht-

---

142 BOSMAN, Konzernverbundenheit, S. 168.
143 Siehe z.B. BGE 92 II 301.
144 DRUEY, Konzernrecht, S. 323, dagegen zieht in Erwägung, ob das Recht auf vorzeitige Kündigung nicht generell, d.h. auch ohne entsprechende Vertragsklausel, vermutet werden soll, wenn die Gegenpartei durch ein Drittunternehmen konzerniert worden ist.
145 Vgl. zum Arbeitsvertrag, Mietvertrag, Lizenzvertrag und Kartellvertrag BOSMAN, Konzernverbundenheit, S. 193 ff.
146 Siehe die Literaturübersicht bei LACHAT/STOLL, Mietrecht, S. 366, welche indessen in Abweichung von der herrschenden Lehre die Konzernverbundenheit berücksichtigen wollen. Deutlicher noch bejaht zudem HANDSCHIN, Konzern, S. 281, die Möglichkeit der Geltendmachung von Eigenbedarf

sprechung[147] neigen zur Ablehnung dieser Frage. Gegenüber dem Mieter kann danach im Ergebnis das vermietende Konzernunternehmen nicht den Eigenbedarf eines anderen Konzernunternehmens vorbringen.

Diesem Abstellen auf die juristische Getrenntheit der Konzernunternehmen ist m.E. solange zu folgen, wie der Mieter nicht damit rechnen musste, dass die Gegenseite gegebenenfalls auch in bezug auf den betroffenen Mietvertrag das Konzerninteresse zu wahren hat. Dies wird namentlich – wenn auch nicht nur – der Fall sein, wenn die Konzernierung erst nach Abschluss des Mietvertrages und für den Mieter unvorhersehbar entstanden ist. Die Konzernverbundenheit darf nicht zu einer nicht voraussehbaren Verschlechterung der Stellung der Gegenpartei führen[148]. Unter solchen Umständen wird dem konzernverbundenen Vermieter im Mieterstreckungsstreit nicht nur der erfolgreiche Griff auf die Eigenbedarfsnorm von OR 272 II d, sondern auch jener auf OR 272 II c verwehrt bleiben, wonach u.a. die persönlichen und wirtschaftlichen Verhältnisse der Parteien vom Erstreckungsrichter zu berücksichtigen sind[149].

---

     für mit dem Vermieter konzernverbundene Unternehmen mit der Begründung des gemeinsamen Konzerninteresses.
     Vgl. zum Ganzen ferner DRUEY, Konzernrecht, S. 324; SVIT-Kommentar Mietrecht, N. 46 zu OR 272.

147 BGE 77 I 20; Oberger ZH in SJZ 1972, S. 77; vgl. ferner zum Begriff des Eigenbedarfs im allgemeinen zuletzt BGE 118 II 55 ff. m.w.H.

148 Spiegelbildlich liesse sich allerdings auch nicht rechtfertigen, dass die Gegenpartei aus der Konzernverbundenheit unvermittelt Nutzen zöge. Losgelöst vom Mietrecht wäre dem z.B. so, wenn sich die in Verzug befindliche Vertragspartei nur deshalb nicht nach OR 103 II bzw. OR 106 II exkulpieren könnte, weil es sich beim (schuldigen) Dritten um ein Konzernunternehmen handelte. Siehe dazu S. 320 f.

149 Zu dessen Anwendung bei Fällen mit konzernverbundenen Unternehmen SVIT-Kommentar Mietrecht, N. 52 zu OR 272, m.w.H. auf nicht veröffentlichte Entscheide.

V. Erklärungen des herrschenden Unternehmens zu Gunsten des abhängigen Unternehmens

1. Allgemeines

Die Vertragspartner abhängiger Unternehmen verlangen häufig, dass das herrschende Unternehmen durch die Abgabe bestimmter Erklärungen in die Geschäftsverbindung einbezogen wird. Sie bezwecken damit eine *Ausdehnung der Verpflichtung* auf das herrschende Unternehmen durch Berücksichtigung des Konzernverhältnisses. In der Praxis erfolgt dieses Einbinden des herrschenden Unternehmens vor allem durch Banken im Zusammenhang mit der Kreditbeschaffung des abhängigen Unternehmens.

Obwohl von "Erklärungen" die Rede ist, handelt es sich um *zweiseitige Rechtsgeschäfte*[150]. In der Praxis werden die Erklärungen schriftlich vom herrschenden Unternehmen abgegeben und vom Dritten gegebenenfalls ausdrücklich oder konkludent angenommen[151].

Der Inhalt und die damit verbundenen Rechtswirkungen sind vielfältig. Es ist zu unterscheiden zwischen *Patronatserklärungen*[152], welche entweder keine rechtlichen Folgen zeitigen und lediglich moralisch verpflichten oder deren Wirkungen zumindest unklar sind, sowie rechtlich unstreitig bindenden *Garantien* und *Bürgschaften*.

Welche dieser Möglichkeiten gewählt wird, ist abhängig von zwei Faktoren:

- Erstens spielen die *wirtschaftlichen Machtverhältnisse* eine Rolle. Je grösser die Marktmacht auf Seiten des Konzerns bzw. je geringer diejenige des dritten Vertragspartners ist, desto schwächer wird die rechtliche Bindung des herrschenden Unternehmens ausfallen. Kann umgekehrt der Dritte die Bedingungen diktieren, wird er sich kaum mit unverbindlichen Leerformeln zufriedengeben und eine rechtlich bindende Verpflichtung des herrschenden Unternehmens verlangen.
- Zweitens ist die *örtliche Distanz* zwischen abhängigem und herrschendem Unternehmen von Bedeutung. Ist der Hauptsitz eines Konzerns weit entfernt (in einem anderen Land oder gar auf einem anderen Kontinent), so werden Dritte wohl eine verbindliche Erklärung des herrschenden Unternehmens verlangen. Ist demgegen-

---

150 Für Erklärungen von Konzernunternehmen in internationalen Verhältnissen ist vorfrageweise das anwendbare Recht zu ermitteln. Da die aus den Erklärungen des herrschenden Unternehmens allenfalls entstehenden Pflichten zu den charakteristischen Leistungen führen (IPRG 117 III e), unterstehen sie dann Schweizer Recht, wenn sie von einem herrschenden Unternehmen mit Sitz in der Schweiz ausgehen. Gl.M. NOBEL, Patronatserklärung, S. 57. Siehe dazu auch S. 422.
151 Eine Ausnahme stellt die Bürgschaft dar; sie erfordert mindestens einfache Schriftlichkeit (OR 493).
152 DRUEY hat anlässlich der HSG-Weiterbildungstagung zum Konzernrecht vom 14.6.1995 den vordergründig witzigen, aber letztlich durchaus ernst gemeinten Vorschlag unterbreitet, in Zukunft nicht mehr von Patronatserklärungen, sondern von "Matronatserklärungen" zu sprechen.

über das herrschende in der Nähe des abhängigen Unternehmens domiziliert, können Dritte eher davon ausgehen, dass das herrschende Unternehmen es sich auch ohne Abgabe einer rechtlich bindenden Erklärung nicht leisten kann, die vom abhängigen Unternehmen eingegangenen Verbindlichkeiten gegenüber dem Dritten nicht zu honorieren, wenn das abhängige Unternehmen dazu selbst nicht mehr in der Lage sein sollte.

Nachstehend werden die Patronatserklärungen einerseits und Erklärungen mit klarer rechtlicher Bindungswirkung andererseits genauer betrachtet.

2. Patronatserklärungen

2.1. Begriff

Allgemein formuliert, sind Patronatserklärungen[153] *Sicherungsinstrumente für fremde Kredite*[154]. Eine Person (im Konzern meist das herrschende Unternehmen[155]) gibt gegenüber dem Kreditgeber bestimmte Erläuterungen zum Kredit bzw. zu den Kreditnehmern (im Konzern meist ein abhängiges Unternehmen) ab[156].

Gewonnen ist mit dieser Definition noch nichts. Entscheidend für das Geschäftsleben ist vielmehr die Frage, welche Bedeutung der Erklärung zukommt. Bindet sie den Erklärenden, und – wenn ja – lediglich in moralischer oder auch in rechtlicher Hinsicht? Vorauszuschicken ist, dass es "die" Patronatserklärung nicht gibt. Die Palette der inhaltlichen Ausgestaltungsmöglichkeiten ist breit; die Bindungswirkungen sind unterschiedlich stark.

2.2. Gründe für die Abgabe einer Patronatserklärung

Um den Charakter der Patronatserklärung zu erfassen, sind die Gründe für deren Abgabe zu untersuchen.

---

153 Englisch: "letter of awareness", "letter of comfort", "letter of intent", "letter of responsability"; französisch: "lettre de patronage" und italienisch: "lettera di gradimento".
154 ALBERS-SCHÖNBERG, Haftungsverhältnisse, S. 180; ALTENBURGER, Patronatserklärungen, S. 15, der die Patronatserklärungen als unechte Personalsicherheiten betrachtet; HOFSTETTER, Haftung, S. 219; OR-PESTALOZZI, N. 44 zu OR 111; SCHNEIDER, Patronatserklärungen, S. 619; SCHNYDER, Patronatserklärungen, S. 57.
155 Das Bundesgericht hat im nicht publizierten Urteil vom 12.1.1996, S. 8, die Erklärung eines abhängigen Unternehmens an den Gläubiger eines anderen abhängigen Unternehmens als Patronatserklärung qualifiziert.
156 Vgl. die beiden neusten, nicht publizierten Entscheide des Bundesgerichts zu Patronatserklärungen: Urteile vom 4.11.1995 und vom 12.1.1996.

Einmal sind es – aus der Sicht des herrschenden Unternehmens – *bilanzrechtliche Überlegungen*. Nach ALTENBURGER ist gar die eigentliche raison d'être der Patronatserklärung in der Befreiung von der bilanzrechtlichen Anmerkungspflicht zu suchen[157]. Der Ansicht kann in dieser Absolutheit nicht beigepflichtet werden. Einschränkend ist zunächst festzuhalten, dass die Rechnungslegungsvorschriften von OR 662a ff. lediglich für Aktiengesellschafts- und, qua Verweisung von OR 805[158] bzw. OR 858 II[159], für GmbH- und Genossenschaftskonzerne (sofern es sich um konzessionierte Versicherungsgesellschaften oder um Kreditgenossenschaften handelt) gelten. Da alle anderen Konzernarten nicht denselben strengen Bilanzierungsvorschriften unterstehen, gilt das Argument für diese nicht. Doch selbst bei Konzernen, die unter OR 662a ff. fallen, ist die Lage nicht restlos klar. Nach OR 663b 1 ist der Gesamtbetrag der Bürgschaften, Garantieverpflichtungen und Pfandbestellungen zugunsten Dritter im Anhang der Jahresrechnung aufzuführen.

Nach allgemeinen Auslegungsregeln kann es nicht darauf ankommen, wie die Parteien ihre Vertragsbeziehungen benennen[160]. Entscheidend ist vielmehr, welche Pflichten die Parteien materiell statuieren wollen. Daraus folgt, dass die Patronatserklärungen zumindest dann im Anhang der Bilanz aufzuführen sind[161], wenn sie eine durchsetzbare Zahlungsverpflichtung des herrschenden Unternehmens enthalten[162].

Ein Argument für die Abgabe von Patronatserklärungen ist sodann – vom Standpunkt des Dritten aus betrachtet – die *moralische Verpflichtung* des herrschenden Unternehmens[163]. Damit ist das Einstehen aus ökonomischen Gründen gemeint. Dieser *faktische Leistungszwang* ist im Handelsverkehr häufig ebenso stark wie eine rechtliche Verpflichtung, da ein entgegengesetztes Verhalten u.U. für den ganzen Konzern negative Auswirkungen haben könnte. Die zukünftige Fremdmittelbeschaffung für abhängige Unternehmen beispielsweise wäre bedeutend erschwert, weil die Kreditoren nicht mit dem Einstehen des herrschenden Unternehmens rechnen könnten.

---

157 ALTENBURGER, Patronatserklärungen, S. 136; ebenso BOSMAN, Konzernverbundenheit, S. 182 (beide noch zu aOR 670 I); das geltende Aktienrecht stimmt jedoch inhaltlich mit dem alten überein (Botschaft, Sonderdruck, S. 145; OR-NEUHAUS, N. 9 ff. zu OR 663b).
158 Siehe dazu S. 199 ff.
159 Siehe dazu S. 215 ff.
160 OR-ZELLER, N. 15 zu OR 18.
161 Die Bilanzierungspflicht von Patronatserklärungen wird geregelt in den Fachempfehlungen zur Rechnungslegung (FER); FER 10 (1997).
162 Ähnlich SCHNYDER, Patronatserklärungen, S. 58, und FORSTMOSER/MEIER-HAYOZ/NOBEL, Aktienrecht, § 51 N. 127, die allerdings davon ausgehen, dass die Patronatserklärungen regelmässig nicht im Anhang aufzuführen sind, weil durch die Abgabe solcher Erklärungen rechtliche Verpflichtungen gerade vermieden werden sollen. Differenzierend NOBEL, Patronatserklärung, S. 64 ff. BÖCKLI, Aktienrecht, N. 941, nimmt zumindest dann eine Bilanzierungspflicht an, wenn das herrschende Unternehmen in einem "Letter of Comfort" dem Dritten zusagt, das abhängige Unternehmen finanziell stets so auszustatten, dass dieses seinen Verpflichtungen nachkommen kann. In der Praxis werden allerdings auch solche Erklärungen häufig als nicht angabepflichtig betrachtet.
163 So z.B. FORSTMOSER/MEIER-HAYOZ/NOBEL, Aktienrecht, § 60 N. 41 f.

2.3. Inhalt

Wie erwähnt ist der Begriff der Patronatserklärung schillernd. Inhaltlich sind folgende Arten[164] zu unterscheiden, wobei sie in der Praxis nicht in reiner Form vorkommen, sondern jeweils fallbezogen abgeändert und kombiniert werden:

a) Kenntnisnahme des Vertragsschlusses zwischen dem Dritten und dem abhängigen Unternehmen (Kenntnisnahmeklausel)

Durch eine solche Klausel wird sichergestellt, dass das herrschende Unternehmen *Kenntnis* nimmt vom Vertrag zwischen einem abhängigen Unternehmen und einem Dritten. Die Erklärung ist manchmal mit dem Zusatz versehen, dass keine Einwände gegen das betreffende Geschäft bestünden[165].

b) Aufrechterhaltung der Beteiligungsverhältnisse (Beteiligungsklausel)

Mit dieser Klausel bringt das herrschende Unternehmen gegenüber dem Dritten zum Ausdruck, dass es beabsichtigt, seine *Beteiligung* am abhängigen Unternehmen *aufrechtzuerhalten*. Gebräuchlich sind sodann Zusätze wie die Angabe der Höhe der Beteiligung oder die Zusage, den Dritten bei Änderung der Beteiligungsverhältnisse vorgängig darüber zu informieren[166].

---

[164] Unterteilung in Anlehnung an "Richtlinien Wirtschaftsprüfung" Nr. 14 der Allgemeinen Treuhand AG vom 6.11.1980. Ein Teil der Lehre versucht, durch terminologische Unterscheidungen die Inhalte abzugrenzen. Der "Letter of Comfort" (Zusicherung des herrschenden Unternehmens dafür zu sorgen, dass das abhängige Unternehmen seine Schulden bezahlt) sei die Patronatserklärung mit der stärksten Verpflichtung, währenddem der "Letter of Awareness" lediglich eine Kenntnisnahme des herrschenden Unternehmens vom Geschäft manifestiere und demzufolge keine rechtlichen Bindungswirkungen zeitige. Der "Letter of Intent" sei schliesslich weder das eine noch das andere, sondern bekräftige die Absicht, ein Geschäft oder einen Vertrag abzuschliessen, und gehöre mithin auch nicht mehr zu den Patronatserklärungen (so z.B. SCHNYDER, Patronatserklärungen, S. 59). Obwohl diese Schematisierung Klarheit zu schaffen versucht, ist sie abzulehnen. In der Praxis wird diese Unterscheidung nämlich nicht gemacht. Entscheidend sind dort die Inhalte und nicht die Bezeichnungen.

[165] Beispiel: "Wir haben Kenntnis genommen, dass Sie bereit sind, unserer Tochtergesellschaft Y einen Kontokorrentkredit zu eröffnen. Hiermit teilen wir Ihnen mit, dass wir, die X, damit einverstanden sind."

[166] Beispiel: "Wir bestätigen Ihnen, dass wir an der Y AG eine Beteiligung von 60% halten und im Moment nicht beabsichtigen, diese Beteiligung zu veräussern. Bei einer allfälligen Veräusserungsabsicht würden wir Sie entsprechend informieren." Oder: "Nous avons engagé en conséquence, par la présente lettre à conserver, directement ou indirectement, le contrôle intégral de la société aussi longtemps que cette dernière sera redevable d'une somme quelconque au titre du crédit visé ci-dessus."

c) Finanzielle Ausstattung des abhängigen Unternehmens (Finanzierungsklausel)

Damit erklärt das herrschende Unternehmen dem Dritten, dass das abhängige Unternehmen mit den notwendigen *Eigenmitteln* ausgestattet werde. Diese auf das Gründungsstadium bezogene Klausel kann allerdings beliebig erweitert werden. Häufig wird denn auch eine Formulierung gewählt, mittels derer die zukünftige Bonität sichergestellt wird[167].

d) Einflussnahme auf das Geschäftsgebaren des abhängigen Unternehmens (Einflussnahmeklausel)

Das herrschende Unternehmen kann zum Ausdruck bringen, dass es zur Geschäftspolitik des Konzerns gehöre, für die *vertragstreue Erfüllung* der Verpflichtung zu sorgen und nötigenfalls in diesem Sinne auf das abhängige Unternehmen einzuwirken[168].

e) Information des Dritten (Informationsklausel)

Für Dritte kann es von grosser Bedeutung sein, welche Absichten die Konzernleitung in bezug auf das abhängige Unternehmen hegt. Durch die Informationsklausel kann sichergestellt werden, dass Veränderungen in der Politik gegenüber dem abhängigen Unternehmen dem Dritten vorgängig zur *Kenntnis* gebracht werden.

2.4. Rechtliche Qualifikation

a) Grundsatz: Keine Rechtswirkungen

Verallgemeinernde Aussagen über die Rechtswirkungen sind nur begrenzt möglich. Für jede einzelne Patronatserklärung ist die konkrete Bindungswirkung nach den allgemeinen Auslegungsregeln zu ermitteln[169]. Entscheidend ist demzufolge nicht die

---

[167] Beispiel: "We confirm that our present intention is to finance the company so as to enable it to both meet its liabilities as they fall due and carry on its business without a significant curtailment of operations." Oder: "Nous nous engageons également à faire en sorte que la société A dispose en tout moment des moyens financiers qui lui seront nécessaires pour faire face à ses obligations. Nous conviendrons le mieux (augmentations de capital, prêts, avances, subventions, etc.), toute l'aide financière dont elle pourrait avoir besoin pour acquitter intégralement et à son échéance, toute somme dont elle serait redevable au titre des crédits visés ci-dessus."

[168] Beispiel: "Vous avez bien voulu à notre demande, consentir à notre filiale, la société A, un délai de paiement concernant ses achats. Nous avons noté que ce crédit a été consenti à cette filiale en considération des liens qui nous unissent à elle. Nous avons toujours agi de sorte qu'aucun fournisseur ne subisse une perte, du fait de ses opérations avec les sociétés de notre groupe."

[169] Differenzierend zum Ganzen OR-SCHLUEP, N. 11 Einleitung vor OR 184 ff.

Bezeichnung, sondern der Inhalt, welcher aus dem (allenfalls hypothetischen) Parteiwillen folgt[170].

Diesbezüglich stehen sich zwei entgegengesetzte Interessen gegenüber: Dem Dritten ist daran gelegen, eine möglichst starke rechtliche Verpflichtung zu erhalten. Das herrschende Unternehmen beabsichtigt dagegen möglichst geringe Rechtswirkungen. Wird nun in Betracht gezogen, dass der Wortlaut der Patronatserklärung, der meistens "bewusst und sorgfältig"[171] gewählt wird, unklare und schwammige Begriffe enthält, so liegt der Schluss nahe, dass es tendenziell am Verpflichtungswillen des herrschenden Unternehmens fehlt, für die Leistungen des abhängigen Unternehmens an den Dritten einzustehen[172], und eine rechtliche Bindungswirkung demzufolge in der Regel zu *verneinen* ist[173].

Für diese Betrachtungsweise spricht die Tatsache, dass beide Parteien im *Geschäftsleben* aktiv sind. Sie sind sich der Problematik einer verklausulierten Formulierung bewusst oder müssten sich derselben zumindest bewusst sein. Einigen sie sich nun auf eine solche unklare Formulierung, so besteht keine Veranlassung, eine künstliche, nicht gewollte Bindung im nachhinein zu konstruieren. Abgesehen davon wird das herrschende Unternehmen i.d.R. bereits aufgrund seiner unbestrittenen *moralischen* Verpflichtung und dem Willen zur Erhaltung seiner eigenen *Kreditwürdigkeit* bereit sein, für die Schuld des abhängigen Unternehmens einzustehen.

Fehlt ein Verpflichtungswille, kommt auch die Konstruktion einer rechtlichen Verpflichtung aufgrund der *Vertrauenslehre* nicht in Betracht[174]. Diese setzt nämlich voraus, dass sich der Dritte in guten Treuen auf das Vorliegen eines Verpflichtungswillens des herrschenden Unternehmens verlassen durfte, was regelmässig deshalb nicht der Fall sein dürfte, weil der Patronatserklärung ein Verhandlungsprozess vorausging, bei dem die eine Partei eine vertragliche Verpflichtung des herrschenden Unternehmens wollte (z.B. Garantie), eine solche aber nicht erhielt. Im Streitfall kann diese Partei nun nicht geltend machen, sie hätte darauf vertraut, dass das herrschende Unternehmen trotzdem (rechtlich) gebunden sei[175].

---

170 BUCHER, OR AT, S. 122 ff.
171 HANDSCHIN, Konzern, S. 291.
172 Das geht auch daraus hervor, dass Erklärungen, die eigentliche Vertragswirkungen zeitigen sollen (beispielsweise Bürgschaft oder Garantie), klar und unzweideutig formuliert werden.
173 Ähnlich ALTENBURGER, Patronatserklärungen, S. 93 f.; HANDSCHIN, Konzern, S. 291; für eine einzelfallbezogene Betrachtungsweise FORSTMOSER/MEIER-HAYOZ/NOBEL, Aktienrecht, § 60 N. 42; BÖCKLI, Aktienrecht, N. 941.
174 A.M. ECKARD REHBINDER, Konzernaussenrecht, S. 72 ff.; SCHNYDER, Patronatserklärungen, S. 64 f., und aufgrund des Swissair-Entscheids (BGE 120 II 331) wohl auch das BGer (das jedoch nicht direkt zur Frage Stellung beziehen musste, ob die Patronatserklärung eine Vertrauenshaftung auslösen könnte); ablehnend demgegenüber ALTENBURGER, Patronatserklärungen, S. 111 ff.; BOSMAN, Konzernverbundenheit, S. 189 f.; ANDREAS VON PLANTA, Hauptaktionär, S. 125. Ausführlich zu dieser Problematik S. 184 ff.
175 So auch BOSMAN, Konzernverbundenheit, S. 189.

b) Ausnahme: Rechtliche Verpflichtung

Ist ausnahmsweise ein Verpflichtungswille vorhanden (was sich aus der konkreten Formulierung ergeben müsste), stellt sich die Frage, wie die Patronatserklärung rechtlich einzuordnen ist:

aa) Bürgschaft

Die Patronatserklärung unter die Bürgschaft subsumieren zu wollen, wäre dogmatische Spielerei: Es sind uns keine Beispiele aus der Praxis bekannt, die den Anforderungen an die Formvorschriften genügten. OR 493 statuiert nämlich, dass ein zahlenmässig bestimmter Höchstbetrag in der Urkunde anzugeben ist. Diese Angabe fehlt in den typischen Patronatserklärungen.

Daraus ergibt sich, dass Patronatserklärungen, die trotzdem als Bürgschaften bezeichnet werden, infolge Nichtbeachtung der Form grundsätzlich nichtig sind[176].

bb) Garantie

Im Unterschied zur Bürgschaft ist die Garantie vom Grundgeschäft unabhängig[177]. Das herrschende Unternehmen würde mit einer als Garantie bezeichneten Patronatserklärung einen Erfolg garantieren und sich damit Einreden und Einwendungen aus dem Grundgeschäft zum Dritten abschneiden. Von einer vom Grundgeschäft unabhängigen Garantie ist jedoch in einem Konzernverhältnis realistischerweise nicht auszugehen: Wenn ein Verpflichtungswille des herrschenden Unternehmens überhaupt vorhanden ist, besteht er in bezug auf die Verpflichtung des abhängigen Unternehmens und nicht losgelöst davon[178].

cc) Kreditauftrag

Die Subsumtion unter den Kreditauftrag scheitert daran, dass dieser nach OR 408 begriffsnotwendig einen schriftlich vereinbarten Auftrag enthält. Normalerweise können aber Klauseln in den Patronatserklärungen nicht dahingehend ausgelegt werden, dass das herrschende Unternehmen den Dritten mit der Kreditgewährung beauftragt[179].

---
176 Siehe z.B. BUCHER, OR BT, S. 292 f.; SCHNYDER, Patronatserklärungen, S. 63.
177 Siehe z.B. BUCHER, OR BT, S. 289.
178 ALTENBURGER, Patronatserklärungen, S. 60 ff. m.w.H.; SCHNYDER, Patronatserklärungen, S. 62.
179 ALTENBURGER, Patronatserklärungen, S. 59; SCHNYDER, Patronatserklärungen, S. 61; BOSMAN, Konzernverbundenheit, S. 186.

dd) Kumulative Schuldübernahme (Schuldbeitritt)

Bei der kumulativen Schuldübernahme (sog. Schuldbeitritt) erklärt die beitretende Partei, neben dem bereits Verpflichteten für eine Schuld haften zu wollen[180]. Demgegenüber wird eine Patronatserklärung im Hinblick auf die Uneinbringlichkeit der Forderung abgegeben. Daraus folgt, dass das herrschende Unternehmen nicht neben, sondern subsidiär zum abhängigen Unternehmen haften will, was die Qualifikation als Schuldbeitritt ausschliesst[181].

Ausnahmsweise kann eine Patronatserklärung immerhin dann als Schuldbeitritt qualifiziert werden, wenn das herrschende Unternehmen ausdrücklich erklärt, die Verpflichtung des abhängigen Unternehmens wie eine eigene zu behandeln[182].

ee) Vertrag zugunsten Dritter

Verpflichtet sich das herrschende Unternehmen als Promittent gegenüber dem Dritten als Promissar, nötigenfalls (d.h. wenn sonst die Erfüllung nicht korrekt abliefe) zu einer Leistung an das abhängige Unternehmen, kann ein Vertrag zugunsten Dritter im Sinne von OR 112 vorliegen.

Da es dem Wesen des Konzerns widersprechen würde, wenn das abhängige Unternehmen ein direktes Forderungsrecht gegenüber dem herrschenden Unternehmen hätte, handelt es sich dabei um einen sog. *unechten* Vertrag zugunsten Dritter[183].

Dieser Vertragstypus kommt vor allem bei der Verwendung der Finanzierungsklausel[184] und der Beteiligungsklausel[185] vor[186].

ff) Innominatkontrakt

Sind keine der erwähnten Vertragstypen anwendbar, so ist die Patronatserklärung als Innominatkontrakt[187] zu qualifizieren[188], genauer gesagt als *Vertrag sui generis*[189].

---

180 OR-PESTALOZZI, N. 41 zu OR 111.
181 So auch ALTENBURGER, Patronatserklärungen, S. 59.
182 SCHNYDER, Patronatserklärungen, S. 62.
183 So auch das BGer im nicht publizierten Urteil vom 12.1.1996, S. 8 f., m.w.H. auf die herrschende Lehre. Eher zu einem echten Vertrag zugunsten Dritter tendiert NOBEL, Patronatserklärung, S. 68 f. Bei "Keep-Well-Agreements" geht er gestützt auf den klaren Wortlaut von einem ausschliesslichen Forderungsrecht des abhängigen Unternehmens aus.
184 Siehe dazu S. 330.
185 Siehe dazu S. 329.
186 Gl.M. SCHNYDER, Patronatserklärungen, S. 61 f.; NOBEL, Patronatserklärung, S. 68; a.M. ALTENBURGER, Patronatserklärungen, S. 56.
187 SCHNYDER, Patronatserklärungen, S. 63.
188 BUCHER, OR BT, S. 17 ff.
189 Zur Typologie der Innominatkontrakte OR-SCHLUEP, N. 5 ff. Einleitung vor OR 184 ff.

3. Erklärungen mit rechtlicher Bindungswirkung

3.1. Garantieerklärungen

a) Begriff

Beim formlos gültigen Garantievertrag verspricht der Promittent (Garantieschuldner), den Promissaren (Gläubiger) zu entschädigen, wenn ein Dritter seine Leistung nicht so erbringt, wie sie durch den Promittenten versprochen wurde[190]. Aus dieser Definition ergibt sich, dass erstens der Dritte nicht Vertragspartei und demzufolge auch nicht Schuldner ist, zweitens der Promittent eine Leistung in eigenem Namen und auf eigene Rechnung verspricht, woraus wiederum die sog. Selbständigkeit der Abrede folgt, und drittens der Inhalt dieser Leistung im Ersatz des Schadens besteht, der aus der Nichtleistung des Dritten entstanden ist.

b) Inhalt

Garantieverträge können dogmatisch in zwei Arten eingeteilt werden: die *bürgschaftsähnliche Garantie*, die sich in irgendeiner Form an ein Grundverhältnis anlehnt (im Unterschied zur Bürgschaft aber auch dann geschuldet ist, wenn die Schuldpflicht des Dritten nicht entstanden ist, wegfällt oder nicht erzwingbar ist) und die *reine Garantie*, wonach der Promittent unabhängig von jedwelchem konkreten Schuldverhältnis für einen Erfolg eintritt[191].

Die *Rechtsfolgen* der Garantie treten ein, wenn der Dritte seine Leistung zum vereinbarten Zeitpunkt nicht erbringt. Der Promissar braucht weder Frist anzusetzen, noch zu mahnen, da nicht die Hauptleistung (Erfüllung) des Dritten, sondern Schadenersatz geschuldet ist[192]. Der Promittent hat keinen Anspruch auf die Abtretung der Forderung des Promissars gegenüber dem Dritten, gegen welchen er auch nicht Regress nehmen kann.

In der Konzernwirklichkeit kommen sowohl Patronatserklärungen als auch Garantieverträge zwischen herrschendem Unternehmen und Dritten vor. Die rechtliche Qualifikation einer Erklärung ergibt sich nicht aus ihrer vielfach irreführenden (und häufig englischen) Bezeichnung, sondern aus einer genauen Analyse des Inhalts. Welche Form gewählt wird, ist Gegenstand von Verhandlungen, das Ergebnis schliesslich Ausfluss der Interessenlage und der Machtverhältnisse[193].

---

190 OR-PESTALOZZI, N. 1 zu OR 111.
191 OR-PESTALOZZI, N. 6 zu OR 111.
192 BK-BECKER, N. 12 zu OR 111.
193 Beispiel einer Garantie: "Sie haben unserer Tochtergesellschaft, der U, einen Kredit in der Höhe von Fr. 2 Mio. eingeräumt. Wir garantieren Ihnen hiermit, unabhängig von diesem Kreditverhältnis, auf erstes Verlangen und ohne Einreden aus diesem Kreditverhältnis, jeden Betrag bis maximal Fr. 2 Mio. zu zahlen. Mit jeder Zahlung unter diesem Titel reduziert sich unsere Haftung in derselben

Bei den Dritten, die eine Garantie verlangen und häufig auch durchsetzen können, handelt es sich in den meisten Fällen um *Banken*. Garantiert wird selten die Bonität des abhängigen Unternehmens, dafür umso häufiger die Aufrechterhaltung der Beteiligungsverhältnisse während der massgebenden Vertragsdauer[194].

3.2. Bürgschaft

a) Begriff

Im Bürgschaftsvertrag verpflichtet sich der Bürge gegenüber dem Gläubiger des Hauptschuldners, für dessen Schuld einzustehen[195]. Zweck der Bürgschaft ist die Kreditbeschaffung. Die Bürgschaft ist akzessorischer Natur[196], was bewirkt, dass Entstehen, Bestand und Einredemöglichkeiten von der Hauptschuld abhängen[197]. Die Hauptschuld, die grundsätzlich eine Geldschuld ist, muss bestimmt oder bestimmbar[198] sowie unter Vorbehalt von OR 492 II Satz 2 und III gültig sein. Die Bürgschaft ist formbedürftig[199].

b) Inhalt

In der Konzernwirklichkeit – wie auch im gesamten Handelsverkehr – spielt die Bürgschaft[200] eine unbedeutende Rolle. Es handelt sich um ein Sicherungsinstrument für "den kleinen Mann". Eine Auseinandersetzung mit diesem Institut lohnt sich aus konzernrechtlicher Sicht lediglich im Hinblick auf die Abgrenzung zur ungleich wichtigeren (bürgschaftsähnlichen) Garantie[201].

    Höhe. Die Garantie ist gültig bis am (Datum)."
194 Die Arten decken sich mit denjenigen der Patronatserklärungen (vgl. S. 329); unterschiedlich ist lediglich die Formulierung der Zusicherung.
195 Siehe z.B. BUCHER, OR BT, S. 287 f.; BK-GIOVANOLI, N. 1 ff. zu OR 492; ZK-OSER/SCHÖNENBERGER, N. 6 ff. zu OR 492; OR-PESTALOZZI, N. 1 ff. zu OR 492.
196 Abgesehen von den in OR 492 III aufgezählten Ausnahmen.
197 Nebst vielen BUCHER, OR BT, S. 287 f.; BK-GIOVANOLI, N. 2 zu OR 492.
198 BK-GIOVANOLI, N. 10 zu OR 492; OR-PESTALOZZI, N. 44 zu OR 492.
199 Zu den verschiedenen Formerfordernissen siehe z.B. OR-PESTALOZZI, N. 1 ff. zu OR 493.
200 Beispiel für die Formulierung einer Bürgschaftserklärung: "Uns, der unterzeichnenden X, ist bekannt, dass Sie mit unserer Tochtergesellschaft Y in Geschäftsverbindung stehen und ihr eine Kreditlinie in der Höhe von Fr. 1,5 Mio. zur Verfügung stellen.
    Wir verpflichten uns hiermit unwiderruflich Ihnen gegenüber, auf erste schriftliche Aufforderung hin, aus welchen Gründen auch immer, die selbstschuldnerische Bürgschaft in der Währung des jeweiligen von Ihnen unserer Tochtergesellschaft gewährten Kredites bis zum Gegenwert von Fr. 1,5 Mio. abzugeben, und bestätigen Ihnen gleichzeitig, dass wir keinerlei Einwendungen geltend machen werden.
    Die zu leistende Bürgschaft erstreckt sich zusätzlich auf etwaige zur Zeit noch nicht bekannte Zinse, Provisionen und Kosten der Kreditsumme."
201 Siehe S. 334 f.

Abgrenzungskriterium ist die Akzessorietät. Welches Sicherungsgeschäft vorliegt, ist durch Auslegung des Vertrages zu ermitteln[202]. Wenn die Auslegung nach Wortlaut, Sinn und Zweck des Vertrages, nach dem Sachzusammenhang und der inhaltlichen Ausgestaltung der einzelnen Erklärungen nicht zu einem eindeutigen Ergebnis führt, greifen nach Lehre und Rechtsprechung verschiedene *Vermutungen*[203]:

– Im Zweifelsfall ist auf Bürgschaft zu schliessen[204].
– Erklärungen geschäftsgewandter Banken und Sicherungsgeschäfte über Auslandverträge sind vermutungsweise Garantien[205].
– Garantieerklärungen von Privatpersonen sind eher als Bürgschaften zu qualifizieren[206].

3.3. Kumulative Schuldübernahme

a) Begriff

Die kumulative Schuldübernahme oder der Schuldbeitritt ist im OR nicht geregelt. Er besteht in der vertraglichen Verpflichtung eines Übernehmers gegenüber dem Gläubiger eines Schuldners, für die Schuld solidarisch einzustehen[207]. Damit wird der Schuldner nicht etwa befreit. Der Übernehmer haftet aus dem gleichen Grund wie der Hauptschuldner, d.h. als echter Solidarschuldner[208]. Zwar ist die Haftung des Übernehmers abhängig von der Entstehung der Urschuld, sie ist jedoch nicht akzessorisch[209]. Der Schuldbeitritt ist formfrei möglich.

b) Inhalt

Die Abgrenzung zu anderen Verträgen ist durch Auslegung zu ermitteln. Hierbei ist auf den mit dem Geschäft verfolgten *rechtlichen und wirtschaftlichen* Zweck abzustellen. Im Konzernverhältnis erweist sich allerdings die allgemeine Regel[210], nach der ein Indiz für einen Schuldbeitritt das erkennbar eigene Interesse des Übernehmers darstellt – dies im Gegensatz zu einem blossen Sicherungsinteresse –, häufig als

---

202 BGE 111 II 279.
203 Grundlegend BGE 113 II 434 ff. m.w.H.
204 BGE 111 II 279 E. 2b.
205 SJZ 1956, S. 377.
206 BGE 113 II 438.
207 OR-Pestalozzi, N. 41 zu OR 111.
208 BGE 111 II 278 f.
209 Während der Bürge nur für den Fall der Nichterfüllung der Hauptschuld eintritt, tritt der Übernehmer in die Hauptschuld ein, macht diese also zu seiner eigenen (BGE 113 II 435 f.; BK-Giovanoli, N. 17 zu OR 492).
210 BGE 111 II 278 f.

3. V. Erklärungen des herrschenden Unternehmens zu Gunsten des abhängigen Unternehmens

untaugliches Abgrenzungskriterium, weil das herrschende Unternehmen bis zu einem gewissen Grad immer ein eigenständiges Interesse am Vertrag hat. Schon besser eignet sich das Kriterium der Entgeltlichkeit: Entrichtet der Gläubiger dem Übernehmer ein Entgelt, so liegt in der Regel auch im Konzern ein Schuldbeitritt vor[211].

In der Konzernwirklichkeit sind Schuldbeitritte eher selten anzutreffen[212].

---

211 OR-PESTALOZZI, N. 41 zu OR 111.
212 Beispiel für einen Schuldbeitritt: "Mit Rücksicht auf das Ansehen unserer Gesellschaft haben wir und werden wir auch weiterhin Verbindlichkeiten unserer Tochtergesellschaften stets so behandeln wie eigene Verbindlichkeiten."

Viertes Kapitel

Der Konzern im Steuerrecht

Das Steuerrecht befasst sich auf kantonaler[1], eidgenössischer und internationaler Ebene eingehend mit dem wirtschaftlichen Phänomen des Konzerns:

- Einerseits kann als Grundsatz davon ausgegangen werden, dass das *Steuerrecht an der juristischen Selbständigkeit der abhängigen Unternehmen festhält*. Transaktionen innerhalb des Konzerns werden steuerrechtlich so behandelt, wie wenn sie zwischen juristisch *und* wirtschaftlich selbständigen Geschäftspartnern abgewickelt würden.
- Andererseits wird *der wirtschaftlichen Einheit des Konzerns Rechnung getragen,* indem die *Ausschüttung von Beteiligungserträgen* durch den Beteiligungsabzug und das Holdingprivileg steuerlich begünstigt wird. Damit soll eine Dreifachbelastung – Besteuerung beim abhängigen Unternehmen, beim herrschenden Unternehmen und beim Aktionär des herrschenden Unternehmens – verhindert werden.
- Im schweizerischen *Mehrwertsteuerrecht* wird unter bestimmten Umständen die *Gruppenbesteuerung* vorgesehen, d.h. der Konzern wird als wirtschaftlich einheitliches Gebilde behandelt.

Die Art der steuerrechtlichen Behandlung der Konzerne ist für deren Existenz von grösster Bedeutung. Die steuerlichen Bestimmungen, welche die mehrfache Gewinnerfassung (nämlich bei den abhängigen Unternehmen und bei der Holding) beseitigen, stellen geradezu die Voraussetzung für das Bestehen von Konzernen dar. Auf der anderen Seite schafft der Umstand, dass die einzelnen juristisch unabhängigen Konzernmitglieder trotz der wirtschaftlichen Einheit grundsätzlich selbständig besteuert werden (ausser u.U. im Mehrwertsteuerrecht[2]), in der Praxis erhebliche Probleme.

Auf diese beiden Aspekte ist zuerst näher einzutreten. Anschliessend wird die Problematik des abhängigen Unternehmens als Betriebsstätte des herrschenden Unternehmens behandelt. Zum Schluss werden mehrwertsteuerrechtliche Probleme im Konzern betrachtet.

---

1   Um in der Vielfalt kantonaler Steuergesetzgebungen nicht den Sinn für das Wesentliche zu verlieren, wird in der Folge – soweit vorhanden – grundsätzlich nur auf die Regelungen im StHG (BG über die Harmonisierung der direkten Steuern der Kantone und Gemeinden vom 14. Dezember 1990, SR 642.14) eingegangen.
2   Siehe dazu S. 351 ff.

I. Beteiligungsabzug, Holding- und Domizilprivileg

Das schweizerische Steuerrecht geht im Verhältnis zwischen Gesellschaft und Gesellschafter vom klassischen System der wirtschaftlichen Doppelbelastung aus: Der Ertrag wird bei der Gesellschaft und der ausgeschüttete Ertrag ein zweites Mal beim Gesellschafter besteuert, da es sich um zwei getrennte Steuersubjekte handelt.

Der wirtschaftlichen Einheit des Konzerns wird im Steuerrecht dadurch Rechnung getragen, dass Gewinnausschüttungen innerhalb des Konzerns durch Holdingprivileg und Beteiligungsabzug steuerlich begünstigt werden. Die mehrfache Besteuerung von Beteiligungserträgen bei der Ausschüttung über verschiedene Konzernstufen hinweg soll beseitigt werden. Die steuerliche "Privilegierung" endet jedoch wie gesagt da, wo die Gewinne den Konzern verlassen (zum Beispiel bei der Ausschüttung an Aktionäre des herrschenden Unternehmens).

Als Beteiligungserträge gelten Dividenden, Gewinnanteile aus Stammeinlagen, Zinsen von Genossenschaftsanteilscheinen, Gratisaktien und Liquidationsanteile, nicht jedoch Miet-, Pacht- und Kapitalzinsen sowie Lizenz- und Dienstleistungsentschädigungen.

1. Der Beteiligungsabzug

Vom Beteiligungsabzug profitieren Kapitalgesellschaften und Genossenschaften, die ihre Erträge – wenn auch nicht hauptsächlich, so doch teilweise – aus massgebenden Beteiligungen an anderen Unternehmen erzielen (gemischte Holdings). Als Beteiligungserträge gelten hier nur die ordentlichen und ausserordentlichen Gewinnausschüttungen, nicht aber Kapitalgewinne auf Beteiligungen[3]. DBG 69[4] auf Bundesebene bzw. StHG 28 I auf kantonaler Ebene verlangen zur Gewährung des Abzuges, dass eine Gesellschaft zu mindestens 20% am Grund- oder Stammkapital einer anderen Gesellschaft beteiligt ist oder ihre Beteiligung an solchem Kapital mindestens einen Verkehrswert von Fr. 2 Mio. ausmacht.

Wie die Voraussetzungen, so sind auch die gewinnsteuerrechtlichen Folgen im Bund wie in den Kantonen gleich: Die Gewinnsteuer ermässigt sich im Verhältnis des Beteiligungs-Nettoertrages zum gesamten Reingewinn[5].

---

3 Hier bleibt anzufügen, dass zur Zeit eine Unternehmenssteuerreform im Gange ist, welche in erster Linie die Attraktivität des Unternehmensstandortes Schweiz erhöhen will. Eines der Hauptziele der Reform ist die Abschaffung der Besteuerung von Kapital- und Aufwertungsgewinnen auf Beteiligungen. Schriftliche Beiträge zur Unternehmungssteuerreform sind zu finden in ST 5/96.
4 BG über die direkte Bundessteuer vom 14. Dezember 1990, SR 642.11.
5 Sog. Reinertragssystem.

Bei der Kapitalsteuer erhebt rund die Hälfte der Kantone die ordentliche, die andere Hälfte eine nach dem Verhältnis der Beteiligungs- zu den Gesamtaktiven bemessene reduzierte Steuer.

Keinen Beteiligungsabzug kennt das Recht der direkten Bundessteuer bei der Kapitalsteuer[6].

2. Das Holdingprivileg

Das Holdingprivileg kommt auf kantonaler Ebene den reinen Holdings zugute, das heisst Kapitalgesellschaften und Genossenschaften, die als Hauptzweck die dauernde Verwaltung von Beteiligungen an anderen Unternehmen (und zwar meist Mehrheitsbeteiligungen) sowie unmittelbar damit zusammenhängende Tätigkeiten verfolgen, in der Schweiz aber keine eigene Geschäftstätigkeit[7] ausüben. StHG 28 II verlangt, dass die Beteiligungen oder Erträge einer Gesellschaft längerfristig mindestens zwei Drittel der gesamten Aktiven oder Erträge ausmachen müssen, damit diese privilegierte Behandlung Anwendung findet. Die heutigen kantonalen Voraussetzungen weichen davon teilweise noch ab.

Steuerlich hat die Anwendung des Holdingprivilegs für die Gesellschaft die vollumfängliche Befreiung von der Gewinnsteuer auf kantonaler bzw. kommunaler Ebene zur Folge. Das heisst, dass auch beteiligungsfremde Erträge (z.B. Zinsen auf Darlehen an abhängige Unternehmen, Lizenzgebühren usw.) steuerlich privilegiert werden. Für diese beteiligungsfremden Erträge fällt somit jede Belastung auf Stufe der Gesellschaft weg. Solche Einnahmen werden lediglich bei der Ausschüttung an den Aktionär steuerlich erfasst, was zu einer Einmalbelastung führt.

Ungeachtet der Befreiung von der Gewinnsteuer wird gemäss StHG 29 II b eine Kapitalsteuer auf dem Grundkapital und den Reserven erhoben. Den Kantonen bleibt es offen, weiterhin erheblich reduzierte Kapitalsteuersätze anzuwenden.

Dem DBG hingegen ist das Holdingprivileg nicht bekannt. Auf Bundesebene greift somit nur der unter 1. besprochene Beteiligungsabzug.

Die steuerliche Privilegierung der Holding hat zur Folge, dass diese im Konzern häufig die Rolle der Finanzierungsgesellschaft übernimmt, d.h. anderen abhängigen Unternehmen im Konzern Kapital aus steuerfrei vereinnahmten Dividenden als Darlehen zur Verfügung stellt. Dies hat steuerlich die Vorteile, dass das abhängige Unternehmen die Darlehenszinsen als Aufwand verbuchen kann. Bei der Finanzierungsgesellschaft selbst sind die eingenommenen Darlehenszinse auf kantonaler

---

6 Ebenfalls ein Punkt des Reformpaketes der Unternehmungssteuerreform ist die Abschaffung der Kapitalsteuer.
7 Die Botschaft zum StHG, BBl 1983 III, S. 117, definiert die Geschäftstätigkeit als industrielle, gewerbliche oder kommerzielle Tätigkeit.

Ebene aufgrund des Holdingprivileges steuerfrei, auf Bundesebene kommt bei Kapitalgesellschaften und Genossenschaften ein Steuersatz von höchstens 9,8% zur Anwendung.

3. Das Domizilprivileg

Auf kantonaler Ebene – nicht aber im Bund – ist zudem ein Domizilprivileg vorgesehen. Es ist auf Kapitalgesellschaften, Genossenschaften oder Stiftungen anwendbar, die in der Schweiz zwar eine Verwaltungs-, aber keine Geschäftstätigkeit ausüben. Diese Unternehmen entrichten für Erträge aus Beteiligungen im Sinne des Holdingprivilegs sowie auf Kapital- und Aufwertungsgewinnen auf solchen Beteiligungen keine Steuern. Die übrigen Einkünfte in der Schweiz sowie anteilsmässig – nach Bedeutung der Verwaltungstätigkeit in der Schweiz – die übrigen Einkünfte aus dem Ausland werden zum ordentlichen Tarif besteuert.

II. Die Steuerfolgen bei Gewinnverschiebungen im Konzern

1. Vorbemerkung

Bei Rechtsgeschäften innerhalb des Konzerns[8] ist der Anknüpfungspunkt für die Besteuerung das einzelne Konzernunternehmen[9]. Der Fiskus behandelt dieses in aller Regel wie ein rechtlich *und* wirtschaftlich selbständiges Unternehmen[10]. Das bedeutet, dass Rechtsgeschäfte zwischen Konzernunternehmen zu den gleichen Bedingungen abzuwickeln sind wie mit aussenstehenden Dritten[11]. Der Konzern als Ganzer bildet (ausser u.U. im Mehrwertsteuerrecht[12]) kein Steuersubjekt. Die Steuergesetze auf Bundes- und Kantonsebene erlauben der Konzernleitung also nicht, die von den verschiedenen Konzernunternehmen erzielten Gewinne ohne Steuerfolgen frei zu verteilen. Nachstehend soll ein kurzer Überblick auf diese steuerrechtliche Problematik im Konzern aufmerksam machen, und die steuerlichen Folgen sollen in ihren Grundzügen dargestellt werden[13].

2. Verdeckte Vorteilszuwendungen

Die Bezeichnung *"verdeckte Vorteilszuwendung"*[14] gilt als Oberbegriff. REICH definiert die verdeckten Vorteilszuwendungen als "geldwerte Leistungen ohne entsprechende Gegenleistungen. Leistungsempfänger ist eine Person, zu der mittelbare oder unmittelbare beteiligungsrechtliche Beziehungen bestehen. Das der Leistung zugrunde liegende Rechtsgeschäft ist zu Konditionen abgeschlossen worden, wie sie unter Dritten nicht vereinbart würden. Marktmässig beurteilt, stehen Leistung und Gegenleistung in einem Missverhältnis zueinander. Ein Teil der Leistung ist nicht im Rechtsgeschäft, sondern im Beteiligungsverhältnis begründet"[15]. Fliesst die verdeck-

---

8   Siehe dazu auch ausführlich S. 160 ff.
9   NEUHAUS, Aktienertrag, S. 202.
10 Daran hat auch die Pflicht zur Erstellung einer konsolidierten Jahresrechnung gemäss OR 663e nichts geändert.
11 In diesem Zusammenhang wird auch vom Prinzip des "dealing at arm's length" gesprochen. Vgl. dazu REICH, Verdeckte Vorteilszuwendungen, S. 617 f.; SPÖRRI, Rückerstattungspflicht, S. 330 ff.
12 Eine Ausnahme davon findet sich in MWSTV 17 III. Dieser Artikel sieht für die Konzerngesellschaften unter bestimmten Voraussetzungen eine Gruppenbesteuerung vor. Danach werden von der Mehrwertsteuer nur der Aussenumsatz der einzelnen Konzerngesellschaften, nicht aber die konzerninternen Leistungen erfasst. Siehe im Detail S. 351 ff.
13 Es wird an dieser Stelle grundsätzlich nicht auf die steuerrechtliche Problematik eingegangen, welche sich zusätzlich bei multinationalen Konzernen ergibt. Vgl. dazu BRAUN, Verrechnungspreise.
14 Da der Gewinn nicht dort ausgewiesen wird, wo er erzielt wurde, spricht man auch von Gewinnverschiebung.
15 REICH, Verdeckte Vorteilszuwendungen, S. 612.

te Zuwendung vom abhängigen zum herrschenden Unternehmen, dann spricht man von einer verdeckten Gewinnausschüttung[16], fliesst sie in umgekehrter Richtung, spricht man von einer verdeckten Kapitaleinlage. Als dritte Möglichkeit interessiert der Fall, dass die Vorteilszuwendung zwischen zwei abhängigen Unternehmen fliesst[17]. Je nach leistendem Unternehmen und Leistungsempfänger zeitigen die verschiedenen Sachverhalte unterschiedliche steuerliche Folgen.

3. Die Steuerfolgen bei der verdeckten Gewinnausschüttung

3.1. Beim leistenden Unternehmen (abhängiges Unternehmen)

Verdeckte Gewinnausschüttungen[18] sind nach herrschender Lehre grundsätzlich handelsrechtswidrig[19]. Diese Handelsrechtswidrigkeit führt dazu, dass die Steuerbehörde eine Korrektur[20] vornehmen muss. Bei dieser Bilanzberichtigung ist die Erfolgsrechnung gemäss DBG 58 I b[21] um den nicht geschäftsmässig begründeten Aufwand bzw. um den nicht verbuchten Ertrag zu korrigieren[22]. Die Gewinnaufrechnung führt dazu, dass sich die *Gewinnsteuer* (in Bund und Kanton) beim ausschüttenden Unternehmen entsprechend erhöht.

Des weiteren ist auf dem verdeckt ausgeschütteten Gewinn die *Verrechnungssteuer* zu erheben (VStG 4 i.V.m. VStV 20)[23].

---

16 In der neueren Praxis wird hier vermehrt auch von "geldwerten Leistungen" gesprochen.
17 WATTER fasst die beiden letzten Fälle unter dem Begriff "Gewinnverlagerung" zusammen. Vgl. dazu WATTER, Gewinnverschiebungen, S. 135.
18 Siehe zum Ganzen BLUMENSTEIN/LOCHER, System, S. 240 und 244 ff.; BOCHUD, Aktionärsdarlehen, S. 256 ff.; BRAUN, Verrechnungspreise, S. 39 ff.; CAGIANUT/HÖHN, Unternehmenssteuerrecht, § 12 N. 63 ff.; HÖHN, Steuerrecht, § 24 N. 24; KÄNZIG, Bundessteuer, N. 73 ff. zu Art. 49 Abs. 1 lit. b; ausserdem NEUHAUS, Aktienertrag, S. 88.
19 Siehe S. 156 ff.
20 Nach dem Massgeblichkeitsprinzip ist für die Steuerbehörde nur eine handelsrechtskonforme Erfolgsrechnung verbindlich (DBG 58 I).
21 Als Grundlage für die steuerrechtliche Korrektur genügt im Grunde schon die Handelsrechtswidrigkeit, und es wäre nicht nötig, sich zusätzlich auf DBG 58 I b zu berufen. Zum Ganzen BLUMENSTEIN/LOCHER, System, S. 240 m.w.H.; vgl. ferner NEUHAUS, Aktienertrag, S. 94 m.w.H.; a.M. BRAUN, Verrechnungspreise, S. 32.
22 Umstritten ist der Zeitpunkt, zu welchem diese Korrektur vorgenommen werden soll. Vgl. dazu BRAUN, Verrechnungspreise, S. 38 und dortige Hinweise.
23 VStV 20 macht klar, dass der in VStG 4 I b verwendete Begriff des Ertrags insbesondere auch verdeckte Gewinnausschüttungen miterfasst.
Siehe zum Ganzen z.B. PFUND, Verrechnungssteuer, N. 3.53 zu Art. 4 Abs. 1 lit. b.

3.2. Beim empfangenden Unternehmen (herrschendes Unternehmen)

Durch die verdeckte Gewinnausschüttung erhöht sich der Beteiligungsertrag[24] beim herrschenden Unternehmen entsprechend. Dies hat gemäss DBG 58 I c grundsätzlich eine höhere Gewinnsteuer zur Folge, welche aber häufig dem vorne behandelten Beteiligungsabzug oder Holdingprivileg unterliegt.

4. Die Steuerfolgen bei der verdeckten Kapitaleinlage

4.1. Beim leistenden Unternehmen (herrschendes Unternehmen)

Durch die Leistung der verdeckten Kapitaleinlage weist das herrschende Unternehmen einen zu tiefen Gewinn aus, weshalb gemäss DBG 58 I b eine Gewinnaufrechnung zu erfolgen hat.

4.2. Beim empfangenden Unternehmen (abhängiges Unternehmen)

Die verdeckte Kapitaleinlage wird, sofern sie durch einen Anteilseigner geleistet wird, wie eine gewöhnliche Kapitaleinlage behandelt. Das bedeutet, dass gemäss DBG 60 a bzw. StHG 24 II kein Gewinn, sondern grundsätzlich ein erfolgsneutraler Vorgang vorliegt. Die Wirkung der Kapitaleinlage zeigt sich allerdings in der höheren Kapitalsteuer des abhängigen Unternehmens.

Die verdeckte Kapitaleinlage führt gemäss StG 5 II a[25] hingegen zur Emissionsabgabe in der Höhe von 2% der Zuschüsse, welche Gesellschafter ohne entsprechende Gegenleistung einbringen. Einer Erhöhung des im Handelsregister eingetragenen Gesellschaftskapitals bedarf es dabei nicht.

5. Die Steuerfolgen bei verdeckten Vorteilszuwendungen zwischen abhängigen Unternehmen

5.1. Direktbegünstigungstheorie/Dreieckstheorie

Während bei verdeckten Vorteilszuwendungen zwischen abhängigen Unternehmen gestützt auf die *Direktbegünstigungstheorie* angenommen wird, ein abhängiges Un-

---

24 Beteiligungsertrag ist grundsätzlich jeder Zufluss geldwerter Leistungen der Beteiligungsgesellschaft, der keine Rückzahlung des einbezahlten Kapitals darstellt.
25 BG über die Stempelabgaben vom 27. Juni 1973 (SR 641.10).

ternehmen begünstige das andere direkt, geht die für die direkten Steuern anerkannte *Dreieckstheorie*[26] davon aus, dass in einem ersten Schritt eine verdeckte Gewinnausschüttung des leistenden abhängigen an das herrschende Unternehmen vorliegt. In einem zweiten Schritt wird eine verdeckte Kapitaleinlage des herrschenden in das begünstigte abhängige Unternehmen angenommen.

Diese Theorie entspricht gerade im Konzern insofern den wirtschaftlichen Tatsachen, als eine Vorteilszuwendung zwischen abhängigen Unternehmen grundsätzlich auf die Veranlassung des herrschenden Unternehmens zurückzuführen sein wird. Ein abhängiges Unternehmen wird faktisch gar nicht in der Lage sein, selbständig eine Vorteilszuwendung an ein anderes abhängiges Unternehmen vorzunehmen. Schliesslich wird – neben dem begünstigten Unternehmen – eine Vorteilszuwendung hauptsächlich im Interesse des herrschenden Unternehmens bzw. im Gesamtinteresse des Konzerns liegen.

5.2. Steuerfolgen beim leistenden Unternehmen

Welcher Theorie auch immer gefolgt wird, liegt hier eine geschäftsmässig nicht begründete Zuwendung vor. Es erfolgt eine Aufrechnung des Gewinns im Umfang dieser verdeckten Vorteilszuwendung (DBG 58 I b).

5.3. Steuerfolgen beim empfangenden Unternehmen

Bei Anwendung der Dreieckstheorie liegt eine verdeckte Kapitaleinlage vor, dies mit den unter 4.2. erläuterten Folgen[27]. Bei Anwendung der Direktbegünstigungstheorie wäre dies dagegen nicht der Fall.

5.4. Emissionsabgabe

Bei der Emissionsabgabe geht die Praxis von der Direktbegünstigungstheorie aus[28]. Es wird auf den klaren Gesetzestext abgestützt, wonach die Emissionsabgabe nur auf Zuschüsse zu leisten ist, welche Gesellschafter erbringen. Da nach der Direktbegünstigungstheorie die Zuwendung direkt vom anderen abhängigen Unternehmen kommt, welches in der Regel nicht Gesellschafter des begünstigten Unternehmens sein wird, entfällt die Emissionsabgabepflicht.

---

26 BGE 119 Ib 116 ff.; Praxis bestätigt in ASA 63, 151 ff.
27 Vgl. BGE 119 Ib 119; REICH, Verdeckte Vorteilszuwendungen, S. 636.
28 REICH, Verdeckte Vorteilszuwendungen, S. 640; SPÖRRI, Rückerstattungspflicht, S. 342.

5.5. Steuerfolgen beim herrschenden Unternehmen

Für das herrschende Unternehmen ergeben sich nur Steuerfolgen, wenn der Dreieckstheorie gefolgt wird. Die konkreten steuerlichen Auswirkungen sind aber umstritten. Nach wohl herrschender Lehre, die sich mit der Rechtsprechung des Bundesgerichtes deckt, liegt grundsätzlich auch beim herrschenden Unternehmen ein steuerbarer Beteiligungsertrag vor. Das Bundesgericht führte in BGE 119 Ib 116 dazu aus: "Ainsi, la libéralité que fait une filiale à une société soeur représente d'abord une prestation appréciable en argent à la société mère, dans la mesure ou elle n'aurait pas été faite dans les mêmes circonstances à un tiers; pour cette dernière, il s'agit d'une recette imposable, sous réserve de la réduction pour participations importantes"[29].

Zusammenfassend kann für die drei Erscheinungsformen von verdeckten Vorteilszuwendungen im Konzern somit festgehalten werden, dass die Steuerbehörde Gewinnverschiebungen im Konzern im Interesse der Steuergerechtigkeit und der ungebundenen Minderheitsaktionäre auf der Seite des leistenden Unternehmens offenen Gewinnausschüttungen gleichstellt[30].

6. Steuerfolgen des Rückerstattungsanspruchs gemäss OR 678 II

6.1. Die Widerrechtlichkeit verdeckter Gewinnausschüttungen

Im Zuge der Aktienrechtsrevision wurde mit OR 678 II eine Bestimmung ins Gesetz aufgenommen, welche Aktionäre sowie ihnen nahestehende Personen zur Rückerstattung von Leistungen der Gesellschaft verpflichtet, soweit diese in einem offensichtlichen Missverhältnis zur Gegenleistung und zur wirtschaftlichen Lage der Gesellschaft stehen. Damit wurde die Widerrechtlichkeit verdeckter Gewinnausschüttungen ausdrücklich auch aus handelsrechtlicher Sicht statuiert. Es stellt sich nun die Frage, ob die Aktienrechtsrevision auf die steuerrechtliche Behandlung der verdeckten Gewinnausschüttung irgendwelche Auswirkungen zeitigt.

Der Rückerstattungsanspruch muss infolge der handelsrechtlichen Aktivierungspflicht[31] bilanziert werden. Diese Aktivierung bewirkt, dass das leistende Unternehmen zivilrechtlich gesehen trotz Ausschüttung eines verdeckten Gewinns gar nicht entreichert ist. Vielmehr ist dieser Leistungsfluss zwischen Unternehmen und Aktionär erfolgsneutral, zumindest solange der Rückerstattungsanspruch noch besteht[32].

29　A.M. REICH, Verdeckte Vorteilszuwendungen, S. 636 ff.
30　RUSSI, Partnerwerke, S. 30.
31　Die Aktivierungspflicht fliesst aus den Prinzipien der Bilanzwahrheit und der Vollständigkeit der Rechnungslegung (OR 662a).
32　BÖCKLI, Darlehen, S. 4 ff., kommt im Zusammenhang mit Darlehen, welche ja ebenfalls einen Erstattungsanspruch der Gesellschaft entstehen lassen, zu demselben Schluss.

In der Praxis wird das Unternehmen allerdings den Rückerstattungsanspruch in aller Regel nicht aktivieren, denn bezweckt wird ja gerade eine *verdeckte* Gewinnausschüttung, welche aus den Büchern nicht ersichtlich sein soll. Im Falle der Nichtverbuchung wäre aber die Bilanz nicht handelsrechtskonform. Die Steuerbehörde kann sie deshalb berichtigen und in der Steuerbilanz den Rückerstattungsanspruch aktivieren.

6.2. Folgen für das leistende (abhängige) Unternehmen

Was die gewinnsteuerlichen Folgen für das abhängige Unternehmen anbelangt, so ist die Frage, ob eine Ausschüttung erfolgt ist oder nicht und ob allenfalls ein Rückerstattungsanspruch gemäss OR 678 II besteht, nicht von Belang. Für die Besteuerung des leistenden Unternehmens ist einzig die Entstehung des Gewinns massgebend, nicht aber dessen Verwendung.

6.3. Folgen für das empfangende (herrschende) Unternehmen

Anders ist die Lage beim Aktionär bzw. beim herrschenden Unternehmen zu beurteilen. Hier ist Anknüpfungspunkt für die Besteuerung die an ihn erfolgte Ausschüttung. Es spielt somit eine entscheidende Rolle, ob diese definitiv ist oder nicht.

Unabhängig davon, ob das leistende Unternehmen der Aktivierungspflicht nachkommt oder nicht, geht die Steuerbehörde von der (allenfalls berichtigten) Steuerbilanz aus, in welcher der Rückerstattungsanspruch als Aktivposten ausgewiesen wird. Somit stellt sich in beiden Fällen dieselbe Frage, nämlich ob die verdeckte Gewinnausschüttung, welche faktisch zwar gegeben ist, buchhalterisch aber durch die Aktivierung aufgeschoben wurde, steuerlich erfasst werden kann oder ob dies, solange der Rückerstattungsanspruch noch nicht verjährt ist oder darauf endgültig und ausdrücklich verzichtet wurde, seit der Aktienrechtsrevision nicht mehr möglich ist.

WIDLER[33] löst den Konflikt zwischen handelsrechtlicher und steuerrechtlicher Sichtweise durch die Anwendung des sog. Faktizitätsprinzips anstelle des Massgeblichkeitsprinzips. Nach dem Faktizitätsprinzip sind Steuertatbestände als verwirklicht zu betrachten, wenn sich bei der Betrachtung der tatsächlichen Vorgänge und Umstände ein solcher Schluss aufdrängt. Der Tatbestand der verdeckten Gewinnausschüttung gilt demnach steuerrechtlich schon als erfüllt, obwohl zivilrechtlich grundsätzlich immer noch die Möglichkeit der Geltendmachung des Rückerstattungsanspruchs besteht.

---

33 WIDLER, Rückerstattungsanspruch, S. 252; gl.M. auch GURTNER, Steuerfolgen, S. 479.

Mit der Einführung des gesetzlichen Rückerstattungsanspruchs gemäss OR 678 II ändert sich somit nichts an den Steuerfolgen der verdeckten Gewinnausschüttung[34]. Zum selben Schluss gelangt auch die Eidgenössische Steuerverwaltung in ihrem Kreisschreiben[35]. Sollte die geschäftsmässig nicht begründete Leistung nach OR 678 II durch das herrschende Unternehmen tatsächlich zurückerstattet und entsprechend verbucht werden, so wird dieser neue, von der verdeckten Gewinnausschüttung an und für sich unabhängige Vorgang von den Steuerbehörden als erfolgsneutrale Kapitaleinlage beim empfangenden Unternehmen behandelt[36].

---

34 BRAUN, Verrechnungspreise, S. 33.
35 Kreisschreiben der Eidgenössischen Steuerverwaltung vom 27. Juli 1995, Nr. 25, S. 7.
36 Auch GURTNER, Steuerfolgen, S. 480, betrachtet den Zugang einer Rückerstattungsleistung des Aktionärs als (steuerfreie) erfolgsneutrale Kapitaleinlage.

III. Das abhängige Unternehmen als Betriebsstätte des herrschenden Unternehmens

Wie gesehen, geht das Steuerrecht – einmal abgesehen vom Verzicht auf die Mehrfachbesteuerung der Beteiligungserträge in der Holdinggesellschaft[37] und von gewissen Fällen bei der Mehrwertsteuer[38] – von der Fiktion der nicht nur juristischen, sondern auch wirtschaftlichen Selbständigkeit der Konzernglieder aus. Wird diese Fiktion der wirtschaftlichen Selbständigkeit vom Konzern selbst zerstört (indem z.B. das herrschende Unternehmen dem abhängigen Unternehmen direkt und nicht über Vertreter in dessen Organen klare Weisungen erteilt oder dieses betreffende Entscheide unmittelbar selbst fällt oder wenn das herrschende Unternehmen beim abhängigen Unternehmen Lager oder Anlagen besitzt etc.), so behandelt das Steuerrecht ausnahmsweise das herrschende und das abhängige Unternehmen auch steuerlich als Einheit: Das abhängige Unternehmen gilt dann steuerlich als Betriebsstätte des herrschenden Unternehmens, und das herrschende Unternehmen wird am Sitz des abhängigen Unternehmens anteilsmässig besteuert. Es handelt sich hier sozusagen um eine Art "steuerlichen Durchgriffs". Die Betriebsstättenbesteuerung des herrschenden Unternehmens kann nachteilige Folgen haben, wie z.B. die Offenlegung der Erträge des herrschenden Unternehmens und dessen anteilsmässige Besteuerung am Sitz des abhängigen Unternehmens zu einem eventuell weit höheren Satz als am Sitz des herrschenden Unternehmens, und kann u.U. sogar zu einer Doppelbesteuerung führen. Zur Vermeidung einer Betriebsstättenbesteuerung wird also das herrschende Unternehmen im Verkehr mit dem abhängigen Unternehmen die Fiktion der wirtschaftlichen Selbständigkeit des abhängigen Unternehmens unter allen Umständen zu wahren versuchen. So werden z.B. Weisungen oder Entscheide nicht im Namen des herrschenden Unternehmens, sondern im Namen der Organe des abhängigen Unternehmens (welche ja vom herrschenden Unternehmen bestimmt werden) erteilt bzw. getroffen[39]. Dies ist vor allem dann von grösster Bedeutung, wenn die Konzernleitung mit dem die Beteiligungen haltenden Unternehmen (Holding) nicht identisch ist, was in der Praxis häufig vorkommt. Im übrigen sollten zwischen herrschendem und abhängigem Unternehmen auch alle weiteren Vorgänge konsequent vermieden werden, welche zu einer Betriebsstättenbesteuerung führen könnten.

---

37 Siehe dazu S. 341 f.
38 Siehe dazu sogleich S. 351 ff.
39 "Im Namen von Herrn X, Verwaltungsrat Ihrer Gesellschaft" oder "im Namen der schweizerischen Mitglieder Ihres Verwaltungsrats".

IV. Mehrwertsteuerrechtliche Probleme im Konzern

1. Ausgangslage

Im Bereich der Mehrwertsteuer[40] würde sich ein konsequentes Festhalten an der rechtlichen Selbständigkeit der einzelnen Konzernglieder in besonderem Masse auswirken: Behandelt man jedes Konzernunternehmen, welches die Voraussetzungen der Steuerpflicht gemäss MWSTV 17 ff. erfüllt, als eigenes Steuersubjekt, so werden grundsätzlich auch Transaktionen innerhalb des Konzerns steuerlich erfasst. Je nach Konstellation – d.h. Steuerpflicht der einzelnen Unternehmen und Art der durch sie getätigten Umsätze – erfährt ein Konzern dadurch erhebliche Nachteile gegenüber einem Unternehmen, welches zwar insgesamt eine vergleichbare wirtschaftliche Einheit darstellt, jedoch in rechtlich unselbständige Untereinheiten aufgegliedert ist[41].

Mit der Möglichkeit der Gruppenbesteuerung bietet die Verordnung über die Mehrwertsteuer deshalb ein Instrument, welches auf der Ebene der Steuerpflicht eine Behandlung des ganzen Konzerns als eine Einheit erlaubt und dadurch die erwähnten Nachteile weitgehend beseitigt[42].

2. Einzelbesteuerung der Konzernunternehmen

Die gesamte Belastung eines Konzerns mit der Mehrwertsteuer hängt von der konkreten Struktur der intern ablaufenden Umsatzketten ab. Dabei ist massgebend, inwieweit die beteiligten Konzernglieder selbst steuerpflichtig sind[43] und ob sie jeweils steuerbare[44], von der Steuer ausgenommene[45] oder steuerbefreite[46] Umsätze tätigen.

Es lassen sich grundsätzlich vier Konstellationen unterscheiden:

---

40 Als Literatur zum schweizerischen Mehrwertsteuerrecht allgemein eignen sich etwa: Eidgenössisches Finanzdepartement, Kommentar zur Verordnung über die Mehrwertsteuer, BBl 1994 III 530 ff. (zit. Kommentar MWSTV); CAMENZIND/HONAUER, Mehrwertsteuer; HUBER/SCHEFER, Mehrwertsteuer.
41 Vgl. dazu sogleich 2.
42 Vgl. dazu S. 354 ff.
43 MWSTV 17 ff.
44 MWSTV 4 ff.
45 MWSTV 13 f.
46 MWSTV 15 f.

2.1. Jedes an einer Umsatzkette beteiligte Konzernglied ist selbst steuerpflichtig und erbringt eine steuerbare Leistung

In diesem Fall ist der Gesamtkonzern nicht durch die Mehrwertsteuer als solche beschwert: Jedes Konzernunternehmen kann einerseits den vom vorangehenden Glied entrichteten Steuerbetrag bei der eigenen Steuerschuld als Vorsteuer in Abzug bringen[47] und andererseits die gesamte[48] auf die eigene Leistung entfallende Steuer auf das ihm folgende Unternehmen überwälzen. Das letzte – also den Aussenumsatz tätigende – Konzernglied überwälzt so die von allen Konzernunternehmen zusammen bezahlte Steuer auf einen aussenstehenden Dritten.

Was allerdings verbleibt, ist ein erheblicher administrativer Mehraufwand, da sämtliche Innenumsätze des Konzerns unter Berücksichtigung der Mehrwertsteuer abgerechnet werden müssen und jedes einzelne Konzernunternehmen die Veranlagung der von ihm zu entrichtenden Steuer vorzunehmen hat[49].

2.2. Ein an einer Umsatzkette beteiligtes Konzernglied ist nicht steuerpflichtig

Die Leistungen, welche das betreffende Konzernunternehmen von Steuerpflichtigen bezieht, sind bereits mit der Mehrwertsteuer belastet. Dass das nicht steuerpflichtige Unternehmen[50] die ihm überwälzte Vorsteuer nirgends in Abzug bringen kann, ist deshalb nicht weiter schlimm, weil seine eigenen Umsätze gar nicht besteuert werden. Wesentlich problematischer ist der Umstand, dass das Unternehmen, will es nicht von vornherein auf der überwälzten Steuer sitzen bleiben, die eigene Leistung an das nachfolgende Konzernglied entsprechend verteuern muss, ohne die Steuer erklärterweise als solche in Rechnung stellen zu können. Damit wird nun aber – wenn auch nur formell – dem nachfolgenden Unternehmen keine Mehrwertsteuer überwälzt, sodass dieses keinen Vorsteuerabzug im Sinne von MWSTV 29 I a vornehmen kann. Durch die erneut volle Besteuerung der ganzen Leistung dieses Unternehmens

---

47 MWSTV 29.
48 D.h. den effektiv zu bezahlenden Steuerbetrag *und* die abgezogene Vorsteuer.
49 Es soll bereits an dieser Stelle vorweggenommen werden, dass dieser gegenüber einem rechtlich selbständigen Unternehmen erhöhte administrative Aufwand auch durch die Gruppenbesteuerung nicht beseitigt werden kann: Auch hier haben die einzelnen Konzernunternehmen mindestens intern eigene Mehrwertsteuerabrechnungen zu erstellen, welche dann aber vor der Einreichung bei der Eidgenössischen Steuerverwaltung noch zu konsolidieren sind. Näheres dazu S. 357.
50 Dies kann verschiedene Gründe haben: Das betreffende Unternehmen erreicht den von MWSTV 17 I verlangten Mindestumsatz von Fr. 75'000.– nicht (wobei gemäss MWSTV 17 V nur die steuerbaren Umsätze berücksichtigt werden, sodass der Gesamtumsatz des Unternehmens bedeutend höher liegen kann) oder fällt unter die Ausnahme von MWSTV 19 I a, weil es entweder eine geringe Wertschöpfung erbringt oder seine Leistungen vornehmlich reduziert (MWSTV 27 I a) besteuert werden (Kommentar MWSTV, S. 552). Schliesslich kann in beschränktem Masse auch eine gemäss MWSTV 19 I d i.V.m. StHG 28 II und III steuerbefreite Holding- oder Domizilgesellschaft an einer Umsatzkette beteiligt sein (vgl. dazu S. 358).

werden die früher versteuerten Wertschöpfungen ein zweites Mal erfasst. Diese sog. "taxe occulte"[51] wirkt sich unweigerlich zum Nachteil des Konzerns aus: Entweder schlägt er sie nebst der zu überwälzenden "echten" Mehrwertsteuer auf den Preis seiner Aussenleistung, worunter seine Konkurrenzfähigkeit leidet, oder er übernimmt sie wohl oder übel selbst.

Einen Ausweg aus dieser Situation bietet MWSTV 20 I a mit der Möglichkeit der Option für die freiwillige Steuerpflicht[52]. Die Eidgenössische Steuerverwaltung kann diese namentlich zur Wahrung der Wettbewerbsneutralität gestatten, wobei es in ihrem Ermessen liegt, ob die Steuernachteile im konkreten Fall so erheblich sind, dass die Wettbewerbsneutralität nicht mehr gegeben ist.

2.3. Ein an einer Umsatzkette beteiligtes Konzernglied erbringt eine von der Steuer ausgenommene Leistung

Vom Ergebnis her ergibt sich hier die genau gleiche Situation wie bei einem nicht steuerpflichtigen Unternehmen[53]: Erbringt ein an sich steuerpflichtiges Konzernglied eine Leistung, die kraft Sondervorschrift von der Mehrwertsteuer ausgenommen ist[54], so darf es – was im Begriff des von der Steuer "ausgenommenen" Umsatzes liegt[55] – die überwälzte Vorsteuer nicht in Abzug bringen. Auch der Abnehmer dieser Leistung kann – weil formell keine steuerbelastete Leistung vorliegt – die Vorsteuern nicht abziehen, entrichtet aber trotzdem die volle Steuer auf seinem eigenen Umsatz. Auch hier entsteht eine für den Gesamtkonzern nachteilige "taxe occulte"[56].

Die Option für die freiwillige Versteuerung der von der Steuer ausgenommenen Umsätze gemäss MWSTV 20 I b schafft nur beschränkt Abhilfe, da diese Möglichkeit einzig im Bereich der Bewirtschaftung von Grundstücken besteht.

2.4. Ein an einer Umsatzkette beteiligtes Konzernglied erbringt eine von der Steuer befreite Leistung

In diesem Fall[57] ergibt sich die Benachteiligung des Konzerns wie bei der ersten Konstellation nicht aus der Steuerbelastung als solchen: Weil das betreffende Kon-

---

51 CAMENZIND/HONAUER, Mehrwertsteuer, S. 203. Kommentar MWSTV, S. 553, spricht von "Steuerkumulationen".
52 Dies gilt nicht für Holding- und Domizilgesellschaften. Vgl. dazu S. 358.
53 Vgl. S. 352 f.
54 Von den in MWSTV 14 aufgeführten Umsätzen können verschiedenste zwischen Konzernunternehmen erfolgen, vorab jene im Bereich des Geld- und Kapitalverkehrs (Ziff. 15), die Versicherungsumsätze (Ziff. 14) sowie die Bewirtschaftung von Grundstücken (Ziff. 17).
55 MWSTV 13.
56 WAIBEL, Gruppenbesteuerung, S. 415.
57 Dabei geht es in erster Linie um Leistungen an einen im Ausland ansässigen Empfänger, wobei es

zernglied, obwohl es einen steuerfreien Umsatz tätigt, die gesamte von den vorangehenden Konzernunternehmen bezahlte und überwälzte Vorsteuer abziehen kann[58] – und zwar vom Steuerbetrag, den es für andere, steuerbare Umsätze schuldet – hat der gesamte Konzern auf der fraglichen Umsatzkette bisher gar keine Mehrwertsteuer entrichtet.

Wenn nun allerdings die Exportgeschäfte des betreffenden Konzernunternehmens überwiegen und deshalb die abziehbaren Vorsteuern den auf den übrigen Umsätzen geschuldeten Steuerbetrag übersteigen, dann erleidet der Konzern einen Zinsverlust: Die vorangehenden Konzernglieder müssen nämlich ihre Steuerbeträge innert 60 Tagen nach Ablauf der Abrechnungsperiode einzahlen[59], wogegen sich die Eidgenössische Steuerverwaltung mit der Auszahlung des Vorsteuerüberschusses 60 Tage ab dem Eintreffen der Steuerabrechnung Zeit lassen kann, bevor vom 61. Tag an ein Vergütungszins geleistet wird[60]. Demgegenüber verrechnet ein rechtlich einheitliches Unternehmen den in einem Zweigbetrieb erwirtschafteten Vorsteuerüberschuss von vornherein mit dem Steuerbetrag, welcher auf den Umsätzen anderer Zweigbetriebe geschuldet ist.

3. Die Gruppenbesteuerung

Mit der Gruppenbesteuerung[61] wird der wirtschaftlichen Einheit des Konzerns Rechnung getragen: Auf Gesuch des Konzerns oder auf Verlangen der Eidgenössischen Steuerverwaltung[62] hin werden alle an einer Steuergruppe beteiligten Unternehmen "gemeinsam als ein einziger Steuerpflichtiger behandelt" (MWSTV 17 III Satz 1), sofern die entsprechenden Voraussetzungen gegeben sind[63].

Im folgenden ist auf die Voraussetzungen der Gruppenbesteuerung, die mögliche Ausgestaltung einer Steuergruppe sowie die genauen Wirkungen der Gruppenbe-

---

      für die nachfolgenden Betrachtungen unerheblich ist, ob dieser ein weiteres Konzernunternehmen ist oder ein Dritter.
58   MWSTV 15 I.
59   MWSTV 38 I.
60   MWSTV 39 IV. Vgl. dazu SPORI, Unternehmensgruppe, S. 499; WAIBEL, Gruppenbesteuerung, S. 416.
61   MWSTV 17 III. Zur Frage der Verfassungsmässigkeit dieser Norm äussert sich HEINZ KELLER, Steuerpflicht, S. 25 ff.
62   Diese Möglichkeit wird auf Missbrauchsfälle beschränkt bleiben müssen (SPORI, Unternehmensgruppe, S. 491).
63   Eine Gruppenbesteuerung kennen auch andere Staaten Europas: Die sechste Mehrwertsteuer-Richtlinie der Europäischen Union stellt es deren Mitgliedstaaten frei, "im Inland ansässige Personen, die zwar rechtlich unabhängig, aber durch gegenseitige finanzielle, wirtschaftliche und organisatorische Beziehungen eng miteinander verbunden sind, zusammen als einen Steuerpflichtigen zu behandeln" (Richtlinie 77/388/EWG Art. 4 IV 2). Bisher haben sieben Staaten die Gruppenbesteuerung eingeführt (SPORI, Unternehmensgruppe, S. 481).

steuerung näher einzugehen. Ein Merkblatt der Eidgenössischen Steuerverwaltung[64] gibt Aufschluss über die Handhabung der Gruppenbesteuerung.

3.1. Die Voraussetzungen der Gruppenbesteuerung

Die Möglichkeit der Gruppenbesteuerung besteht nach dem Wortlaut von MWSTV 17 III für "juristische Personen mit Sitz oder Betriebsstätte in der Schweiz, welche eng miteinander verbunden sind". Diese enge Verbindung liegt dann vor, "wenn ... eine natürliche oder juristische Person durch Stimmenmehrheit oder auf andere Weise eine oder mehrere juristische Personen unter einheitlicher Leitung zusammenfasst." Diese Umschreibung lehnt sich stark an den aktienrechtlichen Konzernbegriff[65] an, stellt aber durch die Nennung der natürlichen Person gleichzeitig klar, dass die Gruppenbesteuerung nicht von der Konsolidierungspflicht des herrschenden Unternehmens abhängt[66]. Im übrigen steht die Gruppenbesteuerung auch einem Konzern zur Verfügung, der durch eine Kollektiv- oder Kommanditgesellschaft geleitet wird[67].

Die Eidgenössische Steuerverwaltung vermutet "zur Vereinfachung der Abklärungsarbeit" eine einheitliche Leitung dann, wenn ein Unternehmen 100% des Kapitals oder zwei Drittel der Stimmrechte eines anderen Unternehmens hält[68]; der Beweis des Gegenteils[69] steht selbstverständlich offen[70].

3.2. Die Steuergruppe

Liegt also ein Konzern im Sinne von MWSTV 17 III vor, so ist eine Gruppenbesteuerung grundsätzlich möglich. In diesem Fall ist der Kreis der Unternehmen näher zu bestimmen, welche in einer Steuergruppe zusammengefasst werden können. Vorab – so bereits MWSTV 17 III – steht die Gruppenbesteuerung nur schweizerischen

---

64 Eidgenössische Steuerverwaltung, Merkblatt zur Gruppenbesteuerung vom 30. November 1994 (zit. Merkblatt EStV).
65 OR 663e I. Zur Feststellung von einheitlicher Leitung im konkreten Einzelfall werden deshalb neben deren Umschreibung durch die Eidgenössische Steuerverwaltung (Merkblatt EStV, Ziff. 4) auch Lehre und Praxis zur Konsolidierungspflicht als Auslegungshilfe beigezogen werden können (CAMENZIND/HONAUER, Mehrwertsteuer, S. 188; WAIBEL, Gruppenbesteuerung, S. 416).
66 Ist die Konzernleitung eine natürliche Person, so ist sie nicht konsolidierungspflichtig; vgl. dazu S. 245 ff.
67 Der Kreis der möglichen Gruppenmitglieder ist über den Wortlaut von MWSTV 17 III hinaus entsprechend zu erweitern (Merkblatt EStV, Ziff. 2).
68 Merkblatt EStV, Ziff. 4.3. Demgegenüber wird die Personalunion der Geschäftsleitung lediglich als Indiz erachtet.
69 Also der Beweis, dass trotz der Beherrschungsmöglichkeit keine einheitliche Leitung ausgeübt wird.
70 Diese Tatsachenvermutung, welche an das deutsche Konzernrecht (AktG 17 II) erinnert, ist wohl vor allem für den Fall gedacht, dass die Eidgenössische Steuerverwaltung entgegen dem Willen des Konzerns eine Gruppenbesteuerung anordnet. Andernfalls ist kein praktisches Interesse an der Vermutung bzw. an deren Widerlegung ersichtlich.

Unternehmen und schweizerischen Betriebsstätten ausländischer Unternehmen offen[71]. Darüber hinaus hat die Eidgenössische Steuerverwaltung eine Reihe von weiteren Grundsätzen zur Gruppenbildung aufgestellt:

- In die Besteuerungsgruppe müssen sämtliche Unternehmen, die durch einheitliche Leitung zusammengefasst sind, aufgenommen werden[72]. Es können also weder einzelne Unternehmen ausgewählt noch bestimmte Unternehmen gezielt ausgeklammert werden.
- In die Gruppe müssen demnach auch die nicht steuerpflichtigen Unternehmen aufgenommen werden können. Ausdrücklich sagt dies die Eidgenössische Steuerverwaltung zwar nur für die gemäss MWSTV 19 I d von der Steuerpflicht ausgenommenen Holding- und Domizilgesellschaften[73].
- Unternehmen in Liquidation oder in Konkurs bleiben von der Gruppenbesteuerung ausgeschlossen[74].
- Schliesslich bestehen einige weitere Sonderbestimmungen für bestimmte Arten von Unternehmen (Joint Ventures, Vorsorgeeinrichtungen, Finanzierungsgesellschaften u.ä.)[75].

Ist die Steuergruppe einmal gebildet, so ist aus ihrem Kreis ein in der Schweiz ansässiges Unternehmen zu bezeichnen, welches als Gruppenträger den Verkehr mit der Eidgenössischen Steuerverwaltung abwickelt und insbesondere für die Erstellung der Steuerabrechnung verantwortlich ist. Der Gruppenträger darf frei gewählt werden, kann also auch ein abhängiges Unternehmen sein. Bei Nichtgebrauch dieses Wahlrechts bezeichnet die Eidgenössische Steuerverwaltung das verantwortliche Unternehmen[76].

---

71 Ist das herrschende Unternehmen demnach im Ausland ansässig, so umfasst die Gruppe nur die schweizerischen Konzernglieder und die inländischen Betriebsstätten der Konzernleitung (Merkblatt EStV, Ziff. 8).
72 Merkblatt EStV, Ziff. 6. Insofern ist die anschliessende Aussage zur Aufteilung einer Besteuerungsgruppe in Untergruppen (Merkblatt EStV, Ziff. 7) wenig verständlich: Entweder stehen sämtliche Unternehmen unter der gleichen einheitlichen Leitung und bilden dann auch eine einzige Steuergruppe, oder sie werden jeweils in Gruppen von einer Subholding geleitet, bilden dann jedoch auch mehrere Konzerne, die je zu eigenen Hauptsteuergruppen zusammenzufassen sind. Nach Art. 17 III des Vernehmlassungsentwurfs zum Mehrwertsteuergesetz vom 28.8.1995 (wiedergegeben bei HUBER/SCHEFER, Mehrwertsteuer, S. 350 ff.) soll nun der Gruppenkreis frei gewählt werden können, was die Bildung von Untergruppen erst ermöglichen wird.
73 Merkblatt EStV, Ziff. 9.
74 Merkblatt EStV, Ziff. 2.
75 Merkblatt EStV, Ziff. 4.2.
76 Merkblatt EStV, Ziff. 6.

3.3. Die Wirkungen der Gruppenbesteuerung

Materiell gelten sämtliche in einer Steuergruppe zusammengefassten Unternehmen als ein einziger Steuerpflichtiger, sodass gruppeninterne Umsätze steuerlich unbeachtlich sind[77].

Formell bedeutet dies, dass alle der Gruppe angehörenden Unternehmen eine gemeinsame Mehrwertsteuernummer erhalten[78] und die Steuerbehörde nur mit dem Gruppenträger verkehrt. Die von den Unternehmen vorerst zu erstellenden Einzelabrechnungen werden durch den Gruppenträger zu einer Gesamtabrechnung zusammengefasst und an die Eidgenössische Steuerverwaltung weitergereicht[79]. Diese rechnet nur mit dem Gruppenträger ab, welcher dann für die interne Verteilung der Belastung besorgt sein muss.

In den Einzelabrechnungen der Gruppenunternehmen muss streng nach Innenumsätzen und Aussenumsätzen[80] getrennt Buch geführt werden[81]. Sowohl für Innen- wie auch für Aussenumsätze ist gemäss MWSTV 28 detailliert Rechnung zu stellen. Dabei darf allerdings auf Innenumsätzen weder eine Mehrwertsteuer ausgewiesen werden[82], noch ist auf ihnen ein Vorsteuerabzug zulässig[83]. Demgegenüber ist bei steuerbaren Aussenumsätzen der Ausweis der Mehrwertsteuer verlangt und die Vornahme des Vorsteuerabzugs erlaubt[84].

Gemäss MWSTV 25 I f haften alle Gruppenunternehmen solidarisch für sämtliche von der Gruppe geschuldeten Steuern[85].

---

77 Merkblatt EStV, Ziff. 14.
78 Merkblatt EStV, Ziff. 12.
79 Merkblatt EStV, Ziff. 13.
80 Aussenumsätze sind auch jene zwischen einem Gruppenunternehmen und einer ausländischen Konzernleitung, welche bekanntlich selbst nicht Mitglied der Steuergruppe sein kann. Dagegen sollen Umsätze zwischen einem Unternehmen und dessen ausländischer Betriebsstätte wegen des Grundsatzes der Unternehmenseinheit als Innenumsätze gelten (SPORI, Unternehmensgruppe, S. 492).
81 Merkblatt EStV, Ziff. 13.
82 Merkblatt EStV, Ziff. 13.
83 Merkblatt EStV, Ziff. 14.
84 Erbringt eine Unternehmensgruppe sowohl steuerbare wie auch von der Steuer ausgenommene Aussenumsätze, so ist der Vorsteuerabzug nach deren Verhältnis zu kürzen (MWSTV 32 und Merkblatt EStV, Ziff. 14). Vgl. dazu – namentlich zur Frage der adäquaten Berechnungsmethode – CAMENZIND/HONAUER, Mehrwertsteuer, S. 254 ff.; SPORI, Unternehmensgruppe, S. 495 ff.; WAIBEL, Gruppenbesteuerung, S. 418 ff.
85 BRAND, Unpässliches, S. 478 f., kritisiert diese Vorschrift heftig.

4. Die Holdinggesellschaft als Sonderfall

Holdinggesellschaften im Sinne von StHG 28 II[86] sind kraft der Sonderbestimmung von MWSTV 19 I d von der Mehrwertsteuerpflicht ausgenommen[87]. Beteiligt sich eine solche Holdinggesellschaft im Rahmen ihrer Verwaltungstätigkeit an einer konzerninternen Umsatzkette, so kommt es deshalb zu einer "taxe occulte" zu Lasten des Konzerns[88]. Keine Abhilfe schafft diesfalls die Option für die freiwillige Steuerpflicht, da jene den Holdinggesellschaften nicht offensteht[89]. Die einzige Möglichkeit zur Beseitigung allfälliger Steuernachteile ist deshalb die Aufnahme der Holdinggesellschaft in eine Steuergruppe, was laut Eidgenössischer Steuerverwaltung trotz der grundsätzlichen Steuerbefreiung möglich sein soll[90].

---

[86] Als solche gelten Kapitalgesellschaften und Genossenschaften, deren statutarischer Zweck zur Hauptsache in der dauernden Verwaltung von Beteiligungen besteht und die in der Schweiz keine Geschäftstätigkeit ausüben.

[87] Nach Ansicht des Verordnungsgebers handelt es sich dabei nicht um eine Sondervorschrift, sondern um eine blosse Präzisierung, da steuerprivilegierte Holdinggesellschaften keine Geschäftstätigkeit in der Schweiz ausüben dürften und somit schon aufgrund von MWSTV 17 I nicht steuerpflichtig seien (Kommentar MWSTV, S. 553). Demgegenüber folgt aus dem Fehlen einer eigentlichen Geschäftstätigkeit nicht zwingend auch die Abwesenheit von steuerbaren Umsätzen: Zur gemäss StHG 28 II weiterhin zulässigen Verwaltungstätigkeit sind nämlich nicht nur die Konzernleitung und konzernbedingten Dienstleistungen zu zählen, sondern auch Konzernfinanzierung und Lizenzverwaltung, ja sogar der Austausch von Gütern und Leistungen innerhalb des Konzerns (ERNST HÖHN, Holding- und Domizilgesellschaften, S. 261 f. und 270 f. m.w.H.), was unbestreitbar steuerbare Umsätze sind (KUHN/ROBINSON, Steuerharmonisierung, S. 828 und 829 f.; BRAND, Unpässliches, S. 476).

[88] Vgl. dazu S. 352 f. Dieser Umstand hat zu teils heftiger Kritik an der fraglichen Verordnungsbestimmung geführt: Es ist gar von einer "Bestrafung" der steuerprivilegierten Gesellschaften die Rede (KUHN/ROBINSON, Steuerharmonisierung, S. 827). Weitere Kritikpunkte betreffen die Problematik des Verweises auf eine Bestimmung, welche durch kantonale Gesetze zu konkretisieren ist (KUHN/ROBINSON, Steuerharmonisierung, S. 829), sowie die fehlende Verfassungsmässigkeit der Bestimmung (CAMENZIND/HONAUER, Mehrwertsteuer, S. 201 f.; SPINNLER, Steuerpflicht, S. 413). Der Vernehmlassungsentwurf zum Mehrwertsteuergesetz sah denn auch die ersatzlose Streichung der Vorschrift vor.

[89] Der Wortlaut von MWSTV 20 I a erfasst nicht auch die nach MWSTV 19 I d von der Steuerpflicht ausgenommenen Unternehmen. Vgl. auch SPINNLER, Steuerpflicht, S. 415.

[90] Merkblatt EStV, Ziff. 9.

Fünftes Kapitel

Der Konzern im Kartellrecht

I. Der Konzern im schweizerischen Kartellrecht

1. Konzerne sind keine Kartelle

Nach KG 2[1] umfasst der Geltungsbereich des Gesetzes u.a. Unternehmen des privaten und des öffentlichen Rechts, die Kartell- oder andere Wettbewerbsabreden treffen, wobei gemäss KG 4 als Wettbewerbsabreden rechtlich erzwingbare oder nicht erzwingbare Vereinbarungen sowie aufeinander abgestimmte Verhaltensweisen von Unternehmen gleicher oder verschiedener Marktstufen gelten, die eine Wettbewerbsbeschränkung bezwecken oder bewirken.

Nachfolgend ist zu untersuchen, ob diese Normen auch auf Konzernverhältnisse Anwendung finden.

Im Konzern werden rechtlich selbständige Unternehmen einer einheitlichen wirtschaftlichen Leitung unterstellt. Die Unterordnung unter eine einheitliche, den Konzernzweck verfolgende Leitung schliesst nun aber begriffsnotwendig das Vorliegen eines *konzerninternen Wettbewerbsverhältnisses* aus: Es gibt keine sog. "intra corporate conspiracy". Selbst wenn die Konzernleitung Wettbewerb unter den Konzernunternehmen dulden sollte, ändert dies nichts an der Tatsache, dass sie ihn kraft ihrer Stellung jederzeit beschränken oder aufheben kann. Demzufolge stellen Abreden zwischen Konzernunternehmen *keine Kartelle* im Sinne von KG 4 und 5[2] dar.

Selbstverständlich können aber Konzerne mit Dritten Kartellabsprachen treffen und damit einem *konzernexternen Kartell* angehören.

---

1 BG über Kartelle und andere Wettbewerbsbeschränkungen (Kartellgesetz) vom 6.10.1995 (SR 251), in Kraft seit 1.7.1996.

2 Diese Betrachtungsweise stimmt mit dem Gesetzeszweck überein. KG 4 und 5 visieren Abreden an, die den Wettbewerb lediglich in Teilbereichen beseitigen oder beschränken; ausserhalb dieser Wettbewerbsabreden bleiben die beteiligten Unternehmen nicht nur rechtlich, sondern auch wirtschaftlich selbständig, was bei Konzernen bekanntlich nicht zutrifft. Gl.M. SCHLUEP, Kartellähnlicher Konzern, S. 366, und DROLSHAMMER, Marktmächtige Unternehmen, S. 23 f.; a.M. zum aKG HOMBURGER, KG-Kommentar, S. 44, der für den Fall, dass die zum Konzern gehörenden Unternehmen faktisch weitgehend selbständig sind, für eine Unterstellung unter aKG 6 und damit für die Annahme eines Kartellsachverhalts plädiert. Er begründet seine Haltung mit der Beweislastverteilung im Zivilprozess. Diese Argumentation übersieht jedoch, dass Konzernunternehmen eben nicht "faktisch weitgehend selbständig" sind. Sind sie dies, so fehlt es an der einheitlichen wirtschaftlichen Leitung, und es liegt gar kein Konzernverhältnis vor!

Eine Präzisierung ist für *Gemeinschaftsunternehmen* (Joint Ventures) anzubringen[3]. Diese können – wettbewerbsrechtlich betrachtet – in zwei Formen auftreten: Geben beide beteiligten Partner ihre Tätigkeit im Bereich des Gemeinschaftsunternehmens zu dessen Gunsten auf, so liegt keine Wettbewerbsabrede vor (sog. *konzentratives Joint Venture*)[4]. Behalten die Partner jedoch ihre selbständige Tätigkeit neben dem Joint Venture in bestimmten Geschäftsbereichen noch bei und schliessen sich lediglich in Teilgebieten zusammen (z.B. getrennte Herstellung und gemeinsamer Vertrieb), so kann es sich um eine Wettbewerbsabrede handeln (sog. *kooperatives Joint Venture*).

2. Konzerne als marktbeherrschende Unternehmen

2.1. Marktmacht und Marktbeherrschung

Dem sachlichen Geltungsbereich des Kartellgesetzes sind nach KG 2 auch Unternehmen unterstellt, die zwar keine Kartell- oder anderen Wettbewerbsabreden getroffen haben, die aber Marktmacht ausüben (*marktmächtige Unternehmen*).

Von den marktmächtigen Unternehmen gemäss KG 2 sind die *marktbeherrschenden Unternehmen* gemäss KG 7 zu unterscheiden[5]. Als marktbeherrschend gemäss KG 4 II gelten einzelne Unternehmen oder Unternehmensgruppen (eben Konzerne), die in der Lage sind, sich von anderen Marktteilnehmern in einem bestimmten Markt in wesentlichem Umfang unabhängig zu verhalten[6]. Für sie stellt KG 7 Verhaltensregeln auf und legt fest, wann das Verhalten eines marktbeherrschenden Unternehmens kartellrechtlich unzulässig ist. Konzerne können zwar – wie oben ausgeführt – konzernintern keine Kartelle bilden. Sie sind aber in hohem Masse dafür prädestiniert, marktbeherrschend zu sein, weil bei der Prüfung des Vorliegens einer Marktbeherrschung nicht auf einzelne Konzernunternehmen, sondern auf den *Konzern als wirtschaftliche Einheit* abgestellt wird. Die Marktpositionen der einzelnen Konzernunternehmen werden also kumuliert, was die Wahrscheinlichkeit einer Marktbeherrschung beträchtlich erhöht.

---

3   Zur Abgrenzung des Gemeinschaftsunternehmens vom Konzern siehe S. 25 f.
4   Dagegen kann ein genehmigungspflichtiger Unternehmenszusammenschluss vorliegen (siehe dazu S. 368 ff.).
5   Allgemein zur Frage unzulässiger Verhaltensweisen marktmächtiger Unternehmen siehe RUFFNER, Marktmächtige Unternehmen, S. 834 ff.
6   Siehe dazu Botschaft zu einem BG über Kartelle und andere Wettbewerbsbeschränkungen vom 23.11.1994, Sonderdruck (Botschaft KG), S. 113 f.

2.2. Unzulässige Verhaltensweisen marktbeherrschender Konzerne

Die Wettbewerbspolitik in einer Marktwirtschaft ist nicht darauf ausgerichtet, Marktmacht von Konzernen per se zu bekämpfen. Zum freien Wettbewerb gehört die Möglichkeit, durch Leistung eine Spitzenposition, ja sogar eine beherrschende Stellung zu erringen[7]. Die Grenze wird erst dort überschritten, wo die *Marktmacht missbräuchlich ausgeübt* wird, wo der Konzern also Marktmacht gezielt einsetzt, um konzernexterne Dritte im Wettbewerb zu behindern oder sogar zu vernichten, ohne dass sich dieses Verhalten durch sachliche Gründe[8] rechtfertigen lässt[9]. Nur dann ist das Verhalten marktbeherrschender Konzerne unzulässig.

Bei der Prüfung, ob unzulässige Verhaltensweisen eines marktbeherrschenden Konzerns vorliegen, ist methodisch in folgenden vier Schritten vorzugehen[10]:

– Feststellung des relevanten Marktes,
– Prüfung der Marktbeherrschung,
– Beurteilung eines allfälligen missbräuchlichen Verhaltens,
– Beantwortung der Frage nach überwiegenden öffentlichen Interessen.

a) Der relevante Markt

Der *relevante Markt* wird im Gesetz nicht näher definiert, da er sich naturgemäss nicht losgelöst von einem bestimmten Sachverhalt umschreiben lässt[11]. Dies ist Sache der zuständigen Wettbewerbsbehörden. Grundsätzlich ist festzustellen, mit welchen Waren oder Dienstleistungen die betreffenden Unternehmen aus der Sicht des Verbrauchers in Konkurrenz stehen.

Auseinanderzuhalten sind dabei der sachlich, örtlich und zeitlich relevante Markt[12]. "Diese allgemeine Formel ist im einzelnen Fall unter Berücksichtigung aller massgebenden Faktoren zu konkretisieren; ausgehend von den spezifischen Eigenschaften des in Frage stehenden Produktes ist zu klären, wer die Verbraucher sind, auf deren Ansicht über die Austauschbarkeit abzustellen ist, und wie diese Ansicht lautet"[13]. Entschei-

---

7   "...the successful competitor, having been urged to compete, is not to be turned upon when he wins" (U.S. vs. Alcoa, 148 F.2d. 430, 1945, zitiert nach RUFFNER, Marktmächtige Unternehmen, S. 834, Fn. 1).
8   Sachliche Gründe liegen vor, wenn das Verhalten des Unternehmens aus betriebswirtschaftlicher Sicht gerechtfertigt ist.
9   Botschaft KG, S. 102.
10 Vgl. dazu VON BÜREN, Wettbewerbsbeschränkungen, S. 26 ff.
11 Botschaft KG, S. 87.
12 Vgl. zur Abgrenzung des relevanten Marktes die Praxis der Kartellkommission: Veröffentlichungen, 5/93, S. 105 f.; 3/94, S. 102 f.; 4/94, S. 64 f.; 3/95, S. 177 ff. Zur Frage des relevanten Marktes siehe auch RUFFNER, Marktmächtige Unternehmen, S. 836 f. m.w.H.
13 HOMBURGER, KG-Kommentar, S. 75 f.; KG-SCHMIDHAUSER, N. 56 ff. zu Art. 4.

dendes Kriterium ist also die Substituierbarkeit eines Produkts: Kauft der Konsument das Produkt B, wenn das Produkt A nicht erhältlich oder teurer ist[14]?

Als Faustregel gilt: Je enger der relevante Markt definiert wird, desto eher liegt Marktbeherrschung vor[15].

b) Marktbeherrschung

Eine *Marktbeherrschung* ist nach KG 4 II gegeben, wenn sich ein Unternehmen von den anderen Marktteilnehmern in einem relevanten Markt in wesentlichem Umfang unabhängig verhalten kann[16], d.h. wenn es in der Lage ist, die von ihm festgelegten Konditionen im Markt auch effektiv durchzusetzen, ohne sich um die Reaktionen der Mitwettbewerber oder der Marktgegenseite zu kümmern.

Beim Konzern wird für die Beurteilung der Marktbeherrschung nicht auf die einzelnen Konzernunternehmen abgestellt, sondern alle Konzernunternehmen zusammen werden als ein einziges Unternehmen behandelt. Das ergibt sich einerseits bereits aus der Definition des Konzerns, wonach mehrere juristisch selbständige Unternehmen zu einer wirtschaftlichen Einheit zusammengefasst werden, und andererseits aus dem Umstand, dass innerhalb des Konzerns – wegen dieser wirtschaftlichen Einheit – Kartellabsprachen gar nicht möglich sind. Würden die Konzernunternehmen als selbständige und unabhängige Unternehmen behandelt, wären die einzelnen Unternehmen allein oftmals nicht marktbeherrschend, obwohl der Konzern als Ganzer durchaus eine entsprechende Stellung auf dem relevanten Markt innehat und die Konzernleitung diese mittels Weisungsmacht auch ausnutzen kann. Dies würde zu einer unbegründeten Privilegierung des Konzerns führen und widerspräche dem Sinn des Gesetzes[17].

Bei der Prüfung des Vorliegens einer marktbeherrschenden Stellung ist nicht allein auf die *Marktanteile* abzustellen, welche für sich allein genommen noch nichts über die Möglichkeit eines Konzerns, sich im Markt unabhängig zu verhalten[18], auszusagen vermögen. Abzustellen ist daneben auf die *Anzahl und die Qualität der Mitbe-*

---

14 Das mag das folgende (fiktive) Beispiel erläutern: Welches ist der relevante Markt für Ovomaltine? Ist es Tee und Kaffee (geschätzter Marktanteil von Ovomaltine weniger als 1%)? Ist es Milch (geschätzter Marktanteil weniger als 5%)? Sind es kakaohaltige Getränke (geschätzter Marktanteil mehr als 15%), sind es malzhaltige Kakaogetränke (geschätzter Marktanteil mehr als 50%) oder sind es schliesslich malzhaltige Kakaogetränke im Gastgewerbe (geschätzter Marktanteil mehr als 90%)?
15 HOMBURGER, KG-Kommentar, S. 75 ff.; Botschaft KG, S. 87; KG-SCHMIDHAUSER, N. 56 zu Art. 4.
16 Beurteilt werden die konkreten Umstände auf dem relevanten Markt. Das KG verzichtet (im Gegensatz zum alten Recht) auf die Aufzählung von Hilfskriterien, dennoch können solche zur Analyse beigezogen werden. Im Vordergrund stehen die Anzahl Wettbewerber, Marktanteile, Beschaffungs- und Absatzformen, Finanzkraft, Verflechtung und Abhängigkeit der Unternehmen der Marktgegenseite.
17 Gemäss Botschaft KG, S. 81, ersetzt der Begriff der marktbeherrschenden Stellung in KG 7 denjenigen der kartellähnlichen Organisation nach aKG 4. In aKG 4 wurde aber der Konzern ausdrücklich als kartellähnliche Organisation aufgeführt.
18 RUFFNER, Marktmächtige Unternehmen, S. 837, m.w.H. in Fn. 23.

werber, aber auch auf die *Struktur der Marktgegenseite*. Ferner sind weitere Kriterien zu berücksichtigen, wie z.B. *Eintrittsschranken*, also die Hindernisse, welche ein potentieller Wettbewerber zu überwinden hat, wenn er neu in einen Markt eintreten will[19] (z.B. hohe Investitionen in teure Anlagen bei zu Beginn tiefer Auslastung, technologische Monopolstellung durch Patentschutz, höhere Kapitalkosten des Newcomers wegen des erhöhten Marktrisikos, im Markt bestehende Überkapazitäten, prohibitiv hohe Vertriebskosten, nichttarifäre Handelshemmnisse usw.). Schliesslich sind auch die *Austrittschancen* zu berücksichtigen, m.a.W. die Kosten eines missglückten Markteintritts[20].

c) Missbrauch der Marktbeherrschung

Das schweizerische Wettbewerbsrecht bekämpft bekanntlich nicht die Marktbeherrschung an sich, sondern bloss deren *Missbrauch*.

Ein marktbeherrschender Konzern handelt dann missbräuchlich, wenn er sich bei seinem Verhalten – welches sich sowohl auf eine Behinderung der Mitbewerber wie auch auf eine Benachteiligung der Marktgegenseite beziehen kann[21] – nicht auf sachliche Gründe zu stützen vermag.

Sachliche Gründe liegen vor, wenn Handlungen aus betriebswirtschaftlicher Optik gerechtfertigt erscheinen (sog. "legitimate business reasons") und nicht in erster Linie zum Ziel haben, Marktteilnehmer zu schädigen[22].

Wenn andererseits eine unternehmenspolitisch sinnvolle Vorkehr sich nachteilig auf Dritte auswirkt, liegt demzufolge kein Missbrauch vor.

Die in KG 7 II (nicht abschliessend) aufgeführten und im folgenden näher beleuchteten unzulässigen Verhaltensweisen[23] entbinden demzufolge nicht von einer einzelfallbezogenen Überprüfung des Konzernverhaltens unter dem Gesichtspunkt der "legitimate business reasons".

aa) Verweigerung von Geschäftsbeziehungen (KG 7 II a)

Aus Sicht der Konzernleitung können durchaus Gründe vorliegen, die dafür sprechen, einem abhängigen Unternehmen oder sogar sämtlichen Konzernunternehmen zu verbieten, mit einem bestimmten Geschäftspartner zu kontrahieren, bzw. von diesen zu verlangen, bestehende Geschäftsbeziehungen aufzulösen[24].

---

19 RUFFNER, Marktmächtige Unternehmen, S. 837.
20 Weitere Hinweise zu dieser Frage bei RUFFNER, Marktmächtige Unternehmen, S. 837, Fn. 24.
21 RUFFNER, Marktmächtige Unternehmen, S. 836.
22 RUFFNER, Marktmächtige Unternehmen, S. 838 f.
23 Vgl. dazu VON BÜREN, Wettbewerbsbeschränkungen, S. 27 ff.
24 RUFFNER, Marktmächtige Unternehmen, S. 841 f.

Wettbewerbsrechtlich ist entscheidend, ob diese Gründe sachlich gerechtfertigt sind[25]. Genügt z.B. der Geschäftspartner den qualitativen Anforderungen des Konzerns nicht (mehr) oder ist seine Zahlungsfähigkeit fraglich, so ist gegen einen Abbruch der Beziehungen aus kartellrechtlicher Sicht nichts einzuwenden. Ebenso ist es in einem Konzern sachlich durchaus zu rechtfertigen, dass das herrschende Unternehmen den abhängigen Unternehmen zur Erzielung von Synergien eine konzerninterne Lösung vorschreibt und den Abbruch der Geschäftsbeziehung zu einem konzernexternen Partner veranlasst.

Missbräuchlich wäre jedoch die Verweigerung von Geschäftsbeziehungen in der alleinigen Absicht, dadurch eine Schädigung des Geschäftspartners zu erzielen bzw. diesen zu einem vom Konzern gewünschten Verhalten zu zwingen.

bb) Diskriminierung von Handelspartnern bei Preisen oder sonstigen Geschäftsbedingungen (KG 7 II b)

Eine Pflicht des marktbeherrschenden Unternehmens zur schematischen Gleichbehandlung gibt es nicht. So ist die generelle Schlechterstellung von konzernexternen Geschäftspartnern gegenüber Konzernunternehmen, welchen dank der im Konzern erzielten Synergien bessere Konditionen eingeräumt werden als einem konzernfremden Dritten, durchaus in Ordnung.

Unzulässig ist dagegen die gezielte Besser- oder Schlechterstellung bestimmter Geschäftspartner des Konzerns in einem spürbaren Ausmass[26].

cc) Erzwingung unangemessener Preise oder sonstiger Geschäftsbedingungen (KG 7 II c)

Der Begriff "Erzwingung" beinhaltet das Element des nicht-autonomen Handelns. Daraus folgt, dass dem Konzern von einem Vertragspartner freiwillig eingeräumte Vorteile (und seien sie noch so unangemessen) nicht unter diesen Tatbestand fallen. Ein Vertragsinhalt kann – je nach den konkreten Umständen – einmal angemessen sein und einmal nicht. Beispielsweise dürfte die Bedingung eines internationalen Konzerns, eine patentierte Erfindung nur dann zu verwerten, wenn ihm eine weltweite oder zumindest regionale Exklusivlizenz eingeräumt wird, Ausfluss seiner globalen Präsenz und seiner Marketingstrategie sein und wäre als durchaus angemessen zu qualifizieren. Kämen jedoch weitere Elemente hinzu (wie z.B. die Einräumung einer

---

25   Mit SCHLUEP, Kontrahierungspflicht, S. 213, ist danach zu fragen, ob Geschäftsverweigerung bei normalem Wettbewerb objektiv geboten wäre, d.h. ob sich irgendein Konkurrent ohne gesteigerten Markteinfluss ceteris paribus gleich verhielte.
26   RUFFNER, Marktmächtige Unternehmen, S. 842 f.

unüblich tiefen Lizenzgebühr für die Nutzung des Patentes), könnte die wettbewerbsrechtlich zulässige Grenze überschritten sein[27].

dd) Unterbieten von Preisen oder sonstigen Geschäftsbedingungen (KG 7 II d)

Keine unzulässige Unterbietung liegt vor, wenn Angebote eines Konzerns aus betriebswirtschaftlichen Gründen (z.B. infolge der Schaffung grösserer Einheiten und damit einer rationelleren Produktion zu tieferen Kosten) günstiger sind als diejenigen der Konkurrenz.

Offeriert ein Konzernunternehmen unter dem Selbstkostenpreis[28], so ist zu untersuchen, aus welchen Gründen dies erfolgt. Sind es sachliche, d.h. aus betriebswirtschaftlicher Sicht gerechtfertigte Gründe[29], ist das Verhalten zulässig. Anders ist dies jedoch, wenn es dem Konzern darum geht, seine marktbeherrschende Stellung gezielt zur Schädigung der Konkurrenz einzusetzen[30].

Umstritten ist die Frage des *Konzernrabatts*[31], d.h. die Berechnung der Rabatte auf dem gesamten mit einem Konzern realisierten Umsatz. Ist der Rabatt betriebswirtschaftlich begründet, weil durch den Bezug grösserer Mengen auch die relativen Kosten sinken, dann ist ein Konzernrabatt in dieser Form kartellrechtlich unbedenklich. Unzulässig ist dagegen die Form eines sog. "Treuerabatts", bei welchem die mit einzelnen Konzernunternehmen erzielten Umsätze zusammengerechnet werden und darauf eine nach oben gestreckte "Konzernrabattskala" angewendet wird, welche zur Gewährung höherer Rabatte führt, als die Summe der Rabatte der einzelnen Konzernunternehmen ergeben würde. Darin ist eine Ausschliesslichkeitsbindung zu erblikken, welche gegen die Mitbewerber gerichtet und deshalb unzulässig ist[32].

ee) Einschränkung der Erzeugung, des Absatzes oder der technischen
    Entwicklung (KG 7 II e)

Hier geht es um den Fall der künstlichen Verknappung eines Wirtschaftsguts, um nach dem Gesetz von Angebot und Nachfrage höhere Preise erzielen zu können[33].

---

27 Das Kartellrecht fordert nicht etwa einen gerechten Preis (sog. pretium iustum), was mit dem Modell der Marktwirtschaft unvereinbar wäre, sondern die Anwendung der Grundsätze von Angebot und Nachfrage. Nach diesen Grundsätzen wäre ein Preis dann zu tief, wenn er bei vollständigem Wettbewerb, d.h. ohne die Existenz eines marktbeherrschenden Unternehmens, nicht als ernsthaftes Angebot vom Lizenzgeber in Betracht gezogen würde.
28 Selbstkostenpreis ist hier zu verstehen im Sinne von Vollkosten, d.h. variable und fixe Kosten.
29 Z.B. Verkauf unter Vollkosten, aber über den variablen Kosten, um bei nicht voll ausgelasteten Anlagen mindestens noch einen Beitrag an die Fixkosten zu erwirtschaften.
30 RUFFNER, Marktmächtige Unternehmen, S. 843 f.
31 Zur Behandlung von Konzernrabatten im europäischen Recht siehe S. 377.
32 SCHLUEP, Kartellähnlicher Konzern, S. 382.
33 RUFFNER, Marktmächtige Unternehmen, S. 844 f.

Konzerne in einer oligopolen oder gar monopolen Marktstellung könnten versuchen, diesen Marktmechanismus zu ihren Gunsten spielen zu lassen. Längerfristig gesehen wird sich ein Konzern mit seinen meist beträchtlichen finanziellen Möglichkeiten jedoch einer vom Markt her möglichen Entwicklung kaum verschliessen, sondern die Marktexpansion durch die Schaffung zusätzlicher Kapazitäten vielmehr zu seinen Gunsten nutzen.

KG 7 II e kommt unter diesem Gesichtspunkt für Konzerne wohl eine vergleichsweise unbedeutende Rolle zu. Abgesehen davon dürften sich erhebliche Probleme bezüglich der Beweisführung für die Motive eines solchen Verhaltens ergeben.

ff) Koppelungsverträge (KG 7 II f)

Schliesst ein Unternehmen mit einem Dritten einen Vertrag unter der Bedingung, dass nicht nur die gewünschten, sondern auch weitere (eigentlich nicht gewünschte) Waren oder Dienstleistungen bei ihm zu beziehen bzw. für es zu erbringen sind, spricht man von sog. Koppelungsverträgen[34].

Gerade bei Konzernunternehmen ist die Versuchung gross, dass Marktmacht zur Erzwingung des Abschlusses solcher Koppelungsverträge eingesetzt wird, wenn der konzernfremde Dritte auf den Erwerb einer Ware bzw. auf den Bezug einer Dienstleistung dringend angewiesen ist, z.B. weil der Konzern in diesem Gebiet eine starke Marktstellung oder sogar ein Monopol gestützt auf immaterialgüterrechtliche Exklusivrechte besitzt oder weil er billiger als seine Konkurrenten anbieten kann.

Entscheidend für die Zulässigkeit einer entsprechenden Vertragsbedingung ist, ob die gekoppelte Leistung zur Erbringung der Hauptleistung zwingend erforderlich ist. Sachgerecht wäre beispielsweise die Koppelung eines Mietvertrags für einen hochentwickelten Apparat mit der Verpflichtung, die Reparaturen ausschliesslich bei einem spezialisierten Konzernunternehmen des Produzenten vornehmen zu lassen, sofern nur dieses das Know-how besitzt, um das einwandfreie Funktionieren zu garantieren. Ebenfalls zulässig wäre z.B. die Verpflichtung zum Bezug von Ovomaltine im Zusammenhang mit einer Lizenz für die Herstellung von Ovomaltine-Glace oder Ovomaltine-Yoghurt bei gleichzeitiger Einräumung einer Markenlizenz für die Marke Ovomaltine für das lizenzierte Produkt.

Fehlt dagegen ein zwingender innerer Bezug zwischen den beiden Leistungen, hat m.a.W. die gekoppelte Leistung keinen vernünftigen Bezug zum Grundgeschäft[35], ist eine Koppelung nicht sachgerecht und somit unzulässig. Ein unzulässiges Koppelungsgeschäft wäre z.B. darin zu erblicken, dass der Lizenznehmer einer sog. galenischen Lizenz für ein Pharmaprodukt[36] dazu gezwungen würde, die entsprechende

---

34 RUFFNER, Marktmächtige Unternehmen, S. 845.
35 Botschaft KG, S. 108.
36 D.h. eine Know-how-Lizenz für die Herstellung einer bestimmten Darreichungsform eines Arzneimittels.

Wirksubstanz beim Lizenzgeber zu beziehen, obwohl diese Substanz auf dem Weltmarkt in gleicher Qualität frei erhältlich wäre.

d) Das Vorliegen überwiegender öffentlicher Interessen

Sofern ein Konzern seine marktbeherrschende Stellung missbraucht hat, ist sein Verhalten wettbewerbsrechtlich grundsätzlich unzulässig, es sei denn, dieses würde aus überwiegenden öffentlichen Interessen gemäss KG 8 vom Bundesrat ausnahmsweise zugelassen[37]. Nicht jedes öffentliche Interesse genügt; dieses muss die beträchtlichen Nachteile der (an sich unzulässigen) Verhaltensweise überwiegen. Beispielhaft genannt werden in der Botschaft[38] etwa Interessen der Landesversorgung in Krisenzeiten oder kulturpolitische Gründe.

Dieser Rechtfertigungstatbestand macht wohl – anders als bei den Wettbewerbsabreden – für marktbeherrschende Unternehmen (auch für Konzerne) keinen Sinn, denn es gibt keine ersichtlichen Gründe, weshalb der Missbrauch einer beherrschenden Stellung (und nur der Missbrauch und nicht bereits die an sich zulässige beherrschende Stellung) zu rechtfertigen wäre.

Es besteht eine erhebliche Gefahr, dass KG 8 als Hintertür für politische Pressionen missbraucht werden könnte. Diese Bestimmung sollte daher vom Bundesrat – wenn überhaupt – nur mit grösster Zurückhaltung angewendet werden.

2.3. Verfahren

Wenn sich das Verhalten eines marktbeherrschenden Konzerns aufgrund einer Untersuchung gemäss KG 27 als unzulässig herausstellt, versucht das Sekretariat der Wettbewerbskommission, eine einvernehmliche Regelung herbeizuführen (KG 29). Misslingt dies, verfügt die Wettbewerbskommission Massnahmen (KG 30), deren Missachtung straf- und verwaltungsrechtliche Sanktionen zur Folge haben kann (KG 50-52).

Gegen Verfügungen der Wettbewerbskommission und des Sekretariats kann bei der Rekurskommission für Wettbewerbsfragen Verwaltungsbeschwerde eingereicht werden. Deren Entscheid unterliegt der Verwaltungsgerichtsbeschwerde an das Bundesgericht.

Konzernrechtlich von Interesse ist die Frage des Verfügungsadressaten. Das Gesetz enthält keine entsprechenden Bestimmungen.

Bei einem Konzern, dessen *herrschendes Unternehmen in der Schweiz* domiziliert ist, wird sich die Verfügung an die Konzernleitung richten, wenn mehrere Konzernunternehmen die marktbeherrschende Stellung des Konzerns ausmachen. Beruht die

---

37 Diese Vorschrift soll gemäss Botschaft KG, S. 109, nur selten zur Anwendung gelangen.
38 Botschaft KG, S. 110.

marktbeherrschende Stellung des Konzerns nur auf einem bestimmten Konzernunternehmen, wird sich dagegen die Verfügung an dieses direkt richten.

Bei Konzernen, deren *Konzernleitung im Ausland domiziliert* ist, werden sich die schweizerischen Wettbewerbsbehörden an die Konzernunternehmen mit Sitz in der Schweiz halten.

Probleme können sich dann ergeben, wenn sich Wettbewerbsbeschränkungen eines Konzerns zwar in der Schweiz auswirken, aber *keine Unternehmen dieses Konzerns in der Schweiz* ihren Sitz haben. Zwar sind Handlungen dieses Konzerns – nach dem im Kartellrecht geltenden Auswirkungsprinzip[39] – nach schweizerischem Kartellrecht zu beurteilen, wobei die Durchsetzung mit erheblichen praktischen Schwierigkeiten verbunden sein dürfte[40].

3. Konzern und Unternehmenszusammenschlüsse

3.1. Voraussetzungen

Von grosser Bedeutung für Konzerne ist KG 4 III b:

"Als Unternehmenszusammenschluss gilt jeder Vorgang, wie namentlich der Erwerb einer Beteiligung oder der Abschluss eines Vertrages, durch den ein oder mehrere Unternehmen unmittelbar oder mittelbar die Kontrolle über ein oder mehrere bisher unabhängige Unternehmen oder Teile von solchen erlangen."

Aus dieser Bestimmung ist ersichtlich, dass KG 4 III b nur das *exogene Konzernwachstum* erfasst. Dabei kommt es auf deren Art nicht an[41].

Gründet das herrschende Unternehmen dagegen neue abhängige Unternehmen (*endogenes Wachstum*), so sind diese von Anfang an konzerniert und damit nicht im Sinne von KG 4 III b "bisher unabhängige" Unternehmen[42]. Die Fusionskontrolle behandelt also die exogene Entwicklung eines Konzerns anders als dessen endogenes Wachstum: *Exogenes Wachstum* fällt unter eine *Strukturkontrolle*, während *endogenes Wachstum* nur unter dem Gesichtspunkt des *missbräuchlichen Verhaltens* überprüft wird.

---

39 Botschaft KG, S. 68.
40 BÄR, Auswirkungsprinzip, S. 87 ff., insbes. S. 93 und 104; KG-SCHMIDHAUSER, N. 41 ff. zu Art. 2.
41 Der Begriff des exogenen Konzernwachstums umfasst alle Vorgänge, bei denen ein Unternehmen ein bisher unabhängiges Unternehmen unter seine Kontrolle bringt. In Frage kommt die Kontrolle mittels Vertrags, Erwerbs von Anteilen oder personeller Verflechtung. Zur Kontrolle braucht es nach dem im vorliegenden Werk vertretenen Konzernbegriff nicht nur die Möglichkeit, sondern auch die tatsächliche Ausübung eines bestimmenden Einflusses auf die abhängigen Unternehmen. Zum Begriff des Konzerns siehe S. 78 ff. sowie S. 39 ff.
42 Sehr wohl aber werden sie unter dem Gesichtspunkt der marktmächtigen Unternehmen beurteilt.

Der *Begriff "Fusionskontrolle"* umschreibt das Anwendungsgebiet von KG 9 ff. nicht richtig: Neben der eigentlichen *Fusion* im technischen Sinn (d.h. der Verschmelzung zweier Unternehmen zu einer neuen juristischen Einheit) fällt auch die *Kontrollübernahme* (d.h. die Akquisition eines Unternehmens als selbständige juristische Einheit) darunter (KG 4 III). Eine Kontrollübernahme liegt nach VKU[43] 1 vor, wenn ein Unternehmen durch Beteiligungserwerb oder auf andere Weise die Möglichkeit erhält, einen bestimmenden Einfluss auf die Tätigkeit eines anderen Unternehmens auszuüben. Dies kann auf verschiedene Weise geschehen:

– Einmal durch den *Erwerb einer Mehrheitsbeteiligung*, wobei auch der Erwerb einer Minderheitsbeteiligung für die Anwendung der Fusionskontrollnormen genügt, wenn er zur Ausübung der Kontrolle ausreicht[44].
– Zudem durch den *Erwerb von Eigentums- oder auch bloss von Nutzungsrechten* an der *Gesamtheit oder an Teilen* des Vermögens des Unternehmens.
– Ferner durch *Verträge oder Rechte*, welche einen bestimmenden Einfluss auf die Zusammensetzung, die Beratungen oder die Beschlüsse der Organe eines Unternehmens gewähren[45].

Der Begriff der Kontrollübernahme bei der Fusionskontrolle deckt sich nicht mit dem Begriff der Kontrollübernahme im Konzernrecht: Eine Eingliederung in einen Konzern liegt nämlich erst vor, wenn das übernehmende Unternehmen das übernommene Unternehmen seiner einheitlichen wirtschaftlichen Leitung unterstellt. Bei der Fusionskontrolle ist dies nicht erforderlich. Hier gilt als Übernahme bereits ein Beteiligungserwerb, welcher die Kontrolle eines Unternehmens ermöglicht[46].

Zu differenzieren ist bei *Gemeinschaftsunternehmen (Joint Ventures)*: Gemäss VKU 2 liegt ein genehmigungspflichtiger Zusammenschluss dann vor, wenn das Gemeinschaftsunternehmen "auf Dauer alle Funktionen einer selbständigen wirtschaftlichen Einheit erfüllt", es sich m.a.W. um ein sog. *"konzentratives Joint Venture"* (im Gegensatz zu einem bloss kooperativen Joint Venture, welches u.U. als Wettbewerbsabrede gilt) handelt[47].

---

43 VO über die Kontrolle von Unternehmenszusammenschlüssen vom 17.6.1996 (SR 251.4).
44 DUCREY, Unternehmenszusammenschlüsse, S. 918.
45 Das können neben den eigentlichen Konzernierungsverträgen (siehe dazu S. 292 ff.) z.B. auch Aktionärbindungsverträge, Geschäftsführungs- oder Managementverträge sein (WATTER/LEHMANN, Unternehmenszusammenschlüsse, S. 862; DUCREY, Unternehmenszusammenschlüsse, S. 919).
46 MARBACH, Fusionskontrolle, S. 119.
47 Dazu schon S. 360 oben. Näheres dazu siehe WATTER/LEHMANN, Unternehmenszusammenschlüsse, S. 862 f.

3.2. Meldung von Zusammenschlussvorhaben/"Aufgreifschwelle"

KG 9 sieht vor, dass die Anmeldung geplanter Zusammenschlüsse *"vor ihrem Vollzug"* zu erfolgen hat; es handelt sich also um eine *präventive Fusionskontrolle*[48].

Es ist aber nicht ohne weiteres klar, was unter der Umschreibung "vor ihrem Vollzug" zu verstehen ist: Die gesetzliche Grenze verläuft zwischen dem Verpflichtungs- und dem Verfügungsgeschäft. Es ist Unternehmen unbenommen, Verpflichtungsgeschäfte abzuschliessen, wobei in der Regel der Abschluss suspensiv bedingt erfolgen wird. Dagegen dürfen ohne Zustimmung der Wettbewerbskommission keine Handlungen vorgenommen werden, welche die eingegangenen Verpflichtungen vollziehen. Damit ist es auch mit der neuen präventiven Fusionskontrolle durchaus möglich, die bei einer Fusion bzw. Akquisition unbedingt erforderliche Geheimhaltung zu wahren, indem der Abschluss der entscheidenden Verpflichtungsgeschäfte ohne irgendwelche Mitwirkung der Wettbewerbsbehörden möglich bleibt. Lediglich der Vollzug wird gehemmt.

KG 9 I setzt die *Aufgreifschwellen* fest[49], d.h. die Grössenordnung eines Zusammenschlusses, welcher die Meldepflicht begründet. Diese Aufgreifschwellen wurden sehr hoch angesetzt:

- Erforderlich ist ein *Gesamtumsatz* der beteiligten Unternehmen von *weltweit Fr. 2 Mrd.* bzw. *alternativ ein Umsatz von Fr. 500 Mio. in der Schweiz.*
- Mindestens *zwei der beteiligten Unternehmen* müssen *in der Schweiz einen Umsatz von Fr. 100 Mio.* erzielen.

Bei *Versicherungen* tritt an die Stelle des Umsatzes die Höhe der Bruttoprämien, und bei den *Banken* wird die Aufgreifschwelle nach einem Zehntel der Bilanzsumme bestimmt (KG 9 III). Die Berechnung der Aufgreifschwelle ist also auch bei gemischten Unternehmensübernahmen relativ einfach möglich.

KG 9 II enthält eine Sondervorschrift für *Medienunternehmen*, bei welchen das Zwanzigfache des Umsatzes die massgebliche Grösse darstellt. Die Aufgreifschwelle wurde also im Medienbereich um den Faktor 20 herabgesetzt, was zur Folge hat, dass im politisch besonders heiklen Medienmarkt auch wesentlich kleinere Unternehmenszusammenschlüsse unter die Fusionskontrolle fallen.

Diese Aufgreifschwellen spielen keine Rolle,

- wenn an einem Zusammenschluss ein Unternehmen beteiligt ist, welches in einem bestimmten Marktsegment marktbeherrschend ist;

---

48 WATTER/LEHMANN, Unternehmenszusammenschlüsse, S. 864 ff.
49 KG 9 V gewährt der Bundesversammlung eine gewisse Gestaltungsfreiheit, indem mit einem nicht referendumspflichtigen allgemeinverbindlichen Bundesbeschluss die erwähnten Aufgreifschwellen (wohl nach unten) verändert werden und die Meldepflicht für bestimmte Wirtschaftszweige speziell geregelt werden können. Dadurch wird ein gewisses Mass an Flexibilität geschaffen, sofern sich in der Anwendung der Fusionskontrolle zeigen sollte, dass diese nicht im erwünschten Mass greift.

– wenn dieser Umstand durch einen rechtskräftigen Entscheid nach KG festgestellt wurde;
– wenn der Zusammenschluss dieses Marktsegment oder einen ihm vor- oder nachgelagerten bzw. benachbarten Markt betrifft.

Solche Zusammenschlüsse fallen ausnahmslos unter die Fusionskontrolle.

3.3. Beurteilung von Zusammenschlüssen/"Eingreifschwelle"

KG 10 legt fest, unter welchen Voraussetzungen ein Unternehmenszusammenschluss, der unter die Fusionskontrolle fällt, unzulässig ist[50].

Wie schon bei der Aufgreifschwelle zeigt sich auch bei der *Eingreifschwelle*, dass die Fusionskontrolle wirklich nur dann einen Unternehmenszusammenschluss untersagen will, wenn der Wettbewerb ernsthaft gefährdet und der schweizerischen Volkswirtschaft dadurch ein bedeutender Schaden erwachsen würde.

Folgende Punkte sind bei der Prüfung der Frage, ob ein Unternehmenszusammenschluss untersagt werden kann, in Betracht zu ziehen:

– *Begründung oder Verstärkung einer marktbeherrschenden Stellung*[51]: Dabei wird u.a. auf die folgenden Kriterien abzustellen sein:
  – Konzentrationsgrad des relevanten Markts (oligopol oder atomistisch),
  – Marktanteile der Wettbewerber und Abstand voneinander,
  – Vertikale und horizontale Integration,
  – Know-how der beteiligten Unternehmen,
  – Finanzkraft der Partner,
  – Struktur der Marktgegenseite,
  – Substitutionswettbewerb,
  – Markteintrittsschranken (potentieller Wettbewerb).
– *Gefahr der Beseitigung wirksamen Wettbewerbs*: Die neu begründete bzw. verstärkte Marktbeherrschung muss mindestens potentiell die *Gefahr beinhalten, dass wirksamer Wettbewerb im betreffenden Marktsegment beseitigt* werden könnte. Bei der Fusionskontrolle ist nicht eine statische, sondern eine *dynamische Betrachtungsweise* angezeigt[52]: Es ist also zu prüfen, ob für einen Newcomer unüberwindliche Markteintrittsschranken bestehen oder ob in Zukunft damit zu rechnen ist, dass neue Konkurrenten in den betreffenden Markt eindringen und die durch den Unternehmenszusammenschluss entstandene oder verstärkte marktbeherrschende Stellung angreifen bzw. ganz oder teilweise beseitigen könnten.

---

50 WATTER/LEHMANN, Unternehmenszusammenschlüsse, S. 866 ff.
51 Zum Begriff der marktbeherrschenden Stellung siehe S. 362 f.
52 Dies ergibt sich klar aus KG 10 IV.

- *Keine Verbesserung der Wettbewerbsverhältnisse auf einem anderen Markt:* Ein etwas undurchsichtiges "Hintertürchen" öffnet KG 10 II b: Auch wenn ein Unternehmenszusammenschluss zu einer marktbeherrschenden Stellung führt bzw. eine solche verstärkt und die Gefahr der Beseitigung wirksamen Wettbewerbs besteht, ist er dennoch zu bewilligen, wenn der Zusammenschluss zu einer *Verbesserung der Wettbewerbsverhältnisse in einem anderen Markt* führt und diese Verbesserung die Nachteile der marktbeherrschenden Stellung auf dem relevanten Markt überwiegt.
- *Stellung der Unternehmen im internationalen Wettbewerb:* KG 10 IV enthält einen für die praktische Beurteilung der Unternehmenszusammenschlüsse ausserordentlich wichtigen Hinweis: Die Wettbewerbskommission darf bei der Prüfung des Zusammenschlusses nicht nur auf die Verhältnisse auf dem schweizerischen Markt abstellen, sondern sie hat die Stellung der betreffenden Unternehmen im internationalen Wettbewerb ebenfalls zu berücksichtigen.
  Diese Bestimmung trägt dem Umstand Rechnung, dass sich die Wirtschaft der Schweiz als kleines Land im internationalen Umfeld mit wesentlich grösseren Konkurrenten konfrontiert sieht: Was für die Schweiz allein gross ist, erscheint im internationalen Umfeld u.U. als unbedeutend.
- *Sondernorm für Zusammenschlüsse von Banken:* KG 10 III beinhaltet einen (wenn auch aus volkswirtschaftlicher Sicht verständlichen) Einbruch ins System: Sofern aus der Sicht der Eidgenössischen Bankenkommission (EBK) ein *Zusammenschluss einer Bank aus Gründen des Gläubigerschutzes* nötig ist, können die normalen Beurteilungskriterien des Zusammenschlusses ersetzt werden durch die Vorrangigkeit der Gläubigerinteressen[53].

3.4. Ausnahmsweise Zulassung aus überwiegenden öffentlichen Interessen

Die Wettbewerbskommission beurteilt Zusammenschlüsse lediglich unter *wirtschaftlichen* Gesichtspunkten. Kommt sie dabei zum Schluss, dass ein Vorhaben zu unterbleiben hat, darf der Zusammenschluss nicht vollzogen werden.

Es bleibt – wie bei den Wettbewerbsabreden bzw. den Verhaltensweisen marktbeherrschender Unternehmen – nach KG 11 die Möglichkeit, beim Bundesrat eine Ausnahmebewilligung aus *überwiegenden öffentlichen Interessen* zu beantragen[54]. Der Bundesrat wird eine allfällige Gutheissung eines Zusammenschlusses gegen den

---

53 Als Folge dieser Ausnahmebestimmung wird die Beurteilung des Zusammenschlusses in solchen Fällen statt der Wettbewerbskommisssion der Bankenkommission überbunden, also einem Gremium, das sich sonst nicht mit der Praxis des Wettbewerbsrechts auseinandersetzt.
54 Die wirtschaftlichen und die politischen Aspekte werden also auch bei der Fusionskontrolle konsequent getrennt und nicht wie bei der früheren "Saldomethode" in einen Topf geworfen.

Willen der Wettbewerbskommission allerdings im Parlament und gegenüber der Öffentlichkeit politisch zu rechtfertigen haben.

3.5. Verfahren

Das Verfahren[55] zur Prüfung von Unternehmenszusammenschlüssen beginnt mit der Meldung eines geplanten Zusammenschlusses an das Sekretariat der Wettbewerbskommission durch die beteiligten Unternehmen oder im Unterlassungsfall von Amtes wegen[56]. Die Wettbewerbskommission entscheidet dann innerhalb eines Monats über die Durchführung einer Prüfung[57]. Scheint ihr der Zusammenschluss unbedenklich, wird das Verfahren auf dieser Ebene beendet.

Bestehen jedoch Anhaltspunkte dafür, dass durch den Zusammenschluss eine marktbeherrschende Stellung begründet oder verstärkt werden könnte, wird das Prüfungsverfahren eingeleitet[58]. Dieses ist innerhalb von vier Monaten abzuschliessen, wobei Stillschweigen der Wettbewerbskommission als Genehmigung gilt[59]. Die Genehmigung des Zusammenschlusses kann unter Auflagen und Bedingungen erfolgen[60].

Bei Einleitung eines Prüfungsverfahrens wird der Vollzug des Zusammenschlusses aufgeschoben, es sei denn, die Wettbewerbskommission entscheidet anders[61].

Obwohl im Verfahren der Fusionskontrolle als Parteien nur die direkt betroffenen Unternehmen auftreten können, wird interessierten Kreisen durch die Publikation der Eröffnung des Prüfungsverfahrens[62] die Möglichkeit geboten, sich zum geplanten Zusammenschluss zu äussern.

Der Entscheid der Wettbewerbskommission kann mit Verwaltungsbeschwerde bei der Rekurskommission für Wettbewerbsfragen angefochten werden[63], gegen deren Entscheid Verwaltungsgerichtsbeschwerde ans Bundesgericht erhoben werden kann.

---

55 WATTER/LEHMANN, Unternehmenszusammenschlüsse, S. 873 ff.
56 KG 35.
57 KG 32 I.
58 KG 33.
59 KG 33 III.
60 KG 10 II. Siehe dazu DUCREY, Unternehmenszusammenschlüsse, S. 921.
61 KG 33 II.
62 KG 33 I.
63 KG 44 i.V.m. VwVG 48.

II. Besonderheiten des EU-Kartellrechts

1. Das EU-Kartellrecht im Überblick

Ein kurzer Überblick über das EU-Kartellrecht rechtfertigt sich, weil das EU-Recht nicht nur innerhalb, sondern auch ausserhalb der EU gilt. Nach ständiger Praxis der europäischen Wettbewerbsbehörden wird angenommen, dass selbst Unternehmen mit Sitz ausserhalb der EU von deren Recht erfasst werden, sofern die Wirkungen ihrer Handlungen innerhalb der EU eintreten (sog. Auswirkungsprinzip)[64], was zur Folge hat, dass unter Umständen auch schweizerische Vertragspartner unter die Bestimmungen des EU-Kartellrechts fallen, sofern sich die Folgen ihres Handelns in der EU spürbar auswirken.

Folgende Vorschriften bilden zentrale Elemente des EU-Kartellrechts[65]:

– *EGV 85 I* enthält ein grundsätzliches Kartellverbot.
– *EGV 85 III* sieht Einzelfreistellungen und Gruppenfreistellungsverordnungen als Ausnahmen vom Kartellverbot von EGV 85 I vor.
– *EGV 86* verbietet Missbräuche einer marktmächtigen Stellung.
– Die Fusionskontrollverordnung (FKVO)[66] verhindert die Entstehung marktmächtiger Unternehmen.

2. Konzerne und wettbewerbsbeschränkende Vereinbarungen und Verhaltensweisen (EGV 85 I)

Nach EGV 85 I sind mit dem Gemeinsamen Markt unvereinbar alle Vereinbarungen zwischen Unternehmen, Beschlüsse von Unternehmensvereinigungen und aufeinander abgestimmten Verhaltensweisen, welche den Handel zwischen Mitgliedstaaten zu beeinträchtigen geeignet sind und eine Verhinderung, Einschränkung oder Verfälschung des Wettbewerbs innerhalb des Gemeinsamen Marktes bezwecken oder bewirken.

Vorab ist zu prüfen, ob nach europäischem Kartellrecht in einem Konzern überhaupt eine wettbewerbsrechtliche Handlungsfreiheit besteht, die beschränkt werden kann, da die abhängigen Unternehmen zwar rechtlich selbständig sind, sich wirtschaftlich jedoch unter einheitlicher Leitung befinden.

---

64 LENZ, Kommentar, N. 18 ff. Vorbemerkungen zu EGV 85-90.
65 Vgl. zum Ganzen VON BÜREN, Grundzüge des EU-Kartellrechts, S. 3 ff.
66 Verordnung (EWG) Nr. 4064/89 des Rates vom 21.12.1989 über die Kontrolle von Unternehmenszusammenschlüssen, ABl L 257/14 vom 21.9.1990 (berichtigte Fassung).

Während die Literatur zum EU-Kartellrecht ohne weiteres davon ausgeht, dass in einem Konzern keine wettbewerbsrechtliche Handlungsfreiheit besteht und intern demzufolge EGV 85 I nicht zur Anwendung gelangt[67], verneint der EuGH[68] lediglich dann dessen Anwendung, wenn eine zusätzliche Bedingung erfüllt ist: Die Absprache muss der konzerninternen Aufgabenverteilung dienen, womit Auswirkungen auf Dritte verhindert werden sollen. Die Literatur kritisiert diese zusätzliche Voraussetzung als überflüssig und falsch[69].

Lehre[70] und Praxis[71] bejahen ausnahmsweise die Anwendbarkeit von EGV 85 auf Konzerne, wenn die Möglichkeit zu beherrschendem Einfluss nicht auf einer Kapitalbeteiligung sondern auf Vertrag beruht. Insoweit muss einzelfallbezogen beurteilt werden, ob ein Verstoss gegen EGV 85 vorliegt. Nach Meinung der Kommission ist die Irreversibilität der Eingliederung in den Konzern das entscheidende Kriterium[72].

Selbstverständlich ist EGV 85 auch dann auf Konzerne anwendbar, wenn die Wettbewerbsabreden Dritte einschliessen bzw. die Wettbewerbsstellung Dritter beeinträchtigen.

Zusammenfassend kann festgestellt werden, dass EGV 85 grundsätzlich nicht auf Konzerne anwendbar ist, wenn Wettbewerbsbeschränkungen lediglich konzerninterne Wirkungen zeitigen[73].

3. Konzerne und Verbot des Missbrauchs einer marktbeherrschenden Stellung (EGV 86)

3.1. Voraussetzungen

EGV 86 verbietet die missbräuchliche Ausnutzung einer beherrschenden Stellung auf dem Gemeinsamen Markt oder auf einem wesentlichen Teil desselben durch ein oder

---

67 Komm. 18.6.1969, ABl L 165/12. Uneins sind sich Literatur und Praxis darüber, ob für das Vorliegen eines Konzerntatbestands die tatsächliche Leitung des herrschenden Unternehmens notwendig ist (was für das Schweizer Recht in diesem Werk gefordert wird) oder ob es genügt, dass letzteres die Möglichkeit hat, das Verhalten der abhängigen Unternehmen zu bestimmen (vgl. dazu GLEISS/HIRSCH, 4. Aufl., N. 196 f. zu EGV 85; LENZ, Kommentar, N. 48 zu EGV 87).
68 EuGH 31.10.1974, Slg. 1974, 1147; EuGH 4.5.1988, Slg. 1988, 2479.
69 GLEISS/HIRSCH, 4. Aufl., N. 199 ff. zu EGV 85, und LENZ, Kommentar, N. 33 Vorbemerkungen zu EGV 85-90.
70 GLEISS/HIRSCH, 4. Aufl., N. 198 zu EGV 85.
71 Komm. 20.12.1974, ABl 1975 L 38/14.
72 Zu beurteilen ist demnach, ob lediglich eine Beschränkung im Marktverhalten anvisiert wird oder ob zumindest Teile des Unternehmens dauerhaft in den Konzern eingegliedert werden (fünf Jahre reichen dabei nicht aus; 50 Jahre belegen demgegenüber eine dauerhafte Änderung in der Unternehmensstruktur; sicherlich würde aber auch eine kürzere Zeit genügen). Vgl. dazu Komm. 20.12.1974, ABl 1975 L 38/14 und Komm. 25.7.1977, ABl L 215/11.
73 SCHLUEP, Kartellrecht, S. 4; ferner Entscheid des EU-Gerichts 1. Instanz vom 12.1.1995, Rechtssache T-102/92.

mehrere Unternehmen, soweit dies dazu führen kann, dass der Handel zwischen Mitgliedstaaten beeinträchtigt wird.

Somit müssen folgende drei Tatbestandselemente gegeben sein:

- Die *beherrschende Stellung* eines oder mehrerer Unternehmen in der EU oder in einem wesentlichen Teil derselben,
- die *missbräuchliche Ausnutzung* dieser Stellung sowie
- die *Eignung* eines solchen Missbrauchs zur *Beeinträchtigung des Handels zwischen Mitgliedstaaten.*

Methodisch ist grundsätzlich gleich vorzugehen wie im schweizerischen Kartellrecht:

- Erstens ist auch hier der *relevante Markt* zu ermitteln, der sachlich, zeitlich und örtlich abgegrenzt werden kann und bei dessen Beurteilung die Austauschbarkeit der Produkte im Mittelpunkt steht[74].
- Zweitens ist die *beherrschende Stellung* zu untersuchen, die nach ständiger Rechtsprechung des EuGH dann vorliegt, wenn ein Unternehmen den wirksamen Wettbewerb verhindern kann, indem es sich in einem nennenswerten Umfang unabhängig von seinen Wettbewerbern, seinen Abnehmern und den Verbrauchern verhalten kann[75]. Als Unternehmen im Sinne von EGV 86 gelten nach Auffassung der Kommission auch Konzerne[76]. Mit dieser Rechtsprechung negiert die Kommission nicht etwa die rechtliche Selbständigkeit der beteiligten Unternehmen, sondern nimmt lediglich eine Zurechnung der Handlungen sämtlicher Konzernunternehmen aufgrund der wirtschaftlichen Einheit vor.
- Drittens ist die *missbräuchliche Ausnutzung* der Stellung zu klären. Eine solche liegt dann vor, wenn ein marktbeherrschendes Unternehmen Handlungen begeht, die den Wettbewerb behindern und die überdies von denjenigen abweichen, die unter normalen Wettbewerbsverhältnissen ergriffen würden[77]. Ob ein Kausalzusammenhang zwischen Marktbeherrschung und Missbrauch vorliegen muss, wird von der Praxis verneint, in der Literatur dagegen unterschiedlich beurteilt[78].

In EGV 86 findet sich eine nicht abschliessende Aufzählung von Missbrauchstatbeständen, wie z.B. die Erzwingung von unangemessenen Preisen und Geschäftsbedingungen, diskriminierende Bedingungen für Handelspartner oder Koppelungsverträge[79]. Ist ein Verhalten als missbräuchlich zu qualifizieren, so ist es *absolut verboten*; es besteht also keine Freistellungsmöglichkeit.

---

74 GLEISS/HIRSCH, 3. Aufl., N. 12 ff. zu EGV 86; LENZ, Kommentar, N. 4 ff. zu EGV 86.
75 EuGH 13.2.1979, 85/76, Slg. 1979, 461 N. 38; LENZ, Kommentar, N. 10 ff. zu EGV 86; GLEISS/HIRSCH, 3. Aufl., N. 29 ff. zu EGV 86.
76 So Komm. 14.12.1972, ABl L 299/51, 54.
77 EuGH 13.2.1979, Slg. 1979, 461 N. 91.
78 Vgl. LENZ, Kommentar, N. 25 zu EGV 86 m.w.H.
79 Vgl. LENZ, Kommentar, N. 27 ff. zu EGV 86, und GLEISS/HIRSCH, 3. Aufl., N. 50 ff. zu EGV 86.

– Viertens muss das Verhalten des marktbeherrschenden Unternehmens geeignet sein, den *Handel zwischen den Mitgliedstaaten* zu beeinträchtigen, was insbesondere dann der Fall ist, wenn es Auswirkungen auf die Wettbewerbsstruktur hat[80].

Da sich das neue schweizerische Kartellgesetz an die Tatbestände des EU-Rechts anlehnt, wird hier auf die entsprechenden Ausführungen zum schweizerischen Kartellrecht verwiesen.

Näher einzutreten ist jedoch auf ein konzernrechtlich relevantes Problem, nämlich die Frage der Zulässigkeit von *Konzernrabatten*[81]. Das Problem stellt sich im Rahmen von EGV 86 II c, welcher ein Diskriminierungsverbot bei gleichwertigen Leistungen gegenüber Handelspartnern statuiert. Dabei muss zwischen Umsatz- und Treuerabatten unterschieden werden. Umsatzrabatte werden aufgrund eines objektiven Grundes gewährt; durch den Bezug oder die Lieferung grösserer Mengen von Waren durch denselben Konzern werden die Stückkosten der einzelnen Produkte gesenkt (z.B. Senkung der Transportgesamtkosten). Diese Einsparungen werden dem Dritten im Sinne eines Preisnachlasses weitergegeben, was wettbewerbsrechtlich unbedenklich ist. Anders verhält es sich mit den Treuerabatten. Diese führen dazu, dass zwei Abnehmer der gleichen Menge eines Erzeugnisses unterschiedliche Preise bezahlen müssen, je nachdem, ob sie ausschliesslich bei dem entsprechenden Konzern kaufen oder die Ware von mehreren Lieferanten beziehen. Der EuGH sah darin wiederholt eine Verletzung von EGV 86 und qualifizierte demzufolge die Treuerabatte als unzulässig[82].

3.2. Sanktionen

Sind die erwähnten Voraussetzungen erfüllt, so kann die Kommission auf Antrag oder von Amtes wegen den Verstoss gegen EGV 86 durch einen Entscheid förmlich feststellen und die Beteiligten zur Einstellung des Verstosses verpflichten[83]. Die Beachtung der aus der Kommissionsentscheidung fliessenden Handlungs- und Un-

---

80 Z.B. indem der Handel zwischen zwei in verschiedenen Ländern ansässigen Unternehmen verhindert oder die Kaufs- und Verkaufsmöglichkeiten von Abnehmern und Lieferanten aus verschiedenen Staaten eingeengt werden (vgl. GLEISS/HIRSCH, 3. Aufl., N. 120 ff. zu EGV 86).
81 Selbstverständlich werden Rabatte nicht nur von Konzernunternehmen, sondern auch von wirtschaftlich selbständigen Unternehmen gewährt. Allerdings stellen sie häufig gerade für Konzerne ein sinnvolles und praktikables Mittel dar, um die Konkurrenzfähigkeit zu erhöhen.
82 Bekanntes Beispiel aus Schweizer Sicht ist der sog. Vitamin-Fall. Hoffmann-La Roche wendete beim Verkauf von Vitaminen ein System von Treuerabatten an, um die Abnehmer an sich zu binden. In gewissen Fällen wurde der Rabatt auf der Grundlage der Gesamtkäufe berechnet, also die Bezüge von Vitaminen einer Gruppe mit denen anderer Gruppen zusammengezählt (sog. Gesamtsortimentsrabatt; EuGH 13.2.1979, 85/76, Slg. 1979, 461 N. 89; siehe auch Komm. 19.12.1990, ABl 1991 L 152, 21 N. 57, und ZÄCH, Praxis, S. 296 ff.).
83 Verordnung (EWG) Nr. 17/62 des Rates (VO Nr. 17/62): Erste Durchführungsverordnung zu EGV 85 und 86 vom 6.2.1962.

terlassungspflichten kann mit Hilfe von Zwangsgeldern durchgesetzt werden[84]. Die Kommission kann wegen eines Verstosses gegen EGV 86 hohe Geldbussen aussprechen. Diese betragen bis zu ECU 1 Mio. (ca. DM 2 Mio.) oder maximal 10% des vom betreffenden Unternehmen im letzten Geschäftsjahr weltweit erzielten Umsatzes[85].

Konzernrechtlich bedeutsam ist, dass auch hier je nach konkretem Verhalten des abhängigen Unternehmens die beteiligten Konzernunternehmen gemeinsam, das herrschende Unternehmen oder das abhängige Unternehmen ins Recht gefasst werden[86].

4. Die Fusionskontrolle

4.1. Voraussetzungen

Nach der am 21.12.1989 erlassenen Verordnung (EWG) Nr. 4064/89 über die Kontrolle von Unternehmenszusammenschlüssen (sog. Fusionskontrollverordnung, FKVO)[87] sind Zusammenschlüsse von gemeinschaftsweiter Bedeutung untersagt, die eine Stellung begründen oder verstärken, durch welche ein wirksamer Wettbewerb im Gemeinsamen Markt oder in einem wesentlichen Teil desselben erheblich behindert wird[88].

Es sind also folgende Tatbestandselemente zu unterscheiden:

- Es muss ein *Zusammenschluss* vorliegen.
- Dieser muss *gemeinschaftsweite Bedeutung* haben.
- Es muss eine *beherrschende Stellung* auf dem relevanten Markt *begründet oder verstärkt* werden.

Ein *Zusammenschluss* liegt nach FKVO 3 a bei einer *Fusion im technischen Sinn* vor, d.h. bei der juristischen Verschmelzung von zwei oder mehr bisher voneinander rechtlich und wirtschaftlich unabhängigen Unternehmen. Dies bedeutet für den Konzern, dass eine konzerninterne Fusion von der Norm nicht erfasst wird, da die Konzernunternehmen ja bereits vor der Fusion einheitlich geleitet und damit voneinander wirtschaftlich abhängig gewesen sind.

---

84 VO Nr. 17/62, 16.
85 VO Nr. 17/62, 15 II.
86 GLEISS/HIRSCH, 3. Aufl., N. 9 zu EGV 86. So ist es beispielsweise durchaus möglich, ein Verfahren nur gegen das abhängige Unternehmen durchzuführen und die Zurechenbarkeit offen zu lassen. In den Fällen, in welchen das herrschende Unternehmen ins Recht gefasst wird, muss zudem der Nachweis der Einflussnahme auf das missbräuchliche Verhalten des abhängigen Unternehmens erbracht werden.
87 Berichtigte Fassung in ABl 1990 L 257, 14.
88 Zur Fusionskontrolle im europäischen Recht vgl. auch MARBACH, Fusionskontrolle, S. 115.

Unter die Fusionskontrollverordnung fällt aber nicht nur eine eigentliche Verschmelzung von Unternehmen zu einer neuen juristischen Einheit, sondern auch die *Übernahme eines bisher selbständigen Unternehmens*. Entsprechend wird gemäss FKVO 3 b der Erwerb der Kontrolle über die Gesamtheit oder Teile eines oder mehrerer Unternehmen als Fusion betrachtet[89]. Demzufolge ist auch eine Akquisition (Kontrollübernahme) der Verordnung unterstellt.

Ein Sonderfall stellt das *Gemeinschaftsunternehmen (Joint Venture)* dar. Ist es *konzentrativer Art*, d.h. erfüllt das Gemeinschaftsunternehmen auf Dauer alle Funktionen einer selbständigen wirtschaftlichen Einheit und geben die Partner ihre eigene Tätigkeit im Bereich des Gemeinschaftsunternehmens auf, so untersteht es der Fusionskontrolle. Ist es jedoch *kooperativer Art*, d.h. wird der Wettbewerb lediglich in Teilbereichen beseitigt, untersteht es der Verordnung nicht, eventuell aber EGV 86[90].

Gemeinschaftsweit ist die Bedeutung eines Zusammenschlusses dann, wenn der weltweite Gesamtumsatz der beteiligten Unternehmen mindestens ECU 5 Mrd. beträgt und mindestens zwei der beteiligten Unternehmen in der EU einen Umsatz von mehr als ECU 250 Mio. erzielen[91]. Aufgrund des Auswirkungsprinzips ist die Anwendung der Fusionskontrollverordnung einzig abhängig vom Erreichen der erwähnten Schwellenwerte, womit auch Zusammenschlüsse zwischen Unternehmen aus Drittstaaten ohne EU-Bezug darunter fallen können[92].

Nach FKVO 2 III greift die Fusionskontrolle nur, wenn eine *beherrschende Stellung* auf dem relevanten Gemeinsamen Markt oder auf einem wesentlichen Teil desselben begründet oder verstärkt wird[93]. Eine beherrschende Stellung liegt vor, wenn sich ein Unternehmen in spürbarem Masse unabhängig von Konkurrenten und Verbrauchern verhalten kann[94]. Da Zusammenschlüsse nicht per se als negativ beurteilt werden, werden sie nur dann untersagt, wenn der Wettbewerb *erheblich*

---

89 Der Erwerb der Kontrolle kann durch den Erwerb von Anteilsrechten (Mehrheit des stimmberechtigten Kapitals bzw. Minderheitsbeteiligung, sofern die übrigen Anteile unter einer Vielzahl von Eigentümern gestreut sind) oder Vermögenswerten (eines wesentlichen Teils des Unternehmens), durch Vertrag (z.B. Beherrschungsvertrag) oder in sonstiger Weise (z.B. personelle Verflechtung) erfolgen. Kontrolle bedeutet die *Möglichkeit*, einen bestimmenden Einfluss auf die Tätigkeit des kontrollierten Unternehmens auszuüben.
90 Näheres siehe bei LENZ, Kommentar, N. 65 ff. zu EGV 85.
91 Für Einzelheiten vgl. FKVO 5.
92 Hinweise auf die Rechtsprechung und Kritik dazu bei LENZ, Kommentar, N. 17 Vorbemerkungen zu EGV 85-90 und N. 52 zu EGV 87.
93 Zur Definition des relevanten Marktes siehe LENZ, Kommentar, N. 55 ff. zu EGV 87; bzw. die diesbezüglichen Bemerkungen zum (grundsätzlich vergleichbaren) Schweizer Recht S. 361 f.
94 ABl 1991 L 290, 35, 39; ein wichtiges (aber nicht immer ausschlaggebendes) Element ist der Marktanteil: Hohe Marktanteile auf einem bestehenden Markt sind Anzeichen von Marktmacht; solche auf einem neuen Markt können auch nur einen vorübergehenden Wettbewerbsvorsprung darstellen (Marktanteile von weniger als 25% begründen i.d.R. keine marktbeherrschende Stellung; doch selbst bei solchen von rund 80% wurde bereits Marktbeherrschung verneint; vgl. Komm. 12.4.1991, ABl 1991 L 122, 48 N. 37 f. Näheres siehe bei LENZ, Kommentar, N. 58 zu EGV 87.

behindert wird, was bedeutet, dass die Dauer einer beherrschenden Stellung ebenfalls zu berücksichtigen ist (sog. potentieller Wettbewerb), m.a.W. ob Markteintrittschancen für Newcomer bestehen ("barriers of entrance").

4.2. Das Verfahren

Zusammenschlüsse[95] von gemeinschaftsweiter Bedeutung sind gemäss FKVO 4 I innerhalb einer Woche bei der Kommission *anzumelden*[96]. Während der Vor- bzw. der Hauptprüfung darf der Zusammenschluss grundsätzlich nicht vollzogen werden, wobei FKVO 7 III und IV gewisse Ausnahmen vorsehen. Nach dem Einreichen der vollständigen Unterlagen hat die Kommission innerhalb eines Monats[97] im Rahmen der *Vorprüfung* zu entscheiden, ob der angemeldete Zusammenschluss unter die FKVO fällt und, wenn ja, ob er zu ernsthaften Bedenken bezüglich der Vereinbarkeit mit dem Gemeinsamen Markt Anlass gibt. Ist das der Fall, so eröffnet die Kommission das *Hauptverfahren*, in dem sie das Vorhaben binnen vier Monaten auf dessen Vereinbarkeit mit dem Gemeinsamen Markt zu überprüfen hat[98]. Eine positive Entscheidung kann mit Auflagen und Bedingungen versehen werden. Die Entscheidung der Kommission ist auch für Behörden und Gerichte verbindlich, unter Vorbehalt der Klage an den Gerichtshof erster Instanz und – als letzte Instanz – den Europäischen Gerichtshof[99].

4.3. Abgrenzung zur schweizerischen Fusionskontrolle

Da sowohl die Schweiz als auch die EU eine Fusionskontrolle und das Auswirkungsprinzip[100] kennen, stellt sich die Frage nach der Abgrenzung der beiden Rechtskreise.

Ein fundamentaler Unterschied ist der Ansatzpunkt: Die schweizerische Fusionskontrolle konzentriert sich auf Unternehmenszusammenschlüsse, die den geschlossenen schweizerischen Markt betreffen[101]. Solche Zusammenschlüsse sind aber für

---

95 Vgl. zum Ganzen LENZ, Kommentar, N. 62 ff. zu EGV 87.
96 Einzelheiten in VO (EWG) Nr. 2367/90 des Rates vom 25.7.1990, welche durch VO (EG) Nr. 3666/93, ABl 1993 L 336, 1, geändert wurde.
97 Fällt die Kommission innerhalb der erwähnten Frist keinen Entscheid, gilt der Zusammenschluss als mit dem Gemeinsamen Markt vereinbar (FKVO 10 IV); beschränkte Fristverlängerungsgründe bleiben vorbehalten.
98 Auch hier gilt, dass keine Entscheidung innert Frist die Zulassung bedeutet.
99 Vgl. dazu LENZ, Kommentar, N. 66 zu EGV 87 und N. 1 ff. zu EGV 173.
100 Näheres zu diesem Begriff siehe S. 374; und BÄR, Auswirkungsprinzip, S. 87 ff., 93 und 108.
101 Das geht aus KG 10 II a hervor, wo die Wettbewerbsbeseitigung als Voraussetzung für das Verbot einer Fusion genannt wird. Die Beseitigung des Wettbewerbs wiederum wird durch Zusammenschlüsse nur dort möglich sein, wo der schweizerische Markt wegen privater oder staatlicher Regulierung vom Weltmarkt abgeschottet ist, sonst würde ja die internationale Konkurrenz für ein Minimum an Wettbewerb sorgen (vgl. auch Botschaft KG, S. 117).

die EU gerade nicht relevant, da die EU für die Einleitung eines Verfahrens verlangt, dass ein Zusammenschluss *gemeinschaftsweite* Bedeutung hat.

Einzig bei Zusammenschlussvorhaben, bei denen der Wettbewerb auf dem schweizerischen Markt beseitigt wird und welche gleichzeitig gemeinschaftsweite Bedeutung haben, können kollisionsrechtliche Probleme auftauchen[102]. Die Schweizer Wettbewerbsbehörden wollen sie dadurch lösen, dass in solchen Fällen dieselben Unterlagen für die schweizerischen und die europäischen Behörden eingereicht werden können[103].

Unklar ist die Frage, was bei einander widersprechenden Entscheiden der Schweizer und der EU-Behörden geschieht. Aus schweizerischer Sicht mag insbesondere der Fall Kopfzerbrechen bereiten, in dem unsere Behörden den Zusammenschluss verbieten, diejenigen der EU ihn jedoch gestatten[104]. Nach Ansicht von OERTLI[105] tritt dieser Fall nicht ein, da Unternehmenszusammenschlüsse, die mit EU-Kartellrecht vereinbar sind, regelmässig auch nach neuem schweizerischem Kartellrecht zulässig seien.

Hat nämlich keines der beteiligten Unternehmen seinen Sitz oder einen anderen Anknüpfungspunkt (z.B. Vermögenssubstrat) in der Schweiz, dürfte die Durchsetzung des Entscheides der Schweizer Behörden an faktischen Schwierigkeiten scheitern[106]. DUCREY/DROLSHAMMER[107] weisen darauf hin, dass solche kollisionsrechtlichen Probleme durch den gesetzlich verlangten Mindestumsatz von Fr. 100 Mio., welcher in der Schweiz von mindestens zwei der am Zusammenschluss beteiligten Unternehmen erreicht werden muss, vermieden werden kann, da Umsätze in diesem Umfang gewöhnlich kaum ohne physische Niederlassung in der Schweiz erreicht würden.

---

102 DUCREY, Unternehmenszusammenschlüsse, S. 919 f.
103 Vgl. VKU 13, wonach die Wettbewerbskommission festlegen kann, inwieweit eine bei einer ausländischen Behörde eingereichte Meldung als solche eines Zusammenschlussvorhabens in der Schweiz verwendet werden kann.
104 Auch der umgekehrte Fall ist denkbar. Er stellt aber weniger Probleme, da die EU die Entscheidung problemlos durchsetzen kann.
105 OERTLI, Kartellrecht, S. 115.
106 Der Entwurf zum KG enthielt denn auch einen Passus, der in solchen Fällen auf eine Fusionskontrolle verzichten wollte. In den Beratungen vor den eidgenössischen Räten wurde er gestrichen (Botschaft KG, S. 114 f.).
107 KG-DUCREY/DROLSHAMMER, N. 30 zu KG 9.

Sechstes Kapitel

Der Konzern im Immaterialgüterrecht

I. Firmen- und namensrechtliche Aspekte im Konzern

1. Firmenrecht

1.1. Die Verwendung von Firmen mit einer einheitlichen Konzernbezeichnung

Die Firma dient als Bezeichnung eines Unternehmens bzw. eines Unternehmensträgers[1]. Aus wirtschaftlicher Sicht ist im Konzern dieser Unternehmensträger das herrschende Unternehmen, welches direkt oder indirekt alle übrigen Konzernunternehmen beherrscht und seiner einheitlichen wirtschaftlichen Leitung unterstellt hat.

Das herrschende Unternehmen wird häufig die Konzernzugehörigkeit seiner abhängigen Unternehmen publik machen wollen und deren Firmen deshalb so wählen, dass die Zugehörigkeit zum gleichen Konzern nach aussen ersichtlich wird, indem z.B. die Firma des herrschenden Unternehmens ("Novartis") oder zumindest ein Teil davon ("Nes...") auch in der Firma des abhängigen Unternehmens erscheint ("Novartis Nutrition", "Nestec AG"). Dieses Vorgehen ist vor allem dann sinnvoll, wenn mit der Firma des herrschenden Unternehmens, deren kennzeichnender Teil regelmässig auch als Konzernbezeichnung[2] dient ("Novartis-Konzern", "Nestlé-Konzern"), ein grosser Goodwill oder zumindest ein hoher Bekanntheitsgrad verbunden ist. Die Verwendung von Firmen mit einer einheitlichen Konzernbezeichnung ("Nestlé Schweiz", "Nestlé France", "Nestlé Deutschland" usw.) kann sich allerdings dann ungünstig auswirken, wenn ein Konzernunternehmen negativ in die Schlagzeilen gerät (z.B. Exxon-Valdez, Amoco Cadiz, Sandoz/Schweizerhalle). In diesem Fall wirken sich die negativen Meldungen über einen Konzernteil auf alle Konzernunternehmen nachteilig aus[3].

---

1 Vgl. OR-ALTENPOHL, N. 1 zu OR 944; MEIER-HAYOZ/FORSTMOSER, Gesellschaftsrecht, § 5 N. 75; BÜHLER, Grundlagen, S. 1 ff.; DERS., Firmenfunktionen, S. 2 f.
2 Allerdings geniesst diese Konzernbezeichnung keinen firmenrechtlichen Schutz, weil ja der Konzern als solcher kein von den Konzernunternehmen unabhängiges Rechtssubjekt darstellt und somit auch nicht im Handelsregister eingetragen ist (vgl. HRV 10 und OR 956). Hingegen besteht für Konzernbezeichnungen ein namensrechtlicher Schutz. Vgl. dazu S. 387 ff.
3 Diese Gefahr besteht allerdings auch in Fällen, in denen der negative Meldungen verursachende Konzernteil eine andere Firma als das herrschende Unternehmen führt (z.B. Icmesa Seveso/Roche).

Die Verwendung von Firmen mit einer einheitlichen Konzernbezeichnung für alle Konzernunternehmen ist dort wenig sinnvoll, wo die Firmen der abhängigen Unternehmen selbst über eine hohe Verkehrsgeltung verfügen (z.B. Perrier, San Pellegrino, Buitoni, Carnation im Nestlé-Konzern) oder wo der Gebrauch der Konzernbezeichnung sogar kontraproduktiv wäre (z.B. die Verwendung der aus der Chemieindustrie bekannten Konzernbezeichnung "BASF" für ein Unternehmen auf dem Gebiet der biologischen Ernährung). So gibt es zahlreiche Konzerne, die nach aussen firmenmässig nicht einheitlich, sondern als Konglomerate auftreten, obwohl sie als wirtschaftliche Einheit geführt werden.

1.2. Firmenrechtliche Aspekte von Firmen mit einer einheitlichen Konzernbezeichnung

Auch im Konzern sind bei der Bildung von Firmen die Firmenbildungsvorschriften von OR 944 I bzw. HRV 38 I und 44 einzuhalten, d.h. auch die im Konzern verwendeten Firmen müssen wahr sein, dürfen nicht täuschend sein, nicht öffentlichen Interessen zuwiderlaufen und nicht ausschliesslich der Reklame dienen[4]. Zudem ist der Vorbehalt von HRV 45 und 46 betreffend die Verwendung nationaler, territorialer und regionaler Bezeichnungen zu beachten. Die Einhaltung der Firmenbildungsvorschriften ist vom Handelsregisterführer von Amtes wegen zu prüfen[5].

Eine Verletzung öffentlicher Interessen liegt insbesondere dann vor, wenn eine Firma mit einer älteren Firma vollständig oder nahezu vollständig identisch ist[6]. In einem solchen Fall muss der Handelsregisterführer intervenieren[7], selbst wenn es sich bei den beiden Firmen um Bezeichnungen von Unternehmen des gleichen Konzerns handelt[8]. Dieser Fall dürfte in der Praxis jedoch kaum vorkommen, da der Konzern an der Unterscheidbarkeit seiner Konzernunternehmen selbst ein Interesse hat und zu diesem Zweck Firmenzusätze verwenden wird ("Novartis Pharma AG", "Novartis International AG"), welche ausreichend sind, um Täuschungen zu vermeiden.

Da der Konzern (und nicht das einzelne juristisch selbständige Konzernunternehmen) eine wirtschaftliche Einheit bildet, sind in der Lehre Stimmen laut geworden,

---

4   Siehe dazu zuletzt z.B. REUSSER, Firmenrecht, S. 169 ff. m.w.H.
5   OR 955.
6   Eine solche Firma hätte zur Folge, dass die beiden Unternehmen schwerlich oder überhaupt nicht mehr voneinander unterschieden werden könnten; der jüngeren Firma fehlt in diesem Fall jegliche Kennzeichnungskraft (BÜHLER, Grundlagen, S. 107; ECKERT, Firmenbestandteile, S. 12; HILTI, Firmenrecht, S. 267).
7   BGE 117 II 582; OR-ALTENPOHL, N. 1 zu OR 951.
8   So zu verstehen ist wohl die Äusserung von DRUEY, Konzernrecht, S. 328: "Der Grundsatz von Art. 944 Abs. 1 OR, dass die Firma keine Täuschung verursachen soll, und insbes. von Art. 951 Abs. 2, wonach sich die Firma der AG usw. deutlich von jeder anderen in der Schweiz bereits eingetragenen Firma zu unterscheiden hat, muss schon vom Wortlaut her auch innerhalb des Konzerns gelten."

welche aufgrund des firmenrechtlichen Täuschungsverbotes in der Firma der einzelnen Konzernunternehmen einen Hinweis fordern, aus dem die Zugehörigkeit zu einem bestimmten Konzern ersichtlich sein sollte[9]. Diese Forderung ist abzulehnen, weil sie mehr Verwirrung als Transparenz schaffen dürfte. In vielen Konzernen (insbesondere den Konglomeratskonzernen[10]) wird nämlich die ursprüngliche Tätigkeit des "Stammhauses" – welche den Ruf des Konzerns begründet und die Konzernbezeichnung prägt – durch Akquisitionen nach anderen Bereichen hin erweitert, welche durch die Verkehrsgeltung der Konzernbezeichnung nicht mehr abgedeckt sind[11] oder mit ihr u.U. sogar im Widerspruch zu stehen scheinen. Transparenz ist nicht durch firmenrechtliche Vorschriften, sondern im Bereich der Rechnungslegung zu schaffen, indem in den Geschäftsberichten der Konzernunternehmen die Beteiligungsverhältnisse offengelegt werden müssen[12].

Vom Handelsregisterführer nicht geprüft wird die blosse Verwechselbarkeit einer jüngeren mit einer bereits eingetragenen älteren Firma. Diese Frage wird auf zivilprozessualem Weg durch den Richter entschieden[13]. Es sind allerdings zwei verschiedene Fälle zu unterscheiden:

– *Verwechselbarkeit von im Konzern verwendeten Firmen untereinander:* Mehrere oder sogar alle Firmen von Konzernunternehmen können den gleichen Konzernfirmenbestandteil enthalten (z.B. Novartis AG, Novartis Ernährung AG, Novartis Schweiz AG, Novartis International AG), sodass sie sich nach den Kriterien von OR 951 i.V.m. 946 möglicherweise untereinander nicht deutlich unterscheiden. Dieser Fall bleibt jedoch ohne Konsequenzen, weil einerseits dem Handelsregisterführer die Kognitionsbefugnis zur Überprüfung der Verwechselbarkeit fehlt und andererseits kein Konzernunternehmen gegen ein anderes Konzernunternehmen deswegen Klage einreichen wird.
– *Verwechselbarkeit von im Konzern verwendeten Firmen mit Drittfirmen:* Anders liegt der Fall, wenn die jüngere Firma eines Dritten mit einer im Konzern verwendeten Firma verwechselbar ist und deshalb die Gefahr besteht, dass Aussenstehende meinen, das Drittunternehmen gehöre zum gleichen Konzern (sog. "Konzernanmassung"). In diesem Fall kann sich der Konzern gegen die verwechselbar ähnliche Drittfirma gerichtlich zur Wehr setzen[14]. An die Unterscheidbarkeit

---

9   DRUEY, Traktandum, S. 238 (im Rahmen der Publizitätsfrage); vgl. auch DERS., Geheimsphäre, S. 167 ff., insbes. S. 171 f.; eine Pflicht zur Aufnahme von Ausdrücken wie "Holding", "Holdinggesellschaft" oder "Beteiligung" in die Firma einer Holdinggesellschaft bejaht ZWEIFEL, Konzern, S. 36, nicht im allgemeinen, wohl aber für den Fall der Täuschungsgefahr.
10 Vgl. S. 30.
11 Zu diesem "als Einheit nicht erkennbaren Konzern" vgl. HANDSCHIN, Konzern, S. 213 f.; ferner DRUEY, Traktandum, S. 237 ff.; DERS., Geheimsphäre, S. 167 ff.
12 OR 663b 7 bzw. 663c; zur Publizität im Konzern siehe S. 103 f.
13 BÜHLER, Grundlagen, S. 99 f.; ECKERT, Firmenbestandteile, S. 28.
14 Dazu die Entscheide BGE 92 II 95; 97 II 234; 100 II 227.

sind besonders hohe Anforderungen zu stellen, wenn das Drittunternehmen mit Konzernunternehmen im Wettbewerb steht und sich an den gleichen Abnehmerkreis richtet[15].

Wenn die Rede davon ist, dass sich der "Konzern" gegen solche Konzernanmassungen zur Wehr setzen könne, so stellt sich sofort die Frage nach der *Aktivlegitimation*: Grundsätzlich ist jenes Konzernunternehmen zur Klage legitimiert, welches in seinem eigenen firmenrechtlichen Ausschliesslichkeitsrecht durch einen Dritten insofern verletzt ist, als eine Verwechslungsgefahr zwischen der Firma des betreffenden Konzernunternehmens und der jüngeren Drittfirma besteht[16]. Dies kann je nachdem das herrschende oder ein abhängiges Unternehmen sein oder auch beide, sofern das herrschende wie das abhängige Unternehmen in ihren Firmen die verletzten Firmenbestandteile aufweisen. Aktivlegitimiert sind allerdings nur Unternehmen mit Sitz in der Schweiz sowie ausländische Unternehmen bei einer Verletzung der Firma ihrer schweizerischen Zweigniederlassung[17], da nur sie firmenrechtlichen Schutz nach schweizerischem Recht beanspruchen können[18]. Zu berücksichtigen sind zudem die Einschränkungen, welche sich unter Umständen aus dem örtlichen Schutzbereich der Firma ergeben[19].

Treten die Konzernunternehmen nicht mit einheitlichen Firmenbestandteilen auf[20], so steht dem herrschenden Unternehmen kein selbständiges firmenrechtliches Klagerecht zu, wenn ein Dritter die Firma eines abhängigen Unternehmens verletzt.

---

15   BGE 97 II 155; 97 II 237 f.; OR-ALTENPOHL, N. 11 zu OR 951; MEIER-HAYOZ/FORSTMOSER, Gesellschaftsrecht, § 5 N. 166.
16   BGE 90 II 202; 92 II 99; 95 II 459; 100 II 227; 114 II 433; SMI 1986, S. 101 ff.; GUHL/KUMMER/DRUEY, Obligationenrecht, S. 786; HANDSCHIN, Konzern, S. 217; MEIER-HAYOZ/FORSTMOSER, Gesellschaftsrecht, § 5 N. 162.
17   HILTI, Firmenrecht, S. 316.
18   Gemäss OR 956 ist der Firmenschutz abhängig vom Eintrag im schweizerischen Handelsregister, in welches nur schweizerische Unternehmen und die schweizerischen Zweigniederlassungen von ausländischen Unternehmen eingetragen werden (vgl. HRV 10 und 75).
19   Der Schutz bezieht sich für Aktiengesellschaften, Genossenschaften und GmbH ohne Personennamen in der Firma auf das Gebiet der ganzen Schweiz (OR 951 II). Für Einzelfirmen, Kollektiv- und Kommanditgesellschaften, Kommandit-Aktiengesellschaften und GmbH mit Personennamen in der Firma ist der Schutzbereich nach dem Gesetz enger. Er bezieht sich nur auf den betreffenden Ort, an dem das Unternehmen seinen Sitz hat (OR 951 I i.V.m. OR 946).
    In der Literatur mehren sich in letzter Zeit jedoch die für eine Liberalisierung des Firmenrechts eintretenden Stimmen. Die eine Richtung tritt für eine Aufhebung der Firmenbildungsvorschriften von OR 945 ff. ein (namentlich also bzgl. der Pflicht, die Rechtsform in der Firma zu nennen), um andererseits den Schutzbereich für alle Einzelfirmen, Personengesellschaften und juristischen Personen (inkl. Vereine und Stiftungen) auf die ganze Schweiz auszudehnen und ein System mit Firmennummern einzuführen (KÜNG, Firmenrecht, S. 26 ff.). Eine andere Meinung geht in die gegenteilige Richtung: Bei kleinen, in ihrem Wirkungsbereich beschränkten (und insbesondere in verschiedenen Branchen tätigen) Aktiengesellschaften etc. bestünde oft gar keine Verwechslungsgefahr, weshalb zu erwägen sei, ob nicht auch für diese Rechtsformen ein lediglich regionaler Schutzbereich genüge (REUSSER, Firmenrecht, S. 180 und 184).
20   Vgl. HANDSCHIN, Konzern, S. 213 f.

Zusammenfassend kann festgestellt werden, dass die Firmen von Konzernunternehmen sowohl bezüglich der Firmenbildungsgrundsätze wie auch im Hinblick auf den Firmenschutz im Verhältnis zu Dritten gleich wie die Firmen aller übrigen, nicht konzernierten Unternehmen behandelt werden.

2. Namensschutz

Der Namensschutz von ZGB 29 steht dort subsidiär zur Verfügung, wo der Firmenschutz versagt[21]. Dies ist vor allem für jene Konzernunternehmen von Bedeutung, denen es aufgrund ihrer Rechtsform verwehrt ist, eine Firma zu führen[22], also für den Verein[23], die Stiftung[24] (auch die Unternehmensstiftung) sowie die öffentlich-rechtlichen Körperschaften und Anstalten, welche allesamt als herrschende Unternehmen in einem Konzern auftreten können[25].

In örtlicher Hinsicht richtet sich der Namensschutz gemäss ZGB 29 nach dem Tätigkeitsgebiet des Namensträgers[26]. Für diejenigen Unternehmensformen, welche zwar eine Firma führen können, deren Schutzgebiet jedoch den Einschränkungen von OR 946 I und 951 unterliegt[27], kann der Namensschutz geografisch also über den firmenrechtlichen Schutz hinausreichen[28].

---

21 BGE 72 II 145 ff.; 90 II 461 ff.; 98 II 66 f.; 102 II 161 ff.; 112 II 369 ff.; OR-ALTENPOHL, N. 2 zu OR 944, N. 1 zu OR 956; GUHL/KUMMER/DRUEY, Obligationenrecht, S. 787; HANDSCHIN, Konzern, S. 216 ff.; LACK, Namensschutz, S. 86 f., 94 ff., 97 f.; MEIER-HAYOZ/FORSTMOSER, Gesellschaftsrecht, § 5 N. 87, 153; BK-RIEMER, Vereine, N. 380 ff. Systematischer Teil; BK-RIEMER, Stiftungen, N. 501 ff. Systematischer Teil.
22 HANDSCHIN, Konzern, S. 216; MEIER-HAYOZ/FORSTMOSER, Gesellschaftsrecht, § 5 N. 154a f.
23 OR-ALTENPOHL, N. 2 zu OR 944, N. 1 zu OR 956; LACK, Namensschutz, S. 89 ff.; MEIER-HAYOZ/ FORSTMOSER, Gesellschaftsrecht, § 5 N. 87, 154a f., § 16 N. 14, 23; BK-RIEMER, Vereine, N. 393 f. Systematischer Teil.
24 OR-ALTENPOHL, N. 2 zu OR 944, N. 1 zu OR 956; LACK, Namensschutz, S. 94 ff.; MEIER-HAYOZ/ FORSTMOSER, Gesellschaftsrecht, § 5 N. 87, 154a f.; BK-RIEMER, Stiftungen, N. 502 f. Systematischer Teil.
25 Vgl. dazu S. 226 ff. bzw. S. 249 ff. Die Berechtigung, einen Namen zu tragen, ergibt sich für die eintragungspflichtigen Vereine und Stiftungen aus ZGB 53, ferner aus HRV 97 b bzw. 101 b (BGE 72 II 147 ff.; 83 II 255; 102 II 165 ff.; LACK, Namensschutz, S. 86 f., 94, 97; BK-RIEMER, Vereine, N. 381 Systematischer Teil; BK-RIEMER, Stiftungen, N. 502 f. Systematischer Teil). Aufgrund von HRV 38 I sind auch hier die Grundsätze der Firmenbildung von OR 944 I zu berücksichtigen (BGE 99 Ib 38; 102 II 165; 103 Ib 8; 111 II 87 f.; 116 II 606; LACK, Namensschutz, S. 88 ff., 94 ff.; MEIER-HAYOZ/ FORSTMOSER, Gesellschaftsrecht, § 5 N. 87, 88a; BK-RIEMER, Vereine, N. 393 ff., 406 ff. und 417 ff. Systematischer Teil; BK-Riemer, Stiftungen, N. 503 ff. Systematischer Teil).
26 LACK, Namensschutz, S. 74, 96, 135 ff., 199. Vgl. BGE 90 II 466; GUHL/KUMMER/DRUEY, Obligationenrecht, S. 787; für einen Schutzbereich "Schweiz" offenbar BK-RIEMER, Vereine, N. 409 Systematischer Teil.
27 D.h. Einzelunternehmen, Kollektiv- und Kommanditgesellschaft, Kommandit-Aktiengesellschaft sowie GmbH, deren Firma Personennamen enthält.
28 HANDSCHIN, Konzern, S. 216; MEIER-HAYOZ/FORSTMOSER, Gesellschaftsrecht, § 5 N. 154a f.

Im Konzern ist jedoch in erster Linie die Frage von Interesse, ob dem Konzern als solchem eine eigene Persönlichkeit zukomme, kraft derer ihm als Ganzes Namensschutz zu gewähren sei[29]. Die Schwierigkeit liegt darin, dass der Konzern als solcher weder eine eigene Rechtspersönlichkeit aufweist[30] noch vom Gesetz die Rechts- und Handlungsfähigkeit zugesprochen erhält[31]. Ist der Konzern als solcher aber kein eigenes Rechtssubjekt, so kann er auch nicht Träger von Rechten sein, welche über jene der ihm angehörenden Unternehmen hinausgehen, und für diese Rechte einen eigenen gesetzlichen Schutz geniessen[32]. Dies gilt insbesondere auch für die Persönlichkeits- bzw. Namensrechte und den Schutz derselben.

Andererseits sind durchaus Fälle denkbar, in denen Interessen des Gesamtkonzerns beeinträchtigt werden, welche ein einzelnes Konzernunternehmen aus eigenem Recht nicht oder mindestens nicht genügend[33] zu schützen in der Lage ist: Dies trifft insbesondere für die Konzernanmassung zu, d.h. wenn ein Dritter die Konzernbezeichnung oder ein ähnliches Zeichen dergestalt mit Zusätzen ergänzt, dass eine unmittelbare Verwechslungsgefahr zwar nicht besteht, das Publikum jedoch irrtümlich die Konzernzugehörigkeit des betreffenden Unternehmens annehmen könnte (mittelbare Verwechslungsgefahr). Dass sich der Konzern bzw. die ihm angehörigen Unternehmen dies nicht gefallen lassen müssen, hat das Bundesgericht in BGE 92 II 99 ausdrücklich anerkannt[34].

Die Abwehr einer Konzernanmassung ist auch ohne Einräumung eines Namensrechts an das nicht existente Rechtssubjekt Konzern[35] möglich. Die Verbundenheit mit den anderen Konzernunternehmen bzw. der Umstand, dass zu aussenstehenden Dritten gerade keine solche Verbindung besteht, betrifft nämlich durchaus die wirtschaftliche Persönlichkeit jedes einzelnen als Konzernglied auftretenden Unternehmens[36].

---

29 Mit der Frage der Persönlichkeitsrechte des Konzerns setzt sich – wenn auch mit teils abweichenden Ergebnissen – HANDSCHIN, Konzern, S. 209 ff., eingehend auseinander.
30 Dass die Rechtsfähigkeit der juristischen Personen (ZGB 53) auch Persönlichkeitsrechte erfasst, ist allgemein anerkannt (vgl. etwa BGE 95 II 489; 97 II 100; 121 III 172 f.; OR-ALTENPOHL, N. 2 zu OR 944, N. 1 zu OR 956; GUHL/KUMMER/DRUEY, Obligationenrecht, S. 787; PEDRAZZINI/OBERHOLZER, Personenrecht, S. 151; TERCIER, Nouveau droit, S. 76).
31 Letzteres trifft gemäss OR 562 auf die Kollektiv- und gemäss OR 602 auf die Kommanditgesellschaft zu. In BGE 114 IV 14 ff. hat das Bundesgericht im übrigen ausdrücklich anerkannt, dass eine Kollektivgesellschaft Trägerin des Persönlichkeitsrechts der Ehre sein kann.
32 Rechtssubjektqualität und Rechtsfähigkeit bezeichnen beide den Umstand, dass ein Subjekt rechtlich anerkannt Träger von Rechten und Pflichten sein kann (vgl. PEDRAZZINI/OBERHOLZER, Personenrecht, S. 24 ff.). Prozessuales Gegenstück der fehlenden Rechts- und Handlungsfähigkeit des Konzerns als Ganzen ist das Fehlen der Partei- und Prozessfähigkeit (vgl. S. 424).
33 Weil der Schaden für den Konzern als Ganzen wesentlich grösser ist als der Schaden, der dem einzelnen Unternehmen erwächst.
34 "Sie braucht sich auch nicht gefallen zu lassen, dass Dritte meinen, sie sei eine Tochter- oder Muttergesellschaft der Beklagten oder mit ihr wirtschaftlich verbunden."
35 So HANDSCHIN, Konzern, S. 216 ff.
36 Was das Bundesgericht in BGE 112 II 371 für einen einzelnen Namensträger festgehalten hat ("Nach einer Anderen Umschreibung liegt eine unbefugte Namensanmassung auch vor, wenn die Kenn-

Die Konzernanmassung durch einen Dritten verletzt also die schutzwürdigen Interessen jedes Konzernunternehmens, welches die betreffende Konzernbezeichnung verwendet, wobei anzunehmen ist, dass in der Regel das herrschende Unternehmen die entsprechenden rechtlichen Abwehrmassnahmen ergreifen wird.

Die erwähnte Erweiterung des Namensrechts der Konzernunternehmen tritt nur dann ein, wenn der Konzern gegen aussen, d.h. für Dritte erkennbar, auch als Einheit auftritt. Anderenfalls fehlt es an den zusätzlichen schützenswerten Interessen, sodass sich der Namensschutz der einzelnen Konzernunternehmen auf das herkömmliche Mass beschränkt. Denkbar ist immerhin, dass zwar nicht der Konzern als Ganzer, aber Subkonzerne unter einer einheitlichen Bezeichnung auftreten. Der erweiterte namensrechtliche Schutz käme in diesem Fall bloss den Gliedern der Subkonzerne, nicht aber den übrigen Konzernunternehmen zu.

Zusammenfassend lässt sich festhalten, dass bei einem nach aussen einheitlich auftretenden Konzern konzernfremde Dritte den Eindruck zu vermeiden haben, sie gehörten dem gleichen Konzern an[37]. Diese Verpflichtung entspricht im Ergebnis dem firmenrechtlichen Gebot nach genügender Unterscheidbarkeit, beruht aber auf Namensrecht und bezieht sich auf den Konzern als Ganzen.

3. Schutz der Konzernbezeichnung nach UWG

Ergänzend zum firmen- und namensrechtlichen Schutz ist der mittelbare[38] Schutz der Konzernbezeichnung aufgrund von UWG 3 d zu erwähnen[39]. Die Verwendung eines mit einer Konzernbezeichnung oder einem kennzeichnenden Bestandteil derselben verwechselbaren Unternehmenskennzeichens durch einen Dritten stellt nämlich durchaus eine geeignete Massnahme dar, um Verwechslungen mit dem Konzern herbeizuführen, namentlich um den Anschein der Zugehörigkeit zum Konzern zu erwecken, wodurch der Dritte von dessen Goodwill profitieren kann[40]. Eine derge-

---

zeichnungswirkung eines fremden Namens für eigene Zwecke missbraucht, das heisst, wenn der Anschein erweckt wird, der fremde Name habe etwas mit dem neuen Namensträger persönlich oder mit seinem Geschäft zu tun (BGE 108 II 243 E. 5) oder es bestehe eine enge – persönliche, ideelle, geistige oder geschäftliche – Verbindung, die in Tat und Wahrheit fehlt oder gar nur aus Gegensätzen besteht..."), braucht für im Konzern verbundene Unternehmen nur dahingehend ergänzt zu werden, dass hier auch die Verbindung mehrerer Unternehmen in Frage stehen kann.

37 HANDSCHIN, Konzern, S. 217; DRUEY, Konzernrecht, S. 328.
38 Vgl. dazu HILTI, Kennzeichen, S. 477.
39 Zur kumulativen Anwendung von UWG einerseits und Firmen- bzw. Namensrecht andererseits vgl. statt vieler PEDRAZZINI, UWG, S. 57 (mit zahlreichen Verweisen auf die bundesgerichtliche Praxis sowie auf weitere Autoren).
40 Nach ständiger Rechtsprechung des Bundesgerichts stellt das Herbeiführen einer mittelbaren Verwechslungsgefahr – hier als Konzernanmassung – auch aus wettbewerbsrechtlicher Sicht ein verpöntes Verhalten dar (vgl. BGE 116 II 398, 114 II 111, 102 II 126; vgl. ferner PEDRAZZINI, UWG, S. 86, welcher ausdrücklich auf das Konzernverhältnis Bezug nimmt).

stalt geschaffene Verwechslungsgefahr bedroht die wirtschaftlichen Interessen des Konzerns[41] bzw. derjenigen Unternehmen, welche erkennbar als Konzernglieder auftreten, sodass diese – ohne dass bei einem oder mehreren Unternehmen bereits ein konkreter Schaden eingetreten ist[42] – die Abwehrmassnahmen von UWG 9 I ergreifen können.

---

41 Ebenso PEDRAZZINI, UWG, S. 226 f.: "Die Auffassung dürfte zutreffend sein, wonach das wirtschaftliche Interesse nicht im engeren Sinne, vielmehr im weiteren Sinne zu verstehen ist, so dass z.B. auch die Schaffung einer Verwechslungsgefahr mit der unerwünschten Wirkung der (unzutreffenden) Annahme einer wirtschaftlichen Verflechtung oder der Zuordnung von Leistungen darunterfällt."

42 Nach UWG 9 I a genügt schon die Bedrohung der wirtschaftlichen Interessen zur Begründung eines Unterlassungsanspruchs.

II. Markenrechtliche Aspekte im Konzern

1. Die Konzernmarke

Im Hinblick auf ein einheitliches Auftreten des Konzerns ist es sinnvoll, dass mehrere oder sogar alle Konzernunternehmen die gleichen Marken gebrauchen[43]. Damit wird im ganzen Gebiet, in dem der Konzern tätig ist, ein einheitlicher Marktauftritt möglich. Werbemassnahmen einzelner Konzernunternehmen haben zudem – vor allem im Bereich der elektronischen, aber auch gewisser Printmedien – positive Auswirkungen auch auf andere Konzernunternehmen (sog. "spill-over-effect"). Die von einem Konzernunternehmen produzierten bzw. vertriebenen Waren oder Dienstleistungen werden so zu Konzernprodukten[44] mit einem internationalen Kundenkreis (z.B. Coca Cola oder Marlboro). In jedem Fall unterscheidet eine Konzernmarke nur die Produkte des Konzerns von jenen Dritter, nicht aber die Produkte der einzelnen Konzernunternehmen voneinander[45].

Da jedoch ein Konzern infolge fehlender Rechtsfähigkeit nicht selbst eine Marke hinterlegen kann[46], muss dies durch einzelne Konzernunternehmen erfolgen. Dabei stehen zwei Möglichkeiten offen[47]:

– *Ein Konzernunternehmen* (meist das herrschende Unternehmen, eine Holdinggesellschaft des Konzerns oder ein speziell zu diesem Zweck gegründetes Konzernunternehmen) hält die im Konzern verwendeten Marken als alleiniger Inhaber zentral und erteilt Lizenzen an die anderen Konzernglieder, welche die Marke dann stellvertretend gebrauchen[48], oder aber

– *mehrere Konzernunternehmen* tragen dieselbe Marke parallel ein und verwenden sie selbst.

In beiden Fällen liegt eine sog. Konzernmarke vor[49]. Die Konzernpraxis bevorzugt es indessen regelmässig, Marken nur durch ein Konzernunternehmen eintragen zu

---

43 HINNY, Marke, S. 19 f., 138 f.; ZEUG, Konzernmarke, S. 20 ff.
44 Gemäss HINNY, Marke, S. 20, kann die Konzernmarke somit Herstellertreue bewirken, während eine Produktemarke die Produktetreue fördert. Freilich kann ein Erzeugnis gleichzeitig neben einer Konzern- auch noch eine Serien- und eine Produktemarke enthalten (vgl. das Beispiel bei HINNY, Marke, S. 139, Fn. 630) bzw. kann die Produktemarke Elemente beinhalten, welche auf den Konzern hinweisen (z.B. Nescafé, Nestea, Sandimmun).
45 BGE 105 II 53; 95 II 360; 86 II 275; ALOIS TROLLER, IGR, Bd. 2, S. 651; ALOIS TROLLER/PATRICK TROLLER, Kurzlehrbuch, S. 82 (jeweils zur Konzernmarke i.e.S.); vgl. ZEUG, Konzernmarke, S. 21 ff., 45.
46 MSchG 28 I; BAUMBACH/HEFERMEHL, Warenzeichenrecht, N. 78 zu WZG 1; HINNY, Marke, S. 23; immerhin sind auch Personengesellschaften und gemäss MSchG-LUCAS DAVID, N. 5 zu MSchG 28, auch einfache Gesellschaften zur Markenhinterlegung zuzulassen.
47 HINNY, Marke, S. 37.
48 Vgl. S. 310 und S. 312 f.
49 Im zweiten Fall wird von einer Konzernmarke im engeren Sinn gesprochen (HINNY, Marke, S. 23 f.).

lassen, da dies die Verwaltung und Verteidigung der Marke sowie die Überwachung eines einheitlichen Markengebrauches durch die verschiedenen Konzernunternehmen erheblich erleichtert[50]. Auch stellt das Eigentum an den Marken ein wichtiges Instrument dar, um über Lizenzgebühren Mittel von den abhängigen Unternehmen zum herrschenden Unternehmen oder zu einer Holdinggesellschaft zu transferieren[51].

aMSchG 6bis liess den Eintrag derselben Marke durch eng verbundene Unternehmen ausdrücklich zu, wobei Konzernmarken weder Täuschungen des Publikums noch sonstwie Verletzungen des öffentlichen Interesses bewirken durften. Das neue MSchG entbehrt dagegen einer entsprechenden Regelung, da – wie auch schon unter altem Recht – Paralleleintragungen mangels Prüfung der Verwechselbarkeit vom IGE ohnehin zugelassen werden[52]. Dazu kommt, dass die Einrede des älteren Drittrechts aufgrund von MSchG 3 III allgemein und entgegen der früheren Rechtsprechung nicht nur in besonderen Fällen, wie jenem der Konzernmarke, ausgeschlossen ist[53].

Zu untersuchen bleibt, unter welchen Voraussetzungen nach neuem Markenrecht der Gebrauch einer Konzernmarke durch andere Konzernunternehmen dem Markeninhaber zugerechnet wird. Das Bundesgericht rechnete unter altem Recht den in der Schweiz erfolgten Gebrauch einer Konzernmarke durch ein Konzernunternehmen jenem anderen Konzernunternehmen zu, welches die Marke eingetragen hatte[54]. Ein solcher stellvertretender Gebrauch wird nun im neuen MSchG ausdrücklich zugelassen: Gemäss MSchG 11 III gilt der Gebrauch mit Zustimmung des Inhabers als Gebrauch durch diesen selbst. Die Zustimmung kann stillschweigend erfolgen[55], doch ist weiterhin zu verlangen, dass sich der Markeninhaber gegenüber dem Gebraucher, der nicht selbst hinterlegt haben muss, ein Kontroll- und Weisungsrecht bezüglich der Güte der Waren oder Dienstleistungen vorbehält[56]. Dadurch sollen Täuschungen und die Verletzung anderweitiger öffentlicher Interessen vermieden werden[57]. Ein Teil der Lehre fordert ferner einen Gebrauch, aufgrund dessen sich das

---

50 HINNY, Marke, S. 25; siehe S. 309 ff.
51 Da Lizenzgebühren beim abhängigen Unternehmen Aufwand darstellen und damit den Gewinn reduzieren, ist die Überweisung von Lizenzgebühren steuerlich gesehen wesentlich günstiger als die Ausschüttung von Dividenden aus versteuerten Erträgen.
52 MSchG-LUCAS DAVID, N. 22 zu MSchG 1, N. 59 zu MSchG 3; aMSchG-LUCAS DAVID, N. 2 zu aMSchG 6bis, N. 16 zu aMSchG 5; aMSchG-LUCAS DAVID, Supplement, N. 16 zu aMSchG 5; HINNY, Marke, S. 24; ALOIS TROLLER, IGR, Bd. 2, S. 651.
53 HINNY, Marke, S. 24.
54 BGE 75 I 354; 101 II 300 f.; BGer in SMI 1974, S. 137; BGE 105 II 55; MSchG-LUCAS DAVID, N. 22 f. zu MSchG 11; ALOIS TROLLER, IGR, Bd. 1, S. 277 f., und Bd. 2, S. 651.
55 MSchG-LUCAS DAVID, N. 23 zu MSchG 11.
56 MSchG-LUCAS DAVID, N. 22 f. zu MSchG 11; vgl. zum alten Recht ALOIS TROLLER, IGR, Bd. 1, S. 277 f.
57 Das Täuschungsverbot und die Wahrung sonstiger öffentlicher Interessen fanden sich zur Konzernmarke in aMSchG 6bis und waren in ständiger Praxis (BGE 101 II 297, 300; 107 II 360 f.; 116 II 465; alle zum Lizenzvertrag) nebst der wirtschaftlich engen Verbundenheit Voraussetzung für die altrechtliche Zulassung des stellvertretenden Gebrauches. Das neue Recht lehnt diese Grundsätze nicht ab, lässt sie aber unerwähnt, um der Rechtsprechung Freiräume zu erhalten (Botschaft MSchG,

Zielpublikum des Umstandes bewusst wird bzw. bleibt, dass eine Konzernmarke vorliegt[58]. Bei internationalen Verhältnissen ist ausserdem abzuklären, ob der stellvertretende Gebrauch in der Rechtsordnung des jeweiligen Landes anerkannt wird[59].

Der Gebrauch derselben Marke durch mehrere Konzernunternehmen hat nicht die Degeneration der Marke zu einem Freizeichen zur Folge, da davon auszugehen ist, dass der Markengebrauch mit (u.U. stillschweigender) Zustimmung des berechtigten Konzernunternehmens erfolgt, unberechtigter Gebrauch durch Dritte aber untersagt würde[60].

Ob der schweizerische Inhaber einer Konzernmarke die Einfuhr von mit der gleichen Marke versehenen Produkten eines ausländischen Konzernunternehmens dulden muss, wird an späterer Stelle untersucht[61].

2. Die Holdingmarke

Eine Holdingmarke liegt vor, wenn ein Unternehmen, das selbst weder Waren herstellt oder mit solchen handelt noch Dienstleistungen anbietet, eine Marke eintragen lässt und deren Gebrauch durch von ihm abhängige Unternehmen zulässt[62].

Nach altem Recht war gestützt auf aMSchG 7 die Eintragung einer Marke nichtig, welche von einer Person veranlasst worden war, die nicht ein Produktions-, Fabrikations- oder Handelsunternehmen betrieb[63]. Eine Ausnahme wurde der sog. Verwaltungsholding gewährt, womit die Holdingmarke ohne gesetzliche Regelung von der Praxis anerkannt wurde[64].

S. 25, 28).
58 DESSEMONTET, Marque holding, S. 130 ff., insbes. S. 134, mit Hinweisen zum Meinungsstreit.
59 Dies ist meistens der Fall; allenfalls ist die Lizenz einzutragen (HINNY, Marke, S. 140; vgl. ZEUG, Konzernmarke, S. 196 ff., 270 ff.).
60 aMSchG-LUCAS DAVID, N. 2 zu aMSchG 6bis m.w.H.
61 Zur Frage der Parallelimporte siehe S. 401 ff.
62 BGE 75 I 354; 100 II 165; 101 II 300; BGer in SMI 1974, 137; MSchG-LUCAS DAVID, N. 22 zu MSchG 1, N. 1 zu MSchG 28; HINNY, Marke, S. 25 ff.; ALOIS TROLLER, IGR, Bd. 1, S. 506, und Bd. 2, S. 650; ALOIS TROLLER/PATRICK TROLLER, Kurzlehrbuch, S. 82; ZWEIFEL, Konzern, S. 128 f. Das Bundesgericht forderte unter altem Recht, dass die Holdinggesellschaft bezüglich Herstellung oder Vertrieb der Waren den Markengebraucher beeinflussen konnte. Für das neue Recht wird auf die Darlegungen zur Konzernmarke verwiesen (vgl. S. 391 ff. und die dort aufgeführten Hinweise).
63 Botschaft MSchG, S. 32 f.; ALOIS TROLLER, IGR, Bd. 2, S. 737; ALOIS TROLLER/PATRICK TROLLER, Kurzlehrbuch, S. 138, 157.
64 BGE 75 I 354. Anders, wenn es sich um eine Finanzholding handelte (HINNY, Marke, S. 26; ZWEIFEL, Konzern, S. 128 f.).

Durch den Erlass von MSchG 28 I, wonach jedermann, der regelmässig Waren oder Dienstleistungen anbietet, eine Marke hinterlegen kann, wurden die früher angesichts der Hinterlegereigenschaft bestehenden Schwierigkeiten beseitigt[65]. Die Holdingmarke steht nun jeder Holdinggesellschaft offen.

Bei der Gebrauchszurechnung stellen sich dieselben Fragen wie bei der Konzernmarke[66], sodass auf die dortigen Ausführungen verwiesen werden kann[67].

---

65 Botschaft MSchG, S. 32 f.; MSchG-LUCAS DAVID, N. 23 zu MSchG 1, N. 1 zu MSchG 28; HINNY, Marke, S. 26.
66 DESSEMONTET, Marque holding, S. 134.
67 Siehe S. 391 ff.

III. Patentrechtliche Aspekte im Konzern

Im Gegensatz zum Markenrecht, in welchem sowohl die Zusammenfassung sämtlicher Konzernmarken in einem Konzernunternehmen wie auch die parallele Eintragung derselben Marke durch mehrere Konzernunternehmen möglich ist[68], sind im Patentrecht Doppeleintragungen – also verschiedene Patenterteilungen an verschiedene Konzernunternehmen für dieselbe Erfindung – nicht möglich[69]: Ein Patent kann im Sinne von PatG 3 I für die gleiche Erfindung grundsätzlich[70] nur einmal erteilt werden, wobei allerdings denkbar ist, dass mehrere Konzernunternehmen das Patent gemeinsam anmelden. In diesem Fall würde das erteilte Patent den beteiligten Unternehmen zu gesamter Hand gehören.

Ein zweiter Eintrag zugunsten eines anderen Konzernunternehmens würde dagegen an der fehlenden Schutzvoraussetzung der Neuheit scheitern; spätestens auf die Nichtigkeitsklage eines Dritten hin würde das entsprechende Patent für ungültig erklärt.

Die Nutzung konzerneigener patentgeschützter Erfindungen ist nicht durch Paralleleintragungen, sondern über das Mittel der Lizenzierung zu regeln[71].

Patentrechtliche Fragen stellen sich ferner im Zusammenhang mit den Parallelimporten, welche an späterer Stelle erörtert werden[72].

---

68 Siehe dazu S. 391 ff.
69 Im übrigen wären Doppelpatentierungen wegen der erheblichen zusätzlichen Gebühren wenig sinnvoll.
70 Vorbehalten bleibt der Fall gemeinsamer Rechtsinhaberschaft; vgl. PatG 3 II.
71 Siehe dazu S. 310.
72 Siehe dazu S. 401 ff.

IV. Originärer und derivativer Rechtserwerb durch den Konzern bei der Schaffung von Immaterialgüterrechten im Arbeitsverhältnis

Werden von Arbeitnehmern Immaterialgüter (gleichgültig, ob diesen spezialgesetzlicher Schutz zukommt oder nicht[73]) geschaffen, stellt sich die Frage nach der Berechtigung des Arbeitgebers. Dabei werden herkömmlicherweise drei Kategorien solcher Arbeitnehmerleistungen unterschieden[74]:

- Zum einen sind jene Erzeugnisse zu nennen, die bei Ausübung der dienstlichen Tätigkeit und in Erfüllung der vertraglichen Pflichten geschaffen werden (*Aufgabenerzeugnisse*),
- sodann jene, die bei Ausübung der Arbeitstätigkeit, aber nicht in Erfüllung der Vertragsverbindlichkeiten hervorgebracht werden (*Gelegenheitserzeugnisse*[75]), und
- schliesslich solche, die ohne Zusammenhang zum Arbeitsverhältnis entstanden sind (*freie Erzeugnisse*).

Diese Einteilung gilt an sich bei der Schaffung jedes Immaterialgutes im Arbeitsverhältnis. Gleichwohl finden sich im Gesetz für die verschiedenen Immaterialgüter unterschiedliche und oft unvollständige Regelungen, und manchmal schweigt das Gesetz völlig:

- *Patentrecht:* Gemäss OR 332 I gehören *Aufgabenerfindungen* (oder Diensterfindungen) originär dem Arbeitgeber. Sodann kann dieser mittels schriftlicher Vereinbarung, der sog. Erfinderklausel[76], den Arbeitnehmer verpflichten, ihm allfällige *Gelegenheitserfindungen* (oder Vorbehaltserfindungen) mitzuteilen, worauf sie der Arbeitgeber gegen angemessene Vergütung erwerben kann[77]. Fehlt

---

73 Etwa naheliegendes und somit nicht patentierbares technisches Know-how oder nicht hinterlegte Muster und Modelle: vgl. OR 332 I ("unabhängig von ihrer Schutzfähigkeit") sowie zur diesbezüglichen Anwendung von OR 332 bzw. 332a Botschaft zum Entwurf eines Bundesgesetzes über die Revision des Zehnten Titels und des Zehnten Titels^bis des Obligationenrechts (der Arbeitsvertrag) vom 25.8.1967, BBl 1967 II 241, 365; BRAND/DÜRR/GUTKNECHT u.a., Einzelarbeitsvertrag, N. 2 zu OR 332 (bezüglich Geschäfts- und Fabrikationsgeheimnissen), N. 5 zu OR 332a; BK-MANFRED REHBINDER, N. 1 zu OR 332, N. 1 zu OR 332a; OR-MANFRED REHBINDER, N. 1 zu OR 332, N. 1 zu OR 332a; SPR-VISCHER, S. 148; einschränkend WOLFGANG PORTMANN, Arbeitnehmererfindung, S. 34 m.w.H.
74 Siehe die weiterführenden Literaturhinweise bei BRAND/DÜRR/GUTKNECHT u.a., Einzelarbeitsvertrag, vor N. 1 zu OR 332; WOLFGANG PORTMANN, Arbeitnehmererfindung, S. 12 ff.; BK-MANFRED REHBINDER, vor N. 1 zu OR 332; SPR-VISCHER, S. 147.
75 Die schöpferische Tätigkeit ist in diesem Fall "nicht der hauptsächliche Inhalt des Arbeitsvertrages, fällt aber in das vertragliche Arbeitsgebiet des Arbeitnehmers" (SPR-VISCHER, S. 150).
76 BK-MANFRED REHBINDER, N. 9 zu OR 332.
77 OR 332 II-IV.

eine Erfinderklausel oder handelt es sich um eine *freie Erfindung*, kann der Arbeitnehmer aufgrund seiner arbeitsrechtlichen Treuepflichten, namentlich des ihm obliegenden Konkurrenzverbotes, verpflichtet sein, seine Erfindung vorgängig dem Arbeitgeber gegen angemessene Entschädigung[78] zur Übertragung oder Lizenzierung anzubieten[79].

– Für den Fall der *Muster und Modelle* hält das Gesetz in OR 332a lediglich eine Lösung für die *Aufgabenschöpfung* bereit. Danach erwirbt der Arbeitgeber – im Gegensatz zu den Aufgabenerfindungen allerdings derivativ – insoweit Nutzungsrechte an den von seinem Arbeitnehmer geschaffenen Mustern und Modellen, als dies der Zweck des Arbeitsverhältnisses erfordert (Anwendung der sog. Zweckübertragungstheorie[80]). Bei *Gelegenheitsschöpfungen* sowie bei *frei geschaffenen Mustern und Modellen* kann sich indessen – wie bei den Erfindungen – je nach der konkreten Sachlage für den Arbeitnehmer eine Anbietungspflicht ergeben[81].

– *Urheberrecht*: Abgesehen von der Sonderbestimmung von URG 17 für *Computerprogramme*[82] enthält das URG keine Bestimmung zur *abhängigen Werkschöpfung*[83]. Die analoge Anwendung von OR 332 bzw. 332a ist auszuschliessen[84], sodass eine gesetzliche Vermutung der Rechtsübertragung folglich nicht besteht[85].

---

78 SPOENDLIN, Vorbehaltserfindung, S. 41, spricht von einem "marktgerechten" Entgelt, doch kann ein solches m.E. aufgrund einer sinngemässen Anwendung des für Vorbehaltserfindungen geschaffenen OR 332 IV auch niedriger sein. MANFRED REHBINDER, Recht am Arbeitsergebnis, S. 13, will eine Entschädigung "zu den üblichen Bedingungen" zusprechen.
79 BRÜHWILER, Einzelarbeitsvertrag, N. 11 zu OR 332; WOLFGANG PORTMANN, Arbeitnehmererfindung, S. 103 ff.; MANFRED REHBINDER, Arbeitsrecht, S. 110 f.; BK-MANFRED REHBINDER, N. 13 f. zu OR 332; OR-MANFRED REHBINDER, N. 2 zu OR 332; SPOENDLIN, Vorbehaltserfindung, S. 41 f.; eine Anbietungspflicht ablehnend STREIFF/VON KAENEL, Arbeitsvertrag, N. 9 zu OR 332; SPR-VISCHER, S. 150 f. m.w.H.
80 Danach richtet sich infolge fehlender genauer Vereinbarung der Umfang der dem Vertragspartner gewährten Rechte nach dem mit dem Anstellungsvertrag verfolgten Zweck (BK-MANFRED REHBINDER, N. 1 zu OR 332a; OR-MANFRED REHBINDER, N. 1 zu OR 332a; SPR-VISCHER, S. 151; siehe auch BARRELET/EGLOFF, Urheberrecht, N. 20 zu URG 16).
81 BK-MANFRED REHBINDER, N. 4 zu OR 332a; a.M. SPR-VISCHER, S. 152. BRÜHWILER, Einzelarbeitsvertrag, N. 1 zu OR 332a, und GUHL/KUMMER/DRUEY, Obligationenrecht, S. 458, wollen sinngemäss OR 332 II-IV anwenden. STREIFF/VON KAENEL, Arbeitsvertrag, N. 6 zu OR 332a, befürchten, dass in Fällen, in denen sowohl der Schutz nach MMG wie auch jener nach URG greift, der Arbeitgeber wohl gestützt auf OR 332a Muster- bzw. Modellrechte innehält, die Urheberrechte mangels anderslautender Vereinbarung aber beim Arbeitnehmer liegen, wodurch sich die Parteien gegenseitig "blockieren" könnten.
82 Danach ist allein der Arbeitgeber zur Ausübung der ausschliesslichen Verwendungsbefugnisse an Aufgabenschöpfungen berechtigt. Auf welche Weise der Rechtserwerb erfolgt – wohl kraft Legalzession – ist umstritten (vgl. BARRELET/EGLOFF, Urheberrecht, N. 6 zu URG 17; SPR-VISCHER, S. 153; URSULA WIDMER, Computerprogramme, S. 254 f.).
83 Ein dahingehender Vorschlag des Bundesrates in Entwurf URG 1989 15 (BBl 1989 III 619) wurde vom Parlament gestrichen (vgl. BARRELET/EGLOFF, Urheberrecht, N. 3 zu URG 16; VON BÜREN, Urheberrecht, S. 203 f.).
84 VON BÜREN, Urheberrecht, S. 204.
85 BARRELET/EGLOFF, Urheberrecht, N. 3 zu URG 16.

Die Urheberrechte verbleiben demnach grundsätzlich beim Arbeitnehmer[86], eine abweichende Lösung muss auf vertraglichem Weg begründet werden[87]. Je nach Fall besteht allerdings für den Arbeitnehmer wiederum die Pflicht, dem Arbeitgeber eigene Schöpfungen im Rahmen der arbeitsvertraglichen Treuepflichten gegen Entgelt anzubieten[88].

– Ebenfalls im Gesetz nicht geregelt ist die – in der Praxis wohl eher seltene – Schaffung von *Marken* durch den Arbeitnehmer. Am ehesten noch denkbar wäre dies z.B. in einer Werbeagentur, welche sich mit der Entwicklung von Marketing- und Werbestrategien für ihre Kunden befasst. In einem solchen Fall müsste die Abtretung der betreffenden Marke bzw. noch besser deren Hinterlegung durch den Arbeitgeber arbeitsvertraglich geregelt werden.

Für den Konzern gilt es nun zu untersuchen, wem die oben beschriebenen Rechte des Arbeitgebers zustehen, wer also originär oder derivativ Rechte an von Arbeitnehmern geschaffenen Immaterialgütern erwirbt oder doch einen Anspruch auf Einräumung von Nutzungsrechten erhält. Ist es das Konzernunternehmen, welches mit dem Arbeitnehmer vertraglich verbunden ist, der Konzern als solcher oder ein drittes Konzernunternehmen, welches sämtliche oder doch einige der im Konzern bestehenden Rechte an Immaterialgütern hält und den anderen Konzernunternehmen je nach deren Bedarf Lizenzen gewährt[89]?

Die *juristische Selbständigkeit des Konzernunternehmens*, welches unmittelbar als Arbeitgeber auftritt, führt grundsätzlich zur Berechtigung dieses Unternehmens. Der Konzern als solcher kann nämlich als lediglich wirtschaftliche Einheit ohne eigene Rechtspersönlichkeit nicht Träger von Rechten an Immaterialgütern sein[90]. Andererseits ist ein Drittunternehmen, welches die Immaterialgüterrechte des Konzerns verwaltet, nicht der Arbeitgeber im Sinne der einschlägigen Gesetzesvorschriften, welchem die gesetzlichen Rechte zustehen. Immerhin ist denkbar – und wird in der Praxis meist auch so gehandhabt – dass das Konzernunternehmen, welches originär oder derivativ Rechte von seinen Arbeitnehmern erwirbt, diese Rechte anschliessend an das herrschende Unternehmen, an eine Holdinggesellschaft des Konzerns oder an ein anderes Konzernunternehmen überträgt, welches die Immaterialgüterrechte für den gesamten Konzern verwaltet. In den genannten Fällen, in denen die Rechte des Arbeitgebers vertraglich begründet werden müssen, besteht im übrigen die Möglich-

---

86   Schöpferprinzip gemäss URG 6.
87   BARRELET/EGLOFF, Urheberrecht, N. 3 zu URG 16; VON BÜREN, Urheberrecht, S. 204. Bei der Auslegung kann u.a. die obgenannte Zweckübertragungstheorie helfen (BARRELET/EGLOFF, Urheberrecht, N. 4 und N. 20 ff. zu URG 16).
88   OR-MANFRED REHBINDER, N. 2 zu OR 332a; DERS., Arbeitsrecht, S. 111; BK-DERS., N. 4 zu OR 332a; STÖCKLI, Urheberrecht, S. 157 ff.
89   Zur Gestaltung der konzerninternen Berechtigung an Immaterialgütern siehe S. 309 ff.
90   BAUMBACH/HEFERMEHL, Warenzeichenrecht, N. 78 zu WZG 1; HINNY, Marke, S. 23.

keit, die Rechte direkt dem Unternehmen, welches diese letztlich verwalten soll, einräumen zu lassen[91].

Bei der Abklärung, ob im konkreten Fall ein *Aufgabenerzeugnis* vorliegt, ist auf den Zweck der Tätigkeit des Arbeitnehmers abzustellen[92]. Aus diesem lässt sich erkennen, welches die immateriellen Leistungen sind, welche der Arbeitnehmer im Rahmen seines Arbeitsverhältnisses zu erbringen verpflichtet ist. Der Arbeitsvertrag, dessen Inhalt sich während des Anstellungsverhältnisses konkludent ändern kann[93], bietet dafür lediglich erste Anhaltspunkte[94]. Ausschlaggebend sind vielmehr die dem Arbeitnehmer tatsächlich auferlegten Pflichten[95] zum Zeitpunkt des Schaffens des Erzeugnisses[96]. Diese Pflichten ergeben sich aus dem konkreten Wirkungsbereich des Betriebes, in dem der Arbeitnehmer tätig ist. Die Ziele eines anderen Bereichs bzw. des ganzen, möglicherweise vielschichtigen Unternehmens des Arbeitgebers oder sogar anderer Konzernunternehmen sind dagegen ohne Bedeutung[97].

Bei der Frage, ob das Erzeugnis eines Arbeitnehmers noch zum Kreis der *Gelegenheitserzeugnisse* zu zählen ist[98] oder ob ein *freies Erzeugnis* vorliegt, stellt ein Teil der Lehre in Anlehnung an die Lösung beim Aufgabenerzeugnis einzig auf den unmittelbaren Tätigkeitsbereich des Arbeitnehmers ab[99] oder doch nur auf den Betrieb, in welchem der Arbeitnehmer arbeitet, nicht aber auf allfällige andere Branchen desselben Unternehmens[100]. Demgegenüber soll nach einer anderen Ansicht der "vorhandene oder vorbereitete Arbeitsbereich des Unternehmens" miteinbezogen werden[101]. Dieses Tätigkeitsgebiet kann jedoch in jedem Fall nur jenes des Unternehmens sein, mit welchem der Arbeitnehmer in vertraglicher Beziehung steht,

---

91 Vertrag (bzw. Vertragsklausel) zu Gunsten eines Dritten gemäss OR 112.
92 Vgl. BRAND/DÜRR/GUTKNECHT u.a., Einzelarbeitsvertrag, N. 22 zu OR 332a; BRÜHWILER, Einzelarbeitsvertrag, N. 4 zu OR 332a; HUBMANN/MANFRED REHBINDER, Urheberrecht, S. 234; MANFRED REHBINDER, Recht am Arbeitsergebnis, S. 13.
93 HUBMANN/MANFRED REHBINDER, Urheberrecht, S. 235; KRAYER, Arbeitsverhältnis, S. 158.
94 KRAYER, Arbeitsverhältnis, S. 158.
95 Bei der Prüfung, ob eine solche Pflicht vorliegt, sind Gesichtspunkte wie die Stellung im Betrieb, die durch Weisung erteilten Aufgaben, sodann Erfahrung, Vorbildung, Lohnhöhe und Selbständigkeit im Arbeitsablauf zu berücksichtigen (KRAYER, Arbeitsverhältnis, S. 158; ferner BRÜHWILER, Einzelarbeitsvertrag, N. 2 zu OR 332; BRAND/DÜRR/GUTKNECHT u.a., Einzelarbeitsvertrag, N. 4 zu OR 332; STREIFF/VON KAENEL, Arbeitsvertrag, N. 2 zu OR 332; vgl. BGE 100 IV 169).
96 Erforderlich ist ein "innerer sachlicher Zusammenhang" zwischen der geschuldeten Arbeitspflicht und dem hervorgebrachten Erzeugnis (BRAND/DÜRR/GUTKNECHT u.a., Einzelarbeitsvertrag, N. 4 zu OR 332; siehe auch WOLFGANG PORTMANN, Arbeitnehmererfindung, S. 46 f.; MANFRED REHBINDER, Arbeitsrecht, S. 109 f.).
97 Vgl. HUBMANN/MANFRED REHBINDER, Urheberrecht, S. 235.
98 Wie beim Aufgabenerzeugnis bedarf es auch hier eines Zusammenhangs zwischen Erzeugnis und Arbeitsverhältnis, doch wird die Leistung ohne entsprechende arbeitsvertragliche Pflicht vollbracht (BRAND/DÜRR/GUTKNECHT u.a., Einzelarbeitsvertrag, N. 6 zu OR 332; KRAYER, Arbeitsverhältnis, S. 159 f.).
99 KRAYER, Arbeitsverhältnis, S. 160.
100 SPOENDLIN, Vorbehaltserfindung, S. 41.
101 WOLFGANG PORTMANN, Arbeitnehmererfindung, S. 103.

und nicht jenes des gesamten Konzerns, welchem dieses Unternehmen angehört. Liegt – wie bereits erwähnt – der Rechtsgrund für den Übergang von Rechten auf den Arbeitgeber im Arbeitsvertrag zwischen dem betreffenden Konzernunternehmen und dem Arbeitnehmer, so ergeben sich auch dessen diesbezügliche Rechte und Verbindlichkeiten – etwa Vergütungsansprüche oder Anbietungspflichten – abschliessend aus diesem Verhältnis. Entsprechend kann auch nur das arbeitgebende Konzernunternehmen die Rechte an den Immaterialgütern unmittelbar vom Arbeitnehmer erwerben.

Von dieser Rechtslage geht denn auch die Konzernwirklichkeit aus: Ein einziges Konzernunternehmen hält – wie oben dargelegt – oft für den ganzen Konzern die Rechte an Immaterialgütern und vergibt Lizenzen an Konzernunternehmen. Sind in anderen Konzernunternehmen Immaterialgüter geschaffen worden, werden diese vom entsprechenden Konzernunternehmen ans "Zentrum" übertragen (und bei Bedarf rücklizenziert)[102].

---

102 Siehe dazu S. 309 ff.

V. Nationale oder internationale Erschöpfung – Zur Frage der Zulässigkeit von Parallelimporten im Konzern

1. Parallelimporte nach schweizerischem Recht

1.1. Einleitung

Unter dem Stichwort der Parallelimporte (gleichbedeutend wird der Begriff der Graumarktimporte verwendet) wird gemeinhin die Frage diskutiert, ob ein Unternehmen, welches Inhaber von schweizerischen Immaterialgüterrechten ist, gestützt auf diese Rechte verhindern kann, dass Originalprodukte, welche von ihm selbst oder mit seiner Zustimmung von Dritten – also rechtmässig – im Ausland in Verkehr gesetzt worden sind, in die Schweiz importiert und dort (zu meist billigeren als den Inlandpreisen) angeboten werden können[103]. Da es sich bei diesen Dritten häufig um Unternehmen des gleichen Konzerns handelt, liegt die konzernrechtliche Bedeutung der Problematik auf der Hand.

Der Parallelimporteur ist kein Pirat; er bringt beispielsweise eine Marke nicht widerrechtlich an, sondern verkauft vielmehr Originalerzeugnisse, welche eben im Ausland mit Billigung des schweizerischen Markeninhabers in Verkehr gebracht worden sind[104].

Für den Importeur erweisen sich Parallelimporte als vorteilhaft, wenn Märkte mit unterschiedlichen Preisen bestehen. Sie lohnen sich, so die Faustregel, wenn der Preisunterschied zwischen schweizerischem und ausländischem Markt mindestens 10% beträgt.

Parallelimporte führen in der Schweiz zu vermehrtem Wettbewerb, somit zu erhöhtem Konkurrenz- und dadurch auch zu Preisdruck. Für den Konsumenten ist dies günstig – jedenfalls solange, als nicht zwischen der in- und ausländischen Ware wesentliche Abweichungen bezüglich Qualität oder anderer Eigenschaften bestehen, über welche er getäuscht werden könnte.

1.2. Parallelimporte im Markenrecht

In den Blickpunkt getreten sind die Parallelimporte in jüngster Zeit vor allem im Zusammenhang mit dem neuen MSchG, zu welchem ab Inkrafttreten des Gesetzes bis zum klärenden Bundesgerichtsentscheid in Sachen "Chanel"[105] mehrere unter-

---

103 VON BÜREN, Übergang, S. 178 ff.; COTTIER, Parallelimporte, S. 37 f.; HILTY, Leistungsschutzrechte, S. 108 ff.; KUNZ, Parallelimporte, S. 217; ROSENKRANZ, Parallelimporte, S. 120.
104 ZR 1994, Nr. 78, S. 218.
105 BGE 122 III 469 ff.; auch wiedergegeben in sic! 1997, S. 80 ff. (mit einer Urteilsanmerkung von

schiedlich beurteilte Fälle aus der kantonalen Praxis mindestens teilweise veröffentlicht worden sind[106].

a) Die Unsicherheit vor dem "Chanel"-Entscheid

Die anfängliche Unsicherheit in Lehre und kantonaler Praxis war auf zweierlei Gesichtspunkte zurückzuführen: Zum einen weichen die Bestimmungen des neuen MSchG, welche die Abwehrrechte des Markeninhabers zum Inhalt haben[107], in ihrem Wortlaut von der altrechtlichen Regelung[108] ab, sodass es fraglich war, wie weit die Praxis des Bundesgerichts zum alten MSchG[109] auf das neue Recht übertragen werden konnte. Andererseits enthielt die Botschaft zum neuen MSchG[110] gerade in der Frage der Rechte des Markeninhabers einige gewichtige Widersprüche, welche zusätzliche Verwirrung stifteten[111].

Bevor jedoch auf die verschiedenen vertretenen Auffassungen eingegangen werden kann, sind kurz zwei im Zusammenhang mit den Parallelimporten zentrale Grundsätze näher zu erläutern: Das im Immaterialgüterrecht allgemein geltende Territorialitätsprinzip und der Grundsatz der Erschöpfung.

- Nach dem *Territorialitätsgrundsatz* gelten die schweizerischen immaterialgüterrechtlichen Erlasse für alle sich in der Schweiz ereignenden Sachverhalte, während ausländische Gegebenheiten für die Rechte in unserem Land ohne Einfluss bleiben[112].
- Das *Institut der Erschöpfung*[113] betrifft vorab das Verbreitungsrecht des Markeninhabers: Hat dieser der Veräusserung von mit seiner Marke versehenen Produkten zugestimmt, kann er sich nicht mehr wehren, wenn diese – aber auch nur diese konkreten – Produkte weiterverkauft werden. Sein Recht ist insoweit eben erschöpft[114].

Bei Annahme einer *internationalen* Erschöpfung gilt dies weltweit: Wenn irgendwo auf der Welt ein Produkt mit Billigung des schweizerischen Markenin-

---

IVAN CHERPILLOD). Vgl. dazu sogleich S. 404 ff.
106 Es sind dies der Entscheid des Appellationshofs des Kantons Bern vom 6.10.1993 (sog. "Berner-Entscheid", wiedergegeben in SMI 1995, S. 133 ff.), der Entscheid des Präsidenten des Handelsgerichts des Kantons St. Gallen vom 29.6.1994 (sog. "St. Galler-Entscheid", wiedergegeben in SMI 1995, S. 126 ff.; eine Urteilsbesprechung findet sich bei REINERT, Verhinderung, S. 1324 ff.) sowie zwei gleichlautende Entscheide des Einzelrichters am Handelsgericht Zürich vom 11.7.1994 (sog. "Zürcher-Entscheide", wiedergegeben in ZR 1994, S. 205 ff., und SMI 1995, S. 107 ff.).
107 Insbes. MSchG 13 II i.V.m. 3 I.
108 aMSchG 24.
109 Sog. "OMO-Praxis" (BGE 105 II 52 ff.) und "Philips-Praxis" (BGE 86 II 275 ff.).
110 Botschaft zu einem Bundesgesetz über den Schutz von Marken und Herkunftsangaben (Markenschutzgesetz, MSchG) vom 21. November 1990, BBl 1991 I 1 ff. (zit. Botschaft MSchG).
111 Vgl. dazu sogleich S. 403 f.
112 BGE 105 II 52; KUNZ, Parallelimporte, S. 221, Fn. 75; ALOIS TROLLER, IGR, Bd. 1, S. 136 ff.
113 Bedeutungsgleich finden sich auch die Ausdrücke "Konsumtion" bzw. "Verbrauch".
114 VON BÜREN, Übergang, S. 178 ff.; ALOIS TROLLER, IGR, Bd. 2, S. 763 ff.

habers – also rechtmässig – in Verkehr gesetzt wird, kann sich dieser nicht mehr gestützt auf schweizerisches Markenrecht einer Weiterverbreitung widersetzen, namentlich auch nicht einem Import in die Schweiz und dem anschliessenden Weiterverkauf.

Bei einer *nationalen Erschöpfung* sieht dies anders aus: Gelangt ein Erzeugnis auf den ausländischen Markt, wird aufgrund des genannten Territorialitätsgrundsatzes das Verbreitungsrecht des Markeninhabers für die Schweiz nicht berührt, selbst wenn dieser die Inverkehrsetzung der betreffenden Produkte im Ausland gutgeheissen hat. Hat er also diese Zustimmung für das Ausland, nicht aber für die Schweiz erteilt, kann er weiterhin sämtliche mit seiner Marke versehenen Erzeugnisse vom schweizerischen Markt fernhalten.

Im Rahmen der "OMO-Praxis" des Bundesgerichts zum alten MSchG, welche jenes in erster Linie anhand der Fälle "Philips"[115] und eben "OMO"[116] entwickelt hatte, wurde nie klar für eine der beiden Arten der Erschöpfung Stellung bezogen[117]: Das Bundesgericht stellte bei Parallelimporten vielmehr darauf ab, *ob das Publikum über die Qualität der Ware getäuscht werden könnte*[118].

Weil nun MSchG 3 I a, welcher in Verbindung mit MSchG 13 II die Ansprüche des Markeninhabers bei identischen Zeichen für gleiche Waren und Dienstleistungen bestimmt, gerade auf das Erfordernis der Verwechslungsgefahr verzichtet, kamen einige Autoren[119] und mit ihnen der Berner Appellationshof zum Schluss, dass sich unter dem neuem Recht aus dem Territorialitätsprinzip eine rein nationale Erschöpfung ergebe, dass sich also ein schweizerischer Markeninhaber neuerdings auch beim Fehlen einer Täuschungsgefahr gegen Parallelimporte zur Wehr setzen könne.

Die Vertreter dieser Auffassung sahen sich durch die folgenden Stellen in der Botschaft zum neuen MSchG in ihrer Meinung bestärkt:

"Sind einerseits die Marken und anderseits die Waren oder Dienstleistungen identisch, so braucht demnach der Inhaber der älteren Marke – anders als nach geltendem Recht (Art. 24

---

115 BGE 86 II 275 ff.
116 BGE 105 II 52 ff.
117 COTTIER, Parallelimporte, S. 40 f.
118 Bei den Philips-Fernsehgeräten bestand diese Täuschungsgefahr nicht, da die parallelimportierte wie auch die über das nationale Vertriebsnetz von Philips in der Schweiz offiziell vertriebene Ware aus Unternehmen desselben Konzerns stammten und die Marke bei den einheimischen Abnehmern nicht als Hinweis auf das konkrete Unternehmen des Markeninhabers, sondern bloss als ein solcher auf irgendein zum Konzern gehörendes Unternehmen galt.
Demgegenüber wurde beim OMO-Waschmittel eine Täuschungsgefahr bejaht: Auch hier ging es an sich stets um Waren aus Unternehmen des gleichen Konzerns, doch enthielt die Ware des einen Konzernunternehmens beachtliche Unterschiede, sodass befürchtet wurde, dass mit der gleichen Marke versehene Produkte, die von anderen Konzernunternehmen stammten, vom Publikum irrtümlich dem das abweichende Erzeugnis herstellenden Konzernunternehmen zugeschrieben würden, also zu einer Täuschung der Konsumenten führen könnten.
119 MSchG-LUCAS DAVID, N. 17 zu MSchG 13; KUNZ, Parallelimporte, S. 222 ff.; TSCHÄNI, Entgegnungen, S. 178 ff.

MSchG) – nicht darzutun, dass das Publikum über die Herkunft der betreffenden Waren oder Dienstleistungen getäuscht wird. Er kann sich in einem solchen Fall ohne Nachweis einer Täuschungsgefahr gegen Handlungen zur Wehr setzen, die sein Markenrecht verletzen"[120].

Ferner:

"Dieser Abwehranspruch wird nach neuem Recht freilich ein absoluter und daher nicht mehr von der Existenz einer Täuschungsgefahr bezüglich der betrieblichen Herkunft der Waren abhängig sein (jedenfalls insoweit, als Marken und Waren identisch sind: vgl. Art. 13 in Verbindung mit Art. 3 Abs. 1 Bst. a E/MSchG)"[121].

Andererseits enthält die Botschaft MSchG Passagen, welche ebenso deutlich auf die gegenteilige Lösung schliessen lassen, indem sich die Botschaft den Gegnern einer gesetzlichen Fixierung des Erschöpfungsgrundsatzes anschliesst, welche sich "für eine Fortführung der bisherigen Bundesgerichtspraxis" aussprechen[122]:

"Diese anerkennt zwar die internationale Erschöpfung nicht, lässt aber gleichwohl Parallelimporte im Einzelfall zu, insbesondere dort, wo staatsvertragliche Regelungen zu beachten sind, sofern das schweizerische Publikum dadurch nicht getäuscht wird.

Die in der Vernehmlassung gegen die Verankerung des Erschöpfungsprinzips im neuen Markenschutzgesetz erhobenen Einwände erscheinen begründet, und auf eine entsprechende Bestimmung kann verzichtet werden. Dies erscheint um so eher gerechtfertigt, als auch im Entwurf zu einer Änderung des Bundesgesetzes betreffend die Erfindungspatente die ursprünglich vorgesehene Bestimmung über die internationale (regionale) Erschöpfung fallengelassen wurde."

Dies bestätigte wiederum die Auffassung derjenigen Autoren[123] wie auch des Handelsgerichtspräsidenten von St. Gallen, welche sich mit der alten Bundesgerichtspraxis gegen ein absolutes Verbot von Parallelimporten aussprachen[124].

b) Der "Chanel"-Enscheid des Bundesgerichts

Mit seinem Entscheid vom 23.10.1996 hat das Bundesgericht im wesentlichen die Fortführung der "OMO-Praxis" auch unter dem neuen MSchG bestätigt. Ausgangspunkt seiner Erwägungen ist die Feststellung, dass MSchG 13 II i.V.m. MSchG 3 I a nicht auf Anhieb entnommen werden könne, ob diese Bestimmungen auf Parallelimporte Anwendung finden sollen, weshalb eine Auslegung der betreffenden Vorschriften stattzufinden habe:

---

120 Botschaft MSchG, S. 21.
121 Botschaft MSchG, S. 60.
122 Botschaft MSchG, S. 15.
123 BIERI-GUT, Parallelimport, S. 559 ff.; COTTIER, Parallelimporte, S. 37 ff.; ZÄCH, Parallelimporte, S. 301 ff.
124 Da die aus diesem Lager vorgebrachten Argumente weitgehend mit den Erwägungen des sogleich zu erläuternden Entscheids des Bundesgerichts übereinstimmen, wird auf eine Wiedergabe an dieser Stelle verzichtet.

– Angesichts der oben geschilderten Widersprüche in der Botschaft MSchG lässt sich gemäss Bundesgericht aus dem Umstand, dass in MSchG 3 I a eine Verwechslungsgefahr nicht ausdrücklich erwähnt ist, nicht auf einen klaren *Willen des Gesetzgebers* schliessen, Parallelimporte generell zu verbieten. Hätte der Gesetzgeber, dem das Problem der Parallelimporte durchaus bekannt war, in diesem Sinne legiferieren wollen, so hätte er vielmehr mit Sicherheit eine entsprechende Bestimmung ins Gesetz aufgenommen[125].
– Bereits eine genauere Prüfung des *Wortlauts* von MSchG 3 I a lasse jedoch daran zweifeln, dass dieser Norm ein absolutes Verbot von Parallelimporten entnommen werden könne, sei doch der typische Fall, auf welchen sich die Bestimmung beziehe, jener eines Inhabers einer älteren Marke einerseits und eines eine jüngere Marke anbringenden Dritten andererseits. Im Falle der Parallelimporte sei es aber gerade der Inhaber der Marke selbst – bzw. ein Dritter, der mit Erlaubnis des Markeninhabers handelt – welcher diese an den importierten Waren angebracht habe, sodass nicht von einer älteren und einer jüngeren Marke gesprochen werden könne[126].

Das von den Befürwortern eines Verbots von Parallelimporten in diesem Zusammenhang vorgebrachte Argument, wonach die im Ausland angebrachte Marke nicht gleich der in der Schweiz geschützten Marke sei, beruht laut Bundesgericht auf einem zu absoluten Verständnis des Territorialitätsprinzips. Dieses erlaube nämlich durchaus, dass das schweizerische Recht auch von Vorgängen, welche sich im Ausland abspielen, Kenntnis nehme. So dürfe in gewissen Fällen auch eine internationale Erschöpfung des Markenrechts anerkannt werden, namentlich wenn ein mit dem schweizerischen Markeninhaber im gleichen Konzern verbundenes Unternehmen im Ausland ein Produkt in Verkehr setze, welches dem hier verkauften Produkt in jeder Hinsicht entspreche[127].

– Auch eine *teleologische Auslegung* des MSchG rechtfertigt nach Ansicht des Bundesgerichts ein absolutes Verbot der Parallelimporte keineswegs. Das Gesetz schütze lediglich die Unterscheidungs- und die Herkunftsfunktion der Marke, andere Funktionen wie die Garantie konstanter Qualität würden nicht geschützt; gerade bei Produkten, welche vom Publikum einem Konzern zugerechnet würden,

---

125 BGE 122 III 477.
126 Dies war auch die Argumentation des Einzelrichters am Handelsgericht Zürich, welcher hier eine Lücke ortete und diese mit BIERI-GUT, Rechtsprobleme, S. 265, im Sinne der bundesgerichtlichen Rechtsprechung zum alten Recht – also der "OMO-Praxis" – füllte.
127 BGE 122 III 478 f. Anders als noch im "OMO"-Entscheid nennt das Bundesgericht hier nun die internationale Erschöpfung beim Namen. Zur Frage der Erschöpfung führt das Bundesgericht im übrigen aus, dass ein Markeninhaber selbst bei einer nationalen Erschöpfung nicht in jedem Fall mit den Mitteln des Markenrechts gegen Parallelimporte vorgehen könne, namentlich um ein selektives Vertriebssystem zu verteidigen.

erfülle eine Marke die geschützten Funktionen jedoch auch dann, wenn die Produkte mittels Parallelimporte in die Schweiz gelangt seien[128].
- Schliesslich führen gemäss Bundesgericht auch *systematische Überlegungen* zum gleichen Resultat. Einerseits verstosse ein absolutes Verbot der Parallelimporte gegen die durch die Bundesverfassung gewährte Handels- und Gewerbefreiheit, da diese auch die Freiheit des Exports und Imports von Gütern enthalte; ein verfassungskonformes Auslegungsergebnis sei dieser Lösung vorzuziehen. Andererseits seien auch gemäss TRIPS 16 1[129] Parallelimporte dann zulässig, wenn der Parallelimporteur das Fehlen einer Verwechslungsgefahr nachweisen könne[130].

Dies führt das Bundesgericht zum Ergebnis, dass das Markenrecht dem Markeninhaber keine Mittel bietet, um sich gegen den parallelen Import von Produkten, welche im Ausland rechtmässig in Verkehr gesetzt wurden und den in der Schweiz vertriebenen Produkten durchwegs entsprechen, zur Wehr zu setzen.

Obwohl das Bundesgericht ausdrücklich nicht darauf eingeht, wie zu entscheiden wäre, wenn die parallel importierten Produkte den in der Schweiz verkauften nicht genau entsprächen[131], darf davon ausgegangen werden, dass das Bundesgericht seine "OMO-Praxis" umfassend weiterzuführen gedenkt, dass also die Zulässigkeit von Parallelimporten von der Frage abhängt, ob für das Publikum eine Täuschungsgefahr besteht oder nicht.

1.3. Parallelimporte im Urheberrecht

Als erstes schweizerisches Gesetz regelt das neue URG ausdrücklich den Erschöpfungsgrundsatz. Sein Art. 12 I lautet:

"Hat ein Urheber ... ein Werkexemplar veräussert oder der Veräusserung zugestimmt, so darf dieses weiterveräussert oder sonstwie verbreitet werden."

Diese Formulierung allein beantwortet die Erschöpfungsfrage nicht. Ganz anders war dies noch im Bundesratsentwurf für ein neues URG von 1989. Hier stand in Art. 12 I:

"Werkexemplare, die vom Urheber oder mit seiner Zustimmung *im In- oder Ausland* veräussert worden sind, dürfen weiterveräussert oder sonstwie verbreitet werden."

Der Bundesrat sprach sich in diesem Entwurf also noch ausdrücklich für die internationale Erschöpfung aus. Die Umgestaltung der Vorlage von 1989 zur geltenden

---

128 BGE 122 III 479.
129 Vgl. dazu S. 409 f.
130 BGE 122 III 480.
131 "Y a-t-il une lacune de la LPM à combler par référence à la jurisprudence rendue sous l'ancien droit, qui prenait en compte le risque de tromperie? Il n'est pas nécessaire de trancher cette question en l'espèce." BGE 122 III 481).

Fassung erfolgte im Nationalrat auf Antrag der vorberatenden Kommission[132]. Mittels Streichung der Formulierung "im In- und Ausland" sollte die Angleichung an den Acquis communautaire der EU, welcher eine regionale Erschöpfung vorsieht, erreicht werden[133]. Für den Fall der Ablehnung des EWR wollte die Kommission des Nationalrates den Entscheid über die Frage der Erschöpfung den Gerichten überlassen.

Im Bereich des Urheberrechts steht ein solches Urteil noch aus. Es ist jedoch zu hoffen, dass das Bundesgericht – analog zum "Chanel"-Entscheid im Markenrecht[134] – die Abwehr von Parallelimporten nur dann zulässt, wenn eine Täuschungsgefahr besteht[135].

1.4. Parallelimporte im Patentrecht

Gemäss dem Patentgesetz, welches seit 1954 keiner Totalrevision mehr unterzogen worden ist, gilt weiterhin die nationale Erschöpfung[136]. Insbesondere ist, obwohl ursprünglich vorgesehen, die internationale Erschöpfung auch nicht in den Entwurf zur Änderung des Patentgesetzes von 1989 aufgenommen worden[137].

Für das Patentrecht fehlt eine mit der markenrechtlichen "OMO-" bzw. neuerdings der "Chanel-Praxis" vergleichbare Rechtsprechung. Auch hier ist aber zu hoffen, dass das Bundesgericht Parallelimporte nur dann verhindert, wenn eine Täuschungsgefahr besteht[138].

1.5. Parallelimporte im Muster- und Modellrecht

Auch im Rahmen des noch immer geltenden MMG von 1899 gilt die nationale Erschöpfung. Die Lehre entnimmt dies namentlich der Bestimmung von MMG 24 2, wonach zivil- und strafrechtlich zur Verantwortung gezogen werden kann, wer einen widerrechtlich nachgemachten oder nachgeahmten Gegenstand ins Inland einführt:

---

132 AmtlBull NR 1992 I 15 (Votum Meier); Prot. Komm. NR, Sitzung vom 26./27.6.1991, S. 31 f.; Prot. Komm. StR, Sitzung vom 4.5.1992, S. 3; vgl. ferner BARRELET/EGLOFF, Urheberrecht, N. 17 zu URG 10, N. 2 zu URG 12; VON BÜREN, Übergang, S. 179 (insbes. Fn. 11); HILTY, Leistungsschutzrechte, S. 108 ff.
133 Siehe sogleich S. 408 f.
134 Siehe dazu S. 404 ff.
135 Anders noch BARRELET/EGLOFF, Urheberrecht, N. 17 zu URG 10, N. 2 zu URG 12; VON BÜREN, Urheberrecht, S. 209; DERS., Übergang, S. 179; ebenso wohl HILTY, Leistungsschutzrechte, S. 108 ff.
136 VON BÜREN, Übergang, S. 179; GASSER, Momentaufnahme, S. 33; PEDRAZZINI, Kritisches, S. 181, mit Kritik an einem anders lautenden Luzerner Urteil (siehe LGVE 1987 I Nr. 25, S. 66 ff.); ALOIS TROLLER, IGR, Bd. 2, S. 767; Oberger TI in SMI 1988, S. 202 ff.
137 Vgl. BBl 1989 III 232; VON BÜREN, Übergang, S. 179, Fn. 12; vgl. auch den oben erwähnten Hinweis in der Botschaft MSchG, S. 15.
138 Anders noch BGE 97 II 169, 172; VON BÜREN, Übergang, S. 179 f.; GASSER, Momentaufnahme, S. 33.

Diese Norm greife auch dann, wenn im Ausland an sich rechtmässig erstellte Erzeugnisse in die Schweiz eingeführt werden – offenbar auch wenn keine Täuschungsgefahr vorhanden ist[139].

2. Parallelimporte im internationalen Recht

2.1. Die Rechtslage in der Europäischen Union

Das europäische Binnenmarktrecht[140] verbietet gemäss EGV 30 grundsätzlich mengenmässige Einfuhrbeschränkungen sowie alle Massnahmen gleicher Wirkung zwischen den Mitgliedstaaten der Europäischen Union. Ausnahmen von dieser Regel finden sich in EGV 36. Betreffend die Immaterialgüterrechte erlaubt diese Bestimmung unter anderem Einfuhrbeschränkungen, welche zum Schutze des gewerblichen Eigentums gerechtfertigt sind, soweit diese Beschränkungen weder ein Mittel zur willkürlichen Diskriminierung noch eine verschleierte Beschränkung des Handels zwischen den Mitgliedstaaten der EU darstellen.

Der EuGH hat diese Vorschriften in einer Weise ausgelegt, welche im Ergebnis der "Chanel-Praxis" des Bundesgerichts entspricht: Nach Anschauung des Gerichtshofes sind Parallelimporte *zwischen Mitgliedstaaten* nur vereitelbar, wenn sie zu einer Täuschung des Konsumenten über Herkunft und Qualität führen können[141].

Gegenüber Drittstaaten wird dagegen von einer *regionalen Erschöpfung* ausgegangen. Werden Erzeugnisse ausserhalb der Europäischen Union auf den Markt gebracht, so bleibt das Verbreitungsrecht des Rechtsinhabers für das Gebiet der EU erhalten. Parallelimporte aus Drittstaaten können verhindert werden, auch wenn keine Täuschungsgefahr besteht[142] – eine protektionistische Regel zum Schutz der "Festung Europa"[143].

---

139 Vgl. ALOIS TROLLER, IGR, Bd. 2, S. 676, 767; vgl. VON BÜREN, Übergang, S. 179.
140 Eingeschlossen sind für die vorliegenden Fragen die Staaten des Europäischen Wirtschaftsraumes, die nicht Mitglieder der Europäischen Union sind.
141 COTTIER, Parallelimporte, S. 45 f.
142 Dies gilt namentlich für das Markenrecht (Art. 7 I der Ersten Richtlinie 89/104/EWG des Rates vom 21.12.1988 zur Angleichung der Rechtsvorschriften der Mitgliedstaaten über die Marken; Art. 13 I der Verordnung Nr. 40/94 des Rates vom 20.12.1993 über die Gemeinschaftsmarke) sowie für das urheberrechtliche Vermiet- und Verleihrecht (Art. 9 II Richtlinie 92/100/EWG des Rates vom 19.11.1992 zum Vermietrecht und Verleihrecht sowie zu bestimmten dem Urheberrecht verwandten Schutzrechten im Bereich des geistigen Eigentums; siehe auch Kommission der Europäischen Gemeinschaften in GRUR Int. 1995, 205). Vgl. BARRELET/EGLOFF, Urheberrecht, N. 17 zu URG 10; COTTIER, Parallelimporte, S. 46 ff. (der darauf hinweist, dass der vom Rat gestützte Grundsatz der regionalen Erschöpfung noch nicht gerichtlicher Überprüfung hat standhalten müssen); MSchG-LUCAS DAVID, N. 18 zu MSchG 13. Siehe zur internationalen Rechtsentwicklung in diesem Bereich auch BIERI-GUT, Parallelimport, S. 563 ff.; ferner LOEWENHEIM, Erschöpfung, S. 307 ff.; COHEN JEHORAM, Exhaustion, S. 280 ff.
143 Vgl. COTTIER, Parallelimporte, S. 47.

2.2. Das Freihandelsabkommen zwischen der Schweiz und der Europäischen Union

Die Bestimmungen von FHA 13 und 20[144] entsprechen inhaltlich jenen von EGV 30 und 36: Im Warenverkehr zwischen der Schweiz und der Europäischen Union sind Einfuhrbeschränkungen oder Massnahmen gleicher Wirkung grundsätzlich verboten, unter gewissen Voraussetzungen – namentlich zum Schutz des gewerblichen Eigentums – bestehen jedoch Ausnahmen von dieser Regel.

Allerdings ist das Freihandelsabkommen gegenwärtig für den Rechtsanwender ohne Bedeutung, da das Bundesgericht bisher eine direkte Anwendbarkeit des Freihandelsabkommens verneint hat[145].

2.3. Das TRIPS-Abkommen

Unter Vorbehalt einer nachstehend zu erörternden Ausnahme regelt das TRIPS-Abkommen[146] gerade nicht, ob nun die nationale, regionale oder internationale Erschöpfung gelten soll. Aus TRIPS 6 folgt, dass zwar jedes Mitglied "sein" Erschöpfungsprinzip beibehalten kann, sei es nun national, regional oder international, dass aber andererseits die Grundsätze der Inländerbehandlung sowie der Meistbegünstigung einzuhalten sind[147]. Dies bedeutet, dass die Mitgliedstaaten denjenigen Erschöpfungsgrundsatz, für welchen sie sich entschieden haben, auf Rechtsinhaber bzw. Erzeugnisse aus allen Ländern des Abkommens nach Massgabe des Inländerbehandlungs- und Meistbegünstigungsprinzips anwenden müssen[148].

Daraus folgt etwa für die Schweiz, dass Liberalisierungsschritte im Verhältnis zur Europäischen Union nicht Drittstaaten, die Mitglieder des TRIPS-Abkommens sind, zum Nachteil gereichen dürfen. Würden z.B. Parallelimporte aus der EU in unser Land unter Vorbehalt einer Täuschungsgefahr zugelassen, müsste folglich für Einfuhren aus allen Mitgliedstaaten des TRIPS-Abkommens dasselbe gelten.

Mit Art. 16 enthält das TRIPS-Abkommen immerhin eine Bestimmung, welche für das Markenrecht nicht unwesentliche Auswirkungen auf die Erschöpfungsfrage zeitigt. Ziff. 1 dieser Norm lautet:

---

144 Abkommen zwischen der Schweizerischen Eidgenossenschaft und der Europäischen Wirtschaftsunion vom 22.7.1972 (SR 0.632.401).
145 BGE 105 II 60 ("OMO"); COTTIER, Parallelimporte, S. 48 f.; MSchG-DAVID, N. 19 zu MSchG 13 m.w.H.
146 Wiedergegeben in BBl 1994 IV 777 ff.
147 Botschaft zur Genehmigung der GATT/WTO-Übereinkommen (Uruguay-Runde) (GATT-Botschaft 1), BBl 1994 IV 292.
148 KATZENBERGER, TRIPS, S. 463; siehe zum Ganzen COTTIER, Parallelimporte, S. 53 ff.

"Der Inhaber einer eingetragenen Marke hat das ausschliessliche Recht, allen Dritten zu untersagen, ohne seine Zustimmung im geschäftlichen Verkehr identische oder ähnliche Zeichen für Waren oder Dienstleistungen zu benutzen, die identisch mit denen oder ähnlich denen sind, für welche die Marke eingetragen ist, wenn diese Benutzung eine Verwechslungsgefahr zur Folge hätte. Bei Benutzung eines identischen Zeichens für identische Waren oder Dienstleistungen wird die Verwechslungsgefahr vermutet. Diese Rechte berühren weder bestehende ältere Rechte noch die Möglichkeit der Mitglieder, Rechte aufgrund der Benutzung vorzusehen."

Aus dem grundsätzlichen Erfordernis der Verwechslungsgefahr folgt, dass selbst in Staaten, welche sich für eine nationale Erschöpfung entschieden haben, sich ein Markeninhaber dann nicht gegen Parallelimporte wehren kann, wenn eine Verwechslungsgefahr auszuschliessen ist, was im konkreten Fall zum gleichen Ergebnis führt wie die Annahme der internationalen Erschöpfung. Diese Regelung entspricht der bisherigen und nun auch unter dem neuen MSchG weitergeführten Rechtsprechung des Bundesgerichts[149]. Von der bundesgerichtlichen Praxis weicht einzig die zusätzlich eingeführte Vermutung der Verwechslungsgefahr bei der Benutzung identischer Zeichen für identische Waren oder Dienstleistungen (Satz 2) ab.

---

149 Siehe dazu S. 401 ff.

Siebtes Kapitel

Der Konzern im schweizerischen internationalen Privatrecht

I. Die juristische Selbständigkeit der Konzernunternehmen als Ausgangspunkt

Konzerne bestehen häufig aus Unternehmen, deren Sitze in verschiedenen Staaten liegen. Die Multinationalität gilt landläufig geradezu als eine klassische Eigenschaft des Konzerns. Somit ist jeweils abzuklären, welche Rechtsordnung auf die internen Verhältnisse eines Konzernunternehmens wie auch auf dessen Beziehungen zu anderen Konzernunternehmen oder Dritten anzuwenden ist.

Wie im sonstigen Konzernrecht ist auch im schweizerischen internationalen Konzernprivatrecht von der *juristischen Selbständigkeit der einzelnen Konzernglieder* auszugehen, womit das auf ein Unternehmen anwendbare Recht für jedes Konzernunternehmen einzeln festzulegen ist[1]: Die Rechtsfragen lassen sich bei gesellschaftsrechtlichen Sachverhalten durch Zuordnung zum Gesellschaftsstatut des einen oder anderen Konzernunternehmens lösen, namentlich durch die besondere Zuordnung von Abhängigkeitstatbeständen unter das auf das abhängige Unternehmen anwendbare Recht[2]. Und da auch deliktische und vertragliche Sachverhalte aus der Sicht des einzelnen Konzernunternehmens und nicht aus jener des gesamten Konzerns zu betrachten sind – betreffe es nun das Konzerninnen- oder Aussenverhältnis – lässt sich letztlich kein Bedürfnis nach einer gesetzlichen Verankerung konzernspezifischer Kollisionsnormen erkennen. Solche fehlen im schweizerischen IPRG[3] denn auch. In dessen Geltungsbereich bestimmt sich das anwendbare Recht bei internationalen Konzernsachverhalten folglich vorab nach den gesellschaftsrechtlichen Anknüpfungsregeln von IPRG 150 ff. sowie den allgemeinen Bestimmungen von IPRG 13 ff.[4]; zu berücksichtigen sind weiter die Normen zum Vertragsrecht von IPRG 116 ff. und jene zum Deliktsrecht von IPRG 132 ff.

Auf einzelne konzernspezifische Sachverhalte und die auf sie anwendbaren Anknüpfungsregeln ist im folgenden einzugehen.

---

1 Vgl. zur Anknüpfung von Konzernen im internationalen Privatrecht eingehend ROHR, IPR, S. 67 ff. m.w.H.
2 Vgl. sogleich S. 412.
3 BG über das Internationale Privatrecht (IPRG) vom 18. Dezember 1987, SR 291.
4 BSK IPRG-VON PLANTA, N. 6 zu Vorbemerkungen zu IPRG 150-165; zum Einfluss der Normen von IPRG 13 ff. auf das internationale Gesellschaftsrecht EBENROTH/MESSER, IPRG, S. 74 ff.

II. Das anwendbare Recht bei internationalen Konzernsachverhalten

1. Gesellschaftsrechtliche Fragen

1.1. Das Gesellschaftsstatut

Ein Konzern besteht wesensgemäss aus juristisch selbständigen Unternehmen, denen Rechtspersönlichkeit zukommt oder die doch, im Falle von Kollektiv- und Kommanditgesellschaft, als Träger von Rechten und Pflichten auftreten können. So oder so handelt es sich bei einem Konzernunternehmen um eine Gesellschaft gemäss der Definition und nach der Terminologie von IPRG 150 I[5]. Laut dieser Norm gelten als Gesellschaften im Sinne des IPRG organisierte Personenzusammenschlüsse und organisierte Vermögenseinheiten[6].

Das auf ein Unternehmen anwendbare Recht, das Gesellschafts- bzw. Personalstatut, ist also für jedes Konzerunternehmen einzeln festzustellen.

Die Grundsatznorm zum Gesellschaftsstatut findet sich in IPRG 154 I. Danach unterstehen Gesellschaften dem *Recht des Staates, nach dessen Vorschriften sie organisiert sind*, wenn sie die darin vorgeschriebenen Publizitäts- oder Registrierungsvorschriften erfüllen. Fehlen solche Vorschriften, so gilt das *Recht des Staates, nach dem sie sich organisiert haben*. Erfüllt eine Gesellschaft diese Voraussetzungen nicht, so fällt sie gemäss IPRG 154 II unter das *Recht des Staates, in dem sie tatsächlich verwaltet wird*.

Mit IPRG 154 I geht der schweizerische Gesetzgeber aus Gründen der Rechtssicherheit grundsätzlich von der sog. *Inkorporations- bzw. Gründungstheorie* aus[7].

Die sog. *Sitztheorie*[8] dagegen, die gemäss IPRG 154 II ohnehin nur subsidiär gilt, ist bei Konzernsachverhalten nahezu bedeutungslos, greift sie praktisch doch vorab bei einfachen Gesellschaften und exotischen Rechtsordnungen – in Fällen also, bei denen die Voraussetzungen von IPRG 154 I nicht erfüllt sind.

---

5   Ausser im Fall eines Einzelunternehmers als herrschendes Unternehmen, siehe S. 245 ff.
6   Vgl. zum Ganzen Botschaft IPRG (BBl 1983 I 263 ff.), S. 438 f.; EBENROTH/MESSER, IPRG, S. 66 ff.; LDIP-DUTOIT, N. 1 ff. zu IPRG 150; BSK IPRG-VON PLANTA, N. 1 ff. zu IPRG 150; RINDLISBACHER, Anerkennung, S. 66 ff.; IPRG-VISCHER, N. 1 ff. zu IPRG 150.
7   Gemäss Botschaft IPRG, S. 441, wird "nach der Inkorporationstheorie ... eine Gesellschaft grundsätzlich demjenigen Recht unterstellt, nach dem sie sich gebildet und notwendigenfalls in ein Register eingetragen hat." Zum Ganzen Botschaft IPRG, S. 441 f.; BGE 117 II 496 ff.; EBENROTH/MESSER, IPRG, S. 52 ff.; LDIP-DUTOIT, N. 1 ff. zu IPRG 154; BSK IPRG-VON PLANTA, N. 1 ff. zu IPRG 154; REYMOND, Groupes de sociétés, S. 56 f.; RINDLISBACHER, Anerkennung, S. 75 f., 83 ff.; SCHNYDER, IPR-Gesetz, S. 133; IPRG-VISCHER, N. 1 ff. zu IPRG 154; vgl. auch ROHR, Konzern, S. 91 ff.; VISCHER/VON PLANTA, IPR, S. 60 ff.
8   "Nach der Sitztheorie dagegen soll eine Gesellschaft jeweils dem Recht des Staates unterstehen, in dem sie ihre wesentliche Aktivität entfaltet" (Botschaft IPRG, S. 441)."

Das aufgrund von IPRG 154 geltende Gesellschaftsstatut sollte in den Augen des Gesetzgebers einen möglichst weiten Umfang erhalten, um die gleichzeitige Anwendung mehrerer materiell oft kollidierender Rechtsordnungen möglichst zu vermeiden[9]: Soweit die Rechtsfrage gesellschaftsrechtlicher Natur ist, gilt – wie sich gleich zeigen wird – unter Vorbehalt der Ausnahmen von IPRG 156 ff.[10] das aufgrund von IPRG 154 anwendbare Recht für sämtliche das Unternehmen betreffenden Sachverhalte, gleichgültig, ob diese das Unternehmensinnen- oder -aussenverhältnis betreffen[11].

1.2. Unternehmensinterne Sachverhalte

Die Rechtsbeziehungen einer Gesellschaft im Sinne von IPRG 150 I und damit auch jene eines Konzernunternehmens fallen – wie erwähnt – grundsätzlich unter das gestützt auf IPRG 154 ermittelte Gesellschaftsstatut. IPRG 155 legt nun fest, welche Einzelfragen vom Gesellschaftsstatut bestimmt werden. Die (nicht abschliessende) Aufzählung von IPRG 155[12] umfasst eine Reihe von unternehmensinternen Sachverhalten, die konzernrechtlich wichtig werden können, nämlich *Rechtsnatur*[13], *Entstehung* und *Untergang*[14], *Rechts-* und *Handlungsfähigkeit*[15] sowie *Organisation*[16] eines Unternehmens.

Dasselbe gilt laut IPRG 155 f für die *internen Beziehungen einer Gesellschaft*, insbesondere diejenigen zwischen der Gesellschaft und ihren Mitgliedern[17]. Erfasst wird damit auch das *Verhältnis zwischen herrschendem und abhängigem Konzernunternehmen*. Soweit gesellschaftsrechtliche Fragen angesprochen sind[18], untersteht

---

9   Zu diesem Einheitsgedanken Botschaft IPRG, S. 441 f.; IPRG-VISCHER, N. 1 zu IPRG 155; ferner BSK IPRG-VON PLANTA, N. 1 zu IPRG 155; SCHNYDER, IPR-Gesetz, S. 133.
10 Die Ausnahmebestimmungen von IPRG 156 ff. wurden im überwiegenden Interesse Dritter erlassen, gerade aus Gründen der Sicherheit im Geschäftsverkehr und zur Verhinderung von Missbräuchen (siehe dazu die nachstehende Behandlung der entsprechenden Tatbestände sowie Botschaft IPRG, S. 441 f.; BSK IPRG-VON PLANTA, N. 2 zu IPRG 155; SCHNYDER, IPR-Gesetz, S. 133; IPRG-VISCHER, N. 2 zu IPRG 155; vgl. auch ROHR, Konzern, S. 271 f.).
11 So z.B. Botschaft IPRG, S. 441 f.; BSK IPRG-VON PLANTA, N. 1 zu IPRG 155; SCHNYDER, IPR-Gesetz, S. 133; IPRG-VISCHER, N. 2 zu IPRG 155.
12 Siehe dazu Botschaft IPRG, S. 442 f.; LDIP-DUTOIT, N. 1 f. zu IPRG 155; BSK IPRG-VON PLANTA, N. 1 ff. zu IPRG 155; IPRG-VISCHER, N. 1 ff. zu IPRG 155; ferner ROHR, Konzern, S. 157 ff., 390.
13 IPRG 155 a.
14 IPRG 155 b.
15 IPRG 155 c.
16 IPRG 155 e.
17 Vgl. BGE 80 II 59 f.; ROHR, Konzern, S. 159 ff.
18 Vgl. LDIP-DUTOIT, N. 1 ff. zu IPRG 155; BSK IPRG-VON PLANTA, N. 13 ff. zu IPRG 155; IPRG-VISCHER, N. 24 ff. zu IPRG 155; siehe ferner die eingehenden Erläuterungen bei REYMOND, Groupes de sociétés, S. 48 ff.

es folglich dem *Gesellschaftsstatut des abhängigen Unternehmens*[19], da dieses konzeptionell als schutzbedürftig zu betrachten ist. Betroffen sind z.B. Mitwirkungsrechte oder Dividendenauszahlungen und damit wohl auch die im Konzern bedeutsamen verdeckten Gewinnausschüttungen.

Ebenfalls unter das Gesellschaftsstatut fallen gemäss IPRG 155 folgende Fragekreise: Der *Name* bzw. die *Firma*[20] eines Unternehmens, die *Haftung aus der Verletzung gesellschaftsrechtlicher Vorschriften*[21], die *Haftung für die Schulden des Unternehmens*[22] sowie dessen *Vertretung durch die aufgrund seiner Organisation handelnden Personen*[23]. Diese und weitere konzernrechtlich beachtenswerte Gesichtspunkte werden im folgenden näher erläutert.

1.3. Die Ansprüche aus öffentlicher Ausgabe von Beteiligungspapieren und Anleihen

Gemäss der Sonderanknüpfung von IPRG 156 können Ansprüche aus der *öffentlichen Ausgabe von Beteiligungspapieren und Anleihen* aufgrund von Prospekten, Zirkularen und ähnlichen Bekanntmachungen nach dem auf die Gesellschaft anwendbaren Recht oder nach dem Recht des Staates geltend gemacht werden, in dem die Ausgabe erfolgt ist[24]. Konzernrechtlich bedeutsam wird diese Norm z.B. dann, wenn ein abhängiges Unternehmen eine Anleihe begibt und deren Zeichnung mit der Option gegenüber dem herrschenden Unternehmen verbindet, dessen Beteiligungspapiere erwerben zu können. Die Ausübung des Optionsrechtes richtet sich in der Folge dagegen nach dem Recht des herrschenden Unternehmens.

1.4. Die Beschränkung der Vertretungsbefugnis

Die Vertretung der aufgrund der Organisation eines Unternehmens handelnden Personen richtet sich grundsätzlich gestützt auf IPRG 155 i nach dem Gesellschaftsstatut.

Zum Schutz gutgläubiger Dritter enthält IPRG 158 indessen eine Spezialbestimmung, wonach sich eine Gesellschaft nicht auf die *Beschränkung der Vertretungsbefugnis* eines Organs oder eines Vertreters berufen kann, die dem Recht des Staates

---

19 Diese Regel darf als ein Hauptgrundsatz des international-privatrechtlichen Konzernrechts gelten; vgl. z.B. ROHR, Konzern, S. 89; IPRG-VISCHER, N. 25 Vorbemerkungen zu IPRG 150-165.
20 IPRG 155 d.
21 IPRG 155 g.
22 IPRG 155 h.
23 IPRG 155 i.
24 Siehe dazu im allgemeinen LDIP-DUTOIT, N. 1 ff. zu IPRG 156; IPRG-VISCHER, N. 1 ff. zu IPRG 156; BSK IPRG-WATTER, N. 1 ff. zu IPRG 156.

des gewöhnlichen Aufenthalts oder der Niederlassung der anderen Partei unbekannt ist, es sei denn, die andere Partei habe diese Beschränkung gekannt oder hätte sie kennen müssen[25].

1.5. Die Zweigniederlassung

Konzernunternehmen mit Sitz im Ausland können in der Schweiz auch rechtlich unselbständige *Zweigniederlassungen* haben. Diese unterstehen gemäss IPRG 160 schweizerischem Recht, unter welches auch die Fragen im Zusammenhang mit der *Vertretungsmacht* einer solchen Zweigniederlassung fallen. Mindestens eine zur Vertretung befugte Person muss in der Schweiz Wohnsitz haben und im Handelsregister eingetragen sein.

Die Lehre legt diese Bestimmung eng aus: Danach sind Zweigniederlassungen lediglich insoweit schweizerischem Recht unterstellt, als Normen zum Schutz des Handelsverkehrs oder der schweizerischen Gläubiger betroffen sind. Die unserem IPRG zugrundeliegende Inkorporationstheorie[26] soll nicht übermässig untergraben werden[27].

1.6. Der Wechsel des Gesellschaftsstatuts

Als Folge der Inkorporationstheorie führt eine Verlegung des Verwaltungssitzes nicht zu einer Veränderung des Gesellschaftsstatuts. Freilich kann ein Unternehmen das Gesellschaftsstatut gleichwohl wechseln, sich also schweizerischem Recht anstelle des bisherigen ausländischen Rechts unterordnen oder umgekehrt. Das Gesetz enthält die entsprechenden Voraussetzungen in IPRG 161 ff. unter der Marginalie "Verlegung der Gesellschaft vom Ausland in die Schweiz" bzw. "von der Schweiz ins Ausland", womit indes der Statutwechsel und nicht die tatsächliche Sitzverlegung angesprochen wird[28]:

Die *Unterstellung unter schweizerisches Recht* steht gemäss IPRG 161 I einem bisher ausländischem Recht unterstehenden Unternehmen ohne Liquidation und Neugründung offen, wenn das ausländische Recht dies gestattet, das Unternehmen die Voraussetzungen des ausländischen Rechts erfüllt und die Anpassung an eine

---

25 Siehe LDIP-DUTOIT, N. 11 zu IPRG 155, N. 1 ff. zu IPRG 158; BSK IPRG-VON PLANTA, N. 19 f. zu IPRG 155; IPRG-VISCHER, N. 33 zu IPRG 155, N. 1 ff. zu IPRG 158; BSK IPRG-WATTER, N. 1 ff. zu IPRG 158.
26 Siehe S. 412 f.
27 Siehe dazu und zum Ganzen LDIP-DUTOIT, N. 1 ff. zu IPRG 160; BSK IPRG-GIRSBERGER, N. 1 ff. zu IPRG 160; MARTZ, Zweigniederlassung, S. 47 ff.; IPRG-VISCHER, N. 1 ff. zu IPRG 160.
28 Vgl. AmtlBull StR 1985, S. 170 (Votum Affolter); EBENROTH/MESSER, IPRG, S. 96 ff.; SCHNYDER, IPR-Gesetz, S. 135 ff.; siehe zum Ganzen BSK IPRG-GIRSBERGER zu IPRG 161 ff. und IPRG-VISCHER zu IPRG 161 ff.

schweizerische Rechtsform möglich ist[29]. Handelt es sich um eine Kapitalgesellschaft, hat diese zudem laut IPRG 162 III noch vor der Eintragung im Handelsregister durch einen Revisionsbericht nachzuweisen, dass ihr Grundkapital nach schweizerischem Recht gedeckt ist[30].

Ein schweizerischem Recht unterliegendes Unternehmen kann sich andererseits aufgrund von IPRG 163 I ohne Liquidation und Neugründung *ausländischem Recht unterstellen*, wenn es nachweist, dass die Voraussetzungen nach schweizerischem Recht erfüllt sind[31], es nach ausländischem Recht fortbesteht und unter Hinweis auf die bevorstehende Änderung des Gesellschaftsstatuts ihre Gläubiger öffentlich zur Anmeldung bestehender Ansprüche aufgefordert hat. Ausserdem kann gemäss IPRG 164 ein im schweizerischen Handelsregister eingetragenes Unternehmen nur gelöscht werden, wenn glaubhaft gemacht wird, dass die Gläubiger befriedigt oder ihre Forderungen sichergestellt sind, oder wenn die Gläubiger mit der Löschung einverstanden sind. Bis die Gläubiger befriedigt oder ihre Forderungen sichergestellt sind, kann das Unternehmen für diese in der Schweiz betrieben werden.

Gegebenenfalls können die Bestimmungen von IPRG 161 ff. ausserdem sinngemäss bei der unten zu erläuternden grenzüberschreitenden Fusion beigezogen werden[32].

2. Insbesondere Fragen der Haftung

2.1. Die Haftung aus gesellschaftsrechtlicher Verantwortlichkeit

Die Haftung aus der Verletzung gesellschaftsrechtlicher Vorschriften unterliegt nach IPRG 155 g dem *Gesellschaftsstatut*. Angesprochen werden damit in erster Linie die gesellschaftsrechtlichen Verantwortlichkeitsansprüche gegen Verwaltungsräte[33], und zwar auch Ansprüche, die nicht vom Unternehmen selbst oder von Mitgliedern, z.B. Aktionären, erhoben werden, sondern von Dritten[34].

---

29 Gemäss IPRG 161 II kann der Bundesrat die Unterstellung unter das schweizerische Recht sogar ohne Berücksichtigung des ausländischen Rechts zulassen, insbesondere wenn erhebliche schweizerische Interessen es erfordern.
30 Die Regeln zum massgeblichen Zeitpunkt des Statutwechsels finden sich in IPRG 162 I und II.
31 Zu diesen Voraussetzungen von IPRG 163 I a siehe IRPG-VISCHER, N. 3, 7 zu IPRG 163; BSK IPRG-GIRSBERGER, N. 5 f. zu IPRG 163. Neben den in IPRG 163 I b und c bereits genannten Punkten der Gewährleistung des Fortbestandes nach dem künftigen Gesellschaftsstatut und des Gläubigerschutzes sind namentlich Fragen der Beschlussfassung und des Steuerrechts anzuführen.
32 Siehe S. 420 f.
33 OR 754 i.V.m. OR 717.
34 IPRG 155 g schützt vor allem aussenstehende Gläubiger. Ginge es lediglich um die Ansprüche des Unternehmens und seiner Mitglieder, reichte die Bestimmung von IPRG 155 f aus (Botschaft IPRG, S. 443; LDIP-DUTOIT, N. 9 zu IPRG 156; IPRG-VISCHER, N. 27 zu IPRG 155; BSK IPRG-VON PLANTA, N. 16 zu IPRG 155; vgl. zum Ganzen auch Oberger ZH in ZR 1956, S. 299 ff.; DESSE-

7. II. Das anwendbare Recht bei internationalen Konzernsachverhalten 417

Das Gesellschaftsstatut des abhängigen Unternehmens regelt folglich die persönliche Haftung der vom herrschenden ins abhängige Unternehmen entsandten sog. *fiduziarischen Verwaltungsräte,* und zwar unabhängig davon, ob es sich um gewählte oder faktische Organe des abhängigen Unternehmens oder sogar um Doppelorgane handelt, welche zusätzlich eine Organstellung im herrschenden Unternehmen innehaben.

Vorbehalten bleibt stets die unten zu besprechende Sonderanknüpfungsnorm von IPRG 159[35].

2.2. Die Organhaftung

Geht es bei der Haftung nicht um gesellschaftsrechtliche Verantwortlichkeit, sondern um Delikte allgemeiner Art, kann nicht mehr das Gesellschaftsstatut des abhängigen Konzernunternehmens aufgrund von IPRG 154 f. angerufen werden[36]: Bei der Haftung des herrschenden Unternehmens für das Verhalten seiner Organe[37] greift gemäss Bundesgericht[38] und herrschender Lehre[39] das *Deliktsstatut* nach den Regeln von IPRG 132 ff.[40].

2.3. Die Geschäftsherren- und Hilfspersonenhaftung

Setzt ein Konzernunternehmen *Hilfspersonen* ein, kommt das Vertrags- oder, im Falle der ausservertraglichen *Geschäftsherrenhaftung,* das Deliktsstatut zur Anwendung[41].

MONTET, Responsabilité, S. 150 f.; 158 ff.; ROHR, Konzern, S. 275 ff.).
35 Siehe dazu sogleich S. 418 sowie LDIP-DUTOIT, N. 9 zu IPRG 156; BSK IPRG-VON PLANTA, N. 17 zu IPRG 155; IPRG-VISCHER, N. 28 f. zu IPRG 155 (jeweils m.w.H.).
36 ROHR, Konzern, S. 181 ff.; vgl. IPRG-VISCHER, N. 28 Vorbemerkungen zu IPRG 150-165.
37 Aus der Sicht des schweizerischen Rechtes geht es vorab um die Haftung aus ZGB 55 bzw. OR 722. Die hier behandelte Organhaftung ist nicht zu verwechseln mit der unter der vorangehenden Ziffer erwähnten persönlichen Verantwortlichkeit der Organe!
38 BGE 110 II 193.
39 Eine andere Auffassung will jedoch das Gesellschaftsstatut des herrschenden Unternehmens anwenden, womit ein Fall von IPRG 155 h vorläge (differenzierende Vorschläge und Wiedergabe des Meinungsstandes bei IPRG-VISCHER, N. 16 ff. zu IPRG 155; siehe auch ROHR, Konzern, S. 181 ff.).
40 Damit haftet ein in der Schweiz gefasstes ausländisches Unternehmen für Delikte seiner Organe nach schweizerischem Recht, soweit sich die Handlung in der Schweiz abspielte oder der Erfolg in der Schweiz eintrat (ROHR, Konzern, S. 190 f.; vgl. IPRG 133). Zu beachten ist allerdings, dass das herrschende ausländische Unternehmen nicht am Sitz des schweizerischen abhängigen Konzernmitgliedes eingeklagt werden kann (IPRG 151 i.V.m. IPRG 21) und – umgekehrt – ein am Sitz des ausländischen abhängigen Unternehmens gegen das schweizerische herrschende Konzernunternehmen ergangenes Urteil in der Schweiz nicht gestützt auf IPRG 165 anerkannt wird (IPRG-VISCHER, N. 29 Vorbemerkungen zu IPRG 150-165).
41 Ist schweizerisches Recht anwendbar, greift vorab im ersten Fall die Hilfspersonenhaftung von OR 101, im zweiten die Geschäftsherrenhaftung von OR 55. Zum Ganzen ROHR, Konzern, S. 182 f., 190 f.; IPRG-VISCHER, N. 18 zu IPRG 155.

2.4. Die Haftung aus Durchgriff

Ebenfalls dem Gesellschaftsstatut des abhängigen Unternehmens unterliegt die Frage der *Durchgriffshaftung*[42]. Der Tatbestand lässt sich unter IPRG 155 h einordnen, wonach sich die Haftung für die Schulden einer Gesellschaft nach dem Gesellschaftsstatut richtet. Das Recht, dem ein abhängiges Konzernglied unterstellt ist, soll auch die Voraussetzungen festsetzen, unter welchen im Ausnahmefall auf das herrschende Unternehmen gegriffen werden kann[43].

2.5. Die Haftung für ausländische Gesellschaften gemäss IPRG 159

IPRG 159 regelt einen Sonderfall: Danach fällt die Haftung jener Personen unter schweizerisches Recht, die für eine Gesellschaft handeln, welche zwar nach ausländischem Recht gegründet worden ist, jedoch in der Schweiz oder von der Schweiz aus geführt wird. Betroffen sind damit insbesondere die Haftung aus *gesellschaftsrechtlicher Verantwortlichkeit* – jedenfalls im Falle der unmittelbaren Schädigung des Unternehmens – einschliesslich der Haftung aus *faktischer Organschaft* sowie aus *Durchgriff* bei Unternehmen, die faktisch in der Schweiz oder von der Schweiz aus geleitet werden, also nur in einer formalen Verbindung zum Staat ihrer Inkorporation stehen[44]. Die Verhaltenspflichten, deren Verletzung zur Verantwortlichkeit führen kann, unterstehen allerdings auch in diesen Fällen dem weiterhin im Grundsatz geltenden ausländischen Gesellschaftsstatut[45].

---

[42] Zu beachten bleibt auch hier die Spezialbestimmung von IPRG 159 (siehe nächste Ziffer). Deren Anwendung ist beim Durchgriff umstritten (siehe z.B. EBENROTH/MESSER, IPRG, S. 89; BSK IPRG-VON PLANTA, N. 23 f.; SCHNYDER, IPR-Gesetz, S. 135; IPRG-VISCHER, N. 14 Vorbemerkungen zu IPRG 159).

[43] IPRG-VISCHER, N. 27 ff. Vorbemerkungen zu IPRG 150-165; gl.M. Botschaft IPRG, S. 443; BSK IPRG-VON PLANTA, N. 18 zu IPRG 155 (m.w.H., insbes. zum ordre public, welcher gegebenenfalls gestützt auf IPRG 17 und 18 die Anwendung des schweizerischen Durchgriffsrechts verlangt, auch wenn das betroffene Unternehmen grundsätzlich ausländischem Recht untersteht; siehe auch BGE 117 II 501 f.). Vgl. zum Ganzen auch BezGer Horgen in SJZ 1958, S. 21 ff.; ROHR, Konzern, S. 431 ff. m.w.H.

[44] Die Tragweite dieser Vorschrift und ihr Verhältnis zu den allgemeinen Grundsätzen (vgl. namentlich S. 416 f.) wurde vom Gesetzgeber nicht näher ausgeführt und konnte bisher nicht hinlänglich bestimmt werden (vgl. BSK IPRG-VON PLANTA, N. 3 zu IPRG 159).

[45] Siehe dazu u.a. Botschaft IPRG, S. 445; DESSEMONTET, Responsabilité, S. 159 ff.; EBENROTH/MESSER, IPRG, S. 85 ff.; BSK IPRG-VON PLANTA, N. 1 zu IPRG 159; REYMOND, Groupes de sociétés, S. 48, 50 ff.; ROHR, Konzern, S. 272 ff.; SCHNYDER, IPR-Gesetz, S. 132, 134 f.; IPRG-VISCHER, N. 1 zu IPRG 159.

3. Namens- und firmenrechtliche Fragen

Gemäss IPRG 155 d bestimmt *das auf die Gesellschaft anwendbare Recht* den Namen oder die Firma eines Konzernunternehmens. Gemeint sind damit die Vorschriften betreffend die *Bildung* und die *Berechtigung zur Führung* des Namens bzw. der Firma[46].

Für den *Schutz des Namens und der Firma* besteht hingegen die Sondernorm von IPRG 157: Wird in der Schweiz der Name oder die Firma eines Unternehmens verletzt, wird also im schweizerischen Verkehr eine Verwechselbarkeit bewirkt, greift *schweizerisches Recht*. Ist ein Unternehmen dagegen nicht im schweizerischen Handelsregister eingetragen, so richtet sich der Schutz ihres Namens oder ihrer Firma nach dem auf den unlauteren Wettbewerb[47] oder auf Persönlichkeitsverletzungen[48] anwendbaren Recht[49].

4. Vertragsrechtliche Fragen

4.1. Verträge zwischen Konzernunternehmen

Es bestehen vielfältige Vertragsbeziehungen zwischen den Konzernunternehmen[50]: So werden typischerweise zwischen dem herrschenden Unternehmen und den abhängigen Unternehmen *Lizenz- und Dienstleistungsverträge* abgeschlossen, während abhängige Unternehmen miteinander in erster Linie *Verträge über die Produktion, die Lieferung oder den Vertrieb von Waren* eingehen.

Bei vertraglichen Beziehungen zwischen Konzernunternehmen gilt das *Vertragsstatut* aufgrund von IPRG 116 ff. Vorbehältlich einer anderslautenden Rechtswahl durch die Parteien[51] untersteht also der Vertrag dem Recht jenes Staates, mit dem er

---

46 BÄR, Kollisionsrecht, S. 97; LDIP-DUTOIT, N. 6 zu IPRG 155; BSK IPRG-VON PLANTA, N. 8 ff. zu IPRG 155; IPRG-VISCHER, N. 19 ff. zu IPRG 155.
47 Gemäss IPRG 157 II i.V.m. 136 gilt das Recht des Staates, in welchem sich die unlautere Handlung auswirkt (der Vorbehalt von IPRG 136 II greift nicht, da sich eine Firmenrechtsverletzung nicht ausschliesslich gegen betriebliche Interessen des Geschädigten richtet).
48 Nach IPRG 157 II i.V.m. IPRG 139 gilt bei Persönlichkeitsverletzungen nach Wahl des Geschädigten entweder das Recht des Staates,
 – in dem er seinen gewöhnlichen Aufenthalt hat oder
 – in dem der Verletzer seine Niederlassung oder seinen gewöhnlichen Aufenthalt hat oder
 – in dem der Erfolg der schädigenden Handlung eingetreten ist.
 Im ersten und im letzten Fall musste der Schädiger zudem mit dem Erfolgseintritt in diesem Staat rechnen.
49 Siehe zum Ganzen BÄR, Kollisionsrecht, S. 97 ff., 129 f.; LDIP-DUTOIT, N. 1 ff. zu IPRG 157; BSK IPRG-JEGHER/SCHNYDER, N. 1 ff. zu IPRG 157; IPRG-VISCHER, N. 1 ff. zu IPRG 157 (jeweils m.w.H.).
50 Siehe dazu S. 306 ff.
51 IPRG 116.

am engsten zusammenhängt[52], wobei dieser engste Zusammenhang mit jenem Staat vermutet wird, in dem die Partei, welche die dem Vertrag eigene charakteristische Leistung erbringt, ihre Niederlassung hat[53]:

- Die charakteristische Leistung besteht bei *Veräusserungsverträgen* in der Leistung des Veräusserers[54].
- Bei *Lizenzverträgen* ist es die Leistung des Lizenzgebers[55],
- bei *Dienstleistungsverträgen* die Gegenstand des Vertrags bildende Dienstleistung[56],
- bei *Lohnfabrikationsverträgen* die Produktionstätigkeit[57], und
- bei *Vertriebsverträgen* liegt die charakteristische Leistung in der Übernahme der Warenverteilung[58].

Das Vertragsstatut gilt auch bei Aktionärbindungsverträgen, da sie nach herrschender Lehre einfache Gesellschaften darstellen und damit unter IPRG 150 II fallen[59].

4.2. Verträge von Konzernunternehmen mit Dritten

a) Die Konzernorganisation betreffende Verträge

Grenzüberschreitende Verträge, welche die Konzernstruktur betreffen[60], wie z.B. *Akquisitionsverträge*, *Joint Venture-Verträge* oder *Betriebspachtverträge*, unterliegen dem *Vertragsstatut*.

Dagegen sollen nach Ansicht der Lehre *Beherrschungsverträge* dem *Gesellschaftsstatut des durch den Beherrschungsvertrag abhängig werdenden Unternehmens* unterstellt werden, sofern diese Vereinbarungen in dessen Organisation eingreifen, was sie wohl regelmässig tun werden. Gilt das Gesellschafts- und nicht das Vertragsstatut, wird den Parteien die bei Verträgen mögliche Rechtswahl von IPRG 116 verwehrt[61]. Die entsprechenden Fragen stellen sich in der Schweiz indessen kaum: Beherrschungsverträge sind in unserem Land selbst bei Auslandbeziehun-

---

52 IPRG 117 I.
53 IPRG 117 II.
54 IPRG 117 III a.
55 IPRG 117 III b und 122 I.
56 IPRG 117 III c.
57 Juristisch handelt es sich um Werkverträge, sodass IPRG 117 III c anwendbar ist.
58 IPRG 117 III c.
59 BSK IPRG-von Planta, N. 1 und 15 zu IPRG 155; IPRG-Vischer, N. 26 zu IPRG 155; vgl. auch Siehr, Vom alten zum neuen IPR, S. 132; für die Anwendung des Gesellschaftsstatuts bei Aktionärbindungsverträgen dagegen Rohr, Konzern, S. 331 ff.
60 Siehe S. 292 ff.
61 IPRG-Vischer, N. 25 Vorbemerkungen zu IPRG 150-165; Westermann, Methodendiskussion, S. 82; siehe auch Rohr, Konzern, S. 297 ff.; ferner Reymond, Groupes de sociétés, S. 42 ff. (zur "qualification lege fori").

gen eher selten anzutreffen. Immerhin können sie bei Staaten mit einer ausgeprägten Konzernrechtsordnung, namentlich in Deutschland, eine Rolle spielen.

Grenzüberschreitende Fusionen werden trotz ihrer erheblichen praktischen Bedeutung und des Bestehens europäischer Richtlinien[62] im IPRG nicht geregelt.

Die ältere Doktrin[63] vertrat die Meinung, ein schweizerisches Unternehmen könne von einem ausländischen nur dann absorbiert[64] werden, wenn das schweizerische Unternehmen liquidiert und seine Aktiven und Passiven in der Folge vom ausländischen Unternehmen übernommen würden. Statt die Fusion sogleich durchzuführen, hätte dieser somit eine Sitzverlegung ins Ausland vorangehen müssen, was ein wirtschaftlich unsinniges Zerschlagen eines "laufenden" Unternehmens mit entsprechenden Steuerfolgen mit sich gebracht hätte.

Gemäss der jüngeren Lehre dagegen können grenzüberschreitende Fusionen in sinngemässer Anwendung von IPRG 161 ff.[65] und unter Vermeidung der unvorteilhaften steuerrechtlichen Liquidation als zulässig betrachtet werden, sofern die beteiligten Unternehmen äquivalente Gesellschaftsformen tragen und beide Gesellschaftsstatute berücksichtigt werden. Bei einer Emigrationsfusion, im Fall also, bei welchem das schweizerische Unternehmen im ausländischen aufgeht und somit sein schweizerisches Gesellschaftsstatut verliert[66], sind zusätzlich die schweizerischen Schutznormen zugunsten der Gläubiger und Teilhaber der fusionierenden Unternehmen zu wahren[67]. Diese pragmatische Lösung hat sich denn offenbar auch in der Praxis durchgesetzt. So wurde die Fusion eines schweizerischen Unternehmens nach Luxemburg im Handelsregister eingetragen[68].

b) Mandatsverträge mit fiduziarischen Verwaltungsräten

Auf die schwierige Lage des fiduziarischen Verwaltungsrats und auf den in der Praxis üblichen Abschluss von Mandatsverträgen zwischen dem herrschenden Unternehmen und dem als Fiduziar im Verwaltungsrat eines abhängigen Unternehmens tätigen Dritten wurde an anderer Stelle bereits hingewiesen[69].

---

62 Dritte gesellschaftsrechtliche EG-Richtlinie (ABl Nr. L 295 vom 20. Oktober 1978, S. 36 ff.); Zehnte gesellschaftsrechtliche EG-Richtlinie (ABl Nr. L 372 vom 31. Dezember 1986, S. 10 ff.); dazu BSK IPRG-GIRSBERGER, N. 1 ff. Ergänzungen zu IPRG 164.
63 Nachweise bei MÜLLHAUPT, Grenzüberschreitende Fusion, S. 253, Fn. 3.
64 Zur Fusion mittels Absorption nach schweizerischem Recht siehe S. 42 ff. und S. 297 ff.
65 Siehe S. 415 f.
66 Im gegenteiligen Fall wird von einer Immigrationsfusion gesprochen.
67 Dazu und zum Ganzen BESSENICH, Fusion, S. 25 ff., 59 ff., 191 ff.; BSK IPRG-GIRSBERGER, N. 1 ff. Ergänzungen zu IPRG 164; KÜNG, Internationale Fusion, S. 15 ff.; RINDLISBACHER, Anerkennung, S. 95 f.; OR-TSCHÄNI, N. 4 zu OR 748; ferner IPRG-VISCHER, N. 5 ff. zu IPRG 161; DERS., Fusion, S. 7 f.
68 SHAB Nr. 133 vom 13.7.1993, S. 3645.
69 Siehe dazu ausführlich S. 163 ff.

Diese Mandatsverträge unterliegen dem *Vertragsstatut*, wobei die charakteristische Leistung wohl in der Tätigkeit des Fiduziars im Verwaltungsrat des abhängigen Unternehmens besteht, sodass – mangels Rechtswahl – das Recht des Staates gilt, in dem der fiduziarische Verwaltungsrat seinen gewöhnlichen Aufenthalt hat[70]. Ob der fiduziarische Verwaltungsrat allerdings den Weisungen des herrschenden Unternehmens gehorchen darf oder ob er damit seine Pflichten gegenüber dem abhängigen Unternehmen verletzt, richtet sich nach dem Gesellschaftsstatut des abhängigen Unternehmens.

c) Bürgschaften, Garantieverträge und Patronatserklärungen

In den Konzernen ist es – wie an anderer Stelle schon erwähnt[71] – üblich, dass Darlehensgeber der abhängigen Unternehmen vom herrschenden Unternehmen Sicherheiten verlangen, die von unverbindlichen Erklärungen bis zu Garantieverträgen und Bürgschaften[72] reichen können. Bei solchen Vereinbarungen greift das *Vertragsstatut*. Als charakteristische Leistung bei Garantie- oder Bürgschaftsverträgen gilt die Leistung des Bürgen oder Garanten[73], sodass das Recht des Sitzlandes des herrschenden Unternehmens auf diese Verträge anwendbar ist.

Patronatserklärungen[74] werden in IPRG 117 III e nicht ausdrücklich erwähnt, doch muss das (potentielle) *Vertragsstatut* auch bei Patronatserklärungen gelten – jedenfalls soweit die Frage zu beurteilen ist, ob überhaupt vertragliche Bindungen vorliegen. Heikler ist die Lage bei der sog. Vertrauenshaftung[75]: Denkbar wäre hier auch der Beizug des Deliktsstatuts, doch verdient die Anwendung des Vertragsstatuts aus Gründen der Einheitlichkeit den Vorzug.

---

70 IPRG 117 II.
71 S. 326 ff.
72 IPRG-VISCHER, N. 28 Vorbemerkungen zu IPRG 150-165. Siehe zu IPRG 117 III e (anwendbares Recht bei Garantie- und Bürgschaftsverträgen) im allgemeinen IPRG-KELLER/KREN KOSTKIEWICZ, N. 92 ff. zu IPRG 117; BSK IPRG-AMSTUTZ/VOGT/WANG, N. 50 ff. zu IPRG 117.
73 IPRG 117 III e.
74 Vgl. dazu NOBEL, Patronatserklärungen, insbes. S. 57.
75 Siehe S. 184 ff.

Achtes Kapitel

Der Konzern im Zivilprozessrecht

I. Der Konzern im schweizerischen, innerstaatlichen Zivilprozessrecht

1. Problemstellung

Wie in vielen anderen Rechtsgebieten fehlen für den Konzernsachverhalt auch im Gebiet des Prozessrechts kodifizierte nationale und internationale Regelungen.

Wie soll nun aber der Konzern als wirtschaftliche Unternehmenseinheit im Zivilprozessrecht behandelt werden? Der Rechtsanwender steht vor der Frage, ob die Auslegung einer Gesetzesbestimmung eher dem Prinzip der juristischen Selbständigkeit jedes Konzernunternehmens folgen oder die wirtschaftliche Einheit des Konzerns berücksichtigen soll. Kann zum Beispiel ein herrschendes Unternehmen am Sitz eines seiner abhängigen Unternehmen eingeklagt werden? Diese Fragestellungen sind vom Problem der materiellen Durchgriffshaftung zu unterscheiden[1].

Bei rein schweizerischen Sachverhalten haben zivilprozessuale Fragen im Zusammenhang mit Konzernverhältnissen in der Praxis bis jetzt zu keinen offenkundigen Problemen geführt. Die Literatur hat sich denn auch kaum mit diesem Aspekt befasst. Anders steht es mit multinationalen Konzernen, bei welchen sich international-zivilprozessrechtliche Fragen insbesondere bei der Zuständigkeit und beim Rechtshilfeverfahren stellen[2].

---

1 Vgl. hierzu S. 171 ff.
  Wird aufgrund des materiellen Durchgriffs eine Haftung z.B. des herrschenden Unternehmens bejaht, dann kann dieses nach den normalen Regeln an seinem Sitz eingeklagt werden. Prozessuale und vollstreckungsrechtliche Probleme stellen sich aber u.U. dann, wenn sich das Unternehmen im Ausland befindet. Bei einer solchen Konstellation könnte es für den Kläger vorteilhafter sein, das herrschende Unternehmen am Sitze seines abhängigen Unternehmens im Inland zu verklagen und ein allfälliges inländisches Urteil auch am Sitz des herrschenden Unternehmens im Ausland anerkennen und vollstrecken zu lassen.
  Schwierigkeiten können sich auch ergeben, wenn eine Haftung des herrschenden Unternehmens nicht begründet werden kann, das prozessuale Vorgehen gegen das abhängige Unternehmen aber Mühe bereitet, da sich dieses z.B. im Ausland befindet. Besteht die Möglichkeit, das ausländische abhängige Unternehmen am inländischen Sitz des herrschenden Unternehmens einzuklagen? Wie sieht es mit der Vollstreckung eines solchen Urteils im Ausland aus? Darauf wird auf S. 430 ff. näher einzugehen sein.
2 Siehe dazu S. 430 ff.

2. Der Grundsatz der juristischen Selbständigkeit der Konzernunternehmen

2.1. Abgrenzung von den Zweigniederlassungen

Ausgehend von der Regelung im materiellen Recht, wonach gestützt auf den Grundsatz der juristischen Selbständigkeit der Konzernunternehmen und der Trennung der Vermögen eine Haftung des herrschenden Unternehmens für die Verbindlichkeiten des abhängigen Unternehmens grundsätzlich ausgeschlossen bleibt, solange nicht besondere Umstände vorliegen[3], ist auch im Prozessrecht vom Grundsatz der juristischen Selbständigkeit der Konzernunternehmen auszugehen.

Somit bleiben Konzernunternehmen, auch wenn sie vom herrschenden Unternehmen in wirtschaftlicher Hinsicht abhängig sind, prozessual selbständig[4]. Die Partei- und Prozessfähigkeit der Konzernunternehmen – die nichts anderes sind als die prozessuale Seite der Rechts- und Handlungsfähigkeit (ZGB 53 und 54)[5] – unterscheidet diese von sog. Zweigniederlassungen, die rechtlich gesehen – trotz einer gewissen wirtschaftlichen Selbständigkeit – vollumfänglich Teil des Hauptunternehmens sind[6]. Das Hauptunternehmen ist am Ort der Zweigniederlassung für deren Geschäfte belangbar[7].

2.2. Fehlende Rechtsfähigkeit des Konzerns

Dem Konzern als wirtschaftlicher Einheit mangelt es als Gesamtheit infolge der fehlenden Rechts- und Handlungsfähigkeit an der Partei- und Prozessfähigkeit[8]. Der Konzern als Ganzer kann somit weder Kläger noch Beklagter sein.

---

3   Z.B. Durchgriff oder eine Patronatserklärung. Vgl. dazu S. 171 ff. bzw. S. 327 ff.
4   Dies bedeutet z.B., dass das abhängige Unternehmen grundsätzlich an seinem Gesellschaftssitz und nicht an demjenigen des herrschenden Unternehmens eingeklagt werden muss. Ebensowenig ist eine Zustellung einer für das abhängige Unternehmen bestimmten Rechtsschrift durch Übergabe an das herrschende Unternehmen möglich.
5   OSCAR VOGEL, Zivilprozessrecht, 5. Kap. N. 2.
6   Vgl. zur Unterscheidung von Zweigniederlassung und abhängigem Unternehmen GAUCH, Zweigbetrieb, N. 196 ff., und MARTZ, Zweigniederlassung, S. 12 ff.
7   Siehe dazu sogleich S. 425 ff.
8   Zwar kann ausnahmsweise auch eine nicht rechtsfähige Gesellschaft als Partei klagen und beklagt werden, was jedoch gesetzlich vorgesehen sein muss (vgl. z.B. Kollektiv- und Kommanditgesellschaft, OR 562 und 602).

2.3. Prozessualer Durchgriff als Ausfluss des allgemeinen Rechtsmissbrauchsverbotes

Der in ZGB 2 verankerte Grundsatz des Rechtsmissbrauchsverbotes gilt auch im Prozessrecht[9]. In Analogie zum Durchgriff im materiellen Recht kann in Ausnahmefällen offensichtlichen Rechtsmissbrauchs ein "prozessualer Durchgriff" in Betracht gezogen werden[10]. Damit lassen sich stossende Ergebnisse verhindern, die sich sonst aus der rechtlichen Selbständigkeit von Konzernunternehmen ergeben könnten. Da es sich beim Rechtsmissbrauchsverbot um einen allgemeinen Grundsatz handelt, muss bei sämtlichen prozessualen Problemstellungen einzelfallweise untersucht werden, ob die Voraussetzungen der Anwendbarkeit gegeben sind. In vielen Fällen wird man aber die sich stellenden Probleme bereits allein mit den Instrumenten des Prozessrechts zu lösen in der Lage sein. Ein Rückgriff auf das Rechtsmissbrauchsverbot ist auch im Prozessrecht nur ultima ratio.

3. Örtliche Zuständigkeit

3.1. Grundsatz

Weder in den kantonalen Zivilprozessordnungen noch im Bundesgesetz über den Bundeszivilprozess[11] findet sich eine auf Konzernbeziehungen bezugnehmende Norm. Für Konzernverhältnisse gibt es keine besonderen Zuständigkeiten der Gerichte. Der ordentliche Gerichtsstand liegt somit grundsätzlich am Sitz desjenigen Konzernunternehmens, gegen welches sich der materielle Anspruch richtet.

3.2. Analoge Anwendung des Gerichtsstandes der Zweigniederlassung?

In der schweizerischen Rechtsordnung verbreitet ist der Gerichtsstand der Zweigniederlassung[12]. Dieser Gerichtsstand begründet die örtliche Zuständigkeit eines Gerichts zur Beurteilung von Klagen gegen das Hauptunternehmen aus dem Ge-

---

9   BGE 111 Ia 150.
10 Vgl. z.B. BGE 108 II 122 und Entscheid des Kassationsgerichts ZH vom 23.10.1992, SJZ 1995, S. 96 ff.
11 BG über den Bundeszivilprozess vom 4. Dezember 1947 (SR 273).
12 Der Gerichtsstand der Zweigniederlassung gründet in den kantonalen Zivilprozessordnungen oder im Bundesrecht (vgl. OR 642 III, 764 II, 782 III, 837 III) und gilt auch im interkantonalen Verhältnis, sofern es sich um eine Geschäftsniederlassung im Sinne der bundesgerichtlichen Rechtsprechung zu BV 59 handelt (GAUCH, Zweigbetrieb, N. 1972). Immer gegeben ist natürlich auch der ordentliche Gerichtsstand am Sitz des Hauptunternehmens.

schäftsbetrieb einer rechtlich unselbständigen Zweigniederlassung. Eine Zweigniederlassung im prozessrechtlichen Sinne liegt vor, wenn

- eine dauernde geschäftliche Tätigkeit,
- eine gewisse geschäftliche Selbständigkeit[13],
- ständige körperliche Anlagen oder Einrichtungen sowie
- ein qualitativ und quantitativ wesentlicher Teil des technischen oder kommerziellen Betriebs am Ort der Niederlassung gegeben sind[14].

Eine Zweigniederlassung im Sinne von OR 642 braucht nicht vorzuliegen. Der Gerichtsstand besteht auch ohne Eintrag im Handelsregister[15].

Es stellt sich nun die Frage, ob der Gerichtsstand der Zweigniederlassung auch auf abhängige Unternehmen Anwendung findet, d.h. konkret, ob das herrschende Unternehmen am Sitz des abhängigen Unternehmens belangt werden könnte, wenn dieses in so enger Anlehnung an die Konzernleitung ein Rechtsgeschäft abgeschlossen hat, dass es für den Vertragspartner lediglich den Eindruck einer Zweigniederlassung des herrschenden Unternehmens hinterlassen hat.

In BGE 108 II 122 ("Tradax") bejahte das Bundesgericht die Eintragungspflicht einer rechtlich selbständigen, abhängigen Schweizer Dienstleistungsaktiengesellschaft, die im Dienste und Auftrag des panamesischen herrschenden Unternehmens tätig war, als Zweigniederlassung. Damit war auch der Gerichtsstand der Zweigniederlassung gegen das ausländische herrschende Unternehmen begründet[16]. Das Bundesgericht hat hier die rechtliche Selbständigkeit des schweizerischen abhängigen Unternehmens bei der Qualifizierung als Zweigniederlassung einer ausländischen Aktiengesellschaft nicht als Hinderungsgrund erachtet[17].

Somit ist es nach schweizerischer Rechtsprechung möglich, dass unter besonderen Voraussetzungen ein abhängiges Unternehmen als Zweigniederlassung[18] qualifiziert

---

13 Dies im Unterschied zum materiellrechtlichen Begriff, bei dem an die Selbständigkeit höhere Anforderungen gestellt werden (siehe dazu BGE 117 II 85 ff.).
Die bundesgerichtliche Rechtsprechung in Registersachen hat die registerrechtliche Zweigniederlassung im übrigen wie folgt definiert: Es handelt sich um einen kaufmännischen Betrieb, "der zwar rechtlich Teil eines Hauptunternehmens ist, von dem er abhängt, der aber in eigenen Lokalitäten dauernd eine gleichartige Tätigkeit wie das Hauptunternehmen ausübt und dabei eine gewisse wirtschaftliche und geschäftliche Selbständigkeit geniesst" (BGE 79 I 71 und seither 103 II 201; 108 II 124; 117 II 87).
14 BGE 101 Ia 41.
15 BGE 101 Ia 41.
16 Zur heute geltenden Rechtslage im internationalen Verhältnis siehe S. 433 f.
17 Vgl. hierzu auch die (kritische) Urteilsanmerkung von PETER FORSTMOSER, SAG 1982, S. 162 ff., 164 f.; MARTZ, Zweigniederlassung, S. 119 f.; Urteilsbesprechung von ROLF BÄR, ZBJV 1984, S. 538 ff. Auch in Deutschland wird die Anwendbarkeit des Gerichtsstandes der Niederlassung nach § 21 der deutschen ZPO auf abhängige Unternehmen in Erwägung gezogen (vgl. etwa OTTO, Durchgriff, S. 135 ff., und KRONKE, Gerichtsstand, S. 81 ff. m.w.H.).
18 Dies hat zur Folge, dass das Kriterium der wirtschaftlichen Selbständigkeit an klaren Konturen verliert. Einerseits wird nach bundesgerichtlicher Rechtsprechung für das Vorliegen einer Zweig-

wird[19]. Offenbar ist gemäss Bundesgericht auch hier ein Rechtsmissbrauch notwendig, und der gegenüber Dritten erweckte Rechtsschein allein genügt nicht[20].

4. Einzelprobleme

4.1. Beweisrecht: Editionspflicht

In einem Zivilprozess trifft sowohl die Parteien wie auch Dritte grundsätzlich die Verpflichtung, die sich in ihren Händen befindlichen Urkunden dem Gericht vorzulegen[21]. Diese Editionspflicht trifft auch juristische Personen, bei denen sich die Verantwortung nach der Verwaltungs-, Geschäftsführungs- und Vertretungskompetenz bestimmt[22]. Beim Bestehen eines Konzernverhältnisses stellt sich die Frage, ob das von einer Partei abhängige Konzernunternehmen ebenfalls wie eine Partei oder aber wie ein Dritter zu behandeln ist.

Ein Teil der Lehre geht davon aus, dass ein abhängiges Unternehmen bezüglich der Edition von Urkunden immer als Partei zu behandeln ist[23]. Dies hätte zur Folge, dass der Weigerung eines abhängigen Unternehmens, eine sich in ihrem Besitz befindliche Urkunde herauszugeben, im Rahmen der richterlichen Beweiswürdigung angemessen Rechnung getragen werden kann und allenfalls die Tatsache, zu deren Beweis die Urkunde angerufen wurde, als erwiesen angesehen werden darf[24]. Dieser Auffassung kann so nicht gefolgt werden. Vielmehr ist auch hier eine differenzierte Betrachtung angebracht. Dass beispielsweise aufgrund des Rechtsmissbrauchsverbotes dem abhängigen Unternehmen fallweise Parteistellung zukommen kann, ist denkbar. Grundsätzlich ist aber auch hier von der rechtlichen Eigenständigkeit der abhängigen Unternehmen auszugehen. Dies mit der Folge, dass im Falle der Weige-

---

      niederlassung eine ausreichende wirtschaftliche Selbständigkeit gefordert, andererseits darf die Selbständigkeit nicht zu gross sein, damit das abhängige Unternehmen noch als Zweigniederlassung gelten kann.

19 Anlässlich einer umfassenden Kodifizierung des Zivilprozessrechts bzw. des Gerichtsstandsrechts auf Bundesebene (siehe dazu die Grundlage in Art. 113 des Paketes "Justizreform" im Entwurf zu einer Totalrevision der Bundesverfassung vom 20.11.1996, BBl 1997 I 640) könnte allenfalls geprüft werden, ob im Interesse einer möglichst vollständigen Angleichung der Prozessrechte auch im Bereich des nationalen Zivilprozessrechts eine Anpassung an die Rechtsprechung des EuGH zum Begriff der "Niederlassung" im Sinne von L-Ü 5 Nr. 5 vorzunehmen sei (siehe dazu S. 431 ff. und S. 434). Der Vorentwurf für ein eidgenössisches Gerichtsstandsgesetz sieht jedenfalls noch keine entsprechende Bestimmung vor.

20 BGE 108 II 128. Dies im Gegensatz zur Rechtsprechung des EuGH, welcher als Kriterium den gegenüber Dritten erweckten Rechtsschein genügen lässt (MARTZ, Zweigniederlassung, S. 119 f.; und hinten S. 431 ff.).

21 Vgl. z.B. BE ZPO 235 und 236.

22 LEUCH/MARBACH/KELLERHALS, ZPO, N. 1 zu ZPO 236.

23 Bejahend LEUCH/MARBACH/KELLERHALS, ZPO, N. 1b zu ZPO 235.

24 Vgl. z.B. BE ZPO 237.

rung, Urkunden zu edieren, den zuständigen Organen des abhängigen Unternehmens mit der Androhung von Beugehaft zu begegnen ist[25].

Zudem sei hier kurz auf die Bestimmung von OR 963 I hingewiesen, wonach der Richter den zur Führung von Geschäftsbüchern Verpflichteten – also auch die Aktiengesellschaft – bei Streitigkeiten zur Vorlage der Buchhaltungsdokumente anhalten kann, sofern daran ein schutzwürdiges Interesse besteht. Obwohl diese bundesrechtliche Norm den kantonalen Editionsbestimmungen vorgeht, ist sie durch die kantonalen Prozessordnungen zu vollziehen, welche das Verfahren im einzelnen regeln und den Bereich der Editionspflicht ausdehnen können. Auch werden allfällige Sanktionen bei Verletzung der bundesrechtlichen Norm durch die kantonalen Zivilprozessordnungen geregelt[26].

Im amerikanischen Recht wird die prozessuale Pflicht zur Urkundenvorlage an die tatsächliche Verfügungsgewalt angeknüpft, sodass das abhängige Unternehmen auch Urkunden des herrschenden Unternehmens vorzulegen hat[27]. Dasselbe gilt auch umgekehrt.

4.2. Erstreckung der Urteilswirkungen

Es ist vom Grundsatz auszugehen, dass ein Urteil nur "inter partes" Wirkungen[28] entfaltet[29]. Allerdings stellt sich die Frage, ob Urteilswirkungen auf Konzernunternehmen, die nicht Partei im betreffenden Prozess gewesen sind, erstreckt werden könnten. Dies muss grundsätzlich verneint werden. Grenze ist aber auch hier[30] der Gedanke des Rechtsmissbrauchs, d.h. wenn die Rechtsform der juristischen Person vorgeschoben wird, um die Rechtskraftwirkungen eines ungünstigen Urteils zu umgehen.

Eine weitergehende Auffassung vertritt die amerikanische Praxis. Im amerikanischen Konzernrecht besteht die Möglichkeit, die Rechtskraft eines das abhängige Unternehmen betreffenden Urteils auf das herrschende Unternehmen zu erstrecken[31]. Im umgekehrten Fall – vom herrschenden zum beherrschten Unternehmen – soll keine Rechtskrafterstreckung stattfinden, da es am Element der Kontrolle fehle und die Interessenkongruenz allein für die Bindung eines Dritten nicht genüge[32].

---

25 Eine Zwangsedition von Urkunden Dritter sieht VD ZPO 182 vor.
26 BK-KÄFER, N. 16 ff. zu OR 963.
27 Vgl. STÜRNER, Justizkonflikt, S. 12, und BLUMBERG, Corporate Groups, S. 237 ff.
28 Rechtskraft, Gestaltungswirkung, Vollstreckungswirkung, Tatbestandswirkung, Streitverkündungs- und Interventionswirkung.
29 GULDENER, Zivilprozessrecht, S. 371 und 373.
30 Siehe S. 425.
31 Für das amerikanische Recht siehe KRAUSE, Urteilswirkungen, S. 96 f. und 215, sowie BLUMBERG, Corporate Groups, S. 267 ff.
32 KRAUSE, Urteilswirkungen, S. 97 f.

4.3. Kautionspflicht

Viele kantonale Prozessordnungen kennen Bestimmungen, wonach der Kläger, wenn er keinen Wohnsitz respektive Sitz in der Schweiz hat oder zahlungsunfähig ist, auf Antrag des Beklagten hin Sicherheit für allfälligen Parteikostenersatz leisten muss[33].

Das Zürcher Kassationsgericht hat in seinem Entscheid vom 23.10.1992 die Frage diskutiert aber offengelassen, ob zur Begründung einer Kautionspflicht gemäss ZH ZPO 73 3 ein Durchgriff vom zahlungsfähigen (also nicht kautionspflichtigen) Unternehmen auf den zahlungsunfähigen herrschenden Aktionär möglich wäre[34].

Übertragen auf das Konzernrecht lautet die Fragestellung, ob im Prozess eines abhängigen Unternehmens als Klägerin die Zahlungsunfähigkeit des herrschenden Unternehmens berücksichtigt werden kann, d.h. ob durch das abhängige Unternehmen hindurch auf das herrschende Unternehmen gegriffen und dessen Zahlungsunfähigkeit als Kautionsgrund im laufenden Verfahren berücksichtigt werden kann.

Auch hier ist vom Grundsatz der juristischen Selbständigkeit des abhängigen Unternehmens auszugehen. Ein Durchgriff ist daher nur beim Vorliegen besonderer Umstände beziehungsweise eines offensichtlichen Rechtsmissbrauchs anzunehmen.

---

33 OSCAR VOGEL, Zivilprozessrecht, 11. Kap. N. 38 ff.
34 SJZ 1995, S. 96 ff.

II. Der Konzern im schweizerischen international-zivilprozessualen Verhältnis

1. Problemstellung

Die internationale Geschäftstätigkeit der Konzerne bedingt die Begründung von Rechten und Pflichten über die Grenzen hinweg. Schwierigkeiten entstehen oft bei der verfahrensmässigen Durchsetzbarkeit solcher Rechte und Pflichten, da die Gerichtshoheit auf das jeweilige Land beschränkt ist[35].

2. Die direkte internationale Zuständigkeit

2.1. Lugano-Übereinkommen

a) Allgemeines

Gemäss IPRG 1 II gehen in internationalen Verhältnissen[36] Staatsverträge dem IPRG[37] grundsätzlich[38] vor. Von grosser Bedeutung ist das für die Schweiz am 1.1.1992 in Kraft getretene Lugano-Übereinkommen (L-Ü)[39].

Während das IPRG nationales Recht über die Frage des anwendbaren Prozessrechtes und der Zuständigkeit der schweizerischen Gerichte allgemein enthält, regelt das L-Ü als multilaterales Übereinkommen für die Mitgliedstaaten der Europäischen Union (EU) und der Europäischen Freihandelsassoziation (EFTA)[40] einheitlich die internationale Zuständigkeit sowie die Anerkennungs- und Vollstreckungsvoraussetzungen in Zivil- und Handelssachen und stellt somit ein teilweise einheitliches "europäisches Zivilprozessrecht" dar[41].

---

35 MANN, Hoheitsgewalt, S. 21 ff.
36 Siehe zu diesem Begriff BGE vom 13.6.1994, Semjud 1994, S. 57 ff.
37 BG über das Internationale Privatrecht (IPRG) vom 18. Dezember 1987 (SR 291).
38 Zur Ausnahme des Günstigkeitsprinzips siehe HABSCHEID, Lehrbuch, § 19 N. 238.
39 Übereinkommen über die gerichtliche Zuständigkeit und die Vollstreckung gerichtlicher Entscheidungen in Zivil- und Handelssachen vom 16. September 1988 (SR 0.275.11).
40 Bis heute sind dem L-Ü die folgenden Staaten beigetreten (Stand April 1997): Schweiz, Frankreich, Niederlande (1.1.1992), Luxemburg (1.2.1992), England (1.5.1992), Portugal (1.7.1992), Italien (1.12.1992), Schweden (1.1.1993), Norwegen (1.5.1993), Finnland (1.7.1993), Irland (1.12.1993), Spanien (1.11.1994), Deutschland (1.3.1995), Island (1.12.1995), Dänemark (1.3.1996) sowie Österreich (1.9.1996). Durch die Ratifikation des L-Ü werden die bilateralen Staatsverträge im Rahmen des Geltungsbereiches des L-Ü – Zivil- und Handelssachen – durch dieses ersetzt (L-Ü 55 und 56), so z.B. bereits die Staatsverträge mit Frankreich (gänzlich aufgehoben), Italien, Schweden, Spanien, Deutschland und Österreich.
41 Dazu WALTER, Lugano, S. 89 ff.

Damit wird auch das sog. "forum shopping", wonach dem Kläger aufgrund der unterschiedlichen nationalen Gerichtsstandsregelungen mehrere Foren zur Klageerhebung offenstehen, eingeschränkt.

Im Lugano-Übereinkommen finden sich keine expliziten Regeln für Konzernsachverhalte, sodass für die Bestimmung der internationalen Zuständigkeit grundsätzlich an die juristische Selbständigkeit der einzelnen Konzernunternehmen anzuknüpfen ist[42].

b) Insbesondere der Gerichtsstand der Niederlassung (L-Ü 5 Nr. 5)

Wie das schweizerische nationale[43] und internationale Zivilprozessrecht[44] enthält auch das Lugano-Übereinkommen einen Gerichtsstand der Niederlassung. Am Gerichtsstand der "Zweigniederlassung, Agentur oder sonstige(n) Niederlassung" können gemäss L-Ü 5 Nr. 5 Ansprüche aus dem Betrieb einer Niederlassung beim Richter am Ort dieser Niederlassung geltend gemacht werden[45]. Eingeklagt wird der Inhaber der Niederlassung, da der Niederlassung typischerweise keine Rechtspersönlichkeit zukommt[46]. Der Begriff der Niederlassung wird vom Europäischen Gerichtshof (EuGH) autonom ausgelegt, um die einheitliche Anwendung in den Vertragsstaaten zu gewährleisten[47]. Kennzeichnend ist, dass die Niederlassung unter anderem der Aufsicht und Leitung des herrschenden Unternehmens unterliegt[48] und aus der Sicht

---

42 Somit kommen insbes. die folgenden Gerichtsstände in Frage:
– L-Ü 2 i.V.m. 53: Allgemeiner Gerichtsstand am Sitz der Gesellschaft;
– L-Ü 5 und 6: Besondere Gerichtsstände;
– L-Ü 16 Nr. 2: Registersachen;
– L-Ü 17: Gerichtsstandsvereinbarung;
– L-Ü 18: Einlassung.
43 BGE 101 Ia 43 und vorne S. 425 ff.
44 IPRG 112 I.
45 Die Begriffe "Zweigniederlassung, Agentur oder sonstige Niederlassung" in L-Ü 5 Nr. 5 unterscheiden sich in ihrer Auslegung durch den EuGH kaum. So wird im ersten Entscheid, De Bloos/Bouyer, Slg. 1976, S. 1497 ff., Rz. 20/22, festgehalten: "Wortlaut und Zweck dieses Artikels ergeben, dass der ebenfalls verwendete Begriff 'Niederlassung' nach dem Geist des Übereinkommens die gleichen Wesensmerkmale aufweist wie die Begriffe Zweigniederlassung und Agentur." Und weiter Sir Gordan Slynn in seinen Schlussanträgen im Fall SAR Schotte/Parfums Rothschild: "Der Begriff der 'Niederlassung' ist offenbar ebenso zu verstehen wie Zweigniederlassung und Agentur" (Slg. 1987, S. 4911).
46 Als zusätzliches Erfordernis müssen die Streitigkeiten aus dem Betrieb der Niederlassung stammen. Vgl. hierzu KROPHOLLER, Europäisches Zivilprozessrecht, N. 82 zu Art. 5.
47 Die grundlegende Umschreibung findet sich im Entscheid Somafer/Saar-Ferngas vom 22.11.1978, 33/78, Slg. 1978, S. 2183 ff.: "Mit dem Begriff der Zweigniederlassung, der Agentur oder der sonstigen Niederlassung ist ein Mittelpunkt geschäftlicher Tätigkeit gemeint, der auf Dauer als Aussenstelle eines Stammhauses hervortritt, eine Geschäftsführung hat und sachlich so ausgestattet ist, dass er in der Weise Geschäfte mit Dritten betreiben kann, dass diese, obgleich sie wissen, dass möglicherweise ein Rechtsverhältnis mit dem im Ausland ansässigen Stammhaus begründet wird, sich nicht unmittelbar an dieses zu wenden brauchen, sondern Geschäfte an dem Mittelpunkt geschäftlicher Tätigkeit abschliessen können, der dessen Aussenstelle ist".
48 In Abgrenzung zum unabhängigen Alleinvertriebshändler. Vgl. Entscheid EuGH vom 6.10.1976,

eines Dritten leicht erkennbar als Aussenstelle eines übergeordneten Unternehmens hervortritt[49]. Umgekehrt kann somit das herrschende Unternehmen an Aussenstellen mit weitgehender Selbständigkeit nicht beklagt werden[50].

L-Ü 5 Nr. 5 ist auf ein abhängiges, aber juristisch selbständiges Unternehmen grundsätzlich nicht anwendbar[51]. In einer Entscheidung vom 9.12.1987 in der Angelegenheit SAR Schotte/Parfums Rothschild[52] erklärte der EuGH jedoch EuGVÜ 5 Nr. 5[53] auch im Verhältnis des herrschenden zum abhängigen Unternehmen für anwendbar und legte somit Ansätze zu einer international-prozessrechtlichen Erfassung von Konzernsachverhalten fest[54]. Es war über eine Klage gegen eine französische "Tochtergesellschaft" am Sitz der deutschen Konzernspitze[55] zu befinden[56]. Der EuGH legte EuGVÜ 5 Nr. 5 dahin aus, "dass er auf einen Fall anwendbar ist, in dem eine in einem Vertragsstaat ansässige juristische Person in einem anderen Vertragsstaat zwar keine unselbständige Zweigniederlassung, Agentur oder sonstige Niederlassung unterhält, dort aber ihre Tätigkeiten mit Hilfe einer gleichnamigen selbständigen Gesellschaft mit identischer Geschäftsführung entfaltet, die in ihrem Namen verhandelt und Geschäfte abschliesst und deren sie sich wie einer Aussenstelle bedient". Entscheidend für den Kläger sei nicht die oft schwer zu durchschauende interne Organisation zwischen inländischem und ausländischem Unternehmensteil, sondern "die Art und Weise, wie sich diese beiden Unternehmen im Geschäftsleben verhalten und wie sie sich Dritten gegenüber in ihren Handelsbeziehungen darstellen"[57]. Ein entsprechendes Auftreten kann also dazu führen, dass ein herrschendes Unternehmen, das für sein im Ausland domiziliertes abhängiges Unternehmen ge-

---

De Bloos/Bouyer, 14/76, Slg. 1976, S. 1497 ff., und KROPHOLLER, Europäisches Zivilprozessrecht, N. 75 zu Art. 5.

49   Dies in Abgrenzung zum Handelsvertreter im Sinne der §§ 84 ff. des deutschen Handelsgesetzbuches (Entscheid EuGH vom 18.3.1981, Blanckaert & Willems/Trost, 139/80, Slg. 1981, S. 819 ff., und KROPHOLLER, Europäisches Zivilprozessrecht, N. 77 zu Art. 5).

50   Im schweizerischen Recht dient das Kriterium der "Selbständigkeit" zur Abgrenzung der Zweigniederlassung vom gewöhnlichen Warenlager usw. (siehe dazu S. 425 ff.).

51   KROPHOLLER, Europäisches Zivilprozessrecht, N. 79 zu Art. 5.

52   Slg. 1987, S. 4905 ff.

53   Brüsseler Übereinkommen über die gerichtliche Zuständigkeit und die Vollstreckung gerichtlicher Entscheidungen in Zivil- und Handelssachen vom 27. September 1968. EuGVÜ 5 Nr. 5 entspricht L-Ü 5 Nr. 5.

54   KRONKE, Gerichtsstand, S. 81 ff.

55   Das in Düsseldorf ansässige herrschende Unternehmen Rothschild GmbH schloss im Namen des sich in Paris befindenden abhängigen Unternehmens Parfums Rothschild Geschäfte ab.

56   Es lag hier zusätzlich noch ein atypischer Fall vor, indem das herrschende Unternehmen als Aussenstelle bzw. Zweigniederlassung behandelt werden sollte. In Deutschland diskutierte man bisher in der Lehre zu § 21 der deutschen ZPO (Gerichtsstand der Zweigniederlassung) und zum internationalen Verhältnis nur die Frage, wieweit die selbständige Organisation (dazu gehört auch die eigene Rechtspersönlichkeit) der "Filiale" bzw. "Tochtergesellschaft" bei Klagen gegen das Hauptunternehmen den Niederlassungsgerichtsstand ausschliesse (vgl. KRONKE, Gerichtsstand, S. 81 ff.).

57   Entscheid Rothschild, S. 4920, Rz. 16.

handelt hat, gerichtsstandsbegründend wie dessen "Niederlassung" behandelt wird[58]. Dies muss auch Geltung haben für den umgekehrten Fall, der an und für sich typisch ist[59]: Das herrschende Unternehmen kann am Sitz seines abhängigen Unternehmens belangt werden, falls dieses gegenüber dem Geschäftspartner den Rechtsschein einer "Aussenstelle" geschaffen hat. Der "konzerntypischen (gesellschafts-)rechtlichen Trennung eines wirtschaftlich nach einheitlichem Plan handelnden organisatorischen Verbundes" wird keine Beachtung mehr geschenkt[60]. Es ist jedoch zu beachten, dass die blosse konzernrechtliche Abhängigkeit einer in der Rechtsform einer juristischen Person organisierten "Niederlassung" von einem ausländischen herrschenden Unternehmen für die Begründung des Niederlassungsgerichtsstandes nach L-Ü 5 Nr. 5 nicht ausreicht[61]. Daher wird am Sitz des abhängigen Unternehmens kein Gerichtsstand für die Belangung des im Ausland domizilierten herrschenden Unternehmens begründet werden können, wenn das abhängige Unternehmen Geschäfte im eigenen Namen abschliesst und in seinen täglichen Geschäften nicht der Aufsicht oder Leitung des herrschenden Unternehmens unterliegt[62].

Hat jedoch ein ausländisches Unternehmen seinen Hauptsitz in keinem Vertragsstaat, so greift L-Ü 5 Nr. 5 – unter Vorbehalt von L-Ü 8 II und 13 II – nicht, sondern die Zuständigkeit richtet sich allein nach nationalem Recht (L-Ü 4)[63].

2.2. IPRG

a) Allgemeines

Auch im subsidiär zur Anwendung kommenden IPRG finden sich keine besonderen Bestimmungen über den Konzern.

Die Frage der gerichtlichen Zuständigkeit im internationalen Verhältnis richtet sich somit nach den allgemeinen Regeln von IPRG 2 ff.[64].

---

58   KROPHOLLER, Europäisches Zivilprozessrecht, N. 80 zu Art. 5; MARTZ, Zweigniederlassung, S. 116 ff.
59   So auch GEIMER, Zweigniederlassung, S. 220: "Auf die Hierarchie im Konzern kommt es kompetenzrechtlich nicht an."
60   KRONKE, Gerichtsstand, S. 83.
61   In diese Richtung geht aber der Entscheid des Oberlandesgerichts Düsseldorf vom 26.5.1995, Praxis des Internationalen Privat- und Verfahrensrechts (IPRax) 1997, S. 115 ff., bzw. Wertpapier-Mitteilungen (WM) 1995, S. 1349.
62   WIECZOREK/SCHÜTZE, Zivilprozessordnung, N. 80 zu EuGVÜ 5.
63   KROPHOLLER, Europäisches Zivilprozessrecht, N. 72 zu Art. 5.
64   Die entsprechenden Bestimmungen lassen sich im wesentlichen wie folgt zusammenfassen:
      – Sofern keine andere Zuständigkeit vorgesehen ist, sind die schweizerischen Gerichte am Sitz der beklagten Gesellschaft zuständig (IPRG 2 und 21).
      – Sofern das Gesetz keine Zuständigkeit in der Schweiz vorsieht und ein Verfahren im Ausland nicht möglich oder unzumutbar ist, so sind die schweizerischen Gerichte am Ort zuständig, mit welchem der Sachverhalt einen genügenden Zusammenhang aufweist (sog. Notzuständigkeit; IPRG 3).
      – Sofern das Gesetz keine andere schweizerische Zuständigkeit vorsieht, ist die Klage auf Arrest-

b) Insbesondere der Gerichtsstand der Niederlassung (IPRG 112 II)

VOGEL[65] hält es für nicht abwegig, die Auslegung von IPRG 112 II (Gerichtsstand der Niederlassung) der Auslegung von L-Ü 5 Nr. 5[66] anzugleichen. Auch wenn diese Ansicht im Widerspruch zur Botschaft zum IPRG steht[67], kann ihr im Interesse möglichst gleicher Entscheidungskriterien im internationalen Verhältnis zugestimmt werden[68].

3. Die Anerkennung und Vollstreckung von ausländischen Urteilen

3.1. Problemstellung

Bei Vertragsverhandlungen wird von seiten der schweizerischen Verhandlungspartner vielfach Wert darauf gelegt, dass sowohl schweizerisches Recht als auch ein schweizerischer Gerichtsstand vereinbart werden. Dabei sollte jedoch die Frage nicht ausser acht gelassen werden, ob überhaupt und gegebenenfalls wie ein allfälliges Urteil eines schweizerischen Gerichts im Staat der Gegenpartei anerkennbar und vollstreckbar ist.

Die Frage der Anerkennung und Vollstreckbarkeit von ausländischen Urteilen entscheidet sich

- entweder nach den kollisionsrechtlichen Bestimmungen des betreffenden Staates (in der Schweiz: IPRG)
- oder nach allfälligen bilateralen oder multilateralen Staatsverträgen über die Anerkennung und Vollstreckung von Urteilen zwischen dem betreffenden ausländischen Staat und der Schweiz.

---

   prosequierung am schweizerischen Arrestort zulässig (IPRG 4).
 – Im Rahmen der Privatautonomie können die Parteien vertraglich einen Gerichtsstand vereinbaren (IPRG 5). Diese Gerichtsstandsvereinbarung ist jedoch nur dann wirksam, wenn einer Partei ein schweizerischer Gerichtsstand nicht missbräuchlich entzogen wird. Das zwischen den Parteien vereinbarte Gericht darf seine Zuständigkeit nicht ablehnen.
 – wenn eine Partei ihren Wohnsitz, ihren gewöhnlichen Aufenthalt oder eine Niederlassung im Kanton des vereinbarten Gerichts hat, oder
 – wenn auf den Streitgegenstand gemäss IPRG schweizerisches Recht anzuwenden ist.
 – Die Zuständigkeit des angerufenen schweizerischen Gerichts ist auch dann gegeben, wenn in vermögensrechtlichen Streitigkeiten sich die beklagte Partei auf das Verfahren einlässt (IPRG 6).
65   OSCAR VOGEL, Zivilprozessrecht, 4. Kap. N. 48d.
66   Siehe S. 431 ff.
67   Botschaft IPRG, BBl 1983 I 321: "Nicht unter den Begriff der Zweigniederlassung fallen ... Tochtergesellschaften, die, auch wenn sie sich in starker Abhängigkeit vom Mutterhaus befinden, rechtlich verselbständigte Handelsgesellschaften sind."
68   Vgl. BGE 108 II 122 ("Tradax"); siehe S. 425 ff.

3.2. Vollstreckung ausländischer Urteile in der Schweiz

Soll in der Schweiz ein im Ausland ergangenes Urteil vollstreckt werden[69], muss geprüft werden, ob mit dem Gerichtsstaat ein Staatsvertrag abgeschlossen worden ist, da völkerrechtliche Verträge gemäss IPRG 1 II grundsätzlich vorbehalten sind. Die Schweiz hat mit einzelnen Staaten bilaterale Staatsverträge über die Anerkennung und Vollstreckung von Entscheiden der ordentlichen Gerichte abgeschlossen[70].

Eine weitaus grössere Bedeutung kommt nun dem Lugano-Übereinkommen zu, das für die Anerkennung und Vollstreckung von Urteilen aus dem europäischen Raum gegenüber dem IPRG und den bilateralen Staatsverträgen eine beachtliche Vereinfachung und Erleichterung bringt. Die Unterschiede in den bilateralen Verträgen werden beseitigt, und das Verfahren ist effizienter gestaltet.

Es besteht eine Art "Anerkennungsvermutung", d.h. der Entscheid eines ordentlichen Gerichts eines Vertragsstaates wird gemäss L-Ü 26 anerkannt, ohne dass es hierfür eines besonderen Verfahrens bedürfte. Lediglich für die Vollstreckbarerklärung ist ein Exequaturverfahren nötig. Die Zuständigkeit des Urteilsgerichts – die sog. indirekte oder Anerkennungszuständigkeit – wird im Gegensatz zu IPRG 26 grundsätzlich nicht überprüft[71]. Von diesem Grundsatz bestehen jedoch gewisse Ausnahmen[72].

Im übrigen wird ein Entscheid nicht anerkannt, wenn ein Verweigerungsgrund nach L-Ü 27 besteht (z.B. bei gewissen Verfahrensmängeln), was in etwa mit IPRG 27 übereinstimmt.

Die Vollstreckbarerklärung (Lugano-Übereinkommen 31 ff.) erfolgt auf das Gesuch des Klägers hin im Exequaturverfahren sofort; das rechtliche Gehör wird dem Schuldner erst im Rechtsmittelverfahren gewährt. Der Gläubiger kann bereits nach Erlass der erstinstanzlichen Entscheidung Massnahmen zur Sicherung veranlassen (L-Ü 39 II).

Falls kein Staatsvertrag besteht, richtet sich – wie bereits erwähnt – die Anerkennung und Vollstreckung von ausländischen Urteilen nach IPRG, und zwar nach IPRG 25 ff.

Wie bei den Staatsverträgen setzt die Anerkennung nach IPRG den positiven Nachweis über das Vorhandensein gewisser Anerkennungsgründe voraus. Gemäss IPRG 25 wird in der Schweiz eine ausländische Entscheidung anerkannt,

---

69 Dazu grundsätzlich WALTER, Zivilprozessrecht, S. 311 ff.
70 Belgien, Deutschland, Liechtenstein, Italien, Österreich, Schweden, Spanien, Tschechien und Slowakei (siehe hierzu WALTER/JAMETTI, IPR, Nr. 94 ff.).
71 Vgl. L-Ü 28 IV.
72 Diese betreffen gemäss L-Ü 28 I und II die Zuständigkeiten für Versicherungs- (L-Ü 7 ff.) und Verbrauchersachen (L-Ü 13 ff.), die ausschliesslichen Zuständigkeiten von L-Ü 16 sowie die Fälle von L-Ü 54b III, 57 IV und 59.

– wenn die Zuständigkeit der Gerichte oder Behörden des Staates, in dem die Entscheidung ergangen ist, begründet war[73],
– wenn gegen die Entscheidung kein ordentliches Rechtsmittel mehr geltend gemacht werden kann oder wenn sie endgültig ist[74] und
– wenn kein Verweigerungsgrund im Sinne von IPRG 27 vorliegt[75].

3.3. Vollstreckung schweizerischer Urteile im Ausland

Eine sehr wichtige Frage ist, ob ein in der Schweiz ergangenes Urteil (z.B. gestützt auf eine Gerichtsstandsvereinbarung) im Ausland auch effektiv vollstreckt werden kann. Dies entscheidet sich wiederum entweder nach einem Staatsvertrag oder nach dem betreffenden ausländischen Kollisionsrecht. Hier bietet das Lugano-Übereinkommen wieder eine vereinfachte, einheitliche Ordnung: Die Anerkennung und Vollstreckung erfolgt in jedem Vertragsstaat nach demselben Muster. Demgegenüber gilt es, bei den bilateralen Staatsverträgen – wenn überhaupt solche bestehen[76] – und bei den verschiedenen ausländischen Kollisionsrechten unterschiedliche Anerkennungs- und Vollstreckungsbestimmungen zu beachten.

4. Schiedsgerichtsbarkeit

Sind nun die in einem Staatsvertrag (insbesondere im Lugano-Übereinkommen) oder im schweizerischen (IPRG) oder ausländischen Kollisionsrecht genannten Voraussetzungen nicht erfüllt, können ausländische Zivilurteile in der Schweiz oder schweizerische Urteile im Ausland nicht anerkannt und demzufolge auch nicht vollstreckt werden.

Aus diesem Grund empfiehlt es sich, gegebenenfalls seine Rechtsansprüche nicht auf dem Weg eines ordentlichen Zivilprozesses, sondern vor einem Schiedsgericht durchzusetzen. Durch das Genfer Abkommen von 1927[77] und das New Yorker

---

73　Im Gegensatz zum L-Ü erfolgt hier also die Überprüfung der sog. indirekten Zuständigkeit, was nach IPRG 26 bzw. den Bestimmungen der entsprechenden Kapitel zu erfolgen hat.
74　D.h. formell rechtskräfig, was im Gegensatz dazu beim L-Ü nicht Voraussetzung ist.
75　Materieller und formeller ordre public.
76　Anlässlich der 17. Session der Haager Konferenz für internationales Privatrecht vom Mai 1993 warfen die USA die Frage nach einem weltweit gültigen Anerkennungs- und Vollstreckungsabkommen auf, welches – wie das L-Ü – sowohl die indirekte wie auch die direkte Zuständigkeit regeln sollte (sog. "convention double"; siehe dazu JAMETTI GREINER, IPR, S. 1217 ff.). Die 19. Session im Jahre 2000 wird vor allem diesem neuen Abkommen gewidmet sein (vgl. ANDREAS BUCHER in SZIER 1997, S. 126).
77　Abkommen zur Vollstreckung ausländischer Schiedssprüche, abgeschlossen in Genf am 26.9.1927 (SR 0.277.111).

Übereinkommen von 1958[78], dem bisher weltweit über 100 Staaten beigetreten sind, ist die Vollstreckung von Schiedsentscheiden vereinheitlicht und wesentlich – jedenfalls im Vergleich zu Gerichtsentscheiden – vereinfacht worden.

IPRG 7 I sieht vor, dass zwischen den Parteien eine Schiedsvereinbarung getroffen werden kann[79]. Da es sich bei den meisten konzernrechtlichen Fragestellungen um vermögensrechtliche Streitigkeiten gemäss IPRG 177 handelt, wird die Schiedsfähigkeit in der Regel zu bejahen sein.

5. Internationale Rechtshilfe

Ausfluss des völkerrechtlichen Territorialitätsprinzips ist, dass jeder Staat Amtshandlungen nur auf seinem eigenen Hoheitsgebiet durchführen darf. Am 1.1.1995 sind für die Schweiz vier neue Übereinkommen[80] im Bereich der internationalen Rechtshilfe in Zivil- und Handelssachen in Kraft getreten[81]. Es handelt sich um die drei Haager Konventionen[82] und um das Europaratsabkommen vom 27.1.1977 betreffend die Übermittlung von Gesuchen zur Gewährung der unentgeltlichen Rechtspflege (EUe77)[83]. Bei den drei Haager Abkommen, die grundsätzlich auch für juristische Personen gelten, werden auch Besonderheiten berücksichtigt, die sich im Verkehr mit dem angloamerikanischen Zivilprozessrecht ergeben[84]. Man erhofft sich die Vermeidung weiterer Justizkonflikte[85], wie z.B. einseitige Zwangsmassnahmen der ameri-

---

78 Übereinkommen über die Anerkennung und Vollstreckung ausländischer Schiedssprüche, abgeschlossen in New York am 10.6.1958 (SR 0.277.12).
79 Sofern zwischen den Parteien eine Schiedsabrede getroffen wurde, muss das angerufene schweizerische Gericht seine Zuständigkeit ablehnen, ausser
    – wenn der Beklagte sich vorbehaltlos auf das Verfahren eingelassen hat,
    – die Schiedsvereinbarung hinfällig, unwirksam oder nicht erfüllbar ist oder
    – das Schiedgericht aus Gründen, die offensichtlich der Beklagte zu vertreten hat, nicht bestellt werden kann.
80 Botschaft betreffend die Genehmigung von vier Übereinkommen im Bereich der internationalen Rechtshilfe in Zivil- und Handelssachen vom 23.11.1993, BBl 1993 III 1261 ff. (im folgenden: Botschaft Haager Übereinkommen).
81 NOBEL, Rechtshilfe, S. 72 ff.
82 Haager Übereinkommen vom 15.11.1965 über die Zustellung gerichtlicher und ausservertraglicher Schriftstücke im Ausland in Zivil- und Handelssachen (HZUe65; SR 0.274.131); Haager Übereinkommen vom 18.3.1970 über die Beweisaufnahme im Ausland in Zivil- und Handelssachen (HBewUe70; SR 0.274.132); Haager Übereinkommen vom 25.10.1980 über den internationalen Zugang zur Rechtspflege (HUe80; SR 0.274.133).
83 SR 0.274.137.
84 Z.B. die sog. "pretrial-discovery of documents". Nähere Ausführungen zur "pretrial-discovery"-Problematik bei NOBEL, Rechtshilfe, S. 77 f.; LANGE/BLACK, Zivilprozess, N. 52 ff.; WALTER, Zivilprozessrecht, S. 307 ff., und JUNKER, "Discovery", S. 103 ff. Zu den Entwicklungen anlässlich der letzten ZPO-Revision in den USA siehe REIMANN, Discovery, S. 152 ff.
85 NOBEL, Rechtshilfe, S. 79; Botschaft Haager Übereinkommen, S. 1279. Beispiele für die Schweiz (Marc Rich & Co. AG und Banca della Svizzera Italiana) bei HONEGGER, Offenlegungspflichten, S. 61 ff.

kanischen Gerichte oder der prozessuale Durchgriff auf abhängige Unternehmen in den USA[86]. Inwieweit die letzte Revision des amerikanischen Prozessrechts[87], die eine striktere Einhaltung der Haager Konventionen vorsieht, etwas am jetzigen Zustand ändern wird, bleibt abzuwarten.

---

86 Vgl. für das Verhältnis zu den USA sogleich S. 439 ff.
87 Federal Rules of Civil Procedure, Rule 4 (f) und (k).

III. Zuständigkeit der US-Gerichte für ausländische Konzernunternehmen im besonderen

1. Ausgangslage

Im europäischen Bereich wird die internationale Zuständigkeit durch das Brüsseler und das Lugano-Übereinkommen harmonisiert[88]. International kann man sich betreffend Zustellung von Gerichtsakten und Beweisaufnahme allenfalls auf die Haager Übereinkommen berufen: Obwohl die USA[89] sowohl das HZUe65 als auch das HBewUe70[90] ratifizierten, haben sie sich nicht immer an die konventionsrechtlichen Regeln gehalten, da die amerikanische Gerichtspraxis dem Konventionsrecht oft die ausschliessliche Geltung abspricht[91].

Als eine Prozessvoraussetzung muss die Gerichtshoheit ("judicial jurisdiction") über die beklagte Partei bestehen. Gerichtshoheit über eine Person wird mit dem Begriff "jurisdiction in personam" bzw. "personal jurisdiction"[92] bezeichnet[93].

2. Niederlassung oder Vertretung in den USA

Ein schweizerisches Unternehmen, das in den Vereinigten Staaten eine Niederlassung oder eine Vertretung aufrechterhält, fällt unter die sog. "jurisdiction in personam" der amerikanischen Gerichte. Die Zuständigkeit – die sich meist auch auf die sog. "long-arm statutes"[94] der einzelnen Bundesstaaten abstützt – kann begründet werden, wenn das Unternehmen mit Hilfe der Niederlassung dauernd Geschäfte tätigt[95]. Im

---

88 Vgl. S. 430 ff.
89 WELP, US-Zivilprozess; OTTO, Durchgriff; BLUMBERG, Corporate Groups.
90 Vgl. S. 437 f.
91 LANGE/BLACK, Zivilprozess, N. 70 ff., insbes. N. 72 ff.; OTTO, Durchgriff, S. 93 f.
92 Vergleichende Ausführungen zur "personal jurisdiction" im amerikanischen und im EU-Recht finden sich bei BORCHERS, Jurisdiction, S. 121 ff.
93 Neben der "jurisdiction in personam" umfasst der Begriff der "judicial jurisdiction" zwei weitere Kategorien: Die "jurisdiction in rem" und die "jurisdiction quasi in rem". Dazu KRAUSS, Zuständigkeit, S. 6 f.: "In Personam Jurisdiction betrifft die Befugnis eines Gerichts, einen Anspruch gegen den Beklagten zuzuerkennen und ein Urteil zu erlassen, das gegen den Beklagten und sein Vermögen durchgesetzt werden kann. Im Gegensatz dazu betrifft In Rem Jurisdiction die Entscheidung über bestehende dingliche oder beschränkt dingliche Rechte oder Rechte an Forderungen. Quasi In Rem Jurisdiction betrifft überwiegend die Erwirkung eines dinglichen Arrests zur Sicherstellung während eines anhängigen Verfahrens über mit den sichergestellten Gegenständen nicht in Zusammenhang stehenden Forderungen gegen den Eigentümer."
94 In den USA verbreitete gesetzliche Normen, welche die Zuständigkeit der Gerichte für Klagen gegen nicht im Gerichtsstaat ansässige Beklagte begründen.
95 Sog. "doing business" (im Sinne der Zuständigkeitsnormen der einzelstaatlichen "long-arm statutes"); vgl. auch HONEGGER, Offenlegungspflichten, S. 159.

grundlegenden Entscheid International Shoe Co. v. Washington[96] des US-Supreme Court aus dem Jahre 1945 wurde das Kriterium der "minimum contacts" geschaffen, um die Zuständigkeit über bundesstaatenfremde (bzw. ausländische) Gesellschaften zu präzisieren[97]. Die amerikanische Praxis zur Frage, wann die Voraussetzungen für das Vorliegen von "minimum contacts" zum Forum gegeben sind, ist vielfältig[98]. Die meisten Bundesstaaten haben die "minimum contacts"-Doktrin in ihre "long-arm statutes" aufgenommen[99].

3. Abhängiges Unternehmen in den USA

Verfügt ein schweizerisches herrschendes Unternehmen über ein juristisch selbständiges abhängiges Unternehmen in den USA, so untersteht grundsätzlich nur dieses der Gerichtsbarkeit der US-Gerichte[100], vorausgesetzt, es betreibe nur eigene Geschäfte und besitze weitgehende Unabhängigkeit von der Konzernspitze[101]. Dies ist Ausfluss der sog. "entity law"-Doktrin, der auch bei den meisten westlichen Staaten vorherrschenden Auffassung, wonach jede Gesellschaft eine selbständige juristische Person mit eigenen Rechten und Pflichten darstellt, selbst dann, wenn sie im Besitze einer anderen Gesellschaft steht, gemeinsam mit dieser ein Unternehmen betreibt und von dieser kontrolliert wird.

---

96 326 U.S. 310 (1945).
97 Die amerikanische Doktrin der verfassungsrechtlich geforderten "minimum contacts", die die Gerichtshoheit begründen sollen, ist ursprünglich für das Verhältnis zwischen den einzelnen Bundesstaaten aus dem Grundsatz des "due process" des 14. Amendment zur amerikanischen Verfassung entwickelt worden und dann im grossen und ganzen auf das Verhältnis zu Fremdstaaten übertragen worden (STÜRNER, Justizkonflikt, S. 42). Die "due process"-Klausel stellt für die einzelstaatlichen Gerichte keine mögliche Zuständigkeitsgrundlage dar. Sie definiert nur die Grenzen, bis zu denen die Einzelstaaten durch ihre "long-arm statutes" Zuständigkeit über Gesellschaften mit Sitz in anderen Bundesstaaten wie auch mit Sitz im Ausland in Anspruch nehmen können. Weiterführend: GLANNON, Civil Procedure, S. 23 ff., und LOWENFELD, International Litigation, S. 147 ff.
98 Das Gericht berücksichtigt z.B., ob
   – die beklagte Gesellschaft Produktions-, Wartungs- oder Verkaufseinrichtungen innerhalb des Forums unterhält,
   – sie über einen "agent" verfügt,
   – sie Waren in das Forum transportiert usw.
   Vgl. LANGE/BLACK, Zivilprozess, N. 9, und OTTO, Durchgriff, S. 67.
99 HONEGGER, Offenlegungspflichten, S. 162.
100 Der Supreme Court entschied im Fall Cannon v. Cudahy, 267 U.S., 333 (1925), noch ziemlich formal, dass blosse – selbst 100%ige – Beherrschung eines abhängigen Unternehmens noch nicht für die Begründung der "jurisdiction" über das herrschende Unternehmen genüge. Die Unternehmenseinheit wurde i.c. verneint (BLUMBERG, Corporate Groups, S. 43 ff.). Treten weitere Indizien hinzu, wie z.B. Personalverflechtung, Weisungsgebundenheit und weitgehend gleiche Firmennamen, wird ein Durchgriff auf das herrschende Unternehmen möglich (vgl. OTTO, Durchgriff, S. 67).
101 LANGE/BLACK, Zivilprozess, N. 34.

Die amerikanischen Gerichte haben aber die Tendenz, ihre Zuständigkeit mittels prozessualen Durchgriffs auch auf ausländische herrschende oder abhängige Unternehmen auszudehnen. Als Voraussetzung müssen zur beteiligungsmässigen Beherrschung bzw. finanziellen Abhängigkeit der abhängigen Unternehmen weitere positive Merkmale hinzutreten, welche darauf schliessen lassen, dass die ausländische Konzernleitung den Geschäftsgang des amerikanischen abhängigen Unternehmens kontrolliert ("control"), sodass wirtschaftlich betrachtet eine Einheit besteht[102]. Die Voraussetzungen der "minimum contacts" aus "International Shoe" und nachfolgenden Entscheiden kann auch auf Konzernverhältnisse übertragen werden[103]. Folgende Indizien (in der Regel liegt eine Kombination mehrerer Faktoren vor) können somit die Zuständigkeit begründen:

- "Doing business" des herrschenden Unternehmens;
- Einheitliches Auftreten und Identität der Geschäftspolitik von Konzernleitung und abhängigem Unternehmen;
- Personalunion der Organe;
- Die Betriebsmittel des abhängigen Unternehmens gehören dem herrschenden Unternehmen;
- Es werden keine separaten Bücher und Steuererklärungen für das abhängige Unternehmen geführt;
- Veranlassung zu einem Vertragsabschluss;
- Genehmigung wichtiger Geschäfte des abhängigen Unternehmens durch die Konzernspitze oder Weisungsgebundenheit;
- Übertragung oder Einräumung von Nutzungsrechten an amerikanischen Immaterialgüterrechten;
- Erbringen von Dienstleistungen an amerikanische Kunden durch in den USA weilende Mitarbeiter;
- Miete von Büros und Verfügen über Telefonanschlüsse in den USA, Vorhandensein von Aktiven (Bankkontos, Lager, Debitoren) in den USA usw.[104].

Die amerikanischen Gerichte nehmen in der Regel einen sog. "test" vor, bei dem an Hand der Umstände des konkreten Einzelfalles die Kriterien pro und contra einer Beherrschung des inländischen abhängigen Unternehmens durch die ausländische Konzernleitung gegeneinander abgewogen werden[105]. Ausschlaggebend ist letztlich der Grad der Abhängigkeit.

---

102 Das amerikanische abhängige Unternehmen wird dann als blosser Vertreter ("mere agent"), als Instrument ("instrument") oder als blosse Abteilung ("mere department") der ausländischen Konzernspitze betrachtet.
103 BLUMBERG, Corporate Groups, S. 43, 46 ff., 76 f.; vgl. auch OTTO, Durchgriff, S. 79 ff.
104 HONEGGER, Offenlegungspflichten, S. 167 f.; OTTO, Durchgriff, S. 79 f.; LANGE/BLACK, Zivilprozess, N. 33 f.
105 Grundlegend BLUMBERG, Corporate Groups, S. 425 ff. Siehe auch SCHNYDER, Zuständigkeiten, S. 47 ff., 58 f.

Eine weitere Zuständigkeitsausdehnung geschieht durch den Schluss von der erfolgreichen Zustellung von Vorladungen auf die Zuständigkeit des vorladenden Gerichts[106]. So gab es Fälle, in welchen einem durch die USA reisenden Organ, leitenden Angestellten oder sonstigen Vertreter eines ausländischen herrschenden (oder beherrschten) Unternehmens eine Vorladung zugestellt wurde (sog. "transient jurisdiction"), welche dann die Zuständigkeit ("jurisdiction in personam") über die ausländische Gesellschaft in den USA begründete[107].

Im Bereich der Produktehaftung begründet das Einbringen eines Produktes in den Handelsweg ("stream of commerce") dann eine "jurisdiction in personam" eines bestimmten Staates über das betreffende Unternehmen, wenn dieses erwartet, dass das Produkt von Endverbrauchern im fraglichen Staat gekauft wird[108].

Nach Begründung der gerichtlichen Zuständigkeit ist das Unternehmen zudem grundsätzlich den Regeln des amerikanischen Zivilprozessrechts und insbesondere dem durch weitgehende Offenlegungspflichten[109] gekennzeichneten "pretrial-discovery"-Verfahren mit den einseitigen Zwangsmassnahmen unterworfen.

Heute, in einer Epoche multinationaler Konzerne mit dutzenden oder gar hunderten von abhängigen Unternehmen, gilt das Prinzip des "entity law" in den USA in weiten Bereichen als überholt. Das amerikanische Recht nähert sich zögerlich dem "enterprise law" an, welches den Konzern als Ganzen als wirtschaftliche Einheit erfasst und damit versucht, das Grundprinzip des "entity law" – jede Gesellschaft ist eine eigenständige juristische Person – zu überwinden. Wendet man "enterprise law" an, so führt dies dazu, dass Regelungsadressat eben diese gesamte wirtschaftliche Einheit ist. Rechtliche und wirtschaftliche Einheit entsprechen sich. Konzepte des "enterprise law" haben auch in das amerikanische Prozessrecht Eingang gefunden. Bei der Gerichtszuständigkeit und bei der Zustellung verfolgen die amerikanischen Gerichte aber oft eine unterschiedliche Praxis bezüglich "enterprise law" und "entity law"[110].

Die Ausführungen zeigen, dass die amerikanischen Gerichte ihre Zuständigkeit in einem Ausmass bejahen, welches unter Umständen mit völkerrechtlichen Grundsätzen und dem schweizerischen internationalen Zivilprozessrecht in Konflikt geraten kann.

Es sollten also vom schweizerischen herrschenden Unternehmen alle Elemente vermieden werden, die zur Bejahung einer ausländischen Gerichtsbarkeit führen könnten, vor allem im Umgang mit den USA. Die schweizerische Konzernleitung ist daher gut beraten, wenn sie organisatorische und personelle Vorkehrungen trifft, um nicht als herrschendes Unternehmen im Sinne der erwähnten Praxis zu gelten.

---

106 Vgl. weiterführend zum sog. "Zustellungsdurchgriff" OTTO, Durchgriff, S. 83 ff., insbes. S. 100 ff.
107 Vgl. beispielsweise den Entscheid Burnham, 110 S.Ct. 2105.
108 KRAUSS, Zuständigkeit, S. 50; vgl. auch BLUMBERG, Amerikanisches Konzernrecht, S. 300.
109 Vgl. hierzu ausführlich HONEGGER, Offenlegungspflichten, S. 1 ff., und vorne II.5.
110 Vgl. zu "entity law" und "enterprise law" im amerikanischen Konzernrecht BLUMBERG, Amerikanisches Konzernrecht, S. 264 ff. (zum Prozessrecht insbes. S. 300), und BLUMBERG, Corporate Groups, S. 1 ff.

Neuntes Kapitel

Der Konzern im Schuldbetreibungs- und Konkursrecht

I. Die Massgeblichkeit der juristischen Selbständigkeit

Ausdrücklich den Konzern betreffende Regelungen finden sich im SchKG[1] nicht. Vielmehr stellt dieses auf die *juristische Selbständigkeit* ab[2], womit die wirtschaftliche Gesamtheit des Konzerns unberücksichtigt bleibt. Vollstreckt werden kann allein ins Vermögen des formell betriebenen, von Zivilrechts wegen schuldenden einzelnen Konzernunternehmens[3]. In dessen Konkurs kann das Vermögen anderer Konzernunternehmen nicht einbezogen werden[4]. Dies gilt selbst dann, wenn der Sitz des konkursiten Konzernunternehmens im Ausland liegt, während andere Konzernunternehmen in der Schweiz beheimatet sind und dadurch leichter ins Recht gefasst werden könnten[5]. In dieser grundsätzlichen Beschränkung der Haftung auf das einzelne Konzernunternehmen liegt denn auch einer der bedeutsamsten Vorteile des Konzerns[6].

Freilich ist die Haftung eines anderen Konzernunternehmens nach den Regeln des Zivilrechts denkbar[7], z.B. aufgrund *gesellschaftsrechtlicher Verantwortlichkeit* oder gestützt auf den sog. *Durchgriff*[8]. Dem ist namentlich so, wenn ein Konzernunternehmen mit dem Ziel gegründet wurde oder doch dazu benutzt wird, Gläubiger zu schädigen, also deren Zugriff auf das Vermögen eines anderen Konzernunternehmens zu verhindern. Dagegen begründet allein die Tatsache der wirtschaftlichen Beherrschung eines Konzernunternehmens durch ein anderes noch nicht dessen Haftung, würde sonst doch der wesentliche Grundsatz der juristischen Selbständigkeit des

---

1   BG über Schuldbetreibung und Konkurs vom 11. April 1889 (SchKG; SR 281.1).
2   "Or l'identité juridique est seule déterminante dans les voies d'exécution forcée" (BGE 105 III 112).
3   BGE 105 III 112; siehe auch Oberger ZH, 13.7.1988, SJZ 1989, S. 85; vgl. BGE 111 III 24 f.
4   Siehe immerhin auf S. 448 f. den Fall der Gläubiger eines Konzernunternehmens, welches Unternehmen des gleichen Konzerns Sanierungsdarlehen gewährt hat, um dann selbst in Konkurs zu fallen.
    Zudem wird – stets abgesehen von den rein wirtschaftlichen Folgen – ein Konzernunternehmen vom Konkurs eines anderen Konzernunternehmens betroffen, wenn die Anteile, welches dieses an jenem hält, verwertet werden (EBENROTH, Neuere Entwicklungen, S. 79).
5   Vgl. EBENROTH, Neuere Entwicklungen, S. 75 f., 78 f. m.w.H. (die "Theorie der wirtschaftlichen Einheit" beim Konkurs eines Konzernunternehmens ist danach abzulehnen, da die Lage der Gläubiger der anderen Konzernunternehmen nicht geschwächt werden soll).
6   Vgl. S. 38
7   Siehe dazu allgemein S. 168.
8   Siehe zum Durchgriff S. 171 ff.

einzelnen Konzernunternehmens aufgegeben[9]. Ist die zivilrechtliche Haftung eines anderen Konzernunternehmens aber ausnahmsweise zu bejahen, sind die Betreibungshandlungen unmittelbar gegen dieses andere haftende Unternehmen zu richten, das nun als Schuldner des Vollstreckungsverfahrens aufzufassen ist[10]. Wird nicht *ihm* der Zahlungsbefehl zugestellt, erhält nicht *es* die gesetzlichen Verteidigungsmöglichkeiten, ist die Vollstreckung nichtig[11].

Betreibungsurkunden, insbesondere Zahlungsbefehle, können also grundsätzlich[12] nur mittels Aushändigung an die hierfür zuständigen Vertreter des als Schuldner betrachteten Konzernunternehmens rechtswirksam zugestellt werden. Bei der Aktiengesellschaft, der GmbH und der Genossenschaft sind dies die Mitglieder der Verwaltung bzw. der Geschäftsführung[13] sowie die Direktoren[14] und Prokuristen[15]. Diese Personen haben dann z.B. zu entscheiden, ob Rechtsvorschlag erhoben werden soll[16].

Auch *Arrest* kann an sich nur auf Vermögenswerte dieses einen Konzernunternehmens gelegt werden[17]. Möglich ist allerdings, im Sinne einer Ausnahme vom Vorrang der juristischen Betrachtungsweise auch Vermögenswerte zu ergreifen, die nicht dem im Arrestbefehl als Schuldner aufgeführten Konzernunternehmen zustehen, sondern einem anderen, mit dem Schuldner wirtschaftlich identisch erscheinenden Konzernunternehmen[18], sofern letzteres vom Arrestgläubiger mindestens glaubhaft gemacht werden kann[19]. Dem anderen Konzernunternehmen ist es in der Folge unbenommen,

---

9   Zum Ganzen BGE 102 III 168 ff.; 108 II 214 m.w.H.; 114 III 88 ff.; Oberger ZH, 13.7.1988, SJZ 1989, S. 85 f.; vgl. auch S. 171 ff.
10 BGE 105 III 112 m.w.H.
11 BGE 105 III 112 m.w.H.; vgl. Autorité de surveillance GE, 13.2.1985, BlSchK 1988, S. 21 f.
12 Ersatzzustellung gemäss SchKG 64 bzw. 65 II (siehe BGE 117 III 13; 118 III 12 f.); sodann kann ein Konzernunternehmen auch bei einem anderen Konzernunternehmen Domizil im Sinne von SchKG 66 I begründen (BGE 119 III 57 ff.).
13 In der 1994 verabschiedeten Neufassung von SchKG 65 I 2 wurde die GmbH – anlässlich der Schaffung des SchKG im Jahre 1889 noch nicht schweizerisches Recht – wohl eingefügt, der Hinweis auf deren Geschäftsführung aber offenbar vergessen.
14 BGE 121 III 17 f.
15 SchKG 65 I 2.
16 Gelangt ein Zahlungsbefehl fälschlicherweise an ein anderes Konzernunternehmen, wäre dessen Rechtsvorschlag gegebenenfalls unter Annahme einer Geschäftsführung ohne Auftrag wirksam (vgl. BGE 112 III 85; FRITZSCHE/WALDER, SchKG, § 17 N. 30).
    Zum Ganzen BGE 117 III 12 f.; 118 III 12; 119 III 58 f.; 121 III 17 f. (jeweils m.w.H.).
17 Vgl. SchKG 271 I (danach können nur Vermögensstücke des – eben vom Zivilrecht bestimmten – Schuldners unter Arrest gestellt werden). Immerhin können auch Vermögenswerte belegt werden, die nach den Angaben des Gläubigers wohl dem Schuldner gehören, aber auch Dritten zustehen könnten. Ist dem aber offensichtlich so, wäre ein Arrest nichtig (BGE 104 III 58 f. m.w.H.; 105 III 112; 109 III 126; 114 III 89).
18 Solche Verhältnisse sind vom Arrestgläubiger gemäss Oberger ZH, 13.7.1988, SJZ 1989, S. 85, und WALDER, Arrestbewilligungspraxis, S. 15, N. 25, mindestens glaubhaft zu machen.
19 Siehe die eben gemachten Ausführungen zum Durchgriff.

seine Rechte vorab mittels Einsprache gegen den Arrestbefehl[20] und Widerspruchsverfahren[21] zu wahren[22].

Findet sich der Sitz eines Konzernunternehmens im Ausland, sind dessen inländische Vermögenswerte gegebenenfalls unter dem Arrestgrund des *Ausländerarrestes*[23] greifbar. Unterhält das Unternehmen jedoch eine *Zweigniederlassung* in der Schweiz, so kann es für Schulden im Zusammenhang mit dieser Niederlassung am Ort derselben betrieben werden[24], womit ein Ausländerarrest ausscheidet[25]. Zu prüfen bleibt aber in jedem Fall eine Arrestlegung aufgrund von IPRG 10 oder L-Ü 24[26].

---

20 SchKG 278.
21 SchKG 275 i.V.m. 106 ff.
22 Vgl. Oberger ZH, 13.7.1988, SJZ 1989, S. 85 f.; ferner BGE 104 III 58 f.; 109 III 126; 114 III 89.
23 SchKG 271 I 4.
24 SchKG 50 I (wo allerdings von "Geschäftsniederlassung" die Rede ist; dazu MARTZ, Zweigniederlassung, S. 123 ff.).
25 MARTZ, Zweigniederlassung, S. 137 m.w.H.; Cour de Justice GE, 4.11.1949, Semjud 1950, S. 302 ff. (das gilt danach sogar, wenn die Zweigniederlassung im Handelsregister nicht eingetragen ist). Der Entscheid des Genfer Gerichts wird von FRITZSCHE/WALDER, SchKG, § 30 N. 13, Fn. 28, bedauert, weil er zulässt, dass der Schuldner während des Einleitungsverfahrens Vermögenswerte aus der Schweiz entfernen kann.
26 Während der Arrest wohl einhellig als mögliches Sicherungsmittel im Sinne von L-Ü 24 anerkannt wird, ist umstritten, ob er auch als vorsorgliche Massnahme gemäss IPRG 10 verlangt werden kann (bejahend Botschaft SchKG, BBl 1991 III 165; JAMETTI GREINER, Rechtsschutz, S. 663 ff. m.w.H.; wohl auch IPRG-VOLKEN, N. 19 zu IPRG 10; ablehnend WALTER, Zuständigkeit, S. 61 f. m.w.H., und wohl SCHWANDER, Einführung, S. 308, Fn. 16.

II. Schuldbetreibungs- und konkursrechtliche Folgen konzerninterner Rechtshandlungen

1. Die Zulässigkeit konzerninterner Rechtshandlungen unter dem Blickwinkel des Konkurses

Im Konkurs kommt der zivilrechtlichen Zulässigkeit konzerninterner Leistungen[27] beachtliche Tragweite zu. Davon hängt massgeblich ab, ob und welche zivil- bzw. konkursrechtlichen Rechtsbehelfe bei Bedarf zu ergreifen sind: Es stellt sich jeweils die Frage, ob solche Leistungen des nun konkursiten Konzernunternehmens zivilrechtlicher Überprüfung standhalten und, falls ja, von der Konkursverwaltung[28] oder Konkursgläubigern[29] mittels Pauliana gemäss SchKG 285 ff. angefochten werden können. Bei zivilrechtlicher Ungültigkeit dagegen ist diese konkursrechtliche Anfechtung, die sich grundsätzlich auf zivilrechtlich gültige Rechtshandlungen bezieht, nämlich regelmässig gar nicht erst zu bemühen[30]; vielmehr ergeben sich Rückforderungsmöglichkeiten, die ohnehin schon der Masse zustehen, sei dies aufgrund allgemeiner Grundsätze (Bereicherungsrecht, Vindikation) oder spezieller Regeln (insbesondere der Rückerstattung von Leistungen gemäss OR 678 bzw. 806)[31].

---

27 Zu den konzerninternen Verträgen siehe S. 306 ff., zu den verdeckten Gewinnausschüttungen siehe S. 153 ff. und S. 344 ff.
28 SchKG 285 II 1.
29 Auf dem Wege der Abtretung gemäss SchKG 285 II 2 i.V.m. 260 I und II bzw. 269 III.
30 Inwieweit die paulianische Anfechtung bei zivilrechtlich gültigen Rechtshandlungen hilft, ist nicht abschliessend geklärt. Für einen Ausschluss von SchKG 285 ff. tritt offenbar die Botschaft SchKG, S. 176 f., ein. In diesem Sinne zu verstehen sind wohl auch AMONN/GASSER, SchKG, § 52 N. 2, und Oberger LU, 17.9.1984, LGVE 1984 I Nr. 33, S. 65. Das Bundesgericht weist zwar in diese Richtung, hält aber in BGE 115 III 141 die Hintertür offen ("Die anfechtbare Rechtshandlung ist grundsätzlich gültig.") und sieht in einem früheren Entscheid ausdrücklich die zivilrechtliche Gültigkeit nicht als Voraussetzung zur Zulassung der Pauliana (BGE 73 III 144; dazu BERZ, Paulianischer Rückerstattungsanspruch, S. 45, Fn. 26). Letzteres soll laut anderen Lehrmeinungen denn auch bei zivilrechtlicher Ungültigkeit offenstehen, jedenfalls soweit nicht geradezu Nichtigkeit vorliegt (BERZ, Paulianischer Rückerstattungsanspruch, S. 40 ff., insbes. S. 45; PETER, Action révocatoire, S. 233 ff.; ferner FRITZSCHE/WALDER, SchKG, § 66 N. 22; HANGARTNER, Gläubigeranfechtung, S. 4 ff.; JÄGER, SchKG, N. 1 zu SchKG 285, N. 3 zu SchKG 288).
Gerade bei Sachverhalten, bei welchen bereits das Zivilrecht den Gläubigern mittels einer Sonderbestimmung beisteht (namentlich in den Fällen von OR 678 oder 806, wo es letztlich um Kapital- und damit um Gläubigerschutzbestimmungen geht), stellt sich die Frage, ob dadurch nicht eine abschliessende Regelung geschaffen worden ist, welche den hilfsweisen Griff zu SchKG 285 ff. verweigert: so mindestens die Rechtsprechung und herrschende Lehre zur Gläubigerschutznorm von ZGB 193 (BGE 111 III 45 ff.; BK-HAUSHEER/REUSSER/GEISER, N. 61 zu ZGB 193; HEGNAUER, Eherecht, N. 23.50; jeweils m.w.H.); für eine kumulative Anwendung indessen treten u.a. HANGARTNER, Gläubigeranfechtung, S. 6 f.; MEIER, Anfechtungsklagen, S. 481 ff., und PETER, Action révocatoire, S. 233 ff., ein.
31 ALEXANDER VOGEL, "Sanierungs"-Darlehen, S. 303 f. m.w.H.
Dies gilt nur unter dem Vorbehalt, dass das andere, schuldende Konkursunternehmen nicht seinerseits in Konkurs gefallen und die Kollokation nicht bzw. nicht mehr vollumfänglich möglich ist (siehe sogleich S. 448 f.).

Rechtshandlungen zwischen Konzernunternehmen sind grundsätzlich gültig, wenn zwischen den gegenseitigen Leistungen kein Missverhältnis vorliegt. Dasselbe gilt, wenn ein solches mit Blick auf den einzelnen Leistungsaustausch zwar besteht, aber angemessene Gegenleistungen angesichts sämtlicher konzerninterner Verschiebungen doch erbracht werden oder die eigene Leistung wenigstens im Rahmen des eigenen, auf den Konzern abgestimmten Unternehmenszwecks liegt und diesen Zweck auch tatsächlich fördert[32].

Sollen zulässige konzerninterne Rechtshandlungen genannt werden, die im Falle eines Konkurses eine Rolle spielen können, so ist vor allem an temporäre Hilfeleistungen an andere, notleidende Konzernunternehmen zu denken, da die Unterstützung eines momentan geschwächten Konzernunternehmens für den gesamten Konzern und damit indirekt auch wieder für das leistende Konzernunternehmen wichtig ist[33]. Selbst zwischen zwei Konzernunternehmen, die zueinander nicht in einem unmittelbaren Abhängigkeitsverhältnis stehen, kann so möglicherweise ein "faktischer Beistandszwang" erkannt werden[34]. Diese Unterstützung wird insbesondere in der Form von Sanierungsdarlehen[35], Rangrücktritten[36] oder Forderungsverzichten[37] erbracht.

Zivilrechtlich gültig sind aber auch sog. Gewinnausgleichszahlungen, soweit sie durch den Unternehmenszweck gedeckt sind und keine verdeckte Gewinnausschüttung vorliegt[38].

Verdeckte Gewinnausschüttungen zwischen Konzernunternehmen[39] sind dagegen gemäss OR 678 II[40] schon von Zivilrechts wegen ungültig. Dank des daraus folgen-

---

32 OR-KURER, N. 24 zu OR 678; bezüglich dieser konzerninternen Verschiebungen GRAF, Konzerngesellschaften, S. 147 f., 155 ff.; PETER, Action révocatoire, S. 54, 92, 112; DERS., Action, S. 5, 10.
33 Vgl. Oberger ZH, 19.1.1993, bei ALEXANDER VOGEL, "Sanierungs"-Darlehen, S. 299; VON GREYERZ, Rangrücktritt, S. 29; GRAF, Konzerngesellschaften, S. 111 ff.; OR-KURER, N. 24 zu OR 678.
34 BGE 116 Ib 337 ff.; KLEINER/LUTZ, Eigenkapital, S. 148; ALEXANDER VOGEL, "Sanierungs"-Darlehen, S. 303.
35 Vgl. dazu (namentlich zur Frage der Zulässigkeit) BGE 116 Ib 337 ff.; GRAF, Konzerngesellschaften, S. 142 ff., 156 ff.; VON GREYERZ, Kapitalersetzende Darlehen, S. 547 ff.; KLEINER/LUTZ, Eigenkapital, S. 148; OR-KURER, N. 24 zu OR 678; ALEXANDER VOGEL, "Sanierungs"-Darlehen, S. 299 ff.
36 FORSTMOSER/MEIER-HAYOZ/NOBEL, Aktienrecht, § 50 N. 214 ff. (mit einer Literaturübersicht in Fn. 85); ferner (jeweils zum alten Recht) GRAF, Konzerngesellschaften, S. 123 ff., 132 ff.; VON GREYERZ, Kapitalersetzende Darlehen, S. 548 f.; DERS., Rangrücktritt, S. 27 ff.; HOMBURGER, Rangrücktritt, S. 87 f. (zu einem Urteil des Oberger VD vom 18.11.1981); ALEXANDER VOGEL, "Sanierungs"-Darlehen, S. 300 ff.
37 Vgl. FORSTMOSER/MEIER-HAYOZ/NOBEL, Aktienrecht, § 50 N. 221; GRAF, Konzerngesellschaften, S. 121; VON GREYERZ, Kapitalersetzende Darlehen, S. 548; DERS., Rangrücktritt, S. 27.
38 GRAF, Konzerngesellschaften, S. 106 ff.; OR-KURER, N. 23 zu OR 678; ANDREAS VON PLANTA, Hauptaktionär, S. 31 f.
39 Siehe dazu GRAF, Konzerngesellschaften, S. 165 ff.; OR-KURER, N. 15 zu OR 678; NEUHAUS, Aktienertrag, S. 200 ff.; ferner S. 153 ff. und S. 344 ff.
40 Verdeckte Gewinnausschüttungen sind zivilrechtlich auch ungültig, wenn die aktienrechtlichen Regeln mangels beteiligter Aktiengesellschaft nicht greifen, soweit sie, was regelmässig geschieht, die Bestimmungen über die Rechnungslegung und die Zuständigkeit für Gewinnbeschlüsse verlet-

den zivilrechtlichen Rückforderungsanspruches führen sie folglich (entgegen verschiedenen Beispielen in der Literatur[41], welchen freilich das alte Aktienrecht mit einer wesentlich enger gefassten Formulierung von OR 678 zugrundeliegt) höchstens in zweiter Linie zur Anrufung der Anfechtungsbestimmungen von SchKG 285 ff., nämlich dann, wenn diese – mit einem Teil der Lehre – auch bei zivilrechtlich ungültigen Rechtshandlungen greifen und zudem im Einzelfall aussichtsreicher erscheinen als eine Rückforderung nach OR 678. Letztere wird aber in der Regel bevorzugt werden.

2. Die Kollokation von Forderungen eines Konzernunternehmens im Konkurs eines anderen Konzernunternehmens

Im SchKG wird – wie erwähnt[42] – grundsätzlich auf die juristische Selbständigkeit der einzelnen Konzernunternehmen abgestellt, womit Forderungen eines Konzernunternehmens gegen ein anderes konkursites Konzernunternehmen an sich zu kollozieren sind. Anders liegt jedoch der Fall, wenn die Leistung in der Hoffnung erbracht worden ist, dem nun doch in Konkurs gefallenen Konzernunternehmen zu helfen. Immer dann, wenn eine Leistung von einem Dritten angesichts der wirtschaftlichen Lage des Empfängers nicht erbracht worden wäre (sog. Drittmannstest[43] bzw. Drittvergleich), ist die Kollokation in der vom Gläubiger gewünschten Weise abzulehnen:

Solche Leistungen, von einem Teil der Lehre als kapitalersetzende (Sanierungs-)Darlehen beurteilt, sind nämlich geeignet, den Konkurs zu verschleppen und das Haftungssubstrat im Ergebnis zum Nachteil der Drittgläubiger zu verkleinern[44]. In der Tat wird dadurch bloss der Konkursgrund der Illiquidität durch denjenigen der Überschuldung ausgetauscht[45]. Die eine im Schrifttum vertretene Ansicht qualifiziert solche Darlehen um in verdecktes Eigenkapital, was eine Eingabe im Konkurs ausschliesst[46]. Eine andere Auffassung nimmt im Umfang solcher Sanierungsdarle-

---

zen (vgl. etwa OR 806 sowie S. 159 ff.). Greift keine Sondernorm, erfolgt die Rückforderung nach den allgemeinen zivilrechtlichen Grundsätzen, namentlich jenen der ungerechtfertigten Bereicherung von OR 62 ff. (vgl. OR-KURER, N. 3 zu OR 678).

41 PETER, Action révocatoire, S. 67 ff., 221 ff.; DERS., Action, S. 1 ff. (jeweils m.w.H.); sodann DALLÈVES, Coopération, S. 682 f.; KRAUSKOPF, Procès-verbal, S. 432; PETITPIERRE-SAUVIN, Groupes de sociétés, S. 136 f.
42 Siehe S. 443 ff.
43 Oberger ZH, 19.1.1993, bei ALEXANDER VOGEL, "Sanierungs"-Darlehen, S. 299; VON GREYERZ, Kapitalersetzende Darlehen, S. 550 ff. (danach muss gemäss der deutschen Lehre der Finanzierungsentscheid in Kenntnis der ungünstigen Lage gefällt worden sein, soll die Kollokation abgelehnt werden); ferner OR-KURER, N. 14 zu OR 678 ("dealing at arm's length"), sowie S. 153 ff. und S. 343 ff.
44 VON GREYERZ, Kapitalersetzende Darlehen, S. 549, 555 f.; ALEXANDER VOGEL, "Sanierungs"-Darlehen, S. 299 ff.
45 VON GREYERZ, Kapitalersetzende Darlehen, S. 555.
46 Zum Ganzen Oberger ZH, 19.1.1993, ALEXANDER VOGEL, "Sanierungs"-Darlehen, S. 299 ff.; VON

hen einen stillschweigenden Rangrücktritt an[47]. So oder so aber können die Drittgläubiger vor zusätzlichem Schaden verschont werden.

Gerät das leistende Konzernunternehmen selbst in Konkurs, gerade weil es sich durch dieses Sanierungsdarlehen übernommen hat, greift allenfalls die nachstehend[48] behandelte Anfechtung nach SchKG 285 ff.[49]. Wäre eine solche gutzuheissen, stellte sich angesichts des Konkurses beider Unternehmen die Frage, welche Gläubigergruppe nun vorgeht: Die Gläubiger des Konzernunternehmens, die den Weg über SchKG 285 ff. einschlagen, um das konzerninterne Darlehen zurückzufordern – der Anspruch müsste in diesem Fall im Konkurs desjenigen Konzernunternehmens kolloziert werden, welches die Darlehenssumme erhalten hat – oder die Gläubiger eben dieses anderen Konzernunternehmens, welche sich einer Kollokation im verlangten Rahmen unter Hinweis auf die Umqualifizierung in verdecktes Eigenkapital (bzw. Annahme eines Rangrücktrittes) widersetzen. Nach dem Grundsatz der Gleichbehandlung der Gläubiger[50] im Konkurs regt die Lehre zu einer anteilmässigen Zuweisung an die Gläubiger der beiden Konzernunternehmen an[51]. Dieselben Leitlinien können beim Konkurs mehrerer oder gar aller Konzernunternehmen verfolgt werden, wobei sich freilich die ohnehin schon grossen Beweisschwierigkeiten nochmals erhöhen werden. Die Literatur schlug dem Gesetzgeber (erfolglos) gar die Einführung eines Konzernkonkurses vor, ohne Näheres zu erörtern[52]. Allein schon der Begriff des Institutes erweckt jedoch Bedenken[53], bildet doch gerade die juristische Selbständigkeit der einzelnen Konzernunternehmen wegen ihrer grundsätzlichen Haftungsbeschränkung auf das einzelne Konzernunternehmen einen der wesentlichsten Gründe für die Schaffung eines Konzerns[54].

GREYERZ, Kapitalersetzende Darlehen, S. 547 ff.
Vgl. ferner § 32a I Satz 1 des deutschen GmbHG, wo es unter dem Titel "Keine Rückgewähr eigenkapitalersetzender Gesellschafterdarlehen im Konkurs" heisst: "Hat ein Gesellschafter der Gesellschaft in einem Zeitpunkt, in dem ihr die Gesellschafter als ordentliche Kaufleute Eigenkapital zugeführt hätten, statt dessen ein Darlehen gewährt, so kann er den Anspruch auf Rückgewähr des Darlehens im Konkurs über das Vermögen der Gesellschaft ... nicht geltend machen."

47 ALEXANDER VOGEL, "Sanierungs"-Darlehen, S. 301 ff.
48 Siehe sogleich S. 450 ff.
49 Vgl. FORSTMOSER/MEIER-HAYOZ/NOBEL, Aktienrecht, § 50 N. 220; VON GREYERZ, Rangrücktritt, S. 28 f.; Oberger VD, 18.11.1981, SAG 1982, S. 88 f. Mit ALEXANDER VOGEL, "Sanierungs"-Darlehen, S. 303 f., stellt sich in solchen Fällen die Frage, ob das Darlehen nicht mangels Deckung durch den Gesellschaftszweck zivilrechtlich ungültig ist, womit wiederum statt der paulianischen Anfechtungsmöglichkeit ein bereicherungsrechtlicher Rückerstattungsanspruch zustünde. Bezüglich der Kollokation stellen sich jedoch in jedem Fall die gleich nachstehend besprochenen Schwierigkeiten.
50 Vgl. zuletzt BGE 121 III 295 f.; ferner AMONN/GASSER, SchKG, § 35 N. 3.
51 ALEXANDER VOGEL, "Sanierungs"-Darlehen, S. 303 f.
52 ALEXANDER VOGEL, "Sanierungs"-Darlehen, S. 304, Fn. 36.
53 Vgl. zur Rechtssicherheit im Zwangsvollstreckungsrecht Botschaft SchKG, BBl 1991 III S. 177.
54 Vgl. S. 38.

3. Die paulianische Anfechtung der vom konkursiten Konzernunternehmen an andere Konzernunternehmen erbrachten Leistungen

3.1. Die Bedeutung der paulianischen Anfechtung im Konkurs eines Konzernunternehmens

Da wie erwähnt[55] Leistungen zwischen Konzernunternehmen, denen nicht eine angemessene Gegenleistung gegenübersteht, unter Umständen zivilrechtlich ungültig sind (was bereits von Zivilrechts wegen ein Rückforderungsrecht mit sich bringt), kommt der Anfechtung gemäss SchKG 285 ff. nicht die während der Revisionsarbeiten teilweise zugesprochene[56] Bedeutung zu. Der Gesetzgeber verzichtete letztlich auf die Einführung einer sog. Konzernpauliana[57].

In Anbetracht der Vielzahl konzerninterner Verschiebungen sind die Verhältnisse zudem regelmässig verworren: Auf den ersten Blick unterbliebene Gegenleistungen werden auf Umwegen doch noch erbracht[58], einzelne Rechtshandlungen sind kaum auseinanderzuhalten, Missverhältnisse häufig nicht feststellbar, Beweise schwierig aufzunehmen. Damit stösst die Anfechtung nach SchKG 285 ff. auch in tatsächlicher Hinsicht bald an Grenzen[59].

Immerhin vermag die mit dem neuen Recht erfolgte Verlängerung der Fristen von SchKG 286 I für die Schenkungs- und 287 I für die Überschuldungspauliana auf ein ganzes Jahr die Stellung der anfechtenden Konkursverwaltung bzw. Gläubiger zu verbessern[60]. Die Konzernleitung wird dadurch weniger versucht werden, diese Frist durch Hinauszögern des Konkurses des gefährdeten Konzernunternehmens verstreichen zu lassen, um den Anfechtenden auf den beschwerlicheren Weg der Deliktspauliana von SchKG 288 verweisen zu können[61].

55　Siehe S. 446 ff.
56　Vgl. noch KRAUSKOPF, Procès-verbal, S. 429 ff.; PETER, Action révocatoire, S. 249 ff.; DERS., Action, S. 2, 12 f. m.w.H.; VISCHER/RAPP, Neugestaltung, S. 201 f.; ALEXANDER VOGEL, "Sanierungs"-Darlehen, S. 304, Fn. 36.
57　Vgl. zum Ganzen Botschaft SchKG, S. 176 f.: "Die Expertenkommission hatte vorgeschlagen, die 'Verdachtsperiode' ... zu verlängern, wenn Rechtshandlungen in Frage stehen, die der Schuldner zugunsten einer 'nahestehenden natürlichen oder juristischen Person vorgenommen hat' ... Dieser Vorschlag ist in der Vernehmlassung zu Recht als zu weit kritisiert worden. Der Begriff 'nahestehende juristische Person' birgt kaum lösbare Abgrenzungsprobleme. Sodann ist zu betonen, dass die hier erfassten Rechtshandlungen des Schuldners ja zivilrechtlich erlaubt und damit gültig sind. Deshalb muss sich das Zwangsvollstreckungsrecht im Interesse der Rechtssicherheit Zurückhaltung auferlegen."
58　Vgl. GRAF, Konzerngesellschaften, S. 147 f., 155 ff.; PETER, Action révocatoire, S. 54, 92, 112; DERS., Action, S. 5, 10.
59　PETER, Action révocatoire, insbes. S. 92 ff.; DERS., Action, insbes. S. 2, 7, 14. Danach soll die Konzernleitung bei der Aufklärung des Sachverhaltes gestützt auf SchKG 222, 228, 229 und 244 zur Mitwirkung verpflichtet sein. Vgl. ferner PETITPIERRE-SAUVIN, Groupes de sociétés, S. 137.
60　Vgl. Botschaft SchKG, S. 176 f.; PETER, Action révocatoire, S. 82 ff., 98 f., 264 f.; DERS., Action, S. 7, 12 f.
61　Vgl. PETER, Action, S.7: "...il est en pratique possible à la direction unique de 'contrôler' (ou en tout

3.2. Die Tatbestände der paulianischen Anfechtung

Für die Einzelheiten der Schenkungs-, Überschuldungs- und Deliktspauliana (SchKG 286 ff.) kann auf das entsprechende Spezialschrifttum verwiesen werden. Erwähnt seien immerhin eine Reihe konzernrechtlich beachtenswerter Gesichtspunkte:

Bezüglich der *Schenkungspauliana* (SchKG 286) sei wiederholt, dass ohne bzw. ohne angemessene Gegenleistung von einem abhängigen an ein herrschendes Konzernunternehmen erbrachte Aufwendungen zivilrechtlich ungültig sind (verdeckte Gewinnausschüttungen) und dadurch von Zivilrechts wegen bereits ein Rückforderungsrecht besteht, womit sich der Griff zur paulianischen Anfechtung erübrigt[62]. Bei Leistungen eines herrschenden und nun konkursiten[63] an ein abhängiges Unternehmen ohne gleichwertige Gegenleistungen ist sodann zu bedenken, dass diese nur dann zu einer Vermögensverminderung beim leistenden Unternehmen führen, wenn der Empfänger gleichfalls in Konkurs fällt, da sich zuvor dessen Vermögenszuwachs in einer entsprechenden Erhöhung des inneren Wertes der Beteiligungen des Gebers niederschlägt (verdeckte Kapitaleinlage)[64].

Die Tatbestände der *Überschuldungspauliana* (SchKG 287) können im Konzern sehr wohl auftreten, liegt es doch für ein Konzernunternehmen auf der Hand, am Vorabend seines Konkurses – gerade auf Veranlassung der Konzernleitung – bereits bestehende Forderungen anderer Konzernunternehmen sicherzustellen oder vor der Fälligkeit zu bezahlen[65]. Die zivilrechtliche Gültigkeit solcher Handlungen ist zu bejahen, und zwar selbst dann, wenn der Zweck des vor dem Konkurs stehenden Unternehmens materiell bereits in der Liquidation und nicht mehr in der Geschäftsfortführung besteht, da die betreffenden Handlungen seiner Organe in diesem Fall unter diesen neuen Unternehmenszweck fallen und damit zivilrechtlich gültig sind[66].

Ist die Einjahresfrist von SchKG 286 I bzw. 287 I abgelaufen, vermag allenfalls die *Deliktspauliana* (SchKG 288) zu helfen[67], zu deren Erfolg freilich zusätzliche Tatbestandsvoraussetzungen erfüllt sein müssen: Der Schuldner muss die fraglichen Rechtshandlungen in der dem anderen Teile erkennbaren Absicht vorgenommen

---

cas de retarder) la date de la faillite". Ferner DERS., Action révocatoire, S. 82 ff., 98.
62 Zum Verhältnis zwischen zivil- und konkursrechtlichen Rechtsbehelfen siehe S. 446 ff.
63 Wobei sich in diesen Fällen des "sich Übernehmens" ohnehin die Frage der zivilrechtlichen Gültigkeit stellt.
64 GRAF, Konzerngesellschaften, S. 147; KLEINER/LUTZ, Eigenkapital, S. 148.
65 Vgl. PETER, Action révocatoire, S. 101; DERS., Action, S. 8.
66 Als vom Unternehmenszweck nicht gedeckt und damit von Anfang an ungültig gelten einzig Geschäfte, welche durch diesen Zweck geradezu ausgeschlossen sind (statt vieler: OR-WATTER, N. 2 ff. zu OR 718a, und BÖCKLI, Aktienrecht, N. 1580 ff. m.w.H.). Hier braucht jedoch nicht einmal auf dieses weite Verständnis des Unternehmenszwecks zurückgegriffen zu werden, stellt doch die Begleichung bestehender Schulden eine durch den Zweck der Liquidation erfasste Handlung dar.
67 Ein solcher Fristablauf findet sich im Entscheid des Oberger VD, 18.11.1981, SAG 1982, S. 88 f. (betreffend Rangrücktritt).

haben, seine Gläubiger zu benachteiligen oder einzelne Gläubiger zum Nachteil anderer zu begünstigen. In Konzernverhältnissen lassen sich nun die beiden subjektiven Tatbestandsvoraussetzungen – entsprechende Absicht des Gebers, Erkennbarkeit beim Empfänger – in der Frage zusammenfassen, ob der Sachverhalt für die Konzernleitung einsehbar war, da diese ja grundsätzlich über die Verhältnisse im Konzern auf dem laufenden ist und ihren Willen gegenüber abhängigen Unternehmen durchzusetzen vermag: "...l'élément subjectif n'est alors plus double, ... il se réduit à l'examen de la seule intention de la direction unique"[68]. Die Lehre möchte die Erkennbarkeit sogar vermuten lassen[69], andererseits aber der Konzernleitung eine "Einrede des Konzerninteresses" zur Seite stellen. Diese soll wirksam werden, sofern die angegriffene Rechtshandlung wohl unmittelbar zum Nachteil des konkursiten Konzernunternehmens, dafür aber im Sinne des Konzerninteresses erfolgte und letztlich mittelbar doch im Interesse dieses Konzernunternehmens und eines jeden seiner Gläubiger lag[70].

---

[68] PETER, Action révocatoire, S. 118 f.; DERS., Action, S. 10 (jeweils m.w.H.); für ihn gilt es letztlich folgende Frage zu beantworten: "La direction unique du groupe a-t-elle pu et dû prévoir, en usant de l'attention commandée par les circonstances, que l'opération incriminée causerait normalement un préjudice à certains créanciers externes, ou qu'elle favoriserait certains créanciers (en général internes) au détriment des autres (en général externes)?"
Zur ähnlich gelagerten Frage bei SchKG 287 II siehe PETER, Action révocatoire, S. 96 f.; DERS., Action, S. 8.

[69] PETER, Action révocatoire, S. 107; DERS., Action, S. 9 m.w.H.; ferner DALLÈVES, Coopération, S. 682; PETITPIERRE-SAUVIN, Groupes de sociétés, S. 137.

[70] PETER, Action révocatoire, S. 129 ff.; DERS., Action, S. 11 f.; vgl. ferner PETITPIERRE-SAUVIN, Groupes de sociétés, S. 137.

Stichwortverzeichnis

Die Verweise beziehen sich auf die Seitenzahlen.

Abhängige Werkschöpfung, 397 f.

Abhängiges Unternehmen
– Begriff, 15
– Beherrschbarkeit, 76
– als Betriebsstätte des herrschenden Unternehmens, 350
– Edition von Urkunden, siehe Editionspflicht
– Gesellschaftsinteresse, 128 f., 189
– Gesellschaftszweck, 85 ff., 128 f., 148 f.
– Gründung, 39, 55, 205
– Haftung, siehe dort
– Kompetenzordnung, 66 ff.
– Konsolidierung, 94, 97
– Minderheitenschutz, 128 ff.
– Minderheitsaktionär, siehe dort
– Organisationsreglement, siehe dort
– Rechtsform, 7, 76, 77
– Schädigung, 125 ff.
– Unterkapitalisierung, siehe dort
– in den USA, 440 ff.
– als Vertragspartei, 319

Abschlussprüfung, siehe Audit

Absichtserklärung, siehe Letter of Intent

Ad hoc-Publizität, 281

Agenturvertrag, 314

Akquisition
– Abgrenzung zum Konzern, 23 f.
– Beteiligungserwerb, siehe dort
– als exogener Konzernaufbau, 40 ff.
– Übernahme von Aktiven und Passiven, siehe dort

Akquisitionsvertrag, 292 ff., 420

Aktien
– des abhängigen Unternehmens, 114 f.
– eigene, siehe Eigene Aktien
– des herrschenden Unternehmens, 106, 127, 137

Aktiengesellschaft
– Anwendung des Börsengesetzes, 278
– Arten, 192 ff.
– Einmann-Aktiengesellschaft, 74
– gemischtwirtschaftliche, 250 ff.
– Kompetenzordnung, 66
– Konsolidierung, 92, 96
– als Konzernleitung, 53, 73, 77
– Publikumsaktiengesellschaft, siehe dort
– Typus, 147, 192
– Verbreitung, 192

Aktienrecht
– Abwehrmassnahmen, 116 ff.
– Ausschüttungssperren, 156 ff.
– Begriff der Holding, 17
– Bekanntgabe bedeutender Aktionäre, 105
– Einheit, 113, 147 f., 192 ff.
– Gläubigerschutz, siehe dort
– Gleichbehandlungsgebot, siehe dort
– Holdingprivileg, 109 f.
– Konzernbegriff, siehe dort
– Konzernrechnung, siehe dort
– Minderheitenschutz, siehe dort
– Offenlegung, siehe dort
– Publizität, siehe dort
– weitere konzernspezifische Normen, 107 ff.
– siehe auch Verweisung auf das Aktienrecht

Aktienrechtskonzern, 77 ff.

Aktionär
– Abwehrmassnahmen, 116 ff.
– Auskunftsrecht, siehe dort
– bedeutender, siehe Bedeutender Aktionär
– Einsichtsrecht, siehe dort
– freier, siehe Minderheitsaktionär
– des herrschenden Unternehmens, 103
– Informations- und Kontrollrechte, 134, 141 (Fn. 364)
– Minderheitsaktionär, siehe dort
– Rückerstattungspflicht, siehe dort
– Sonderprüfung, siehe dort

Aktionärbindungsvertrag, 74, 118, 303 f.

Aktionärshaftung, 169 f.

Aktivierungspflicht, 347 f.

Alleinbelieferung, 82

Alleinvertriebsvertrag, 82, 314

Anfechtbarkeit, siehe Anfechtungsklage

Anfechtung, paulianische, siehe Paulianische Anfechtung

Anfechtungsklage
– in der AG, 139
– in der Genossenschaft, 222
– in der GmbH, 209
– im Verein, 230

Anhang, 95 ff., 103 ff., 108, 328

Anleihensobligationen
– Bezugsrecht, siehe dort
– Konsolidierungspflicht, 93
– Publizität, 100

Anscheinsvollmacht, 316

Anwendbares Recht bei internationalen Konzernsachverhalten, 411 ff.

Arrest, 444 f.

Audit, 297

Aufgabenerzeugnis, 396 f., 399

Aufklärungspflicht, 64, 186 ff., 319 f.

Auflösungsklage, 117 f., 143, 209, 230

Aufsichtspflicht, 65, 188

Auskunftsrecht, 101, 134 f., 229

Ausländerarrest, 445

Ausländisches Urteil
– Anerkennung, 434 ff.
– Vollstreckung, 435 f.

Ausschlussrecht, 144, 286 f.

Aussenumsatz, 357

Ausstiegsangebot, öffentliches, siehe Öffentliches Ausstiegsangebot

Austrittsrecht
– im Aktienrecht, 194
– gemäss Börsengesetz, siehe Zwangsangebot

– aus dem körperschaftlichen Konzern, 223 f.
– aus der GmbH, 209
– aus dem Verein, 231

Auswirkungsprinzip, 368, 374, 380

Autocontrôle, 264

Bankengesetz
– Konzernbegriff, siehe dort
– Konzernrechnung, 102
– Meldepflicht, siehe dort

Bankkonzern, 9 f., 102

Bedeutender Aktionär
– Begriff, 105 (Fn. 141)
– Offenlegung, siehe dort

Beherrschung
– durch eine Aktiengesellschaft, 53, 73, 77
– durch Beteiligung, 80 f.
– durch eine einfache Gesellschaft, 239 f.
– einer einfachen Gesellschaft, 244
– durch die Geschäftsleitung, 80 f.
– durch eine Genossenschaft, 53, 214 ff.
– einer Genossenschaft, 219 f., 224 f.
– durch eine GmbH, 53, 199 ff.
– einer GmbH, 205
– durch eine Kollektiv- oder Kommanditgesellschaft, 239 ff.
– einer Kollektiv- oder Kommanditgesellschaft, 242 f.
– durch eine Kommandit-Aktiengesellschaft, 53, 187
– durch eine natürliche Person, 245 f.
– einer natürlichen Person, 247 f.
– durch eine Stiftung, 234 ff.
– einer Stiftung, 236 f.
– durch Stimmenmehrheit im Verwaltungsrat, 80
– durch einen Verein, 226 f.
– durch Vertrag, 81, 108, 224, 375
– als Voraussetzung einer Unternehmenszusammenfassung, 79 ff.
– durch wirtschaftliche Abhängigkeit, 81 f., 225
– siehe auch Konzernierung

Beherrschungsvertrag, 224, 257 f., 275, 302 f., 420 f.

Beleihung, 250

Beschlussquorum, 120, 133, 207 f., 229

Beteiligung
- Begriff, 103 (Fn. 134)
- Erwerb, siehe Beteiligungserwerb
- Halten, siehe Holding
- konzernverbundene, 106, 107 ff., 264
- Mehrheitsbeteiligung, 107
- Offenlegung, siehe dort
- wechselseitige, siehe konzernverbundene

Beteiligungsabzug, 18, 340 f.

Beteiligungsertrag, 340, 345, 347

Beteiligungserwerb
- als exogener Konzernaufbau, 42
- als Vertrag zur Konzernierung, 293 ff.
- Abgrenzung zum Konzern, 23 f.
- Meldepflicht, siehe dort
- durch den Minderheitsaktionär, 114 f.
- als Recht oder Pflicht der Verwaltung, 55
- als Unternehmenszusammenschluss, 369
- Zwangsangebot, siehe dort

Beteiligungsklausel, 329

Beteiligungskonzern, 28, 79, 262, 278

Betreibungshandlungen im Konzern, 444 f.

Betreibungsurkunde im Konzern, 444

Betriebspachtvertrag, 258, 304 f., 420

Betriebsstätte
- Abgrenzung zum Konzern, 25, 79
- Betriebsstättenbesteuerung, 37, 67, 350

Betriebsüberlassungsvertrag, 258, 305

Bewertungsregeln, 96 ff.

Bezugsrecht
- für Aktien eines Konzernunternehmens, 109
- als aktienrechtlicher Minderheitsschutz, 135 f.
- anwendbares Recht, 414
- Ausschluss, 120 f.
- bei der GmbH, 208 f.

Bilanz
- Verweisung im Genossenschaftsrecht, 216 f.
- Verweisung im GmbH-Recht, 201
- siehe auch Konzernbilanz

Bilanzsumme, 92

Börsengesetz
- Auswirkungen auf den Konzern, 281 ff.
- Eingriff in das Aktienrecht, 194 f.
- Konzern im Börsenrecht, 277 ff.
- Korrektur aktienrechtlicher Normen, 190 f.
- Meldepflicht, siehe dort
- Minderheitenschutz, siehe dort

Börsenkotierung
- Konsolidierungspflicht, 93
- Publizität, 100 ff.
- Voraussetzungen, 280
- siehe auch Publikumsaktiengesellschaft

Börsenrecht
- Abwehrmassnahmen, 122 ff.
- Konzern im Börsenrecht, 277 ff.
- Konzernaustritt, 143 f.
- Konzernbegriff, siehe dort
- Konzernrechnung, 101 f.

Buchführung, kaufmännische, siehe Kaufmännische Buchführung

Bürgschaft, 181, 184, 332, 335 f., 422

Chanel-Entscheid, 404 ff.

Closing, 297

Control, 270 f., 441

Contrôle, 262 ff.

Controlling, 57

Crown jewels, 119 (Fn. 213)

Culpa in contrahendo, 62, 182, 185 ff., 319 f.

Darlehen, kapitalersetzendes, siehe Sanierungsdarlehen

Dauerschuldverhältnis, 323 f.

Dealing at arm's length, 160, 308

Delegiertenversammlung, 220 ff., 229 (Fn. 845)

Deliktspauliana, 450 ff.

Deliktsstatut, 417

Dienstleistungen, zentrale, 58 f., 310 ff.

Dienstleistungsvertrag, 310 f., 420

Direktbegünstigungstheorie, 345 f.

Direktion, siehe Geschäftsleitung

Division, 51 f.

Domizilprivileg, 342

Doppelbelastung, wirtschaftliche, 340

Doppelorgan, 163, 308 f., 315, 320

Doppelpatentierung, 395

Doppelvertretung, 181, 308 f.

Dreieckstheorie, 346 f.

Due Dilligence, 294 f.

Durchgriff
— im amerikanischen Recht, 272
— im französischen Recht, 267 f.
— Haftungsdurchgriff, 171 ff., 212, 418, 443 f.
— bei Kautionspflicht, 429
— prozessualer, 425, 441
— steuerlicher, 350

Editionspflicht, 427 f.

Eigene Aktien
— Bekanntgabe, 106
— Erwerb, 107 ff., 137, 241 f.

Eigenkapital, 157 (Fn. 433)

Einberufungsrecht
— Generalversammlung, 132 f.
— Gesellschafterversammlung, 207
— Vereinsversammlung, 229

Einfache Gesellschaft
— als abhängiges Unternehmen, 244
— Anwendung des Börsengesetzes, 280
— als Konzernleitung, 239 f.

Einflussnahmeklausel, 330

Einheit, wirtschaftliche, siehe Wirtschaftliche Einheit

Einheitliche Leitung, 53 ff., 82 ff., 168, 222, 234

Einheitlichkeit, Grundsatz der, 95 f.

Eingliederung, 258 f., 275

Einsichtsrecht, 100 f., 115, 134 f., 208, 273

Emigrationsfusion, 421

Emmissionsabgabe, 345 f.

Enterprise law, 272, 442

Entity law, 272, 440 ff.

Equity-Methode, 97 f.

Erfinderklausel, 396 f.

Erschöpfung
— internationale, 402 ff., 410
— nationale, 403, 407, 410
— regionale, 408

Erzeugnis, freies, siehe Freies Erzeugnis

EU-Richtlinien, 99, 274 ff.

Fairness, 271

Faktischer Konzern
— Begriff, 28
— einfacher, 30 f., 259 f.
— im EU-Recht, 276
— qualifizierter, 30 f., 260 f.

Faktizitätsprinzip, 348

FER-Richtlinien, 97, 99, 102

Fiduziarischer Verwaltungsrat
— anwendbares Recht, 417, 421 f.
— Begriff, 163 (Fn. 470)
— Haftung, 164 f.
— Haftung des herrschenden Unternehmens, 176
— in der Kommandit-Aktiengesellschaft, 198
— Rechtsstellung, 163 ff.
— Wahl, 164
— Zulässigkeit des Mandatsvertrags, 166 f.

Finanzierungsklausel, 330

Firestone-Fall, 320 f.

Firma
— anwendbares Recht, 414, 419
— Schutzbereich, 386 (Fn. 19)
— Wahl, 383 f.
— siehe auch Konzernbezeichnung

Firmenbildungsvorschriften, 384 f.

Firmenrecht
— Aktivlegitimation, 386

- Begriff der Holding, 18 f.
- im Konzern, 383 ff.
- Schutz, 385 f., 419
- Täuschungsverbot, 385

Formenzwang und -fixierung, 147

Franchisevertrag, 311 f.

Freier Aktionär, siehe Minderheitsaktionär

Freies Erzeugnis, 396 f., 399 f.

Freihandelsabkommen, 409

Freistellungsklausel, 165 f.

Führungsmechanismen, 66 ff.

Fusion
- Abgrenzung zum Konzern, 25
- Absorptionsfusion, 43 f., 297 ff.
- Annexionsfusion, siehe Absorptionsfusion
- als exogener Konzernaufbau, 42 ff.
- grenzüberschreitende, 46, 421
- Kombinationsfusion, 44 f.
- ohne gesetzliche Grundlage, 45 f.
- Quasifusion, 47 f.
- rechtsformüberschreitende, 45 (Fn. 208)
- Steuerfolgen, siehe dort
- unechte, 48

Fusionskontrolle
- Abgrenzung Schweiz – EU, 380 f.
- im EU-Recht, 378 ff.
- Kontrollübernahme als Unternehmenszusammenschluss, 7
- im schweizerischen Recht, 368 ff.
- siehe auch Unternehmenszusammenschluss

Fusionsvertrag, 43, 44, 48, 297 ff.

Garantie
- beim Akquisitionsvertrag, 295
- bürgschaftsähnliche, 334
- Garantievertrag, siehe dort
- reine, 334

Garantieerklärung, siehe Garantievertrag

Garantievertrag, 181, 184, 332, 334 f., 422

Geheimhaltungsvereinbarung, 294

Gelegenheitserzeugnis, 396 f., 399 f.

Gemeinschaftsunternehmen, siehe Joint Venture

Gemeinwesen
- Beteiligung an einem herrschenden Unternehmen, 252 f.
- als herrschendes Unternehmen, 249 ff.

Generalklausel, 323

Generally Accepted Accounting Principles, 100

Generalversammlung
- Abwehrmassnahmen, 119 ff., 286
- Anfechtung von Beschlüssen, siehe Anfechtungsklage
- Befugnisse, 66
- Einberufungsrecht, 132
- Einberufungsvorschriften, 131 f.
- Gewinnverwendungsbeschluss, 306
- Gleichbehandlungsgebot, siehe dort
- Nichtigkeit von Beschlüssen, siehe Nichtigkeitsklage
- präventiv gefasster Beschluss, 286

Genossenschaft
- als abhängiges Unternehmen, 219 ff.
- Anwendung des Börsengesetzes, 278 ff.
- als Konzernleitung, 214, 218 ff.
- konzessionierte Versicherungsgenossenschaft, siehe dort
- Kreditgenossenschaft, siehe dort
- verdeckte Gewinnausschüttung, 157 (Fn. 432)

Genossenschaftskonzern
- Begriff, 214 f.
- als Selbsthilfeorganisation, 215

Genossenschaftsverband, 214, 220 ff.

Gerichtsstand
- der Zweigniederlassung, 425 ff., 431 ff., 434
- siehe auch Zuständigkeit

Geschäftsherrenhaftung
- bei einer abhängigen GmbH, 213
- im Aktienrechtskonzern, 177, 179
- anwendbares Recht, 417
- Haftung für Erfüllungsgehilfen, 321 f.

Geschäftsleitung, 80 f., 180

Gesellschaft, einfache, siehe Einfache Gesellschaft

Gesellschafterversammlung
- Anfechtung von Beschlüssen, siehe Anfechtungsklage
- Einberufungsrecht, siehe dort
- Einberufungsformalitäten, 207
- Nichtigkeit von Beschlüssen, siehe Nichtigkeitsklage

Gesellschaftsrecht
- anwendbares Recht, 412 ff.
- Gründe für die Konzernbildung, siehe Konzernbildung
- Konzern im Gesellschaftsrecht, 73 ff.

Gesellschaftsstatut, 412 ff.

Gesellschaftszweck, siehe Zweck

Gewerbe, kaufmännisches, siehe Kaufmännisches Gewerbe

Gewinnabführungsvertrag, 258, 306

Gewinnaufrechnung, 344 ff.

Gewinnausschüttung
- offene, 154
- verdeckte, siehe Verdeckte Gewinnausschüttung

Gewinnentnahme, ungerechtfertigte, siehe Ungerechtfertigte Gewinnentnahme

Gewinngemeinschaftsvertrag, 307

Gewinnmaximierung/-optimierung, 35, 87

Gewinnsteuer, 340 f., 344

Gewinnstrebigkeit, 87 ff., 129, 252 f., 302 f., 306 f.

Gewinnverschiebungen
- Schädigung des abhängigen Unternehmens, 126 f.
- Steuerfolgen, siehe dort

Giftpillen
- finanzielle, 120 f.
- stimmrechtliche, 121 f.

Gläubiger
- des herrschenden Unternehmens, 100, 103
- konzernspezifische Risikosituation, 145 ff., 150 f., 210

Gläubigerschutz
- aktienrechtlicher, 147 ff.

- in der GmbH, 210 ff.
- im Konzern, 145 ff.
- in der Stiftung, 237
- im Verein, 231
- im Vertragskonzern, 257

Gleichbehandlungsgebot
- im Aktienrecht, 129 ff.
- bei der GmbH, 207
- im Konkurs, 449
- im Vereinsrecht, 230

Gleichordnungskonzern, 29, 275 f.

GmbH
- als abhängiges Unternehmen, 205 ff.
- Anwendung des Börsengesetzes, 280
- Gläubigerschutz, siehe dort
- Haftung des herrschenden Unternehmens, 211 ff.
- Konsolidierung, 92, 96
- als Konzernleitung, 53, 199 ff.
- Minderheitenschutz, siehe dort
- Minderheitsgesellschafter, 206
- verdeckte Gewinnausschüttung, 157 (Fn. 432)
- Vergleich mit der Aktiengesellschaft, 192 f.
- Verweisung auf das Aktienrecht, siehe dort

Golden parachute, 119

Groupe de sociétés, 262 ff.

Groups of companies, 269 f.

Grund, wichtiger, siehe Wichtiger Grund

Grundlagenirrtum, 317

Gründungstheorie, siehe Inkorporationstheorie

Gruppenbesteuerung, 243, 351, 354 ff.

Gruppenmeldepflicht, 282

Haager Übereinkommen, 437 f., 439

Haftung
- des abhängigen Unternehmens, 319, 320 f.
- anwendbares Recht, 414, 416 ff.
- Beschränkung, 38, 443
- Culpa in contrahendo, siehe dort
- deliktische, 182 ff.
- Durchgriff, siehe dort
- des fiduziarischen Verwaltungsrats, 164 f.
- des Gemeinwesens, 251 f.

- des Geschäftsführers der GmbH, 212
- Geschäftsherrenhaftung, siehe dort
- der Hilfsperson, 179
- der Konzernleitung, 60 ff., 67, 142, 163 (Fn. 469), 168 ff., 211 ff., 227, 231, 237 f., 242, 246, 251 f., 276
- aus Konzernvertrauen, 62 f., 184 ff.
- mehrerer Konzernunternehmen, 268
- des Mehrheitsaktionärs, 169 f.
- Organhaftung, siehe dort
- Produktehaftung, siehe dort
- Relativierung durch die Rechtswirklichkeit, 189 ff.
- vertragliche, 181 f., 319 ff.
- des Vertreters des Gemeinwesens, 252
- des Vertreters in der GmbH, 212 f.
- des Verwaltungsrats, 55 (Fn. 246), 60, 122, 160
- siehe auch Verantwortlichkeitsklage

Haftungsdurchgriff, siehe Durchgriff

Haftungssubstrat
- bei der Aktiengesellschaft, 157, 172 f.
- bei der Kommandit-Aktiengesellschaft, 198
- bei der GmbH, 210
- im Konzern, 38
- beim Verein, 231
- bei der Stiftung, 237
- bei den Personengesellschaften, 243 f.

Handelsschranken, 32 f.

Herrschendes Unternehmen
- Begriff, 15
- Erklärungen zu Gunsten des abhängigen Unternehmens, 326 ff.
- Haftung, siehe dort
- Konzernleitungspflicht, siehe Konzernleitung, Pflicht zur
- Konzernleitungsrecht, siehe Konzernleitung, Recht auf
- Minderheitsaktionär, siehe dort
- Rechtsform, 53, 75, 77, 92
- Treuepflicht, siehe dort
- Unternehmensqualität, 74 f.
- als Vertragspartei, 317 ff.
- siehe auch Konzernleitung

Hilfsperson
- Haftung, 179
- Geschäftsherrenhaftung, siehe dort

Hold harmless-clause, siehe Freistellungsklausel

Holding
- Abgrenzung zum Konzern, 17 ff.
- Anlageholding, 15, 20
- Ausnahme von der Mehrwertsteuer, 358
- Begriff, 6, 15, 17 ff.
- gemischte, 18, 340
- Konsolidierung, 92
- Kontrollholding, 19 f.
- reine, 18, 341
- Steuerfolgen, siehe dort
- Subholding, 52, 356 (Fn. 72)
- siehe auch Konzernstruktur

Holdinggesellschaft, siehe Holding

Holdingmarke, 19, 393 f.

Holdingprivileg
- steuerrechtliches, 6, 18, 37, 50, 75 (Fn. 11), 341 f.
- aktienrechtliches, 109 f.

Holding-Stiftung, siehe Unternehmensstiftung

Immaterialgüter, 59, 81, 309 ff.

Immaterialgüterrechte
- Erwerb durch den Konzern, 398 f.
- Konzentration bei einem Konzernunternehmen, 34, 127, 309
- im Konzern, 383 ff.
- Parallelimporte, siehe dort
- Schaffung im Arbeitsverhältnis, 396 ff.
- Verträge betreffend die Nutzung, 309 ff.

Informationsklausel, 330

Informationspflicht, siehe Offenlegung

Inkorporationstheorie, 412, 415

Inländerbehandlungsgrundsatz, 409

Innenumsatz, 351 f., 357

Interessen, öffentliche, siehe Öffentliche Interessen

International Accounting Standards, 100

Internationales Privatrecht, 411 ff., 433 ff.

Jahresrechnung, siehe Konzernrechnung

Joint Venture
- Abgrenzung zum Konzern, 25 f.

– Gründung, 39 f.
– als Kartell, 360
– Konsolidierung, 94, 97
– konzentratives, 360, 369, 379
– kooperatives, 360, 379
– paritätisches, 26, 83, 94, 108

Joint Venture-Vertrag, 300 ff., 420

Judicial jurisdiction, 439

Kapitalaufbringung, 149, 151, 210

Kapitaleinlage, verdeckte, siehe Verdeckte Kapitaleinlage

Kapitalentnahme, 154

Kapitalerhaltung, 149 f., 151, 210 f.

Kapitalerhöhung, 120 f., 136

Kapitalmarkt, 93, 100

Kapitalrückzahlung, 154

Kapitalsteuer, 341

Kartell
– Abgrenzung zum Konzern, 21 f., 359 f.
– Begriff, 21
– bei konzerninternen Lizenz-/Franchiseverträgen, 310 ff.

Kartellrecht
– EU-Kartellrecht, 374 ff.
– Konzernbegriff, siehe dort
– kartellrechtliche Gründe für die Konzernbildung, siehe Konzernbildung
– schweizerisches Kartellrecht, 359 ff.

Kaufangebot, öffentliches, siehe Öffentliches Kaufangebot

Kaufmännische Buchführung, 95

Kaufmännisches Gewerbe, 226, 234, 239 f.

Kautionspflicht, 429

Kenntnisnahmeklausel, 329

Kleinkonzern, 92

KMU, 192 ff.

Kollektivgesellschaft
– als abhängiges Unternehmen, 242 f.

– Anwendung des Börsengesetzes, 280
– als Konzernleitung, 239 ff.

Kollisionsnormen, siehe Anwendbares Recht

Kollokation, 448

Kommandit-Aktiengesellschaft
– als abhängiges Unternehmen, 198
– Anwendung des Börsengesetzes, 280
– Konsolidierung, 92, 96
– als Konzernleitung, 53, 197
– Verweisung auf das Aktienrecht, siehe dort

Kommanditgesellschaft
– als abhängiges Unternehmen, 242 f.
– Anwendung des Börsengesetzes, 280
– als Konzernleitung, 239 ff.

Konkurs
– eines Konzernunternehmens, 443 ff.
– Zulässigkeit konzerninterner Rechtshandlungen, 446 ff.

Konsolidierung
– nach Aktienrecht, 90 ff.
– Methode, 95, 97 f., 102
– Pflicht, 91 f., 107, 194, 200 (Fn. 649), 203
– Regeln, 96 ff.
– siehe auch Konzernrechnung

Konsolidierungskreis, 96 f.

Konsortium, 23

Kontrollrechte
– in der GmbH, 202 f., 208
– siehe auch Aktionär

Kontrollstelle
– bei der GmbH, 202, 204
– Unabhängigkeit im Konzernverhältnis, 110
– siehe auch Revisionsstelle

Kontrollübernahme
– Abwehrmassnahmen, 116, 286
– Begriff, 40 (Fn. 179), 115 f.
– bei der GmbH, 205 f.
– öffentliches Kaufangebot, siehe dort
– als Unternehmenszusammenschluss, 7 f., 369, 379
– beim Verein, 228 f.
– Zweckänderung, siehe dort
– siehe auch Konzernierung

Konzern
- Abgrenzung, 17 ff.
- Aktienrechtskonzern, siehe dort
- Arten, 28 ff.
- Aufbau, siehe Konzernaufbau
- Begriff, siehe Konzernbegriff
- Beteiligungskonzern, siehe dort
- Bildung, siehe Konzernbildung
- dezentralisierter, 30 f.
- diagonaler, 30
- divisionaler, 51 f.
- einheitlicher, 29
- Entwicklung, 39 ff.
- faktischer, siehe Faktischer Konzern
- Firma, siehe Konzernbezeichnung
- Führung, 53 ff., 190
- Genossenschaftskonzern, siehe dort
- Gleichordnungskonzern, siehe dort
- horizontaler, 30, 36
- Interesse, siehe Konzerninteresse
- Kleinkonzern, siehe dort
- Kompetenzordnung, 66 ff.
- konglomeraler, 30
- körperschaftlicher, 29, 220 ff., 233 f.
- Leitung, siehe Konzernleitung
- multinationaler, 32, 33, 35, 37, 151, 411, 423, 442
- Rechtsfähigkeit, 388, 424
- Struktur, siehe Konzernstruktur
- Subkonzern, siehe dort
- Unterordnungskonzern, siehe dort
- vertikaler, 30, 36
- Vertragskonzern, siehe dort
- zentralisierter, 30 f.
- Zweck, siehe Konzernzweck

Konzernanmassung, 385 f., 388 f.

Konzernaufbau
- endogener, 39 f., 54, 368
- exogener, 40 ff., 54, 368

Konzernaustrittsphase, 143 f.

Konzernbegriff
- im Aktienrecht, 5 f., 78 ff.
- im amerikanischen Recht, 269 ff.
- im Bankengesetz, 9 f.
- im BewG («Lex Friedrich»), 8 f.
- im Börsengesetz, 10 f.
- im deutschen Recht, 255 f.
- im EU-Recht, 274
- im französischen Recht, 262

- im Kartellgesetz, 7 f.
- im Mehrwertsteuerrecht, 6 f., 355
- im Steuerrecht, 6 f.
- im vorliegenden Werk verwendete Terminologie, 15

Konzernbetriebsphase, 125 ff.

Konzernbezeichnung
- einheitliche, 383 ff.
- firmenrechtlicher Schutz, 383 (Fn. 2)
- lauterkeitsrechtlicher Schutz, 389 f.
- namensrechtlicher Schutz, 388 f.

Konzernbilanz, 94

Konzernbildung
- betriebswirtschaftliche Gründe, 34 ff.
- gesellschaftsrechtliche Gründe, 38
- kartellrechtliche Gründe, 38
- Pflicht zur, 54 ff.
- Recht auf, 53 f., 55
- steuerrechtliche Gründe, 37
- wirtschaftspolitische Gründe, 32 f.

Konzerneintrittsphase, 114 ff.

Konzernerfolgsrechnung, 94

Konzernierung
- Beendigung von Dauerschuldverhältnissen, 323 f.
- durch Beteiligungserwerb, 24
- durch Vertrag, 49, 292 ff.
- nach Vertragsabschluss, 318 f.
- als Zweckänderung, 85 ff.
- siehe auch Beherrschung
- siehe auch Kontrollübernahme

Konzerninteresse, 86 ff., 111 f., 165, 266 f., 388, 452

Konzernjahresbericht, 94

Konzernklauseln, 322 f.

Konzernkonkurs, 449

Konzernleitung
- Aufgaben, 56 ff., 65
- Befugnisse, 67 ff., 221 f.
- Begriff, 8 f., 15
- Einordnung im Konzern, siehe Konzernstruktur
- Grenzen, 54, 56 ff.
- Haftung, siehe dort

– im körperschaftlichen Konzern, 220 ff.
– Pflicht zur, 54 ff., 59 ff., 188
– Recht auf, 53 ff., 56, 59
– Sitz, 33, 37
– siehe auch Herrschendes Unternehmen

Konzernmarke, 8, 391 ff.

Konzernpauliana, 450

Konzernrabatt, 365, 377

Konzernrechnung
– Aufbau, 94
– Grundsätze, 94 ff.
– zu konsolidierende abhängige Unternehmen, 94
– Pflicht zur Erstellung, 90 ff.
– siehe auch Konsolidierung

Konzernrechnungsanhang, 94

Konzernrechtsrichtlinie, 274 ff.

Konzernstruktur
– divisionaler Konzern, siehe Konzern, divisionaler
– Festlegung als Aufgabe der Konzernleitung, 57
– Holding, 50 f.
– Management-Gesellschaft, siehe dort
– mögliche Formen, 50 ff.
– Stammhaus, siehe dort

Konzernunternehmen
– Begriff, 16
– Bezeichnung, siehe Konzernbezeichnung
– Fusion, 44
– Konkurs, siehe dort
– rechtliche Selbständigkeit, 79, 270, 339, 411, 424, 443 ff.
– Rechtserwerb als Arbeitgeber, 398 f.
– Rechtsform, 197 ff.
– rechtsformunabhängige Anforderungen, 73 ff.
– als Schuldner, 145 ff.
– als Vertragspartei, 315 ff.

Konzernvertrauen, 62 ff., 184 ff.

Konzernzweck, 85 ff., 226

Konzessionierte Versicherungsgenossenschaft
– Anwendung des Genossenschaftsrechts, 218
– Begriff, 214 (Fn. 755)
– Konsolidierung, 92, 97, 217
– als Konzernleitung, 53, 214 ff.
– Verweisung auf das Aktienrecht, siehe dort

Kooperation, 23

Koordinationskonzern, siehe Gleichordnungskonzern

Kopfstimmrecht, 219, 228

Koppelungsvertrag, 366 f., 376

Kotierungsreglement, 102, 277

Kraftloserklärung von Beteiligungspapieren, siehe Ausschlussrecht

Kreditauftrag, 332

Kreditgenossenschaft
– Anwendung des Genossenschaftsrechts, 218
– Begriff, 214 (Fn. 754)
– Konsolidierung, 92, 97, 217
– als Konzernleitung, 53, 214 ff.
– Verweisung auf das Aktienrecht, siehe dort

Kumulative Schuldübernahme, 333, 336 f.

Leitung, einheitliche, siehe Einheitliche Leitung

Letter of Intent, 294, 327 (Fn. 153)

Lizenzvertrag, 127, 310, 420

Lohnfabrikationsvertrag, 313, 420

Long-arm statutes, 439 f.

Lugano-Übereinkommen, 430 ff.

Management-Gesellschaft, 51

Marke
– Hinterlegung im Konzern, 391 f.
– Holdingmarke, siehe dort
– Konzernmarke, siehe dort
– stellvertretender Gebrauch, 392 f.

Markenrecht
– im Konzern, 391 ff.
– Konzernmarke, siehe dort
– Parallelimporte, 401 ff.

Markt, relevanter, siehe Relevanter Markt

Marktauftritt, identischer, 37, 391

Marktbeherrschung
– Begriff, 360, 362 f., 376
– im EU-Recht, 375 ff.

– Missbrauch, 361 ff., 376 f.
– Verfahren, 367 f.

Mehrwertsteuerrecht
– Einzelbesteuerung, 351 ff.
– Gruppenbesteuerung, siehe dort
– im Konzern, 351 ff.
– Konzernbegriff, siehe dort
– Überwälzung der Mehrwertsteuer, 352 ff.
– Vorsteuerabzug, 352 ff.

Meistbegünstigungsgrundsatz, 409

Meldepflicht
– nach Bankengesetz, 104
– nach Börsengesetz, 104, 106, 123, 282 f., 285
– bei Unternehmenszusammenschlüssen, 370 f.

Mietvertrag, 324 f.

Minderheitenschutz
– aktienrechtlicher, 128 ff.
– im amerikanischen Recht, 271
– im EU-Recht, 275
– im französischen Recht, 265 f.
– in der GmbH, 206 ff.
– im Konzern, 111 ff.
– im Verein, 229 ff.
– im Vertragskonzern, 257

Minderheitsaktionär
– im abhängigen Unternehmen, 89, 112 ff.
– Ansprüche gegen das herrschende Unternehmen, 137 f.
– des herrschenden Unternehmens, 111 f.
– einer kotierten Gesellschaft, 287 f.
– Rechtsmittel, 138 ff.
– Schädigung, 125 ff.

Minimum contacts, 440 f.

Mitteleinsatz, zentraler, 34 f.

Muster- und Modellrecht
– Parallelimporte, 407 f.
– Schöpfung im Arbeitsverhältnis, 397

Mutter, 14

Nachschusspflicht, 206, 211 f.

Namensrecht
– des Konzerns, 388 f.
– anwendbares Recht, 414, 419

Namensschutz, 387 ff., 419

Natürliche Person
– als abhängiges Unternehmen, 246 ff.
– als Konzernleitung, 245 f.

Nichtigkeit, siehe Nichtigkeitsklage

Nichtigkeitsklage, 66 f., 139 f., 209, 230

Niederlassung, siehe Zweigniederlassung

Obergesellschaft, 14

Offenlegung
– bedeutende Aktionäre, 105 f., 114 (Fn. 188), 116, 193
– beim Erwerb eigener Aktien, 106, 108
– im französischen Recht, 264 f.
– bei der GmbH, 203 f.
– konzernverbundene Beteiligungen, 106
– von kursrelevanten Tatsachen, siehe Ad hoc-Publiziät
– wesentliche Beteiligungen, 103 f., 114 (Fn. 187), 116, 123
– siehe auch Publizität

Öffentliche Interessen
– im Firmenrecht, 384
– bei gemischtwirtschaftlichen Unternehmen, 253
– im Kartellrecht, 367, 372 f.

Öffentliches Ausstiegsangebot, 265

Öffentliches Kaufangebot, 11, 124, 143 f., 265, 279 f., 284 ff.

OMO-Praxis, 403

Organ
– Befugnisse, 66 ff., 128
– Doppelorgan, siehe dort
– faktisches, 176 ff., 204, 232 (Fn. 867)
– Haftung, siehe dort
– Vertretungsmacht, 85, 148 f.

Organhaftung
– bei einer abhängigen GmbH, 213
– im Aktienrechtskonzern, 176 ff., 180
– anwendbares Recht, 417
– der faktischen Organe, 176 f.
– im französischen Recht, 266
– Gesellschaftszweck als Grenze, 128
– im Verein, 232 f.

— bei Zweckänderung, 88

Organisation
— anwendbares Recht, 413
— dezentrale, 35
— des Finanz- und Rechnungswesens, 57 f.
— Komplexität, 150 f.
— Konzernstruktur, siehe dort

Organisationsreglement, 68

Organisationsvertrag, 257 f.

Parallelimporte
— im internationalen Recht, 408 ff.
— nach schweizerischem Recht, 401 ff.

Participation, 263 f.

Patentrecht
— Erfindung im Arbeitsverhältnis, 396 f.
— Patenterteilung im Konzern, 395
— Parallelimporte, 407

Patronatserklärung
— anwendbares Recht, 422
— Begriff, 327
— Gründe, 181, 184, 327 f.
— Inhalt, 329 f.
— Qualifikation, 330 ff.

Paulianische Anfechtung, 175, 446 (Fn. 30), 450 ff.

Person, natürliche, siehe Natürliche Person

Personengesellschaft
— als abhängiges Unternehmen, 242 ff.
— als Konzernleitung, 239 ff.

Persönlichkeitsrecht des Konzerns, 388

Poison pills, siehe Giftpillen

Präsenzquorum, 120, 134

Privatrecht, internationales, siehe Internationales Privatrecht

Produktehaftung, 184, 442

Publikumsaktiengesellschaft
— Offenlegungspflicht, 105
— spezifische Normen im Aktienrecht, 192 ff.
— siehe auch Börsenkotierung

Publizität
— Ad hoc-Publizität, siehe dort
— Aktienrecht, 90 ff., 115, 150
— Einzelunternehmer, 246
— GmbH, 211
— Kollektiv- und Kommanditgesellschaft, 241
— kotierte Genossenschaft, 279
— Verein, 227
— Stiftung, 235
— siehe auch Offenlegung

Publizitätsvorschriften, 116

Publizitätswirkung, 100 f.

Pyramiden-Effekt, 151

Querdurchgriff, 172 (Fn. 515), 174 (Fn. 530)

Quorum
— Beschlussquorum, siehe dort
— Präsenzquorum, siehe dort

Quotenkonsolidierung, 97

Rechnungslegung
— Grundsätze, 95, 102
— konsolidierte, siehe Konsolidierung
— kotiertes Unternehmen, 281
— ordnungsmässige, 95

Rechnungslegungsvorschriften
— Börsengesetz, 122 f.
— GmbH, 203 f.
— Kollektiv- und Kommanditgesellschaft, 241
— kotierte Genossenschaft, 279
— Kredit- und Versicherungsgenossenschaft, 217
— Standards, 98 f.
— Verweisung auf das Aktienrecht, siehe dort

Recht, anwendbares, siehe Anwendbares Recht

Rechtsausübung, schonende, 131

Rechtshilfe, internationale, 437 f.

Rechtsvergleich, 254 ff.

Relevanter Markt, 361 f., 376

Reserve
— aktienrechtliches Holdingprivileg, 109 f.
— für eigene Aktien, 108

Revisionshandbuch, 99

Revisionsstelle, 110

Richterrecht
- in Frankreich, 266 ff.
- in den USA, 269 ff.

Rückdurchgriff, 172 (Fn. 515), 318

Rückerstattungsklage, 158

Rückerstattungspflicht
- bei einer abhängigen GmbH, 211
- im Aktienrechtskonzern, 155, 159 f., 174, 308, 448
- Steuerfolgen, siehe dort

Sanierungsdarlehen, 448 f.

Satellitenverträge, 301

Schaden
- direkter, 127
- indirekter, 125 ff.

Schenkungspauliana, 451

Schiedsgerichtsbarkeit, 436 f.

Schuldbeitritt, siehe Kumulative Schuldübernahme

Schuldbetreibungs- und Konkursrecht im Konzern, 443 ff.

Schuldübernahme, kumulative, siehe Kumulative Schuldübernahme

Schutzklausel, 100

Secrecy Agreement, siehe Geheimhaltungsvereinbarung

Selbständigkeit, rechtliche, siehe unter Konzernunternehmen

Sitztheorie, 412

Sitzverlegung, 415 f.

Sonderbericht, 276

Sonderprüfung, 101, 134 f.

Sotheby's, 62 (Fn. 262), 322

Sperrminorität, 133

Sperrziffer, 157 (Fn 433)

Spill-over-effect, 391

Staggered board, 120

Stammhaus
- Begriff, 50
- Steuerfolgen, siehe dort

Standards, 98 ff., 102, 281

Standortvorteile, 33

Statutenänderung nach Konzernierung, 85 ff.

Stetigkeit, Grundsatz der, 96

Steuerfolgen
- der Fusion, 43
- bei Gewinnverschiebungen im Konzern, 343 ff.
- der (Kontroll-)Holding, 20, 51
- der Rückerstattungspflicht, 347 ff.
- beim Stammhaus, 51
- der Übernahme von Aktiven und Passiven, 41
- der verdeckten Gewinnausschüttung, 153 (Fn. 417 und 418), 344 f.
- der verdeckten Kapitaleinlage, 345
- der verdeckten Vorteilszuwendung unter abhängigen Unternehmen, 345 ff.

Steuergruppe, 354 ff.

Steuerrecht
- Begriff der Holding, 17 f.
- Beteiligungsabzug, 18, 340 f.
- Betriebsstättenbesteuerung, siehe dort
- Domizilprivileg, 342
- als Grund für die Konzernbildung, 37
- Holdingprivileg, siehe dort
- im Konzern, 339 ff.
- Konzernbegriff, siehe dort
- verdeckte Gewinnausschüttung, siehe dort

Stiftung
- als abhängiges Unternehmen, 236 ff.
- Gläubigerschutz, 237
- Haftung der Konzernleitung, 237 f.
- als Konzernleitung, 234 ff.

Stimmrecht
- an eigenen Aktien, 109
- Kopfstimmrecht, 219, 228
- rechtsmissbräuchliche Ausübung, 170

Stimmrechtsaktie, 121, 133

Stimmrechtsbeschränkung, 119, 121

Strategie, 34, 56 f.

Subkonzern, 52, 93, 389

Subordinationskonzern, siehe Unterordnungskonzern

Swissair-Entscheid, 60 ff., 185 ff.

Täuschung, 317

Täuschungsgefahr, 403 ff., 407

Taxe occulte, 353, 358

Teilgewinnabführungsvertrag, 258

Tender offer, siehe Öffentliches Kaufangebot

Teleskop-Effekt, 151

Terminologie zum Konzern
- des Bundesgerichts, 11 f.
- der Doktrin, 12 f.
- gesetzliche, 5 ff.
- im vorliegenden Werk verwendete, 14

Territorialitätsprinzip
- im Immaterialgüterrecht, 402 f.
- völkerrechtliches, 437

Tochter, 14

Traktandierungsrecht, 132 f., 207

Transferpreise, 126, 160 f., 313

Transparenz, 101, 283

Transparenzrichtlinie, 275

Treuepflicht
- des Aktionärs, 170 f.
- des herrschenden Unternehmens, 138
- der Vereinsmitglieder, 232

TRIPS-Abkommen, 409 f.

Trust, 27

Übernahme von Aktiven und Passiven, 41, 292 f.

Überschuldungspauliana, 450 f.

Überwachung, 58

Ungerechtfertigte Gewinnentnahme, 155

Untergesellschaft, 14

Unterkapitalisierung, 63 f., 172 f., 187

Unternehmen
- abhängiges, siehe Abhängiges Unternehmen
- Begriff, 15 (Fn. 65), 74 (Fn. 7), 256 (Fn. 980)
- gemischtwirtschaftliches, 250
- herrschendes, siehe Herrschendes Unternehmen
- Konzernunternehmen, siehe dort
- marktbeherrschendes, 7, 22, 82, 360 ff.

Unternehmensqualität
- des herrschenden Unternehmens, 74 f.
- des Staates, 249

Unternehmensstiftung, 234 f.

Unternehmensträgerstiftung, siehe Unternehmensstiftung

Unternehmenszusammenfassung, 79 ff.

Unternehmenszusammenschluss
- Aufgreifschwelle, 370 f.
- Begriff, 368 f., 378 f.
- Eingreifschwelle, 371 f.
- Meldepflicht, siehe dort
- Verfahren, 373, 380
- siehe auch Fusionskontrolle

Unterordnungskonzern, 29, 275

Urheberrecht
- abhängige Werkschöpfung, 397 f.
- Parallelimporte, 406 f.

Urteil, ausländisches, siehe Ausländisches Urteil

Urteilswirkungen im Konzern, 428

Verantwortlichkeit, siehe Verantwortlichkeitsklage

Verantwortlichkeitsklage
- anwendbares Recht, 416 ff.
- gegen die Verwaltung des abhängigen Unternehmens, 140 f.
- bei der GmbH, 203, 204, 209
- bei Kredit- und Versicherungsgenossenschaften, 217
- im Verein, 230
- siehe auch Haftung

Verdeckte Gewinnausschüttung
- bei der AG, 153 ff.
- Bedeutung, 153
- Begriff, 153 ff.
- Beispiele, 154, 162
- Durchgriff, 173
- bei der Genossenschaft, 157 (Fn. 432)
- bei der GmbH, 157 (Fn. 432)
- Handelsrechtswidrigkeit, 158, 347 f., 447 f.
- Steuerfolgen, siehe dort
- Verbot, 138

Verdeckte Kapitaleinlage
- Begriff, 155, 162
- Steuerfolgen, siehe dort

Verdeckte Vorteilszuwendung
- als Oberbegriff, 155 (Fn. 427), 160 ff., 343 f.
- unter abhängigen Unternehmen, 155, 162
- Steuerfolgen, siehe dort

Verein
- als abhängiges Unternehmen, 227 ff.
- Anwendung des Börsengesetzes, 280
- Gläubigerschutz, 231
- Haftung der Konzernleitung, 227, 231 ff.
- als Konzernleitung, 226 f.
- Minderheitenschutz, 229 ff.

Vereinsverband, 233 f.

Vereinsversammlung
- Anfechtung von Beschlüssen, 230
- Einberufungsrecht, 229
- Nichtigkeit von Beschlüssen, 230

Verhandlungsmacht, 151

Vermögensvermischung, 173

Vermutung
- der Absprache im BEHG, 11
- der Beherrschung im BewG («Lex Friedrich»), 9
- der Beherrschung im amerikanischen Recht, 270
- der Beherrschung im französischen Recht, 262
- bei der Bürgschaft, 336
- bei der Gruppenbesteuerung, 355

Vermutungskaskade, 84, 256

Verpflichtungsgeschäft
- beim Akquisitionsvertrag, 295 f.
- beim Fusionsvertrag, 298 f.

Verrechnungsklausel, 323

Verrechnungspreise, konzerninterne, siehe Transferpreise

Verrechnungssteuer, 344

Versicherungsgenossenschaft, konzessionierte, siehe Konzessionierte Versicherungsgenossenschaft

Vertrag
- anwendbares Recht, 419 ff.
- betreffend die Ausgestaltung des Konzerns, 306 f.
- konzernbildender, 292 ff.
- zugunsten Dritter, 333
- zwischen Konzernunternehmen, 160, 308 ff., 343, 419 f., 446 ff.
- zwischen Konzernunternehmen und Dritten, 315 ff., 420 ff.

Vertragskonzern, 21, 28, 234, 256 ff., 275 f., 302 f.

Vertragsparteien im Konzern, 315 ff.

Vertragspflichten im Konzern, 317 ff.

Vertragsrecht und Konzern, 291 ff.

Vertragsstatut, 419 ff.

Vertragsverdoppelung, 318

Vertretungsbefugnis, 414 f.

Vertretungsmacht
- der Konzernunternehmen, 315 f.
- der Organe, 148 f.

Vertriebsvertrag, 314, 420

Verwaltung, siehe Verwaltungsrat

Verwaltungsrat
- abhängiger, siehe Fiduziarischer Verwaltungsrat
- Abwehrmassnahmen, 118 f., 286
- aktienrechtliches Holdingprivileg, 109 f.
- Aufgaben, 58
- Befugnisse, 66
- Beschränkungen für die Abwahl, 120
- fiduziarischer, siehe Fiduziarischer Verwaltungsrat
- Gleichbehandlungsgebot, siehe dort

- Haftung, siehe dort
- Haftung des herrschenden Unternehmens für Vertreter, 175 ff.
- Nichtigkeit von Beschlüssen, siehe Nichtigkeitsklage
- Pflichten während eines öffentlichen Kaufangebots, 285
- Rückerstattungspflicht, siehe dort
- Vertreter im, 136 f., 252

Verwechselbarkeit
- firmenrechtliche, 385 f.
- lauterkeitsrechtliche, 389 f.
- namensrechtliche, 388
- im TRIPS-Abkommen, 410

Verwechslungsgefahr, siehe Verwechselbarkeit

Verweisung auf das Aktienrecht
- dynamische, 199 ff., 216
- gewöhnliche Genossenschaft, 218
- GmbH, 77, 199 ff.
- Kommandit-Aktiengesellschaft, 77, 197
- Kredit- und Versicherungsgenossenschaft, 77, 215 ff.
- statische, 199
- umfassende, 201 ff., 216 f.

Vinkulierung, 118 f., 193

Vollkonsolidierung, 97

Vollstreckung
- ausländischer Urteile, 435 f.
- schweizerischer Urteile im Ausland, 436

Vorsteuerabzug, 352 ff.

Vorteilszuwendung, verdeckte, siehe Verdeckte Vorteilszuwendung

Vorwegzeichnungsrecht, 135 f.

Werkschöpfung, abhängige, siehe Abhängige Werkschöpfung

Wesentlichkeit, Grundsatz der, 97

Wettbewerbsabrede, siehe Kartell

Wettbewerbsbeschränkung, 21 (Fn. 100), 371, 379 f.

Wettbewerbskommission, 367, 370, 373

Wichtiger Grund

- Auflösungsklage, 117
- Beendigung von Dauerschuldverhältnissen, 323 f.
- Vinkulierung, 118

Willensmängel, 316 f.

Wirtschaftliche Einheit, 90 f., 308, 339

Zahlungsbefehl im Konzern, 444

Zentralkostenvertrag, 312 f.

Zielgesellschaft, siehe Kontrollübernahme

Zielsetzungen, operationelle, 58

Zivilprozessrecht
- innerstaatliches, 423 ff.
- internationales, 430 ff.

Zurechnung von Fehlverhalten, 318

Zuständigkeit
- direkte internationale, 430 ff.
- örtliche, 425 ff.
- der US-Gerichte, 439 ff.

Zwangsangebot, 124 f., 144, 287 f.

Zweck
- Endzweck, 85 ff., 128 f.
- ideeller, 226 f., 233, 235
- Konzernzweck, 85 ff., 226
- statutarischer, 54, 55, 85 ff., 129, 224
- thematischer, siehe statutarischer

Zweckänderung
- durch Konzernierung, 85 ff., 122
- faktische, siehe stillschweigende
- Folgen für die Organe, 88
- stillschweigende, 88 f., 148 f.

Zweckartikel, siehe Zweck, statutarischer

Zweckübertragungstheorie, 397

Zweigniederlassung
- Abgrenzung vom Konzern, 24, 79, 424
- anwendbares Recht, 415
- Begriff, 426 (Fn. 13)
- Betreibungsort, 445
- Gerichtsstand, siehe dort
- in den USA, 439 f.

Zwischengesellschaft, siehe Subkonzern

SCHWEIZERISCHES PRIVATRECHT

Inhalt des Gesamtwerks

Band I	**Geschichte und Geltungsbereich**
	Herausgegeben von
	MAX GUTZWILLER

FERDINAND ELSENER	Geschichtliche Grundlegung
MARCO JAGMETTI	Vorbehaltenes kantonales Privatrecht
GERARDO BROGGINI	Intertemporales Privatrecht
FRANK VISCHER	Internationales Privatrecht

Band II   **Einleitung und Personenrecht**
Herausgegeben von
MAX GUTZWILLER

HENRI DESCHENAUX	Der Einleitungstitel
JACQUES-MICHEL GROSSEN	Das Recht der Einzelpersonen
ERNST GÖTZ	Die Beurkundung des Personenstandes
MAX GUTZWILLER	Die Verbandspersonen – Gundsätzliches
ANTON HEINI	Die Vereine
MAX GUTZWILLER	Die Stiftungen

Neubearbeitungen
Herausgegeben von
PIERRE TERCIER

Band II/3
HENRI-ROBERT SCHÜPBACH   Der Personenstand

Band III   **Familienrecht**
Herausgegeben von
JACQUES-MICHEL GROSSEN

Band III/1
Allgemeine Einführung ins Familienrecht/Eherecht
in Vorbereitung

Band III/2
MARTIN STETTLER   Das Kindesrecht

Band III/3
Vormundschaftsrecht
in Vorbereitung

	Band IV	**Erbrecht**
		Herausgegeben von
		PAUL PIOTET
		Band IV/1 und IV/2
PAUL PIOTET		Erbrecht

	Band V	**Sachenrecht**
		Herausgegeben von
		ARTHUR MEIER-HAYOZ
		Band V/1
PETER LIVER		Das Eigentum
HANS HINDERLING		Der Besitz
PAUL PIOTET		Dienstbarkeiten und Grundlasten
		Band V/2
		Das Pfandrecht
		in Vorbereitung
		Band V/3
HENRI DESCHENAUX		Das Grundbuch

	Band VI	**Obligationenrecht –**
		Allgemeine Bestimmungen
		Band VI/1
		Herausgegeben von
		HANS MERZ
HANS MERZ		Einleitung, Entstehung, allgemeine Charakterisierung, die Obligation
		Band VI/2
		Herausgegeben von
		WOLFGANG WIEGAND
WOLFGANG WIEGAND		Entstehung der Obligation
		in Planung
		Band VI/3
		Herausgegeben von
		WOLFGANG WIEGAND
WOLFGANG WIEGAND		Leistungserfüllung und Leistungsstörung
		in Planung

Band VII Obligationenrecht –
Besondere Vertragsverhältnisse
Herausgegeben von
FRANK VISCHER

Band VII/1

PIERRE CAVIN	Kauf, Tausch, Schenkung
CLAUDE REYMOND	Gebrauchsüberlassungsverträge
FRANK VISCHER	Der Arbeitsvertrag
MARIO M. PEDRAZZINI	Werkvertrag, Verlagsvertrag, Lizenzvertrag
RENÉ J. BAERLOCHER	Der Hinterlegungsvertrag

Band VII/2

JOSEF HOFSTETTER	Auftrag und Geschäftsführung ohne Auftrag
BERNHARD CHRIST	Der Darlehensvertrag
KURT AMONN	Der Kollektivanlagevertrag
GEORGES SCYBOZ	Garantievertrag und Bürgschaft
KURT AMMON	Spiel und spielartige Verträge
WILLY KOENIG	Der Versicherungsvertrag
HELLMUTH STOFER	Leibrentenversprechen und Verpfründungsvertrag
WALTER R. SCHLUEP	Innominatverträge

Neubearbeitungen
Herausgegeben von
WOLFGANG WIEGAND

Band VII/1, III

FRANK VISCHER   Der Arbeitsvertrag

Band VIII Handelsrecht
Herausgegeben von
WERNER VON STEIGER

Band VIII/1

ROBERT PATRY	Grundlagen des Handelsrechts
WERNER VON STEIGER	Gesellschaftsrecht – Allgemeiner Teil
	Besonderer Teil – Die Personengesellschaften

Band VIII/2

CHRISTOPH VON GREYERZ	Die Aktiengesellschaft
HERBERT WOHLMANN	Die Gesellschaft mit beschränkter Haftung

Neubearbeitungen
Herausgegeben von
ARTHUR MEIER-HAYOZ

Band VIII/1
Grundlagen des Handelsrechts
in Planung

Band VIII/2
Allgemeiner Teil – Gesellschaftsrecht
Besonderer Teil – Die Personengesellschaft
in Planung

Band VIII/3
Aktienrecht
in Planung

Band VIII/4
Gesellschaft mit beschränkter Haftung
in Planung

JACQUES-ANDRÉ REYMOND   **Band VIII/5**
Die Genossenschaft
in Vorbereitung

ROLAND VON BÜREN   **Band VIII/6**
Der Konzern

Band VIII/7
Strukturanpassung
in Planung

Band VIII/8
Wertpapierrecht
in Planung

Band IX   **Bankenrecht**
Herausgegeben von
WOLFGANG WIEGAND
in Planung

Band X   **Internationales Privatrecht**
Herausgegeben von
FRANK VISCHER
in Planung